地方自治体 新 条例集

2001年版

編集　イマジン自治情報センター
監修　自治体議会政策学会

イマジン出版

監修にあたって

「地方自治体 新 条例集」も、今回の２００１年版で３年目になる。これまでの、質の高い、あるいはユニークな条例を項目別に概観するだけではなく、時間的な発展の流れも把握できるようになってきた。「新条例集」の特色は、大量の条例をデータベースとして収集・分類していくことではない。ここに収録された条例が、自治体行政や議会に問題解決のためのヒントを与え、自治体政治の現場で活用されるような、使いやすさということに主眼を置いている。町や地域も併せて紹介することにより、より生き生きとした条例へのイメージが得られることと思う。

さて、昨年２０００年１０月には、自治体議会政策学会が訪問先の地域の自治体・議員との意見交換や、導入後５年を経たドイツの介護保険の実態と問題点について説明を受けた。今回の「新条例集」でも、環境と介護保険は最大のテーマとなっている。

２０００年は、自治体政治にとって大きな分岐点となった。４月には介護保険が実施され、その前後には多くの特色ある条例が制定された。低所得者への介護保険料を免除した岩手県・山田町、同じく介護保険料の円滑な運用のために、低所得高齢者の介護保険料を町が全額負担する条例の島根県・六日市町、市町村特別給付で訪問理美容サービス・移送サービスを独自に設定した千葉県・鎌ヶ谷市、在宅介護サービスをすべて無料にすることによって従来の在宅福祉の姿勢を貫いた島根県・西郷町などがその例である。これらは条例によって、介護保険制度に残された問題解決を自治体レベルで取り組む姿勢が打ち出されている。

２０００年は又、分権一括法が成立して初めての年度であった。まだ権限が委譲されて日が浅いので、顕著な動きではないが、権限を活用しようという独自の条例制定の取組が見受けられる。川崎市の都市計画審議会の委員に市民を参加させる改正条例や、浦河町の飼い犬、猫の管理条例など都市計画や畜犬登録の権限委譲によるものといえる。

環境についても４月施行のリサイクル法などによって、地域全体での解決を求められる課題に自治体レベルでの取組がはじめられ、又、地域独自の自然を守る条例が制定されてきている。

昨年同様、情報公開条例や個人情報保護条例も改正を行って、より住民との距離を縮めている自治体が増えた。又、自治体が市民との協働で自治体運営を目指す姿勢を明らかにした住民投票条例、自治基本条例、などを制定した高浜市、小長井町、ニセコ町などがある。

中央政界が混迷を極める中、自治体政治は明らかに前進している。

２００１年４月２０日

監修者　自治体議会政策学会

住沢博紀（日本女子大学教授）

目次

監修にあたって ……… 3

まちづくり

大分県・三重町
出産、結婚祝いに商品券／少子化対策と商店街活性化対策を結ぶ
三重町定住化促進条例 ……… 12

東京都
コンビニなど小規模店舗やマンションも対象にバリアフリー化／出店時に図面の届け出を義務化
東京都福祉のまちづくり条例 ……… 14

栃木県・宇都宮市
きめ細かな整備基準で福祉のまちづくり／銀行、葬祭場、集会場など広さに関わりなく対象に
宇都宮市やさしさをはぐくむ福祉のまちづくり条例
同施行規則 ……… 19

埼玉県・戸田市
市が市営住宅内にグループホームを設置
戸田市営福祉住宅条例 ……… 34

東京都・足立区
高齢社会対策への区と事業者の責務を明記／民間サービスの育成と評価を義務づけ
足立区高齢社会対策基本条例 ……… 37

岐阜県・武芸川町
少子化の歯止めに第3子以上に小学校卒業まで手当を支給／父子家庭の子育て支援の条例も制定
武芸川町少子化対策特別手当支給条例
武芸川町父子手当支給条例 ……… 41 42

福祉（介護）

岩手県・山田町
低所得者の介護保険料を免除／利用者負担も軽減
山田町介護保険条例 ……… 44

千葉県・鎌ケ谷市
市町村特別給付で、訪問理美容サービス、介助移送サービスを独自に設定
鎌ケ谷市介護保険条例 ……… 47

東京都・小金井市
介護福祉全般を対象に条例化／オンブズ制度の設置も盛り込む
小金井市介護保険条例 ……… 51

福井県・鯖江市
介護保険利用者の「権利擁護」条例に明記／利用者擁護委員会を設置
鯖江市介護保険条例 ……… 57

愛知県・高浜市
自立認定の人にもケアプラン、サービス提供事業者の第三者評価も条例に
高浜市介護保険・介護予防の総合的な実施及び推進に関する条例 ……… 62

島根県・西郷町
在宅介護サービスをすべて無料に／従来の在宅福祉の姿勢を貫く
西郷町在宅介護手当支給条例 ……… 71

-4-

保健衛生

都道府県・市町村	概要	条例名	頁
島根県・六日市町	低所得高齢者へ介護保険料を町が全額負担／制度円滑化へ独自条例	六日市町低所得者の介護保険制度円滑利用促進に関する条例	73
神奈川県	条例改正で人と動物との共生をめざす	神奈川県動物の愛護及び管理に関する条例	74
栃木県・日光市	野生サルに餌付け「厳禁」／全国初の条例	日光市サル餌付け禁止条例	79
北海道・浦河町	飼い犬、猫の管理を罰則付きで義務付け	浦河町犬及びねこに関する条例	80
岩手県・花泉町	国民健康保険税の資産割を廃止。1世帯平均1万1千円の負担軽減	花泉町町税条例改正	82
千葉県・市原市	住宅地でのペット霊園の設置規制へ条例を制定／住宅50m以内不可、市では初めて	市原市ペット霊園の設置の適正化に関する条例	85

環境

都道府県・市町村	概要	条例名	頁
北海道	脱原発を条文に明記、放射性廃棄物に歯止め条例を制定	北海道における特定放射性廃棄物に関する条例	87
北海道・登別市	旅行者や国、道の公共事業も条例の適用範囲に	登別市環境基本条例	89
秋田県・矢島町	町民に降雪期の除雪協力義務	矢島町住みよい環境づくり条例	90
千葉県・東金市	廃棄物から車放置まで対象を拡大／環境美化条例を制定	東金市清潔で美しいまちづくりの推進に関する条例	96
山梨県・河口湖町	環境審議会を設置、政策立案に参加	河口湖町環境審議会条例	99
佐賀県・神埼町	容器包装ごみ減量へ	神埼町容器包装「NO」条例	106
鹿児島県・屋久町	放射能物質等の町内持込みを拒否	屋久町放射能物質等の持ち込み及び原子力関連施設の立地拒否に関する条例	108

環境（水）

都道府県・市町村	概要	条例名	頁
熊本県	地下水保全の体制を総合的に強化	熊本県地下水保全条例	111
群馬県・桐生市	清流の継承でまちおこし／水源監視員を配置	桐生川の清流を守る条例	118
神奈川県・秦野市	「名水」を守るため「地下水」のくみ上げを禁止	秦野市地下水保全条例	120
長崎県・大村市	地下水保全のため、利用採取量の届出を義務づけ	大村市の地下水を保全する条例	129

環境（自然）

栃木県・黒磯市　希少動植物112種類の保護に民有地も指定／罰則付　黒磯市希少な野生動植物の保護に関する条例 ……… 132

神奈川県・秦野市　環境保護のNPO育成を規定、環境保全条例を継承強化　秦野市みどり条例 ……… 134

高知県・高知市　地権者の同意を前提とせず地区指定　高知市里山保全条例 ……… 139

環境（大気）

滋賀県　オゾン層破壊物質の回収違反に罰金　滋賀県大気環境への負荷の低減に関する条例 ……… 143

奈良県・奈良市　奈良の世界遺産、排ガスから守る／空ぶかしに罰金　奈良市アイドリング・ストップに関する条例 ……… 149

環境（廃棄物）

愛媛県　土地提供者や水質汚染も罰則の対象／全国初　愛媛県土砂等の埋立て等による土壌の汚染及び災害の発生の防止に関する条例 ……… 151

千葉県・市原市　産廃不法投棄防止へ大型車の通行規制／罰則規定は全国初　市原市林道の管理に関する条例 ……… 158

岐阜県・美濃市　500㎡以上の産廃保管場所、市長の同意が必要に　美濃市産業廃棄物保管の規制に関する条例 ……… 161

愛知県・春日町　放置自動車の撤去、処分に「廃物判定委員会」　春日町放置自動車の発生の防止及び適正な処理に関する条例 ……… 163

大分県・大分市　自動車放置に罰金、氏名公表も／所有者不明は廃棄処分　大分市放置自動車の発生の防止及び適正な処理に関する条例 ……… 166

上下水道

群馬県・伊勢崎市　滞納予防で水道利用に保証金／新規契約者を対象　伊勢崎市給水条例 ……… 169

住宅

神奈川県・川崎市　高齢者、障害者、外国人の入居差別解消へ保証制度／全国初　川崎市住宅基本条例 ……… 170

都市計画

奈良県　風致地区を5段階に細分化／植栽面積基準も設定　奈良県風致地区条例 ……… 173

農林水産

自治体	見出し	条例名	頁
宮城県・七ヶ宿町	「宿場町」の風情守り豊かな街並みへ／全町対象に「煙だし」など景観形成基準を適用	七ヶ宿町街なみ景観条例	180
埼玉県・与野市	商業地域への用途変更で準工業地域の要素残す／自動車の町を守る	与野カーディーラー通り特別用途地区建築条例	182
神奈川県・川崎市	都市計画審議会委員に市民を任命	川崎市都市計画審議会条例	184
静岡県・富士宮市	全国初、トレーラーハウス定置を規制／違法設置者に勧告と公表	富士山等景観保全地域におけるトレーラーハウスの定置の規制に関する条例	186
石川県・金沢市	街に似合う建物の高さ・デザイン／住民が景観ルール、市長と協定で	金沢市における市民参加によるまちづくりの推進に関する条例	188
石川県・金沢市	大型開発に市や市民の意見反映をめざす	金沢市における土地利用の適正化に関する条例	188
京都府・京都市	当事者の一方からの申し出でも「あっせん」、「調停」	京都市土地利用等に係るまちづくりに関する条例	194
兵庫県・西宮市	まちづくりへ住民参加を明記／助成制度も	西宮市開発事業等におけるまちづくりに関する条例	198
兵庫県・芦屋市	美観地区保全へ、建築物の高さ制限違反には罰金	芦屋市住みよいまちづくり条例	202
岡山県・倉敷市	建設業者に計画周知と説明義務／教育施設では事前協議を義務づけ	倉敷市美観地区景観条例	204
佐賀県・佐賀市		佐賀市中高層建築物の建築に係る紛争の予防と調整に関する条例	210
佐賀県・神埼町	自治体が連携して吉野ヶ里遺跡周辺の景観保全	神埼町吉野ヶ里歴史公園周辺景観条例	213
宮城県	議員提案で総合的な農業振興を条例化	みやぎ食と農の県民条例	217
茨城県・笠間市	県条例適用外の農林業災害に市単独で支援条例／被害に迅速に対応	笠間市農林業災害対策特別措置条例	220
高知県・檮原町	森づくりの持続的発展へ／森林づくり会議を設置	檮原町森林づくり基本条例	223
大分県・直川村	村の特産材を使用しての自宅新築に補助金／村の基幹産業を守る	なおかわ木の家建築補助金の支給に関する条例	225

産業経済

自治体	見出し	条例名	頁
愛媛県・東予市	企業誘致の推進へ市民雇用奨励金30万円	東予市工場立地促進条例	227
東京都・杉並区	大店立地法対象外の大型小売店舗などに規制	杉並区特定商業施設の出店および営業に伴う住宅地に係る環境の調整に関する条例	229・232

-7-

観光

岡山県・吉井町
「つちのこ」捕獲へ懸賞金基金を設置
　吉井町つちのこ基金条例 ………… 236

教育

栃木県・日光市
世界遺産保護に基金／一般からの寄付も募る
　日光市世界遺産「日光の社寺」保護基金条例 ………… 237

大阪府・河内長野市
文化財保存技術の継承や文化財の原材料も保護
　河内長野市文化財保護条例 ………… 239

大分県・大分市
教育長任命に市長の意見を求める条項を規定
　大分市教育委員会教育長の任命に係る手続きに関する条例 ………… 249

大分県・前津江村
子どもの優れた個性を表彰「子ほめ条例」／地域ぐるみで児童生徒を育成
　前津江村児童生徒表彰に関する条例 ………… 250

情報公開

宮城県
警察の裁量権（第一次判断権）を制限
　宮城県情報公開条例 ………… 252

群馬県
全国初、パブリックコメント制を情報公開条例に盛る
　群馬県情報公開条例 ………… 259

滋賀県
審査会に公募委員を導入／パブリックコメント制度も
　滋賀県情報公開条例 ………… 266

北海道　帯広市
出資比率20％の団体まで情報公開の範囲を広げる
　帯広市情報公開条例 ………… 273

宮城県・富谷町
口頭での開示請求を認める／住民への利便性に配慮
　富谷町情報公開条例 ………… 280

埼玉県・草加市
外郭団体も実施機関として明記／全国初
　草加市情報公開条例 ………… 286

佐賀県・多久市
100万円以上の補助団体も情報公開／小学生でも読める条例に
　多久市情報公開・共有条例 ………… 291

情報公開（議会）

東京都・千代田区
不服審査に第三者機関／地方議会で初めて
　千代田区議会情報公開条例 ………… 295

個人情報

埼玉県・草加市
電子情報漏えいに罰則、購入業者も対象／プライバシー権を明記、全国初
　草加市個人情報保護条例 ………… 299

人権

都道府県・市町村	内容	条例名	頁
千葉県・佐原市	国の給付金支給法対象被害者の枠を拡大し適用／市で初めて	佐原市犯罪被害者等支援条例	309
神奈川県・川崎市	「子供の権利を明文化し条例制定、全国初／「子供会議」や「子供権利委員会」を設置	川崎市子どもの権利に関する条例	311

人権（男女共同参画）

都道府県・市町村	内容	条例名	頁
宮城県・岩出山町	被害者に実効ある条例化／窓口にはカウンセラー、避難場所の確保も明記	岩出山町いわでやま男女平等推進条例	318
埼玉県・新座市	男女共同参画の基本理念、セクハラや配偶者への暴力禁止を条例化／積極的是正措置も明記	新座市男女共同参画推進条例	322
石川県・小松市	男女平等を目的に掲げ、施行規則で事業者等に組織役員の男女比率同数に向け計画策定を求める	小松市男女共同参画基本条例	325
島根県・出雲市	セクハラ・家庭内暴力・性差別禁止／男女共同参画めざし条例	男女共同参画による出雲市まちづくり条例	327

NPO

都道府県・市町村	内容	条例名	頁
愛知県・大口町	町がNPO（特定非営利活動法人）支援条例／全国の町村で初めて	大口町NPO活動促進条例	331

財政

都道府県・市町村	内容	条例名	頁
東京都	大手銀行などに外形標準課税／5年の時限措置で	東京都における銀行業等に対する事業税の課税標準等の特例に関する条例	333
神奈川県・横浜市	JRA場外馬券売り場への法定外普通税を新設	横浜市勝馬投票券発売税（市税条例の一部改正）	343
神奈川県・小田原市	悪質な市税滞納に氏名公表やサービスの制限拡大／全国初	小田原市税の滞納に対する特別措置に関する条例	345
神奈川県・箱根町	日帰り客にも入湯税を課税／1人50円	箱根町町税条例の一部を改正する条例	347

自治制度

都道府県・市町村	内容	条例名	頁
北海道・札幌市	オンブズマンに独自調査権／専門調査委員を置く	札幌市オンブズマン条例	349
北海道・ニセコ町	全国初、町の「憲法」制定／町民参加の権利、住民投票制度、情報共有の原則を盛る	ニセコ町まちづくり基本条例	353

分類	自治体	内容	条例名	頁
	茨城県・古河市	地方分権にむけ自治体のチェック機能を充実／行財政改革委員会からの提言で実現	古河市個別外部監査契約に基づく監査に関する条例	358
	東京都・府中市	苦情なくてもオンブズマンの自己発意で市政調査／総合オンブズマン制度導入	三鷹市総合オンブズパーソン条例	359
	東京都・三鷹市	開かれた市政実現のためオンブズパーソンを条例化	府中市オンブズパーソン条例	361
	静岡県・静岡市	住民訴訟勝訴で、市が職員の弁護士費用を負担	地方自治法第96条2項の規定に基づき静岡市議会の議決すべき事件を定める条例（改正）	364
	静岡県・静岡市	常設の住民投票条例を制定、全国初／市民、議会、市長いずれかの提案で	高浜市住民投票条例	365
	愛知県・高浜市	住民投票「常設化」全国で2例目／テーマ限定せず、町長発議で	小長井町まちづくり町民参加条例	368
	長崎県・小長井町	公共事業の透明性、効率化に再評価制度を条例化	本渡市公共事業の再評価に関する条例	370
	熊本県・本渡市			
倫理（職員）	広島県・広島市	5千円以上の贈与に報告義務／職員倫理保持に関して人事委員会に権限	広島市職員倫理条例	372
	大阪府・藤井寺市	不当行為要求者に警告、内容を公表も	藤井寺市職員倫理条例	376
	京都府・京都市	接待、贈り物に報告義務／市民の閲覧請求権も認める	京都市職員の倫理の保持に関する条例	379
倫理（政治）	長野県・須坂市	政治倫理基準や契約辞退の基準を明記／市民の調査請求権を規定、審査会を公開	須坂市政治倫理条例	382
	奈良県・室生村	議員提案で政治倫理条例を制定／行政機関のあらゆる契約を辞退する規定	室生村政治倫理条例	385
	福岡県・香春町	預貯金全てに報告義務／配偶者、扶養・同居親族も	香春町政治倫理条例	388
	嘉穂南衛生施設組合	全国で初めて、一部事務組合運営をガラス張りへ／政治倫理・情報公開同時に制定	嘉穂南部衛生施設組合政治倫理条例	393
議会	栃木県・塩原町	定例議会3回欠席で報酬を半減／自ら厳しい姿勢で	議会の議員の報酬及び費用弁償に関する条例	396

埼玉県・入間市　議会の政務調査費条例化／地方自治法の改正で
　　入間市議会政務調査費の交付に関する条例 ………………… 398

高知県・大正町　議員研修を制度として位置付け条例化／全国初
　　大正町議会議員の研修に関する条例 …………………………… 401

その他

東京都　ぼったくり防止条例を制定、全国初／不当な料金、強引な勧誘を規制
　　性風俗営業等に係る不当な勧誘、料金の取立て等の規制に関する条例 … 403

茨城県・岩井市　夫婦の日制定で家庭の大切さをキャンペーン
　　岩井市夫婦の日を定める条例 …………………………………… 407

新潟県・湯沢町　全国初、リフト券ダフ屋防止条例／請願を採択して議員提案
　　湯沢町スキーリフト券等の不当売買行為の防止に関する条例 … 408

滋賀県・栗東町　公共施設から暴力団を締め出し
　　栗東町立公民館設置及び管理に関する条例等の一部を改正する条例 … 410

大分県・日田市　競輪場外車券売場の設置規制へ条例制定／市長の同意を義務づけ
　　日田市公営競技の場外券売り場設置による生活環境等の保全に関する条例 … 412

未掲載条例一覧

二〇〇〇年中に制定されたその他の主な条例等の一覧 ……………… 413

大分県／三重町

三重町定住化促進条例（改正）
2000年（平成12年）4月1日施行

出産、結婚祝いに商品券／少子化対策と商店街活性化対策を結ぶ

　三重町は、定住を志すまちづくりの担い手の育成のため奨励措置を講じている。奨励措置は、出産・結婚祝、人材育成事業、創業・事業転換等支援事業。

　出産祝は、子供1人につき3万円、第2子は5万円、第3子以降は10万円相当の金品、結婚祝は、婚姻した1組につき5万円相当の金品を贈呈する。改正した条例では、「過疎対策」と地元商店街の「商店街活性化対策」を結びつけ商品券の支給方式に切り換えたもの。町商工会が発行した商品券「エンゼルチケット」を町が買上げ、支給するとしている。　創業・事業転換等支援事業は、定住を志す者で新規に事業をおこす者又は事業転換等を行う者に対して創業等に必要な資金を借入れした場合、3年間以内の範囲で利子補給をするもの。1事業者につき年間20万円、3年間の総額で50万円を限度としている。

大分県・三重町

町役場：〒879-7198
大分県大野郡三重町大字市場1200
（下車駅　豊肥本線　三重町駅）
電話（0974）22-1001

人　　口：18,305人
世帯数：6,846世帯
面　　積：162.17km²
人口密度：112.88人/km²
特産物：アスパラガス、美ナス、甘藷
観　　光：内山観音、菅尾石仏、稲積水中鍾乳洞

三重町定住化促進条例

（目的）
第1条　この条例は、定住を志すまちづくりの担い手の育成等に奨励措置を講ずることで、人々が定住を希望するまちづくりを目指し、町の活性化に寄与することを目的とする。

（定義）
第2条　この条例において、定住を志す者とは、永住を前提として本町に住民登録し、かつ、本町に生活の本拠を有する者をいう。

（奨励措置）
第3条　第1条の目的を達成するための奨励措置として、三重町民の申請により次の事業を行う。
(1) 出産祝
(2) 結婚祝
(3) 人材育成支援事業
(4) 創業・事業転換等支援事業

（出産祝）
第4条　第3条第1号に定める出産祝に係る事業として、出産した者に対し、当該出産の子一人につき三万円相当の金品を贈呈する。但し、第二子は五万円相当、第三子以降は十万円相当の金品とする。

（結婚祝）
第5条　第3条第2号に定める結婚祝に係る事業として、婚姻した者一組につき五万円相当の金品を贈呈する。

（人材育成支援事業）
第6条　第3条第3号に定める人材育成支援事業として、定住を志す者で、人材育成等まちづくりに資すると認められる事業を自ら行う者又は当該事業に参画する者に対して、予算の範囲内で五十万円を限度に補助金を交付する。

2　本町内の小学校、中学校に在籍する児童生徒に、本町のまちづくりのために資すると認められる文化・スポーツ活動等を行う者に三十万円を限度に補助金を交付する。

（創業・事業転換等支援事業）
第7条　第3条第4号に定める創業・事業転換等支援事業として、定住を志

す者で、新規に事業を興す者又は事業転換等を行う者に対して、このことがまちづくりに資すると認められる場合に、支援措置として創業等に必要な資金として借り入れを行った借入金の利子に対して、予算の範囲内で三年間以内の利子補給を行う。但し、利子補給額は、一事業者につき年間二十万円、三年間の総額で五十万円を限度とする。

2 農林商工業等の後継者又は経営者として専業した定住を志す満四十歳未満の者に対して、奨励金として一人につき三十万円を支給する。但し、前項の利子補給との重複支給は行わない。

(委任)

第8条 この条例の施行について必要な事項は、町長が別に定める。

　　附　則

1 この条例は、平成十二年四月一日から施行する。

2 この条例は、平成十五年三月三十一日限りその効力を失う。

3 条例第7条第1項に規定する利子補給で、平成十四年度までに利子補給を決定したものについては、前項の規定にかかわらず、規定する期間中の利子補給を継続する。

東京都

東京都福祉のまちづくり条例
2000年10月13日改正 同施行規則 2000年11月15日改正

コンビニなど小規模店舗やマンションも対象にバリアフリー化／出店時に建築図面の届け出を義務化。

東京都の福祉のまちづくり条例と施行規則の特徴はマンションなど共同住宅の提供者やコンビニエンスストアなど小規模店舗にもバリアフリーの網をかけた点。物品販売業を営む店舗は200平方メートルを超える施設が対象となり、マンションなど共同住宅は5000平方メートル以上が対象となっている。又、「子育て支援環境の整備」をベビーチェア、ベビーベット、授乳室の設置などの整備として規定している点も注目されている。不特定かつ多数の利用者のあるトイレの構造を「だれでもトイレ」として高齢者、障害者、妊婦、子連れで利用できるように、規模、構造、設備などを細かく規定しているのも特徴。

施行規則で定める種類や規模の施設を建築又は改修しようとする者に工事に着手する前に知事に整備項目と図表を提出する義務を課している点で他の自治体より内容の徹底に関する姿勢が強調されている。

東 京 都

都　庁：〒163-8001
東京都新宿区西新宿2-8-1
（下車駅　地下鉄大江戸線　都庁前駅）
電話（03）5321-1111

人　口：11,680,490人
世帯数：5,331,097世帯
面　積：2,186.84km²
人口密度：5,341.26人/km²

東京都福祉のまちづくり条例

東京は、自由で豊かな都市として発展を続けている。今日に至るまで、東京を成長させてきた力は、生活の向上を求める人々の熱意とたゆまぬ努力にある。しかし、一方では、都市の形成力に、誰もが住みやすく自立できるようにするための視点が十分ではなかったことも認めなければならない。

福祉のまちづくりの目標は、そこで生活するすべての人が基本的人権を尊重され、自由に行動し、社会参加のできるやさしいまち東京の実現である。われわれ都民の願いは、高齢者も若者も、障害をもつ人もも たない人も、また、大人も子どもも、多様な個性を有する一人ひとりが自らの人生を選びとり、それぞれの生活を尊重しながら、心優しく、相互に支え合っていける社会の構築である。

そして、住み慣れた地域に住み続け、働き、学び、遊ぶことのできる一人ひとりの生活を、地域で支援する仕組みが整い、社会のあらゆる分野に福祉的配慮が行きわたったまちを築くことである。福祉のまちづくりとは、そのような東京を現実のものとするための物心両面にわたる不断の活動であり、自由で安全、快適な生活環境の整備を協働という力によって、推し進めていく営みである。

これからの社会が、かつて経験したことのない高齢社会であることを考えれば、その目標に向かい、今、力強い一歩を踏み出すことは、都民すべての責務であるといえよう。

われわれ都民は、やさしいまち東京の実現を目指すことをここに宣言し、高齢者、障害者等にとってやさしいまちがすべての人にとってやさしいまちであるという認識に立ち、高齢者、障害者等が円滑に利用できる施設の整備とサービスの向上を図るために、この条例を制定する。

第1章　総則

（定義）
第1条　この条例において、次の各号に掲げる用語の意義は、それぞれ当該各号に定めるところによる。
一　福祉のまちづくり　高齢者、障害者等の自立と社会、経済、文化その他あらゆる分野の活動への参加を促進するため、社会連帯の理念に基づ

き、高齢者、障害者等が円滑に施設、物品及びサービスを利用できるようにするための措置をいう。

二 高齢者、障害者等 高齢者、障害者その他日常生活又は社会生活に心身の機能上の制限を受けるもの、障害者基本法（昭和四十五年法律第84号）第2条に規定する障害者その他これらの者に準ずる日常生活又は社会生活に制限を受ける者をいう。

三 一般都市施設 病院、図書館、飲食店、ホテル、劇場、物品販売業を営む店舗、共同住宅、車両等（鉄道の車両、自動車その他の旅客の運送の用に供する機器で東京都規則（以下「規則」という。）で定めるものをいう。以下同じ。）の停車場を構成する施設、道路、公園その他の不特定かつ多数の者が利用する部分を有する施設で規則で定めるものをいう。

四 整備基準 一般都市施設を高齢者、障害者等が円滑に利用できるようにするための措置に関し、一般都市施設を所有し、又は管理する者の判断の基準となるべき事項として規則で定める事項をいう。

（都の責務）
第2条 東京都（以下「都」という。）は、事業者及び都民の参加と協力の下に、福祉のまちづくりに関する基本的かつ総合的な施策を策定し、及び実施する責務を有する。

2 都は、福祉のまちづくりに関する施策に、事業者及び都民の意見を反映することができるよう必要な措置を講ずるものとする。

3 都は、事業者及び都民の福祉のまちづくりに関する活動並びに特別区及び市町村（以下「区市町村」という。）の福祉のまちづくりに関する施策の実施に対し、これらの者の福祉のまちづくりを推進する上で果たす役割の重要性にかんがみ、必要に応じて支援及び協力を行うよう努めるものとする。

（事業者の責務）
第3条 事業者は、その事業活動に関し、その所有し、又は管理する施設及び物品並びに提供するサービスについて、自ら福祉のまちづくりに努めるとともに、他の事業者と協力して福祉のまちづくりを推進する責務を有する。

2 事業者は、都がこの条例に基づき実施する福祉のまちづくりに関する施策に協力するよう努めなければならない。

3 事業者は、その事業の実施に当たり、高齢者、障害者等の施設、物品又はサービスの円滑な利用を妨げないよう努めなければならない。

（都民の責務）
第4条 都民は、福祉のまちづくりについて理解を深め、自ら福祉のまちづくりに努めるとともに、相互に協力して福祉のまちづくりを推進する責務を有する。

2 都民は、都がこの条例に基づき実施する福祉のまちづくりに関する施策に協力するよう努めなければならない。

3 都民は、高齢者、障害者等の施設、物品又はサービスの円滑な利用を妨げないよう努めなければならない。

（福祉のまちづくりの総合的推進）
第5条 都は、福祉のまちづくりが総合的かつ効果的に推進されることの重要性にかんがみ、事業者、都民、国及び区市町村が相互に有機的な連携を図ることができるようにするために必要な措置を講ずるよう努めるものとする。

第2章　福祉のまちづくりに関する基本的施策

（計画の策定）
第6条 知事は、福祉のまちづくりに関する施策の総合的かつ計画的な推進を図るための基本となる計画（以下「推進計画」という。）を策定するものとする。

2 推進計画は、次に掲げる事項について定めるものとする。
一 福祉のまちづくりに関する目標
二 福祉のまちづくりに関する施策の方向
三 前2号に掲げるもののほか、福祉のまちづくりに関する施策の総合的かつ計画的な推進を図るための重要事項

3 知事は、推進計画を定め、又は変更したときは、遅滞なく、これを明らかにするものとする。

（教育及び学習の振興等）
第7条 都は、高齢者、障害者等の福祉に関する教育及び学習の振興並びに福祉のまちづくりに関する広報活動の充実により、福祉のまちづくりについて、これらの者の自発的な活動が促進されるよう必要な措置を講ずるとともに、事業者及び都民が理解を深めるとともに、これらの者の自発的な活動が促進されるよう必要な措置を講ずるものとする。

（情報の提供）
第８条　都は、前条の福祉のまちづくりに関する事業者及び都民の理解の深化及び自発的な活動の促進のため、福祉のまちづくりの状況その他の福祉のまちづくりに関する必要な情報を適切に提供するものとする。

（調査及び研究）
第９条　都は、福祉のまちづくりに関する施策を効果的に推進するため、高齢者、障害者等の円滑な利用に関する調査を実施するとともに、高齢社会に対応する住宅、福祉用具の研究開発及び普及の促進に関する法律（平成五年法律第三八号）第２条に規定する福祉用具その他の施設及び物品に関する研究及び技術開発を促進し、並びにそれらの成果の普及を図るものとする。

（事業者等に対する支援）
第10条　都は、事業者若しくは都民が福祉のまちづくりに関する活動を自発的に行うこととなるよう誘導し、又は区市町村が福祉のまちづくりに関する施策を推進することとなるよう支援するため、特に必要であると認めるときは、適正な助成その他の措置を講ずるよう努めるものとする。

（表彰）
第11条　知事は、福祉のまちづくりの推進に関して著しい功績のあった者に対して、表彰を行うことができる。

第３章　一般都市施設の整備

（整備基準への適合努力義務）
第12条　一般都市施設を所有し、又は管理する者（以下「施設所有者等」という。）は、当該一般都市施設を整備基準に適合させるための措置を講ずるよう努めなければならない。

２　整備基準は、次に掲げる事項について、一般都市施設の種類及び規模に応じて定めるものとする。
一　出入口の構造に関する事項
二　廊下及び階段の構造並びにエレベーターの設置に関する事項
三　車いすで利用できる便所及び駐車場に関する事項
四　案内標示及び視覚障害者誘導用ブロックの設置に関する事項
五　歩道及び公園の園路の構造に関する事項
六　前各号に掲げるものほか、高齢者、障害者等の円滑な利用に必要な

基幹的事項

（整備基準適合証の交付）
第13条　施設所有者等は、規則で定めるところにより、一般都市施設が整備基準に適合していることを証する証票（以下「整備基準適合証」という。）の交付を請求することができる。

２　知事は、前項の請求があった場合において、当該一般都市施設が整備基準に適合していると認めるときは、規則で定めるところにより、当該施設所有者等に対し、整備基準適合証を交付するものとする。

（都の施設の先導的整備等）
第14条　都は、自ら設置する一般都市施設が整備基準に適合するよう率先して整備に努めるものとする。

２　知事は、国、区市町村その他規則で定める「公共的団体（以下「国等」という。）に対し、これらが設置する一般都市施設の整備基準への適合に率先して努めるよう要請するものとする。

第４章　特定施設の整備

（届出）
第15条　一般都市施設で規則で定める種類及び規模のもの（以下「特定施設」という。）の新設又は規則で定める種類及び規模の修繕、大規模の模様替え又は用途変更（建築物については、増築、改築、大規模の修繕、大規模の模様替え又は用途を変更して特定施設にする場合に限る。）をしようとする者（以下「特定整備主」という。）は、第12条第２項各号に掲げる事項について、規則で定めるところにより、工事に着手する前に知事に届け出なければならない。ただし、法令又は都の他の条例により、整備基準に適合させるための措置を同等以上に高齢者、障害者等が円滑に利用できる措置を講ずることとなるよう定めている事項については、この限りでない。

２　前項の規定による届出をした者は、当該届出の内容の変更（規則で定める軽微な変更を除く。）をするときは、当該変更をする事項について、規則で定めるところにより、当該事項に係る部分の当該変更後の内容の工事を着手する前に知事に届け出なければならない。

（指導及び助言）
第16条　知事は、特定整備主に対し、その特定施設（工事中のものを含む。）

るため必要があると認めるときは、整備基準を勘案して特定施設の設計及び施工に係る事項について必要な指導及び助言をすることができる。

(既存特定施設の状況の把握等)

第17条　知事は、この章の規定の施行の際現に存する特定施設(以下「既存特定施設」という。)を所有し、又は管理している者(以下「既存特定施設所有者等」という。)は、当該既存特定施設を整備基準に適合させるための措置の状況の把握に努めなければならない。

2　知事は、前条に定めるもののほか、既存特定施設について前項に規定する措置の適確な実施を確保するため特に必要があると認めるときは、当該既存特定施設の整備基準への適合状況を勘案し、必要な措置を講ずるよう指導及び助言をすることができる。

(報告の徴収)

第18条　知事は、既存特定施設を所有し、若しくは管理する者に対し、規則で定めるところにより、第16条及び前条第2項の規定の施行に必要な限度において、当該特定施設の整備基準への適合状況について、報告を求めることができる。

(勧告)

第19条　知事は、第15条の規定による届出を行わずに同条に規定する工事に着手した者に対し、当該届出を行うべきことを勧告することができる。

2　知事は、特定整備主等又は特定整備主等(以下「特定整備主等」という。)に対し、規則で定めるところにより、整備基準に照らして著しく不十分であると認めるときは、特定施設の新設又は改修に伴って講ずる措置が、正当な理由なく整備基準の特定整備主等に対し、当該届出に係る整備基準を勘案して必要な措置を講ずることを勧告することができる。

(公表)

第20条　知事は、前条の規定による勧告を受けた者が正当な理由なく当該勧告に従わなかったときは、その旨を公表することができる。

2　知事は、前項の公表をしようとする場合は、前条の規定による勧告を受けた者に対し、意見を述べ、証拠を提示する機会を与えるものとする。

(特定施設に関する調査)

第21条　知事は、第16条、第17条第2項、第19条及び前条第1項の規定の施行に必要な限度において、その職員に、特定整備主等の同意を得て、特定施設に立ち入り、整備基準への適合状況について調査させることがで

る。

2　前項の規定による調査をする職員は、その身分を示す証明書を携帯し、特定整備主等その他の関係人に提示しなければならない。

第5章　車両等の整備等

(車両等の整備)

第22条　車両等を所有し、又は管理する者は、当該車両等について、高齢者、障害者等が円滑に利用できるようにするための整備に努めなければならない。

(住宅の供給)

第23条　住宅を供給する事業者は、高齢者、障害者等が円滑に利用できるようにするために配慮された住宅の供給に努めなければならない。

(福祉用具等の品質の向上等)

第24条　福祉用具を製造し、販売し、又は賃貸する事業者は、高齢者、障害者等の心身の特性及び置かれている環境を踏まえ、高齢者、障害者等が円滑に利用できるよう当該福祉用具の品質の向上、情報の提供その他必要な措置を講ずるよう努めなければならない。

2　前項に定めるもののほか、食器、家具、電化製品その他の日常生活で利用する物品を製造し、販売し、又は賃貸する事業者は、高齢者、障害者等が円滑に利用できるようこれらの物品の使いやすさの向上、情報の提供その他必要な措置を講ずるよう努めなければならない。

第6章　東京都福祉のまちづくり推進協議会

第25条　知事の区域における福祉のまちづくりの推進に関する基本的事項について知事の諮問に応じ調査審議させるため、その附属機関として、東京都福祉のまちづくり推進協議会(以下「協議会」という。)を置く。

2　協議会は、次に掲げる事項について調査審議する。

一　推進計画に関する事項

二　前号に掲げるもののほか、福祉のまちづくりの推進に関する基本的事項

3　協議会は、前項に規定する事項に関し、知事に意見を述べることができる。

4　協議会は、事業者、都民、学識経験を有する者及び関係行政機関の職員

のうちから、知事が任命する委員三十人以内をもって組織する。
5 委員の任期は、二年とし、補欠の委員の任期は、前任者の残任期間とする。ただし、再任を妨げない。
6 特別の事項を調査審議するため必要があるときは、協議会に臨時委員を置くことができる。
7 専門の事項を調査するため必要があるときは、協議会に専門委員を置くことができる。
8 委員、臨時委員及び専門委員は、非常勤とする。
9 協議会は、専門の事項を審議するため必要があると認めるときは、部会を置くことができる。
10 第4項から前項までに定めるもののほか、協議会の組織及び運営に関し必要な事項は、知事が定める。

第7章 雑則

(適用除外)
第26条 一般都市施設の整備について、その存する場所の属する区市町村の条例により、整備基準に適合させるための措置を講ずることと同等以上に高齢者、障害者等が円滑に利用できる措置を講ずることとなるよう定めている場合は、第12条、第13条及び第4章の規定は、適用しない。

(国等に関する特例)
第27条 国等及び都については、第4章の規定は適用しない。
2 知事は、国等に対し、特定施設の整備基準への適合状況その他必要と認める事項について報告を求めることができる。

(委任)
第28条 この条例に定めるもののほか、この条例の施行について必要な事項は、規則で定める。

附 則

(施行期日)
1 この条例は、平成七年四月一日から施行する。ただし、第3章、第4章、第26条及び第27条の規定は、公布の日から起算して一年六月を超えない範囲内において、規則で定める日から施行する。
2 都は、社会環境の変化等に基づく所要の措置
(社会環境の変化及びこの条例の規定の施行の状況その他の福祉の

まちづくりの推進の状況を勘案し、必要があると認めるときは、この条例の規定について検討を加え、その結果に基づいて所要の措置を講ずるものとする。

附 則(平成十二年条例第182号)
この条例は、平成十三年一月一日から施行する。

-18-

栃木県／宇都宮市

宇都宮市やさしさをはぐくむ福祉のまちづくり条例
2000年（平成12年）4月1日施行　同施行規則　2000年（平成12年）10月1日施行

きめ細かな整備基準で福祉のまちづくり／銀行、葬祭場、集会場など広さに関わりなく対象に

宇都宮市は、3月に制定した福祉のまちづくり条例の第4章に係る施設整備基準を10月から施行した。特徴は県の同趣旨の条例よりきめ細かな基準作りにある。

冠婚葬祭場、火葬場、銀行、集会施設などは、他の自治体では一定の広さ以上の施設を対象としている場合が多いが、宇都宮市は規模に係り無く対象とすることで対象施設の範囲が広がっている。対象施設の規模については、劇場、映画館などは100平方メートル以上、百貨店・マーケットなどは300平方メートル以上を対象とするなど市の実情に合わせて規模の設定を行なっている。

又、歩道の整備基準を原則フラットとし、横断勾配は2％以下と定めた。歩道と車道の明確な分離や段差は2センチ以下、車椅子等の車輪などが落ち込まないように規定するなどきめ細かな内容となっている。独自の規定として障害者に配慮したサービス内容の表示なども盛り込まれている。

栃木県・宇都宮市

市役所：〒320-8540　栃木県宇都宮市旭1-1-5　（下車駅　宇都宮線　宇都宮駅）　電話（028）632-2222	人　　口：438,680人　世帯数：165,214世帯　面　　積：312.16km²　人口密度：1,405人/km²　特産品：宇都宮牛、大谷石、ふくべ細工　観　　光：大谷地区（大谷石採石跡）

宇都宮市やさしさをはぐくむ福祉のまちづくり条例

第1章　総則

（目的）

第1条　この条例は、高齢者、障害者及び児童をはじめとするすべての市民が個人として尊重され、様々な社会活動に主体的に参加できるよう、市民、事業者及び市の責務を明らかにするとともに、それぞれが相互に協力及び連携をして、笑顔でことばを交わし、健康でいきいきと暮らせるやさしさをはぐくむ福祉のまちづくり（以下「福祉のまちづくり」という。）を推進し、もって市民福祉の増進に資することを目的とする。

（定義）

第2条　この条例において、次の各号に掲げる用語の意義は、それぞれ当該各号に定めるところによる。

(1) 高齢者等　高齢者、障害者その他日常生活又は社会生活に身体等の機能上の制限を受ける者をいう。

(2) 公共的施設　病院、劇場、百貨店、ホテル、集会場、公共交通機関の施設、道路、公園その他の不特定かつ多数の者の利用に供する施設で規則で定めるもの及びこれらに付帯する施設をいう。

(3) 公共車両等　一般旅客の用に供する鉄道の車両及び自動車をいう。

（市民の責務）

第3条　市民は、福祉のまちづくりについて理解を深め、主体的かつ積極的に福祉のまちづくりの推進に努めなければならない。

2　市民は、それぞれが相互に協力して、福祉のまちづくりの推進に努めなければならない。

3　市民は、市がこの条例に基づき実施する福祉のまちづくりに関する施策に協力しなければならない。

（事業者の責務）

第4条　事業者は、地域社会を構成する一員として、福祉のまちづくりについて理解を深め、積極的に福祉のまちづくりの推進に努めなければならない。

2　事業者は、他の事業者と協力して、福祉のまちづくりの推進に努めなければならない。

3　事業者は、市がこの条例に基づき実施する福祉のまちづくりに関する施

策に協力しなければならない。

4 事業者は、この条例の趣旨にのっとり、市が実施する事業について、この条例の趣旨にのっとり、高齢者、障害者等の安全かつ円滑な利用に供するため、必要な措置を講ずるよう努めなければならない。

(市の責務)
第5条 市は、この条例の目的を達成するため、補祉のまちづくりに関する施策を策定し、実施する責務を有する。

2 市は、市民及び事業者が行う福祉のまちづくりに関する活動、公共的施設の整備その他の福祉のまちづくりの推進について、その自主性を尊重するとともに、必要に応じて支援するよう努めるものとする。

3 市は、この条例の趣旨にのっとり、自ら所有し、又は管理する公共的施設について、高齢者、障害者等の安全かつ円滑な利用に供するため、必要な措置を講ずるよう努めるものとする。

(市民、事業者及び市の協力及び連携)
第6条 市民、事業者及び市は、それぞれが相互に協力及び連携をして、一体となって福祉のまちづくりを推進するものとする。

2 市は、市民及び事業者と協力及び連携をして、福祉のまちづくりを推進する体制を整備するものとする。

第2章 福祉のまちづくりに関する施策の推進

(計画の策定)
第7条 市長は、福祉のまちづくりに関する施策の総合的かつ計画的な推進を図るため、必要な計画を定めるものとする。

2 前項の計画は、高齢者、障害者が住み慣れた地域において自立した生活を営み、積極的に社会参加ができるよう保険福祉に関する効果的なサービスの提供が図られるものでなければならない。

(意識の高揚)
第8条 市は、市民及び事業者が自主的に福祉のまちづくりに関する活動に取り組むよう意識の高揚に努めるものとする。

(福祉に関する教育の充実)
第9条 市は、高齢者、障害者等に対する思いやりのある福祉の心をはぐくむため、福祉に関する教育の充実に努めるものとする。

(生涯学習の機会の確保)
第10条 市は、高齢者、障害者等が生きがいを持って、豊かな生活を送ることができるよう生涯学習の機会の確保に努めるものとする。

(情報の提供)
第11条 市は、市民及び事業者の福祉のまちづくりに関する自主的な活動を促進するため、情報の提供に努めるものとする。

(表彰)
第12条 市長は、福祉のまちづくりの推進について著しい功績のあると認められる者又は福祉のまちづくりの模範となる優良な事例に係るものに対し、宇都宮市表彰条例(平成十二年条例第7号)の規定により、表彰するものとする。

第3章 市民福祉の増進

(健康の保持及び増進)
第13条 市民は、健康に関する意識を高め、自らの健康の保持及び増進に努めるものとする。

2 事業者は、その事業のために雇用している者の健康の保持及び増進に努めるものとする。

3 市は、市民が健康に関する意識を高め、健康の保持及び増進に努めることができるよう必要な施策を講ずるものとする。

(児童の健全育成)
第14条 市民は、児童が心身ともに健やかに育つよう子育てに関する家庭環境を整備するとともに、地域における子育ての支援その他の事業者のために雇用している者の子育て及び地域における子育ての支援に努めるものとする。

2 事業者は、児童が心身ともに健やかに育つよう、その事業のために雇用している者の子育て及び地域における子育ての支援に努めるものとする。

3 市は、児童が心身ともに健やかに育ち、幸せな生活が送れるよう必要な施策を講ずるものとする。

(就業機会の確保)
第15条 事業者は、高齢者及び障害者の就業機会の確保に努めるとともに、その雇用する高齢者及び障害者に係る職場環境の整備に努めるものとする。

2 市は、高齢者及び障害者がその意欲と能力に応じて就業する機会が確保されるよう必要な施策を講ずるものとする。

(ボランティア活動への参加及び支援)

第16条　市民及び事業者は、福祉のまちづくりに関するボランティア活動に積極的に参加するよう努めるものとする。

2　市は、市民及び事業者が行う福祉のまちづくりに関するボランティア活動を支援するため、必要な施策を講ずるものとする。

第4章　公共的施設の整備

（整備基準）

第17条　市長は、公共的施設の構造及び設備の整備について、高齢者、障害者等が安全かつ円滑に当該施設を利用できるよう必要な基準（以下「整備基準」という。）を定めるものとする。

2　整備基準は、出入口、廊下、階段、昇降機、便所、駐車場その他の市長が必要と認めるものについて、公共的施設の区分に応じて規則で定めるものとする。

（整備基準の遵守）

第18条　公共的施設の新設又は改修（建築物にあっては、増築、改築、建築基準法（昭和二十五年法律第201号）第2条第14号に規定する大規模の修繕又は同法第15号に規定する大規模の模様替えをいい、用途の変更を含む。以下同じ。）をしようとする者（改修により、公共的施設に該当することとなる当該施設の改修をしようとする者以上に高齢者、障害者等が安全かつ円滑に利用できる場合、当該施設における地形、構造の状況から整備基準による新設又は改修が著しく困難である場合その他これらに準ずる場合で、市長が特に認めるときは、この限りでない。

（既存の公共的施設の整備）

第19条　この章の規定の施行の際、現に存する公共的施設を所有し、若しくは管理する者、又は現に公共的施設の新設若しくは改修を行っている者は、当該施設を整備基準に適合させるよう努めなければならない。

（維持保全）

第20条　整備基準に適合した公共的施設を所有し、又は管理する者は、当該施設を引き続き当該整備基準に適合した状態に維持し、保全するよう努めなければならない。

（事前協議）

第21条　公共的施設のうち規則で定める種類及び規模に該当する施設（以下「特定施設」という。）の新設又は改修（改修により、特定施設に該当することとなる当該施設の改修を含む。以下同じ。）をしようとする者は、あらかじめ当該施設の構造及び整備に係る当該施設の構造及び整備について、規則で定めるところにより、市長と協議しなければならない。協議した内容を変更しようとするときも、同様とする。

2　前項の協議（以下「事前協議」という。）は、特定施設の区分に応じ、規則で定める日までに開始しなければならない。

3　市長は、事前協議に係る特定施設が整備基準に適合するかどうかの検査を行うものとする。

（工事完了の届出）

第22条　事前協議をした者は、当該協議に係る工事が完了したときは、規則で定めるところにより、速やかにその旨を市長に届け出なければならない。

（完了検査）

第23条　市長は、前項の届出があったときは、当該検査に係る特定施設が整備基準に適合するかどうかの検査を行うものとする。

2　市長は、前項の検査の結果、当該検査に係る特定施設が整備基準に適合していないと認めるときは、前条の届出をした者に対し、必要な指導又は助言をすることができる。

（適合証の交付）

第24条　市長は、前条第1項の検査の結果、当該検査に係る特定施設が整備基準に適合していると認めるときは、第22条の届出をした者に対し、整備基準に適合していることを証する証票（以下「適合証」という。）を交付する。

2　前項に定める場合を除くほか、公共的施設の所有者等は、規則で定めるところにより、市長に対し、適合証の交付を請求することができる。

3　市長は、前項の請求があった場合において、当該請求に係る公共的施設が整備基準に適合していると認めるときは、当該請求をした者に対し、適合証を交付する。

（勧告）

第25条　市長は、第21条第2項の規則で定める日までに事前協議を行わずに

特定施設の新設又は改修に着手した者に対して、直ちに当該協議を行うよう勧告することができる。

2　市長は、事前協議を行った者が当該協議に係る特定施設の新設又は改修を行った場合において、工事の内容が当該協議と異なり、かつ、当該施設が整備基準に適合しないと認めるときは、当該協議の内容に従った工事を行うことその他規則で定めるところにより、当該協議の内容に応ずるよう必要な措置を講ずるよう勧告することができる。

（公表）
第26条　前条の勧告を受けた者が正当な理由なく当該勧告に従わないときは、宇都宮市行政手続条例（平成八年条例第41号）第35条の規定により、その事実等を公表するものとする。

（立入調査等）
第27条　市長は、この条例の施行に必要な限度において、特定施設を設置し、若しくは管理する者又は新設し、若しくは改修しようとする者に対し、必要な報告を求め、又は当該職員に当該施設若しくはその工事現場に立ち入らせ、整備基準への適合状況を調査させ、若しくは関係者に質問させることができる。

2　前項の規定により立入調査又は質問をする職員は、その身分を示す証明書を携帯し、関係者の請求があったときは、これを提示しなければならない。

3　第1項の規定による立入調査又は質問の権限は、犯罪捜査のために認められたものと解釈してはならない。

第5章　公共交通手段及び住環境の整備

（公共交通手段の整備）
第28条　公共車両等を所有し、又は管理する者は、当該公共車両等について、高齢者、障害者等が安全かつ円滑に利用できるよう必要な整備に努めなければならない。

2　公共車両等を所有し、又は管理する者は、当該公共車両等を運行するに当たり、高齢者、障害者等が安全かつ円滑に当該車両等を利用できるよう案内標示設備の設置その他の必要な整備に努めなければならない。

（住環境の整備）
第29条　市民は、その所有する住宅について、当該住宅に居住する高齢者、障害者等が当該住宅を安全かつ円滑に使用できるよう配慮し、構造及び整備に関する必要な整備に努めなければならない。

2　住宅を供給する事業者は、高齢者、障害者等が安全かつ快適に利用できるよう配慮された住宅の供給に努めなければならない。

第6章　委任

第30条　この条例に定めるもののほか、この条例の施行について必要な事項は、市長が定める。

附　則
この条例は、平成十二年四月一日から施行する。ただし、第4章及び第5章の規定は、平成十二年十月一日から施行する。

宇都宮市やさしさをはぐくむ福祉のまちづくり条例施行規則

（趣旨）
第1条　この規則は、宇都宮市やさしさをはぐくむ福祉のまちづくり条例（平成十二年条例第18号。以下「条例」という。）第30条の規定に基づき、条例の施行について、必要な事項を定めるものとする。

（公共的施設）
第2条　条例第2条第2号に規定する不特定かつ多数の者の利用に供する施設で規則で定めるものは、別表第1各項の表左欄に掲げる施設とする。

（整備基準）
第3条　条例第17条第2項の規定による整備基準は、別表第2のとおりとする。

（特定施設）
第4条　条例第21条第1項に規定する規則で定める種類及び規模に該当する施設は、別表第1各項の表左欄に掲げる施設のうち当該右欄に定める規模に該当するものとする。

（事前協議）
第5条　条例第21条第1項の規定による特定施設新設事前協議書を、同項後段の協議にあっては特定施設変更事前協議書を市長に提出して行うものとする。

2 前項のそれぞれの協議書には、次の各号に掲げる図書を添付しなければならない。

(1) 整備項目表

(2) 別表第3各項の区分に応じ、同項の表左欄に掲げる図書で、当該右欄に定める事項が明示されたもの（協議した内容を変更しようとする場合にあっては、当該変更に係るものに限る。）

3 条例第21条第2項に規定する規則で定める日は、次の各号に掲げる特定施設について、それぞれ該当各号に定める日とする。

(1) 建築基準法（昭和二五年法律第201号）第6条第1項及び第2項において準用する場合を含む。）の規定に基づく確認の申請（この号において「確認申請」という。）を要する特定施設　確認申請をする予定日の30日前の日

(2) 前号以外の特定施設　新設又は改修工事に着手する予定日の30日前の日

（工事完了の届出）

第6条　条例第22条の規定による届出は、工事完了届出書によるものとする。

（適合証の交付請求等）

第7条　条例第24条第2項の規定による請求は、適合証交付請求書によるものとする。

2 前項の請求書には、第5条第2項各号に掲げる図書を添付しなければならない。

3 適合証の証票の図柄は、市長が告示して定めるものとする。

4 適合証の交付を受けた者は、その適合証を当該特定施設を利用する者が見やすい場所に掲示するものとする。

（勧告）

第8条　市長は、条例第25条第2項の勧告をしようとするときは、あらかじめ、事前協議を行った者から必要な意見を聴くものとする。

2 条例第25条第2項の勧告は、事前行儀を行った者に対し、事前協議に係る特定施設について、その協議の内容と異なり、かつ、整備基準に適合しない工事個所を明示した上で、書面に通知することにより行うものとする。

（様式）

第9条　この規則に規定する協議書等の様式は、別に定める。

第10条　この規則に定めるもののほか必要な事項は、別に定める。

附　則

この規則は、平成12年10月1日から施行する。

別表第1（第2条、第4条関係）
1 建築物

施 設 の 種 類	施 設 の 規 模
(1) 病院又は診療所	すべての規模
(2) 劇場、観覧場、映画館又は演劇場	当該用途に供する部分の床面積の合計が100平方メートル以上
(3) 集会場又は公会堂	すべての規模
(4) 展示場	当該用途に供する部分の床面積の合計が1,000平方メートル以上
(5) 薬局	すべての規模
(6) 百貨店、マーケットその他の物品販売業を営む店舗	当該用途に供する部分の床面積の合計が300平方メートル以上
(7) ホテル又は旅館	当該用途に供する部分の床面積の合計が1,000平方メートル以上
(8) 老人福祉施設等の社会福祉施設	すべての規模
(9) 体育施設、ボーリング場又は遊技場その他これらに類する施設	当該用途に供する部分の床面積の合計が1,000平方メートル以上
(10) 博物館、美術館又は図書館	すべての規模
(11) 公衆浴場	当該用途に供する部分の床面積の合計が1,000平方メートル以上
(12) 飲食店	当該用途に供する部分の床面積の合計が300平方メートル以上
(13) 理容所、美容所、クリーニング取次店その他これらに類するサービス業を営む店舗	当該用途に供する部分の床面積の合計が100平方メートル以上
(14) 銀行、信用金庫その他これらに類する金融機関の店舗	すべての規模
(15) 公共交通機関の建築物で旅客の乗降又は待合いの用に供するもの	すべての規模
(16) 一般公共の用に供される自動車車庫	当該用途に供する部分の床面積の合計が500平方メートル以上
(17) 公衆便所	すべての規模
(18) 郵便局	すべての規模
(19) ガス事業、電気事業、電気通信事業の営業所又は事務所その他これらに類する公益上必要な建築物	すべての規模
(20) 官公庁の庁舎	すべての規模
(21) 学校	すべての規模
(22) 工場	当該用途に供する部分の床面積の合計が2,000平方メートル以上。ただし、見学のための施設を有するものは、すべての規模
(23) 事務所（第19号に規定する事務所を除く。）	当該用途に供する部分の床面積の合計が1,000平方メートル以上
(24) 共同住宅	1棟が51戸以上
(25) 火葬場	すべての規模
(26) 冠婚葬祭施設	すべての規模
(27) 前各号（第24号を除く。）のそれぞれの施設の用途のうち2以上の異なる用途に供する施設	当該用途に供する部分の床面積の合計が1,000平方メートル以上

2 公園等

施　設　の　種　類	施　設　の　規　模
(1) 公園	すべての規模
(2) 遊園地、動物園又は植物園	すべての規模

3 道路

施　設　の　種　類	施　設　の　規　模
道路（道路法（昭和27年法律第180号）第2条第1項に規定する道路（自動車のみの一般交通の用に供するものを除く。）に限る。）	すべての規模

4 建築物以外の公共交通機関の施設

施　設　の　種　類	施　設　の　規　模
鉄道の駅舎	すべての規模

5 建築物以外の路外駐車場

施　設　の　種　類	施　設　の　規　模
路外駐車場（駐車場法（昭和32年法律第106号）第2条第2号に規定する路外駐車場（機械式駐車場を除く。）に限る。）	当該用途に供する部分の床面積の合計が500平方メートル以上

別表第2（第3条関係）

1 建築物

整 備 箇 所	整 備 基 準
1 出入口	直接地上へ通ずる出入口及び駐車場へ通ずる出入口並びに各室の出入口のうち、それぞれ1以上の出入口は、次に定めに構造とすること。 (1) 幅は、内法を80センチメートル以上にすること。 (2) 戸を設ける場合においては、当該戸は、自動的に開閉する構造又は車いすを使用している者（以下「車いす使用者」という。）が円滑に開閉して通過できる構造とすること。 (3) 車いす使用者が通過する際に支障となる段を設けないこと。
2 廊下その他これに類するもの 　（以下「廊下等」という。）	(1) 表面は、粗面とし、又は滑りにくい材料で仕上げること。 (2) 段を設ける場合においては、当該段は、次項に定める構造に準じたものとすること。 (3) 直接地上へ通ずる前項に定める構造の各出入口又は駐車場へ通ずる前項に定める構造の各出入口から利用者の用に供する室の前項に定める構造の各出入口に至る経路のうち、それぞれ1以上の経路においては、廊下等を次に定める構造とすること。この場合において、4の項に定める構造のエレベーターが設置されているときは、当該1以上の経路は、当該エレベーターの昇降路を含むものとすること。 　ア 幅は、内法を120センチメートル以上とすること。 　イ 廊下等は末端の付近の構造は、車いすの転回に支障のないものとし、かつ、区間50メートル以内ごとに車いすが転回することができる構造の部分を設けること。 　ウ 高低差がある場合においては、第5号に定める構造の傾斜路及びその踊場又は車いす使用者用特殊構造昇降機を設けること。 　エ 前項に定める構造の出入口並びに4の項に定める構造のエレベーター及び車いす使用者用特殊構造昇降機の昇降路の出入口に接する部分は、水平とすること。 　オ 手すりを設けるよう努めること。 (4) 直接地上へ通ずる出入口のうち1以上の出入口から人又は標識により視覚障害者に建築物全体の利用に関する情報提供を行うことができる場所（以下「受付等」という。）までの廊下等には、視覚障害者を誘導するための床材（周囲の床材の色と明度の差が大きい色（黄色を原則とする。）で、一の床材の大きさが縦横30センチメートルであるものを原則とする。以下「誘導用床材」という。）を敷設し、又は音声により視覚障害者を誘導する装置その他これに代わる装置を設けること。ただし、直接地上へ通ずる出入口において、常時勤務する者により視覚障害者を誘導することができる場合その他視覚障害者の誘導上支障のない場合においては、この限りでない。 (5) 廊下等に設けられる傾斜路及びその踊場は、次に定める構造とすること。 　ア 幅は、内法を120センチメートル（段を併設する場合にあっては、90センチメートル）以上とすること。 　イ 勾配は、12分の1（傾斜路の高さが16センチメートル以下の場合にあっては、8分の1）を超えないこと。 　ウ 高さが75センチメートルを超える傾斜路にあっては、高さ75センチメートル以内ごとに踏幅150センチメートル以上の踊場を設けること。 　エ 傾斜路には、手すりを設けること。 　オ 表面は、粗面とし、又は滑りにくい材料で仕上げること。 　カ 傾斜路は、その踊場及び当該傾斜路に接する廊下等の色と明度の差の大きい色とすること等により、これらと識別しやすいものとすること。 　キ 傾斜路の上端に近接する廊下等及び踊場の部分には、視覚障害者の注意を喚起するための床材（周囲の床材の色と明度の差の大きい色（黄色を原則とする。

		で、一の床材の大きさが縦横30センチメートルであるものを原則とする。以下「注意喚起用床材」という。）を敷設すること。
3	階段（その踊場を含む。以下同じ。）	直接地上へ通ずる出入口がない階に通ずる階段は、次に定める構造（当該公共的施設が一般公共の用に供される自動車車庫である場合にあっては、第5号を除く。）とすること。 (1) 手すりを設けること。 (2) 主たる階段には、回り階段を設けないこと。ただし、建築物の構造上回り段を設けない構造とすることが困難な場合においては、この限りでない。 (3) 表面は、粗面とし、又は滑りにくい材料で仕上げること。 (4) 踏面の色をけあげの色と明度の差の大きいものとすること等により、段を識別しやすいものとし、かつ、つまずきにくい構造とすること。 (5) 階段の上端に接近する廊下等及び踊場の部分には、注意喚起用床材を敷設すること。
4	エレベーター	(1) 直接地上へ通ずる出入口がない階を有する公共的施設で、用途面積の合計が2,000平方メートル以上のものには、かごが当該階（専ら駐車場の用に供される階にあっては、当該駐車場に車いす使用者が円滑に利用できる部分（以下「車いす使用者用駐車場施設」という。）が設けられている階に限る。）に停止する次に定める構造のエレベーターを設けること。ただし、当該階において提供されるサービス又は販売される物品を高齢者、障害者等が享受又は購入することができる措置を講ずる場合においては、この限りでない。 　ア　かごの床面積は、1.83平方メートル（共同住宅等でトランク付きエレベーターが設けられる場合においては、1.59平方メートル）以上とすること。 　イ　かごの奥行きは、内法を135センチメートル以上とすること。 　ウ　かごの平面形状は、車いすの転回に支障がないものとすること。 　エ　かご内には、かごが停止する予定の階を表示する装置及びかごの現在位置を表示する装置を設けること。 　オ　かご内には、かごが到着する階並びにかご及び昇降路の出入口の戸の閉鎖を音声により知らせる装置を設けること。 　カ　かご及び昇降路の出入口の幅は、それぞれ内法を80センチメートル以上とすること。 　キ　かご内及び乗降ロビーには、車いす使用者が利用しやすい位置に制御装置を設けること。 　ク　かご内及び乗降ロビーに設ける制御装置（車いす使用者用に設けるものを除く。）は、視覚障害者が円滑に操作できる構造とすること。 　ケ　乗降ロビーの幅及び奥行きは、それぞれ内法を150センチメートル以上とすること。 　コ　乗降ロビーには、到着するかごの昇降方向を音声により知らせる装置を設けること。ただし、かご内に、かご及び昇降路の出入口の戸が開いた時にかごの昇降方向を音声により知らせる装置が設けられている場合においては、この限りでない。 (2) 前号本文に規定する施設以外の公共的施設については、高齢者、障害者等が円滑に利用できる構造のエレベーターを設けるよう努めること。
5	便所	(1) 便所を設ける場合においては、次に定める基準に適合する便所を1以上（男子用及び女子用の区分があるときは、それぞれ1以上）設けること。 　ア　車いす使用者が円滑に利用することができるよう十分な床面積が確保され、かつ、腰掛便座、手すり等が適切に配置されている便房（以下「車いす使用者用便房」という。）が設けられていること。 　イ　車いす使用者用便房の出入口及び当該便房のある便所の出入口の幅は、内法を80センチメートル以上とすること。

		ウ 車いす使用者用便房の出入口及び当該便房がある便所の出入口に戸を設ける場合においては、当該戸は、車いす使用者が円滑に開閉して通過できる構造とすること。 エ 車いす使用者用便房のある便所の出入口付近には、当該便房を設置した旨を見やすい方法により表示するよう努めること。 (2) 男子用小便器のある便所を設ける場合においては、床置式の小便器がある便所を1以上設けること。
6	駐車場	(1) 駐車場には、次に定める基準に適合する車いす使用者用駐車施設を設けること。 ア 車いす使用者用駐車施設は、当該車いす使用者用駐車施設へ通ずる1の項に定める構造の出入口から当該車いす使用者用駐車施設に至る経路(次号に定める構造の駐車場内の通路又は7の項第1号から第3号までに定める構造の敷地内の通路を含むものに限る。)の距離ができるだけ短くなる位置に設けること。 イ 幅は、350センチメートル以上とすること。 ウ 車いす使用者用である旨を見やすい方法により表示すること。 (2) 車いす使用者用駐車施設へ通ずる出入口から車いす使用者用駐車施設に至る駐車場内の通路は、7の項第1号から第3号までに定める構造とすること。 (3) 道路から駐車場へ通ずる出入口には、車いす使用者用駐車施設がある旨を見やすい方法により表示するよう努めること。
7	敷地内の通路	(1) 表面は、粗面とし、又は滑りにくい材料で仕上げること。 (2) 段を設ける場合においては、当該段は、3の項第1号から第4号までに定める構造に準じたものとすること。 (3) 直接地上へ通ずる1の項に定める構造の各出入口から当該公共的施設の敷地の接する道若しくは空地(建築基準法第43条第1項ただし書に規定する空地に限る。以下これらを「道等」という。)又は車いす使用者用駐車施設に至る敷地内の通路のうち、それぞれ1以上の敷地内の通路は、次に定める構造とすること。ただし、地形の特殊性により当該構造とすることが著しく困難であり、直接地上へ通ずる1の項に定める構造の出入口から道等に至る車路を設ける場合における当該出入口から道等に至る敷地内の通路については、この限りでない。 ア 幅は、内法を120センチメートル以上すること。 イ 高低差がある場合においては、第5号に定める構造の傾斜路及びその踊場又は車いす使用者用特殊構造昇降機を設けること。 (4) 公共的施設(一般公共の用に供される自動車車庫を除く。)の直接地上へ通ずる各出入口から道等に至る敷地内の通路のうち、それぞれ1以上の敷地内の通路は、次に定める構造とすること。 ア 誘導用床材を敷設し、又は音声により視覚障害者を誘導する装置その他これに代わる装置を設けること。 イ 車路に接する部分、車路を横断する部分並びに傾斜路及び段の上端に近接する敷地内の通路及び踊場の部分には、注意喚起用床材を施設すること。 (5) 敷地内の通路に設けられる傾斜路及びその踊場は、2の項第5号アからオまでに定める構造とし、かつ、傾斜路は、その踊場及び当該傾斜路に接する敷地内の通路の色と明度の差の大きい色とすること等により、これらと識別しやすいものとすること。
8	洗面所	洗面所を設ける場合においては、次に定める基準に適合する洗面所を1以上設けること。 (1) 床面は、粗面とし、又は滑りにくい材料で仕上げること。 (2) 車いす使用者の利用に配慮した高さとし、かつ、その下部に車いす使用者が利用しやすい空間を設けること。 (3) 水栓は、容易に操作できるものとするよう努めること。
9	共同浴室	浴室を設ける場合(居室又は客室の内部に設ける場合を除く。)においては、次

		に定める構造の浴室を1以上設けること。 (1) 高齢者、障害者等が円滑に利用できるよう十分な床面積を確保すること。 (2) 浴槽、手すり等を高齢者、障害者等の利用に配慮したものとすること。 (3) 脱衣場及び洗い場の出入口の幅は、内法を80センチメートル以上とすること。 (4) 脱衣場及び洗い場の出入口には、車いす使用者が通過する際に支障となる段を設けないこと。 (5) 床面は、滑りにくい材料で仕上げること。 (6) 水栓は、容易に操作できるものとするよう努めること。 (7) 高齢者、障害者等が容易に操作できるよう配慮された非常通報装置を設けるよう努めること。
10	更衣室及びシャワー室（以下「更衣室等」という。）	更衣室等を設ける場合（居室又は客室の内部に設ける場合を除く。）には、次に定める構造の更衣室等を1以上（男子用及び女子用の区分があるときは、それぞれ1以上）設けること。 (1) 高齢者、障害者等が円滑に利用できるよう十分な床面積を確保すること。 (2) 腰掛台、手すり等を高齢者、障害者等の利用に配慮したものとすること。 (3) 更衣ブース及びシャワーブースの出入口の幅は、内法を80センチーメトル以上とすること。 (4) 更衣ブース及びシャワーブースの出入口には、車いす使用者が通過する際に支障となる段を設けないこと。 (5) 床面は、滑りにくい材料で仕上げること。 (6) 水栓は、容易に操作できるものとするよう努めること。 (7) 高齢者、障害者等が容易に操作できるよう配慮された非常通報装置を設けるよう努めること。
11	客席及び観客席（以下「客席等」という。）	(1) 客席等（固定式のものに限る。以下同じ。）を有する公共的施設には、次に定める構造の車いす使用者が利用できる部分（以下「車いす使用者用席」という。）を客席等の総数が500以下の場合にあっては2以上、500を超える場合にあってはその総数に500分の1を乗じて得た数（小数点以下の端数が生じた場合は、その端数は切り捨てるものとする。）に2を加えて得た数以上設けること。 　ア　1席当たり幅90センチメートル以上、奥行き110センチメートル以上とすること。 　イ　床面は、滑りにくい材料で仕上げ、かつ、水平とすること。 　ウ　車いす使用者用席の後方に車いす使用者の出入り及び転回に支障のない部分を設けること。 (2) 客席等のある室の1の項に定める構造の出入口から前号に定める構造の車いす使用者用席に至る通路のうち、1以上の通路は、次に定める構造とすること。 　ア　幅は、内法を120センチメートル以上とすること。 　イ　高低差がある場合には、2の項第5号アからウまで及びオに定める構造の傾斜路及びその踊場を設けること。 (3) 難聴者の聴力を補う集団補聴装置等を設けるよう努めること。
12	受付カウンター及び記載台（以下「受付カウンター等」という。）	(1) 受付カウンター等を設ける場合においては、車いす使用者の利用に配慮した高さとし、かつ、その下部に車いす使用者が利用しやすい空間を設けた受付カウンター等を1以上設けるよう努めること。 (2) 利用者の呼出しを行う受付カウンター等には、音声によるほか、文字による呼出し装置を設けるよう努めること。
13	公衆電話所	公衆電話所に設ける場合においては、当該公衆電話所は、次に定める構造とするよう努めること。 (1) 公衆電話機を設置するための台のうち1以上のものは、車いす使用者の利用に配慮した高さとし、かつ、その下部に車いす使用者が利用しやすい空間を設けること。

		(2) 公衆電話所に出入口を設ける場合においては、当該出入口は、1の項に定める構造に準じたものとすること。 (3) 難聴者及び視覚障害者に対応した公衆電話機及び公衆ファクシミリを設けること。
14	休憩所	別表第1第1項の表に掲げる建築物のうち、第1号から第4号まで、第6号、第9号から第11号まで、第13号から第15号まで、第18号から第23号まで及び第25号から第27号までの施設には、休憩用の施設を設けるよう努めること。
15	授乳場所	別表第1第1項の表に掲げる建築物のうち、第6号の施設、第9号の施設のうち体育館、第10号の施設、第20号の施設のうち保健所及び保健センター並びに第27号の施設のうちこれらの施設を含むものには、ベビーベッド、いすその他授乳等に必要な設備を設けるよう努めること。
16	水飲器	水飲器を設ける場合においては、当該水飲器は、次に定める構造とするよう努めること。 (1) 水飲器のうち1以上のものは、車いす使用者の利用に配慮した高さとし、かつ、その下部に車いす使用者が利用しやすい空間を設けること。 (2) 給水栓は、容易に操作できるものとすること。 (3) 車いす使用者の利用に配慮した空間を水飲器の周囲に確保すること。
17	券売機及び自動販売機(以下「券売機等」という。)	券売機等を設ける場合においては、当該券売機等は、次に定める基準に適合するよう努めること。 (1) 車いす使用者が円滑に利用できるよう配慮した券売機等を1以上設けること。 (2) 運賃等を点字で表示する等視覚障害者が円滑に利用できるよう配慮した券売機等を1以上設けること。
18	案内表示	(1) 案内表示を設ける場合においては、当該案内表示は、高齢者、障害者等が確実に目的の場所に到達できるよう設置箇所、表記方法等に配慮したものとするよう努めること。 (2) 手話通訳等の聴覚障害者及び視覚障害者等に配慮したサービスが受けられる場合においては、その旨を見やすい方法により表示するよう努めること。
19	警報装置及び避難設備	火災等の非常事態を知らせる警報装置又は火災等における避難設備を設ける場合においては、当該警報装置又は避難設備は、光、音その他の方法により、聴覚障害者及び視覚障害者等に非常事態を知らせることができるものとするよう努めること。
20	客室	ホテル又は旅館にあっては、次に定める構造の客室を1以上設けること。 (1) 車いす使用者が円滑に利用することができるよう十分な床面積を確保し、かつ、手すりを適切に配置すること。 (2) 5の項第1号アからウに定める車いす使用者用便房を設けること。 (3) 車いす使用者が円滑に利用することができる浴室を設けること。ただし、当該客室のあるホテル又は旅館に9の項に定める構造の共同浴室を設ける場合においては、この限りでない。
21	改札口及び商品等の代金を支払うレジ等の場所における通路(以下「改札口等」という。)	改札口等を設ける場合においては、次に定める構造の改札口等を1以上設けること。 (1) 幅は、内法を80センチメートル以上とすること。 (2) 車いす使用者が通過する際に支障となる段を設けないこと。 (3) 床面は、粗面とし、又は滑りにくい材料で仕上げること。
22	エスカレーター	エスカレーターを設ける場合においては、当該エスカレーターは、次に定める構造とするよう努めること。 (1) ステップの水平部分は、3枚以上とすること。 (2) 乗降口の両側に設ける移動手すりの水平部分の長さは、ステップの前後それぞれ120センチメートル以上とすること。

2 公園等

整備箇所	整備基準
1 出入口	公園の1以上の出入口は、次に定める構造とすること。 (1) 路面は、粗面とし、又は滑りにくい材料で仕上げること。 (2) 原則として、車いす使用者が通過する際に支障となる段を設けないこと。ただし、やむを得ず段を設ける場合においては、当該段差を2センチメートル以下とし、又は勾配10パーセント以下の傾斜路を設けること。 (3) 幅は、内法で80センチメートル以上とすること。 (4) 必要に応じて、誘導用床材及び注意喚起用床材を敷設すること。
2 園路	1の項に定める構造の出入口に通ずる園路のうち主要な園路は、次に定める構造とすること。 (1) 路面は、滑りにくい材料で仕上げ、かつ、平たんとすること。 (2) 段を設ける場合においては、当該段は、次に定める構造とすること。 　ア　第1項の表の3の項に定める構造に準じた構造とすること。 　イ　第1項の表の2の項第3号ウに定める構造に準じた構造の傾斜路及び踊場を併設すること。 (3) 幅は、120センチメートル以上すること。 (4) 縦断勾配は、8.5パーセント以下とすること。 (5) 必要に応じて、誘導用床材及び注意喚起用床材を敷設すること。 (6) 園路に排水溝を設ける場合においては、車いす車輪及び杖等が落ち込まない構造とすること。
3 階段	階段を設ける場合においては、当該階段は、次に定める構造とする。 (1) 手すりを設けること。 (2) 表面は、粗面とし、滑りにくい材料で仕上げる。 (3) 必要に応じて、誘導用床材及び注意喚起用床材を敷設すること。
4 案内表示	(1) 案内表示を設ける場合においては、当該案内表示は、高齢者、障害者等が確実に目的の場所に到達できるよう設置箇所、表記方法等に配慮したものとするよう努めること。 (2) 手話通訳等の聴覚障害者及び視覚障害者等に配慮したサービスが受けられる場合においては、その旨を見やすい方法により表示するよう努めること。
5 便所	便所を設ける場合においては、第1項の表の5の項に定める構造に準じた構造とすること。
6 駐車場	駐車場を設ける場合においては、第1項の表の6の項に定める構造に準じた構造とすること。
7 水飲器	水飲器を設ける場合においては、第1項の表の16の項に定める構造に準じた構造とすること。
8 ベンチ	必要に応じて、高齢者、障害者等の休憩用の施設としてベンチを設けること。

3 道路

整備箇所	整備基準
1 歩道	(1) 歩道を設ける場合においては、次に定める構造とすること。 　ア　歩道は、原則としてフラット構造とする。ただし、これにより難い場合においては、すりつけ部の縦断勾配の5パーセント（沿道の状況等によりやむを得ない場合にあっては、8パーセント）以下とし、車両が歩道を横断する部分は、歩道が平たんとなる部分を設けるよう配慮すること。 　イ　路面は、平たんで滑りにくい材料で仕上げ、かつ、横断勾配2パーセント以下とすること。

		ウ 歩道の幅員は、原則として200センチメートル以上とすること。 エ 歩道と車道は、構造上明確に分離すること。 オ 歩道の巻込部並びに横断歩道における歩道と車道とのすりつけ部及び横断歩道における中央分離帯と車道とのすりつけ部の段差は、2センチメートル以下とし、かつ、車いす使用者が通過する際に支障とならないものとすること。 カ 必要に応じて、誘導用床材及び注意喚起用床材を敷設すること。 (2) 歩道等に排水溝を設ける場合においては、車いすの車輪及び杖等が落ち込まない構造とすること。
2	横断歩道橋及び地下横断歩道(以下「立体横断施設」という。)	立体横断施設を設ける場合においては、次に定める構造とすること。 (1) 階段、傾斜路及び踊場の両側には、手すりを設けること。 (2) 階段には、回り段を設けないこと。 (3) 表面は、粗面とし、又は滑りにくい材料で仕上げること。 (4) 必要に応じて、階段の上端に近接する歩道等、傾斜路及び踊場の部分には、誘導用床材及び注意喚起用床材を敷設すること。
3	乗降車場	バス及びタクシーの乗降車場は、上屋、ベンチの設置その他高齢者、障害者等に配慮した構造とするよう努めること。
4	案内表示	(1) 道路の要所には、必要に応じて公共施設等の案内表示を設備するよう努めること。 (2) 案内表示は、高齢者、障害者等が確実に目的の場所に到達できるよう設置箇所、表記方法等に配慮したものとすること。

4 建築物以外の公共交通機関の施設

整備箇所		整 備 基 準
1	出入口	出入口を設ける場合においては、第1項の表の1の項に定める構造の出入口を1以上設けること。
2	改札口	改札口の1以上は、第1項の表の21の項に定める構造に準じた構造とすること。
3	通路その他これに類するもの(以下「通路等」という。)	通路等は、次に定める構造とすること。 (1) 表面は、粗面とし、又は滑りにくい材料で仕上げること。 (2) 段を設ける場合においては、当該段は、第1項の表の3の項第1号から第4号までに定める構造に準じた構造とすること。 (3) 2の項に定める構造の改札口から乗降場に至るすべての経路に高低差がある場合には、1以上の経路となる通路等に第1項の表の2の項第3号ウに定める構造に準じた構造の傾斜路及びその踊場又は車いす使用者用特殊構造昇降機を設けること。
4	階段	階段は、第1項の表の3の項に定める構造に準じた構造とすること。
5	エレベーター	2の項に定める構造の改札口から9の項に定める構造の乗降場に至る経路に5メートル以上の高低差が生じる箇所がある場合においては、当該箇所に第1項の表の4の項第1号アからキまでに定める構造のエレベーターを設けるよう努めること。
6	エスカレーター	エスカレーターを設ける場合においては、当該エスカレーターは、第1項の表の22の項に定める構造に準じた構造とするよう努めること。
7	便所	便所を設ける場合にいては、第1項の表の5の項に定める構造に準じた構造とすること。
8	案内表示	(1) 案内表示を設ける場合においては、当該案内表示は、高齢者、障害者等が確実に目的の場所に到達できるよう設置箇所、表記方法等に配慮したものとするよう努めること。 (2) 手話通訳等の聴覚障害者及び視覚障害者等に配慮したサービスが受けられる場合においては、その旨を見やすい方法により表示するよう努めること。

9 乗降場	乗降場は、次に定める構造とすること。 (1) 表面は、粗面とし、又は滑りにくい材料で仕上げること。 (2) 両端には、転落防止柵を設けるとともに、注意喚起用床材を敷設すること (3) 縁端には、注意喚起用床材を敷設すること。

5 建築物以外の路外駐車場

整備箇所	整備基準
路外駐車場	(1) 路外駐車場を設ける場合においては、次に定める構造の車いす使用者用駐車施設を1以上設けること。 　ア　車いす使用者用駐車施設は、出入口から当該車いす使用者用駐車施設に至る経路の距離ができるだけ短くなる位置に設け、かつ、その通路は、第1項の表の7の項第1号から第3号までに定める構造とすること。 　イ　幅は、350センチメートル以上とすること。 　ウ　車いす使用者用であることを見やすい方法により表示すること。 (2) 道路から駐車場へ通ずる出入口には、車いす使用者用駐車施設がある旨を見やすい方法により表示するよう努めること。

別表第3（第5条関係）—〔略〕

埼玉県／戸田市

戸田市営福祉住宅条例
市が市営住宅内にグループホームを設置

2000年（平成12年）12月13日議決

　戸田市は、新設するコンクリート造り7階建て46戸の市営住宅のうち、1階の1DKと1LDKの計6部屋を高齢者のグループホーム運営に当てるための条例を制定した。自治体が公営住宅内にグループホームを併設する例は少ない。

　条例では、グループホームの運営を市内の社会福祉法人や医療法人に委託することとし、福祉住宅の使用許可として決定する形式。入居者は運営委託された法人が決める。法人の部屋の使用料は月額12万円で目的外使用を禁じている。

　グループホームに充てられる部屋は、一般入居の各部屋に比べ、やや広めの風呂場や手すりがあり、室内は段差を無くしてある。24時間ケアを行う管理者と軽度の痴呆がある高齢者が共同生活を行う。市では一般入居者との交流で痴呆の進行が抑止されることを期待している。希望があれば福祉住宅を拡大し、介護サービスの充実を図る意向。

埼玉県・戸田市

市役所：〒335-8588
埼玉県戸田市上戸田1-18-1
（下車駅　埼京線　戸田駅）
電話（048）441-1800

人　　口：103,308人
世帯数：42,45世帯
面　　積：18.17km²
人口密度：5,686人/km²
特産品：乳製品、酢
観　　光：戸田ボートコース、彩湖、道満グリーンパーク

戸田市営福祉住宅条例

（設置）
第1条　老人福祉法（昭和三十八年法律第133号）第5条の2第5項に規定する痴呆対応型老人共同生活援助事業、精神保健及び精神障害者福祉に関する法律（昭和二十五年法律第123号）第50条の3第1項に規定する精神障害者地域生活援助事業及び知的障害者福祉法（昭和三十五年法律第37号）第4条第4項に規定する知的障害者地域生活援助事業を行うための施設として、戸田市営福祉住宅（以下「福祉住宅」という。）を設置する。

（名称及び位置）
第2条　福祉住宅の名称及び位置は、次のとおりとする。

名　　称　　戸田市営下前福祉住宅
位　　置　　戸田市下前一丁目十番十号

（社会福祉法人等に対する使用の許可）
第3条　社会福祉法（昭和二十六年法律第45号）第22条に規定する社会福祉法人その他、厚生省令・建設省令（平成八年厚生省・建設省令第1号）第2条に規定する者（以下「社会福祉法人等」という。）が福祉住宅を使用しようとするときは、市長の定めるところにより、福祉住宅の使用目的、使用期間その他当該福祉住宅の使用に係る事項を記載した書面を提出して、市長の許可を受けなければならない。
2　市長は、必要があると認めたときは前項の許可に条件を付すことができる。
3　市長は、社会福祉法人等から第1項の許可に係る申請があった場合には、当該申請に対する処分を決定し、当該社会福祉法人等に対して、当該申請を許可する場合にあっては福祉住宅の使用開始可能日を、許可しない場合にあっては許可しない旨とその理由を通知するものとする。
4　社会福祉法人等は、前項の規定により、福祉住宅の使用を許可する旨の通知を受けたときは、市長の定める日までに福祉住宅の使用を開始しなければならない。

（譲渡等の禁止）
第4条　前条第1項の許可を受けた社会福祉法人等（以下「使用者」という。）は、福祉住宅を他の者に貸し、又はその使用の権利を他の者に譲渡

-34-

してはならない。

（用途変更の禁止）

第5条　使用者は、福祉住宅を第3条の使用目的以外の用途に使用してはならない。ただし、市長の承認を得たときは、この限りでない。

（使用許可の取消し）

第6条　市長は、使用者が、次の各号の一に該当する場合は、当該福祉住宅の使用許可を取り消すことができる。

(1)　使用者が、使用の条件に違反したとき。

(2)　福祉住宅の適正かつ合理的な管理に支障があると認めるとき。

（使用者の保管義務）

第7条　使用者は、福祉住宅の使用について必要な注意を払い、これらを正常な状態において維持しなければならない。

（模様替え、増築の禁止）

第8条　使用者は、福祉住宅を模様替えし、又は増築してはならない。ただし、原状回復又は撤去が容易である場合において、市長の承認を得たときは、この限りでない。

2　市長は、前項の承認を行うに当たり、使用者が当該福祉住宅を明け渡すときは、使用者の費用で原状回復又は撤去を行うことを条件とするものとする。

（明渡し及び検査）

第9条　使用者は、福祉住宅を明け渡そうとするときは、十五日前までに市長に届け出て市長の指名する者の検査を受けなければならない。

2　使用者は、前条第1項ただし書の規定により福祉住宅を模様替えし、又は増築したときは、前項の検査のときまでに、使用者の費用で原状回復又は撤去を行わなければならない。

（損害賠償責任）

第10条　使用者は、自己の責めに帰すべき事由によって附帯する施設を破損したときは、これを原状に復し、又はその損害を賠償しなければならない。

（使用料）

第11条　使用者は、使用料として月額十二万円を毎月末（月の途中で明け渡した場合は明け渡した日）までに、納付しなければならない。ただし、その期限が、日曜日若しくは土曜日、国民の祝日に関する法律（昭和二十三年法律第178号）に規定する休日又は同月3日に当たるときは、これらの日の翌日をもってその期限とみなす。

2　使用者が新たに使用を開始した場合又は福祉住宅を明け渡した場合において、その月の使用日数が一月に満たないときは、その月の使用料は日割計算による。

3　使用者が第9条に規定する手続を経ないで福祉住宅を立ち退いたときは、前項の規定にかかわらず、市長が明渡しの日を認定し、その日までの使用料を徴収する。

（督促及び延滞金の徴収）

第12条　使用料を第11条の納期限までに納付しない場合は、市長は、期限を指定してこれを督促しなければならない。

2　使用者は、前項の指定された期限（以下「指定納期限」という。）までにその納付すべき金額を納付しないときは、納付すべき全額に、その指定納期限の翌日から納付の日までの期間の日数に応じ、年十四・六パーセント（指定納期限の翌日から一月を経過する日までの期間については年七・三パーセント）の割合を乗じて計算した金額に相当する延滞金を加算して納付するものとする。

3　市長は、使用者が第1項の指定納期限までに使用料を納付しなかったことについてやむを得ない事由があると認められる場合においては、前項の延滞金額を減額又は免除することができる。

（修繕費用の負担）

第13条　福祉住宅の修繕に要する費用（次条第3号に掲げる費用を除く。）は、市の負担とする。

（使用者の費用負担義務）

第14条　次の各号に掲げる費用は、使用者の負担とする。

(1)　電気、ガス、水道及び下水道の使用料

(2)　汚物及びじんかいの処理に要する費用

(3)　畳の表替え、破損ガラスの取替え等の軽微な修繕及び給水栓その他附帯施設の構造上重要でない部分の修繕に要する費用

（報告の請求）

第15条　市長は、福祉住宅の適正かつ合理的な管理を行うために必要があると認めるときは、使用者に対して、当該福祉住宅の使用状況を報告させることができる。

（申請内容の変更）
第16条　使用者は、第3条第1項の規定による書面の内容に変更が生じた場合には、速やかに市長に報告しなければならない。
（罰則）
第17条　市長は、使用者が詐欺その他の不正行為により使用料の全部又は一部の徴収を免れたときは、その徴収を免れた金額の五倍に相当する金額の当該五倍に相当する金額が五万円を超えないときは、五万円とする。）以下の過料を科する。
（委任）
第18条　この条例の施行に関し、必要な事項は、規則で定める。
　　　附　則
この条例は、平成十三年四月一日から施行する。ただし、第3条の規定は、平成十三年二月一日から施行する。

東京都／足立区

足立区高齢社会対策基本条例

2000年（平成12年）4月1日施行

高齢社会対策への区と事業者の責務を明記／民間サービスの育成と評価を義務づけ

　足立区は、高齢社会対策に関して、基本理念を定め、区と事業者、区民の責務を明らかにした高齢社会対策基本条例を制定した。

　同条例では、高齢者の選択と自己決定権を尊重したうえで、高齢社会対策の実施にあたっては、民間及び市場の活力を活用する（第3条）と民間の福祉サービスを充実させることを強調しているのが特徴。

　特に、事業者には、区民の選択の尊重やプライバシーの保護、事業内容の公開、事業者間の連携で区民の満足度の向上に努めることを求めている（第5条）。

　サービスの質の確保に関しても、「顧客満足度向上支援」を条例に盛り込み、事業者に対して、サービスの自己評価や事業者で組織する団体の評価を受けることを義務付けるとともに評価の結果、必要ならサービスの改善を行なわなければならないとした（第14条）。

　区は、高齢者福祉サービス苦情等解決委員会条例を同時に制定、区民の苦情処理に対応するとしている。

東京都・足立区

区役所：〒120-8510
東京都足立区中央本町1-17-1
（下車駅　東武伊勢崎線　梅島駅）
電話（03）3880-5111

人　　口：618,285人
世帯数：261,900世帯
面　　積：53.20km²
人口密度：11,621.90人/km²
特産品：カバン、くつ、すずめ焼き
観　　光：千住宿（江戸四宿）、西新井大師

足立区高齢社会対策基本条例

　二十一世紀は「高齢者の世紀」といわれ、高齢者像への問い直しが始まろうとしている。高齢化を人生の「機会の倍増」ととらえ、すべての区民がその機会を十分に生かす地域社会の形成が望まれる。

　しかし、高齢化の進展の速度に比べ、高齢社会に対応する環境や市場等の社会のしくみづくりは大幅に立ち遅れている。特に介護は、すべての区民が共通に負う「高齢社会のリスク」として、緊急の課題となっている。

　新たに始まる介護保険制度は、自治体が保険者となり、介護を要する高齢者を世代を超えて支えるしくみとして創設される。区は、区民とともに、地域における最適なサービスの確保に向け努力しなければならない。

　また、高齢者を、社会的弱者としてではなく、社会を支える一員として捉えることにより、高齢者の就業や様々な社会参加の条件整備、及びその潜在能力を社会に生かしうるしくみづくりを進める必要がある。さらに、高齢者を含めすべての世代が持てる力を出しあい、ともに支え合う地域社会の形成が必要である。

　ここに、足立区における高齢社会対策の基本理念を明らかにして、その方向を示し、区と区民が協働で高齢社会対策を総合的に推進していくため、この条例を制定する。

第一章　総則

（目的）

第一条　この条例は、足立区民一人一人が生涯にわたって真に幸福を享受できる高齢社会を築き上げていくために、高齢化の進展に適切に対処するための施策（以下「高齢社会対策」という。）に関し、基本理念を定め、並びに区及び事業者の責務等の方向を明らかにするとともに、高齢社会対策の基本となる事項を定めること等により、高齢社会対策を総合的に推進し、もって足立区の区民生活の安定向上及び経済社会の健全な発展を図ることを目的とする。

（基本理念）

第二条　高齢社会対策は、次の各号に掲げる地域社会が構築されることを基本理念として行わなければならない。

一　区民が生涯にわたって就業その他の多様な社会活動に参加する機会が

-37-

確保される公正で活力ある地域社会が生涯にわたって地域社会を構成する重要な一員として尊重され、自立と連帯の精神に立脚して形成される地域社会

二 区民が生涯にわたって健やかで充実した生活を営むことができる「健康寿命」を延伸させる地域社会

三 区民が住み慣れた地域で安心して暮らし、必要に応じた適切な医療及び介護サービスが提供される地域社会

四 高齢社会対策の推進が、持続的に成長する内需を作り出し、雇用と産業を活性化していく地域社会

（区の責務）
第三条 区は、前条の基本理念に基づき、足立区における高齢社会対策を総合的に策定し、実施する責務を有する。

2 区は、次の各号に掲げる原則に基づき、前項の責務を果たさなければならない。

一 低所得の高齢者等に留まらず、すべての高齢者を対象とすること。

二 高齢者の自立の可能性に向けて支援すること。

三 高齢者の選択と自己決定を尊重すること。

四 高齢社会対策の実施にあたっては、原則として民間及び市場の活力を活用すること。

五 経済的事情等で援助を必要とする高齢者に対して適正な援助を行うこと。

3 区は、高齢社会対策に関する調査及び研究を行うとともに、区民の意見を反映させて、基本的かつ総合的な計画を策定し、これを実施しなければならない。

（区民の努力）
第四条 区民は、この条例の定めるところにより、高齢社会対策に係るサービスを等しく受ける権利を有するとともに、それに伴う適正な負担をしなければならない。

2 区民は、自ら健康を保持し、自己の能力の活用に努めるとともに、地域社会の一員として、豊かな地域社会の実現に努めなければならない。

（事業者の責務）
第五条 高齢社会対策関連の事業活動を行う者（以下「事業者」という。）は、事業活動が地域社会と適切な関係を築くよう次の各号に掲げる責務を

果たさなければならない。

一 区民の選択と自己決定を尊重し、その尊厳とプライバシーを守ること。

二 サービス提供のための事業者相互の連携強化等により、区民の総合的な満足度の向上に努めること。

三 区民が的確にサービスを選択できるよう、自らのサービス事業の内容を公開すること。

四 社会的に認められた市場ルールを遵守し、適正な競争を通じて、経営の健全化に努めること。

（地域社会の努力）
第六条 区、区民及び事業者は、第二条に掲げた地域社会を構築するため、地域社会の構成員として互いに連携し、対等の立場で協働するものとする。

2 営利活動団体及び非営利活動団体は、地域社会におけるそれぞれの役割を認識することを通して、互いに連携し、協働するものとする。

（国等との連携）
第七条 区は、この条例の目的を達成するため、国、他の地方公共団体等（以下「国等」という。）との連携に努めるとともに、国等に対し、制度の改善その他必要な措置を講ずるよう要請するものとする。

第二章 老人保健福祉計画

（老人保健福祉計画の策定）
第八条 区長は、老人福祉法（昭和三十八年法律第133号）及び老人保健法（昭和五十七年法律第80号）に基づき、第三条第3項に規定する計画として高齢社会対策に関する総合的な計画（以下「老人保健福祉計画」という。）を策定しなければならない。

2 老人保健福祉計画は、次の各号に掲げる事項について定めるものとする。

一 高齢社会対策の基本方針及び基本目標

二 施策の体系、達成すべき目標値等、前号の実現の方策

三 前二号に掲げるもののほか、高齢社会対策に係る重要な事項

（老人保健福祉計画の策定手続き）
第九条 区長は、老人保健福祉計画を策定しようとするときは、あらかじ

め、次に定める足立区地域保健福祉推進協議会の意見を聴かなければならない。

2 区長は、老人保健福祉計画の策定にあたっては、介護保険法(平成九年法律第123号)に規定する介護保険事業計画との調和を図らなければならない。

3 区長は、老人保健福祉計画を策定したときは、速やかに、これを公表しなければならない。

4 前3項の規定は、老人保健福祉計画の重要な変更について準用する。

5 区長は、老人保健福祉計画の進捗状況を足立区地域保健福祉推進協議会に報告し、点検、評価を受けなければならない。

第三章 基本的施策

(健康及び福祉)

第十条 区は、高齢期の健全で安らかな生活を確保するため、区民が生涯にわたって自らの健康の保持増進に努めることができるよう総合的な施策を講ずるものとする。

2 区は、高齢者の保健、医療及び福祉に関する多様な需要に的確に対応するために、地域における保健、医療及び福祉の相互の有機的な連携を図りつつ、適正な保健医療サービス及び福祉サービスを総合的に提供する体制の整備を図り、並びにそれぞれの事業者がその特性を生かし地域に貢献できるよう必要な施策を講ずるものとする。

3 区は、介護を必要とする高齢者が住み慣れた地域において、自立した日常生活を営むことができるようにするため、適切なサービスを受けることができる基盤の整備を推進しなければならない。

4 区は、家族介護の軽減を図るために、介護関連のサービス、介護保険サービス、介護保険外一般施策サービス、その他のサービス(以下「介護保険外一般施策サービス」という。)の最適な組み合わせが可能となるよう基盤整備その他の調整を図るものとする。

5 区は、介護保険外一般施策サービスについては、第四条第1項の規定により、区民に対し介護保険法に定める受益者負担率を基本とし、自己負担能力等を勘案して均衡のとれた負担を求めなければならない。

(産業及び就業)

第十一条 区は、高齢社会の進展が地域社会の活性化につながるよう、高齢

社会関連市場(以下「高齢者市場」という。)の形成を促進する。

2 区は、介護・医療業界のみならず、広く、建設、製造、商業等の各種業界に対して、情報を提供するとともに、異分野業界の交流を促進していくものとする。

3 区は、事業者による公正な市場ルールからの逸脱を防止するとともに、高齢者市場と地域社会の調整を図る。

4 区は、高齢者がその意欲と能力に応じて勤労者が長期にわたる職業生活を通じて職業能力を発揮することができるよう、国等と協力して必要な施策を講ずるものとする。

(学習及び社会参加)

第十二条 区は、高齢者が生きがいを持って豊かな生活を営むことができるようにするため、生涯学習の機会を確保するよう必要な施策を講ずるものとする。

2 区は、活力ある地域社会の形成を図るため、高齢者の社会的活動への参加を促進するとともに、ボランティア、非営利活動団体等の活動を支援するため、必要な施策を講ずるものとする。

(生活環境)

第十三条 区は、高齢者が自立した生活を営むことができるようにするため、高齢者に適した住宅等の整備を促進するとともに、高齢者を犯罪、災害等から保護する体制を整備するよう必要な施策を講ずるものとする。

2 区は、高齢者が不安のない生活を確保するとともに、高齢者の交通の安全及び利便性を確保するため、高齢者に適した公共的施設の整備を促進するものとする。

第四章 顧客満足度向上支援

(顧客満足度の向上)

第十四条 区は、高齢者福祉サービスに対する満足の度合(以下「顧客満足度」という。)の向上を支援するために、受益者である区民及びその家族等の組織化、標準契約約款の策定及び採用の勧奨、苦情等解決機関の設置、サービスの評価基準の策定・適用・公表・その他必要な施策を講ずる。

2 区は、顧客満足度を向上させるため、高齢者福祉サービスに関して足立

-39-

3 事業者は、顧客満足度を向上させるため、提供した高齢者福祉サービスを自ら評価し、又は事業者で組織する団体等による評価に基づき、必要な改善を行わなければならない。

第五章　雑則

（説明等）

第十五条　区長は、この条例を施行するため、必要があると認めたときは、区民及び事業者等に対し説明若しくは報告を求め、又は必要な指導を行うことができる。

（委任）

第十六条　この条例に定めるもののほか、この条例の施行に関し必要な事項は、区長が別に定める。

　　付　則

この条例は、平成十二年四月一日から施行する。

岐阜県／武芸川町

武芸川町少子化対策特別手当支給条例
武芸川町父子手当支給条例

2000年(平成12年)4月1日施行

少子化の歯止めに第3子以上に小学校卒業まで手当を支給／父子家庭の子育て支援の条例も制定

　武芸川町の少子化対策手当支給条例は少子化に歯止めをかけるために制定されたもの。

　3人以上の子どもを育てる保護者を経済的に支援することが目的。第3子以上について、保育料と教材費相当分を特別手当として小学校を卒業するまで支給する。

　支給額は2歳以下が1万円、2歳～6歳までは1万5千円。7歳以上12歳以下は5千円で、いずれも保育料の月額平均や小学校の教材費の平均額という。町税や保育料の未納者には支給しない。対象は140人。

　父子手当支給条例は、母子家庭と同様に父子家庭の子育ても支援する意図で制定された。対象は義務教育終了前の児童生徒のいる父子家庭で所得制限はない。月額1万円で2子以上は1子ごとに2千円加算される。又、同時に福祉医療費助成に関する条例が改正され老人、障害者、母子家庭、乳幼児の他に「父子家庭」の項が加えられ、医療費が無料になる。対象は6世帯。

岐阜県・武芸川町

町 役 場：〒501-2695
岐阜県武儀郡武芸川町八幡1446-1
（下車駅　名古屋鉄道新岐阜駅からバス）
電話（0575）46-2311

人　　口：6,762人
世 帯 数：1,995世帯
面　　積：28.31km²
人口密度：238.86人/km²
特 産 品：ツルムラサキ
観　　光：寺尾ヶ原千本桜公園

武芸川町少子化対策特別手当支給条例

（目的）
第1条　この条例は、近年の出生率の低下等子どもと家庭を取り巻く環境の変化に対応するとともに、子育てを行う家庭を支援するために児童を養育している保護者に対し、少子化対策特別手当（以下「特別手当」という。）を支給することにより、本町の少子化の進行の抑制と福祉の向上を図ることを目的とする。

（支給対象児童）
第2条　この条例による特別手当の支給の対象となる児童（以下「支給対象児童」という。）は、次に定めるところによる。
(1)　第三子以降で小学校を卒業するまでの児童
(2)　町長が前号に準ずると特に認めた児童

（受給資格者）
第3条　特別手当の支給を受けることができる者は、支給対象児童を養育（その児童と同居してこれを監護し、かつ、その生計を維持することをいう。以下同じ。）している父母等（以下「受給資格者」という。）とする。
2　受給資格者は、次の各号の一に該当するときは、当該受給資格を失うものとする。
(1)　本町に住所を有しなくなったとき。
(2)　支給対象児童が児童福祉法（昭和二十二年法律第164号）第27条第1項第3号に規定する里親に委託されることとなったとき。

（申請等）
第4条　受給資格者が特別手当の支給を受けようとするときは、町長に申請しなければならない。
2　町長は、前項の規定による申請があったときには、受給資格の有無及び支給すべき特別手当の額を決定し、その結果を当該受給資格者に通知するものとする。

（特別手当の額）
第5条　特別手当は、月を単位として支給するものとし、その額は、次の表に掲げるとおりとする。
　支給対象児童の区与月額

備考
一万円
　支給対象児童が二歳に達する日以後の最初の三月三十一日まで
一万五千円
　支給対象児童が六歳に達する日以後の最初の三月三十一日まで
五千円
　支給対象児童が十二歳に達する日以後の最初の三月三十一日まで

（支給期間等）
第６条　特別手当は、第４条の申請を受理した日の属する月の翌月分から十二歳に達する日の属する年度の三月分まで支給する。
２　特別手当の支給は、年四回とし、四月、七月、十月及び一月（以下「支給月」という。）にそれぞれ前月分までを支給する。ただし、特別手当の支給決定通知を受けた者（以下「受給者」という。）が資格を失った場合は、支給月でない月であっても支給することができる。

（支給制限）
第７条　特別手当は、本町に納入すべき町税、保育料等に滞納繰越による未納額がある受給資格者には、支給しない。

（支給の取消し返還等）
第８条　町長は、受給者が次の各号の一に該当するときは、特別手当の支給決定を取消し、停止し、又は既に支給した特別手当の全部若しくは一部を返還させることができる。
(1)　偽りその他不正な手段により特別手当を受給していると認められるとき。
(2)　前項に規定するこの条例又はこの条例に基づく規則に違反した受給者は、当該通知を受けた日から十日以内に支給額に相当する金額を返還しなければならない。

（届出）
第９条　受給者は、次の各号の一に該当するに至ったときは、その事実の生じた日から十日以内に町長に届け出なければならない。
(1)　受給資格を失ったとき。
(2)　養育する児童数に変更を生じたとき。
２　受給者が死亡したときは、戸籍法（昭和二十二年法律第二二四号）の規定による届出義務者はその旨を町長に届け出なければならない。

（委任）
第１０条　この条例に定めるもののほか、この条例の施行に関し必要な事項は規則で定める。

　　附　則
（施行期日）
１　この条例は、平成十二年四月一日から施行する。
（条例の廃止）
２　武芸川町児童手当支給条例（平成八年条例第５号）は、廃止する。

二歳まで
　支給対象児童が二歳に達する日以後の最初の三月三十一日まで
三歳〜六歳
七歳〜十二歳
　前項に規定する特別手当の額は、他の法令等の規定により支給対象児童に係る補助金等を受給している場合においては、当該補助金の額を控除した額とする。

武芸川町父子手当支給条例

（目的）
第１条　この条例は、母と生計を同じくしていない児童の心身の健やかな成長に寄与するため、父子手当（以下「手当」という。）を支給することにより児童の福祉の増進を図ることを目的とする。

（用語の定義）
第２条　この条例において、次の各号に掲げる用語の意義は、それぞれ当該各号に定めるところによる。
(1)　児童　義務教育終了前の者をいう。
(2)　婚姻　婚姻の届出をしていないが事実上婚姻関係と同様の事情にある者をいう。

（支給要件）
第３条　次の各号のいずれかに該当する児童の父がその児童を養育する（その児童と同居して、これを監護し、かつその生計を維持することをいう。以下同じ。）とき、又は父がないか若しくは父が養育をしない場合において、当該児童の父以外の者がその児童を養育するときは、その父又はその養育者に対し手当を支給する。

(1) 母が死亡した児童

(2) 父母が婚姻を解消した児童

(3) その他町長が特別の状態にあると認めた児童

2 前項の規定にかかわらず、手当は児童が次の各号のいずれかに該当するときは、支給しない。

(1) 本町に住所を有しないとき。

(2) 児童福祉法（昭和二十二年法律第164号）策27条策1項第3号に規定する里親に委託されているとき。

(3) 児童扶養手当法（昭和三十六年法律第238号。以下「法」という。）による児童扶養手当を受けているとき。

3 手当は、当該父又は当該養育者が本町に住所を有しないときは、支給しない。

（手当の額）

第4条　手当は、月を単位として支給するものとし、その額は一月につき一万円とする。ただし、第2条第1項第1号に規定する児童が二人以上あるときは、二人目以降の児童一人につきそれぞれ月二千円を加算した額とする。

2 手当の額は、児童の数に異動を生じた日の属する月の翌月から改定する。

（認定）

第5条　手当の支給要件に該当する者（以下「受給資格者」という。）は、手当の支給を受けようとするときは、その受給資格及び手当の額について町長の認定を受けなければならない。

（支給期間及び支払期日）

第6条　手当の支給は、受給資格者が前条の規定による認定の請求をした日の属する月の翌月から始め、手当を支給すべき事由が消滅した日の属する月で終る。

2 手当は、毎年四月、八月及び十二月の三期にそれぞれの前月までの分を支払う。

（支給の制限）

第7条　手当については、受給資格者の前年の所得（一月から五月までの間に受ける手当については、前々年の所得とする。以下「この号において同じ。」）が児童扶養手当法施行令（昭和三十六年政令第405号以下「施行令」という。）

第2条の4第2項に定める額（法第9条に規定する児童の養育者にあっては、施行令第2条の4第3項に定める額）を超えるときは、その年の五月から翌年の四月までは支給しない。ただし、災害等特別な事情があると町長が認めたときは、この限りでない。

2 手当は、受給資格者が当該児童の養育を著しく怠っているときは、その額の全部又は一部を支給しないことができる。

（届出）

第8条　手当の支給を受けている者は、第5条の認定に係る事項に変更があったときは、町長に届け出なければならない。

（手当の返還）

第9条　町長は、偽りその他不正な手段により手当の支給を受けた者があるときは、返還を命ずることができる。

（委任）

第10条　この条例に定めるもののほか、この条例の施行に関して必要な事項は、規則で定める。

　　　附　則

この条例は、平成十二年四月一日から旅行する。

岩手県／山田町

山田町介護保険条例
2000年3月10日公布

低所得者の介護保険料を免除／利用者負担も軽減

　山田町は、低所得の高齢者にとって介護保険料の負担は重すぎるとして徴収を免除し、一般会計から繰り入れて負担する。

　厚生省は保険料を減免できる例として、震災・風水害など天災や死亡・長期入院、倒産・失業、干ばつ・冷害などの不作により収入が著しく減少したことに限定しているが、同町では、介護保険条例で「老齢福祉年金受給権者」を減免の対象に加えた。また、「特別の事情が生じたとき」も減免の対象として条例の弾力的な運用に道を開いている。

　免除の対象は、山田町の65歳以上人口の約1％にあたる老齢福祉年金受給者の57人で、負担相当額を一般会計より繰り入れる。北海道稚内市・愛知県知立市なども独自に対象例を広げ、老齢福祉年金受給者で住民税非課税世帯の減免を介護保険条例に明記している。

　山田町では、生活保護世帯や所得税非課税者がホームヘルプサービス、訪問入浴サービス等を利用した場合の利用料を公費負担し、訪問入浴介護は月1回分を上乗せしている。

岩手県・山田町

町役場：〒028-1392
岩手県下閉伊郡山田町八幡町3-20
（下車駅　山田線　陸中山田駅）
電話（0193）82-3111

人　口：22,161人
世帯数：7,245世帯
面　積：263.42km²
人口密度：84.13人/km²
特　産：殻付かき、まつたけ、さけ
観　光：マリンパーク山田、船越半島

福祉（介護）

山田町介護保険条例

第1章　この町が行う介護保険

第1条　この町が行う介護保険については、介護保険法（平成九年法律第123号。以下「法」という。）その他の法令に定めがあるもののほか、この条例の定めるところによる。

第2章　保健福祉事業

第2条　この町は、介護者等に対する介護方法の指導その他の介護者等の支援のために行う事業、被保険者が要介護状態となることを予防するために行う事業、その他保健福祉事業に関して必要な事項は、町長が別に定める。

第3章　保険料

（保険料率）
第3条　平成十二年度から平成十四年度までの各年度における保険料率は、次の各号に掲げる第1号被保険者の区分に応じそれぞれ当該各号に定める額とする。

(1) 介護保険法施行令（平成十年政令第412号。以下「令」という。）第38条第1項第1号に掲げる者　一万六千四百円
(2) 令第38条第1項第2号に掲げる者　二万四千六百円
(3) 令第38条第1項第3号に掲げる者　三万二千八百円
(4) 令第38条第1項第4号に掲げる者　四万一千円
(5) 令第38条第1項第5号に掲げる者　四万九千二百円

（普通徴収に係る納期）
第4条　普通徴収に係る保険料の納期（以下「納期」という。）は、次のとおりとする。

第一期　四月一日から同月三十日まで
第二期　六月一日から同月三十日まで
第三期　八月一日から同月三十一日まで
第四期　十月一日から同月三十一日まで
第五期　十二月一日から同月二十五日まで
第六期　二月一日から同月末日まで

2　前項に規定する納期によりがたい第1号被保険者に係る納期は町長が別に定めることができる。この場合において、町長は、当該第1号被保険者の属する世帯の世帯主（法第132条第2項及び第3項の規定により保険料を連帯して納付する義務を負う者をいう。第7条にお

(賦課期日後において第1号被保険者の資格取得、喪失等があった場合)
第5条 保険料の賦課期日後において第1号被保険者の資格を取得した場合における当該被保険者に係る保険料の額の算定は、第1号披保険者の資格を取得した日の属する月から月割りをもって行う。

2 保険料の賦課期日後において第1号被保険者の資格を喪失した場合における当該被保険者に係る保険料の額の算定は、当該該当するに至った日の属する月の前月まで月割りにより算定した当該被保険者に係る保険料の額と当該該当するに至った日の属する月から令第38条第1項第1号、第2号又は第3号又は第4号に規定する月割りにより算定した保険料の額の合算額とする。

3 保険料の賦課期日後において第1号被保険者が令第38条第1項第1号イ(同号に規定する老齢福祉年金の受給権を有するに至った者及び(1)に係る者を除く)、ロ及びハ、第2号ロ、第3号ロ又は第4号ロに該当するに至った第1号被保険者(第1項に規定する者を除く。)に係る保険料の額は、当該該当するに至った日の属する月の前月まで月割りにより算定した当該被保険者に係る保険料の額と当該該当するに至った日の属する月から令第38条第1項第1号、第2号、第3号又は第4号に規定する月割りにより算定した保険料の額の合算額とする。

4 前3項の規定により算定された当該年度における保険料の額百円未満の端数が生じる場合は、これを切り捨てるものとする。

(保険料の額の通知)
第6条 保険料の額が定まったときは、町長は、速やかに、これを第1号保険者(及び第1号被保険者の属する世帯の世帯主)に通知しなければならない。その額に変更があったときも、同様とする。

(保険料の督促手数料)
第7条 保険料の督促手数料は、督促状1通につき五十円とする。

(延滞金)
第8条 法第132条の規定により普通徴収に係る保険料の納付義務者(以下「保険料の納付義務者」という。)は、納期限後にその保険料を納付する場合においては、当該納付金額にその納期限の翌日から納付の日まで

の期間に応じ、当該金額につき年一四・六パーセントの割合をもって計算した金額に相当する延滞金額を加算して納付しなければならない。ただし、延滞金額が十円未満である場合においては、この限りでない。

2 前項に規定する年当たりの割合は、うるう年の日を含む期間については、三百六十五日当たりの割合とする。

(保険料の徴収猶予)
第9条 町長は、次の各号のいずれかに該当することによりその納付すべき保険料の全部又は一部を一時に納付することができないと認める場合においては、納付義務者の申請によって、その納付することができないと認められる金額を限度として、六ケ月以内の期間を限って徴収猶予することができる。

(1) 第1号被保険者又はその属する世帯の生計を主として維持する者が震災、風水害、火災その他これらに類する災害により、住宅家財又はその他の財産について著しい損害を受けたこと。

(2) 第1号被保険者又はその属する世帯の生計を主として維持する者が死亡したこと、又はその者が心身に重大な障害を受け、若しくは長期間入院したことにより、その者の収入が著しく減少したこと。

(3) 第1号被保険者の属する世帯の生計を主として維持する者の収入が、事業又は業務の休廃止、事業における著しい損失、失業等により著しく減少したこと。

(4) 第1号被保険者の属する世帯の生計を主として維持する者の収入が、干ばつ、冷害、凍霜害等による農作物の不作、不漁その他これに類する理由により著しく減少したこと。

2 前項の申請をする者は、次に掲げる事項を記載した申請書に徴収猶予を必要とする理由を証明すべき書類を添付して、町長に提出しなければならない。

(1) 第1号被保険者及びその属する世帯の生計を主として維持する者の氏名及び住所

(2) 徴収猶予を受けようとする保険料の額及び納期限又は当該保険料の徴収に係る特別徴収対象年金給付の支払に係る月

(3) 徴収猶予を必要とする理由

(保険料の減免)
第10条 町長は、次の各号のいずれかに該当する者のうち必要があると認め

第1号被保険者又は老齢福祉年金受給権者(国民年金法等の一部を改正する法律(昭和六十年法律第34号)附則第32条第1項の規定によりなお従前の例によるものとされた同法第1条による改正前の国民年金法に基づく老齢福祉年金の受給権者をいう。)に対し、保険料を減免する。

(1) 第1号被保険者又はその属する世帯の生計を維持する者が、震災、風水害、火災その他これに類する災害により、住宅、家財又はその他の財産について著しい損害を受けたとき。

(2) 第1号被保険者の属する世帯の生計を維持する者の収入が、干ばつ、冷霜害等による農作物の不作、不漁その他これに類する理由により著しく減少したこと。

(3) 第1号被保険者の属する世帯の生計を維持する者の収入が、事業又は業務の休廃止、事業における著しい損失、失業等により著しく減少したこと。

(4) 第1号被保険者の属する世帯の生計を主として維持する者が死亡したこと、又はその者が心身に重大な障害を受け、若しくは長期間入院したことにより、その者の収入が著しく減少したこと。

(5) 前各号のほか、第1号被保険者又はその属する世帯の生計を維持する者に、特別の事情が生じたとき。

2 前項の規定によって保険料の減免を受けようとする者は、普通徴収の方法により保険料を徴収されている者については納期限前七日までに、特別徴収の方法により保険料を徴収されている者については特別徴収対象年金給付の支払に係る月の前前月の十五日前までに、次に掲げる事項を記載した申請書に減免を受けようとする理由を証明する書類を添付して、町長に提出しなければならない。

(1) 第1号被保険者及びその属する世帯の生計を主として維持する者の氏名及び住所

(2) 減免を受けようとする保険料の額及び納期限又は当該保険料の徴収に係る特別徴収対象年金給付の支払に係る月

(3) 減免を受けようとする理由

3 第1項の規定によって保険料の減免を受けた者は、その理由が消滅した場合においては、ただちにその旨を町長に申告しなければならない。

(保険料に関する申告)

第11条 第1号被保険者は、毎年度三月十五日まで(保険料の賦課期日後に第1号被保険者の資格を取得した者は、当該資格を取得した日から十五日以内)に、第1号被保険者本人の所得状況並びに当該者の属する世帯の世帯主及び世帯員の町民税の課税者の有無その他の町長が必要と認める事項を記載した申告書を町長に提出しなければならない。

第4章 介護保険運営協議会

第12条 この町の介護保険事業を円滑効率的に運営するため山田町介護保険運営協議会(以下「協議会」という。)を設置する。

2 前項に定めるもののほか、協議会に必要な事項は、規則で定める。

第5章 罰則

第13条 この町は、第1号被保険者が法第12条第1項本文の規定による届出をしないとき(同条第2項の規定により当該第1号被保険者の属する世帯の世帯主から届出がなされたときを除く。)又は虚偽の届出をしたときは、その者に対し、十万円以下の過料を科することができる。

第14条 この町は、法第30条第1項後段、法第31条第1項後段、法第34条第1項後段、法第35条第6項後段、法第66条第1項若しくは第2項又は法第68条第1項の規定により被保険者証の提出を求められてこれに応じない者に対し10万円以下の過料を科することができる。

第15条 この町は、被保険者、第1号被保険者の配偶者若しくは第1号被保険者の属する世帯の世帯主その他その世帯に属する者又はこれらであった者が正当な理由なしに、法第202条第1項の規定により文書その他の物件の提出若しくは提示を命ぜられてこれに従わず、又は同項の規定による当該職員の質問に対して答弁せず、若しくは虚偽の答弁をしたときは、十万円以下の過料を科することができる。

第16条 この町は、偽りその他不正の行為により保険料その他この法律の規定による徴収金(法第150条第1項に規定する納付金及び法第157条第1項に規定する延滞金を除く。)の徴収を免れた者に対し、その徴収を免れた金額の五倍に相当する金額以下の過料を科することができる。ただし、前4条の過料を徴収する場合において、徴収を免れた金額が十万円以上であるときは、十万円を超える金額に相当する過料を科することを妨げない。

第17条 前4条の過料を徴収する場合における納期限は、その発布の日から起算して十日以上を経過した日とする。

第6章 委任

第18条 この条例の施行に関し必要な事項は、規則で定める。

附則
(施行期日)

第1条 この条例は、平成十二年四月一日から施行する。(以下略)

千葉県／鎌ヶ谷市

鎌ヶ谷市介護保険条例

2000年（平成12年）4月1日施行

市町村特別給付で、訪問理美容サービス、介助移送サービスを独自に設定

理美容や介助移送サービスを老人保健事業として実施していた自治体で介護保険の事業に特別給付として組み込んだ例は少ない。出張にかかる経費を給付額1500円と定め要介護者等は出張費の1割と通常の理美容代を負担する。介助移送サービスも地元タクシー会社を指定事業者として、介助費用を1530円と定め、この1割と走行料金を利用者が負担する。2つの特別給付で第1号被保険者の介護保険料は1人あたり月額70円高くなるが、市はその半額を負担して増額を低く抑えた。介護保険制度の説明会等でニーズが一番高かったサービスを特別給付とした。介護予防事業「談話室」開催も地域独自の取り組みを重視している。又、もう1つの特徴は介護認定情報の開示を第6条に明記し「何人も、自己の介護認定に係る情報の開示を求めることができる」とした点。保険料減免も市長の判断を加味した。

千葉県・鎌ヶ谷市

市 役 所：〒273-0195
千葉県鎌ヶ谷市初富928-744
（下所駅　東武鉄道野田線　鎌ヶ谷駅）
電話（047）445-1141

人　　口：101,608人
世 帯 数：36,028世帯
面　　積：21.11km²
人口密度：4,813人/km²
特　産：梨、酢、鎧兜
観　光：梨狩り、鎌ヶ谷大仏

鎌ヶ谷市介護保険条例

（目的）
第1条　この条例は、介護保険法（平成九年法律第123号。以下「法」という。）その他の法令に定めがあるもののほか、高齢者が地域社会において安心して日常生活を営むことができるよう、市、事業者及び市民の責務を明らかにし、介護予防の実施など介護保険制度を公正かつ総合的に推進するため必要な事項を定め、もって市民の福祉の増進及び市民生活の安定向上を図ることを目的とする。

（用語の定義）
第2条　この条例において用いる用語の意義は、次に定めるもののほか、法の例によるものとする。
(1) 介護　身体上若しくは精神上の障害又は加齢に伴って生ずる心身の変化に起因する疾病等による日常生活上の困難に対して、その能力に応じ自立した日常生活を営むことができるようにするために行われるあらゆる支援をいう。
(2) 介護サービス　保険給付の対象となるサービスをいう。
(3) 福祉サービス　保険給付の対象外の介護に関するサービスをいう。
(4) 事業者　介護サービスに関する事業を行う者をいう。
(5) サービス利用者　介護サービスを利用する者をいう。

（市の責務）
第3条　市は、介護保険事業の運営が健全かつ円滑に行われるよう努めなければならない。
2　市は、保険者として、質の高い介護サービスが総合的かつ効率的に提供されるよう、事業者及び市民との連携により、介護保険事業の推進と総合調整に努めなければならない。
3　市は、サービス利用者の自立を支援するため必要に応じ、事業者に対して、適切な指導を行うなどの措置を講じなければならない。
4　市は、介護保険に係る個人情報を適正に管理し、保護しなければならない。

（事業者の責務）
第4条　事業者は、自ら提供する介護サービスの質の向上を図り、事業の適

正な運営に努めるとともに、次に掲げる事項を遵守しなければならない。

(1) サービス利用者の意思及び人格を尊重するとともに、常にサービス利用者の立場に立った介護サービスを提供しなければならない。

(2) サービス利用者の要介護状態の軽減若しくは悪化の防止又は要介護状態となることの予防に資するよう介護サービスを提供しなければならない。

(3) 事業を行うに当たっては、市が実施する介護に関する施策に積極的に協力するとともに、地域との連携に努めなければならない。

(4) 介護サービスの提供に当たっては、サービス利用者本人及び家族等の秘密を保持するとともに、事業者間での連携に努めなければならない。

(5) 介護サービスの提供に際して生じた事故並びにサービス利用者及び家族等からの苦情に対しては、これに誠実に対応し、解決しなければならない。

(市民の責務)

第5条 要介護状態及び要支援状態となることを予防するため、常に健康の保持、増進に努めるとともに、要介護状態及び要支援状態となった場合においても、保健医療サービス、福祉サービス及び介護サービスを利用することにより、その有する能力の維持向上に努めなければならない。

2 市民は、介護保険の理念に基づき、相互に協力するとともに、介護保険制度の円滑な実施に協力するよう努めなければならない。

(介護認定情報の開示)

第6条 何人も、自己の介護認定に係る情報の開示を求めることができる。ただし、本人に知らせることが適当でないと認められる情報については、この限りでない。

2 前項の手続及び方法については、鎌ヶ谷市個人情報保護条例(平成十二年鎌ヶ谷市条例第 号)の例による。

(介護認定審査会の委員の定数)

第7条 鎌ヶ谷市介護認定審査会の委員の定数は、三十五人以内とする。

(介護保険運営及びサービス推進協議会の設置)

第8条 市は、介護保険の円滑かつ公正な運営を図るとともに、介護保険制度を総合的に推進するため、介護保険運営及びサービス推進協議会(以下「協議会」という。)を設置する。

2 協議会は、委員十五人以内をもって組織する。

(特別給付)

第9条 市は、法第62条に規定する市町村特別給付として、次の各号に掲げる種類の給付を行う。

(1) 訪問理美容サービス費

(2) 介助移送サービス費

(保健福祉事業)

第10条 市は、法第175条に規定する保健福祉事業として、次の各号に掲げる事業を行う。

(1) 被保険者が要介護状態となることを予防するために必要な事業

(2) 指定居宅サービス事業

(3) 指定居宅介護支援事業

(4) 法第7条第21項に規定する介護老人福祉施設への入所を要する者に対する当該施設の紹介その他の便宜の提供

(保険料率)

第11条 平成十二年度から平成十四年度までの各年度における保険料率は、次の各号に掲げる法第9条第1号に規定する第1号被保険者(以下「第1号被保険者」という。)の区分に応じそれぞれ当該各号に定める額とする。

(1) 介護保険法施行令(平成十年政令第412号。以下「令」という。)第38条第1項第1号に掲げる者 一万七千七百四十円

(2) 令第38条第1項第2号に掲げる者 二万六千五百六十円

(3) 令第38条第1項第3号に掲げる者 三万四千四百八十円

(4) 令第38条第1項第4号に掲げる者 四万二千六百円

(5) 令第38条第1項第5号に掲げる者 五万一千百二十円

(普通徴収に係る納期)

第12条 普通徴収に係る保険料の納期(以下「納期」という。)は、次のとおりとする。

第一期 六月一日から同月三十日まで

第二期 七月一日から同月三十一日まで

第三期 八月一日から同月三十一日まで

第四期 九月一日から同月三十日まで

第五期 十月一日から同月三十一日まで

第六期 十一月一日から同月三十日まで

第七期 十二月一日から同月二十五日まで

第八期　一月一日から同月三十一日まで

第九期　二月一日から同月二十八日まで

第十期　三月一日から同月三十一日まで

2　前項に規定する納期によりがたい第1号被保険者に係る納期は、市長が別に定めることができる。この場合において、市長は、当該第1号被保険者及び連帯納付義務者（法第132条第2項及び第3項の規定により保険料を連帯して納付する義務を負う者をいう。第14条において同じ。）に対し、その納期を通知しなければならない。

（賦課期日後において第1号被保険者の資格取得、喪失等があった場合の取扱い）

第13条　保険料の賦課期日後に第1号被保険者の資格を取得した場合におけるとき、又はその分割金額が百円未満であるときは、その端数金額又はその全額は、すべて最初の納期に係る分割金額に合算するものとする。

2　保険料の賦課期日後に第1号被保険者の資格を取得した場合における当該第1号被保険者に係る保険料の額の算定は、第1号被保険者の資格を取得した日の属する月から月割をもって行う。

3　保険料の賦課期日後に第1号被保険者の資格を喪失した場合における当該第1号被保険者に係る保険料の額の算定は、第1号被保険者の資格を喪失した日の属する月の前月まで月割をもって行う。

保険料の賦課期日後に令第38条第1項第1号イ（同号に規定する老齢福祉年金の受給権を有するに至った者を除く。）、ロ及びハ、第2号ロ、第3号ロ又は第4号ロに該当するに至った者及び(1)に規定する第1号被保険者に係る保険料の額は、当該該当するに至った日の属する月の前月まで月割により算定した当該第1号被保険者に係る保険料の額と当該該当するに至った月から同項第1号から第4号までのいずれかに規定する者として月割により算定した当該年度における保険料の額の合算額とする。

4　前3項の規定により算定された当該年度における保険料の額に十円未満の端数が生じる場合は、これを切り捨てるものとする。

（保険料の額の通知）

第14条　保険料の額が定まったときは、市長は、速やかに、これを第1号被保険者及び連帯納付義務者に通知しなければならない。その額に変更があったときも、同様とする。

（延滞金）

第15条　法第132条の規定により普通徴収に係る保険料の納付義務を負う者

（以下「保険料の納付義務者」という。）は、納期限後にその保険料を納付する場合においては、当該納付金額に、その納期限の翌日から納付の日までの期間に応じ、当該金額につき年一四・六パーセント（当該納期限の翌日から一月を経過するまでの期間については、年七・三パーセント）の割合をもって計算した金額に相当する延滞金を加算して納付しなければならない。ただし、延滞金額が十円未満である場合においては、この限りでない。

2　前項に規定する年当たりの割合は、閏年の日を含む期間においても、三百六十五日当たりの割合とする。

（保険料の徴収猶予）

第16条　市長は、次の各号のいずれかに該当することにより納付すべき保険料の全部又は一部を一時に納付することができないと認められる者のうち必要があると認めるものに対し、その者の申請によって、その納付することができないと認められる金額を限度として、六月以内の期間を限って徴収猶予することができる。

(1)　第1号被保険者又はその属する世帯の生計を主として維持する者が、震災、風水害、火災その他これらに類する災害により、住宅、家財又はその他の財産について損害を受けたこと。

(2)　第1号被保険者の属する世帯の生計を主として維持する者が死亡したこと、又はその者が心身に重大な障害を受け、若しくは長期間入院したことにより、その者の収入が著しく減少したこと。

(3)　第1号被保険者の属する世帯の生計を主として維持する者の収入が、事業又は業務の休廃止、事業における著しい損失、失業等により著しく減少したこと。

(4)　第1号被保険者の属する世帯の生計を主として維持する者の収入が、干ばつ、冷害、凍霜害等による農作物の不作、不漁その他これに類する理由により著しく減少したこと。

2　前項の申請をする者は、次に掲げる事項を記載した申請書に徴収猶予を必要とする理由を証明すべき書類を添付して、市長に提出しなければならない。

(1)　第1号被保険者及びその属する世帯の生計を主として維持する者の氏名及び住所

(2)　徴収猶予を受けようとする保険料の額及び納期限又は当該保険料の徴

第17条　市長は、保険料の納付義務者が災害その他特別の事情がある場合であって、その程度が甚大であり、かつ、保険料の納付義務者から保険料を徴収することが適当でないと認められるときは、保険料の納付義務者の申請により、その保険料を減免することができる。

2　前項の規定により、その保険料の減免を受けようとする者は、当該保険料の納期限前七日までに、特別徴収の方法により保険料を徴収される者については特別徴収対象年金給付の支払に係る月の前前月の十五日までに、次に掲げる事項を記載した申請書に減免を受けようとする理由を証明する書類を添付して、市長に提出しなければならない。

(1)　第1号被保険者及びその属する世帯の生計を主として維持する者の氏名及び住所

(2)　減免を受けようとする保険料の額及び納期限又は当該保険料の徴収に係る特別徴収対象年金給付の支払に係る月

(3)　減免を受けようとする理由

3　第1項の規定により保険料の減免を受けた者は、その理由が消滅した場合においては、直ちにその旨を市長に申告しなければならない。

（保険料に関する申告）

第18条　第1号被保険者は、毎年度四月十五日まで（保険料の賦課期日後に第1号被保険者の資格を取得した者は、当該資格を取得した日から十五日以内）に、第1号被保険者本人の所得状況並びに当該者の属する世帯その他の世帯に属する者の市町村民税の課税された者の有無その他市長が必要と認める事項を記載した申告書を市長に提出しなければならない。ただし、当該第1号被保険者本人並びに当該者の属する世帯の世帯主及び世帯員の前年中の所得につき地方税法第317条の2第1項の申告書（当該第1号被保険者本人及びに当該者の属する世帯の世帯主及び世帯員のすべてが同項に規定する給与所得以外の所得を有しなかった者である場合には、同法第317条の6第1項又は第3項の給与支払報告書又は公的年金等支払報告書）が市長に提出されている場合においては、この限りでない。

第19条　市は、第1号被保険者が法第12条第1項本文の規定による届出をしないとき（同条第2項の規定により当該第1号被保険者の属する世帯の世帯主から届出がなされたときを除く。）又は虚偽の届出をしたときは、その者に対し、十万円以下の過料を科する。

2　市は、法第30条第1項後段、法第31条第1項後段、法第34条第1項後段、法第35条第6項後段、法第66条第1項若しくは第2項又は法第68条第1項の規定により被保険者証の提出を求められてこれに応じない者に対し十万円以下の過料を科する。

3　市は、被保険者、第1号被保険者の配偶者若しくは第1号被保険者の属する世帯の世帯主その他の世帯に属する者又はこれらであった者が正当な理由なしに、法第202条第1項の規定により文書その他の物件の提出若しくは提示を命ぜられてこれに従わず、又は同項の規定による当該職員の質問に対して答弁せず、若しくは虚偽の答弁をしたときは、十万円以下の過料を科する。

4　市は、偽りその他不正の行為により保険料その他この法律の規定による徴収金（法第150条第1項に規定する納付金及び法第157条第1項に規定する延滞金を除く。）の徴収を免れた者に対し、その徴収を免れた金額の5倍に相当する金額以下の過料を科する。

5　前4項の過料の額は、情状により、市長が定める。

6　第1項から第4項までの過料を徴収する場合においては、その発送の日から起算して十日以上を経過した日に指定すべき納期限は、その発送の日から起算して十日以上を経過した日に指定すべき納期限は、その発送の日から起算して十日以上を経過した日とする。

（委任）

第20条　この条例の施行に関し必要な事項は、規則で定める。

　　　附　則

（施行期日）

第1条　この条例は、平成十二年四月1日から施行する。

第2条　以下　略

（平成十二年度及び平成十三年度における保険料率に関する特例）

東京都／小金井市

小金井市介護保険条例

2000年（平成12年）4月1日施行

介護福祉全般を対象に条例化／オンブズ制度の設置も盛り込む

介護保険の制度化に伴い、包括的な条例制定の例。
人権を尊重し、市民は自立した生活を営むことができるように必要な保健医療サービス、福祉サービスが一体的、総合的に享受できるという基本理念や、サービスの自己決定、サービスの公平な利用、十分な情報提供を受ける被保険者の権利が盛り込まされている。又、市の責務として高齢者の自立した生活のために介護保険の給付対象外サービスの実施をうたっている。第4章では、在宅生活支援事業として、介護保険給付対象外の高齢者へのサービス提供も明記している。保険料の徴収猶予や減免ができる場合、国の規定のほか「市長が必要と認めたとき」という項目があり、自治体独自の判断の姿勢が打ち出された。

オンブズマン制度として「介護サービス苦情調整委員」が設置され迅速な苦情処理を中立の立場で処理する制度を創設したのも特徴。

東京都・小金井市

市役所：〒184-8504
東京都小金井市本町6-6-3
（下車駅　中央線　武蔵小金井駅）
電話（042）383-1111

人　　口：106,478人
世 帯 数：48,154世帯
面　　積：11.33km²
人口密度：9,398人/km²
特 産 品：機械
観　　光：小金井公園、野川公園、はけの道

福祉（介護）

小金井市介護保険条例

第1章　総則

（目的）
第1条　この条例は、介護保険法（平成九年法律第123号。以下「法」という。）に定めるもののほか小金井市（以下「市」という。）が運営する介護保険等について、必要な事項を定めることにより、高齢者等の保険、医療及び福祉の増進を図ることを目的とする。

（基本理念）
第2条　市民は、介護保険制度の運営等に当たって、人間としての尊厳と人権が守られるとともに、家族及び地域社会の一員として重んじられる。
2　市民は、自立した生活を営むことができるよう、必要な保健医療サービス及び福祉サービスを総合的かつ一体的に享受できる。

（被保険者の権利）
第3条　被保険者がサービスを受けるに当たっては、次の権利を有する。
(1)　サービスの自己選択及び自己決定ができること。
(2)　必要なサービスを公平に利用できること。
(3)　十分なサービスの情報提供を受けること。

（市の責務）
第4条　市は、第2条に定める基本理念に基づいて、法第117条第1項に定める介護保険事業計画を策定するとともに、指定居宅サービス事業者、指定介護支援事業者及び介護保険施設（以下「指定居宅サービス事業者等」という。）その他関係機関との連携により、介護保険事業の円滑な運営に努めなければならない。
2　市は、次の各号に掲げる事項に配慮しつつ、介護保険事業の運営に当たらなければならない。
(1)　要介護者等に対し公平で適正な保健、医療及び福祉サービスを提供すること。
(2)　要介護者等のサービスの自己選択及び自己決定を尊重すること。
(3)　要介護者等の自立した日常生活に向けた支援を図ること。
(4)　要介護者等の身近な地域でサービスを提供すること。
(5)　保健、医療及び福祉の連携によりサービスを総合的に提供すること。
3　市は、高齢者が自立した日常生活を営めるよう介護給付等対象外サービ

スの実施に努めなければならない。

第5条 指定居宅サービス事業者等は、その事業を行うに当たり、第2条に定める基本理念に基づいて、市が運営する介護保険事業に協力しなければならない。

2 指定居宅サービス事業者等は、その事業を行うに当たり、次に掲げる事項を遵守しなければならない。

(1) 介護給付等対象サービスの利用者に対して、その提供しようとするサービスの内容等について十分な説明をした上で、明確な同意を得ること。

(2) 介護給付等対象サービスの提供に当たり、サービス利用者及びその家族等のプライバシーの保護に努めるとともに、サービス提供の過程その他の業務の遂行上知り得た秘密を厳格に保持すること。

(3) 介護給付等対象サービスの提供に際して生じた事故及びサービス利用者からの苦情等に対し、誠実に対応すること。

(市民の責務)

第6条 市民は、自ら要介護状態となることを予防するため、常に自らの健康の保持増進に努めるとともに、要介護状態となった場合においても保健医療サービス及び福祉サービスを利用することにより、その有する能力の維持向上に努めるものとする。

第2章 介護認定審査会

(介護認定審査会の委員の定数)

第7条 小金井市介護認定審査会(以下「認定審査会」という。)の委員の定数は、三十人以内とする。

(規則への委任)

第8条 法及びこの条例に定めるもののほか、認定審査会に関して必要な事項は、規則で定める。

第3章 保健福祉事業

(高額介護サービス費等資金貸付事業)

第9条 市は、保健福祉事業として、被保険者が利用する介護給付等対象サービスのための費用に係る資金を貸し付けるため、高額介護サービス費等資金貸付事業を実施する。

第4章 在宅生活支援事業

(在宅生活支援事業)

第10条 市は、法及び前条に定めるもののほか、介護保険給付対象外の高齢者で自立した日常生活を営むために支援を必要とする者に対し、在宅生活支援事業を実施する。

2 前項に定める事業の種類及び利用者負担等に関して必要な事項は、市長が別に定める。

第5章 保険料

(保険料率)

第11条 平成十二年度から平成十四年度までの各年度における保険料率は、次の各号に掲げる第1号被保険者の区分に応じそれぞれ当該各号に定める額とする。

介護保険法施行令(平成十年政令第412号。以下「令」という。)第38条第1項第1号に掲げる者 一万八千円

(1) 令第38条第1項第2号に掲げる者 二万七千二百円

(2) 令第38条第1項第3号に掲げる者 三万六千三百円

(3) 令第38条第1項第4号に掲げる者 四万五千四百円

(4) 令第38条第1項第5号に掲げる者 五万四千五百円

(5)

(普通徴収に係る納期)

第12条 普通徴収に係る保険料の納期(以下「納期」という。)は、次のとおりとする。ただし、納期の末日が休日(日曜日、土曜日及び国民の祝日に関する法律(昭和二十三年法律第178号)に規定する休日をいう。以下この項において同じ。)に当たるときは、当該末日の直後の休日でない日を納期の末日とする。

第一期 七月一日から同月三十一日まで

第二期 八月一日から同月三十一日まで

第三期 九月一日から同月三十日まで

第四期 十月一日から同月三十一日まで

第五期 十一月一日から同月三十日まで

第六期 十二月一日から同月二十五日まで

第七期 翌年一月一日から同月三十一日まで

第八期 翌年二月一日から同月末日まで

2 市長は、特別の事情がある場合において前項に規定する納期によりがたいと認められるときは、第1号被保険者に係る納期を別に定めることができる。この場合において、市長は、当該第1号被保険者に対しその納期を通知しなければならない。

3 納期ごとの分割金額に百円未満の端数金額があるときは、その端数金額は、当該第1号被保険者に係る最初の納期に係る分割金額に合算するものとする。

(賦課期日後において第1号被保険者の資格取得、喪失等があった場合)

第13条 保険料の賦課期日後に第1号被保険者の資格を取得した場合における当該第1号被保険者に係る保険料の額の算定は、当該被保険者が資格を取得した日の属する月から月割りをもって行う。

2 保険料の賦課期日後に第1号被保険者の資格を喪失した場合における当該第1号被保険者に係る保険料の額の算定は、当該第1号被保険者が資格を喪失した日の属する月の前月まで月割りをもって行う。

3 保険料の賦課期日後に令第38条第1項第1号イ(同号に規定する老齢福祉年金の受給権を有するに至った者及び同号イ(1)に係る者を除く。)、ロ及びハ、第2号ロ、第3号ロ又は第4号ロに該当するに至った者及び令第38条第1項第1号、第2号、第3号又は第4号ロに規定する者として月割りにより算定した当該年度における保険料の額の合算額とする。

4 前3項の規定により算定された保険料の額に百円未満の端数が生じる場合は、これを切り捨てるものとする。

(保険料の額の通知)

第14条 保険料の額が定まったときは、市長は、速やかにこれを第1号被保険者に通知しなければならない。その額に変更があったときも同様とする。

(延滞金)

第15条 保険料の納付義務者は、納期限後にその保険料を納付する場合においては、当該納付金額にその納期限の翌日から納付の日までの期間の日数に応じ、年十四・六パーセント(当該納期限の翌日から一月を経過する日までの期間については、年七・三パーセント)の割合を乗じて計算した金額に相当する延滞金の額を加算して納付しなければならない。

2 前項の延滞金の額を計算する場合において、その計算の基礎となる額に千円未満の端数があるときは、その端数金額は、又はその全額が二千円未満であるときは、その端数金額又はその全額を切り捨てる。

3 延滞金の確定金額に百円未満の端数があるときは、その端数金額は、又はその全額が千円未満であるときは、その端数金額又はその全額を切り捨てる。

4 第1項に規定する年当たりの割合は、閏年の日を含む期間についても、三百六十五日当たりの割合とする。

(保険料の徴収猶予)

第16条 市長は、次の各号のいずれかに該当することにより、その納付すべき保険料の全部又は一部を一時に納付することができないと認める場合においては、納付義務者の申請により、その納付することができないと認められる金額を限度として、六か月以内の期間を限り、その徴収を猶予することができる。

(1) 第1号被保険者又はその属する世帯の生計を主として維持する者が、震災、風水害、火災その他これらに類する災害により、住宅、家財又はその他の財産について著しい損害を受けたとき。

(2) 第1号被保険者の属する世帯の生計を主として維持する者が死亡したこと、又はその者が心身に重大な障害を受け、もしくは長期間入院したことにより、その者の収入が著しく減少したとき。

(3) 第1号被保険者の属する世帯の生計を主として維持する者の収入が、事業又は業務の休廃止、事業における著しい損失、失業等により著しく減少したとき。

(4) 第1号被保険者の属する世帯の生計を主として維持する者の収入が、干ばつ、冷害、凍霜害等による農作物の不作、不漁その他これらに類する理由により著しく減少したとき。

(5) 前各号に定める場合のほか、市長が特に必要と認めたとき。

2 前項の申請をする者は、次に掲げる事項を記載した申請書に徴収猶予を必要とする理由を証明する書類を添付して、市長に提出しなければならない。

(1) 第1号被保険者及び主たる生計維持者の氏名及び住所
(2) 納期限及び保険料の額
(3) 徴収猶予を必要とする理由

(保険料の減免)

第17条　市長は、次の名号の一に該当する者のうち必要があると認められるものに対し、保険料を減免する。
(1) 第1号被保険者又はその属する世帯の生計を主として維持する者が、震災、風水害、火災その他これらに類する災害により、住宅、家財又はその他の財産について著しい損害を受けたとき。
(2) 第1号被保険者の属する世帯の生計を主として維持する者が死亡したこと、又はその者が心身に重大な障害を受け、もしくは長期間入院したことにより、その者の収入が著しく減少したとき。
(3) 第1号被保険者の属する世帯の生計を主として維持する者の収入が、事業又は業務の休廃止、事業における著しい損失、失業等により著しく減少したとき。
(4) 第1号被保険者の属する世帯の生計を主として維持する者の収入が、干ばつ、冷害、凍霜害等による農作物の不作、不漁その他これらに類する理由により著しく減少したとき。
(5) 前各号に定める場合のほか、市長が特に必要があると認めたとき。

2　前項の規定によって保険料の減免を受けようとする者は、納期限前7日までに次に掲げる事項を記載した申請書にその減免を受けようとする理由を証明する書類を添付して、市長に提出しなければならない。
(1) 第1号被保険者及び主たる生計維持者の氏名及び住所
(2) 納期限及び保険料の額
(3) 減免を受けようとする理由

3　第1項の規定によって保険料の減免を受けた者は、その理由が消滅した場合においては、直ちにその旨を市長に申告しなければならない。

(保険料に関する申告等)
第18条　第1号被保険者は、毎年度4月15日まで（保険料の賦課期日後に第1号被保険者の資格を取得した者は、当該資格を取得した日から15日以内）に、第1号被保険者本人の所得状況並びに当該者の属する世帯主その他の世帯に属する者の市町村民税の課税者の有無その他市長が必要と認める事項を記載した申告書を市長に提出しなければならない。ただし、当該第1号被保険者及びその世帯に属する者の前年中の所得につき地方税法（昭和25年法律第226号。以下本条において「法」という。）第317条の2第1項の申告書（当該第1号被保険者及びその世帯に属する者のすべてが法第317条の2第1項に規定する給与所得以外の所得又は公的年

第6章　情報の提供及び個人情報の保護

(情報の提供等)
第19条　市長は、次の各号に掲げる事項について、情報公開制度及び個人情報保護制度の的確な運用を図ることにより、被保険者に対する適切な情報提供等に努めなければならない。
(1) 要介護認定等に関する情報開示及び個人情報の保護　被保険者又は保険者であった者に関する要介護認定及び介護報酬細目に関する情報について、当該被保険者又は被保険者であった者から請求があったときは、速やかに開示しなければならない。この場合において、主治医意見書、法第94条に規定する介護老人保健施設入所者等及び法第107条に規定する指定介護療養型医療施設入所者等に関する情報に介護サービス計画に利用する旨の承諾の記載がある場合は、この限りでない。
(2) サービス利用に必要な情報提供、指定居宅サービス事業者等に関する情報は、被保険者等が常に閲覧できるように整備しておかなければならない。

第7章　苦情の解決及び相談

(介護サービス苦情調整委員の設置等)
第20条　市は、市民の介護給付等対象サービスに関する苦情等に公正かつ中立の立場で迅速に対応するため、介護サービス苦情調整委員を置く。
2　介護サービス苦情調整委員に関して必要な事項は、規則で定める。
3　市は、要介護認定等の処分についての不服又はサービス提供に係る苦情への対応に当たり、法に規定する介護保険審査会又は国民健康保険団体連合会との緊密な連携を図るとともに、必要な措置を講ずるものとする。

金等に係る所得以外の所得を有しなかった者である場合には、法第317条の6第1項又は第3項の給与支払報告書又は公的年金等支払報告書）が市長に提出されている場合においてはこの限りでない。

-54-

第8章 サービスの利用援助等

(サービスの利用援助)
第21条 市は、自己決定の困難な高齢者等が、必要な保健医療サービス及び福祉サービスを適切に利用できるようにするため、関係機関と連携して次の各号に掲げる事項を内容とする利用援助に努めなければならない。
(1) サービス利用についての相談及び助言
(2) サービス利用に関する苦情についての援助
(3) その他サービス利用についての必要な援助

(サービスの質の確保)
第22条 市は、指定居宅サービス事業者等が行うサービスの質の評価及び改善に関する方策について、事業者との緊密な連携の下に取り組むとともに、利用者及び事業者に対し、次の各号に掲げる事項を内容とする支援を行うものとする。
(1) 介護サービス事業者連絡会の設置
(2) 事業者情報の提供に関すること。
(3) 標準契約約款の提示等契約内容に関すること。

(手続における公正の確保等)
第23条 市は、指定居宅サービス事業者等との連携により、要介護認定、介護サービス計画作成、苦情対応その他介護給付等対象サービスの提供に必要な手続における公正の確保と透明性の向上に努めなければならない。

(地域団体等との連携)
第24条 市は、高齢者の日常生活に必要な保健医療サービス及び福祉サービスを的確に提供するため、地域団体及び保健福祉関係団体等との連携を図るとともに、それらの活動に対して支援策を講ずるよう努めなければならない。

第9章 罰則

第25条 市は、第1号被保険者が法第12条第1項本文の規定による届出をしないとき(同条第2項の規定により当該第1号被保険者の属する世帯主から届出がなされたときを除く。)、又は虚偽の届出をしたときは、その者に対し、十万円以下の過料を科する。

第26条 市は、法第30条第1項後段、法第31条第1項後段、法第34条第1項後段、法第35条第6項後段、法第66条第1項もしくは第2項又は第68条第1項の規定により被保険者証の提出を求められてこれに応じない者に対し十万円以下の過料を科する。

第27条 市は、被保険者、第1号被保険者著の配偶者もしくは第1号被保険者の属する世帯の世帯主又はこれらの者であった者が正当な理由なしに、法第202条第1項の規定により文書その他の物件の提出もしくは提示を命ぜられてこれに従わず、又は同項の規定による当該職員の質問に対して答弁せず、もしくは虚偽の答弁をしたときは、十万円以下の過料を科する。

第28条 市は、偽りその他不正の行為により保険料その他この条例の規定による徴収金(法第150条第1項に規定する延滞金及び法第157条第1項に規定する徴収金を除く。)の徴収を免れた者に対し、その徴収を免れた金額の五倍に相当する金額以下の過料を科する。

第29条 市は、第25条から前条までに規定する過料の額は、情状により市長が定める。

2 第25条から前条までに規定する過料を徴収する場合において発する納付額告知書に指定すべき納期限は、その発布の日から起算して十日以上を経過した日とする。

付 則

(施行期日)
第1条 この条例は、平成十二年四月一日から施行する。

(小金井市介護認定審査会の委員の定数等を定める条例の廃止)
第2条 小金井市介護認定審査会の委員の定数等を定める条例(平成十一年条例第23号)は、廃止する。

(保険料率に関する経過措置)
第3条 平成十二年度における第1号被保険者の区分に応じそれぞれ当該各号に定める額は、第11条の規定にかかわらず、次の各号に掲げる額とする。
(1) 令第38条第1項第1号に掲げる者   四千五百二十五円
(2) 令第38条第1項第2号に掲げる者   六千七百八十円
(3) 令第38条第1項第3号に掲げる者   九千七十五円
(4) 令第38条第1項第4号に掲げる者   一万一千三百五十円
(5) 令第38条第1項第5号に掲げる者   一万三千六百二十五円

2 平成十三年度における保険料率は、第11条の規定にかかわらず、次の各号に掲げる第1号被保険者の区分に応じそれぞれ当該各号に定める額とする。

る。

(1) 令第38条第1項第1号に掲げる者　一万三千五百七十五円

(2) 令第38条第1項第2号に掲げる者　二万四百円

(3) 令第38条第1項第3号に掲げる者　二万七千二百二十五円

(4) 令第38条第1項第4号に掲げる者　三万四千五十円

(5) 令第38条第1項第5号に掲げる者　四万八百七十五円

（普通徴収に係る納期に関する特例）

（以下略）

福井県／鯖江市

鯖江市介護保険条例

2000年(平成12年)4月1日施行

介護保険利用者の「権利擁護」条例に明記／利用者擁護委員会を設置

　介護保険条例は、制度がスタートする直前の議会で、市町村一斉に制定された。厚生省のモデル案は、保険料率などの基本条項を定めただけのため、鯖江市のように独自の条項を盛り込み、介護保険を利用するお年寄り権利を擁護する条例を制定した自治体もある。

　鯖江市では、第2条の介護保険の基本理念のなかで「介護に関する役務の提供その他のサービスを利用する権利を有するものとする」市民の利用する権利を定め、第17条で「被保険者から介護給付等対象サービスに対する相談・苦情があった場合、速やかに対応するとともに必要な措置を講ずるものとする」と利用者擁護を明記した。第18条では「介護サービスの適正な提供および質の向上ならびに利用者の介護サービス事業者等に対する苦情を公正かつ中立的な立場で迅速に対応し利用者の介護サービス利用に係る支援と権利を擁護するため、介護保険利用者擁護委員会を置く」とオンブズマン的役割をもつ擁護委員会を設置した。委員は学識経験者と住民代表の5人以内。

　市民がサービスを利用する権利や、権利擁護は栃木県黒磯市、愛知県高浜市などでも盛り込まれている。

福井県・鯖江市

市 役 所：〒916-8666 福井県鯖江市西山町13-1 (下車駅　北陸本線　鯖江駅) 電話　(0778) 51-2200	人　　口：64,695人 世 帯 数：18,303世帯 面　　積：84.75km² 人口密度：763.36人/km² 特 産 品：めがね、越前漆器、繊維 観　　光：めがね会館、越前漆器伝統産業会館

鯖江市介護保険条例

第1章　総則

（目的）
第1条　この条例は、介護保険事業の適正かつ円滑な実施を図るため、法令に定めるもののほか、介護保険事業の運営に関し必要な事項を定め、介護に関する総合的な施策を推進し、もって市民の保健医療の向上および福祉の増進を図ることを目的とする。

（基本理念）
第2条　すべて市民は、個人としての尊厳が重んじられ、その尊厳にふさわしい自立した日常生活を営むことができるよう、介護に関する役務の提供その他のサービス（以下「介護サービス」という。）を利用する権利を有するものとする。

2　すべて市民は、介護を要する状態となった場合においても、社会を構成する一員として、社会、経済、文化その他あらゆる分野の活動に参加する機会が保障されるものとする。

（市の責務）
第3条　市は、前条の基本理念に基づき、介護に関する施策を総合的に策定し、これを実施しなければならない。

2　市は、住民自治の本旨に基づき、市民の参画その他により介護保険事業の健全な運営に努めなければならない。

（介護サービス事業者の責務）
第4条　介護サービスに関する事業を行う者（以下「介護サービス事業者」という。）は、利用者およびその家族に対し、適切な相談、助言および必要な援助を行うとともに、サービスの提供に際して生じた事故および利用者からの苦情に対しては、これを誠実に処理しなければならない。また、利用者およびその家族のプライバシーに配慮し、業務上知り得た秘密を他に漏らしてはならない。

2　介護サービス事業者は、当該サービスの利用者の意思および個人の尊厳を尊重するとともに、常に利用者の立場に立ち、サービスの向上に努めなければならない。

（市民の責務）

第5条 市民は、介護を市民全体で支えるため、介護保険事業その他公的介護に要する費用を公平に負担しなければならない。
2 市民は、自ら要介護状態になることを予防するため、加齢に伴って生ずる心身の変化を自覚して常に健康の保持増進に努めるとともに、介護を要する状態となった場合においても、その現存能力の維持向上に努めなければならない。

第2章 保険給付

（介護給付等対象サービスの種類）
第7条 市が介護保険事業により給付するサービス（以下「介護給付等対象サービス」という。）は、介護保険法（平成九年法律第123号。以下「法」という。）第40条に規定する介護給付および法第52条に規定する予防給付とする。

第3章 保健福祉事業

（保健福祉事業）
第8条 市は、介護保険の被保険者（以下「被保険者」という。）が介護給付等対象サービスを利用するための費用に係る資金の貸付けを行う。
2 市は、被保険者が要介護状態となることを予防するための事業および介護者等に対する介護方法の指導その他の介護者等の支援のための事業を行うことができる。
3 前条に定めるもののほか、保健福祉事業に関して必要な事項は、別にこれを定める。

第4章 保険料

（保険料率）
第9条 平成十二年度から平成十四年度までの各年度における保険料率は、次の各号に掲げる第1号被保険者の区分に応じそれぞれ当該各号に定める額とする。
(1) 介護保険法施行令（平成十年政令第412号。以下「施行令」という。）第38条第1項第1号に掲げる者 一万九千六百円
(2) 施行令第38条第1項第2号に掲げる者 二万九千四百円
(3) 施行令第88条第1項第3号に掲げる者 三万九千二百円
(4) 施行令第38条第1項第4号に掲げる者 四万九千円
(5) 施行令第38条第1項第5号に掲げる老 五万八千円

（普通徴収に係る納期等）
第10条 普通徴収に係る保険料の納期（以下「納期」という。）は、次のとおりとする。
第一期 七月一日から同月三十一日まで
第二期 九月一日から同月三十日まで
第三期 十一月一日から同月三十日まで
第四期 翌年二月一日から同月末日まで
2 前項に規定する納付によりがたい第1号被保険者に係る納期は、市長が別に定めることができる。この場合において、市長は、当該第1号被保険者に対しその納期を通知しなければならない。
3 納期ごとの分割金額に百円未満の端数金額があるときは、その端数金額または最初の納期に係る分割金額に合算するものとする。

（賦課期日後において第1号被保険者の資格取得、喪失等があった場合）
第11条 保険料の賦課期日後に第1号被保険者の資格を取得した場合における当該第1号被保険者に係る保険料の額の算定は、第1号被保険者の資格を取得した日の属する月から月割りをもって行う。
2 保険料の賦課期日後に第1号被保険者の資格を喪失した場合における当該第1号被保険者に係る保険料の額の算定は、第1号被保険者の資格を喪失した日の属する月の前月まで月割りをもって行う。
3 保険料の賦課期日後に施行令第38条第1項第1号イ（同号に規定する老齢福祉年金の受給権を有するに至った者および(1)に係る者を除く。）、ロおよびハ、第2号ロ、第3号ロまたは第4号ロに該当するに至った者（第1号被保険者（第1項に規定する者を除く。）に係る保険料の額は、当該該当するに至った日の属する月から施行令第38条第1項第1号から第4号までのいずれかに規定する者として月割りにより算定した保険料の額の合算額とする。
4 前3項の規定により算定された当該年度における保険料の額として百円未満の端数が生じる場合は、これを切り捨てるものとする。

（保険料の額の通知）
第12条 保険料の額が定まったときは、市長は、速やかに、これを当該第1号被保険者に通知しなければならない。その額に変更があったときも、同様とする。

（督促手数料および延滞金）
第13条 保険料の督促手数料および延滞金の納付については、市税の例による。

（保険料の徴収猶予）
第14条 市長は、次の各号のいずれかに該当することによりその納付すべき保険料の全部または一部を一時に納付することができないと認める場合においては、納付義務者（法第132条の規定により普通徴収に係る保険料の納付義務を負う者をいう。）の申請によって、その納付することができないと認められる金額を限度として、六月以内の期間を限って徴収猶予することができる。
(1) 第1号被保険者またはその属する世帯の生計を主として維持する者（以下「主たる生計維持者」という。）が、震災、風水害、火災その他これらに類する災害により、住宅、家財その他の財産について著しい損害を受けたこと。
(2) 主たる生計維持者が死亡したこと、またはその者が心身に重大な障害を受け、もしくは長期間入院したことにより、その者の収入が著しく減少したこと。
(3) 主たる生計維持者の収入が、事業または業務の休廃止、事業における著しい損失、失業等により著しく減少したこと。
(4) 主たる生計維持者の収入が、干ばつ、冷害、凍霜害等による農作物の不作その他これに類する理由により著しく減少したと認められること。
(5) その他保険料の徴収を猶予する理由があること。

2 前項の申請をする者は、次に掲げる事項を記載した申請書に徴収猶予を必要とする理由を証明する書類を添付して、市長に提出しなければならない。
(1) 第1号被保険者および主たる生計維持者の氏名および住所
(2) 徴収猶予を受けようとする保険料の額および納期限または当該保険料の徴収に係る特別徴収対象年金給付（法第135条第3項の特別徴収対象年金給付をいう。以下同じ。）の支払に係る月
(3) 徴収猶予を必要とする理由

（保険料の減免）
第15条 市長は、次の各号のいずれかに該当する者に対し、保険料を減免する。
(1) 第1号被保険者または主たる生計維持者が、震災、風水害、火災その他これらに類する災害により、住宅、家財その他の財産について著しい損失を受けたこと。
(2) 主たる生計維持者が死亡したこと、またはその者が心身に重大な障害を受け、もしくは長期間入院したことにより、その者の収入が著しく減少したこと。
(3) 主たる生計維持者の収入が、事業または業務の休廃止、事業における著しい損失、失業等により著しく減少したこと。
(4) 主たる生計維持者の収入が、干ばつ、冷害、凍霜害等による農作物の不作その他これに類する理由により著しく減少したと認められること。
(5) その他保険料を減免する必要があると認められる特別の理由があること。

2 前項の規定により保険料の減免を受けようとする者は、普通徴収の方法により保険料を徴収されている者については納期限前七日までに、特別徴収の方法により保険料を徴収されている者については特別徴収対象年金給付の支払に係る月の前々月の十五日までに、次に掲げる事項を記載した申請書に減免を受けようとする理由を証明する書類を添付して、市長に提出しなければならない。
(1) 第1号被保険者および主たる生計維持者の氏名および住所
(2) 減免を受けようとする保険料の額および納期限または当該保険料の徴収に係る特別徴収対象年金給付の支払に係る月
(3) 減免を必要とする理由

3 第1項の規定により保険料の減免を受けた者は、その理由が消滅した場合においては、直ちにその旨を市長に申告しなければならない。

（保険料に関する申告）
第16条 第1号被保険者は、毎年度六月十四日まで（六月二日以後に第1号被保険者の資格を取得した者は、当該資格を取得した日から十四日以内に、当該第1号被保険者の所得状況およびその世帯に属する者（以下「世

帯員」という。）の市町村民税の課税者の有無その他市長が必要と認める事項を記載した申告書を市長に提出しなければならない。ただし、当該第1号被保険者ならびに世帯員の前年度中の所得につき地方税法（昭和二十五年法律第226号）第317条の2第1項本文の申告書（当該第1号被保険者および世帯員のすべてが同項ただし書に規定する給与所得以外の所得を有しなかった者である場合には、同法第317条の6第1項または第3項の給与支払報告書もしくは公的年金等支払報告書）または鯖江市税条例（昭和三十年鯖江市条例第38号）第168条の申告書が市長に提出されている場合は、この限りでない。

第5章 利用者擁護

（利用者擁護）

第17条 市長は、被保険者が介護給付対象サービスを利用するにあたって、当該被保険者の意思に基づき、良質の介護サービスが提供されるよう介護サービス事業者に対して、必要な措置を講ずるものとする。

2 市長は、被保険者から介護給付対象サービスに対する相談、苦情があった場合、速やかに対応するとともに必要な措置を講ずるものとする。

3 市長は、痴呆等により自己決定能力の低下した被保険者に対して、必要な介護給付等対象サービスを適切に利用できるよう、必要な助言、指導または措置を講ずるものとする。

4 市長は、前3項に規定する措置等を講ずるに当たっては、必要に応じ福井県、福井県国民健康保険団体連合会またはその他の関係機関と十分な連携を図るものとする。

（利用者擁護委員会の設置）

第18条 介護給付等対象サービスまたは保健福祉事業の利用者と市および介護サービス事業者との間の対等な関係を確保し、介護サービスの適正な提供および質の向上ならびに利用者の介護サービス事業者に対する苦情を公正かつ中立的な立場で迅速に対応し利用者の介護サービス利用に係る支援と権利を擁護するため、介護保険利用者擁護委員会（以下「擁護委員会」という。）を置く。

2 擁護委員会は、委員五人以内で組織する。

3 委員は、次に掲げる者の内から市長が委嘱する。

(1) 学識経験者

(2) 住民代表者

第19条 擁護委員会は、必要に応じ市および介護サービス事業者に対して調査を行い、市長に意見を述べることができる。

（委任）

第20条 前2条に定めるもののほか、擁護委員会に関し必要な事項は、規則で定める。

第6章 その他の適正な運営に関する施策

（介護保険事業計画）

第21条 市長は、介護保険事業の適正かつ円滑な実施を図るため、法第117条第1項の規定に基づき、三年ごとに、五年を一期とする介護保険事業計画を定めなければならない。

2 介護保険事業計画は、老人福祉法（昭和三十八法律第133号）第20条の8第1項の規定に基づく老人福祉計画および老人保健法（昭和五十七年法律第80号）第46条の18第1項の規定に基づく老人保健計画と調和を保ち、一体的に作成するものとする。

（介護保険運営協議会の設置）

第22条 介護保険事業の適正かつ円滑な実施その他第1条に規定する目的の達成に資する施策の重要事項を審議するため、介護保険運営協議会（以下「協議会」という。）を置く。

2 協議会は、委員十二人以内で組織する。

3 委員は、次に掲げる者の内から市長が委嘱する。

(1) 学識経験者

(2) 公益を代表する者

(3) 擁護委員会を代表する者

(4) 介護サービスに関する事業に従事する者

(5) 住民代表者

（意見の具申）

第23条 協議会は、必要があると認めるときは、市長に意見を述べることができる。

（委任）

第24条 前2条に定めるもののほか、協議会に関し必要な事項は、規則で定

める。

第7章 罰則

第25条 第1号被保険者が法第12条第1項本文の規定による届出をしないとき(同条第2項の規定により当該第1号被保険者の属する世帯の世帯主から届出がなされたときを除く。)または虚偽の届出をしたときは、その者に対し、十万円以下の過料を科す。

第26条 法第30条第1項後段、法第31条第1項後段、法第34条第1項後段、法第35条第6項後段、法第66条第1項もしくは第2項または法第68条第1項の規定により被保険者証の提出を求められてこれに応じない者に対し、十万円以下の過料を科す。

第27条 被保険者、第1号被保険者の配偶者もしくは第1号被保険者の属する世帯の世帯主またはこれらであった者が正当な理由なしに、法第202条第1項の規定により文書その他の物件の提出もしくは提示を命ぜられてこれに従わず、または同項の規定による当該職員の質問に対して答弁せず、もしくは虚偽の答弁をしたときは、その者に対し、十万円以下の過料を科す。

第28条 偽りその他不正の行為により保険料その他法の規定による徴収金(法第150条第1項に規定する納付金および法第157条第1項に規定する延滞金を除く。)の徴収を免れた者に対し、その徴収を免れた金額の五倍に相当する金額以下の過料を科する。

第29条 前4条の過料の額は、情状により、市長が定める。

2 前4条の過料を徴収する場合において発する納額告知書に指定すべき納期限は、その発布の日から起算して十日以上を経過した日とする。

第8章 雑則

(委任)
第30条 この条例に規定するもののほか、条例の施行について必要な事項は、規則で定める。

   附　則

(施行期日)
第1条 この条例は、平成十二年四月一日から施行する。

(保険村率の特例)

以下略

愛知県／高浜市

高浜市介護保険・介護予防の総合的な実施及び推進に関する条例
2000年（平成12年）4月1日施行

自立認定の人にもケアプラン、サービス提供事業者の第三者評価も条例に

　高浜市は、要介護者等の権利擁護を「権利擁護憲章」によって定め、基本理念を条例（第3章）に明記した。高齢者権利擁護専門員によるサービス提供事業者の第三者評価や結果の公表もうたわれている。施行規則では、必要がある場合は市長が任意後見契約に関する法律に規定する任意後見人となることができるとした。

　又、条例には介護予防事業が盛り込まれ、自立と認定された人にも「高齢者自立生活支援計画」として、ケアプランを市が作成し支援することも明らかにされている。自立生活支援計画には、条例施行規則で、①痴呆予防事業②閉じこもり予防事業③転倒骨折予防事業④脳血管疾患等予防事業⑤高齢者在宅生活支援事業⑥保健事業（健康づくり）⑦フィットネス事業⑧住宅改修事業⑨その他介護状態になることを防ぐために必要と認められる事業などが入る。

愛知県・高浜市

市 役 所：〒444-1398	人　　口：36,882人
愛知県高浜市青木町4-1-2	世 帯 数：12,068世帯
（下車駅　名鉄三河線　三河高浜駅）	面　　積：13.00km²
電話（0566）52-1111	人口密度：2,837人/km²
	特　　産：瓦、鶏卵、陶器
	観　　光：柳池院、宝満寺（吉浜細工人形）

福祉（介護）

高浜市介護保険・介護予防の総合的な実施及び推進に関する条例

第一章　総則

（目的）

第一条　この条例は、介護保険法（平成九年法律第123号。以下「法」という。）に基づく高浜市の介護保険が適切かつ十分に実施されるために必要な事項とともに、市民が要介護状態等とならずに、その有する能力を活用して自立した日常生活を営むための介護予防について必要な事項を総合的に定めることにより、介護保険及び介護予防を推進し、もって市民の保健医療の向上及び福祉の増進を図ることを目的とする。

（介護保険及び介護予防）

第二条　高浜市においては、市民が加齢に伴い要介護状態等（要介護状態又は要支援状態をいう。以下同じ。）となることを予防することに重点を置き、かつ、要介護状態等となった場合においても十分な保険給付及び生活保護法（昭和二十五年法律第144号）に基づく介護扶助の対象となるサービスをいう。以下同じ。）の提供を保証することを目的として、次項及び第3項の原則に基づき、介護保険及び介護予防（自立した日常生活が送られるよう、加齢に伴い要介護状態等となることを予防することをいう。以下同じ。）を総合的かつ一体的に実施するものとする。

2　高浜市の介護保険は、次の原則によるものとする。

一　要介護者及び要支援者（以下「要介護者等」という。）に対する介護保険サービスについては、十分な水準の提供量とし、市内において各種の介護保険サービスが総合的に受けられることを基本とすること。

二　要介護者等については、可能な限りその居宅において介護保険サービスを受け、その有する能力及び置かれている環境に応じ自立して日常生活を営むとともに、そのために必要な環境の整備が行われることを基本とすること。

三　介護保険サービスについては、質の高いサービスが可能な限り多様な事業者又は施設から総合的かつ効率的に実施され、その種類及び内容は、これらのサービスを利用する者の選択に基づくことを基本とするこ

3 高浜市の介護予防は、次の原則によるものとする。
 一 介護予防は、市民が健康を保持増進すること等により、可能な限り要介護状態等とならないよう、他の高齢者保健福祉施策等と相まって、総合的かつ効率的に実施されることを基本とすること。
 二 介護予防は、健康を保持増進することを基本とし、要介護状態等とならないための個人一人ひとりの自主的な取組を支援する形で実施されることを基本とすること。
 三 介護予防は、単に市の施策のみならず、市民の自主的組織を含めた多様な主体の活動を含めて提供されることを基本とすること。

（市の責務）
第三条 市は、前条の原則に沿って、介護保険及び介護予防のための各般の施策を総合的に講じなければならない。
2 市は、前項の施策を講ずるに当たっては、介護サービス提供事業者（介護保険サービスを提供する事業者をいう。以下同じ。）、市民の自主的組織その他の関係機関又は関係者との緊密な連携を図らなければならない。
3 市は、介護保険、介護予防その他の高齢者保健福祉施策について、市民に対してこれらの普及及び啓発を行わなければならない。

（市民の責務）
第四条 市民は、第二条の原則を踏まえ、自ら健康を保持増進すること等により、これに基づく法令その他関係法令並びにこの条例及びこれに基づく規則の定めるところにより、要介護状態等となった場合においても、進んでリハビリテーションその他適切な保健医療サービス及び福祉サービスを利用することにより、その有する能力の維持向上に努めなければならない。
2 市民は、介護保険が国民の共同連帯によるものであることを踏まえ、法、これに基づく法令その他関係法令並びにこの条例及びこれに基づく規則の定めるところにより、介護保険に要する費用を公平に負担するものとする。

（事業者の責務）
第五条 市民に対してサービスを提供する介護サービス提供事業者は、第二条の原則を踏まえ、質の高い介護保険サービスを常に提供するよう努めなければならない。
2 前項の介護サービス提供事業者は、利用者に対してより質の高い総合的な介護保険サービスが提供されるよう、これらのために市が行う施策に対して協力しなければならない。

第二章 介護保険事業等の実施

第一節 介護認定審査会

（介護認定審査会の委員の定数）
第六条 高浜市介護認定審査会（以下「認定審査会」という。）の委員の定数は、十七人以内とする。

（規則への委任）
第七条 法令及びこの条例に定めるもののほか、認定審査会に関し必要な事項は、規則で定める。

第2節 保険給付

（居宅介護サービス費区分支給限度基準額の特例）
第八条 訪問通所サービス区分に係る居宅介護サービス費区分支給限度基準額は、法第43条第1項の規定に基づき厚生大臣が定める額にかかわらず、居宅要介護被保険者が受ける訪問通所サービス区分に係る居宅サービス又はこれに相当するサービスについて算定される単位数の合計が次に掲げる要介護状態区分に応じてそれぞれ次に掲げる単位数に至るまで居宅サービス又は被保険者が訪問通所サービス区分に係る居宅サービス又はこれに相当するサービスを利用することができる額とする。
 一 要介護一 一万六千九百八十単位
 二 要介護二 二万二千四百八十単位
 三 要介護三 三万五百五十単位
 四 要介護四 三万五千七百六十単位
 五 要介護五 四万千二百三十単位
2 短期入所サービス区分に係る居宅介護サービス費区分支給限度基準額は、法第43条第1項の規定に基づき厚生大臣が定める額（以下この項において「厚生大臣の定める額」という。）にかかわらず、居宅要介護被保険者が短期入所サービス区分に係る居宅サービス又はこれに相当するサービスを利用する短期入所サービス区分に係る居宅サービスの中欄に掲げる短期入所限度額管理期間に応じてそれぞれ同表の下欄に掲げる日数に至るまで居宅要介護被保険者が短期入所サービス又はこれに相当する居宅サービス又はこれに相当する居宅サービスを利用することができる額とす

る。

要介護状態区分	短期入所限度額管理期間	日数
要介護一	六月間	当該要介護状態区分の者の六月間についての厚生大臣の定める額に係る日数に十三日を加えて得た日数
要介護二	六月間以外	前項の日数に短期入所限度額管理期間の月数を六で除して得た数を乗じて得た日数（一日未満の端数があるときは、これを一日に切り上げた日数
要介護三	六月間	当該要介護状態区分の者の六月間についての厚生大臣の定める額に係る日数に六日を加えて得た日数
要介護三	六月間以外	前項の日数に短期入所限度額管理期間の月数を六で除して得た数を乗じて得た日数（一日未満の端数があるときは、これを一日に切り上げた日数
要介護四	六月間	当該要介護状態区分の者の六月間についての厚生大臣の定める額に係る日数に十四日を加えて得た日数
要介護四	六月間以外	前項の日数に短期入所限度額管理期間の月数を六で除して得た数を乗じて得た日数（一日未満の端数があるときは、これを一日に切り上げた日数
要介護五	六月間	当該要介護状態区分の者の六月間についての厚生大臣の定める額に係る日数に四を加えて得た日数
要介護五	六月間以外	前項の日数に短期入所限度額管理期間の月数を六で除して得た日数（一日未満の端数があるときは、これを一日に切り上げた日数

（居宅支援サービス費等に係る区分支給限度基準額の特例）
第九条　訪問通所サービス区分に係る居宅支援サービス費区分支給限度基準額は、法第55条第1項の規定に基づき厚生大臣が定める額にかかわらず、居宅要支援被保険者が受ける訪問通所サービス区分に係る居宅サービス又はこれに相当するサービスについて算定される単位数の合計が九千七百五

十単位に至るまで居宅要支援被保険者が訪問通所サービスに係る居宅サービス又はこれに相当するサービスを利用することができる額とする。

第三節　保健福祉事業

第十条　市は、法第175条に基づく保健福祉事業として、居宅介護等支援給付の一部を行う。

2　前項に定めるもののほか、居宅介護等支援給付に関し必要な事項は、別に条例で定める。

第四節　保険料

（保険料率）
第十一条　平成十二年度から平成十四年度までの各年度における保険料率は、次の各号に掲げる第1号被保険者の区分に応じ、それぞれ当該各号に定める額とする。

一　介護保険法施行令（平成十年政令第412号。以下「令」という。）第38条第1項第1号に掲げる者　二万五百二十八円
二　令第38条第1項第2号に掲げる者　三万七百七円
三　令第38条第1項第3号に掲げる者　四万七千七百六円
四　令第38条第1項第4号に掲げる者　五万千三百四十五円
五　令第38条第1項第5号に掲げる者　六万六千六百十四円

（普通徴収に係る納期）
第十二条　普通徴収に係る保険料の納期（以下「納期」という。）は、次のとおりとする。

一　第一期　四月十六日から同月三十日まで
二　第二期　六月十六日から同月三十日まで
三　第三期　八月十六日から同月三十一日まで
四　第四期　十月十六日から同月三十一日まで
五　第五期　十一月十六日から同月三十日まで
六　第六期　十二月十六日から同月二十五日まで
七　第七期　翌年一月十六日から同月三十一日まで
八　第八期　翌年二月十六日から同月末日まで

2　前項に規定する納期によりがたい第1号被保険者に係る納期は、市長が別に定めることができる。この場合において、市長は、当該第1号被保険者に対しその納期を通知しなければならない。

3　納期ごとの分割金額に百円未満の端数があるとき、又はその分割金額が

-64-

第十三条　保険料の賦課期日後において第1号被保険者の資格取得、喪失等があった場合における当該第1号被保険者に係る保険料の額の算定は、第1号被保険者の資格を取得した日の属する月から月割りをもって行う。

2　保険料の賦課期日後に第1号被保険者の資格を取得した場合における当該第1号被保険者に係る保険料の額の算定は、第1号被保険者の資格を取得した日の属する月から月割りをもって行う。

3　保険料の賦課期日後に第1号被保険者の資格を喪失した場合における当該第1号被保険者に係る保険料の額の算定は、第1号被保険者の資格を喪失した日の属する月の前月まで月割りをもって行う。ただし、当該第1号被保険者が同日に令第38条第1項第1号イ（同号に規定する者齢福祉年金の受給権を有するに至った者及び(1)に係る者を除く。）、ロ及びハ、第2号ロ、第3号ロ又は第4号ロに該当するに至った者及び第1号被保険者に係る保険料の額は、当該該当するに至った日の属する月の前月まで月割りにより算定した第1号被保険者に係る保険料の額と当該該当するに至った日の属する月から令第38条第1項第1号から第4号までのいずれかに規定する者として月割りにより算定した当該年度における保険料の額の合算額とする。

4　前3項の規定により算定した当該年度における保険料の額に一円未満の端数が生じる場合は、これを切り捨てるものとする。

（普通徴収の特例）

第十四条　保険料の算定の基礎に用いる市民税の課税非課税の別又は地方税法（昭和二十五年法律第226号）第292条第1項第13号に規定する合計所得金額が確定しないため当該年度分の保険料の額を確定することができない場合においては、その確定する日までの間において到来する納期において徴収すべき保険料に限り、第1号被保険者について、その者の前年度の最終の納期に納付すべき保険料の額（市長が必要と認める場合においては、当該額の範囲内において市長が定める額とする。）を、それぞれの納期に係る保険料として普通徴収する。

2　前項の規定により保険料を賦課した場合において、当該年度分の保険料の額が当該年度分の保険料の額に満たないこととなるときは、当該年度分の保険料の額の不足額を徴収し、すでに徴収した保険料の額が当該年度分の保険料の額を超えることとなるときは、その過納額を還付し、又は当該第1号被保険者の未納に係る徴収金に充当する。

（普通徴収の特例に係る保険料額の修正の申出等）

第十五条　前条第1項の規定により保険料を賦課した場合において、当該年度分の保険料の額が前年度の保険料の額の二分の一に相当する額に満たないことと認められるときは、同項の規定により算定される保険料を普通徴収されることとなる者は、同項の規定により算定された保険料の額について、地方自治法（昭和二十二年法律第67号）第231条の規定による納入の通知を受けた日から三十日以内に市長に同項の規定により徴収される保険料の額の修正を申し出ることができる。

2　前項の規定による修正の申出があった場合において、相当の理由があると認められるときは、市長は、当該年度分の保険料の額の見積額を基礎として、前条第1項の規定により徴収する保険料の額を修正しなければならない。

（保険料の額の通知）

第十六条　保険料の額が定まったときは、市長は、速やかに、これを第1号被保険者に通知しなければならない。前項の規定により保険料の額が定まったときも、同様とする。

（延滞金）

第十七条　法第132条の規定により普通徴収に係る保険料の納付義務を負う者（以下「保険料の納付義務者」という。）は、納期限後にその保険料を納付する場合においては、当該納付金額に、その納期限の翌日から納付の日までの期間に応じ、当該納付金額につき十四・六パーセント（当該納期限の翌日から一月を経過する日までの期間については、年七・三パーセント）の割合をもって計算した金額に相当する延滞金額を加算して納付しなければならない。ただし、延滞金額が十円未満である場合においては、この限りでない。

2　前項に規定する年当たりの割合は、閏年の日を含む期間についても、三百六十五日当たりの割合とする。

（保険料の徴収猶予）

第十八条　市長は、次の各号のいずれかに該当することによりその納付すべき保険料の全部又は一部を一時に納付することができないと認める場合においては、保険料の納付義務者の申請によって、その納付することができないと認められる金額を限度として、六月以内の期間を限って徴収猶予することができる。

一　第1号被保険者又はその属する世帯の生計を主として維持する者が、

震災、風水害、火災その他これらに類する災害により、住宅、家財その他の財産について著しい損害を受けたこと。

二 第1号被保険者の属する世帯の生計を主として維持する者が死亡したこと、又はその者が心身に重大な障害を受け、若しくは長期間入院したことにより、その者の収入が著しく減少したこと。

三 第1号被保険者の属する世帯の生計を主として維持する者の収入が、事業又は業務の休廃止、事業における著しい損失、失業等により著しく減少したこと。

四 第1号被保険者の属する世帯の生計を主として維持する者の収入が、干ばつ、冷害、凍霜害等による農作物の不作、不漁その他これらに類する理由により著しく減少したこと。

2 前1項の申請をする者は、次に掲げる事項を記載した申請書に徴収猶予を必要とする理由を証明すべき書類を添付して、市長に提出しなければならない。

一 第1号被保険者及びその属する世帯の生計を主として維持する者の氏名及び住所

二 徴収猶予を受けようとする保険料の額及び納期限又は当該保険料の徴収に係る特別徴収対象年金給付の支払に係る月

三 徴収猶予を必要とする理由

(保険料の減免)

第十九条 市長は、次の各号のいずれかに該当する者のうち必要があると認められるものに対し、保険料を減免することができる。

一 第1号被保険者又はその属する世帯の生計を主として維持する者が、震災、風水害、火災その他これらに類する災害により、住宅、家財その他の財産について著しい損害を受けたこと。

二 第1号被保険者の属する世帯の生計を主として維持する者が死亡したこと、又はその者が心身に重大な障害を受け、若しくは長期間入院したことにより、その者の収入が著しく減少したこと。

三 第1号被保険者の属する世帯の生計を主として維持する者の収入が、事業又は業務の休廃止、事業における著しい損失、失業等により著しく減少したこと。

四 第1号被保険者の属する世帯の生計を主として維持する者の収入が、干ばつ、冷害、凍霜害等による農作物の不作、不漁その他これらに類する理由により著しく減少したこと。

2 前項の規定により保険料の減免を受けようとする者は、普通徴収の方法により保険料を徴収されている者については納期限前7日までに、特別徴収の方法により保険料を徴収されている者については納期限前7日までに、特別徴収対象年金給付の支払により保険料を徴収されている者については納期限対象年金給付の支払月の前々月の15日までに、次に掲げる事項を記載した申請書に減免に係る理由を証明すべき書類を添付して、市長に提出しなければならない。

一 第1号被保険者及びその属する世帯の生計を主として維持する者の氏名及び住所

二 減免を受けようとする保険料の額及び納期限又は当該保険料の徴収に係る特別徴収対象年金給付の支払に係る月

三 減免を必要とする理由

3 第1項の規定により保険料の減免を受けた者は、その理由が消滅した場合においては、直ちにその旨を市長に申告しなければならない。

第三章 要介護者等の権利擁護の方策

(要介護者等の権利擁護)

第二十条 市は、この章に規定する要介護者等への情報提供、苦情の処理その他の権利の擁護のための施策を講ずることにより、これらの者が納得し、かつ、安心して適切な介護保険サービスが受けられる環境の整備を行うものとする。

(権利擁護憲章)

第二十一条 市長は、前条の規定する要介護者等の権利擁護のための環境の整備のための基本的理念(以下「高浜市権利擁護憲章」という。)を定めなければならない。

2 高浜市権利擁護憲章は、次に掲げる事項を定めるものとする。

一 要介護者等の権利擁護のための市の施策に関する事項

二 要介護者等の権利擁護のために市民が実施すべき事項

三 要介護者等の権利擁護のために事業者が実施すべき事項

四 その他要介護者等の権利擁護の推進に関する事項

3 高浜市権利擁護憲章は、市民が理解しやすく、かつ、簡潔明瞭に定めるものとする。

4 市長は、高浜市権利擁護憲章を制定し、又はこれを変更しようとするときは、あらかじめ、審議会(第28条の審議会をいう。以下この章において

同じ。）の意見を聴かなければならない。

5　市長は、高浜市権利擁護憲章を定め、又はこれを変更したときは、遅滞なく、これを公表しなければならない。

（要介護認定時の説明等の実施）

第二十二条　市長は、法に規定する要介護認定に関する処分を行うに当たっては、あらかじめ、当該処分の対象者又はその家族等に対し、求める要介護認定又は要支援認定に関する処分に当たっての要介護認定又は要支援認定の対象者又はその家族等に対し、分かりやすく、懇切丁寧に行うとともに、説明時に意見等があったときは、必要な措置を講ずるものとする。

（苦情の処理）

第二十三条　介護保険サービスを利用した者（以下「利用者」という。）は、その受けた介護保険サービスの内容について異議等があるときは、市長に対し、苦情の申立てを行うことができる。

2　市長は、前項の苦情の申立てがあったときは、次の措置を執るものとする。

一　利用者と介護サービス提供事業者間の和解の仲裁及び斡旋

二　介護サービス提供事業者に対する必要な助言及び指導

三　その他必要と認められる措置

3　市長は、前項の措置を執るに当たっては、あらかじめ、審議会の意見を聴かなければならない。ただし、同項第1号の措置及び第3号の措置のうちその必要がないと認められるものについては、当該措置を執った後の報告をもって代えることができる。

4　市長は、前項の規定により審議会の意見を聴くに当たっては、当事者間の意見の聴取その他必要な調査を行い、その結果を審議会に通知するものとする。

5　市長は、第2項第2号の規定により介護サービス提供事業者に対し必要な助言及び指導を行った場合において、当該介護サービス提供事業者が当該助言及び指導に従わなかったときは、審議会の意見を聴いて、その者が当該助言及び指導に従わなかった旨を公表することができる。

（第三者評価）

第二十四条　市長は、市内の介護サービス提供事業者（利用者数が少ないもの等として規則で定める基準に該当するものを除く。）について、審議会の意見を聴いた上で、当該介護サービス提供事業者に関する評価（以下「第三者評価」という。）を行うものとする。

2　第三者評価は、介護保険サービスの種類に応じ、そのサービスの質その他の事項であって、市長が別に定める項目について行うものとする。

3　市長は、第1項の基準及び前項の項目を定め、又はこれらを変更するに当たっては、審議会の意見を聴かなければならない。

4　市長は、それぞれの第三者評価に係る調査、判定等の事務の一部を、高齢者権利擁護専門員に行わせるものとする。

5　前項に定めるもののほか、高齢者権利擁護専門員に関し必要な事項は、規則で定める。

6　第三者評価は、市長が別に定める期間ごとにその更新を行うものとする。

7　市内の介護サービス提供事業者は、第三者評価に係る市の調査について協力しなければならない。

8　市長は、市外の介護サービス提供事業者であって市民が利用するものに対し、第三者評価を受けるよう勧奨するものとする。

9　前項に定めるもののほか、第三者評価については、その結果を公表するものとする。

第四章　介護予防の総合的な推進

（介護予防の総合的推進）

第二十五条　市は、老人保健法（昭和五十七年法律第80号）に基づく保健事業とともに、高齢者に対する各般の日常生活の支援のための施策を総合的に推進すること等により、市民の介護予防に資する施策を実施するものとする。

2　前項の保健事業は、生涯を通じた生活習慣病の予防その他の健康の保持増進、個々の高齢者が生きがいを持つことを支援することを目的とする。

3　第1項の高齢者に対する日常生活の支援は、高齢者の身体的な能力又は生活等に関する意欲を阻害することのないよう配慮しつつ、高齢者が自立した日常生活を安心して営むことができるよう支援することを目的とする。

（高齢者自立生活支援計画）

第二十六条　市長は、高齢者（要介護者等を除く。以下この条において同じ。）の求めに応じ、高齢者自立生活支援計画（以下「支援計画」とい

う。）を作成するものとする。

2 支援計画は、保健、福祉その他の高齢者に対する施策（第5項において「市の高齢者施策」という。）、地域住民の活動その他の高齢者の健康の保持増進及び自立した日常生活の支援に関する事項を内容とするものとする。

3 市長は、支援計画を作成するに当たっては、それぞれの高齢者の置かれている状況を踏まえるとともに、本人の希望に基づくようにしなければならない。

4 市長は、支援計画の作成の事務を、保健福祉に関する専門的知識を有する者及び福祉に関する専門的知識を有する者に共同して行わせるものとする。

5 支援計画が作成されている市の高齢者施策は、支援計画に沿った形で提供することを原則とする。

6 前項の規定は、高齢者の自発的な社会参加による施策の利用等を妨げるものではない。

7 市長は、支援計画の内容に応じ、地域住民、関係機関、関係団体等との必要な連絡調整を図るものとする。

8 前7項に定めるもののほか、支援計画に関し必要な事項は、規則で定めるものとする。

（就労等の支援）
第二十七条 市は、就労を通じての社会参加が高齢者の介護予防に資することを踏まえ、社団法人高浜市シルバー人材センターその他の関係機関と連携して、就労の機会の増加等のための必要な支援を行うものとする。

第五章 介護保険審議会

（設置）
第二十八条 介護保険及び高齢者保健福祉に関する施策の円滑かつ適切な実施に資するため、高浜市介護保険審議会（以下「審議会」という。）を置く。

（所掌事務）
第二十九条 審議会は、次に掲げる事項について調査審議する。
一 介護保険事業計画・高齢者保健福祉計画の策定及び変更並びに進ちょく状況等に関する事項
二 介護保険サービスに関する事項
三 介護保険サービスにおける苦情処理に関する第三者評価に関する事項
四 その他高齢者保健福祉に関する事項

（組織）
第三十条 審議会は、委員十五人以内をもって組織する。
2 委員は、次に掲げる者のうちから市長が委嘱する。
一 市民（次号から第4号までに掲げる者を除く。）
二 介護サービス提供事業者
三 介護に関し学識経験を有する者
四 保健、医療又は福祉に関し学識経験を有する者
3 委員の任期は、二年とする。ただし、補欠委員の任期は、前任者の残任期間とする。
4 委員は、再任されることができる。
5 市長は、第2項第1号の委員を委嘱するに当たっては、できる限り市民各層の幅広い意見が反映されるよう公募その他の適切な方法によって委嘱するものとする。

（部会）
第三十一条 審議会に次の部会を置き、それぞれ委員三人以内で組織する。
一 苦情処理部会
二 第三者評価部会
2 部会は、苦情処理及び第三者評価に関し、第二十一条、第二十三条及び第二十四条の規定によりその権限に属させられた事項について調査審議する。

（関係者の出頭等）
第三十二条 審議会は、その権限に属する事項を行うため必要があると認めるときは、市長に対して出頭を求め、又は介護サービス提供事業者その他の関係者に対して出頭を求め、その説明若しくは意見を聴き、若しくは資料の提出を求めることができる。

（規則への委任）
第三十三条 この章に定めるもののほか、審議会に関し必要な事項は、規則で定める。

第六章 雑則

（規則への委任）
第三十四条 前条までに規定するもののほか、この条例の施行に関し必要な事項は、規則で定める。

第七章　罰則

第三十五条　第1号被保険者が法第12条第1項本文の規定による届出をしないとき（同条第2項の規定により当該第1号被保険者の属する世帯主から届出がなされたときを除く。）又は虚偽の届出をしたときは、十万円以下の過料に処する。

第三十六条　法第30条第1項後段、法第31条第1項後段、法第35条第6項後段、法第66条第1項若しくは第2項又は法第68条第1項の規定により被保険者証の提出を求められてこれに応じない者は、十万円以下の過料に処する。

第三十七条　被保険者、第1号被保険者の配偶者若しくは第1号被保険者の属する世帯の世帯主又はこれらであった者が正当な理由なしに、法第202条第1項の規定により文書その他の物件の提出を命ぜられてこれに従わず、又は同項の規定による当該職員の質問に対して答弁せず、若しくは虚偽の答弁をしたときは、十万円以下の過料に処する。

第三十八条　偽りその他不正の行為により保険料その他法の規定による徴収金（法第150条第1項に規定する納付金及び法第157条第1項に規定する延滞金を除く。）の徴収を免れた者は、その徴収を免れた金額の五倍に相当する金額以下の過料に処する。

第三十九条　前4条の過料の額は、情状により市長が定める。
2　前4条の過料を徴収する場合において発する納額告知書に指定すべき納期限は、その発布の日から起算して十日以上を経過した日とする。

附　則

（施行期日）
第一条　この条例は、平成十二年四月一日から施行する。
（平成十二年度から平成十四年度までにおける保険料率の特例）
第二条　平成十二年度における保険料率は、第11条の規定にかかわらず、次の各号に掲げる第1号被保険者の区分に応じ、それぞれ当該各号に定める額とする。

一　令第38条第1項第1号に掲げる者　　五千八百九十八円
二　令第38条第1項第2号に掲げる者　　八千八百四十七円
三　令第38条第1項第3号に掲げる者　　一万千七百九十六円
四　令第38条第1項第4号に掲げる者　　一万四千七百四十五円
五　令第38条第1項第5号に掲げる者　　一万七千六百九十四円

2　平成十三年度における保険料率は、第11条の規定にかかわらず、次の各号に掲げる第1号被保険者の区分に応じ、それぞれ当該各号に定める額とする。

一　令第38条第1項第1号に掲げる者　　一万六千三百八十六円
二　令第38条第1項第2号に掲げる者　　二万四千五百七十九円
三　令第38条第1項第3号に掲げる者　　三万二千七百七十二円
四　令第38条第1項第4号に掲げる者　　四万九百六十五円
五　令第38条第1項第5号に掲げる者　　四万九千百五十八円

3　平成十四年度における保険料率は、第11条の規定にかかわらず、次の各号に掲げる第1号被保険者の区分に応じ、それぞれ当該各号に定める額とする。

一　令第38条第1項第1号に掲げる者　　二万九千七百六十六円
二　令第38条第1項第2号に掲げる者　　三万九千六百六十四円
三　令第38条第1項第3号に掲げる者　　四万九千五百六十二円
四　令第38条第1項第4号に掲げる者　　五万九千四百六十円
五　令第38条第1項第5号に掲げる者　　六万二千九百二十八円

（平成十二年度及び平成十三年度の普通徴収に係る保険料の納期等の特例）
第三条　平成十二年度における保険料の納期は、第12条の規定にかかわらず、次のとおりとする。

一　第一期　十月十六日から同月三十一日まで
二　第二期　十一月十六日から同月三十日まで
三　第三期　十二月十六日から同月二十五日まで
四　第四期　翌年一月十六日から同月三十一日まで
五　第五期　翌年二月十六日から同月末日まで

以下略

高浜市介護保険条例施行規則（抜粋）

第三章 要介護者等の権利擁護

（任意後見契約）

第四十条 市長は、要介護者等の心身の状況及び生活の状況を勘案し、必要があると認めるときは、任意後見契約に関する法律（平成十一年法律第150号）に規定する任意後見人となることができるものとする。

（苦情の申立て）

第四十一条 条例第二十三条第１項の規定による苦情の申立ては、口頭又は文書により行うものとする。

2 前項の場合において、文書によるときは、介護保険サービス苦情申立書（様式第60）により行うものとする。

3 市長は、苦情の処理を行ったときは、その結果を介護保険サービス苦情処理結果通知書（様式第61）により通知するものとする。

第四章 高齢者自立生活支援計画

（支援計画の作成の申出等）

第四十二条 高齢者自立生活支援計画（以下「支援計画」という。）の作成を希望する者は、高齢者自立生活支援計画作成依頼書（様式第62）により、市長に申し出るものとする。

2 市長は、要介護認定において非該当と判定された者に対しては、保健又は福祉に関する専門知識を有する市の職員を訪問させ、支援計画の作成を勧奨するものとする。

（支援計画の作成）

第四十三条 支援計画は、次に掲げる事業との連携を図り、作成するものとする。

一 痴呆予防事業
二 閉じこもり予防事業
三 転倒骨折予防事業
四 脳血管疾患等予防事業
五 高齢者在宅生活支援事業
六 保健事業（健康づくり）
七 フィットネス事業

八 住宅改修事業
九 その他要介護状態になることを防ぐために必要と認められる事業

2 支援計画の作成に際しては、各事業の利用回数等を勘案するとともに、地域ケア会議においてその内容を検討するものとする。

3 支援計画の作成に際しては、本人又はその家族等との面接を行い、これらの者の意向にも配慮するものとする。

（支援計画の更新等）

第四十四条 支援計画が作成されている者については、訪問等によりその状況を把握するものとする。

2 支援計画は、六月ごとにその内容を見直し、更新するものとする。ただし、本人又はその家族等の希望があった場合は、必要の都度、更新することができる。

3 前条第２項及び第３項の規定は、前項の規定による支援計画の更新に準用する。

第五章 雑則

第四十五条 この規則に定めるもののほか、必要な事項は、市長が別に定める。

　　　附　則

1 この規則は、平成十二年四月一日から施行する。

2 この規則の施行前に行われた手続その他の行為は、施行法第17条及びこの規則の規定により行われた手続その他の行為とみなす。

島根県／西郷町

西郷町在宅介護手当支給条例
2000年（平成12年）4月1日施行

在宅介護サービスをすべて無料に／従来の在宅福祉の姿勢を貫く

利用料の負担が介護保険制度の活用を妨げているとして低所得者への利用料減免制度を定めた自治体が増えているが、西郷町は、在宅介護サービスに係る利用者の1割負担を4月にさかのぼって利用限度額内全額を支給するとした。全国的にも特徴的な条例。

介護保険制度の開始前は、同町の在宅サービスはほぼ無料であった。6月議会定例会で制定した時点で支給対象者を230人～250人と予定、2000年度は1650万円を予算化した。支給対象サービスは訪問介護、訪問看護、通所介護、通所リハビリ、福祉用具貸与の5種目。支給限度額は1ヶ月につき37,000円以内。又、支給限度額を超えた場合は超えた額の2分の1で50,000円以内とした。支給は要介護者等の申請により、年4回7、10、1、3月に行う。

厚生省や県は「好ましくない」としているが、同町の独自な事業として制定した。

島根県・西郷町

町　役　場：〒685-8585
島根県隠岐郡西郷町大字城北町1
（隠岐汽船　西郷港）
電話（08512）2-2111

人　　　口：13,364人
世　帯　数：5,266世帯
面　　　積：122.32km²
人口密度：109,25人/km²
特　産　品：サザエ、岩海苔、隠岐そば
観　　　光：玉若酢命神社、隠岐国分寺、隠岐モーモードーム

福祉（介護）

西郷町在宅介護手当支給条例

（目的）
第1条　この条例は、西郷町に住所を有する要援護者等に対し、在宅介護手当（以下「手当」という。）を支給することにより、本人及び家族の精神的、経済的負担を軽減し、もって在宅福祉の増進を図ることを目的とする。

（対象者）
第2条　対象者は、介護保険法（平成九年法律第123号以下「法」という。）第27条第10項の要介護認定を受けた者及び第32条第6項の要支援認定を受けた者で、在宅において指定居宅サービスを受ける者とする。ただし、生活保護法（昭和二十五年法律第144号）の適用を受けている者は除く。

（支給額）
第3条　この手当の支給額は、訪問介護、訪問看護、通所介護、通所リハビリテーション、福祉用具貸与の指定居宅サービスにおける、法第41号第4項の規定に基づく指定居宅サービスに要する費用の額の算定に関する基準（平成十二年厚生省告示第19号）による費用の1割以内とする。

2　前項の指定居宅サービスにおいて、法第43条第2項に定める支給限度額を超える場合は、超えた額の二分の一以内とする。

3　支給額に千円未満の端数があるときは、その端数金額は切り捨てるものとする。

（支給限度額）
第4条　前条第1項に規定する手当の支給限度額は、一か月につき三万七千円とする。

2　前条第2項に規定する手当の支給限度額は、一か月につき五万円とする。

（支給の申請）
第5条　この手当の支給を受けようとする者は、在宅介護手当支給申請書（様式第1号）に、居宅介護支援提供証明書又は領収書を添えて町長に提出しなければならない。

（決定及び通知）
第6条　町長は、前条の申請があったときは支給の適否を決定し、決定通知書（様式第2号）により申請者に通知するものとする。

（手当の返還）
第7条　町長は、偽りその他不正の行為によって支給を受けた者がある時は、すでに支給した手当の全部又は一部を返還させることができる。
（委任）
第8条　この条例の施行に関し必要な事項は、町長が別に定める。
　　　附　則
この条例は、公布の日から施行し、平成十二年四月一日から適用する。

島根県／六日市町

六日市町低所得者の介護保険制度円滑利用促進に関する条例
2000年（平成12年）9月25日議決

低所得高齢者へ介護保険料を町が全額負担／制度円滑化へ独自条例

　介護保険制度は、65歳以上の保険料について所得階層別に5段階に分け、それぞれ年間納付額を決め、本年度は4分の1、13年度4分の3、14年度からは4分の4を負担するとしている。

　六日市町では、低所得者の家計に占める介護保険料と1割の利用料負担は高額所得者に比べて大きいことから、介護保険を円滑に実施するため制度を補完する位置づけで、介護保険第1段階のもののうち「町民税非課税世帯かつ老齢福祉年金受給者」を対象として、介護保険料を町が助成する制度を創設した。

　条例では、年度内において介護保険料を完納した場合に限り、申請に基づいて完納保険料相当額を介護保険円滑利用助成金として交付するとしている。

　同町の助成対象者は51人。12年10月から14年3月31日までの時限条例としている。同町のような介護保険料助成は、東京都狛江市・茨城県古河市・京都府八幡市でも取り入れている。

島根県・六日市町

町役場：〒699-5513	人　口：6,079人
島根県鹿足郡六日市町大字六日市750	世帯数：2,381世帯
（下車駅　山口線日原駅からバス）	面　積：198.57km²
電話（08567）7-1111	人口密度：30.61人/km²
	特産品：ミニトマト、ホワイトまいたけ
	観　光：むいかいち温泉「ゆ・ら・ら」

六日市町低所得者の介護保険制度円滑利用促進に関する条例

（目的）
第1条　この条例は、六日市町が低所得者層の介護保険制度の円滑な利用促進を図り、住民の福祉の増進を目的として定めるものとする。

（定義）
第2条　この条例において、「低所得者層」とは介護保険法施行令（平成十年十二月二十四日政令第412号）第38条一項イの(1)号に該当する者をいう。

（助成及び条件）
第3条　助成の対象は、第2条の規定に該当する「低所得者」が、当該年度内において介護保険料を完納した場合に限り、介護保険円滑利用促進助成金を交付する。

（申請）
第4条　助成金の交付を受けようとする者（以下「申請者」という。）は、別に定めるところにより、申請するものとする。

（届出の義務）
第5条　申請者は、住所、氏名その他規則で定める事項について変更したとき又は第2条の規定による助成金を受ける資格を失ったときは、その事由が発生した日から十四日以内に規則で定める事項を町長に届け出なければならない。

（経費）
第6条　第3条の介護保険円滑利用促進制度に必要な経費については、毎年度予算に計上するものとする。

（不正利得の返還）
第7条　町長は、虚偽その他不正の方法により、この条例による助成金等の交付を受けた者があるときは、その者から既に交付した金額の全部又は一部を返還させることができる。

（委任）
第8条　この条例に定めるもののほか、条例の施行に関し必要な事項は規則で定める。

　　附　則

1　この条例は、公布の日から施行し、平成十二年十月一日から適用する。

2　この条例は、平成十四年三月三十一日限り、その効力を失う。

神奈川県

神奈川県動物の愛護及び管理に関する条例
2000年（平成12年）12月26日公布

条例改正で人と動物との共生をめざす

　国の動物の保護・管理に関する法律改正に併せ、神奈川県は従来の動物保護管理条例の名称を変更し、業者や飼主による虐待などを防止する条例を制定した。条例では、避妊・去勢などの措置や、適正なえさ・水を与え、運動をさせるなどの飼主の遵守事項や、ペットホテル・調教所、動物園などの動物取扱業者の届け出、施設検査を義務付けた。これらに違反した者に対して、知事は改善の勧告や、改善に従わない場合の公表ができる。取扱業者に対して動物の管理の基準を別表にし、違反した場合の罰則を強化した。行政の責務として、犬や猫以外の動物についても、継続して飼えない際の施設への引き取りや、公園等の負傷した動物を通報により収容した場合の治療などを規定。取扱業者への検査、監視、指導を行う動物愛護監視員を職員として配置することも定めた。ペットや珍獣をめぐる近年の不祥事にも対応しようとする条例。

神奈川県

県　　庁：〒231-8588
神奈川県横浜市中区日本大通1
（下車駅　根岸線　関内駅）
電話（045）210-1111

人　　口：8,324,355人
世帯数：3,315,579世帯
面　　積：2,415.11km²
人口密度：3,446.78人/km²

神奈川県動物の愛護及び管理に関する条例

第1章　総則

（目的）
第1条　この条例は、動物の愛護及び管理に関する法律（昭和四十八年法律第105号）に基づく事項その他動物の愛護及び管理に関する事項を定めることにより、人と動物との調和のとれた共生社会の実現に資することを目的とする。

（定義）
第2条　この条例において、次の各号に掲げる用語の意義は、当該各号に定めるところによる。
(1)　動物　ほ乳類、鳥類及は虫類に属する動物をいう。
(2)　飼養者　動物を飼養し、又は保管する者をいう。
(3)　指定動物　ライオン、くま、わにその他の人の生命、身体又は財産に害を加えるおそれのある動物で規則で定めるものをいう。
(4)　飼い犬　飼養者のある犬をいう。
(5)　野犬　飼い犬以外の犬をいう。
(6)　施設　動物を飼養し、又は保管するための工作物をいう。
(7)　係留　動物を丈夫な綱、鎖等で固定したものにつなぎ、拘束しておくこと又はおりに入れ、若しくはさくその他の障壁を設けて収容しておくことをいう。

（指導及び助言）
第3条　知事は、動物の健康及び安全を保持し、又は動物による人の生命、身体若しくは財産に対する侵害若しくは生活環境の汚染を防止するため必要があると認めるときは、その飼養者に対し、必要な指導又は助言をするものとする。

（動物保護指導員）
第4条　動物の保護及び管理に関し指導及び助言を行わせるために、動物保護指導員を置く。
2　動物保護指導員は、知事が任命する。

（飼養者の遵守事項）
第5条　動物の飼養者は、次に掲げる事項を遵守しなければならない、又は保管すると
(1)　動物の習性及び生理を理解し、責任をもって飼養し、又は保管する

ともに、その健康及び安全の保持に努めること。

(2) 汚物等を適正に処理することにより施設の内外を清潔にし、悪臭又はこん虫等の発生を防止すること。

(3) 動物を訓練し、又は運動させるときは、公園、道路等公共の場所及び他人の土地、建物等を損壊し、又は汚物で汚さないこと。

(4) 動物が、人の生命、身体又は財産に害を加えないように飼養し、又は保管すること。

第2章 指定動物の飼養許可

(飼養許可)

第6条 指定動物を飼養し、又は保管しようとする者は、規則で定める指定動物の区分ごとに知事の許可を受けなければならない。ただし、次に掲げる場合は、この限りでない。

(1) 博物館法(昭和二十六年法律第285号)第2条第1項に規定する博物館又は同法第29条の規定により文部科学大臣若しくは教育委員会が博物館に相当する施設として指定したものにおいて、指定動物を飼養し、又は保管するとき。

(2) 動物園、水族館等(前号に該当する施設を除く。)のうち、知事が指定した施設において、指定動物を飼養し、又は保管するとき。

(3) 獣医療法(平成四年法律第46号)第2条第2項に規定する診療施設において、指定動物を診療のために獣医師が保管するとき。

(4) 指定動物を輸送する者が、県内における滞在期間が二日を超えない範囲内で、指定動物を保管するとき。

(5) その他規則で定める場合

2 前項の許可(以下「飼養許可」という。)を受けようとする者は、次に掲げる事項を記載した申請書を知事に提出しなければならない。

(1) 氏名又は名称及び住所並びに法人にあつては、その代表者の氏名

(2) 飼養又は保管の目的

(3) 飼養又は保管の作業に従事する者の氏名、住所及び生年月日

(4) 飼養又は保管の開始予定日

(5) 指定動物の種類及び数

(6) 施設の所在地並びに規模及び構造

(7) その他規則で定める事項

3 前項の申請書には、施設の付近の見取図、施設の規模及び構造を示す図面その他の知事が必要と認める書類を添付しなければならない。

(飼養許可の基準)

第7条 知事は、飼養許可を受けようとする者が規則で定める基準に適合する施設を設置し、かつ、指定動物を適正に飼養し、又は保管することができると認められる場合でなければ、飼養許可をしてはならない。

(飼養許可の条件)

第8条 知事は、指定動物による人の生命、身体又は財産に対する侵害を防止するため必要があると認めるときは、飼養許可に条件を付けることができる。

(変更の許可)

第9条 飼養許可を受けた者は、次に掲げる事項を変更しようとするときは、知事の許可を受けなければならない。

(1) 指定動物の種類

(2) 第6条第2項第7号に掲げる事項(規則で定める事項に限る。)

(3) 施設の規模又は構造

2 前項の許可を受けようとする者は、次に掲げる事項を記載した申請書を知事に提出しなければならない。

(1) 氏名又は名称及び住所並びに法人にあつては、その代表者の氏名

(2) 変更前の事項及び変更後の事項又は変更の概要

(3) 変更の理由

(4) その他規則で定める事項

3 第7条及び第8条の規定は第1項の許可について準用する。

(氏名等の変更等の届出)

第10条 飼養許可を受けた者は、次に掲げる事項を変更したときは、規則で定めるところにより、当該変更の日から一箇月以内に、知事にその旨を届け出なければならない。指定動物を飼養し、又は保管しなくなつたときも同様とする。

(1) 第6条第2項第1号から第3号までに掲げる事項

(2) 指定動物の数

(3) 第6条第2項第7号に掲げる事項(規則で定める事項に限る。)

第11条 削除

(飼養許可の取消し)
第12条　知事は、飼養許可を受けた者が次の各号のいずれかに該当するときは、その飼養許可を取り消すことができる。
(1)　第8条(第9条第3項において準用する場合を含む。)の条件に違反したとき。
(2)　第9条第1項又は第15条から第17条までの規定に違反したとき。
(3)　第25条第3項の規定による措置命令に違反したとき。

第3章　削除

第13条及び第14条　削除

第4章　指定動物等の飼養者の義務

(施設内飼養)
第15条　飼養許可を受けた者は、指定動物を、指定動物を外部と隔絶した施設内で飼養し、又は保管しなければならない。ただし、次に掲げる場合は、この限りでない。
(1)　興行のために指定動物を施設外で使用するとき。
(2)　疾病等の治療のために指定動物を施設外へ連れ出すとき。
(3)　その他規則で定める場合

(施設の維持)
第16条　飼養許可を受けた者は、その施設を第7条に規定する規則で定める基準に適合するように維持しなければならない。

(緊急時の措置)
第17条　指定動物の飼養者は、指定動物が施設から脱出したときは、直ちに知事その他の関係機関に通報するとともに、付近の住民に周知させ、当該指定動物を捕獲する等人の生命、身体又は財産に対する侵害を防止するため必要な措置をとらなければならない。

(飼い犬の係留)
第18条　犬の飼養者は、飼い犬を係留しておかなければならない。ただし、次に掲げる場合は、この限りでない。
(1)　警察犬、狩猟犬、盲導犬その他の使役犬をその目的のために使用するとき。
(2)　人の生命、身体又は財産に対し害を加えるおそれのない場所又は方法で飼い犬を訓練し、又は移動させるとき。
(3)　飼い犬を制御できる者が、飼い犬を丈夫な綱、鎖等でつないで運動させるとき。
(4)　飼い犬を展覧会、競技会その他これらに類する催しに出場させるとき。

(標識)
第19条　飼養許可を受けた者又は犬の飼養者は、施設のある場所、係留場所、門戸その他他人の見やすい箇所に、規則で定めるところにより、指定動物を飼養し、又は保管している旨の標識を掲示しなければならない。

(事故届)
第20条　指定動物又は犬の飼養者は、その指定動物又は犬が人の生命、身体又は財産に対し害を加えたことを知ったときは、直ちにその旨を知事に届け出なければならない。

第5章　野犬等の収容等

(野犬等の収容)
第21条　知事は、職員に野犬及び第18条の規定に違反して係留されていない飼い犬(以下「野犬等」という。)を捕獲し、収容させることができる。
2　職員は、捕獲しようとして追跡中の野犬等がその飼養者又はその他の者の土地、建物等に入った場合において、これを捕獲するためやむを得ないと認めるときは、合理的に必要と判断される限度においてその場所(人の住居を除く。)に立ち入ることができる。ただし、その場所の所有者又はこれに代わるべき者が正当な理由により拒んだときは、この限りでない。
3　何人も、野犬等の捕獲を妨害し、捕獲した野犬等を逃がし、又は捕獲のために設置した器具を移動し、若しくは損傷してはならない。
4　職員は、野犬等の捕獲に従事するときは、その身分を示す証明書を携帯し、関係者の請求があったときは、これを提示しなければならない。

(収容した野犬等の取扱い)
第22条　知事は、前条第1項の規定により野犬等を収容したときは、飼養者の知れているものについてはその犬の飼養者に引き取るべき旨を通知し、飼養者の知れていないものについてはその旨を、規則で定めるところにより、二日間公示しなければならない。

2 前項の規定による通知を受けた者は、通知が到達した日の翌日までにその犬を引き取らなければならない。

3 知事は、犬の飼養者が第1項に規定する期日までに引き取らないとき又は前項に規定する公示の期間の満了の日の翌日又は前項に規定する期日までに引き取ることができる。ただし、やむを得ない理由によりこれらの期日までに引き取ることができない飼養者が、その理由及び相当の期間内に引き取る旨を申し出たときは、その申し出た期間が経過するまでは、処分することができない。

4 前3項の規定は、動物の愛護及び管理に関する法律（以下「法」という。）第18条第2項の規定により収容した犬及びねこ並びに法第19条第2項の規定により収容した犬及びねこ等の動物について準用する。

(野犬等の掃討)
第23条 知事は、野犬等が人の生命、身体又は財産に害を加え、又は加えるおそれがあり、かつ、通常の方法による捕獲が困難であると認めるときは、区域及び期間を定め、薬物を使用して掃討することができる。

2 知事は、前項の規定により野犬等を掃討しようとするときは、当該区域を管轄する市町村長と協議し、並びに当該区域及びその区域の付近の住民に対し、規則で定めるところにより、その旨を周知させなければならない。

3 何人も、第1項の規定により知事が野犬等を掃討するために配置した薬物入りのえさを移動し、捨て、又は埋めてはならない。

(犬、ねこ等の動物の譲渡)
第24条 知事は、法第18条第1項又は第2項の規定により収容した犬、ねこ等の動物を適正に飼養し、若しくは保管することができると認められる者又は教育、試験研究若しくは生物学的製剤の製造の用その他の科学上の利用に供しようとする者に譲渡することができる。

第6章 措置命令

(措置命令)
第25条 知事は、飼養者が第5条第2号から第4号までの規定に違反していると認めるときは、当該飼養者に対し、生活環境の汚染又は人の生命、身体若しくは財産に対する侵害を防止するために必要な措置をとるべきことを命ずることができる。

2 知事は、飼養許可を受けた者が第15条の規定に違反していると認めるときは、当該飼養許可を受けた者に対し、当該指定動物を外部と隔絶した施設内で飼養し、又は保管することを命ずることができる。

3 知事は、飼養許可を受けた者が第16条の規定に違反していると認めるときは、当該飼養許可を受けた者に対し、当該施設の修理若しくは改造を命じ、又は当該施設の全部若しくは一部の使用を禁止することができる。

4 知事は、犬の飼養者が第18条の規定に違反していると認めるときは、当該飼い犬の飼養者に対し、当該飼い犬の係留を命ずることができる。

5 知事は、飼養許可を受けた者又は犬の飼養者が第19条の規定に違反していると認めるときは、当該飼養許可を受けた者又は飼い犬の飼養者に対し、標識の掲示を命ずることができる。

6 知事は、人の生命、身体又は財産に害を加えた飼い犬の飼養者に対し、飼い犬を獣医師に検診させ、飼い犬に口輪をかけ、又は飼い犬におりに入れ、若しくは殺処分する等の措置をとることを命ずることができる。

7 前各項の規定による措置命令を受けた飼養者は、指定された期日までに命ぜられた措置をとらなければならない。

第7章 雑則

(立入検査等)
第26条 知事は、この条例の施行に必要な限度において、その職員に、飼養者の土地、建物又は船車内に立ち入り、施設、施設のある場所若しくは飼い犬の係留場所を検査させ、飼養者から資料を提出させ、又は関係者に質問させることができる。

2 前項の場合には、当該職員は、その身分を示す証明書を携帯し、関係者の請求があったときは、これを提示しなければならない。

3 第1項の規定による立入検査等の権限は、犯罪捜査のために認められたものと解してはならない。

(手数料)
第27条 飼養許可を受けようとする者は、飼養許可申請手数料として、一件につき三万三千三百二十円を納めなければならない。

(費用の負担)
第28条 法第18条第2項の規定により引き取られた犬若しくはねこ、法第19

第8章 罰則

(経過措置)
第29条 第2条第3号の規定を制定し、又は改廃する場合においては、その制定又は改廃に伴い合理的に必要と認められる範囲内において、所要の経過措置を定めることができる。

(適用除外)
第30条 この条例は、横浜市及び川崎市の区域においては、適用しない。

(委任)
第31条 この条例の施行に関し必要な事項は、規則で定める。

第32条 次の各号のいずれかに該当する者は、十万円以下の罰金に処する。
(1) 第6条第1項の規定に違反して飼養許可を受けないで指定動物を飼養し、又は保管した者
(2) 第25条第1項から第4項まで又は第6項の規定による措置命令(第5条第2号又は第3号の規定に係る措置命令を除く。)に違反した者
第33条 第25条第1項の規定による措置命令(第5条第4号の規定に係る措置命令を除く。)に違反した者は、五万円以下の罰金に処する。
第34条 次の各号のいずれかに該当する者は、三万円以下の罰金に処する。
(1) 第9条第1項の規定に違反して許可を受けないで第6条第2項第7号に掲げる事項を変更した者
(2) 第25条第1項の規定に違反して第6条第2項第7号に掲げる事項に係る施設の規模若しくは構造又は施設の規模若しくは構造又は施設の規模若しくは構造又は飼養の方法を変更した者
(3) 第21条第3項又は第23条第3項の規定による検査を拒み、妨げ、若しくは忌避した者
(4) 第26条第1項の規定による届出をせず、若しくは虚偽の届出をし、又は虚偽の資料の提供を拒み、若しくは虚偽の資料を提供し、又は質問に対して答弁をせず、若しくは虚偽の答弁をした者
第35条 法人の代表者又は法人若しくは人の代理人、使用人その他の従業者が、その法人又は人の業務に関し、前3条の違反行為をしたときは、行為者を罰するほか、その法人又は人に対して各本条の罰金刑を科する。

附則(平成十二年十一月二十八日条例第73号)

条第2項の規定により収容された飼い犬、ねこ等の動物又は第21条第1項の規定により収容された飼い犬の返還を求める者は、収容中の保管の費用及び返還に要する費用を負担しなければならない。

附則(平成十二年十二月二十六日条例第80号)

この条例は、平成十三年一月六日から施行する。ただし、第2条の規定及び次項から附則第12項までの規定は平成十三年四月一日から施行する。

(経過措置)
2〜3 略
4 第2条の規定の施行の際現に新条例第2条第8項に規定する動物取扱業を営んでいる者のうち規則で定める者は、施行日から起算して一年以内に、新条例第18条第2項に規定する書類を添付して、同条第1項各号に掲げる事項を知事に届け出なければならない。
5 前2項の規定による届出をした者は、当該施設の構造及び規模について、知事が行う検査を受けなければならない。
6 前項の規定による検査を受けた者は、新条例第18条第1項の規定による届出をし、かつ、新条例第19条第1項の規定による検査を受けた者とみなす。
7 附則第4項又は第5項の規定による届出をせず、若しくは虚偽の届出をし、又は附則第6項の規定による検査を拒み、妨げ、若しくは忌避した者は、二十万円以下の罰金に処する。
8 法人の代表者又は法人若しくは人の代理人、使用人その他の従業員が、その法人又は人の業務に関し、前項の違反行為をしたときは、行為者を罰するほか、その法人又は人に対して同項の刑を科する。
9 第2条の規定の施行の際現に申請書等を受理しているものに係る手数料については、なお従前の例による。
10 旧条例の規定によりなされた処分、手続その他の規定がある場合には、新条例中これに相当する規定がある場合には、新条例の相当規定によりなされた処分、手続その他の行為とみなす。
11 第2条の規定の施行前にした行為に対する罰則の適用については、なお従前の例による。
12 従前の例による。

-78-

栃木県／日光市

日光市サル餌付け禁止条例

2000年（平成12年）4月1日

野生サルに餌付け「厳禁」／全国初の条例

日光市では、野生のニホンザルが観光客を襲ったり、商店や人家へ侵入し、農作物や食べ物を食い荒らす被害が深刻な問題となっていた。

広葉樹林の大量伐採でサルの食料が不足していることや、餌を与える人間への恐怖心が薄れてきたのが原因といわれる。

市は、こうした被害に対処するための「サル餌付け禁止条例」を制定した。

条例では、野生喪失の主原因であるサルへの餌付け行為について禁止を宣言することにより、サルが本来の野生状態で生息できる環境を整備し、人間とサルとの適正な関係を実現することを目的に、何人も、サルに餌を与えてはならないこととした。罰則は設けていないが、悪質な場合は違反者の名前を公表するとしている。

栃木県・日光市

市 役 所：〒321-1492
栃木県日光市中鉢石町999
（下車駅　日光線　日光駅）
電話　（0288）54-1111

人　　口：18,286人
世 帯 数：6,671世帯
面　　積：320.98k㎡
人口密度：56.97人/k㎡
特 産 品：ゆば、日光彫、日光下駄
観　　光：東照宮、中禅寺湖、華厳の滝

日光市サル餌付け禁止条例

（目的）

第1条　この条例は、野生の喪失により、咬傷害や、商店及び人家への侵入等を繰り返し市民の生活環境を脅かしているサルの問題に関し、野生喪失の主原因であるサルへの餌付け行為について禁止を宣言することにより、サルが本来の野生状態で生息できる環境を整備し、もって人間とサルの適正な関係を実現することを目的とする。

（定義）

第2条　この条例において、サルとは、所有者又は管理者のないニホンザルをいう。

（餌付けの禁止）

第3条　何人も、サルに餌を与えてはならない。ただし、次の各号に該当する場合はこの限りでない。

(1) 行政機関がサルの保護管理を目的として餌付けを行う場合

(2) 鳥獣保護及狩猟ニ関スル法律（大正七年法律第32号）第12条に規定する学術研究又は有害鳥獣駆除を目的として餌付けを行う場合

（氏名等の公表）

第4条　市長は、前条の規定に違反して、その行為が特に悪質であると認められる者についてはその氏名等を公表することができる。

附　則

この条例は、平成12年4月1日から施行する。

保険衛生

北海道／浦河町

浦河町犬及びねこに関する条例
2000年（平成12年）4月1日施行

飼い犬、猫の管理を罰則付きで義務付け

狂犬病予防法や、畜犬登録に関する地方への権限委譲を契機に、浦河町は、飼い主が飼い犬のけい留や飼い猫を屋内飼育し、他人の所有物を汚さないよう管理することを定めた「犬及びねこに関する条例」を制定した。

条例では、飼い猫は「屋内における適正飼育に努め他人の所有地、所有物を汚物等により汚してはならない」、飼い犬は「人、家畜への加害の防止をするとともに、公共の場所を汚物等で汚してはならない」としている。

繁殖を希望しない飼育者には、生殖を不能にする手術をすることや捨て犬、捨て猫の禁止、飼い犬のけい留、表示も義務付けた。

違反者には町長が措置命令を出して改善を求め、応じない場合は、10万円以下の罰金または科料を課すとした。飼い犬、猫の管理方法を罰則付きで規制する条例は初めて。

北海道・浦河町

町 役 場：〒057-8511
　北海道浦河郡浦河町築地1-3-1
　（下車駅　日高本線　浦河駅）
　電話（01462）2-2311

人　　口：16,481人
世 帯 数：7,040世帯
面　　積：694.23km²
人口密度：23.74人/km²
特　産：日高昆布、浦河ハム
観　光：乗馬リゾート「うらかわ優駿ビレッジ」

保健衛生

浦河町犬及びねこに関する条例

（目的）
第1条　この条例は、犬及びねこの適正な飼育等に関する事項を定めて、犬及びねこが町民の身体及び財産に対する侵害や迷惑を及ぼすことを防止することにより、町民が衛生的かつ安全で安心して生活できる環境を守ることを目的とする。

（定義）
第2条　この条例において、次の各号に掲げる用語の意義は、当該各号に定めるところによる。
(1)「犬及びねこ飼いねこ」とは、飼育する所有者又は管理者（以下「飼育者」という。）のある犬及びねこをいう。
(2)「野犬」とは、飼い犬以外の犬をいう。
(3)「けい留」とは、人又は家畜に害を加えないように、飼い犬を固定した物に丈夫な綱、鎖等でつなぎ、又はおりに入れ、若しくは囲い等を設けて収容することをいう。

（飼い犬及び飼いねこの飼育等）
第3条　飼い犬及び飼いねこ飼育者は、次の事項を守らなければならない。
(1) 飼い犬及び飼いねこの飼育に当たっては、飼い犬の本能、習性及び生理を理解し、人又は家畜への加害を防止するとともに、道路、公園その他公共の場所を汚物等により汚してはならない。
(2) 飼いねこの飼育に当たっては、飼いねこの本能、習性及び生理を理解し、屋内における適正飼育に努め、他人の所有地、所有物等を汚物等により汚してはならない。
(3) 飼い犬及び飼いねこの繁殖を希望しない飼育者は、生殖を不能にする手術その他の措置をするよう努めなければならない。
(4) 飼い犬を飼育する場所は、常に清潔にしておかなければならない。

2　町長は、前項の規定に違反していると認める飼い犬及び飼いねこの飼育者に対し、飼育の方法の改善その他の必要な措置を命ずることができる。

（捨て犬及び捨てねこの禁止）
第4条　飼い犬及び飼いねこの飼育者は、当該飼い犬及び飼いねこを捨ててはならない。

（飼い犬のけい留等）
第5条　飼い犬の飼育者は、次の各号の一に該当する場合を除くほか、飼い

犬をけい留しておかなければならない。
(2) 警察犬、狩猟犬又は牧羊犬をその目的のために使用するとき。
(3) 人又は家畜に危害を与えるおそれのない場所又は方法で、飼い犬を訓練し、若しくは移動し、又は運動させるとき。
2 飼い犬の飼育者は、前項の規定により飼い犬をけい留するに当たっては、人又は家畜への危害の防止のため、規則で定めるけい留方法を守らなければならない。

(飼い犬の表示)
第6条 飼い犬の飼育者は、飼い犬の飼育の場所の出入口その他他人の見やすい箇所に、規則で定める表示をしなければならない。

(飼い犬等の加害及び被害の届出)
第7条 飼い犬が人又は家畜に害を加えたときは、その飼い犬の飼育者は、速やかにけい留その他の適当な処置を講じ、当該飼い犬が加害した旨を町長に届け出なければならない。
2 人又は家畜が飼い犬又は野犬による被害を受けたときは、被害者又は家畜の飼育者若しくはこれらの代理人は、速やかにその旨を町長に届け出なければならない。

(加害飼い犬に対する処分)
第8条 町長は、人又は家畜に害を加えた飼い犬の飼育者に対し、当該飼い犬の殺処分又は飼い犬のくせの矯正及び危害防止のため必要な処置をとることを命ずることができる。

(野犬の捕獲及び処分)
第9条 町長は、必要に応じて野犬の捕獲及び処分を行うことができる。
2 町長は、野犬の捕獲及び処分を行おうとするときは、あらかじめ告示をもってその期間及び区域を定めなければならない。
3 町長は、けい留していない犬について捕獲に努めるものとし、人又は家畜への危害防止にあたり緊急を要し、かつ、捕獲しないと他に手段がないと認められる場合は、前項の期間中においてけい留されていない飼い犬についても、処分することができる。

(隣接町村長への通知)
第10条 町長は、前条第2項の規定により告示をしたときは、隣接町村長にその旨を通知しなければならない。

(野犬の捕獲及び処分の方法)
第11条 第9条の野犬の捕獲及び処分は、町職員の監督のもとに町長の指定する野犬捕獲員をして行わせなければならない。
2 前項の野犬捕獲員が行う業務については、他に委託することができる。

(立入調査)
第12条 町長は、飼い犬の飼育に関し必要な限度において、当該町職員をして飼い犬の飼育の場所に立入り、調査させ、又は関係人に質問させることができる。

(身分を示す証明書)
第13条 当該町職員及び野犬捕獲員は、野犬を捕獲し、又は前条の規定による立入検査をする場合においては、町長の発行する身分証明書を携帯し、関係人の請求があったときはこれを提示しなければならない。

(行為の承継)
第14条 この条例の規定による処分その他の行為は、当該行為の目的である飼い犬について所有権その他の権利を承継した者に対しても、またその効力を有する。

(罰則)
第15条 次の各号の一に該当する者は、十万円以下の罰金又は科料に処する。
(1) 第5条第1項の規定に違反して飼い犬のけい留をせず、又は同条第2項に規定する規則で定めるけい留方法を守らなかった者
(2) 第8条の規定による命令に従わなかった者
2 次の各号の一に該当する者は、五万円以下の罰金又は科料に処する。
(1) 第3条第2項の規定による措置命令に従わなかった者
(2) 第4条の規定に違反して、飼い犬及び飼いねこを捨てた者
(3) 第7条第1項の規定に違反して、加害の届出をしなかった者
3 次の各号の一に該当する者は、三万円以下の罰金又は科料に処する。
(1) 第6条の規定に違反して、飼い犬の表示をしなかった者
(2) 正当な理由がなく、第12条の規定による立入若しくは調査を拒み、妨げ、又はその質問に応ぜず、若しくは偽りの答弁をした者

(委任)
第16条 この条例の施行に関し必要な事項は、規則で定める。

附 則
1 この条例は、平成十二年四月一日から施行する。

岩手県／花泉町

花泉町町税条例改正
2000年（平成12年）4月1日施行

国民健康保険税の資産割を廃止。1世帯平均1万1千円の負担軽減

核家族化に伴い資産はあるが収入があまりないという高齢者世帯が増え、介護保険料が新たに加わるとさらに負担が増えることから町は3年がかりで国保税の見直しを進めていた。国保税は所得割、土地や家屋などの資産割、被保険者均等割り、世帯別平等割を組み合せて税額を算定しているが、この資産割を全廃する条例改正を行った。この改正で一世帯あたりの平均保険税額は年間1万1千円減額される。

資産割廃止に伴う国民保険特別会計の減収分は特別会計財政調整基金から繰り入れる。2000年度分は9,880万円であったが財調基金の残額は9,960万円で来年度以降に関しては検討中。

介護保険料を負担する世帯も前年度と比較して負担は大きく増えなかった。国保税の賦課方式は基本的に自治体の裁量権の範囲で同様の負担軽減を図る自治体も出ている。

岩手県・花泉町

町役場：〒029-3105
岩手県西磐井郡花泉町涌津字一ノ町29
（下車駅　東北本線　花泉駅）
電話（0191）82-2211

人　　口：16,588人
世 帯 数：4,432世帯
面　　積：126.83km²
人口密度：130.79人/km²
特 産 品：古代米、ナス
観　　光：花と泉の公園、刈生沢の滝

花泉町町税条例の一部を改正する条例（抄）

保健衛生

（国民健康保険税の課税額）
第128条　前条の者に対して課する国民健康保険税の課税額は、世帯主及びその世帯に属する国民健康保険の被保険者につき算定した基礎課税額（国民健康保険法（昭和三十三年法律第百九十二号）の規定による国民健康保険の被保険者に要する費用（介護保険法（平成九年法律第123号）の規定による納付金の納付に要する費用を除く。）並びに当該世帯主及び当該世帯に属する国民健康保険の被保険者であるものにつき算定した介護納付金課税額（国民健康保険法第9条第2号に規定する被保険者であるものにつき算定した介護納付金の納付に要する費用に充てるための国民健康保険税のうち、同法の規定による納付金の納付に要する費用をいう。以下同じ。）の合算額とする。ただし、当該合算額が五十三万円を超える場合においては、五十三万円とする。

2　前項の基礎課税額は、世帯主（前条第2項の世帯主を除く。）及びその世帯に属する国民健康保険の被保険者につき算定した所得割額並びに被保険者均等割額及び世帯別平等割額の合算額とする。

3　第1項の介護納付金課税額は、介護納付金課税被保険者（国民健康保険法第9条第2号に規定する被保険者をいう。以下同じ。）である世帯主（前条第2項の世帯主を除く。）及びその世帯に属する介護納付金課税被保険者につき算定した所得割額並びに被保険者均等割額及び世帯別平等割額の合算額とする。

（国民健康保険の被保険者に係る所得割額）
第129条　前条第2項の所得割額は、賦課期日の属する年の前年の所得に係る法第314条の2第1項に規定する総所得金額（総所得金額中に給与所得が含まれている場合においては、当該給与所得については、所得税法第28条第2項の規定によって計算した金額から、当該給与所得に係る収入金額の百分の五の金額（その金額が二万円を超えるときは、二万円）を控除した金額によるものとする。）及び山林所得金額の合計額から法第314条の2第2項の規定による控除をした後の総所得金額及び山林所得金額の合計額（第131条の3及び第133条の2第1項において「基礎控除後の総所得金額等」という。）に百分の六・八〇を乗じて算定する。

2～3【略】

第130条　削除

第131条　国民健康保険の被保険者に係る被保険者均等割額は、被保険者一人について二千四百円とする。

第131条の2　第128条第2項の被保険者に係る被保険者均等割額は、被保険者一人について二万一千四百円とする。

第131条の3　第128条第2項の被保険者に係る世帯別平等割額は、一世帯について二万二千八百円とする。

第131条の4　第128条第3項の被保険者に係る被保険者均等割額は、介護納付金課税被保険者一人について五千七百円とする。

第131条の5　第128条第3項の世帯別平等割額は、一世帯について三千四百円とする。

（介護納付金課税被保険者に係る所得割額）
第132条の3　第128条第3項の被保険者に係る所得割額は、介護納付金課税被保険者に係る基礎控除後の総所得金額等に百分の〇・八二を乗じて算定する。

（国民健康保険税の徴収の特例）
第133条の2　国民健康保険税の賦課期日の属する年度分の国民健康保険税額の算定の基礎に用いる基礎控除後の総所得金額等が確定しないため当該年度分の国民健康保険税額を確定することができない場合においては、その確定する日までの間において到来する納期において徴収すべき国民健康保険税に限り、国民健康保険税の納税義務者について、その者の前年度の国民健康保険税額を当該年度の納期の数で除して得た額を、それぞれの納期に係る国民健康保険税として徴収する。

第134条　〔略〕

（国民健康保険税の納税義務の発生、消滅等に伴う賦課）
2　前項の賦課期日後に納税義務が発生した者には、その発生した日の属する月から、月をもって算定した第128条第1項の規定による減額が行われた場合には、同条の国民健康保険税の額とする。以下本条に同じ。）を課する。
2　前項の賦課期日後に納税義務が消滅した者には、その消滅した日（国民健康保険法（昭和三十三年法律第192号）第6条第1号から第5号までのいずれかに該当することにより納税義務が消滅した場合においては、その消滅

3　第1項の賦課期日後に第127条第2項の額をもって算定した第128条第1項の額を課する。
第1項の賦課期日後に第1項の世帯主（以下次項までにおいて「2項世帯主」という。）である国民健康保険税の納税義務者が同条第1項の世帯主（以下次項までにおいて「1項世帯主」という。）となった場合には、当該納税義務者に係る第128条第1項の額から当該1項世帯主とみなして算定した2項世帯主とみなして算定した当該納税義務者に係る同項の額を、当該1項世帯主となった日の属する月から、月をもって当該納税義務者に課する。

4　第1項の賦課期日後に1項世帯主である国民健康保険税の納税義務者が2項世帯主となった場合には、当該2項世帯主とみなして算定した当該納税義務者に係る第128条第1項の額を当該2項世帯主とみなして算定した当該納税義務者に係る同項の額から控除した残額を、当該2項世帯主となった日（国民健康保険法第6条第1号から第5号までのいずれかに該当することにより2項世帯主となったときは、その前日）の属する月から、月をもって当該納税義務者の国民健康保険税の額から減額する。

5　第1項の賦課期日後に国民健康保険税の納税義務者の世帯に属する被保険者（当該納税義務者を除く。以下次項において同じ。）となった者がある場合には、当該被保険者となった日の属する月から、月割をもって当該被保険者となった日の属する月から、月割をもって算定した第128条第1項の額から当該被保険者となった日の前日において当該納税義務者に係る同項の額を同項の額とみなして算定した当該被保険者でないものとみなして算定した当該世帯に属する被保険者に係る同項の額を控除した残額を、当該被保険者に課する。

6　第1項の賦課期日後に当該納税義務者の世帯に属する被保険者でなくなった日がある場合には、当該被保険者でなくなった日の属する月から、月割をもって算定した第128条第1項の額から当該被保険者でなくなった者が当該世帯に属する被保険者であるものとみなして算定した当該納税義務者に係る同項の額から控除した残額を、当該被保険者でなくなった者が当該被保険者でなくなった日（国民健康保険法第6条第1号から第5号までのいずれかに該当することにより被保険者でなくなった場合においては、当該

被保険者でなくなった日が月の初日であるときは、その前日）の属する月から、月割をもって当該納税義務者の国民健康保険税の額から減額する。

7 第1項の賦課期日後に当該納税義務者の国民健康保険税の納税義務者の世帯に属する介護納付金課税被保険者となった者がある場合には、当該納付金課税被保険者となった日を同項の賦課期日とみなして算定した当該納付金課税被保険者に係る第128条第1項の額から当該介護納付金課税被保険者となった日の属する同項の額を控除した残額を、当該介護納付金課税被保険者に係る同項の額に属する当該納税義務者に係る介護納付金課税被保険者に係る当該納付金課税被保険者となった日の属する月から、月割をもって当該納税義務者に課する。

8 第1項の賦課期日後に国民健康保険の被保険者でなくなった者の属する第128条第1項に属する第128条第1項の額を当該介護納付金課税被保険者の世帯に属する介護納付金課税被保険者でなくなった日の属する同項の額から控除した残額を、当該介護納付金課税被保険者でなくなった者に係る介護納付金課税被保険者でなくなった日の属する月から、月割をもって当該納税義務者の国民健康保険税の額から減額する。

（国民健康保険税の減額）
第135条 次の各号の一に掲げる国民健康保険税の額は、第128条第2項の基礎課税額からア及びイに掲げる額を減額して得た額並びに同条第3項の介護納付金課税額からウ及びエに掲げる額を減額して得た額の合算額（当該合算額が五十三万円を超える場合には、五十三万円）とする。

(1) 法第703条の5第1項に規定する総所得金額及び山林所得金額の合算額が、法第314条の2第2項に規定する金額を超えない世帯に係る納税義務者
　ア 国民健康保険の被保険者に係る被保険者均等割額　一人について
　　一万四千九百八十円
　イ 国民健康保険の被保険者に係る世帯別平等割額　一世帯について
　　一万五千九百六十円
　ウ 介護納付金課税被保険者に係る被保険者（第127条第2項に規定する被保険者を除く。）　一人について

(2) 法第703条の5第1項に規定する総所得金額及び山林所得金額の合算額が、法第314条の2第2項に規定する金額に被保険者一人につき二十四万五千円を加算した金額を超えない世帯に係る納税義務者（前号に該当する者を除く。）
　ア 国民健康保険の被保険者に係る被保険者均等割額（当該納税義務者に係る被保険者（第127条第2項に規定する被保険者を除く。）一人につき
　　二万三百八十円
　イ 国民健康保険の被保険者に係る世帯別平等割額　一世帯について
　　一万七百円
　ウ 介護納付金課税被保険者に係る被保険者（第127条第2項に規定する被保険者を除く。）　一人について
　　二千八百五十円
　エ 介護納付金課税被保険者に係る世帯別平均割額　一世帯について
　　千七百円

(3) 法第703条の5第1項に規定する総所得金額及び山林所得金額の合算額が、法第314条の2第2項に規定する金額に被保険者一人につき三十五万円を加算した金額を超えない世帯に係る納税義務者（前2号に該当するものを除く。）
　ア 国民健康保険の被保険者に係る被保険者均等割額（当該納税義務者に係る被保険者（第127条第2項に規定する被保険者を除く。）一人について
　　四千二百八十円
　イ 国民健康保険の被保険者に係る世帯別平等割額　一世帯について
　　四千五百六十円
　ウ 介護納付金課税被保険者に係る被保険者均等割額　一人について
　　千百四十円
　エ 介護納付金課税被保険者に係る世帯別平等割額　一世帯について
　　六百八十円

2〜3　[略]

（注）――線部分が改正

千葉県／市原市

市原市ペット霊園の設置の適正化に関する条例
2000年（平成12年）9月13日議決

住宅地でのペット霊園の設置規制へ条例を制定／住宅50m以内不可、市では初めて

　犬や猫などペットに対する飼育環境の変化から、ペット霊園に対する需要も高くなっているが、同霊園に対して現行法で規制がないことから住宅地周辺でトラブルも増えている。市原市は、ペット霊園を設置しようとする権利と周辺住民の平穏に生活する権利との調和を図ることを目的に条例を制定した。

　条例では、許可基準（第4条）を設け、①住居からペット霊園の土地の境界までの距離が50メートル以上あること。ただし、50メートル以内でも居住世帯の代表者の相当数の同意がある場合は除く。②沼地、河川等水はけの悪い土地でない③境界には障壁又は密植したかん木の垣根等を設ける④出入口への門扉の設置⑤雨水、汚排水が停留しないよう排水路の設置⑥焼却炉への防臭、防じん、防音装置の設置などを条件づけた。

　市長は、許可基準に適合しない場合や無許可で設置した場合は、許可の取り消しや使用を禁ずることができるとしている。類似条例として、広島県黒瀬町のペット火葬場の設置に対する条例がある。

千葉県・市原市

市　役　所：〒290-8501
千葉県市原市国分寺台中央1-1-1
（下車駅　内房線　五井駅）
電話　（0436）22-1111

人　　　口：279,713人
世　帯　数：100,949世帯
面　　　積：368.20km²
人口密度：759.68人/km²
特　産　品：梨、石油化学製品
観　　　光：上総国分寺跡、養老渓谷

市原市ペット霊園の設置の適正化に関する条例

保健衛生

（目的）
第1条　この条例は、ペット霊園を適正に立地させることにより、ペット霊園が公衆衛生上住民に与える不安を除去し、ペット霊園を設置しようとする者の権利と周辺住民の平穏に生活する権利との調和を図ることを目的とする。

（定義）
第2条　この条例において「ペット霊園」とは、犬、猫その他人に飼養されていた動物の死骸の火葬に要する焼却炉の設備を有する施設、当該死骸を埋葬し又は焼骨を納骨するための設備を有する施設及びこれらの設備を併せ有する施設をいう。

（設置の許可）
第3条　市原市内においてペット霊園を設置しようとする者は、市長の許可を受けなければならない。ただし、自己の利用に供する目的でペット霊園に該当する施設を設置する場合を除く。
2　前項の許可を受けようとする者は、規則で定めるところにより、市長に許可申請書を提出しなければならない。

（許可基準等）
第4条　市長は、前条の許可の申請があった場合において、次の各号に掲げる基準に適合していると認められるときでなければ、前条の許可をしてはならない。
(1)　現に人の居住する建造物（以下「住居」という。）からペット霊園を設置しようとする土地（以下「設置予定地」という。）の境界までの距離が、五十メートル以上であること。ただし、設置予定地の境界から五十メートルの範囲内に住居がある場合で居住する世帯の代表者の相当数以上の同意があるときは、この限りではない。
(2)　ペット霊園を設置する場所は、沼地、河川地等水はけの悪い土地でないこと。
(3)　ペット霊園の境界には、障壁又は密植したかん木の垣根等を設けること。
(4)　ペット霊園の出入口には、門扉を設けること。
(5)　ペット霊園内には、適当な排水路を設け、雨水又は汚排水が停留しな

(6) 焼却炉には、防臭、防じん及び防音について十分な能力を有する装置を設けること。

2 市長は、前条の許可をするに当たっては、ペット霊園の設置に必要な関係法令との調整を図らなければならない。

(完了届等)

第5条 第3条第1項の許可を受けた者（以下「許可を受けた者」という。）は、ペット霊園の設置に係る工事を完了したときは、遅滞なく、その旨を市長に届け出なければならない。

2 市長は、前項の規定による届出があったときは、速やかに、当該届出事項が許可の基準に適合しているかどうかの確認を行い、許可の基準に適合していないと認めるときは、その是正を命ずることができる。

(管理)

第6条 許可を受けた者は、ペット霊園の管理を適正に行わなければならない。

(承継)

第7条 許可を受けた者からペット霊園の土地の所有権その他土地を使用する権利を取得した者及びペット霊園を譲り受けた者は、許可を受けた者の地位を承継するものとする。

2 前項の規定により許可を受けた者の地位を承継した者は、遅滞なく、その事実を証する書面を添付して、市長に届け出なければならない。

(廃止の届出)

第8条 許可を受けた者が、ペット霊園に関する工事を行わなくなったとき又はペット霊園を廃止しようとするときは、市長に届け出なければならない。

(許可の取消し)

第9条 市長は、ペット霊園が第4条第1項各号に定める基準に適合しないと認めるときは、許可を受けた者に対する当該許可を取り消すことができる。

(使用禁止命令)

第10条 市長は、前条の規定により許可を取り消された者及び無許可でペット霊園を設置した者に対し、その使用を禁ずる命令をすることができる。

(委任)

第11条 この条例の施行に関し必要な事項は、規則で定める。

附　則

この条例は、平成十三年一月一日から施行する。

北海道

北海道省エネルギー・新エネルギー促進条例
北海道における特定放射性廃棄物に関する条例
2000年(平成12年)9月5日議決

脱原発を条文に明記、放射性廃棄物に歯止め条例を制定

　自然エネルギー促進に関する条例や、これに準ずる行動計画は、都道府県と政令指定都市の59自治体のうち38団体で制定している。

　北海道では、原子力発電からの放射性廃棄物の処理及び処分が確立されていないことから、原子力を「過渡的なエネルギー」とした上で、脱原発の視点に立って新しいエネルギーの利用を拡大するする省エネルギー・新エネルギー促進条例を制定した。

　条例では「道は、省エネルギー及び新エネルギーに関する学習を総合的、体系的に推進するため、必要な措置を講ずる」(8条)とエネルギー教育も条文化した。また、基本計画の策定、関連産業の振興、研究開発の推進や市町村との連携などを定め、省エネルギー・新エネルギーの促進のために道は財政上の措置を講ずるよう努めるとしている。

　同時に、北海道は「処分方法が十分に確立されていない現時点では特定放射性廃棄物の持ち込みは慎重に対処すべきであり、受け入れがたいことを宣言する。」との「北海道における特定放射性廃棄物に関する条例」も制定した。

北海道

道　庁：〒060-8588　北海道札幌市中央区北3条西6-1　（下車駅　函館本線　札幌駅）　電話（011）231-4111	人　口：5,691,737人　世帯数：2,381,997世帯　面　積：83,452.28km²　人口密度：68.20人/km²

北海道省エネルギー・新エネルギー促進条例

　産業革命以降、世界の経済発展をエネルギー面において支えてきた石炭や石油などの化石燃料は、今日、その近い将来における枯渇や使用に伴う地球環境への影響が懸念されており、その使用を抑制することが求められている。

　一方、二十世紀の半ばに実用化された原子力は、発電時に温室効果ガスを排出しないことなどの優れている特性を有している反面、放射性廃棄物の処理及び処分の方法が確立されていないことなどの問題があることから、過渡的なエネルギーと位置づけられる。

　私たちは、積雪寒冷な北海道においてエネルギーが社会経済の健全な発展と生活の安定のために不可欠な要素であることを深く認識し、脱原発の視点に立って、限りある資源を可能な限り将来に引き継ぐとともに、北海道内で自立的に確保できる新しいエネルギーの利用を拡大する責務を有している。

　このため、私たちは、エネルギーの使用が人の様々な活動から生じていることを心に留め、社会経済活動や生活様式の在り方を見直し、エネルギーをむだなく大切に使用するとともに、北海道の自然や産業に根ざし、環境に優しい新しいエネルギーを育むことにより、人と自然が共生し、環境と調和した社会を築いていくことが必要である。

　このような考え方に立って、エネルギーの使用の効率化と新しいエネルギーの開発や導入に積極的に取り組むことにより、エネルギーの需給の安定を図るとともに、持続的発展が可能な循環型の社会経済システムをつくり上げるため、道民の総意としてこの条例を制定する。

第一章　総則

（目的）

第一条　この条例は、省エネルギーの促進並びに新エネルギーの開発及び導入の促進について、道、事業者及び道民の責務を明らかにするとともに、省エネルギーの促進並びに新エネルギーの開発及び導入の促進に関する施策の基本となる事項を定めることにより、その施策を総合的かつ計画的に推進し、もって北海道の社会経済の健全な発展及び道民の生活の安定に寄与することを目的とする。

（定義）

第二条　この条例において、次の各号に掲げる用語の意義は、当該各号に定

-87-

一 省エネルギー エネルギーの使用の合理化に関する法律(昭和五十四年法律第49号)第2条第1項に規定するエネルギーを効率的に使用することをいう。
二 新エネルギー 次に掲げるエネルギー(燃焼の用に供する物、熱又は電気をいう。以下同じ。)又はエネルギーの利用形態をいう。
 イ 太陽光、風力、水力、雪氷又はバイオマス(生物体をいう。)を利用して得られるエネルギー、太陽熱、地熱その他の環境への負荷が少ないエネルギーであって規則で定めるもの
 ロ 工場、変電所等から排出される熱、廃棄物を利用して得られるエネルギーその他のエネルギー又は物品を再利用して得られるエネルギーであって規則で定めるもの
 ハ エネルギーの利用の効率を向上させ、又は環境への負荷を低減させるエネルギーの利用形態であって規則で定めるもの

(道の責務)
第三条 道は、省エネルギーの促進並びに新エネルギーの開発及び導入の促進に関する総合的かつ計画的な施策を策定し、及び実施する責務を有する。
2 道は、省エネルギーの促進並びに新エネルギーの開発及び導入を図る上で市町村が果たす役割の重要性にかんがみ、市町村が省エネルギーの促進並びに新エネルギーの開発及び導入の促進に関する施策を策定し、及び実施しようとする場合には、助言その他の必要な支援を行うものとする。
3 道は、その施設の建設及び維持管理その他事業の実施に当たっては、自ら率先して省エネルギーの推進及び新エネルギーの導入に努めるものとする。

(事業者の責務)
第四条 事業者は、その事業活動を行うに当たっては、省エネルギーの推進並びに新エネルギーの開発及び導入に自ら積極的に努めるとともに、道が実施する省エネルギーの促進並びに新エネルギーの開発及び導入の促進に関する施策に協力する責務を有する。

(道民の責務)
第五条 道民は、その日常生活において、省エネルギーの推進及び新エネ
ギーの導入に自ら積極的に努めるとともに、道が実施する省エネルギーの促進並びに新エネルギーの開発及び導入の促進に関する施策に協力する責務を有する。

第二章 省エネルギーの促進並びに新エネルギーの開発及び導入の促進に関する基本的施策

第一節 施策の基本方針

第六条 道は、次に掲げる基本方針に基づき、省エネルギーの促進並びに新エネルギーの開発及び導入の促進に関する施策を総合的かつ計画的に推進するものとする。
 一 地域特性に応じた省エネルギーの促進並びに新エネルギーの開発及び導入の促進を図ること。
 二 事業者の業態に応じた省エネルギーの促進並びに新エネルギーの開発及び導入の促進を図ること。
 三 道民の日常生活における様々な場面に応じた省エネルギーの促進及び新エネルギーの導入の促進を図ること。
 四 省エネルギーの促進並びに新エネルギーの開発及び導入の促進に関連する産業の育成に努めること。
 五 省エネルギーの推進並びに新エネルギーの開発及び導入に積極的に取り組む地域づくりに努めること。

第二節 基本的な計画の策定

第七条 知事は、省エネルギーの促進並びに新エネルギーの開発及び導入の促進に関する施策の総合的かつ計画的な推進を図るため、省エネルギーの促進並びに新エネルギーの開発及び導入の促進に関する基本的な計画(以下「計画」という。)を策定しなければならない。
2 計画は、省エネルギーの促進並びに新エネルギーの開発及び導入の促進に関して、北海道の地域特性に即した的確な目標及び施策の基本的事項について定めるものとする。
3 知事は、計画の策定に当たっては、あらかじめ、道民の意見を反映することができるよう必要な措置を講じなければならない。
4 知事は、計画を策定したときは、遅滞なく、その要旨を公表しなければならない。
5 前2項の規定は、計画の変更について準用する。

第三節 道が講ずる省エネルギーの促進並びに新エネルギーの開発及び導

（学習の促進のための施策等）
第八条　道は、事業者及び道民が省エネルギーの推進並びに新エネルギーの開発及び導入の必要性についての理解を深めるとともに、これらのものの自発的な活動の意欲が増進されるよう、省エネルギー及び新エネルギーに関する学習を総合的かつ体系的に推進するため、必要な措置を講ずるものとする。

（民間団体等の自発的な活動の促進）
第九条　道は、事業者、道民又はこれらのものの組織する民間の団体（以下「民間団体等」という。）が行う省エネルギーの推進並びに新エネルギーの開発及び導入に関する自発的な活動を促進するため、必要な支援を行うものとする。

（関連産業の振興）
第十条　道は、省エネルギーの促進並びに新エネルギーの開発及び導入の促進に関連する産業の振興のため、エネルギーの供給、エネルギーを利用する機械器具の製造又は販売、住宅の建築、旅客又は貨物の運送等事業者が行う事業活動で省エネルギーの促進並びに新エネルギーの開発及び導入の促進に資するものに対して、必要な支援を行うものとする。

（情報の提供）
第十一条　道は、第8条に規定する学習の推進、第9条に規定する民間団体等の自発的な活動の促進及び前条に規定する産業の振興のため、必要な情報を適切に提供するよう努めるものとする。

（調査の実施）
第十二条　道は、省エネルギーの状況並びに新エネルギーの開発及び導入の状況に関する調査を実施するものとする。

（研究開発の推進等）
第十三条　道は、省エネルギーの促進並びに新エネルギーの開発及び導入の促進に資する技術の向上を図るため、研究開発の推進及びその成果の普及その他の必要な措置を講ずるものとする。

（表彰等）
第十四条　道は、省エネルギーの推進並びに新エネルギーの開発及び導入に関して特に功績のあったものに対し、表彰その他の必要な措置を講ずるものとする。

（道民の意見の反映）
第十五条　道は、省エネルギーの促進並びに新エネルギーの開発及び導入の促進に関する施策に、道民の意見を反映することができるよう必要な措置を講ずるものとする。

（連携の推進等）
第十六条　道は、省エネルギーの促進並びに新エネルギーの開発及び導入の促進に関する施策の策定及び実施に当たっては、国及び市町村との連携を図るとともに、市町村、事業者及び道民の相互の協力が増進されるよう努めるものとする。

（財政上の措置）
第十七条　道は、省エネルギーの促進並びに新エネルギーの開発及び導入の促進に関する施策を推進するため、必要な財政上の措置を講ずるよう努めるものとする。

　　　附　則
この条例は、平成十三年一月一日から施行する。

北海道における特定放射性廃棄物に関する条例

　北海道は、豊かで優れた自然環境に恵まれた地域であり、この自然の恵みの下に、北国らしい生活を営み、個性ある文化を育んできた。
　一方、発電用原子炉の運転に伴って生じた使用済燃料の再処理後に生ずる特定放射性廃棄物は、長期間にわたり人間環境から隔離する必要がある。現時点では、その処分方法の信頼性向上に積極的に取り組んでいるが、処分方法が十分確立されておらず、その試験研究の一層の推進が求められており、その処分方法の試験研究を進める必要がある。
　私たちは、健康で文化的な生活を営むため、現在と将来の世代が共有する限りある環境を、将来に引き継ぐ責務を有しており、こうした状況の下では、特定放射性廃棄物の持込みは慎重に対処すべきであり、受け入れ難いことを宣言する。

　　　附　則
この条例は、公布の日から施行する。（平成十二年十月二十四日）

北海道／登別市

登別市環境基本条例

2000年（平成12年）4月1日施行

旅行者や国、道の公共事業も条例の適用範囲に

　全国有数の温泉地を抱える登別市は、同市を訪れる観光客にも環境の保全を求める条例を制定した。

　条例は、基本理念で「環境保全は、共有財産である生きとし生きるもの全ての生存基盤である地球環境の恵沢を健全で恵み豊かなものとして、将来の世代に確保していくこと」と位置付け、市民や市内の事業者に加えて、「市内を旅行する者」と「市内において事業活動する国や道」も条例の適用範囲と明記し「環境への負荷の低減に努めなければならない」と定めた。旅行者を含めた環境条例は初めて。

　市に対して、「水資源の保全」では、河川や湖沼、水道水源のほか「良好な温泉資源」の保全措置が必要とした。「野生生物の保護」では、野生生物の多様性を損なうことなく、生息空間、育成環境を保全し、生態系を尊重した、連続性のある「みどり資源」の維持と創造を努めることを求めている。

北海道・登別市

市　役　所：〒059-8701
北海道登別市中央町6-11
（下車駅　室蘭本線　幌別駅）
電　話（0143）85-2111

人　　　口：55,745人
世　帯　数：23,085世帯
面　　　積：212.11km²
人口密度：262.81人/km²
特　　　産：たらこ、有機納豆、昆布
観　　　光：登別温泉、カルルス温泉、熊牧場

登別市環境基本条例

環境

前文

　登別市は、豊かな海と四季の変化に富んだ自然環境に抱かれながら、多くの泉質と景勝地を有する温泉郷として栄えるとともに、水産業や酪農、畜産などの産業が育まれ、活力あふれるまちとして発展してきた。

　しかしながら、大量生産、大量消費、大量廃棄型の社会経済構造の中で利便性や豊かさを追求してきた私たちの生活様式や事業活動は、今日、廃棄物の増大や水質汚濁、大気汚染など様々な環境問題を引き起こし、地域環境への影響にとどまらず、生存基盤である地球全体の環境をも脅かしている。

　私たちは、今こそ、これまでの価値観や生活様式を見直し、物の豊かさから心の豊かさへと意識の転換を図るとともに、先人たちの知恵と努力によって守り育て、文化的で、潤い、安らぎ、ゆとりなどのある調和のとれた地域社会を創造し、将来の世代に引き継いでいかなければならない。

　このような認識の下に、登別市に集うすべての人々が環境への負荷の少ない自主的、積極的な行動によって、自然と共生する良好で快適な地域環境の実現を図り、ひいては地球環境の保全に資するため、ここに条例を制定する。

第1章　総則

（目的）

第1条　この条例は、自然と共生した良好な環境の保全並びに快適な環境の維持及び創造（以下「環境の保全等」という。）について、基本理念を定め、並びに市民、事業者及び市（以下「社会の各主体」という。）の責務を明らかにするとともに、環境の保全等に関する施策の基本となる事項を定めることにより、その施策を総合的かつ計画的に推進し、もって現在及び将来の市民が健康で文化的な生活を営むことができる良好な環境を確保することを目的とする。

（適用の範囲等）

第2条　この条例は、社会の各主体について適用するほか、次に掲げる者についても、対象となる規定の範囲内において市民又は事業者に準じて適用する。

-90-

2
(3) 市内を旅行する者
(2) 市外に所在する事業所又は事業所に勤務する者
(1) 市内に住所を有し、市外に所在する学校に在学する者
市は、市内において事業活動を行う国及び北海道に対し、この条例の趣旨にのっとり、自主的かつ積極的な取組がなされるよう協力を求めるものとする。

(定義)
第3条 この条例において、次の各号に掲げる用語の意義は、当該各号に定めるところによる。
(1) 環境 野生動植物が主体となる自然環境及び人間が主体となる生活環境をいう。
(2) 環境の保全上の支障 市民の権利義務に直接関わるような規制等の施策を講じる目安となる程度の環境の劣化が生じることをいう。
(3) 環境問題 人為的な作用によって生じる、環境の保全上の支障を解決すべき事柄で、生命の生存に直接的又は間接的に関わる現象の総称をいう。
(4) 環境の保全 大気、水、土壌などの環境の自然的な構成要素及びこれらにより構成されるシステムの保護及び整備を図ることによって、環境を良好な状態に保つことをいう。
(5) 環境の維持 適正に保全されている自然環境等を今後とも健全で恵み豊かな環境として持続していくことをいう。
(6) 環境の創造 生命の存続の基盤である環境が将来にわたって維持され、又は将来の世代が健全で恵み豊かな環境の恵沢を享受できるよう創り出していくことをいう。
(7) 市民 市内において生活基盤を構成する者で、消費行動の主体をいう。(市外に居住し、市内に土地、建物等を有する者を含む。)
(8) 事業者 事業活動を行う主体をいう。
(9) 市 行政行為の主体としての市をいう。
(10) 環境への負荷 人の活動により環境に加えられる影響であって、環境の保全上の支障の原因となるおそれのあるものをいう。
(11) 排出物 日常生活又は事業活動に伴って排出される、排水、排気ガスその他の環境に影響を及ぼすもの(廃棄物を除く。)をいう。
(12) 公害 環境の保全上の支障のうち、事業活動その他の人の活動に伴って生じる相当範囲にわたる大気の汚染、水質の汚濁(水質以外の水の状態又は水底の底質が悪化することを含む。)、土壌の汚染、騒音、振動、地盤の沈下(鉱物の掘採のための土地の掘削によるものを除く。)及び悪臭によって、人の健康又は生活環境(人の生活に密接な関係のある財産並びに人の生活に密接な関係のある動植物及びその生育環境を含む。以下同じ。)に係る被害が生じることをいう。
(13) みどり資源 自然環境の構成要素である樹木、草花などの植物と、その生育環境である土壌、大気、水などが一体的に形成している空間で、生態系の構成に資するものをいう。
(14) 環境管理 環境の保全に関する方針や目標等を設定し、その達成に向けた取組をすることをいう。
(15) 地球環境保全 人の活動による地球全体の温暖化又はオゾン層の破壊の進行、海洋の汚染、野生生物の種の減少その他の地球の全体又はその広範な部分の環境に影響を及ぼす事態に係る環境の保全であって、人類の福祉に貢献するとともに、市民の健康で文化的な生活環境の確保に寄与するものをいう。

(基本理念)
第4条 環境の保全等は、共有財産である生きとし生けるものすべての生存基盤である地球環境の恵沢を健全で恵み豊かなものとして、現在及び将来の世代が享受するとともに、市民一人一人が健康で、潤い、安らぎ、ゆとりのある生活空間の中で市民の誇りと活力あふれた文化的、快適な環境を将来にわたって確保されるよう、適切に推進されなければならない。
2 環境の保全等は、人と自然の共生により実現する環境への負荷の少ない持続的発展が可能な社会の構築に向けて、自主的かつ積極的な取組によって行われなければならない。
3 環境の保全等は、地球規模の環境保全を視野に入れた地域からの取組を基本として進められるとともに、国際的な協力の下に推進されなければならない。

(市民の責務)
第5条 市民は、日常生活に伴う環境の保全上の支障を防止するため、資源及びエネルギーの過剰な消費の抑制並びに排出物による環境への負荷の低減に努めなければならない。

2　市民は、日常生活に伴う環境の保全上の支障を防止するため、廃棄物の発生の抑制及び減量化に努めるとともに、廃棄物の再資源化及び適正な処理に努めなければならない。

3　前2項に定めるもののほか、市民は、地域社会の重要な構成員であることの認識を持ち、自ら又は協働して、環境の保全等に積極的に努めるとともに、市が実施する環境の保全等に関する施策に協力する責務を有する。

（事業者の責務）

第6条　事業者は、事業活動に伴う環境の保全上の支障を防止するため、自ら又は協働して、公害の防止及び自然環境の適正な保全に努めるとともに、排出物による環境への負荷の低減に努めなければならない。

2　事業者は、環境の保全上の支障を防止するため、物の生産、製造、加工又は販売その他の事業活動において、資源及びエネルギーの過剰な消費の抑制並びにその事業活動に伴って発生する廃棄物の発生の抑制及び減量化に努めるとともに、その事業活動に係る製品その他の物が廃棄物となった場合には、その適正な処理が図られるよう努めなければならない。

3　事業者は、環境の保全上の支障を防止するため、その事業活動に係る製品その他の物が消費され、又は廃棄される段階における環境への負荷を低減するため、自ら地域社会と協働して、再使用が可能な容器包装の使用、再商品化及び過剰使用の抑制に努めるとともに、再生資源その他の環境への負荷の低減に資する原材料、役務等を利用するよう努めなければならない。

4　前3項に定めるもののほか、事業者は、その事業活動に関し、環境の保全等に資するよう自ら積極的に努め、及びその事業活動に係る環境の保全等に関する情報の自主的な提供に努めるとともに、市が実施する環境の保全等に関する施策に協力する責務を有する。

（市の責務）

第7条　市は、地域内の自然的社会的条件に応じた環境の保全等に関する総合的かつ計画的な施策を策定し、推進する責務を有する。

2　前項に定めるもののほか、市は、自らの事務及び事業（以下「事務事業」という。）に関し、率先して環境への負荷を低減することにより、環境の保全上の支障の防止に努めるとともに、市民及び事業者が行う環境の保全等に関する活動の促進を図るため、必要な情報の提供その他の措置を講じるよう努めなければならない。

（年次報告）

第8条　市長は、毎年、環境の状況及び環境の保全等に関して講じた施策の実施状況等を作成し、公表するものとする。

第2章　自然と共生した良好な環境の保全並びに快適な環境の維持及び創造に関する基本的施策等

第1節　施策の基本方針

第9条　市は、基本理念にのっとり、次に掲げる基本方針に基づく環境の保全等に関する施策を総合的かつ計画的に推進するものとする。

(1)　市民の健康の保護並びに生活環境及び自然環境の適正な保全が図られるよう、大気、水、土壌その他の環境の自然的構成要素を良好な状態に保持すること。

(2)　人と自然とが共生する豊かな環境を実現するため、生態系の多様性の確保及び野生生物の種を保存し、森林、農地、水辺等における自然環境を保全し、維持し、又は創造することに努めるとともに、自然環境に配慮した道路その他公共施設等の整備に努めること。

(3)　地域において、潤い、安らぎ、ゆとり等の心の豊かさが感じられる生活空間の実現を図るため、自然的社会的条件を活かした環境の保全等に努めるとともに、身近な自然との触れ合いづくり、自然と調和のある景観の形成、歴史的文化的な環境の形成等を推進すること。

(4)　環境への負荷の少ない循環型社会を構築し、地球環境の保全に配慮した社会構造の実現を図るため、広域的な地域との連携をも視野に入れ廃棄物の発生の抑制、循環的な有効利用及び適正処理を促進するとともに、資源及びエネルギーの過剰な消費の抑制、自然エネルギーの有効利用、排出物による環境への負荷の低減等に努めること。

第2節　環境基本計画

第10条　市長は、環境の保全等に関する施策を総合的かつ計画的に推進するため、環境の保全等に関する基本的な計画（以下「環境基本計画」という。）を策定しなければならない。

2　環境基本計画は、次に掲げる事項について定めるものとする。

(1)　環境の保全等に関する中長期的な目標
(2)　環境の保全等に関する基本的な施策の方向
(3)　前2号に掲げるもののほか、環境の保全等に関する施策を総合的かつ

3 市長は、環境基本計画の策定に当たっては、あらかじめ、市民及び事業者の意見が反映できるよう必要な措置を講ずるとともに、登別市環境保全審議会の意見を聴かなければならない。

4 市長は、環境基本計画を策定したときは、遅滞なく、これを公表しなければならない。

5 前2項の規定は、環境基本計画の変更について準用する。

第3節 市が講じる自然と共生した良好な環境の保全並びに快適な環境の維持及び創造のための施策等

（環境への配慮等）

第11条 市は、環境の保全等を図る見地から、環境に影響を及ぼすと認められる施策を策定し、及び実施する場合は、基本理念にのっとり、環境への負荷が低減されるよう配慮するものとする。

2 市は、市が行う事務事業の実施に当たっては、自らが率先して環境に配慮し、将来にわたる環境の保全等に取り組むための指針を定め、その実行に努めるものとする。

（環境影響評価の推進）

第12条 市は、環境に著しい影響を及ぼすおそれのある事業を行おうとする者が、その事業の実施に当たり、あらかじめ、その事業に係る環境への影響について自ら調査、予測及び評価を行い、その結果に基づき、その事業が環境の保全等に適正に配慮することができるよう、必要な措置を講じるものとする。

2 市は、既に行われた事業のうち、環境に著しい影響を生じていると認められるものについては、その事業を行った者が、その事業に係る環境への影響について、自ら調査及び評価を行い、その結果に基づき、その事業に係る環境の保全等に配慮することができるよう、必要な措置を講じるものとする。

（規制等の措置）

第13条 市は、公害の原因となる行為、自然環境の適正な保全に支障を及ぼすおそれがある行為その他の環境の保全上の支障を生じ、又は及ぼすおそれがあると認められる行為に関し、必要な規制の措置を講じるものとする。

2 前項に定めるもののほか、市は、環境の保全上の支障を防止するため、

必要に応じ、助言、指導等の措置を講じるよう努めるとともに、環境への負荷の低減を図るため、特に必要があるときは市民又は事業者に対し、適正かつ公平な一定の役割又は応分の負担若しくは役務を求める措置を講じるものとする。

（助成の措置等）

第14条 市は、市民及び事業者自らが環境への負荷の低減に必要な取組をし、又は施設の整備その他の環境の保全等に関する措置を講じるよう誘導するとともに、必要に応じて助言、環境の保全等に関する情報の提供、助成その他の措置を講じるよう努めるものとする。

（良好な環境の保全に関する施設の整備等）

第15条 市は、環境の保全上の支障を防止するため、下水道及び廃棄物の公共的な処理施設の整備その他の環境への負荷の低減に資する事業の推進に必要な措置を講じるものとする。

2 市は、公園、緑地等の公共的施設の整備その他の自然環境の適正な整備及び健全な利用のための事業を推進するため、必要な措置を講じるものとする。

（廃棄物の循環的な利用等の推進等）

第16条 市は、環境への負荷の低減を図るため、市民及び事業者による廃棄物の循環的な有効利用並びに発生の抑制、減量化及び適正な処理を推進するとともに、資源及びエネルギーの消費の抑制、エネルギーの有効な利用並びに排出物の低減が促進されるよう必要な措置を講じるものとする。

2 市は、環境への負荷の低減を図るため、公共施設の整備、維持管理その他の事務事業の実施に当たっては、廃棄物の循環的な有効利用並びに発生の抑制、減量化及び適正な処理を推進するとともに、資源及びエネルギーの消費の抑制、エネルギーの有効な利用並びに排出物の低減に努めるものとする。

（野生生物の保護管理）

第17条 市は、野生生物の多様性を損なうことなく適正に保護管理するため、すぐれた自然環境及び特に保全することが必要と認められる身近な自然環境について、その生息空間及び生育環境の保全に配慮するとともに、在来野生生物及び希少な野生生物の保護に努めるものとする。

（みどり資源の保全等）

第18条 市は、人と自然が共生できる基盤として、生態系を尊重したみどり

(水資源の保全等)
第19条　市は、河川、湖沼、湿原、海域等における良好で健全な水環境の保全に努めるとともに、水道水源その他の水資源の安全性の確保に必要な措置を講じるものとする。
2　市は、良好な温泉資源の保全及び維持を図るため、必要な措置を講じるものとする。
3　前2項に定めるもののほか、市は、水循環の構成要素である大気、森林、土壌等の保全に必要な措置を講じるものとする。

(ゆとりある生活空間づくり等)
第20条　市は、地域内の自然的社会的条件下において、潤い、安らぎ、ゆとり等の心の豊かさが感じられる快適な生活空間の保全、維持及び創造を図るため、身近な緑や水辺との触れ合いづくり、市街地における緑化及び環境の美化の推進、自然環境と調和した良好な景観の形成、歴史的文化的な生活環境の形成その他の必要な措置を講じるものとする。

(環境学習の推進)
第21条　市は、市民及び事業者が共通の認識の下に、環境の保全等に関する積極的な取組を行うことができるよう、環境の保全等に関する学習(以下「環境学習」という。)を総合的かつ体系的に推進するため、必要な措置を講じるものとする。

(民間団体等の自発的な活動の促進)
第22条　市は、市民、事業者又はこれらの者が組織する民間の団体(以下「民間団体等」という。)が自発的に行う環境の保全等に関する活動を促進するため、必要な支援に努めるものとする。

(情報の収集及び提供)
第23条　市は、環境学習の推進及び民間団体等の自発的な活動の促進に資するため、環境の保全等に関する情報の収集及び提供に努めるものとする。

(調査の実施)
第24条　市は、環境の状況の把握に努めるとともに、環境の保全等の施策に必要な調査を実施するものとする。

(試験研究の実施等)
第25条　市は、環境の保全等に資するため、北海道、事業者等と協力して、試験研究の実施その他必要な措置を講じるよう努めるものとする。

(監視体制等の整備)
第26条　市は、環境の保全上の支障を防止するため、環境の保全等に必要な監視体制等の整備に努めるものとする。

(協定の締結)
第27条　市長は、事業活動に伴う環境の保全上の支障を防止するため、特に必要があると認めたときは、登別市環境保全審議会の意見を聴き、当該事業者との間で環境の保全に関する協定を締結するものとする。

(推進体制の整備)
第28条　市は、環境の保全等に関する施策を総合的かつ体系的に推進するため、関係機関相互の密接な連携と施策の調整を図るための体制の整備を講じるものとする。

(環境管理の促進等)
第29条　市は、事業者がその事業活動を行うに当たって、環境に配慮したものとなるよう自主的な管理を行うことを促進するため、必要な措置に努めるものとする。

2　市は、自らが行う事務事業の実施に当たって、その事務事業の実施が環境に配慮したものとなるよう自主的な管理の推進に努めるものとする。

(市民等の意見の反映)
第30条　市は、環境の保全等に関する施策について、市民、事業者、民間団体等の意見が反映することができるよう必要な措置を講じるものとする。

(国及び他の地方公共団体との協力等)
第31条　市は、環境の保全等に関する施策について、国及び北海道と協力するとともに、他の市町村と連携を図り、その推進に努めるものとする。

(財政上の措置)
第32条　市は、環境の保全等に関する施策を推進するため、必要な財政上の措置を講じるよう努めるものとする。

第4節　地球環境保全のための施策

(地球環境保全のための行動の促進)

第33条　市は、市民及び事業者がそれぞれの役割に応じて地球環境の保全に資するよう、行動するための指針を定め、その普及に努めるとともに、市民及び事業者による自主的かつ積極的な行動の促進を図るものとする。

（地球環境保全のための国際協力）
第34条　市は、国、北海道、民間団体等と協力して、地球環境の保全に関する国際協力の推進に努めるものとする。

第3章　登別市環境保全審議会

（環境保全審議会）
第35条　環境の保全等に関する基本的事項を調査審議するため、登別市環境保全審議会（以下「審議会」という。）を置く。
2　審議会は、市長の諮問に応じ、次に掲げる事項を調査審議する。
(1) 環境基本計画に関する基本的事項
(2) 公害の防止に関するものほか、環境の保全等に関する基本的事項
(3) 前2号に掲げるものほか、環境の保全等に関する基本的事項
3　審議会は、前項に規定する事項に関し、市長に意見を述べることができる。

（組織等）
第36条　審議会は、委員二十人以内で組織する。
2　特別の事項を調査審議する必要があるときは、審議会に臨時委員を置くことができる。
3　審議会の委員及び臨時委員は、学識経験のある者、市民、事業者、民間団体等の中から、市長が委嘱する。
4　市長は、前項に規定する委嘱に当たり、公募による者を含めるものとする。

（委員等の任期）
第37条　審議会の委員の任期は二年とし、補欠の委員の任期は前任者の残任期間とする。ただし、再任を妨げない。
2　審議会の臨時委員は、特別の事項に関する調査審議が終了したときは、解任されるものとする。

（会長及び副会長）
第38条　審議会に会長及び副会長は、委員の互選とする。
2　会長及び副会長は、委員の互選とする。

3　会長は、審議会を代表し、会務を総理する。
4　副会長は、会長を補佐し、会長に事故あるときは、その職務を代理する。

（会議）
第39条　審議会の会議は、会長が招集し、議長となる。
2　審議会の会議は、委員の過半数以上の出席がなければ会議を開くことができない。
3　会議の議事は、出席委員の過半数で決し、可否同数のときは、議長の決するところによる。
4　会長は、必要に応じて、関係者の出席を求め、意見を聴くことができる。

（部会）
第40条　審議会に、必要に応じ部会を置くことができる。
2　部会に属すべき委員は、会長が指名する。
3　部会に部会長を置き、部会に属する委員の互選により決める。
4　部会長は、部会の事務を総理する。
5　部会長に事故あるときは、部会に属する委員の中から、部会長があらかじめ指名する委員がその職務を代理する。
6　部会長は、付託事項について調査審議し、その結果を審議会に報告するものとする。
7　部会の会議は、前条の規定を準用する。

（庶務）
第41条　審議会の庶務は、総務部において処理する。

附　則

（施行期日）
1　この条例は、平成十二年四月一日から施行する。
2　登別市公害防止条例（昭和四十八年条例第24号）の一部を次のように改正する。

秋田県／矢島町

矢島町住みよい環境づくり条例
2000年（平成12年）10月1日施行

町民に降雪期の除雪協力義務

矢島町は、環境美化の推進と良好な環境を保全するため町や事業者、町民の役割を明確にした条例を制定した。

条例は、「不法投棄の防止」「空き家、空き地の美化」「家畜および愛玩動物の管理」「降雪期における安全確保」「自然環境の保全」について、施策実施の町の義務と事業者、町民の施策に協力する責務を定めた。

降雪期の安全確保では、町が降雪期の交通確保の計画を策定し、除雪等を実施する場合、町民に対して除雪の協力義務を課した。

ゴミの不法投棄の回収や空家・空き地が不良状態にあるときなど、町長は必要な限度において立ち入り調査を行い改善するよう指導・勧告・命令をするとしている。命令に従わない者で、公表の必要があると認めるときは、住所、氏名を公表する。

秋田県・矢島町

町役場：〒015-0402
秋田県由利郡矢島町矢島町20
（下車駅　由利高原鉄道鳥海山麓線　矢島駅）
電話（0184）55-4951

人　　口：6,672人
世帯数：1,820世帯
面　　積：123.63km²
人口密度：53.97人/km²
特産品：米、地酒
観　　光：鳥海山、花立牧場公園

矢島町住みよい環境づくり条例

第一章　総則

（目的）
第一条　この条例は、町民が健康で文化的な生活を営むためには、住みよい環境づくりが極めて重要なことに鑑み、町、町民等及び事業者のそれぞれの責務を明らかにし、もって将来にわたって良好な環境を保全することを目的とする。

（用語の定義）
第二条　この条例において、次の各号に掲げる用語の意義は、それぞれ当該各号に定めるところによる。

一　町民等　矢島町に居住する者又は矢島町に滞在し事業等の活動に従事している者をいう。

二　生活環境　人の生活に関わる環境（人の生活に密接な関係のある財産並びに人の生活に密接な関係のある動植物及びその生育環境を含む。）をいう。

三　自然環境　自然の生態系を構成する土地、大気、水及び動植物をいう。

四　良好な環境　町民等が健康で文化的な生活を営むことができる生活環境及び自然環境をいう。

五　公共の場所　道路、公園、広場、河川その他の公共の用に供されている場所をいう。

六　空き家・空き地　現に人が使用していない建物及び土地並びに同様の状態にある建物及び土地をいう。

七　ゴミ　飲食料を収納していた缶、瓶その他の容器（以下「空き缶等」という。）及びたばこの吸殻、紙屑その他の環境美化を阻害する廃棄物をいう。

八　事業者　町内において事業活動を営む者をいう。

九　販売業者　空き缶等に収納した飲食料を販売する事業を行う者をいう。

十　所有者等　町内の土地又は建物の所有者、占有者及び管理者をいう。

十一　除雪等　除雪、排雪及び除排雪施設整備をいう。

（町の責務）

第三条　町は、環境美化の促進と良好な環境の保全に関する施策（以下「環境保全施策」という。）を実施する責務を有する。
（町民等の責務）
第四条　町民等は、良好な環境が保全されるよう自ら努めるほか、身近な地域における清掃活動その他の環境美化の促進に関する実践活動に積極的に参加するとともに、町が実施する環境保全施策に協力しなければならない。
（事業者の責務）
第五条　事業者は、その事業活動の実施にあたって、良好な環境が保全されるよう自らの責任と負担において必要な措置を講ずるとともに、町が実施する環境保全施策に協力しなければならない。

第二章　不法投棄の禁止等

（ゴミの不法投棄の禁止等）
第六条　何人も、公共の場所及び所有者等の管理する場所にみだりにゴミを捨ててはならない。
２　公共の場所の管理者及び所有者等は、その管理する場所の良好な環境を保全し、みだりにゴミが捨てられないよう努めなければならない。
（ゴミの回収命令）
第七条　町長は、前条第一項に違反した者に対し、ゴミを持ち帰り、又は回収容器に収納すべきことを命ずることができる。
（販売業者の散乱防止の責務）
第八条　販売業者は、空き缶等の散乱の防止及び再資源化の促進を図るため、回収容器の設置その他の必要な措置を講じなければならない。
（販売業者に対する勧告等）
第九条　町長は、販売業者が前条の規定に違反していると認めるときは、当該販売業者に対し必要な措置を講ずるよう指導し、又は勧告することができる。
２　町長は、前項の規定による勧告を受けた販売業者がその勧告に従わないときは、期限を定めてその勧告に従うことを命ずることができる。

第三章　空き家・空き地の美化

（空き家・空き地の管理）
第十条　空き家・空き地に係る所有者等は、その空き家・空き地が次の各号の一に該当する状態（以下「不良状態」という。）にならないよう常に適正な管理に努めなければならない。
一　雑草が繁茂により建築物が飛散すること。
二　自然現象により建築物が飛散すること。
三　害虫又は悪臭の発生場所になること。
四　野犬又は野良猫の住家になること。
五　火災の予防上危険な場所になること。
六　犯罪の防止上好ましくない場所になること。
七　交通上の障害になること。
八　廃棄物の不法投棄場所になること。
九　建築資材等の乱雑な野積みにより景観を損なうこと。
十　前各号に掲げるもののほか、良好な環境を著しく損なうこと。
（所有者等に対する勧告等）
第十一条　町長は、空き家・空き地が前条の不良状態にあるとき又は不良状態になるおそれがあると認めるときは、当該空き家・空き地に係る所有者等に対し、目隠し用塀、生け垣の造作、雑草の除去その他の不良状態の改善について、必要な措置を講ずるよう指導し、又は勧告することができる。
２　町長は、前項の規定による勧告を受けた所有者等がその勧告に従わないときは、期限を定めてその勧告に従うことを命ずることができる。

第四章　家畜及び愛玩動物の管理等

（家畜の管理）
第十二条　家畜の飼養者は、糞尿の適正な処理、悪臭及び衛生害虫の発生防止に努めなければならない。
（愛玩動物の管理）
第十三条　犬、猫その他の愛玩動物の飼養者は、当該愛玩動物が町民等に危害を与え、又は迷惑を及ぼさないよう適切に管理しなければならない。
２　愛玩動物の飼養者は、その飼養する愛玩動物の発生防止に努めるとともに、愛玩動物の飼養を行わなくなったとき又は愛玩動物が死亡したときは、みだりに捨てることなく、自らの責任において適切に措置しなければならない。

3 飼い犬の飼養者は飼い犬を屋外で運動させる場合は、次の各号に掲げる事項を遵守しなければならない。
一 飼い犬を綱又は鎖等でつなぎ制御できるようにすること。
二 飼い犬の糞を処理するための用具を携行し処理すること。
三 飼い犬の糞により公共の場所並びに他人の土地、建築物及び工作物を汚したときは直ちに処理すること。

(飼養者に対する勧告等)
第十四条 町長は、家畜及び愛玩動物の飼養者が前二条に規定する動物の管理を怠ることにより周辺の生活環境を損なっていると認めるときは、その者に対し必要な措置を講ずるよう指導し、又は勧告することができる。
2 町長は、前項の規定による勧告を受けた愛玩動物の飼養者がその勧告に従わないときは、期限を定めてその勧告に従うことを命ずることができる。

第五章 降雪期における安全確保

(除雪等)
第十五条 町は、除雪期における冬期交通確保に関する計画を策定し、除雪等を実施するものとする。
2 町民等は、前項の除雪等の実施に協力しなければならない。

第六章 自然環境等の保全

(地域の特性を生かした環境の保全)
第十六条 町は、水と緑に親しむことができる生活空間、良好な景観、歴史的文化的な環境その他の地域の特性である良好な環境の保全に努めなければならない。

(自然環境の保護)
第十七条 何人も自然の保護及び育成に関する認識を深めるとともに、自然環境の適正な保全に支障を及ぼすおそれのある行為を抑制し、適正な利用に努めなければならない。

(地球環境問題への取組み)
第十八条 町は、地球環境のあり方を自らの問題としてとらえ、地球環境の保全に関する施策を積極的かつ長期的に推進するものとする。

(自発的活動の支援)
第十九条 町は、町民等及び事業者が自発的に行う緑化活動、再生資源に係る回収活動その他の良好な環境の保全に関する活動が促進されるように、必要な指導、助言その他の支援を行うものとする。
2 町長は、良好な環境の保全に係る活動に顕著な功績のあった団体又は個人の表彰をするものとする。

第七章 環境保全調査等

(立ち入り調査等)
第二十条 町長は、この条例の施行に際し、必要な限度において職員を調査のため現地に立ち入らせ、関係者から説明又は報告を求めるとともに、関係者に対し必要な指示又は指導を行わせることができる。
2 町長は、環境監視員を選任し、良好な環境を保全するため必要な事項を監視させることができる。
3 前二項の規定により立ち入り調査等を行う者は、その身分を示す証明書を携帯し、関係者の請求があったときはこれを提示しなければならない。

第8章 公表等

(違反事実の公表)
第二十一条 町長は、第七条、第九条第二項、第十二条第二項及び第十四条第二項の規定による命令に従わなかった者について、公表の必要があると認めるときは、その理由及び命令に従わない旨を記し、住所及び氏名を公表することができる。
2 前項の公表は、矢島町公告式条例(昭和五十四年矢島町条例第26号)に基づく掲示場又は矢島町広報により実施する。

(委任)
第二十二条 この条例の施行に関し必要な事項は、町長が別に定める。

附 則
この条例は、平成十二年十月一日から施行する。

千葉県／東金市

東金市清潔で美しいまちづくりの推進に関する条例
2000年(平成12年)12月22日議決

廃棄物から車放置まで対象を拡大／環境美化条例を制定

　東金市は、空き缶やタバコのポイ捨てから粗大ゴミなどの一般廃棄物投棄や空き地の草刈り、放置自動車まで対象を拡大した条例を制定した。

　条例では、「空き缶類の投棄行為等の禁止」、「ごみ集積所の清潔の保持」、「愛玩動物等の管理」、「空き地等の管理」「自動車等の放置行為の禁止」からなり、市民、飲食物販売業者、共同住宅の管理者、住宅団地販売者、飼育者、土地所有者に対して管理を含めた責務を定めた。

　市は、違反者に対して、放置等の状況を調査し、行為者に報告求めて指導し、指導に従わない場合は、措置命令を出すとしている。「愛玩動物の管理」以外には罰則規定を設け、報告の怠りや虚偽報告には5万円以下の過料、命令違反の場合は50万円以下の罰金とした。放置自動車の処分に関しては、放置自動車廃物判定委員会を設置し判断するとした。

千葉県・東金市

市　役　所：〒283-8511
千葉県東金市東岩崎1番地1
（下車駅　東金線　東金駅）
電話（0475）50-1111

人　　口：57,695人
世　帯　数：19,375世帯
面　　積：89.34km²
人口密度：645.79人/km²
特　産　品：金山寺味噌、ブドウ、イチゴ
観　　光：八鶴湖、蛇蛇ヶ池、ときがね湖

東金市清潔で美しいまちづくりの推進に関する条例

第1章　総則

第1条（目的）
　この条例は、東金市民憲章の精神に基づき、環境を整え住みよいまちをつくるため、環境衛生の向上及び快適な市民生活に支障となる行為の防止に関し必要な事項を定め、もって生活環境の美化の推進と公衆衛生の向上に資することを目的とする。

（定義）
第2条　この条例において、次の各号に掲げる用語の意義は、それぞれ当該各号に定めるところによる。
(1) 空缶類　飲食物を収納し、又は収納していた缶、びん、ペットボトルその他の容器をいう。
(2) ごみくず等　たばこ等の吸殻、チューインガムの噛みかす、紙くず、使用済みの包装紙その他これらに類するごみ等で、投棄されることでごみの散乱の原因となるものをいう。
(3) 廃品類　規則で別に定める用品、物品等のうち、有価物であるか否かを問わず、その使用を廃止し、又は使用を廃止したと推定されるものをいう。
(4) 家庭ごみ　専ら家庭から発生する食物残渣、空缶類、ごみくず等、粗大ゴミその他の一般廃棄物をいう。
(5) 雑草等　雑草、かん木及びこれらに類するもの並びにその枯れたものをいう。
(6) 雑草地　宅地化された土地又は宅地に近接する土地で、現に利用されていないことにより雑草等が繁茂しているものをいう。
(7) 廃屋　現に居住その他の利用に供されていない家屋（敷地部分を含む）で、適正な維持管理がされていないものをいう。
(8) 管理者　所有権、占有権、使用権その他の正当な権原に基づき当該動産又は不動産に係る管理に関する権限又は責任を有する者をいう。
(9) 自動車等　道路運送車両法（昭和二十六年法律第185号）第2条第2項に規定する自動車及び道路運送車両法施行規則（昭和二十六年運輸省令第74号）第1条第2項に規定する第二種原動機付自転車をいう。
(10) 自動車所有者等　自動車等の所有権、占有権又は使用権を現に有する

-99-

者又はそれらの権利を最後に有した者をいう。

(11) 放置自動車 自動車の保管場所の確保等に関する法律（昭和三十七年法律第145号）に基づく当該自動車等の保管場所又は自動車等の保管場所有者等が継続的に駐車することができるための正当な権原を有する場所以外の場所に相当の期間にわたり置かれている自動車等をいう。

(12) 自動車関連事業者 自動車等の製造、輸入、販売、整備又は解体を業として行っている者及びそれらの者で構成する団体をいう。

(13) 処分等 廃物を撤去し、及び処分することを含に処理するために必要な措置をいう。

2 前項に定めるもののほか、この条例における用語の意義は、廃棄物の処理及び清掃に関する法律（昭和四十五年法律第137号。以下「法」という。）の例による。

第2章 空缶類等の投棄行為等の禁止等

（投棄行為等の禁止）

第3条 法第5条第3項及び法第16条に定めるもののほか、何人も、道路、公園その他公衆の往来し、集合し、若しくは利用する場所、湖沼、河川、水路その他公共若しくは公の用に供される施設のある場所及びその周囲に空缶類、ごみくず等及び廃品類を投棄し、又は放置してはならない。

（市民の責務）

第4条 市民は、自宅以外の場所で自ら生じさせた空缶類及びごみくず等は、公衆の用に供するため設置された回収容器、ごみ箱、吸殻入れ等に捨てる場合を除き、これを持ち帰り適正な処理又は回収の手続きをとらなければならない。

2 市民は、屋外で喫煙する場合は、たばこ等の吸殻を収納する容器等を携帯するよう努めなければならない。

3 市民は、空缶類及びごみくず等が投棄され、又は放置されていることを確認したときは、自ら進んで回収し、収集し、又は清掃するよう努めるとともに、家庭内においても環境美化についての理解を促進するよう努めなければならない。

（飲食物販売者等の責務）

第5条 店舗、自動販売機等により飲食物を販売する者は、当該店舗、自動販売機等の周囲に当該販売した商品の容器及び包装から生じる空缶類及び

ごみくず等を回収するための回収容器、ごみ箱、吸殻入れ等を設置するよう努めるとともに、これを適正に管理しなければならない。

2 道路、公園その他公衆の往来し、集合し、若しくは利用する場所で祭り、大会その他の複数の者が集会する行事を主催する者は、当該行事の実施により空缶類及びごみくず等が生じるおそれがあるときは、当該空缶類及びごみくず等を回収するための回収容器、ごみ箱、吸殻入れ等を設置するとともに、回収し、又は収集した空缶類及びごみくず等を適正に処理しなければならない。

3 前2項に掲げる者のほか、空缶類及びごみくず等の散乱を防止するための市の施策に協力するよう努めなければならない。

（土地の管理者の責務）

第6条 法第5条第1項及び第4項に定めるほか、土地の管理者は、当該管理に係る土地に空缶類及びごみくず等が投棄され、又は放置されないよう必要な措置を講じなければならない。

（調査等）

第7条 市長は、第3条に規定する場所に大量の空缶類、ごみくず等又は廃品類が放置され、かつ、当該放置行為により市民生活に障害を与えるおそれがあると認めたときは、当該職員をして当該放置の状況、行為者その他の事項を調査させることができる。

2 市長は、前項の規定による調査の結果、行為者が判明したときは、当該行為者に対し、放置した理由その他必要な報告を求めるとともに、撤去その他の必要な指導を行うことができる。

（措置命令）

第8条 市長は、前条第2項の規定による指導に従わない場合は、当該放置の行為者に対し、期限を定め、とるべき措置を命ずることができる。

第3章 ごみ集積場の清潔の保持等

（清潔の保持）

第9条 法第6条の2の規定により市（同条の業務を行う地方自治法（昭和二十二年法律第67号）第284条の規定による地方公共団体の組合を含む。次項において同じ。）が収集する家庭ごみ（以下「ごみ集積場」という。）を利用する者は、所定の方法に従い家庭ごみをごみ集積場に排出するとともに、当該ごみ集積場の清潔の保持に努めなければならない。

2 何人も、法第6条の2の規定により市が収集する家庭ごみ以外の廃棄物をごみ集積場に排出してはならない。

(散乱等の防止)
第10条 家庭ごみをごみ集積場に排出する者は、当該家庭ごみを排出する際、ごみ袋等の破損によるごみ等の散乱、生ごみから生じる汚水の漏えい、結束ひもの切断による荷崩れ等が発生しないよう留意しなければならない。

2 家庭ごみをごみ集積場に排出する者又はこれらの者から選任され、若しくは委任されてごみ集積場の清掃又は管理を行う者は、野犬、野良猫、野鳥その他の野生動物等によりごみ集積場に排出された家庭ごみの散乱が行われるときは、速やかにこれを防止するための措置をとらなければならない。

(共同住宅等の管理者の責務)
第11条 賃貸の共同住宅を経営する者及びその者から当該共同住宅の管理を請け負い、又は委任されている者及び建物の区分所有に関する法律(昭和三十七年法律第69号)第47条第1項に規定する管理組合法人若しくはこれに相当する団体及びその者から管理を請け負い、若しくは委託されている者(以下「共同住宅等管理者」という。)は、当該共同住宅等に新たに入居することとなった者及び既に居住している者で市が定める家庭ごみの排出方法を遵守できない者に対し、家庭ごみの排出方法に関し必要な周知を行わなければならない。

2 前項に規定する共同住宅等に専ら入居者が利用するためのごみ集積場が附帯して設置されている場合は、共同住宅等管理者も当該ごみ集積場の清潔の保持に努めなければならない。

(住宅団地販売者等の責務)
第12条 業として一団の分譲住宅を販売する者(以下「住宅団地販売者」という。)は、当該住宅の購入者に対し、第9条及び第10条の規定を告知しなければならない。

2 住宅団地販売者は、当該一団の分譲住宅の販売が完了するまでの間、当該住宅の居住者のうち家庭ごみの排出方法を遵守できない者に対し、家庭ごみの排出方法に関し必要な周知を行わなければならない。

3 一団の分譲住宅の区域に専らその居住者が利用するためのごみ集積場が附帯して設置されている場合は、第9条及び第10条第2項に定めるほか、住宅団地販売者も当該分譲住宅の販売が完了するまでの間、当該ごみ集積場の清潔の保持に努めなければならない。

(調査等)
第13条 市長は、第9条第2項の規定にかかわらず、ごみ集積場に法第6条の2の規定により市が収集する家庭ごみ以外の廃棄物又は集積場に廃品類が投棄され、又は放置され、かつ、当該行為により市民生活に著しい障害を与えるおそれがあると認めたときは、当該職員をして投棄又は放置の状況、行為者その他の事項を調査させることができる。

2 市長は、前項に規定する調査により放置の行為者が判明したときは、当該放置の行為者に対し、放置した理由その他必要な報告を求めるとともに、撤去その他必要な指導を行うことができる。

(措置命令)
第14条 市長は、前条第2項の規定による指導に従わない場合は、当該放置の行為者に対し、期限を定め、とるべき措置を命ずることができる。

第4章 愛玩動物等の管理

(犬の飼養者の責務)
第15条 犬を飼養する者は、動物の愛護及び管理に関する法律(昭和四十八年法律第105号)第5条及び千葉県犬取締条例(昭和四十三年千葉県条例第33号)第4条に基づき飼い犬を適正に管理しなければならない。

2 犬を飼養する者は、屋外において飼い犬を移動するとともに、排泄したふんを回収し、これを適切に処理しなければならない。犬を飼養する者が他人をして屋外において飼い犬を移動し、又は運動させるときも、また同様とする。

(愛玩動物等の飼養者の責務)
第16条 専ら愛玩のための動物(ほ乳類、鳥類、は虫類、両生類及び魚類をいう。以下同じ。)を飼養する者は、動物の愛護及び保管に関する条例(昭和五十四年千葉県条例第23号)第13条に規定するほか、当該動物の習性に応じた適正な管理を行うとともに、鳴き声、ふん尿による臭気その他他人の迷惑となる行為の発生の防止に努めなければならない。

2 専ら愛玩のための動物を飼養する者は、当該動物の死体を道路、公園その他公衆の往来に努めなければならない、集合し、若しくは利用する場所、湖沼、河川、水路

の他公共若しくは公の用に供される施設のある場所及びその周囲に投棄し、若しくは公の用に供される施設のある場所及びその周囲に投棄し、若しくは放流してはならない。

3 専ら愛玩のための動物を飼養する者は、当該動物を飼養場所以外の場所に放置し、又は放流してはならない。ただし、捕獲した野生の動物を回帰のため放置し、又は放流する場合にあってはこの限りでない。

4 専ら愛玩のための動物を販売する者は、当該動物の買主に対し、前3項に定める事項並びにその動物の飼養に伴い他人の迷惑となる行為の発生を予防するために必要な事項を告知しなければならない。専ら愛玩のための動物を飼養する者が当該動物を他の者に譲渡する場合も、また同様とする。

第5章 空地等の管理

（管理者の責務）
第17条 空地及び空家の管理者は、雑草地又は廃屋とならないよう努めなければならない。

(1) 空地の管理者は、廃棄物等の投棄、病害虫の発生、火災の発生その他不適正な管理により周囲の土地及び地域社会に生ずる危被害を防止するため必要な範囲において、定期的に繁茂する雑草等を除去すること。

(2) 空家の管理者は、廃棄物等の投棄、犯罪の発生、火災の発生その他不適正な管理により周囲の土地及び地域社会に生ずる危被害を防止するため、当該除去した雑草等についても法に従い適正に処理すること。また、不法侵入者の防止、自然倒壊の予防その他必要な措置を講ずること。

（適正管理の指導）
第18条 市長は、雑草地又は廃屋が著しく不適正な管理状態にあり、かつ、市民生活に重大な障害が生ずるおそれがあると認めたときは、その管理者に対し、必要な指導をすることができる。

2 市長は、前項の規定する指導を行うにあたり、当該空地等の管理者に対し、管理状況その他必要な報告を求めることができる。

（適正管理の勧告）
第19条 市長は、前条第1項の規定による指導にもかかわらず、当該雑草地

（措置命令）
第20条 市長は、前条の規定による勧告を履行しない管理者に対し、期限を定め、とるべき措置を命ずることができる。

（関係機関への通報）
第21条 市長は、第19条の規定による勧告又は前条の規定による命令を行うにあたり、当該雑草地又は廃屋の著しく不適正な管理を原因とする事件、事故の発生のおそれがあると認めるときは、保健所、消防署、警察署その他の関係行政機関にその旨を通報しなければならない。

（緊急措置）
第22条 市長は、第19条の規定による勧告又は第20条の規定による命令をした雑草地又は廃屋が切迫して市民生活に著しく不適正な管理を与えるおそれがあると認めたときは、当該切迫した障害を排除するため必要な限度において、雑草の除去その他の措置を講ずることができる。

2 市長は、前項の規定により切迫した障害を排除するため雑草の除去その他の措置を講じたときは、それに要した経費を、当該雑草地又は廃屋の管理者に請求するものとする。

第6章 自動車等の放置行為の禁止等

（自動車等の放置行為の禁止等）
第23条 何人も、自動車等を正当な権原に基づき置くことを認められた場所以外の場所に放置し、若しくは他人をして放置させ、又はこれらの行為をしようとする者に協力してはならない。

2 自動車所有者等は、当該自動車等を廃棄するときは、法の定めるところに従い適正にこれを処分しなければならない。

（自動車関連事業者の責務）
第24条 自動車関連事業者は、自動車等が放置自動車とならないよう適切な措置を講ずるとともに、市が実施する放置自動車の防止に関する施策に協力するよう努めなければならない。

（土地管理者の責務）
第25条 土地の管理者は、その管理に係る土地について自動車等が放置されないよう適切な管理を行うとともに、市が実施する放置自動車の防止に関

する施策に協力するよう努めなければならない。

（市民の責務）
第26条　市民は、市が実施する放置自動車の防止に関する施策に協力するよう努めなければならない。

（通報等）
第27条　放置自動車又はこれに類する自動車等を発見した者は、市にその旨を通報するよう努めなければならない。

2　市長は、前項の通報を受けた場合において必要があると認めるときは、当該自動車等が放置されている場所の不動産の管理者及び関係行政機関にその内容を通報する等適切な措置を講ずるものとする。

（調査の依頼）
第28条　公共の場所以外の土地の管理者は、その土地について自動車等が放置されないよう適切な管理をしていたにもかかわらず、自動車等が放置されたときは、当該自動車等の調査を市長に依頼することができるものとする。

2　前項に規定する適切な管理の基準は、規則で定める。

（調査）
第29条　市長は、第27条第1項の規定により通報のあった自動車等が公共の場所に放置されている場合及び前条の規定により調査の依頼があった場合において必要があると認めるときは、当該職員をして自動車等の状況、所有者その他の事項を調査させることができる。

2　市長は、前項に規定する調査により自動車等の所有者等が判明したときは、当該自動車所有者等に対し、管理状況その他必要な報告を求めることができる。

（判定等）
第30条　市長は、前条の規定により放置されている自動車等が放置自動車であるか否かのいずれかの判定をしなければならない。

2　市長は、前条の規定により放置されている自動車等が放置自動車であることの判定をしたときは、速やかにその旨を第28条第1項の規定により調査を依頼した者に通知するものとする。

（処理の依頼）
第31条　前条第2項の規定による通知を受けた者は、その判定の結果が放置自動車であったときは、当該放置自動車の処理等を市長に依頼することができる。

2　市長は、前項の規定により放置自動車の処理等の依頼があったときは、当該放置自動車が市民の安全で快適な生活に特に支障があるものとして規則で定める場合に限り、その依頼を受けることができる。

3　市長は、前項の規定により放置自動車の処理等の依頼を受託したときは、この条例の規定を適用し、当該依頼のあった当該放置自動車の処理等をすることができる。

（費用請求権）
第32条　市長は、前条第3項の規定により依頼を受託し、当該放置自動車の処理等をしたときは、その依頼をした者が当該放置自動車に係る費用の請求権を取得する。

（警告書）
第33条　市長は、放置自動車に係る自動車所有者等に適正な処置を促すため、速やかに撤去すべき旨を記載した警告書を当該車両にはり付けるものとする。

（所有者等への勧告）
第34条　市長は、放置自動車に係る自動車所有者等が判明したときは、当該自動車所有者等に対し、期限を定め、放置自動車の撤去その他適切な措置をとるべきことを勧告することができる。

（措置命令）
第35条　市長は、前条の規定による勧告を受けた自動車所有者等が当該勧告に従わないときは、期限を定め、とるべき措置を命ずることができる。

（放置自動車の移動等）
第36条　市長は、次の各号のいずれかに該当する場合は、放置自動車を移動し、これを保管することができる。ただし、移動し、これを保管していた場所に当該放置自動車を移動等した旨の表示をしなければならない。

(1)　自動車所有者等が前条の規定による命令に従わない場合

(2)　第33条の規定により放置自動車に警告書をはり付けた日から規則で定める期間を経過した後において、当該放置自動車に係る自動車所有者等が判明しなかった場合（次条第1項第2号において「自動車所有者等不明の場合」という。）又は自動車所有者等は判明したが住所、居所その

-103-

他の連絡先が不明で連絡が取れなかった場合（同号において「連絡先不明の場合」という。）であって、市民の快適な生活環境に著しく障害を与えていると認められるとき。

2　市長は、前項第1号に規定する事由により放置自動車を移動し、これを保管したときは、当該自動車所有者等に対し、期限を定めて引き取るよう通知するものとする。

（廃物認定）

第37条　市長は、放置自動車が次の各号いずれかに該当する場合は、第43条に規定する東金市放置自動車廃物判定委員会の判定を経て、廃物として認定することができる。

(1)　前条第2項の規定による通知をした日後3月を経過しても自動車所有者等が引き取らない場合であって、自動車等として本来の用に供することが困難な状態にあり、かつ、不要物と認められるとき。

(2)　自動車所有者等不明の場合又は連絡先不明の場合であって、自動車等として本来の用に供することが困難な状態にあり、かつ、不要物と認められるとき。

2　市長は、前項の規定による認定をしようとするときは、あらかじめ、その旨を告示しなければならない。

（処分等）

第38条　市長は、前条の規定により放置自動車を廃物として認定したときは、処分等をすることができる。

（廃物認定外放置自動車の措置）

第39条　市長は、廃物として認定しなかった放置自動車（以下「廃物認定外放置自動車」という。）を移動し、これを保管することができる。

2　市長は、廃物認定外放置自動車を保管したときは、自動車所有者等に当該廃物認定外放置自動車の引取りを促すため、規則で定める事項を告示しなければならない。

（引取通知等）

第40条　市長は、保管している廃物認定外放置自動車に係る自動車所有者等の住所、居所その他連絡先が判明し、かつ、連絡が可能となったときは、当該自動車所有者等に対し、期限を定めて引き取るよう通知するものとする。

2　第34条及び第35条の規定は、保管している廃物認定外放置自動車に係る

自動車所有者等の住所、居所その他連絡先が判明し、かつ、連絡が可能になったときについても準用する。この場合において、第34条中「放置自動車の撤去等必要な措置をとるべきこと」とあるのは「放置自動車の引取り」と読み替えるものとする。

（保管した廃物認定外放置自動車の措置）

第41条　市長は、第39条第2項の規定による告示の日後6月を経過してもなお当該保管している廃物認定外放置自動車の引取りがないときは、これを処分等することができる。

（費用の請求）

第42条　市長は、放置自動車を処分した日以後に所有者等が判明したときは、当該所有者等に対し、その処分等に要した費用を請求することができる。

2　市長は、第39条第1項の規定により保管している廃物認定外放置自動車に係る自動車所有者等が当該廃物認定外放置自動車を引き取ろうとするときは、当該自動車所有者等に対し、その移動及び保管に要した費用の徴収を行うことができる。

3　市長は、廃物認定外放置自動車を移動し、これを保管する場合は、善良な管理者の注意をもってこれを行うものとする。ただし、災害、火災、第三者の行為等により当該廃物認定外放置自動車が損壊し、若しくは滅失した場合にあっては、その責を負わない。

4　第1項及び第2項に規定する費用の算定方法は、規則で定める。

（放置自動車廃物判定委員会）

第43条　放置自動車の判定その他放置自動車の発生の防止及び適正な処理に関し必要な事項を審議するため、東金市放置自動車廃物判定委員会（以下「委員会」という。）を置く。

2　委員会は、委員十人以内をもって組織する。

3　委員は、次の各号に掲げる者の中から市長が委嘱する。

(1)　自動車等について専門知識を有する者

(2)　関係行政機関の職員

(3)　学識経験を有する者

(4)　その他市長が必要と認める者

4　委員の任期は、二年とし、再任を妨げない。ただし、委員が欠けた場合の補欠の委員の任期は、前任者の残任期間とする。

5 前各項に定めるもののほか、委員会の組織及び運営に関し必要な事項は、規則で定める。

第7章 雑則

（この条例の解釈）
第44条 この条例に規定する市民等の責務に関する規定は、秩序ある地域社会において市民等に期待される社会的ないし道徳的規範を明らかにしたものであり、いやしくもこの条例により市民等に対し新たな法的義務を課し、又は責任を負わせるものと解釈してはならない。

（市の責務）
第45条 市は、この条例に規定するほか、環境衛生の向上及び快適な市民生活に支障となる行為の防止に関し、必要な施策の実施に努めなければならない。

（関係法との調整）
第46条 市長は、第2章、第3章及び第6章の規定による調査、勧告、命令等を行う場合において、当該放置行為等がされている場所に第3章第1節に規定する道路管理者又は河川法（昭和二十七年法律第180号）第3章第1節に規定する道路管理者又は河川法（昭和三十九年法律第167号）第7条に規定する河川管理者がいるときは、当該道路管理者又は河川管理者と協議してこれを行うものとする。
2 第7条第2項、第13条第2項、第18条第2項及び第29条第2項の規定により市長が行う報告の徴収は、法第18条第1項の規定による報告の徴収を妨げるものではない。

（行政手続に関する特例）
第47条 第8条、第14条、第20条及び第35条の規定による命令の処分については、東金市行政手続条例（平成10年東金市条例第1号）第3章の規定は、適用しない。

（立入調査）
第48条 市長は、この条例に基づく指導、勧告及び命令を行うため必要があると認めるときは、当該職員をして必要な限度において当該土地又は家屋に立ち入って調査させ、又は関係人に質問させることができる。
2 前項の規定により立入調査を行う職員は、その身分を示す証明書を携帯し、関係人から請求があったときは、これを提示しなければならない。

（委任）
第49条 この条例の施行に関し必要な事項は、規則で定める。

第8章 罰則

（罰則）
第50条 第8条、第14条、第20条又は第35条の規定による命令に違反した者は、50万円以下の罰金に処する。
第51条 第7条第2項、第13条第2項、第18条第2項又は第29条第2項の規定による報告を怠り、又は虚偽の報告をした者は、5万円以下の過料に処する。

（両罰規定）
第52条 法人の代表者又は法人若しくは人の代理人、使用人その他の従業者が、その法人若しくは人の業務に関し、第50条の違反行為をしたときは、行為者を罰するほか、その法人若しくは人に対しても、同条の罰金刑を科する。

附 則

（施行期日）
1 この条例は、平成13年4月1日から施行する。ただし第6章及び次項の規定は規則で定める日から施行する。

山梨県／河口湖町

河口湖町環境審議会条例
2000年（平成12年）6月5日施行

環境審議会を設置、政策立案に参加

ごみ問題を始め、緑化、看板、湖水、富士山、地球温暖化などの環境問題を抱える河口湖町は、従来の美化推進委員組織では対応できないとして「環境審議会」を設置する条例を制定した。

条例では、審議会は町長の諮問に応じ、環境の保全に必要な対策の樹立に関する事項、環境についての調査・研究に関する事項、その他環境対策に必要な事項を調査審議するとしている。審議会委員は7人以内で、任期は2年。これまでの美化推進委員は、町が決めたことを実行に移す際の協力者とのかたちが多かったが、審議会委員は、「環境施策」の立案に参加、広い立場から調査・審議し、政策決定後は実行の中心になる。また、環境対策に関して、町民の政策・意見を行政につないでいく役割も期待されている。

山梨県・河口湖町

町役場：〒401-0301
山梨県南都留郡河口湖町船津890
（下車駅　富士急行電鉄　河口湖駅）
電話（0555）72-1111

人　　口：18,654人
世帯数：5,662世帯
面　　積：60.89km²
人口密度：306.36人/km²
特産品：ブルーベリー、ハーブ
観　　光：河口湖、三ッ峠

河口湖町環境審議会条例

（設置）
第1条　本町における環境の保全に関する基本的事項を調査審議するため、環境基本法（平成五年法律第91号）第44条の規定に基づき町長の諮問機関として、河口湖町環境審議会（以下「審議会」という。）を置く。

（所掌事項）
第2条　審議会は、町長の諮問に応じ、次に掲げる事項を調査審議する。
一　環境の保全に必要な対策の樹立に関する事項
二　環境についての調査、研究に関する事項
三　その他環境対策に必要な事項

（資料の提出等）
第3条　審議会は、必要に応じ、町長に対し、資料の提出、意見の陳述又は説明を求めることができる。

（組織）
第4条　審議会は、委員七人以内で構成する。
2　前項の委員は、学識経験を有する者及び関係行政機関の職員のうちから町長が委嘱する。

（任期）
第5条　委員の任期は、二年とする。ただし、再任することができる。
2　関係行政機関の職員のうちから委嘱された委員は、その職を離れたとき委員の職を失う。
3　補欠により委嘱された委員の任期は、前任者の残任期間とする。

（会長）
第6条　審議会に会長を置き、委員のうちから互選する。
2　会長は、審議会を代表し、会務を総理する。
3　会長に事故あるときは、会長があらかじめ指名する委員がその職務を代行する。

（会議）
第7条　会長は、審議会を招集し、その議長となる。
2　審議会は、委員の過半数が出席しなければ会議を開くことができない。
3　審議会の議事は、出席委員の過半数で決定し、可否同数のときは議長の決するところによる。

環境

（部会）

第8条　審議会に、その所掌事務を分掌させるため、部会を置くことができる。

（庶務）

第9条　審議会の庶務は、環境課において処理する。

第10条　この条例の施行に関し必要な事項は、町長が別に定める。

　　　附　則

この条例は、公布の日から施行する。

佐賀県／神埼町

神埼町容器包装'NO'条例
容器包装追放でごみ減量へ

2000年(平成12年)2月19日議決

　神埼町は、ごみ発生の抑制と快適な生活環境を確保するため、商品の購入に際しての容器、包装材、レジ袋などを使用しない、持ち帰らないことを目的とする容器包装NO条例を制定した。
　条例では、町や販売業者のほか、町民の責務も明記している。
　販売業者の責務として、食品トレーやペットボトルの回収など、町の容器包装減量化施策への協力を求め、町民に対しては、買い物袋を持参することで、容器、包装材、レジ袋を辞退し容器包装の減量化に努めるように定めた。
　同町の'99年度の可燃ごみ排出量は3,250tで5年前に比べ約600t増加していることなどから条例制定となった。

佐賀県・神埼町

町　役　場：〒842-8601
　　神埼郡神埼町大字神埼410
　　（下車駅　長崎本線　神埼駅）
　　電話（0952）52-1111

人　　口：19,402人
世帯数：5,842世帯
面　　積：39.31k㎡
人口密度：493.56人/k㎡
特産品：素麺、日の隈釜、尾崎人形
観　光：吉野ケ里遺跡公園、久年庵、横武クリーク公園

神埼町容器包装'NO'条例

（目的）
第1条　この条例は、神埼町における容器包装の発生を抑制し、容器包装の減量化を図るとともに、二十一世紀のクリーンなまちづくりを実現するため、町、町民及び販売者の三者が協力しあって、容器包装を使用しない、持ち帰らないを原則に減量化を促進し、もって町民の快適な生活環境を確保することを目的とする

（定義）
第2条　この条例における用語の意義は、廃棄物の処理及び清掃に関する法律（昭和四十五年法律第137号）の例による。
2　容器包装とは、商品の購入に際しての容器・包装材・レジ袋等をいう。

（町の責務）
第3条　町は容器包装の減量化を推進するため、販売者と町民の自主的な活動を促進し、また支援するものとする。

（販売者の責務）
第4条　販売者は、容器包装をできるだけ使用せず、発生を抑制して、本町の減量化施策に協力しなければならない。
2　販売者は、町民が商品の購入等に際して、容器等を不要とし、又はその返却をする場合には、その回収に努めなければならない。

（町民の責務）
第5条　町民は、自ら容器包装の発生を抑制し、減量化を促すため、商品を購入する時は、容器・包装材・レジ袋等の辞退に努めるとともに、買物袋を持参するなど本町の施策に協力し、快適な生活環境を確保するものとする。

（指導又は助言）
第6条　町は、容器包装の発生を抑制し、減量化を確保するため、必要と認めるときは、町民及び販売者に対し、指導又は助言を行うことができる。

（相互協力）
第7条　町、町民及び販売者は、容器包装の発生を抑制し、容器包装による減量化の推進に当たっては、相互に協力し、連携を保たなければならない。

（協議）
第8条　この条例の施行に当たって、取り組み方法や問題が生じた時は、別に定める推進委員会で協議する。

附　則　この条例は、平成十三年四月一日から施行する。

鹿児島県／屋久町

屋久町放射能物質等の持込み及び原子力関連施設の立地拒否に関する条例
2000年（平成12年）6月5日施行

放射能性物質等の町内持ち込みを拒否

　上屋久町とともに我国で最初に指定された世界遺産にふさわしい屋久島の地域発展を模索している屋久町は、熊毛郡内地域（馬毛島）に原子力発電所から発生する使用済み核燃料の中間貯蔵施設が誘致されるという情報に対し、町・議会が安全面に確証が得られていない核関連施設を拒否する意向を明確に示すため、「核施設立地反対決議」に加えて、本条例を制定した。同町では、1989年（平成元年）にも非核に関する決議を行っている。

　条例では、放射性物質を「核兵器などのほか、使用済み核燃料や放射性廃棄物を含めた原子力発電に伴うすべての核物質」と規定し、その呼称が変わっても条例は効力をもつとしている。また、町内だけではなく、熊毛地域への持込や立地にも反対を明確にした。いくつかの近隣市町も賛同する方向を示している。

鹿児島県・屋久町

町役場：〒891-4404
鹿児島県熊毛郡屋久町尾之間157
（下車駅　屋久島航路宮之浦港からバス）
電話（09974）7-2111

人口：6,843人
世帯数：2,944世帯
面積：242k㎡
人口密度：28.3人/k㎡
特産物：ポンカン、タンカン、飛び魚、屋久杉工芸品
観光：屋久杉自然館、平内海中温泉、大川の滝、千尋の滝

屋久町放射能物質等の持込み及び原子力関連施設の立地拒否に関する条例

（目的）
第1条　この条例は、非核に関する決議（平成元年屋久町決議第3号。以下「非核決議」という。）の精神を具体化し、放射能による被害から町民の生命と生活を守り、世界遺産に登録された屋久島の豊かな生態系の放射能による汚染を予防することによって、現在及び将来の町民の健康と文化的な暮らしを保障し、自然と調和した地域の発展に資することを目的とする。

（定義）
第2条　この条例において「原子力関連施設」とは、原子力発電所並びに核燃料（使用済燃料を含む。）の加工施設、中間貯蔵施設、再処理施設及び濃縮施設並びに放射性廃棄物の最終処分場並びに研究利用と研究にかかわるすべての施設をいう。

2　この条例において「放射性物質等」とは、非核決議が対象とするもののほか、原子力関連施設から発生する使用済燃料又はさまざまなレベルの放射性廃乗物など、原子力の利用と研究に供され、又はそれに伴って発生し、若しくは廃棄されるすべての放射性物質をいう。

3　使用済燃料を「リサイクル燃料」と呼ぶなどの名称の変更は、この条例の効力を損なうものではない。

（基本施策）
第3条　屋久町は、いかなる場合も放射能性物質等の町内持ち込みを拒否し、また、いかなる場合も原子力関連施設の熊毛地域内への立地及び建設に反対する。ただし、医療用放射性物質の利用など、この条例の趣旨に反しないと町長が認めるときは、この限りでない。

（立場の表明）
第4条　屋久町は、第1条の目的を達成するため、国及び関係機関に対し、前条の基本施策を通知して、その立場を明らかにする。

（立入調査等）
第5条　町長は、第3条に規定する基本施策を進めるうえで必要と認めるときは、関係機関及び関係施設に対して関連情報の提供を求めることができる。

2　町長は、第3条に規定する基本施策を進めるうえで必要と認めるとき

は、原子力関連確設に対して報告を求め、必要な限度において関係場所へ職員を立ち入らせて状況を調査させることができる。

3 前項の規定により立人調査をする職員は、その身分を示す証明書を携帯し、関係人にこれを提示しなければならない。

4 第2項の規定による立入調査の権限は、犯罪捜査のために認められたものと解釈してはならない。

5 町長は、この条例の趣旨に反すると認める原子力関連施設の責任者等に対し、施設の供用及び操業の即時停止を求めることができる。

(委任)

第6条 この条例に定めるもののほか、この条例の施行に関し必要な事項は、規則で定める。

附則

この条例は、公布の日から施行する。

熊本県

熊本県地下水保全条例
地下水保全の体制を総合的に強化

2000年（平成12年）6月21日改正

熊本県は、ほぼ全域の水道水源を地下水に依存している。近年、湧き水の減少や地下水位の低下が進行し、対策を全県的、総合的に進めるため条例の改正と体制強化を行った。従来の「地下水水質保全条例」と「地下水の採取に関する条例」を本条例に一本化し一層規制を厳しくした。条例では地下水保全は水質と水量の保全とし、知事は水質保全目標を定め、事故等による排水で汚染の恐れがある場合は、事業者に対し県は応急措置や水質浄化の措置命令を行う権限を新たに規定した。又、措置命令は、排水基準を適用する化学物質を使用している対象事業者以外に、貯油施設を設置する事業所などにも適用する条項を追加した。第4章では地下水のかん養も追加し、開発事業者への指導、改善命令が規定された。規則で定める排出基準は他県よりも厳しい。罰則も最高で1年の懲役又は50万円の罰金と厳しくしている。

熊本県

県　　庁：〒862-8570 熊本県熊本市水前寺6-18-1 （下車駅　豊肥本線　水前寺駅） 電話（096）383-1111	人　　口：1,870,473人 世帯数：657,735世帯 面　　積：7,402.71km² 人口密度：252.67人/km²

熊本県地下水保全条例

第一章　総則

（目的）
第一条　この条例は、地下水が県民の生活にとって欠くことのできない地域共有の貴重な資源であることにかんがみ、豊かで良質な地下水を保全するため、地下水の汚染の防止、地下水の採取及び合理的な使用並びに地下水のかん養に関し必要な事項を定めることにより、県民の健康の保護及び生活環境の保全を図ることを目的とする。

（定義）
第二条　この条例において、地下水の保全とは、地下水の水質の保全及び地下水の水量の保全（地下水の採取による地下水の水位の異常な低下、地下水の塩水化及び地盤の沈下等地下水の採取に伴う障害を防止することを含む。）をいう。

（事業者の責務）
第三条　事業者は、その事業活動を行うに当たっては、地下水を保全するために必要な措置を講ずるとともに、県が実施する地下水の保全に関する施策に協力しなければならない。

（県の責務）
第四条　県は、地下水の保全に関する基本的かつ総合的な施策を策定し、及びこれを実施する責務を有する。

2　県は、市町村と連携し、かつ、協力して、前項の施策を策定し、及び実施するよう努めるものとする。

3　県は、地下水の保全に係る広報活動の実施等県民の意識の高揚に努めるものとする。

（県民の責務）
第五条　県民は、地下水を保全するよう努めるとともに、県が実施する地下水の保全に関する施策に協力しなければならない。

第二章　地下水の水質の保全

（地下水質保全目標）
第六条　知事は、地下水質保全対策の推進に当たり、地下水の水質を保全するうえで維持することが望ましい基準として、地下水質保全目標を定める

2 知事は、前項の地下水質保全目標を定めた場合には、速やかにその内容を告示しなければならない。

(用語)
第七条 この章において、次の各号に掲げる用語の意義は、それぞれ当該各号に定めるところによる。
一 対象化学物質 カドミウムその他の人の健康に係る被害を生ずるおそれがある物質として規則で定める物質をいう。
二 対象事業場 対象化学物質を業として使用し、物の製造(対象化学物質の製造を含む。以下同じ。)、加工、洗浄、検査その他これに類する行為を行う工場又は事業場で、規則で定める業種に属するものをいう。
三 地下浸透水 対象事業場から地下に浸透する水をいう。
四 排出水 対象事業場から公共用水域(水質汚濁防止法(昭和四十五年法律第138号)第二条第一項に規定する公共用水域をいう。)に排出される水をいう。

(使用管理計画の届出)
第八条 対象化学物質を業として使用しようとする者は、対象事業場ごとに、規則で定めるところにより、次の事項を知事に届け出なければならない。
一 氏名又は名称及び住所並びに法人にあっては、その代表者の氏名
二 対象事業場の名称及び所在地
三 対象化学物質の種類
四 対象化学物質の使用の方法
五 対象施設(対象化学物質を使用する機械、器具及び設備をいう。以下同じ。)の種類及び構造並びに使用の方法
六 対象施設から排出される対象化学物質を含む汚水又は廃液(以下「汚水等」という。)の処理の方法
七 地下浸透水の浸透の方法
八 排出水の汚染状態及び量並びにその他規則で定める事項

(経過措置)
第九条 一の物質が対象化学物質となった際現にその物質を業として使用している者(その物質を業として使用する目的をもって現に対象施設又は汚水等の処理若しくは地下浸透水の浸透に要する施設若しくは設備を設置する

工事(以下「対象施設等工事」という。)をしている者を含む。第十七条第二項において同じ。)は、対象事業場ごとに、規則で定めるところにより、当該物質が対象化学物質となった日から三十日以内に、前条各号に掲げる事項を知事に届け出なければならない。

2 一の工場又は事業場が対象事業場となった際現にその工場又は事業場において対象化学物質を業として使用している者(対象化学物質を業として使用する目的をもって現に対象施設等工事をしている者を含む。第十七条第三項において同じ。)は、対象事業場ごとに、規則で定めるところにより、当該工場又は事業場が対象事業場となった日から三十日以内に、前条各号に掲げる事項を知事に届け出なければならない。

(使用管理計画の変更の届出)
第十条 第八条又は前条の規定による届出をした者(以下「届出使用者」という。)は、その届出に係る第八条第四号から第八号までに掲げる事項の変更をしようとするときは、規則で定めるところにより、その旨を知事に届け出なければならない。

(計画変更命令等)
第十一条 知事は、第八条又は前条の規定による届出があった場合において、地下浸透水が対象化学物質を含むものとして規則で定める要件に該当すると認めるとき、又は当該対象事業場の排水口(排出水を排出する場所をいう。以下同じ。)においてその排出水が規則で定める特別排水基準(以下「特別排水基準」という。)に適合しないと認めるときは、その届出をした者に対し、その届出に係る対象施設の構造若しくは使用の方法若しくは汚水等の処理の方法に係る計画の変更(前条の規定による届出に係る事項の内容の変更を含む。)又は第八条の規定による届出に係る計画の廃止を命ずることができる。

(実施の制限)
第十二条 第八条又は第十条の規定による届出をした者は、その届出が受理された日から六十日を経過した後でなければ、それぞれ、その届出に係る対象化学物質の使用し、又はその届出に係る対象施設の構造若しくは使用の方法若しくは汚水等の処理の方法の変更をしてはならない。

2 知事は、第八条又は第十条の規定による届出に係る事項の内容が相当であると認めるときは、前項に規定する期間を短縮することができる。

（氏名の変更等の届出）

第十三条　届出使用者は、その届出に係る第八条第一号又は第二号に掲げる事項に変更があったときは、その日から三十日以内に、その旨を知事に届け出なければならない。

（使用廃止の届出）

第十四条　届出使用者は、その届出に係る対象化学物質を使用しなくなったときは、その日から三十日以内に、その旨を知事に届け出なければならない。

（承継）

第十五条　届出使用者からその届出に係る対象事業場を譲り受け、又は借り受けた者は、当該届出使用者の地位を承継する。

2　届出使用者について相続又は合併があったときは、相続人又は合併後存続する法人若しくは合併により設立した法人は、当該届出使用者の地位を承継する。

3　前二項の規定により届出使用者の地位を承継した者は、その承継があった日から三十日以内に、その旨を知事に届け出なければならない。

（地下浸透水の浸透の制限）

第十六条　対象事業場から水を排出する者（地下浸透水を浸透させる者を含む。）は、第十一条の規則で定める要件に該当する地下浸透水を浸透させてはならない。

（排出水の排出の制限）

第十七条　排出水を排出する者は、その汚染状態が当該対象事業場の排水口において特別排水基準に適合しない排出水を排出してはならない。

2　一の物質が対象化学物質となった際現にその物質を業として使用している者の当該対象事業場以外の工場又は事業場から排出される水に係る特別排水基準及び一の物質が対象化学物質となった際現にその物質を使用している対象事業場からの排出水に係る特別排水基準（当該物質に係る特別排水基準に限る。）については、当該物質が対象化学物質となった日から六月間は、適用しない。

3　一の工場又は事業場が対象事業場となった際現にその工場又は事業場において対象化学物質を業として使用している者の当該工場又は事業場からの排出水に係る特別排水基準については、当該工場又は事業場が対象事業場となった日から六月間は、適用しない。

（改善命令等）

第十八条　知事は、第十六条に規定する者が、第十一条の規則で定める要件に該当する地下浸透水を浸透させるおそれがあると認めるときは、その者に対し、期限を定めて、対象化学物質の使用若しくは処理の方法若しくは対象施設の構造若しくは使用の方法の改善を命じ、又は対象施設の使用若しくは地下浸透水の浸透の一時停止を命ずることができる。

2　知事は、排出水を排出する者が、その汚染状態が当該事業場の排水口において特別排水基準に適合しない排出水を排出するおそれがあると認めるときは、その者に対し、期限を定めて、対象化学物質の使用若しくは処理の方法若しくは汚水等の処理の方法の改善を命じ、対象施設の構造若しくは使用の方法若しくは汚水等の処理の方法の改善を命じ、又は対象施設の使用若しくは排出水の排出の一時停止を命ずることができる。

3　前条第二項の規定は、前二項の規定による命令をする場合について準用する。

（自主検査の実施等）

第十九条　対象事業場の設置者は、規則で定めるところにより、当該事業場内の井戸水及び地下浸透水並びに排出水の水質検査を定期的に実施し、その結果を記録保存しておかなければならない。

2　対象事業場の設置者は、対象化学物質の使用等について規則で定める事項を記録保存しておかなければならない。

（事故時の措置）

第二十条　対象事業場の設置者は、当該対象事業場において、対象化学物質又は油（水質汚濁防止法第二条第四項に規定する油をいう。以下同じ。）の流出その他の事故が発生し、対象化学物質又は油を含む水が地下に浸透し、又は当該事業場から公共用水域に排出されたことにより、人の健康又は生活環境に係る被害を生ずるおそれがあるときは、直ちに、引き続く対象化学物質又は油の浸透又は排出の防止のための応急の措置を講ずるとともに、速やかにその事故の状況及び講じた措置の概要を知事に届け出なければならない。

2　知事は、対象事業場の設置者が前項の応急の措置を講じていないと認めるときは、その者に対し、前項の応急の措置を講ずべきことを命ずることができる。

（地下水の水質の浄化に係る措置命令等）

第二十一条　知事は、対象事業場又は対象事業場以外の工場若しくは事業場で貯油施設等（油を貯蔵する貯油施設又は油を含む水を処理する油水分離施設をいう。）を設置するもの（以下「貯油事業場等」という。）において対象化学物質に該当する物質を含む水の地下への浸透があったとき、又は油を含む水の地下への浸透があったことにより、現に人の健康に係る被害が生じ、若しくは生ずるおそれがあると認めるときは、規則で定めるところにより、その被害を防止するため必要な限度において、当該対象事業場又は貯油事業場等の設置者（相続又は合併により当該対象事業場又は貯油事業場等の設置者の地位を承継した者を含む。）に対し、地下水の水質の浄化のための措置をとることを勧告することができる。ただし、その者が、当該浸透があった時において当該対象事業場又は貯油事業場等の設置者であった者と異なる場合は、この限りでない。

2　前項本文に規定する場合において、知事は、同項の浸透があった時において当該対象事業場又は貯油事業場等の設置者（相続又は合併により当該対象事業場又は貯油事業場等の設置者の地位を承継した者を含む。）に対しても、同項の措置をとることを勧告することができる。

3　知事は、前二項の規定による勧告をした者が、相当の期限を定めて、これらの勧告に係る措置をとることを命ずることができる。

4　対象事業場等又は貯油事業場等の設置者（対象事業場若しくは貯油事業場等又はこれらの敷地を譲り受け、若しくは借り受け、又は相続若しくは合併により取得した者を含む。）は、当該対象事業場又は貯油事業場等について前三項の規定による勧告又は命令があったときは、当該勧告又は命令に係る措置に協力しなければならない。

第三章　地下水の水量の保全

（地下水の範囲）

第二十二条　この章にいう地下水には、温泉法（昭和二十三年法律第125号）第二条第一項に規定する温泉、鉱業法（昭和二十五年法律第289号）第五条に規定する鉱業権に基づいて掘採する同法第三条第一項の可燃性天然ガスを溶存する地下水並びに河川法（昭和三十九年法律第167号）第三条第一項

及び第百条第一項に規定する河川の河川区域内の地下水は、含まないものとする。

（用語）

第二十三条　この章において、次の各号に掲げる用語の意義は、それぞれ当該各号に定めるところによる。

一　指定地域　第二十五条第一項の規定により指定された地域をいう。
二　揚水設備　動力を用いて地下水を採取するための設備で、揚水機の吐出口の断面積（吐出口が二以上あるときは、その断面積の合計をいう。以下同じ。）が、六平方センチメートル（指定地域外にあっては、五十平方センチメートル）を超えるものをいう。

（地下水の合理的使用等）

第二十四条　地下水を採取する者は、地下水量の保全に関し、県が実施する施策に協力するとともに、自ら必要な措置を講ずるものとする。

2　前項の措置を講ずるに当たっては、特に、建築物用水の循環利用、工業用水の回収率の向上、農水産業用水反復利用等地下水の合理的な使用に努めるものとする。

（指定地域）

第二十五条　知事は、地下水の採取に伴う障害が生じ、及び生ずるおそれのある地域並びにこれらの地域と地下水理において密接な関連を有すると認められる地域を指定地域として指定する。

2　知事は、前項の規定により指定地域の指定を行おうとするときは、あらかじめ、熊本県環境審議会及び指定地域となる地域を管轄する市町村長の意見を聴かなければならない。

3　知事は、指定地域を指定するときには、その旨及びその区域を告示しなければならない。

4　前二項の規定は、指定地域の変更又は廃止について準用する。

（地下水採取の届出）

第二十六条　揚水設備により地下水を採取しようとする者は、揚水設備ごとに、規則で定めるところにより、次の各号に掲げる事項を知事に届け出なければならない。

一　氏名又は名称及び住所並びに法人にあっては、その代表者の氏名
二　揚水設備の場所
三　揚水設備のストレーナーの位置、吐出口の断面積及び原動機の出力

-114-

四　採取する地下水の用途

五　地下水の採取量

六　その他規則で定める事項

2　前項の規定による届出には、揚水設備の設置の場所を示す図面その他規則で定める書類を添付しなければならない。

(経過措置)

第二十七条　指定地域の指定の際現に当該地域内において揚水設備により地下水を採取している者は、当該地域が指定地域として指定された日から起算して六十日以内に、規則で定めるところにより、前条第一項各号に掲げる事項を知事に届け出なければならない。ただし、既に同条第一項の規定による届出をしている者は、この限りでない。

2　前条第二項の規定は、前項の規定による届出について準用する。

(氏名の変更等の届出)

第二十八条　第二十六条第一項又は前条第一項の規定により届け出た者は、その届出に係る第二十六条第一項第一号及び第三号から第六号までに掲げる事項に変更があったとき又はその届出に係る揚水設備により地下水を採取することを廃止したときは、遅滞なく、規則で定めるところにより、その旨を知事に届け出なければならない。

2　前項の規定による届出のうち、第二十六条第一項第三号及び第六号に掲げる事項に係る届出には、構造図その他規則で定める書類を添付しなければならない。

(地下水の採取量の報告)

第二十九条　揚水設備により地下水を採取する者(以下「採取者」という。)は、規則で定めるところにより、揚水設備ごとに当該揚水設備により採取する地下水の採取量を測定し、毎年一回その結果を知事に報告しなければならない。

(水量測定器の設置等)

第三十条　採取者のうち規則で定めるものは、地下水の適正な採取を図るため、水量測定器を設置しなければならない。

2　前項の規則に定めるもののほか、採取者は、地下水の適正な採取を図るため、水量測定器の設置に努めるものとする。

(勧告等)

第三十一条　知事は、地下水量の保全のため特に必要があると認めるときは、採取者に対し、期限を定めて、地下水の採取及びその使用に関し必要な措置を講ずるよう勧告することができる。

2　知事は、正当な理由がなく前項の規定による勧告に従わない者があるときは、その者の氏名又は名称及び勧告の内容を公表することができる。

3　知事は、前項の規定による公表をしようとするときは、当該公表に係る者にあらかじめその旨を通知し、その者又はその代理人の出席を求め、意見の聴取を行わなければならない。

(適用除外)

第三十二条　この章の規定は、工業用水法(昭和三十一年法律第百四十六号)又は建築物用地下水の採取の規制に関する法律(昭和三十七年法律第百号)の規定の適用がある場合の地下水の採取については、適用しない。

第四章　地下水のかん養

(地下水のかん養に係る指針等の策定)

第三十三条　知事は、地下水のかん養に係る指針の策定その他地下水のかん養を推進するため必要な措置を講ずるものとする。

(地下水のかん養)

第三十四条　事業者は、地下水のかん養を図るため、雨水の有効な利用及び地下への浸透に努めるとともに、地下水の汚染を防止するため必要な措置を講ずるよう努めなければならない。

2　知事は、事業者に対し、地下水のかん養に関し必要な助言及び指導を行うことができる。

(有害物質の地下浸透の禁止)

第三十五条　建築物(建築基準法(昭和二十五年法律第二百一号)第二条第一号に規定する建築物をいう。)の建設又は特定工作物(都市計画法(昭和四十三年法律第100号)第四条第十一項に規定する特定工作物をいう。)の建設の用に供する目的で行う土地の区画形質の変更その他規則で定める開発行為を行う事業者(設置の工事をしている者を含むものとし、次項に規定する者を除く。以下「開発事業者」という。)は、規則で定める要件に該当する水を地下に浸透させてはならない。

2　知事は、開発事業者が、前項の規則で定める要件に該当する水を地下に浸透させるおそれがあると認めるときは、当該開発事業者に対し、期限を定めて、施設の構造又は汚水等の処理の方法の改善を命ずることができ

-115-

第五章　雑則

（常時監視）

第三十六条　知事は、地下水の水質及び水量並びに公共用水域の水質の状況を常時監視しなければならない。

2　知事は、前項の規定に基づき、常時監視を行うため必要があると認めるときは、井戸の設置者に対し、協力を求めることができる。

（公表）

第三十七条　知事は、前条第一項の監視の結果を速やかに公表しなければならない。

（報告及び検査）

第三十八条　知事は、第二章及び第四章の規定の施行に必要な限度において、規則で定めるところにより、対象事業場及び貯油事業場等の設置者並びに開発事業者に対し、対象化学物質の使用の方法、汚水等の処理の方法その他必要な事項に関し報告を求め、又はその職員に、それらの者の事業場に立ち入り、施設、帳簿書類その他の物件を検査させることができる。

2　前項の規定により立入検査をする職員は、その身分を示す証明書を携帯し、関係人に提示しなければならない。

3　第一項の規定による立入検査の権限は、犯罪捜査のために認められたものと解釈してはならない。

（土地の立入り）

第三十九条　前条の規定は、第三章の規定の施行について準用する。

（準用）

第四十条　知事は、この条例を施行するため地下水又は地盤の状況に関する測量又は実地調査を行う必要があるときは、その職員に他人の土地に立ち入らせることができる。

2　知事は、前項の規定によりその職員に他人の土地に立ち入らせようとするときは、立入りの日の五日前までに、その旨を土地の占有者に通知しなければならない。

3　第一項の規定により他人の土地に立ち入る職員は、立入りの際、あらかじめ、その旨を土地の占有者に告げなければならない。

4　第一項の規定により他人の土地に立ち入る職員は、日出前又は日没後においては、土地の占有者の承諾があった場合を除き、第一項の規定により他人の土地に立ち入りをしてはならない。

5　第一項の規定により他人の土地に立ち入る職員は、その身分を示す証書を携帯し、関係人に提示しなければならない。

6　県は、第一項の規定による立入りにより損失が生じた場合においては、その損失を受けた者に対して、これを補償しなければならない。

7　土地の占有者は、正当な理由がなければ第一項の規定による立入りを拒み、又は妨げてはならない。

（援助）

第四十一条　県は、地下水の保全に係る施設の整備又は改善につき必要な資金のあっせん、技術的な助言その他の援助に努めるものとする。

2　前項の援助に当たっては、中小企業に対し、特に配慮するものとする。

3　県は、市町村長が行う地下水の水質の汚濁の防止に係る対策等に関し、技術的な助言に努めるものとする。

（研究の推進等）

第四十二条　県は、地下水の保全に関する調査研究を積極的に推進し、その成果の普及に努めるものとする。

（環境審議会への意見の聴取等）

第四十三条　知事は、第六条第一項に規定する地下水質保全目標、第十一条に規定する規則で定める要件及び特別排水基準、第二十五条第一項に規定する指定地域の指定その他地下水の保全に関する重要な事項を制定し、若しくは指定し、又は改廃する場合には、熊本県環境審議会の意見を聴かなければならない。

（規則への委任）

第四十四条　この条例に定めるもののほか必要な事項は、規則で定める。

第六章　罰則

（罰則）

第四十五条　第十一条、第十八条第一項若しくは第二項、第二十一条第三項又は第三十五条第二項の規定による命令に違反した者は、一年以下の懲役又は五十万円以下の罰金に処する。

第四十六条　次の各号の一に該当する者は、六月以下の懲役又は三十万円以下の罰金に処する。

一　第十七条第一項の規定に違反した者

-116-

二　第二十条第二項の命令に違反した者

2　過失により、前項第一号の罪を犯した者は、三月以下の禁錮又は二十万円以下の罰金に処する。

第四十七条　第八条又は第十条の規定による届出をせず、又は虚偽の届出をした者は、三月以下の懲役又は二十万円以下の罰金に処する。

第四十八条　次の各号の一に該当する者は、十万円以下の罰金に処する。

一　第九条の規定による届出をせず、又は虚偽の届出をした者

二　第十二条第一項の規定に違反した者

三　第三十八条第一項の規定による検査を拒み、妨げ、若しくは忌避した者

第四十九条　次の各号の一に該当する者は、三万円以下の罰金に処する。

一　第二十六条第一項及び第二十七条第一項の規定による届出をせず、又は虚偽の届出をした者

二　第三十九条において準用する第三十八条第一項の規定による報告をせず、若しくは虚偽の報告をし、又は同項の規定による検査を拒み、妨げ、若しくは忌避した者

三　第四十条第七項の規定に違反して、同条第一項の規定による土地の立入りを拒み、又は妨げた者

（両罰規定）

第五十条　法人の代表者又は法人若しくは人の代理人、使用人その他の従業者が、その法人又は人の業務に関し、前五条の違反行為をしたときは、行為者を罰するほか、その法人又は人に対して各本条の罰金刑を科する。

　　附　則

（施行期日）

第一条　この条例は、平成三年四月一日から施行する。

（経過措置）

第二条　この条例の施行の際現に対象化学物質を業として使用する目的をもって現に第八条第四号から第七号までに係る工事を業としている者を含む。）は対象事業場ごとに、規則で定めるところにより、この条例の施行の日から三十日以内に、第八条に掲げる事項を知事に届け出なければならない。

2　前項の規定による届出をせず、又は虚偽の届出をした者は、五万円以下の罰金に処する。

3　法人の代表者又は法人若しくは人の代理人、使用人その他の従業者が、その法人又は人の業務に関し、前項の違反行為をしたときは、行為者を罰するほか、その法人又は人に対して同項の刑を科する。

第三条　第十六条又は第十八条第一項の規定は、この条例の施行の際現に対象化学物質を業として使用する者（当該物質を使用する目的をもって現に第八条第四号から第七号までに係る工事を業としている者を含む。）については、この条例の施行の日から六月間は、適用しない。

2　第十七条第一項又は第十八条第二項の規定は、この条例の施行の際現に対象化学物質を使用している者（当該物質を使用する目的をもって現に第八条第四号から第七号までに係る工事を業としている者を含む。）については、この条例の施行の日から一年間は、適用しない。

（熊本県地下水条例の一部改正）

第四条　熊本県地下水条例（昭和五十三年熊本県条例第52号）の一部を次のように改正する。

題名を次のように改める。

熊本県地下水の採取に関する条例

　　附　則（平成十二年六月二十一日条例第63号抄）

（施行期日）

1　この条例は、平成十三年一月一日から施行する。（熊本県地下水の採取に関する条例の廃止）

2　熊本県地下水の採取に関する条例（昭和五十三年熊本県条例第52号）は、廃止する。

（経過措置）

3　この条例の公布の日前にあった対象事業場又は対象事業場以外の工場若しくは事業場で貯油施設等を設置するもの（以下「貯油事業場等」という。）における対象化学物質に該当する物質又は油を含む水の地下浸透については、改正後の第二十一条第一項から第三項までの規定は、適用しない。

4　この条例の施行の際現に指定地域外において改正後の第二十三条第二項の規定による揚水設備により地下水を採取している者は、規則で定めるところにより、この条例の施行の日から起算して六十日以内に規則で定めるところにより、第二十六条第一項各号に掲げる事項を知事に届け出なければならない。

（以下略）

-117-

群馬県／桐生市

桐生川の清流を守る条例
2000年（平成12年）7月1日施行

清流の継承でまちおこし／水源監視員を配置

　桐生市は、桐生川の清流を守り観光資源としても活用するため、条例を制定した。

　河川の清流を守る趣旨の条例制定は、県内では初めてとなる。

　桐生川は栃木県境の根本山を源流とし、市内で渡良瀬川に合流する全長39.6㌔。川沿いに工場もなくこれまでの水質検査でも生物科学的酸素要求量（BOD）の基準をクリアする清流。

　条例では、水源監視員を置き、上流部にあるキャンプ場や河岸を定期的に巡回し、バーベキュー後の食器の油などを流さないように監視、指導する。

　桐生川を清流のシンボルとして次世代に引き継ぐことを目的とする条例制定。

　恵まれた自然と環境をアピールするため、清流でなければ生息できないカジカの稚魚3000匹を放流するほか、友禅流しも例年実施している。

群馬県・桐生市

市役所	〒376-8501
	群馬県桐生市織姫町1-1
	（下車駅　両毛線　桐生駅）
電話	（0277）46-1111
人口	117,304人
世帯数	41,860世帯
面積	137.47km²
人口密度	853.31人/km²
特産品	桐生織、桐生和紙
観光	彦部家住宅、明治館、有鄰館

桐生川の清流を守る条例

環境（水）

桐生川は、流域の豊かな自然環境を形成するとともに豊かな耕土を支え、市民のふれあいや憩いの場として親しまれ、幾多の文化と歴史を育みながら市民の生活に潤いある調和をもたらしてきた。この市民共有の財産である美しい桐生川の清流を守り、次代に引き継ぐことは、我々に課せられた重大な責務である。

ここに我々は、衆知と総力を結集し、桐生川の清流を守ることを決意し、この条例を制定する。

（目的）

第一条　この条例は、桐生川の清流を次世代に継承するため市長、市民及び事業者のそれぞれの責務を明らかにするとともに、桐生川の清流を守ることを目的とする。

（市長の責務）

第二条　市長は、桐生川の清流を守るため、総合的な施策を講じるとともに、市民の自主的な活動を支援するよう努めるものとする。

（市民の責務）

第三条　市民は、桐生川の清流を守るよう積極的に努めるとともに、市長が実施する施策に協力するよう努めるものとする。

（事業者の責務）

第四条　事業者は、その事業活動によって桐生川の清流を損なわないように関連法令を遵守するとともに必要な対策を講じ、また、市長が実施する施策に協力するよう努めるものとする。

（連携及び協力）

第五条　市長、市民及び事業者は、相互に連携を図り、桐生川の清流を守るための必要な活動を協力して行うものとする。

（関係行政機関との連携等）

第六条　市長は、桐生川の清流を守るために関係行政機関と連携を図り、必要に応じ国、県に対し協力を要請するものとする。

（啓発及び指導等）

第七条　市長は、桐生川の清流を守るために知識の普及を図り、市民及び事業者の理解と協力が得られるよう啓発活動等を行うものとする。

2　市長は、桐生川の清流を守るため、市民及び事業者に対し必要な指導及

び助言を行うものとする。
　(調査等)
第八条　市長は、桐生川の清流を守るため、関係機関の協力を得て、必要な事項について調査し公表するものとする。
　(水源監視員の設置)
第九条　市長は、桐生川の清流を守るため、水源監視員を置くことができる。
　(その他の河川)
第十条　市長、市民及び事業者は、桐生川以外の河川についても愛護及び浄化を図るよう努めるものとする。
　(委任)
第十一条　この条例の施行に関し必要な事項は、市長が別に定める。
　　附　則
この条例は、平成十二年七月一日から施行する。

神奈川県／秦野市

秦野市地下水保全条例

2000年(平成12年)4月1日施行

「名水」を守るため「地下水」のくみ上げを禁止

　丹沢山系の「名水の里」として知られる秦野市は、1994年「地下水汚染の防止及び浄化に関する条例」を制定して汚染防止や汚染原因者による汚染地の調査と浄化を進めてきた。

　新たな条例は、地下水を市民共有の財産である「公水」と位置付け、水質と水量を総合的に保全することによって、市民の健康と生活環境を守ることを目的に制定したもの。

　条例では、「土地を所有し、又は占有する者は、その土地に井戸を設置することができない」(第39条)と新たに自家用の井戸を掘ることを禁じ、既存の井戸も設置の届け出や設備改善など変更時の届け出が義務付けられた。

　市長は、設置許可の取消しや地下水の利用制限を命じる権限を持ち、立入調査や報告を求めることができるとした。従わない場合は、公表や最高で50万円以下の罰金が科せられる。地盤沈下の防止目的に地下水のくみ上げを制限する条例の制定事例は多いが、市民の飲料水と位置付けて、くみ上げを制限する条例は全国で初めてとなる。

神奈川県・秦野市

市役所：〒257-8501
神奈川県秦野市桜町1-3-2
(下車駅　小田急電鉄　秦野駅)
電話　(0463) 82-5111

人　　口：160,130人
世　帯　数：57,875世帯
面　　積：103.61km²
人口密度：1,545.51人/km²
特　産　品：落花生、いちご、丹沢そば
観　　光：鶴巻温泉、弘法山、表丹沢

秦野市地下水保全条例

第1章　総則

(目的)

第1条　この条例は、秦野市市民憲章(昭和四十四年秦野市告示第49号)において「きれいな水とすがすがしい空気、それは私たちのいのちです。」と定めた理念に基づき、及び地下水が市民共有の貴重な資源であり、かつ、公水であるとの認識に立ち、化学物質による地下水の汚染を防止し、及び浄化することにより地下水の水質を保全すること、並びに地下水をかん養し水量を保全することにより、市民の健康と生活環境を守ることを目的とする。

(定義)

第2条　この条例において、次の各号に掲げる用語の意義は、それぞれの各号に定めるところによる。

(1) 地質　土地を構成している土壌、地層及びこれらの間げきに存する地下水、気体等の総体をいう。

(2) 対象物質　トリクロロエチレン、テトラクロロエチレン、1,1,1—トリクロロエタンその他の人の健康又は生活環境を害するおそれがある物質として規則で定めるものをいう。

(3) 使用事業場　対象物質を使用して物の製造(対象物質の製造を含む。以下同じ。)、加工、洗浄、試験、検査その他これらに類する行為(以下「物の製造等」という。)を行う工場又は事業場(以下「工場等」という。)をいう。

(4) 過去使用事業場　対象物質を使用して物の製造等を行っていた工場等をいう。

(5) 地下水盆　秦野盆地の地下にある水を貯める地質上の構造域をいう。

(6) 地下水の循環系　地下水盆において、市域の地表面にある水(温泉法(昭和二十三年法律第125号)に基づく温泉を除く。)をいう。

(7) 井戸　地下水を利用する目的で設置する構造物をいう。

(8) 地下水かん養域　地下水盆に雨水等を浸透する区域をいう。

(9) 地下水人工かん養区域　地下水を人工的に増やす事業として規則で定めるものをいう。

環境(水)

(市の責務)
第3条　本市は、地下水の水質及び水量の保全(以下「地下水の保全」という。)に関する施策を策定し、及び実施する責務を有するものとする。
(事業者の責務)
第4条　事業者は、本市が実施する地下水の保全に関する施策に協力する責務を有するとともに、自ら地下水の保全に努めなければならない。
(地下水採取者の責務)
第5条　井戸により地下水を採取している者は、自ら利用する地下水に恩恵を受けているとの認識に立ち、本市が実施する地下水の水質の保全及び地下水のかん養に協力する責務を有するものとする。
(市民の責務)
第6条　市民は、本市が実施する地下水の保全に関する施策を有するとともに、自ら地下水の保全に努めなければならない。

第2章　汚染の防止

(使用事業場の設置届出)
第7条　使用事業場を設置しようとする者は、使用事業場ごとに、次に掲げる事項を規則で定めるところにより市長に届け出なければならない。
(1) 氏名又は名称及び住所並びに法人にあっては、その代表者の氏名
(2) 使用事業場の名称及び所在地
(3) 使用事業場の業種、主要な生産品等の事業の概要
(4) 使用事業場の敷地内における建物等の配置及び構造
(5) 対象物質の種類
(6) 対象物質の使用、保管及び処分の方法
(7) 対象物質による地質の汚染の防止方法
(8) 前各号に定めるもののほか、規則で定める事項

(新たな対象物質に係る現況の届出)
第8条　一つの物質が新たに対象物質となったときは、現にその物質を使用して物の製造等を行う工場等を設置している者(設置の工事をしている者を含む。)は、その物質が対象物質となった日から1か月以内に、使用事業場ごとに、前条各号に掲げる対象物質に係る事項を規則で定めるところにより市長に届け出なければならない。ただし、その届出に係る事項のうち、市長が届け出を要しないと認めるものについては、この限りでない。

(新たな対象物質に係る過去使用物の届出)
第9条　一つの物質が新たに対象物質となったときは、その物質を使用して物の製造等を行っていた工場等を設置していた者又は、その物質が対象物質となった日から1か月以内に、過去使用事業場ごとに次に掲げる事項を規則で定めるところにより市長に届け出なければならない。ただし、その届出に係る事項のうち、市長が届け出を要しないと認めるものについては、この限りでない。
(1) 氏名又は名称及び住所並びに法人にあっては、その代表者の氏名
(2) 過去使用事業場の名称及び所在地
(3) 過去使用事業場の業種、主要な生産品等の事業の概要
(4) 過去使用事業場の敷地内における建物等の配置及び構造
(5) 対象物質の種類
(6) 対象物質の使用、保管及び処分の方法

(使用事業場の変更届出)
第10条　第7条又は第8条の規定による届出をした者は、その届出に係る第7条第1号から第3号までに掲げる事項に変更があったときは、その日から1か月以内に、規則で定めるところにより市長に届け出なければならない。
2　第7条又は第8条の規定による届出をした者は、その届出に係る第7条第4号から第8号までに掲げる事項の変更をしようとするときは、規則で定めるところにより市長に届け出なければならない。

(対象物質の使用制限)
第11条　第7条前条第2項の規定による届出をした者は、その届出に係る対象物質を使用した日から1か月を経過した後でなければ、その届出に係る対象物質を使用してはならない。
2　市長は、第7条又は前条第2項の規定による届出の内容が相当であると認めるときは、前項に規定する期間を短縮することができる。

(地下浸透の防止)
第12条　使用事業場を設置している者は、対象物質を含む液体(対象物質の原液を含む。)が地下に浸透することによる地質の汚染を防止するため、規則で定めるところにより対象物質を適正に管理しなければならない。
2　使用事業場を設置している者は、対象物質が大気へ揮散した後、地下に浸透することによる地質の汚染を防止するため、規則で定めるところによ

り対象物質の大気への揮散を抑制するよう努めなければならない。

(使用事業場の計画変更命令等)
第13条　市長は、第7条又は第10条第2項の規定による届出があった場合において、前条第1項の規定に抵触するおそれがあると認めるときは、その届出をした者に対し、その届出があった日から1か月以内に限り、その届出に係る第7条第4号から第8号までに規定する事項の計画の変更を命じることができる。

2　市長は、第7条又は第10条第2項の規定による届出があった場合において、その届出に係る計画の内容が前条第2項の規定による大気への揮散を抑制するための適切な処置をとっていないと認めるときは、その届出をした者に対し、その届出に係る計画の内容の変更を勧告することができる。

(使用事業場の改善命令等)
第14条　市長は、使用事業場を設置している者が第12条第1項の規定に抵触するおそれがあると認めるときは、その者に対し、相当の期限を定めて、第7条4号から第8号までに規定する事項の内容の改善を命じ、又は対象物質の使用の一時停止を命じることができる。

2　市長は、使用事業場を設置している者が第12条第2項の規定による大気への揮散を抑制するための適切な処置をとっていないと認めるときは、その者に対し、必要な処置をとることを勧告することができる。

(命令の事前手続)
第15条　市長は、第13条第1項又は前条第1項に規定する命令をしようとするときは、第64条に規定する秦野市地下水汚染対策審議会の意見を聴くものとする。

(物質収支の報告)
第16条　使用事業場を設置している者は、毎年度(4月から翌年の3月まで)の対象物質の搬入量及び搬出量に関する物質収支をその年度の終了後二か月以内に規則で定めるところにより市長に報告しなければならない。

(対象物質の使用量の削減等)
第17条　使用事業場を設置している者は、対象物質の使用量の削減、他物質への転換、施設の改善等に努めなければならない。

(従業者の教育)
第18条　使用事業場を設置している者は、その従業者に対し、対象物質に関する知識、取扱方法等についての教育を実施し、対象物質の適正管理に努

めなければならない。

(対象物質の使用廃止届出)
第19条　第7条、第8条又は第10条第2項の規定による届出によるすべてを使用しなくなったときは、その届出に係る対象物質のすべてを使用しなくなった日から1か月以内に、規則で定めるところにより市長に届け出なければならない。

(使用事業場に関する地位の承継)
第20条　使用事業場を設置している者から使用事業場を譲り受け(相続し、又は合併したときを含む。)又は借り受けて使用するこの条例に規定する使用事業場に関する地位を承継する。

(事故時の処置)
第21条　工場等を設置している者は、その工場等において施設等の破損その他の事故に伴い、対象物質により地質を汚染し、又は汚染するおそれが生じたときは、地質の汚染の拡大を防止し、又は汚染をさせないための必要な処置を直ちにとるとともに、速やかにその事故の状況及び行った処置の内容を市長に報告しなければならない。

2　市長は、前項の規定による報告を受けた場合において、工場等を設置している者が前項の必要な処置を行わず、又は同様の事態を再発させるおそれがあると認めるときは、その者に対し、相当の期限を定めて、必要な処置をとることを命じることができる。

第3章　汚染の調査及び浄化

(汚染状態の基礎的な調査)
第22条　市長は、対象物質により地質が汚染されているおそれがある土地について、対象物質による地質の汚染状態の概況を把握する調査(以下「基礎調査」という。)を行うものとする。ただし、市長以外の者が基礎調査を行うことを妨げない。

(汚染状態の詳細な調査)
第23条　次に掲げる者(以下「関係事業者」という。)は、第28条第1項に規定する浄化目標を超える汚染があると市長が認める土地(以下「汚染地」という。)について、対象物質による地質の汚染状態の詳細な調査(以下「詳細調査」という。)を行わなければならない。

(1) 汚染地に使用事業場を設置している者

汚染地に過去使用事業場を設置している者又は設置していた者、対象物質を含む物の収集、運搬、処分等の処理に伴い、汚染地の地質の汚染を引き起こした者

(2)

(3)

(4) 前3号に掲げる者のほか、汚染地の地質の汚染に関係したと市長が認める者

2 市長は、基礎調査の結果等に基づいて、前項の規定により詳細調査を行わなければならない関係事業者等を指定するものとする。

3 第15条の規定は、前項の規定による指定について準用する。この場合において、同条第2項の規定中「命令」とあるのは「指定」とそれぞれ読み替えるものとする。

(連帯して行う詳細調査)

第24条 前条第2項の規定による指定を受けた者が2人以上存するときは、汚染地の詳細調査を連帯して行なわなければならない。

(詳細調査の計画の承認)

第25条 関係事業者は、第23条第2項の規定による指定を受けた場合において、その計画の日から3か月以内に、規則で定めるところにより詳細調査の計画を定め、市長の承認を受けなければならない。

2 関係事業者は、前項の規定による承認を受けた詳細調査の計画を変更しようとするときは、規則で定めるところにより詳細調査の変更計画を定め、市長の承認を受けなければならない。

3 市長は、前2項の規定による承認をしようとするときは、秦野市地下水汚染対策審議会の意見を聴くものとする。

(詳細調査の監督等)

第26条 市長は、必要と認めるときは、詳細調査を行う汚染地に立ち入って、詳細調査を監督することができる。

2 市長は、詳細調査の内容を変更して調査させることができる。

(詳細調査の結果報告)

第27条 関係事業者は、詳細調査を終了したときは、遅滞なくその結果を規則で定めるところにより市長に報告しなければならない。

(汚染を浄化する事業)

第28条 関係事業者は、汚染地内の対象物質による地質の汚染を浄化する事業(以下「浄化事業」という。)を規則で定める浄化目標に適合するよう

に行わなければならない。

2 市長は、詳細調査の結果等に基づいて、前項の規定により浄化事業を行わなければならない関係事業者等を指定するものとする。

3 第15条の規定は、前項の規定による指定について準用する。この場合において、同条第2項の規定中「命令」とあるのは「指定」とそれぞれ読み替えるものとする。

(連帯して行う浄化事業)

第29条 前条第2項の規定による指定を受けた者が2人以上存するときは、汚染地の浄化事業を連帯して行なわなければならない。

(浄化事業の計画の承認)

第30条 関係事業者は、第28条第2項の規定による指定を受けたときは、その日から3か月以内に、規則で定めるところにより浄化事業の計画を定め、市長の承認を受けなければならない。

2 関係事業者は、前項の規定による承認を受けた浄化事業の計画を変更しようとするときは、規則で定めるところにより浄化事業の変更計画を定め、市長の承認を受けなければならない。

3 市長は、前2項の規定による承認をしようとするときは、秦野市地下水汚染対策審議会の意見を聴くものとする。

(浄化事業の監督等)

第31条 市長は、必要と認めるときは、浄化事業を行う汚染地に立ち入って、浄化事業を監督することができる。

2 市長は、浄化事業の計画の内容を変更して浄化事業を行わせることができる。

(浄化事業の経過報告)

第32条 関係事業者は、浄化事業が3か月を超えるときは、3か月に1回以上その浄化事業の経過について、規則で定めるところにより市長に報告しなければならない。

(浄化事業の終了)

第33条 関係事業者は、浄化事業を終了しようとするときは、規則で定めるところにより市長に申し出て、その承認を受けなければならない。

2 市長は、前項の規定による承認をしようとするときは、秦野市地下水汚染対策審議会の意見を聴くものとする。

(詳細調査及び浄化事業の実施命令)

第34条 市長は、関係事業者が正当な理由なく詳細調査又は浄化事業を行わないと認めるときは、相当の期限を定めて、その詳細調査又は浄化事業を行うことを命じることができる。

2 第15条の規定は、前項の規定による命令について準用する。この場合において、同条中「第13条第1項又は前条第1項」とあるのは「前項」と読み替えるものとする。

(市長が行う詳細調査及び浄化事業)
第35条 市長は、第23条第2項又は第28条第2項の規定による指定を受けた関係事業者が、次の各号のいずれかに該当するときは、その者に代わって自ら汚染地の詳細調査又は浄化事業を行うことができる。
(1) 関係事業者の地質を汚染した者が不明のとき。
(2) 関係事業者の所在が不明のとき。
(3) その他市長が特に必要と認めるとき。

2 市長は、前項の規定により自ら持染地の詳細調査又は浄化事業を行った場合において、第23条第2項又は第28条第2項の規定による指定を受けた関係事業者が前項各号に該当しなくなったときは、その者に対し、その詳細調査又は浄化事業に要した経費を請求することができる。

3 市長は、第1項の規定により自ら汚染地の詳細調査又は浄化事業を行おうとするときは、秦野市地下水汚染対策審議会の意見を聴くものとする。

(所有者等の協力)
第36条 汚染地を所有し、又は占有する者は、関係事業者又は市長が行う詳細調査又は浄化事業に協力しなければならない。

第4章 水量の保全

(地下水盆の保全)
第37条 市長は、市民共有の財産である地下水盆の保全に努めるものとする。

(地下水位の監視)
第38条 市長は、地下水の水収支を把握するため、定期的に地下水位の監視を行うものとする。

(井戸設置の禁止)
第39条 土地を所有し、又は占有する者は、その土地に井戸を設置することができない。ただし、規則で定める理由により市長の許可を受けたとき

は、この限りでない。

2 市長は、前項ただし書の許可をしようとするときは、秦野市環境基本条例(平成十二年秦野市条例第8号)第15条に規定する秦野市環境審議会の意見を聴くものとする。

3 市長は、第1項ただし書の許可をしようとするときは、この条例の目的を実現するために必要と認める条件を付することができる。

(井戸設置の届出)
第40条 前条第1項ただし書の許可を受けて井戸を設置しようとする者は、井戸ごとに、次に掲げる事項を規則で定めるところにより市長に届け出なければならない。
(1) 氏名又は名称及び住所並びに法人にあっては、その代表者の氏名
(2) 井戸の設置場所
(3) 井戸の使用目的
(4) 地下水の使用目的
(5) 井戸及び揚水設備の構造
(6) 揚水機の規格
(7) 1日当たりの最大揚水予定量及び年間揚水予定日数
(8) 井戸の設置年月日

2 前項の届出書には、規則で定める図書を添付しなければならない。

(井戸設置の許可の取消し等)
第41条 市長は、井戸設置の許可を受けた者(以下「井戸設置者」という。)が次の各号のいずれかに該当するときは、その許可を取り消すことができる。
(1) 井戸設置の許可の取消しの申出があったとき。
(2) 井戸設置の許可を受けた日から起算して3年を経過した日までにその井戸の設置に着手しないとき。
(3) 偽りその他の不正な手段により、井戸設置の許可を受けたとき。

2 市長は、前項の規定により許可を取り消した場合において、地下水の保全に関して必要があると認めるときは、その許可の取消しを受けた者に対し、井戸の撤去その他必要な処置をとるように命じることができる。

(井戸撤去等の命令)
第42条 市長は、井戸設置の許可を受けずに井戸を設置した者に対し、その設置の行為の停止を命じ、又は相当の期限を定めて、井戸の撤去その他必

要な処置をとるように命じることができる。

(井戸の構造等の変更届出)
第43条　井戸設置者は、第40条第1項第1号に規定する事項に変更があったときは、その日から一か月以内に、規則で定めるところにより、市長に届け出なければならない。

2　井戸設置者は、第40条第1項第2号から第6号までに規定する事項の計画の変更をしようとするときは、変更の一か月前までに規則で定めるところにより、市長に届け出なければならない。

(揚水量等の計画変更命令等)
第44条　市長は、前条第2項の規定による届出があった場合において、地下水の水質又は水量に影響があると認めるときは、その届出をした者に対し、その届出があった日から1か月以内に限り、第40条第1項第2号から第6号までに規定する事項の計画の変更を命じることができる。

(井戸廃止の届出)
第45条　第40条又は第43条の規定による届出をした者は、井戸の使用を廃止し、又は井戸を撤去したときは、その日から1か月以内に、規則で定めるところにより市長に届け出なければならない。

(井戸に関する地位の承継)
第46条　井戸設置者から井戸の存する土地を譲り受け（相続し、又は合併したときを含む。）、又は借り受けた者は、その者に係るこの条例に規定する井戸に関する地位を承継する。

(地下水の利用制限)
第47条　市長は、地下水への著しい影響又は地盤沈下が生じるおそれがあると認めるときは、井戸設置者に対し、地下水の取水を禁止し、若しくは一時中断し、又は取水量の減量を命じることができる。

(地下水の循環利用)
第48条　井戸設置者は、技術的に可能な範囲で地下水の循環利用を行い、節水に努めなければならない。

(工事による地下水への影響に対する処置)
第49条　建築物の建築その他の工事を行おうとする者（以下「工事施行者」という。）は、その工事により地下水の水質又は水量に影響を与えるおそれがあると認めるときは、あらかじめ必要な処置をとるものとする。

(地下水への影響に対する処置命令)

第50条　市長は、工事により地下水の水質又は水量に影響を与えたと認めるときは、その工事施行者に対し、速やかに必要な処置をとることを命じることができる。

第5章　地下水のかん養

(地下水人工かん養の実施)
第51条　市長は、地下水の保全に関する施策に基づき、地下水人工かん養を行うものとする。

(水源林の保全)
第52条　市長は、雨水の保水力及び地下水かん養機能が高い森林を水源林とし、保全に努めるものとする。

(休耕田等の活用)
第53条　市長は、農業用水等を利用した地下水人工かん養を行うため、休耕田等のある水源域にある休耕田等の所有者に対し、前項の地下水人工かん養を行うための協力を求めることができる。

(水辺の整備)
第54条　市長は、地下水かん養域にある水辺の整備に当たっては、雨水の保水及びかん養に配慮するものとする。

2　市長は、地下水湧出域にある水辺の整備を行い、名水「秦野盆地湧水群」の保全に努めるものとする。

(緑地の管理)
第55条　工場等を設置している者は、敷地内の緑地の管理に当たっては、雨水の保水力を高める樹種の選定等に配慮するものとする。

(自噴井所有者の協力)
第56条　自噴井の存する土地の所有者は、市長が行う地下水人工かん養に協力するものとする。

(建物設置者の協力)
第57条　市長は、地下水かん養域の建物の設置者に対し、地下水人工かん養のため、雨水浸透施設の設置について協力を求めることができる。

第6章　基金

(基金の設置)

第58条 地下水の水質を保全する事業その他必要な事業を行うため、秦野市地下水汚染対策基金(以下「基金」という。)を設置する。

(積立て)
第59条 毎年度基金として積み立てる現金の額は、次に掲げるものの合計額とし、その年度の本市の一般会計予算(以下「予算」という。)に計上した額とする。
(1) 本市の資金
(2) 基金の趣旨に沿う寄附金
(3) 基金の運用から生じる収益金

(管理)
第60条 基金に属する現金は、金融機関への預金その他最も確実かつ有利な方法により管理しなければならない。
2 基金に属する現金は、最も確実かつ有利な有価証券に代えることができる。

(運用益金の処理)
第61条 基金の運用から生じる収益金は、予算に計上して基金の目的を達成するための必要な事業の経費に充てるほか、基金に編入するものとする。

(繰替運用)
第62条 市長は、財政上必要があると認めるときは、確実な繰戻しの方法、期間及び利率を定めて基金に属する現金を歳計現金に繰り替えて運用することができる。

(処分)
第63条 市長は、基金の目的を達成するために必要な経費に充てるときに限り、その全部又は一部を処分することができる。

第7章 秦野市地下水汚染対策審議会

(秦野市地下水汚染対策審議会の設置)
第64条 市長の附属機関として、秦野市地下水汚染対策審議会(以下「審議会」という。)を設置する。
2 審議会は、この条例に定めるものほか、地下水の水質の保全その他関連する事項について、市長の諮問に応じて調査及び審議を行い、その結果を答申し、又は意見を建議する。
3 審議会は、15人以内の委員により組織する。

4 審議会の組織及び運営について必要な事項は、規則で定める。

(秘密の保持)
第65条 審議会の委員は、職務上知り得た秘密を他に漏らしてはならない。その職を退いた後も、また、同様とする。

第8章 雑則

(化学物質の自主管理)
第66条 工場等を設置している者のうち、トランス-1,2-ジクロロエチレンその他の地質を汚染するおそれがある物質として規則で定めるもの(以下「自主管理物質」という。)を使用して物の製造等を行っている者は、規則で定めるところにより自主管理物質の使用、保管、処分等に関する事項を記録しておかなければならない。

(立入調査等)
第67条 市長は、この条例の施行に関して必要な限度において、使用事業場を設置している者及び関係事業者(以下「使用事業者等」という。)の土地に立ち入って地質の汚染状態若しくは施設、帳簿書類その他の物件を調査し、又は使用事業者等に対し、報告を求めることができる。
2 市長は、この条例の施行に関して必要な限度において、井戸設置者の土地に立ち入って井戸の構造若しくは施設、帳簿書類その他の物件を調査し、又は井戸設置者に対し、報告を求めることができる。
3 市長は、この条例の施行に関して必要な限度において、使用事業者等以外の者の土地に立ち入って地質の汚染状態若しくは使用事業者等及び井戸設置者並びに使用事業者等以外の者に対し、報告を求めることができる。
4 前3項の規定による調査又は報告を求めたときは、正当な理由がない限り、これに応じなければならない。

(技術的助言等)
第68条 市長は、使用事業者等に対し、汚染防止対策、詳細調査又は浄化事業に関する技術的な助言及び情報の提供に努めるものとする。

(協力金)
第69条 市長は、地下水の水質を保全する事業その他必要な事業に要する経費の一部に充てるため、事業者に対し、協力金の納入を求めることができる。

(井戸の適正管理)

第70条 井戸設置者は、定期的に水質検査を行う等井戸を適正に管理しなければならない。

(飲用指導等)

第71条 市長は、市民に対し、井戸水を飲用にするときの指導を行うほか、対象物質により汚染された地下水を飲用したことによる健康への影響を調査するための健康診断を計画的に行うものとする。

2 市長から要請を受けた市民は、市長が行う健康診査を受診するように努めなければならない。

(委任)

第72条 この条例に定めるもののほか、この条例の施行について必要な事項は、規則で定める。

第9章 公表及び罰則

(公表)

第73条 市長は、地質を汚染した者、正当な理由なく詳細調査又は浄化事業を行わない者その他この条例の規定について悪質な違反者があるときは、その内容を本市の広報紙等により公表することができる。

2 第15条の規定は、前項の規定による公表について準用する。この場合において、同条中「第13条第1項又は前条第1項」とあるのは「前項」と、「命令」とあるのは「公表」と、「その命令を受ける者」とあるのは「公表される者」とそれぞれ読み替えるものとする。

(罰則)

第74条 次の各号のいずれかに該当する者は、50万円以下の罰金に処する。

(1) 第13条第1項、第14条第1項又は第44条の規定による命令に違反した者

(2) 第39条第1項の規定に違反して井戸の設置を行った者

第75条 第21条第1項、第41条第2項、第42条、第47条又は第50条の規定による命令に違反した者は、30万円以下の罰金に処する。

第76条 第7条、第10条第2項、第40条第1項又は第43条第2項の規定による届出をせず、又は虚偽の届出をした者は、20万円以下の罰金に処する。

第77条 次の各号のいずれかに該当する者は、10万円以下の罰金に処する。

(1) 第8条の規定による届出をせず、又は虚偽の届出をした者

(2) 第11条第1項の規定に違反して対象物質を使用した者

(3) 第67条第1項又は第2項の規定による調査を拒み、妨げ、若しくは忌避し、又は同条第1項若しくは第2項の規定による報告をせず、若しくは虚偽の報告をした者

(両罰規定)

第78条 法人の代表者又は法人若しくは人の代理人、使用人その他の従業者が、その法人又は人の業務に関して第74条から前条までに規定する違反行為をしたときは、行為者を罰するほか、その法人又は人に対しても第74条から前条までに規定する罰金刑を科する。

附 則

(施行期日)

1 この条例は、平成12年4月1日(以下「施行日」という。)から施行する。

(秦野市地下水汚染の防止及び浄化に関する条例の廃止)

2 秦野市地下水汚染の防止及び浄化に関する条例(平成五年秦野市条例第17号)は、廃止する。

(秦野市地下水汚染の防止及び浄化に関する条例の廃止に伴う経過措置)

3 この条例の施行日前の前項の規定による廃止前の秦野市地下水汚染の防止及び浄化に関する条例(以下「廃止前の条例」という。)の規定によりなされた処分、届出、手続その他の行為は、この条例の相当規定によりなされた処分、届出、手続その他の行為とみなす。

4 この条例の施行日前に廃止前の条例の規定により設置された秦野市地下水汚染対策基金に属する現金又は有価証券は、この条例の規定により設置される基金に属するものとする。

(秦野市環境保全条例の廃止に伴う経過措置)

5 この条例の施行日前に秦野市環境保全条例(昭和四十八年秦野市条例第23号。以下「廃止前の秦野市環境保全条例」という。)の規定によりなされた処分、届出、手続その他の行為は、この条例の相当規定によりなされた処分、届出、手続その他の行為とみなす。

(井戸設置の許可に係る経過措置)

6 この条例の施行日前において現に井戸を設置し、又は井戸を設置する工事に着手した者については、第39条の規定は適用しない。

7 この条例の施行日前において現に井戸を設置し、又は井戸を設置する工

8　この条例の施行の際、現に井戸を設置している者で、廃止前の環境保全条例第37条第1項の規定による届出をしていないものは、この条例の施行日から3か月以内に、井戸ごとに、第40条第1項各号に掲げる事項を規則で定めるところにより市長に届け出なければならない。

9　前項の届出をせず、又は虚偽の届出をした者は、10万円以下の罰金に処する。

10　法人の代表者又は法人若しくは人の代理人、使用人その他の従業者が、その法人又は人の業務に関して前項の違反行為をしたときは、行為者を罰するほか、その法人又は人に対しても同項に規定する罰金刑を科する。

事に着手した者は、施行日に第39条ただし書の市長による井戸設置の許可を受けたものとみなす。

長崎県／大村市

大村市の地下水を保全する条例
2000年（平成12年）12月19日議決

地下水保全のため、利用採取量の届出を義務づけ

　市は1日あたり約2万5千㌧の地下水を水道水源に利用し、その依存度は75％にのぼる。近年水量が減少してきたのに伴い、条例で地下水保全を図った。

　条例では、井戸を設置する者は工事着手の15日前に、井戸の場所や1日あたりの採取予定量、地下水の用途などを、工事完了時には井戸の構造、揚水試験結果、揚水機の規格などを市へ届け出ることを義務づけた。従来からの設置者は附則で条例施行後60日以内に届出を行うことと規定した。又、揚水機のパイプの断面積19平方㎝を超える井戸の設置者は地下水の採取量を測定、記録を行い市長に報告するとしている。条例では市長は地下水保全のために立ち入り調査や指導、勧告を行い、従わない場合は、水の採取制限や改善命令をし、地下水が枯渇し、生活用水の確保に支障のある場合は地下水採取者に相当の期間を決めて採取制限を命じることができる。

長崎県・大村市

市　役　所：〒856-8686
長崎県大村市玖島1-25
（下車駅　大村線　大村駅）
電話（0957）53-4111

人　　口：83,499人
世帯数：31,243世帯
面　　積：126.30㎢
人口密度：661.12人/㎢
特産品：黒田五寸人参、大村寿し
観　　光：大村公園、野岳湖公園

大村市の地下水を保全する条例

環境（水）

（目的）
第1条　この条例は、地下水（温泉法（昭和二十三年法律第125号）による温泉を除く。以下同じ。）が市民共有の貴重な資源であることにかんがみ、その保全を図ることにより市民生活に必要な水を確保し、もって市民の健康で快適な生活環境の確保に寄与することを目的とする。

（定義）
第2条　この条例において「井戸」とは、動力を用いて地下水を採取するための施設であって、揚水機の吐出口の断面積（吐出口が二以上あるときは、その断面積の合計。以下同じ。）が六平方センチメートルを超えるものをいう。

（市の責務）
第3条　市は、地下水の保全に関する総合的な施策を推進するとともに、地下水の保全に努めなければならない。

（市民及び事業者の責務）
第4条　市民及び事業者は、市が実施する地下水の保全に関する施策に協力し、地下水の再生利用その他の地下水の保全に必要な措置を講ずるよう努めなければならない。

（地下水採取者の責務）
第5条　地下水を採取する者（以下「地下水採取者」という。）は、採取した地下水の保全に寄与するよう努めなければならない。

（井戸の設置の届出）
第6条　井戸を設置し又は設置しようとする者は、工事に着手する日の十五日前までに、規則で定めるところにより次の事項を市長に届け出なければならない。

(1) 氏名及び住所（法人にあっては、その名称、代表者の氏名及び重たる事務所の所在地）
(2) 井戸の設置場所
(3) 井戸の掘削深度
(4) 地下水の用途
(5) 一日当たりの地下水採取予定量
(6) 前各号に掲げるもののほか、規則で定める事項

2 前項の規定による届出には、井戸の設置場所及び構造を示す図面を添付しなければならない。

(設置完了の届出)
第7条 前条第1項の規定による届出をした者(以下「届出採取者」という。)は、その届出に係る井戸(以下「届出井戸」という。)の設置工事が完了したときは、当該工事が完了した日から十五日以内に、規則で定めるところにより次の事項を市長に届け出なければならない。
(1) 井戸の構造
(2) 揚水試験結果
(3) 揚水機の規格
(4) 前3号に掲げるもののほか、規則で定める事項

(変更の届出)
第8条 届出採取者は、その届出に係る事項に変更が生じたときは、変更が生じた日から三十日以内にその旨を市長に届け出なければならない。

(廃止の届出)
第9条 届出採取者は、届出井戸の使用を廃止したときは、廃止した日から三十日以内にその旨を市長に届け出なければならない。

(届出採取者の地位の承継)
第10条 届出採取者の地位を譲り受け、又は借り受けた者は、当該届出井戸に係る届出採取者の地位を承継する。
2 届出採取者について相続又は合併があったときは、その承継した者は、相続人又は合併後存続する法人若しくは合併により設立した法人は、当該届出採取者の地位を承継する。
3 前2項の規定により届出採取者の地位を承継した者は、その承継があった日から三十日以内にその旨を市長に届け出なければならない。

(地下水採取状況の報告)
第11条 市長は、地下水の保全のために必要があると認めるときは、届出採取者に対し、地下水の採取状況その他必要な事項に関して報告を求めることができる。

(主要採取水の採取量の測定及び報告)
第12条 届出採取者のうち揚水機の吐出口の断面積が十九平方センチメートルを超える井戸を設置するもの(以下「主要採取者」という。)は、届出井戸での地下水採取量を、規則で定めるところにより測定及び記録を行

い、市長に報告しなければならない。

(地下水利用管理者の選任)
第13条 主要採取者は、前条の業務を適正に実施するための責任者として地下水利用管理者を選任し、その氏名を市長に届け出なければならない。

(立入調査)
第14条 市長は、地下水の保全のために必要があると認めるときは、地下水を採取している場所その他地下水の採取に関係する場所にその職員を立ち入らせ、地下水の採取状況その他必要な事項を調査させることができる。
2 前項の規定により立入調査をする職員は、その身分を示す証明書を携帯し、関係者の請求があるときは、これを提示しなければならない。

(指導又は勧告)
第15条 市長は、第6条第1項の規定による届出があったとき又は前条第1項の規定により立入調査をしたときにおいて、地下水の保全のために必要があると認めるときは、届出をした者又は地下水採取者に対し、指導又は勧告をすることができる。

(改善命令)
第16条 市長は、前条の指導又は勧告に従わない者に対し、相当の期間を定めて地下水の採取の制限をし、又は採取の中止をさせる等地下水の保全のために必要な改善措置を講ずるよう命ずることができる。

(地下水採取の制限命令)
第17条 市長は、地下水の枯渇が著しく、市民の生活用水の確保に支障があると認めるときは、地下水採取者に対し、相当の期間を定めて地下水採取の制限を命じることができる。

(公表)
第18条 市長は、次の各号のいずれかに該当する者があるときは、これを公表することができる。
(1) 第6条第1項の規定による届出をせず、又は虚偽の届出をした者
(2) 第14条第1項の規定による立入調査を拒み、妨げ又は忌避した者
(3) 第16条の規定による命令に従わない者

(委任)
第19条 この条例の施行に関し必要な事項は、規則で定める。

附 則
(施行期日)

1 この条例は、平成十三年四月一日（以下「施行日」という。）から施行する。

（経過措置）

2 この条例の施行の際、既に井戸を設置している者（設置の工事をしている者を含む。）は、規則で定めるところにより、施行日から六十日以内にその旨を市長に届け出なければならない。

3 前項の規定による届出をした者は、第6条第1項の規定による届出をした者とみなす。

栃木県／黒磯市

黒磯市希少な野生動植物の保護に関する条例
希少動植物112種類の保護に民有地も指定／罰則付

黒磯市は市民と一体になって、将来にわたり良好な自然環境を保全するため、市内に生息、自生が確認されている貴重な動植物の保護を図る条例を制定した。

条例では、5年の市の実態調査に基づき希少な動植物を指定し保護する。植物はラン科のサギソウやウチョウランなど100種、鳥類はハイタカなど3種、魚類は市天然記念物のイトヨなどで計108種。他にオオタカが営巣している樹木も指定の対象になっている。

条例の特徴は市長の権限で、法令の及ばない民有地でも「保護地区」に指定できるとしたこと。現時点で28ヶ所の指定を予定している。

罰則を規定し、指定された希少動植物を許可無く捕獲、採取すると10万円以下の罰金としたのも特徴。

栃木県・黒磯市

市役所：〒325-8501
栃木県黒磯市共懇社108-2
(下車駅　宇都宮線　黒磯駅)
電話（0287）63-1111

人　　口：57,944人
世帯数：18,641世帯
面　　積：343.12k㎡
人口密度：168.87人/k㎡
特産品：牛乳、肉牛、自動車タイヤ
観　　光：板室温泉、那珂川渓谷

黒磯市希少な野生動植物の保護に関する条例

環境（自然）

（目　的）
第1条　この条例は、希少な野生動植物が黒磯市の優れた自然環境を象徴する存在であり、これらの野生動植物との共生が市民の豊かな生活に不可欠であることから、市及び市民が一体となり希少な野生動植物の保護を図ることにより、将来にわたって良好な自然環境を保全することを目的とする。

（定　義）
第2条　この条例において「希少な野生動植物」とは、黒磯市に生息し又は生育する野生の動植物（卵及び種子を含む。）で、その種の個体の数が著しく少なく又は著しく減少しつつあるもので、規則で定めたものをいう。
2　市長は、希少な野生動植物を定めるに当たっては、黒磯市環境審議会の意見を聴くものとする。

（市の責務等）
第3条　市は、希少な野生動植物について生息状況を把握し、その状況に応じて保護を図るための施策を講ずるものとする。
2　市は、希少な野生動植物の生息状況を把握するため、黒磯市動植物調査研究会を置く。
3　黒磯市動植物調査研究会の運営については、別に定める。

（市民の責務）
第4条　市民は、市が実施する希少な野生動植物の保護に関する施策に協力し、自然環境の保全に努めるものとする。

（財産権の尊重）
第5条　この条例の適用に当たっては、関係者の所有権その他の財産権（以下「所有権等」という。）を尊重しなければならない。

（捕獲等の禁止）
第6条　希少な野生動植物の生きている個体は、捕獲、採取、殺傷又は損傷をしてはならない。ただし、規則で定めるやむを得ない事由がある場合は、この限りではない。

（保護地区）
第7条　市長は、希少な野生動植物を保護するため必要があると認めるときは、希少な野生動植物が営巣する木及び木に営巣しない希少な野生動植物

2 市長は、前項の指定をするときは、指定する木又は区域（以下「区域等」という。）の所有権等を有する者の同意を得るものとする。

3 市長は、保護地区の指定の必要がなくなったと認めるときは、その指定を解除しなければならない。

4 市長は、保護地区の指定又は解除をしたときは、速やかに、その旨及びその区域等の位置を告示し、当該区域等の所有権等を有する者に通知しなければならない。

5 保護地区内において、次に揚げる行為は、市長の許可を受けなければしてはならない。
 (1) 建築物その他の工作物を新築し、改築し又は増築すること。
 (2) 宅地を造成し、土地を開墾し、その他土地（水底を含む。）の形質を変更すること。
 (3) 鉱物を採掘し、又は土石を採取すること。
 (4) 水面を埋め立て、又は干拓すること。
 (5) 河川、湖沼等の水位又は水量に増減を及ぼさせること。
 (6) 木竹を伐採すること。
 (7) 希少な野生動植物の個体の生息又は生育に必要なものとして市長が指定する野生動植物の種の個体その他の物の捕獲、殺傷又は損傷すること。
 (8) 保護地区内の湖沼若しくは湿原であって市長が指定するもの又はこれらに流入する水域若しくは水路に汚水又は廃水を排出する排水設備を設けて排出すること。
 (9) 道路、広場、田、畑、牧場及び宅地以外の市長が指定する区域において、車馬若しくは動力船を使用し、又は航空機を着陸させること。
 (10) 希少な野生動植物の個体の生息又は生育に支障を及ぼすおそれのある動植物の種として市長が指定するものの個体を放ち、若しくは植栽し、若しくはその種子をまくこと。
 (11) 希少な野生動植物の個体の生息又は生育に支障を及ぼすおそれのあるものとして市長が指定する物質を散布すること。
 (12) 火入れ又はたき火をすること。
 (13) 希少な野生動植物の個体の生息又は生育に支障を及ぼすおそれのある方法として市長が定める方法によりその個体を観察すること。

6 前項の許可を受けようとする者は、規則で定めるところにより、市長に許可の申請をしなければならない。

7 市長は、希少な野生動植物の保護のため必要があると認めるときは、その必要の限度において、第5項の許可に条件を付することができる。

8 次に揚げる行為については、第5項の規定は適用しない。
 (1) 通常の管理行為に対する軽易な行為で規則で定めるもの
 (2) 非常災害に対する必要な応急措置

9 前項第1号に揚げる行為であって、第5項各号に掲げる行為に該当するものをした者は、速やかに市長にその旨を届け出なければならない。

（措置命令）
第8条 市長は、第6条若しくは第7条第5項の規定に違反した者又は同条第7項の規定により付された条件に違反した者がその違反行為によって希少な野生動植物の個体若しくは生息地又は生育地の保護に支障を及ぼした場合において、希少な野生動植物の保護のため必要があると認めるときは、これらの者に対し、相当の期限を定めて、原状回復を命じ、その他希少な野生動植物の個体若しくは生息地又は生育地の保護のため必要な措置をとるべきことを命ずることができる。

（罰則）
第9条 第6条の規定に違反した者又は第8条の規定による命令に違反した者は、十万円以下の罰金に処する。

（監視員）
第10条 市長は、第7条第1項の規定による指定をしたときは、当該区域等の所有権等を有する者に対し、規則で定める保護協力金を支払うことができる。

（保護協力金）
第11条 市長は、希少な野生動植物の保護を図るため監視員を置くことができる。

2 監視員は、市長が委嘱する。

（その他）
第12条 この条例の実施に関し必要な事項は、市長が別に定める。

附 則
この条例は、平成十三年四月一日から施行する。

が生息し又は生育する区域を保護地区として指定することができる。

神奈川県／秦野市

秦野市みどり条例
環境保護のNPO育成を規定、環境保全条例を継承強化

2000年(平成12年)12月15日議決

秦野市は丹沢系の山など貴重な自然を抱え、1973年に制定した環境保全条例を柱に、土地の埋立規制条例や地下水保全条例などで自然環境保護に取り組んできた。みどり条例では「みどり」の定義を樹林地、草地のほか水辺等とし、第13条で「生き物の里」を指定し、希少な又は貴重な野生の生き物が成育する水辺等を保護することを打ち出した。ホタルやホトケドジョウ、イモリなど水生生物が対象となる。すでに候補地が10箇所ほどあり、指定は審議会の意見を聴いて市長が定める。又、第26条に「市長はみどりの保全及び創造活動を実践する団体の育成を図らなければならない」と、環境保護活動を行うNPOの支援を明記した。本条例施行によって環境保全条例は廃止されるが、その継承強化として無届での樹木伐採者へ5万円の料金を課す規定を加え、立ち入り調査権限も新たに盛り込まれた。

神奈川県・秦野市

市役所：〒257-8501	人　口：160,130人
神奈川県秦野市桜町1-3-2	世帯数：57,875世帯
（下車駅　小田急電鉄　秦野駅）	面　積：103.61k㎡
電話（0463）82-5111	人口密度：1,545,51人/k㎡
	特産品：落花生、いちご、丹沢そば
	観　光：鶴巻温泉、弘法山、表丹沢

秦野市みどり条例

第1章　総則

（目的）
第1条　この条例は、本市、市民及び事業者が協働して、本市の豊かな自然環境のもとでみどりの保全及び創造を推進することにより、潤いと安らぎのある暮らしよい環境を形成し、現在及び将来の市民の健康で快適な生活を確保することを目的とする。

（定義）
第2条　この条例において「みどり」とは、樹林地、草地、水辺地等の自然が豊かで、動植物が生息し、自然と人とが共生する環境をいう。

（本市の責務）
第3条　本市は、みどりの保全、創造、普及及び啓発のための施策を総合的かつ計画的に実施しなければならない。

（市民及び事業者の責務）
第4条　市民及び事業者は、みどりの保全及び創造に自ら取り組むとともに、本市が実施するみどりの保全及び創造に関する施策に協力しなければならない。

第2章　みどりの保全

（樹林保全地区及び保存樹木の指定）
第5条　市長は、みどりを保全するため、土地及び樹林（竹林を含む。以下同じ。）の所有権その他の権原を有する者（以下「所有者等」という。）の同意を得て、次の各号のいずれかに該当する土地を樹林保全地区として指定することができる。

(1) 市街地又はその周辺にあり、風致又は景観が優れている樹林地、神社、寺院、遺跡等と一体となって良好な環境を形成する樹林地、水辺地等と一体となり、人と自然との豊かな触れ合いの場を形成している樹林地

(2)

(3)

(4) 前3号に定めるもののほか、みどりを保全するために市長が特に認める樹林地

2　市長は、みどりを保全するため、樹木の所有者等の同意を得て、次の各号のいずれにも該当する樹木を保存樹木として指定することができる。

(1) 古木又は巨木で樹容が優れ、かつ、健全な樹木地域において、市民に親しまれている樹木

(2) 樹林保全地区又は保存樹木（以下「樹林保全地区等」という。）の指定に係る基準については、規則で定める。

3 市長は、第1項又は第2項の規定により樹林保全地区等を指定しようとするときは、秦野市環境基本条例（平成十二年秦野市条例第8号）第15条に規定する秦野市環境審議会（以下「審議会」という。）の意見を聴かなければならない。

4 市長は、第1項各号のいずれかに該当する土地が次の各号のいずれにも該当するときは、樹林保全地区の指定は行わない。また、保存樹木の指定は、第2項各号のいずれにも該当する樹木が第1号及び第7号に該当するときも、行わない。

(1) 森林法（昭和二十六年法律第249号）第25条の規定により指定されたもの

(2) 文化財保護法（昭和二十五年法律第214号）第69条第1項又は第70条1項の規定により指定され、又は仮指定されたもの

(3) 自然公園法（昭和三十二年法律第161号）第2条第1号に規定する自然公園の区域として指定されたもの

(4) 都市計画法（昭和四十三年法律第100号）第8条第1項第7号に規定する風致地区に指定されたもの

(5) 自然環境保全法（昭和四十七年法律第85号）第22条第1項又は第45条第1項の規定により指定されたもの

(6) 都市緑地保全法（昭和四十八年法律第72号）第3条第1項に規定する緑地保全地区に指定されたもの

(7) 国若しくは他の公共団体又は財団法人かながわトラストみどり財団が所有し、又は管理する樹林及び樹木で、前各号に掲げるもの以外のもの

5 樹林保全地区等の指定期間については、規則で定める。

6 市長は、必要と認めるときは、樹林保全地区等の指定期間を更新することができる。

(指定の効力等)

第6条 前条第1項又は第2項の規定による樹林保全地区等の指定及び同条第7項の規定による樹林保全地区等の指定期間の更新は、告示によってその効力を生ずるものとする。

2 樹林保全地区に係る土地又は保存樹木について所有権の移転があった場合においても、その指定の効力は、失われない。

(樹林保全地区等の保全)

第7条 何人も、樹林保全地区等が大切に保全されるように努めなければならない。

2 樹林保全地区等に係る土地又は樹木の所有者等は、その樹木等について、枯損の防止その他適正な管理をすることにより、大切に保全するように努めなければならない。

3 市長は、保存樹木の所有者等がその樹木を保全することができないと認めるときは、保存樹木を保全するための処置をとるように努めなければならない。

(行為の届出)

第8条 樹林保全地区等に係る土地において、次に掲げる行為をしようとする者は、行為の内容を規則で定める期限までに市長に届け出なければならない。ただし、通常の管理行為、軽易な行為その他の行為であって、規則で定めるものについては、この限りでない。

(1) 樹木等の伐採、移植又は譲渡

(2) 建築物その他工作物の新築、増築又は改築

(3) 宅地の造成、土地の開墾、埋立その他土地の形質の変更

(4) 土石類の採取

2 保存樹木を伐採し、又は移植しようとするときは、規則で定める期限までに市長に届け出なければならない。ただし、通常の管理行為、軽易な行為その他の行為であって、規則で定めるものについては、この限りでない。

(行為の変更及び中止の勧告)

第9条 市長は、前条に規定する届出があった場合において、その届出に係る行為が樹林保全地区等の指定の趣旨を逸脱し、その指定の継続が不可能になるようなものであると認めるときは、その行為の変更又は中止を勧告することができる。

(所有権移転の届出)

第10条 樹林保全地区等に係る土地又は樹木の所有者が、その所有権を移転しようとするときは、あらかじめ市長に届け出なければならない。

(助言等)

第11条 樹林保全地区に係る土地の所有者等は、樹木等が衰弱し、枯死し、

-135-

又は滅失して、樹林保全地区の風致又は景観が損なわれたことを知ったときは、速やかにその旨を市長に届け出なければならない。

2 保存樹木の所有者等は、その樹木が衰弱したことを知ったときは、速やかにその旨を市長に届け出なければならない。

3 市長は、前2項の規定による届出があったときは、必要に応じて樹林保全地区等に係る土地又は樹木の所有者等に対し、健全な樹木等にするための助言をし、又はその樹木等について適切な処置をとるものとする。

（指定の変更及び解除）
第12条 市長は、樹林保全地区の一部又は全部が、第5条第5項各号のいずれかに該当することとなったときは、その指定を変更し、又は解除するものとする。保存樹木が同項第1号又は第7号に該当することとなったときも、また、同様とする。

2 市長は、公益上その他特別の理由があると認めるときは、所有者等の同意を得て樹林保全地区等に係る土地又は樹木の所有者等は、特別の理由が生じたときは、市長に対し、その指定の変更又は解除の申出をすることができる。この場合において、市長は、その申出がやむを得ないものと認めるときは、樹林保全地区等の指定を変更し、又は解除するものとする。

4 前3項の規定による樹林保全地区等の指定の変更及び解除は、告示によってその効力を生じるものとする。

（生き物の里の指定）
第13条 市長は、希少又は貴重な野生の生き物が生育し、又は生息している水辺地等を保護するため、その土地の所有者等の同意を得て、その土地を生き物の里として指定することができる。

2 市長は、前項の規定により生き物の里を指定しようとするときは、審議会の意見を聴かなければならない。

3 生き物の里の指定の変更及び解除については、第6条、第8条第1項、第9条、第10条、第11条第1項及び第3項並びに前条の規定を準用する。この場合において、第6条、第8条第1項、第9条、第10条、第11条第1項及び第3項並びに前条中「生き物の里」と読み替えるものとする。

4 生き物の里の指定期間については、規則で定める。

5 市長は、必要と認めるときは、土地の所有者等の同意を得て、生き物の里の指定期間を更新することができる。

（生き物の里の保全）
第14条 何人も、前条の規定により生き物の里に指定された水辺地等において、野生の生き物の生態系が確保されるように十分な配慮をし、及び適正に保全されるように努めなければならない。

（標識の設置等）
第15条 市長は、樹林保全地区等又は生き物の里を指定したときは、これを表示する標識を設置しなければならない。

2 何人も、市長が特に認めるときを除き、前項の規定により設置された標識を損傷し、又は移転し、若しくは除去してはならない。

（台帳の整備）
第16条 市長は、樹林保全地区等又は生き物の里を指定したときは、これを台帳に登録しなければならない。

第3章 みどりの創造

（緑化推進活動への参加）
第17条 市民は、地域における緑化を推進する活動に積極的に参加するように努めなければならない。

（公共施設の緑化）
第18条 道路、公園、学校その他の公共施設の管理者は、その管理する土地に樹木、花き等を植栽し、緑化の推進に努めなければならない。

（民間施設の緑化）
第19条 市民及び事業者は、自己の所有する住宅、事業所等の敷地内に緑地を確保し、及び樹木、花き等を植栽し、緑化の推進に努めなければならない。

（環境創出行為に伴う緑化）
第20条 事業者は、環境創出行為（秦野市まちづくり条例（平成十一年秦野市条例第19号）第3条第1項第1号で定めるものをいう。）をしようとするときは、その区域内の既存の樹木、花き等を最大限に保全するような緑化計画を策定し、それを実施することにより、緑化の推進に努めなければならない。

（緑化協定）
第21条 市長は、緑化を推進する必要があると認める区域について、その土

-136-

地の所有者又は事業者との間に、緑化の推進に関する協定を締結することができる。

(接道部の緑化)
第22条 第18条から前条までの緑化の推進に当たっては、特にその敷地のうち、道路に接する部分の緑化に努めなければならない。

(樹木等の維持管理)
第23条 第18条又は第19条の規定により樹木、花き等の植栽を行った者は、その樹木、花き等が良好に生育するように維持管理しなければならない。

第4章 みどりの普及及び啓発

(普及及び啓発)
第24条 市長は、みどりの保全及び創造に関する知識の普及及び啓発を図るために市民及び事業者に情報を提供し、緑化に対する市民及び事業者の意識の高揚を図らなければならない。

(事業の重点的実施)
第25条 市長は、みどりの普及及び啓発を図るための期間を定め、みどりに関する各種事業を重点的に実施しなければならない。

(実践的活動団体の育成)
第26条 市長は、みどりの保全及び創造に関する活動を自主的かつ実践的に行う団体の育成に係る助成等)
第27条 市長は、みどりの保全及び創造を推進するために本市の施策に協力する土地又は樹木の所有者に対し、必要な助成又は援助をすることができる。

第5章 秦野市みどり基金

(秦野市みどり基金の目的)
第28条 本市は、みどりが本市、市民及び事業者の共有の財産であるという認識のもとに、みどりを保全し、及び創造するため、秦野市みどり基金(以下「基金」という。)を設置する。

(積立て)
第29条 毎年度基金として積み立てる現金の額は、次に掲げるものの合計額とし、その年度の本市の一般会計予算(以下「予算」という。)に計上し

た額とする。
(1) 本市の資金
(2) 基金の趣旨に沿う寄附金、助成金等
(3) 基金の運用から生じる収益金

(管理)
第30条 基金に属する現金は、金融機関への預金その他最も確実かつ有利な方法により管理されなければならない。
2 基金に属する現金は、最も確実かつ有利な有価証券に代えることができる。

(運用収益金の処理)
第31条 基金の運用から生じる収益金は、予算に計上して基金の目的を達成するための必要な事業の経費に充てるほか、基金に編入するものとする。

(繰替運用)
第32条 市長は、財政上必要があると認めるときは、確実な繰戻しの方法、期間及び利率を定めて基金に属する現金を歳計現金に繰り替えて運用することができる。

(処分)
第33条 市長は、みどりを保全するために必要な場合に限り、基金の全部又は一部を処分することができる。

第6章 雑則

(助言、指導及び勧告)
第34条 市長は、この条例の目的を達成するために必要があると認めるときは、市民又は事業者に対して助言、指導又は勧告をすることができる。

(報告)
第35条 市長は、この条例の施行のために必要な限度において、第8条第1項本文(第13条第3項において準用する場合を含む。)又は第2項本文に規定する届出を行った者に対し、その行為の実施中又は実施後の状況について報告又は資料の提出を求めることができる。

(立入調査)
第36条 市長は、第8条第1項本文(第13条第3項において準用する場合を含む。)又は第2項本文の規定による届出に係る行為によりみどりが受ける影響を調査するため、樹林保全地区若しくは生き物の里に係る土地又は

2 市長は、前項の規定による立入調査をさせるときには、あらかじめその相手方に文書により通知しなければならない。ただし、緊急を要するときは、口頭により行うことができる。

3 第1項に規定する職員は、その身分を示す証明書を携帯し、関係者の請求があったときは、これを提示しなければならない。

4 第2項の規定により通知を受けた者は、正当な理由がない限り、第1項の規定による調査を拒み、又は妨げてはならない。

(委任)
第37条 この条例の施行について必要な事項は、規則で定める。

第7章 罰則

(過料)
第38条 第8条第1項本文(第13条第3項において準用する場合を含む。)又は第2項本文に規定する届出をせず、又は虚偽の届出をした者は、50,000万円以下の過料に処する。

(両罰規定)
第39条 法人の代表者又は法人若しくは人の代理人、使用人その他の従業者が、その法人又は人の業務に関して前条の違反行為をしたときは、その行為者を罰するほか、その法人又は人に対しても、前条の過料を科する。

附則

(施行期日)
1 この条例は、平成13年4月1日以下「施行日」という。)から施行する。

(秦野市みどり基金の設置、管理及び処分に関する条例の廃止等)
2 秦野市みどり基金の設置、管理及び処分に関する条例(平成三年秦野市条例第6号)は、廃止する。

3 この条例の施行日前に前項の規定による廃止前の秦野市みどり基金の設置、管理及び処分に関する条例の規定により設置された秦野市みどり基金に属する現金又は有価証券は、この条例の規定により設置される基金に属するものとみなす。

(秦野市環境保全条例の廃止に伴う経過措置の失効等)
4 秦野市環境基本条例附則第4項の規定によりなおその効力を有するものとされた秦野市環境保全条例(昭和四十八年秦野申条例第23号)第6条、

第7条、第9条から第27条までの規定は、この条例の施行日限り、その効力を失う。

5 この条例の施行日前に前項の規定による経過措置の失効前の秦野市環境保全条例の規定により行われた指定、届出、手続その他の行為は、この条例の相当規定により行われた指定、届出、手続その他の行為とみなす。

6 秦野市環境基本条例附則第4項の規定によりなおその効力を有するものとされた秦野市環境保全条例第30条及び第32条の規定は、この条例の施行日限りその効力を失う。

高知県／高知市

高知市里山保全条例
地権者の同意を前提とせず地区指定

2000年(平成12年)4月1日施行

高知市は、里山保全地区指定前に、地権者の同意を必ずしも前提としない「指定先行型」の条例を制定した。

条例で、里山を「市街地、集落地、及び農地周辺の山地斜面の樹林区域や樹林と草地、農地、水辺等が一体となって健全な生態系を構成している区域」と規定、市は里山の保全についての施策を策定し、実施する責務があるとした。

市は、里山等の状態を事前に調査を行い、自然環境の保全や防災の必要性などから指定すべき里山を公告し、公告の日から2週間縦覧、市民や利害関係人は、縦覧期間中に意見書を提出できるとしている。市長が、保全地区を指定する場合は、里山保全審議会に提出された意見書を付して意見を聴き指定する。

指定後、里山の維持管理について地権者と助成制度を伴う保全協定を締結、指定地区内での開発行為には届出が必要となる。無届出や虚偽の届出による開発は公表、指導勧告に応じない場合は罰金とした。

高知県・高知市

市 役 所：〒780-8571
高知県高知市本町5-1-45
(下車駅　土讃線　高知駅)
電話 (0888) 22-8111

人　　口：323,342人
世 帯 数：138,708世帯
面　　積：144.95km²
人口密度：2,230.71人/km²
特 産 品：さんご製品、鰹節、ぶんたん
観　　光：桂浜、高知城、はりまや橋

高知市里山保全条例

第1章　総則

(目的)

第1条　この条例は、本市の里山の保全について、基本理念を定め、市、土地所有者等、市民及び事業者の責務を明らかにするとともに、里山の保全を効果的に推進するために必要な事項を定めることにより、自然と調和した潤いと安らぎのある安全かつ健康で文化的な都市の形成に寄与することを目的とする。

(定義)

第2条　この条例において、次の各号に掲げる用語の意義は、それぞれ当該各号に定めるところによる。

(1) 里山　市街地、集落地及び農地周辺の山地斜面に成立している樹林の区域又は樹林と草地、農地、水辺地等が一体となって健全な生態系を構成している区域若しくは構成し得る区域をいう。

(2) 土地所有者等　里山を所有し、管理し、又は占有している者をいう。

(基本理念)

第3条　里山の保全は、里山が現在及び将来にわたり市民が安全かつ健康で文化的な生活を維持するための重要な資源であることを認識し、次に掲げる指針に従い、この限られた資源を将来の世代に引き継いでいくことを目的として行われなければならない。

(1) 防災機能の確保、都市の生活環境の保全と回復を図ること。

(2) 生物種の維持、自然循環の維持その他自然の多様性に着目した自然環境の保全と回復を図ること。

(3) 地域の文化・歴史の学習・伝承の場として、市民参加を主体とした自然環境の保全と回復を図ること。

(市の責務)

第4条　市は、前条に定める基本理念にのっとり、里山の保全についての施策を策定し、及び実施する責務を有する。

2　市は、前項の施策の策定及び実施に当たっては、里山の状態、土地の所有及び利用の状況についての調査その他必要な措置を講ずるとともに、国及び他の地方公共団体その他関係機関と協力して行うように努めるものとする。

環境(自然)

3 市は、第1項の施策の策定及び実施に当たっては、土地所有者等の権利を不当に制限することのないよう配慮することとともに、当該施策を土地所有者等、市民及び事業者に周知するよう努めるものとする。

(土地所有者等、市民及び事業者の責務)
第5条 土地所有者等、市民及び事業者は、基本理念にのっとり、里山の保全に自ら努めるとともに、市が実施する里山の保全についての施策に協力する責務を有する。

第2章 里山の保全
第1節 里山保全地区

(里山保全地区の指定)
第6条 市長は、次の各号のいずれかに該当する里山を里山保全地区として指定することができる。
(1) 防災機能を確保するために保全することが必要な里山
(2) 潤いと安らぎのある都市環境を形成するために保全することが必要な里山
(3) 健全な生態系を保持するために保全することが必要な里山
(4) 人と自然の豊かな触れ合いを確保するために保全することが必要な里山
(5) 歴史及び文化を伝承するために保全することが必要な里山

2 市長は、里山保全地区の指定をしようとするときは、あらかじめ、規則で定めるところにより、その旨を公告し、その案を当該公告の日から二週間公衆の縦覧に供しなければならない。

3 前項の規定による公告があったときは、市民及び利害関係人は、縦覧期間満了の日までに、縦覧に供された案について市長に意見書を提出することができる。

4 市長は、里山保全地区を指定しようとするときは、あらかじめ、高知市里山保全審議会の意見を聴かなければならない。この場合において、市長は、前項の規定により提出された意見書があるときは、その要旨を提出するものとする。

(里山保全地区の指定の告示等)
第7条 市長は、里山保全地区の指定をしたときは、これを告示するとともに、当該指定に係る図書を公衆の縦覧に供しなければならない。

2 里山保全地区の指定は、前項の規定による告示があった日から、その効力を生ずる。

(里山保全地区の指定の変更等)
第8条 前2条の規定は、里山保全地区の指定の変更及び解除について準用する。

(里山保全地区内の行為の届出等)
第9条 里山保全地区内において、次の各号のいずれかに該当する行為をしようとする者は、当該行為に着手する日(当該行為をするに当たって都市計画法(昭和四十三年法律第100号)、建築基準法(昭和二十五年法律第201号)その他の法律の規定による手続を必要とする場合は当該手続をする日)の三十日前までに、規則で定めるところにより、その内容を市長に届け出なければならない。
(1) 建築物その他の工作物の新築、改築又は増築
(2) 宅地の造成、土地の開墾、土石の採取その他の土地の形質の変更
(3) 木竹の伐採又は移植
(4) 水面の埋立て
(5) 前各号に掲げるもののほか、里山の保全に影響を及ぼすおそれのある行為で規則で定めるもの

2 前項の規定は、非常災害のため必要な応急措置として行う行為その他規則で定める行為には、適用しない。

3 1項の届出をした者(次条において「届出者」という。)は、当該届出が受理された日から起算して三十日を経過した後でなければ当該届出に係る行為に着手してはならない。

4 市長は、第1項の届出に係る行為の内容が相当であると認めるときは、前項に規定する期間を短縮することができる。

(指導及び勧告)
第10条 市長は、里山保全地区内における前条第1項各号に掲げる行為が規則で定める基準に適合しないものであると認めるときは、届出者(届出者及び前項第1項の規定により届出をすべき者をいう。以下この条において同じ。)に対し、原状回復、行為の変更又は中止その他必要な措置を講ずるよう指導することができる。

2 前項の規定により指導が行われている間は、届出者等は、当該指導の対象となっている行為をしてはならない。

-140-

3 市長は、届出者等が第1項の規定による指導に従うよう勧告することができる。

(違反事実等の公表)
第11条 市長は、第9条第1項の届出をせず、又は虚偽の届出により同項各号に掲げる行為をした者があるときは、その者の氏名その他の規則で定める事項を公表することができる。

2 市長は、前条第3項の規定による勧告に従わない者がある場合で、その者の行為が同条第1項の規則による基準に著しく適合しないものであって、権利の濫用に当たると認めるときは、その者の氏名その他の規則で定める事項を公表することができる。

(立入調査)
第12条 市長又はその命じた者若しくはその委任を受けた者は、里山保全地区の指定又は保全のために必要と認めるときは、他人の土地に立ち入り、又はその状況を調査することができる。

2 前項の規定により他人の土地に立ち入ろうとする場合においては、あらかじめ当該土地の占有者にその旨を通知しなければならない。ただし、あらかじめ通知することが困難である場合においては、この限りでない。

3 前項の規定により宅地又はかき、さく等で囲まれた土地に立ち入ろうとする場合においては、立入りの際あらかじめその旨を当該土地の占有者に告げなければならない。

4 第1項の規定により他人の土地に立ち入ろうとする者は、その身分を示す証明書を携帯し、関係人の請求があった場合においては、これを提示しなければならない。

5 土地所有者等は、正当な事由がない限り、第1項の規定による立入り又は調査を拒み、又は妨げてはならない。

6 第1項の規定による立入り及び調査の権限は、犯罪捜査のために認められたものと解してはならない。

第2節 里山保全協定

(里山保全協定の締結)
第13条 市長は、里山保全地区内の土地所有者等との間において、里山の保全に関する協定(以下「里山保全協定」という。)を締結することができる。

2 里山保全協定には、次に掲げる事項を定めなければならない。

(1) 里山保全協定の目的となる土地の区域(以下「協定区域」という。)
(2) 里山保全協定の有効期間
(3) 里山保全協定に違反した場合の措置
(4) 協定区域における行為の制限その他協定区域の保全に関する事項
(5) その他必要と認める事項

2 市長は、里山保全協定を締結しようとするときは、あらかじめ、高知市里山保全審議会の意見を聴かなければならない。これを変更し、又は廃止しようとするときも同様とする。

3 市長は、里山保全協定を締結したときは、規則で定めるところにより、その旨を公告しなければならない。これを変更し、又は廃止したときも同様とする。

(土地所有者等の義務)
第14条 協定区域内の土地所有者等は、当該里山保全協定を遵守するとともに、当該協定区域内の自然環境の保全と回復に努めなければならない。

2 協定区域内の土地所有者等は、当該協定区域内の樹木等が滅失し、又は地形等に著しい変動が生じたときは、規則で定めるところにより、遅滞なくその旨を市長に届け出なければならない。

(助成等の措置)
第15条 市長は、協定区域内の土地所有者等に対し、里山の保全に関し必要な助言、指導及び助成等の措置をすることができる。

第3節 市民の里山

(市民の里山の設置)
第16条 市長は、里山保全地区のうち、市民が積極的に自然に触れ合う場として開放することが望ましいと認める区域について、土地所有者等との契約によりその権原を取得して、これを市民の里山として設置し、市民に開放することができる。

2 前項に規定するもののほか、市長は、里山保全地区内の市有地を市民の里山とすることができる。

3 市長は、市民の里山を設置しようとするときは、あらかじめ高知市里山保全審議会の意見を聴かなければならない。

4 市長は、市民の里山を設置したときは、その旨を告示しなければならない。

(市民の里山の指定の変更等)

第17条　前条第3項及び第4項の規定は、市民の里山の区域の変更又は廃止について準用する。
(市民の里山の管理)
第18条　市民の里山の管理に関し必要な事項は、規則で定める。
2　市長は、市民の里山の運営上効果があると認めるときは、その管理を公共的団体に委託することができる。
3　前項の規定により委託する場合の条件等必要な事項は、市長が別に定める。

第3節　標識の設置及び土地の買入れ
(標識の設置)
第19条　市長は、里山保全地区の指定又は里山保全協定の締結をしたときは、当該里山保全地区若しくは里山保全協定に係る協定区域又はこれらに近接する場所に、その旨を示す標識を設置するものとする。
(土地の買入れ)
第20条　市長は、里山保全地区の環境保全、市民の里山の設置その他里山の保全を効果的に推進するために特に必要があると認める土地があるときは、当該土地の買入れに努めるものとする。
2　市長は、前項により土地を買い入れようとするときは、あらかじめ高知市里山保全審議会の意見を聴かなければならない。

第3章　高知市里山保全審議会
(審議会の設置)
第21条　この条例により、その権限に属する事項を審議するほか、市長の諮問に応じて里山の保全に関する事項を調査審議するため、高知市里山保全審議会(以下「審議会」という。)を置く。
2　審議会の組織及び運営について必要な事項は、規則で定める。

第4章　雑則
(委任)
第22条　この条例の施行に関し必要な事項は、規則で定める。

第5章　罰則
第23条　第9条第1項の規定による届出をせず、又は虚偽の届出をした者は、十万円以下の罰金に処する。
第24条　第12条第5項の規定に違反して同条第1項の規定による立入り又は調査を拒み、又は妨げた者は、五万円以下の罰金に処する。
第25条　法人の代表者又は法人若しくは人の代理人、使用人その他の従業者が、その法人又は人の業務に関して前2条の違反行為をしたときは、行為者を罰するほか、その法人又は人に対して各本条の刑を科する。

附　則
この条例は、別に規則で定める日から施行する。

滋賀県

滋賀県大気環境への負荷の低減に関する条例
2000年(平成12年)3月29日公布

オゾン層破壊物質の回収違反に罰金

　滋賀県は、地球温暖化対策やオゾン層の保護、化学物質による大気汚染を防止する条例を一本化し、新たな条例を制定した。

　条例では、知事は温室効果ガスの総排出量や削減目標などを定めた温暖化対策推進計画を5年ごとに作成し、2年ごとに総排出量を公表する。使用自動車が50台以上の事業者や、温室効果ガス、オゾン層破壊物質、ばい煙、有害大気汚染物質などの排出業者は、自動車管理計画や負荷低減計画を提出するとしている。

　知事は、オゾン層破壊物質の適正な処理、回収に違反した業者に必要な措置を取るよう勧告・命令を行い、必要な限度において関係者に報告を求め、立入調査ができるとした。命令違反には10万円以下、虚偽報告には5万円以下の罰金を科している。フロン回収で罰則を設けているのは兵庫県、神奈川県に次いで全国で3県目となる。

滋賀県

県　　庁：〒520-8577	人　　口：1,316,331人
滋賀県大津市京町4-1-1	世 帯 数：421,507世帯
(下車駅　東海道本線　大津駅)	面　　積：4,017.36km²
電話　(0775) 24-1121	人口密度：327.66人/km²

滋賀県大気環境への負荷の低減に関する条例

第1章　総則

(目的)
第1条　この条例は、社会経済活動に伴って生じる大気環境への負荷の低減にすべての者が積極的に取り組むことが、地球温暖化、オゾン層の破壊の進行および化学物質等による大気汚染を防止する上で極めて重要であることにかんがみ、大気環境への負荷の低減に関し、県民、事業者および県の責務を明らかにするとともに、大気環境への負荷の低減に関する施策を定めることにより、大気環境への負荷の低減に関する施策の総合的な推進を図り、もって現在および将来の県民の健康で文化的な生活環境の保全に資することを目的とする。

(定義)
第2条　この条例において「大気環境への負荷」とは、人の活動に伴い大気中に排出される物質により大気環境に加えられる影響であって、大気環境の保全上の支障の原因となるおそれのあるものをいう。

2　この条例において「温室効果ガス」とは、地球温暖化対策の推進に関する法律(平成十年法律第117号)第2条第3項に規定するものをいう。

(県民の責務)
第3条　県民は、その日常生活において、大気環境への負荷の低減に努めるとともに、県が実施する大気環境への負荷の低減に関する施策に協力しなければならない。

(事業者の責務)
第4条　事業者は、物の製造、加工、販売その他の事業活動を行うに当たっては、その事業活動に伴う大気環境への負荷の低減を図るための措置を講ずるとともに、その事業活動に係る製品その他の物が使用されまたは廃棄されることによる大気環境への負荷の低減に資するように努めなければならない。

2　前項に定めるもののほか、事業者は、県が実施する大気環境への負荷の低減に関する施策に協力しなければならない。

(県の責務)
第5条　県は、大気環境の現況を把握し、科学的知見の集積に努めるとともに、大気環境への負荷の低減に関する施策を策定し、および実施するもの

環境(大気)

とする。

2 県は、県民、事業者またはこれらの者の組織する民間の団体が大気環境への負荷の低減に関して行う活動の促進を図るため、情報の提供その他必要な措置を講ずるものとする。

3 県は、大気環境への負荷の低減に関し、市町村との連携を図るとともに、市町村が実施する大気環境への負荷の低減に関する施策について、必要な調整および協力を行うものとする。

第2章 地球温暖化対策の推進

(地球温暖化対策推進計画)
第6条 知事は、地球温暖化対策の総合的かつ計画的な推進を図るための計画(以下「地球温暖化対策推進計画」という。)を五年ごとに策定するものとする。

2 地球温暖化対策推進計画には、次に掲げる事項を定めるものとする。
 (1) 地球温暖化対策の推進に関する基本方針
 (2) 温室効果ガスの総排出量に関する事項
 (3) 温室効果ガスの削減目標
 (4) 温室効果ガスの削減の対策に関する事項
 (5) その他地球温暖化対策の推進を図るために必要な事項

3 知事は、地球温暖化対策推進計画の策定に当たっては、あらかじめ、県民の意見を反映することができるよう必要な措置を講ずるものとする。

4 知事は、地球温暖化対策推進計画の策定に当たっては、あらかじめ、滋賀県環境審議会の意見を聴くものとする。

5 知事は、地球温暖化対策推進計画を策定したときは、これを公表するものとする。

6 前3項の規定は、地球温暖化対策推進計画を変更する場合について準用する。

(温室効果ガスの排出の抑制)
第7条 県民は、地球温暖化対策推進計画に定めるところに配慮しつつ、その日常生活において、使用に伴って温室効果ガスの排出がされる機械機器の効率的な使用その他の温室効果ガスの排出の抑制のための措置を講ずるように努めなければならない。

2 事業者は、地球温暖化対策推進計画に定めるところに配慮しつつ、その事業活動を行うに当たっては、使用する燃料の燃焼の合理化その他の温室効果ガスの排出の抑制のための措置(他の者の温室効果ガスの排出の抑制に寄与するための措置を含む。)を講ずるように努めなければならない。

(総排出量の公表)
第8条 知事は、地球温暖化対策推進計画を策定した後二年を経過した日の属する年度において、県内における温室効果ガスの総排出量を規則で定めるところにより算定し、これを公表するものとする。

第3章 自動車の使用に伴う大気環境への負荷の低減

(自動車走行量の抑制等)
第9条 道路運送車両法(昭和二十六年法律第185号)および同条第3項に規定する原動機付自転車(以下単に「自動車」という。)を使用する、または有する者は、運行効率の向上を図ること等により当該自動車の走行量を抑制するように努めるとともに、自動車の適正な運転および必要な整備を行うことにより当該自動車等からみだりに排出ガスを排出させないように努めなければならない。

2 何人も、日常生活その他の活動において、公共の交通機関を利用すること等により、自動車等の走行量を抑制するように努めなければならない。

(自動車等の駐車時の原動機の停止)
第10条 自動車等を運転する者は、駐車(客待ち、荷待ち、貨物の積卸し、故障その他の理由により自動車等を継続的に停止させること(人の乗降のため停止させることを除く。)または自動車等を停止させ、かつ、当該自動車等を運転する者がその自動車等を離れ、当該自動車等を直ちに運転することができない状態に置くことをいう。以下同じ。)をする場合には、当該自動車等の原動機を停止しなければならない。ただし、道路交通法施行令(昭和三十五年政令第270号)第13条第1項各号に規定する緊急自動車を現に緊急用務に使用している場合その他規則で定める場合は、この限りでない。

(低公害車の購入等)
第11条 自動車を購入し、または使用する者は、排出ガスを排出しない自動車、排出ガスの排出量が相当程度少ないと認められる自動車その他の大気

環境への負荷の少ない自動車であって、規則で定めるものを購入し、また は使用するように努めなければならない。

(自動車販売業者による説明等)
第12条 自動車の販売を業とする事業者は、販売する自動車で規則で定めるものに係る排出ガスその他の規則で定める項目に関する情報を記載した書面を備え置かなければならない。
2 自動車の販売を業とする者は、自動車を購入しようとする者に対して、前項の情報を説明するように努めるとともに、自動車を購入しようとする者から当該情報についての説明を求められたときは、当該自動車に係る同項の書面を提示して説明しなければならない。

(自動車管理計画の策定等)
第13条 事業の用に供するために自動車を使用する事業者のうち、その使用する自動車の台数が規則で定める台数以上である事業者は、次条第1項に規定する指針を勘案して、自動車の使用に伴う大気環境への負荷の低減を図るための計画(以下「自動車管理計画」という。)を策定しなければならない。
2 自動車管理計画には、次に掲げる事項を定めるものとする。
(1) 氏名および住所(法人にあっては、名称、代表者の氏名および主たる事務所の所在地)
(2) 事業所の名称および所在地
(3) 事業所ごとの自動車の使用台数
(4) 自動車の使用に伴う大気環境への負荷の低減を図るための基本的な方針
(5) その他規則で定める事項
(6) 自動車の使用に伴う大気環境への負荷の低減に関する措置
(7) 自動車管理計画の推進体制
3 第1項の規定により自動車管理計画を策定した者は、当該自動車管理計画(前項第4号から第7号までに掲げる事項を変更したときは、当該変更後の自動車管理計画)に基づく措置を適正に実施するように努めなければならない。
4 第1項の規定により自動車管理計画を策定した者は、当該自動車管理計画を知事に提出しなければならない。
5 前項の規定により自動車管理計画を提出した者は、第2項第4号から第

7号までに掲げる事項を変更したときは、当該変更後の自動車管理計画を知事に提出しなければならない。
6 第4項の規定により自動車管理計画を提出した者は、第2項第1号から第3号までに掲げる事項に変更があったときは、規則で定めるところにより、その旨を知事に届け出なければならない。
7 第4項の規定により自動車管理計画を提出した者は、当該自動車管理計画に係る事業所に、その旨を規則で定めるところにより表示することができる。

(指針の策定等)
第14条 知事は、自動車管理計画の策定および自動車管理計画に基づく措置の実施を支援するため、自動車管理計画の策定および自動車管理計画に関する指針の表示を行うことができる。
2 知事は、前項に規定する指針を定め、または変更したときは、これを公表するものとする。

(自動車管理計画に係る指導等)
第15条 知事は、第13条第1項の規定による自動車管理計画を策定しようとする者または同条第4項もしくは第5項の規定による自動車管理計画を提出した者に対し、前条第1項に規定する指針に照らし、自動車管理計画の策定および自動車管理計画に基づく措置の実施について、必要な指導および助言を行うことができる。

(駐車場の設置者等の原動機の停止に係る措置等)
第16条 駐車場または自動車等の保管のための施設を設置し、または管理する者は、当該施設を利用する者に対し、当該施設内で駐車をする場合(第10条ただし書に規定する場合を除く。次項において同じ。)における自動車等の原動機を停止すべきことについて周知させる措置を講じなければならない。
2 次の各号のいずれかに該当する施設であって、規則で定める規模以上のものを設置し、または管理する者は、看板、放送、書面等により、当該施設を利用する者で駐車をする場合においては自動車等の原動機を停止すべきことについて周知させる措置を講じなければならない。
(1) 駐車場(駐車場法(昭和三十二年法律第106号)第2条第1号に規定する路上駐車場および同条第2号に規定する路外駐車場をいう。)
(2) 自動車ターミナル(自動車ターミナル法(昭和三十四年法律第136号)第2条第4項に規定する自動車ターミナルをいう。)
(3) 前2号に掲げるもののほか、規則で定める施設

(駐車場の設置者等への指導)
第17条 知事は、前条第2項に規定する施設を設置し、または管理する者が同項に規定する措置を講じていないと認めるときは、その者に対し、当該措置を講ずるよう指導することができる。

第4章 オゾン層破壊物質の排出の抑制

(オゾン層破壊物質の排出の抑制)
第18条 何人も、オゾン層を破壊する物質で規則で定めるものを大気中に排出しないように努めなければならない。

(オゾン層破壊物質の回収等)
第19条 オゾン層破壊物質を使用する機器で規則で定めるもの(以下「特定機器」という。)を廃棄しようとする者は、次の各号のいずれかの方法を用いて、特定機器からオゾン層破壊物質が大気中に排出されることのないように努めなければならない。
(1) オゾン層破壊物質を自ら回収した上で、分解処理または再生利用を行う方法
(2) オゾン層破壊物質の分解処理または再生利用を行う事業者(以下「処理事業者」という。)に自ら回収したオゾン層破壊物質を引き渡し、その分解処理または再生利用を委託する方法
(3) オゾン層破壊物質の回収を行う事業者(以下「回収事業者」という。)にオゾン層破壊物質の回収を委託する方法
(4) 回収事業者にオゾン層破壊物質の回収の取次ぎを行う事業者(以下「回収取次事業者」という。)に特定機器を引き渡し、オゾン層破壊物質の回収の取次ぎを委託する方法

第20条 回収取次事業者は、オゾン層破壊物質の回収の取次ぎの委託を受けたときは、速やかに回収事業者にオゾン層破壊物質の回収を委託しなければならない。
2 回収事業者は、オゾン層破壊物質の回収の委託を受けたときは、大気中に排出されないよう適正にオゾン層破壊物質を回収した上で、次の各号のいずれかの方法により、大気中に排出されないよう自ら適正にオゾン層破壊物質の処理を行わなければならない。
(1) 大気中に排出されないよう自ら適正にオゾン層破壊物質の分解処理または再生利用を行う方法
(2) 処理事業者にオゾン層破壊物質の分解処理または再生利用を委託する方法

第21条 処理事業者は、オゾン層破壊物質の委託を受けたときは、大気中に排出されないよう適正にオゾン層破壊物質の分解処理または再生利用を行わなければならない。

(回収事業者への協力)
第22条 特定事業者は、製造し、または販売するオゾン層破壊物質の適正な回収を行うために必要な協力を回収事業者または処理事業者から求められたときは、当該措置が円滑に行われるよう必要な措置に係る情報の提供その他の技術的な支援に努めなければならない。

(オゾン層破壊物質の回収等に係る勧告)
第23条 知事は、回収事業者または処理事業者が第20条第2項または第21条の規定に違反していると認めるときは、当該回収事業者または処理事業者に対し、期限を定めて、オゾン層破壊物質の大気中への排出の防止のために必要な措置をとるべきことを勧告することができる。

(オゾン層破壊物質の回収等に係る命令)
第24条 知事は、前条の規定による勧告を受けた者が、当該勧告に従わないときは、当該勧告を受けた者に対し、期限を定めて、オゾン層破壊物質の大気中への排出の防止のために必要な措置を命ずることができる。

第5章 事業活動に伴う大気環境への負荷の低減を図るための計画

(大気環境負荷低減計画の策定)
第25条 事業活動において次の各号のいずれかに該当する物質を使用し、または排出する事業者(以下「特定事業者」という。)は、第31条第1項に規定する指針を勘案して、事業活動に伴う大気環境への負荷の低減を図るための計画(以下「大気環境負荷低減計画」という。)を策定しなければならない。
(1) 温室効果ガス
(2) オゾン層を破壊する物質で洗浄の用に供されるもの(以下「特定洗浄用物質」という。)
(3) 大気汚染防止法(昭和四十三年法律第97号)第2条第1項に規定す

-146-

ばい煙(以下「ばい煙」という。)

(4) 継続的に摂取される場合には人の健康を損なうおそれがある物質で大気汚染の原因となるもの(ばい煙を除く。)(以下「有害大気汚染物質」という。)

2 大気環境負荷低減計画には、次に掲げる事項を定めるものとする。

(1) 事業場の名称および所在地

 氏名および住所(法人にあっては、名称、代表者の氏名および主たる事務所の所在地)

(2) 大気環境負荷低減計画の推進体制

(3) 大気環境への負荷の低減を図るための基本的な方針

(4) 温室効果ガスおよびばい煙(いおう酸化物、ばいじんおよび窒素酸化物に限る。)の排出量ならびにこれらの物質の排出の抑制に関する事項

(5) 特定洗浄用物質または有害大気汚染物質を使用する施設の構造ならびにこれらの物質および有害大気汚染物質の排出の抑制に関する施設の構造ならびにこれらの物質の使用および処理の方法

(6) 特定洗浄用物質および有害大気汚染物質の排出の抑制に関する施設の構造ならびにこれらの物質の使用および処理の方法

(7) 大気環境負荷低減計画の見直しに関する事項

(8) 大気環境負荷低減計画の提出

第26条 特定事業者は、前条第1項の規定により大気環境負荷低減計画を策定したときは、遅滞なく、当該大気環境負荷低減計画を知事に提出しなければならない。

2 前項の規定により大気環境負荷低減計画を提出した特定事業者は、第2項第3号から第8号までに掲げる事項を変更したときは、遅滞なく、当該変更後の大気環境負荷低減計画を知事に提出しなければならない。ただし、規則で定める軽微な変更については、この限りでない。

3 第1項の規定により大気環境負荷低減計画を提出した特定事業者は、第2項第1号もしくは第2号に掲げる事項に変更があったとき、または当該大気環境負荷低減計画に係る事業場を廃止したときは、遅滞なく、規則で定めるところにより、その旨を知事に届け出なければならない。

(大気環境負荷低減計画に係る指導等)

第27条 知事は、前条第1項または第2項の規定により大気環境負荷低減計画を提出した特定事業者に対し、第31条第1項に規定する指針に照らし、大気環境負荷低減計画に基づく対策の実施について、必要な指導および助言を行うことができる。

2 知事は、第25条第1項または前条第1項の規定による大気環境負荷低減計画の策定または提出を行わない特定事業者に対し、期限を定めて、大気環境負荷低減計画を策定し、または提出すべきことを勧告することができる。

(大気環境負荷低減計画の公表等)

第28条 知事は、第26条第1項または第2項の規定による大気環境負荷低減計画の提出があったときは、規則で定めるところにより、その旨を公表するものとする。

第29条 第25条第1項の規定により大気環境負荷低減計画を策定した特定事業者は、当該大気環境負荷低減計画(同条第2項第3号から第8号までに掲げる事項を変更したときは、当該変更後の大気環境負荷低減計画。以下この項において同じ。)を公表し、当該大気環境負荷低減計画に基づく対策を適正に実施するように努めなければならない。

2 第26条第1項の規定により大気環境負荷低減計画を提出した特定事業者は、当該大気環境負荷低減計画に係る事業場に、その旨の表示を行うことができる。

(特定事業者以外の事業者による大気環境負荷低減計画の策定等)

第30条 事業活動において第25条第1項各号のいずれかに該当する物質を使用し、または排出する事業者であって、特定事業者以外のものは、同条の規定の例により大気環境負荷低減計画を策定することができる。

2 第26条、第27条第1項および前2条の規定は、前項の規定により大気環境負荷低減計画を策定した事業者について準用する。

(指針の策定等)

第31条 知事は、大気環境負荷低減計画の策定および大気環境負荷低減計画に基づく対策の実施を支援するため、大気環境負荷低減計画に関する指針を定めるものとする。

2 知事は、前項に規定する指針を定め、または変更したときは、これを公表するものとする。

3 知事は、第25条第1項または前条第1項の規定による大気環境負荷低減計画を策定しようとする事業者に対し、第1項に規定する指針に照らし、大気環境負荷低減計画の策定について、必要な指導および助言を行うことができる。

(県の支援)

-147-

第32条　県は、第26条第1項または第2項（第30条第2項において準用する場合を含む。）の規定により提出された大気環境負荷低減計画に基づき実施し、または実施しようとする対策が大気環境への負荷の低減に著しく寄与するものであると認められる事業者に対して、必要な資金の融資およびあっせんその他の支援に努めるものとする。

第6章　雑則

（報告および調査）

第33条　知事は、この条例の施行に必要な限度において、関係者に対して、報告を求め、またはその職員に、必要な場所に立ち入り、調査させることができる。

2　前項の規定により立入調査をする職員は、その身分を示す証明書を携帯し、関係人の請求があったときは、これを提示しなければならない。

3　第1項の規定による立入調査の権限は、犯罪捜査のために認められたものと解してはならない。

（委任）

第34条　この条例に定めるもののほか、この条例の施行に関し必要な事項は、規則で定める。

第7章　罰則

（罰則）

第35条　第24条の規定による命令に違反した者は、十万円以下の罰金に処する。

第36条　第33条第1項の規定による調査を拒み、妨げ、もしくは忌避した者は、五万円以下の罰金に処する。

（両罰規定）

第37条　法人の代表者または法人もしくは人の代理人、使用人その他の従業者が、その法人または人の業務に関し、前2条の違反行為をしたときは、行為者を罰するほか、その法人または人に対して各本条の罰金刑を科する。

付　則

（施行期日）

1　この条例は、公布の日から起算して九月を超えない範囲内において規則で定める日から施行する。ただし、第5章（第31条第1項および第2項を除く。）の規定は、平成十三年四月一日から施行する。

2　滋賀県自動車の使用に伴う環境負荷の低減に関する条例の廃止

滋賀県自動車の使用に伴う環境負荷の低減に関する条例（平成十年滋賀県条例第37号）は、廃止する。

（経過措置）

3　前項の規定による廃止前の滋賀県自動車の使用に伴う環境負荷の低減に関する条例（次項において「旧条例」という。）第8条の規定による自動車の使用に伴う環境負荷の低減に関する指針は、第14条の規定により策定され、および公表された自動車管理計画に関する指針とみなす。

4　この条例の施行前に旧条例第9条の規定により知事に提出された自動車管理計画は、第13条第4項の規定により知事に提出された自動車管理計画とみなす。

奈良県／奈良市

奈良市アイドリング・ストップに関する条例
2000年（平成12年）4月1日施行

奈良の世界遺産、排ガスから守る／空ぶかしに罰金

ユネスコの世界遺産に「古都・奈良の文化財」が指定された奈良市は、登録された東大寺や興福寺、薬師寺など六社寺一史跡と春日山原始林の文化遺産や、その周辺で車のエンジンのアイドリング（空ぶかし）を禁止する条例を制定した。排ガスによる酸性雨から文化財や原始林の松枯れを防ぐことが目的。

条例では、「歴史的文化遺産及びその周辺で、アイドリング・ストップをする必要があると認める区域をアイドリング・ストップ促進重点地域と指定する」と定め、各登録遺産内と、周辺の主要駐車場を指定した。指定地域では、パトカーや救急車などの緊急車両や貨物の冷蔵装置の動力として使用する場合などを除いてアイドリングが禁止となった。市長は、自動車の運転手に、アイドリング・ストップすることの協力要請や命令を行い、命令に違反した場合は、10万円以下の罰金としている。

奈良県・奈良市

市　役　所：〒630-8580
奈良県奈良市二条大路南1丁目1-1
（下車駅　近畿日本鉄道　新大宮駅）
電話　(0742) 34-1111

人　　　口：363,303人
世　帯　数：133,866世帯
面　　　積：211.60km²
人口密度：1,716.93人/km²
特　産　品：赤膚焼き、奈良漆器、扇子
観　　　光：平城京跡、奈良公園、東大寺

奈良市アイドリング・ストップに関する条例

（目的）
第1条　この条例は、歴史的文化遺産及びその周辺等において、アイドリング・ストップをすることにより、その文化遺産及び市民の生活環境の保全に資することを目的とする。

（定義）
第2条　この条例において、次の各号に掲げる用語の意義は、当該各号に定めるところによる。
(1)　アイドリング・ストップ　自動車を駐車したときに、当該自動車の原動機の不必要な稼動を停止することをいう。
(2)　アイドリング・ストップ促進重点区域　次条第1項の規定により指定された区域をいう。
(3)　自動車　道路運送車両法（昭和二十六年法律第185号）第2条第2項に規定する自動車及び同条第3項に規定する原動機付自転車をいう。
(4)　駐車　自動車が客待ち、荷待ち、貨物の積卸し、故障その他の理由により継続的に停止すること（貨物の積卸しのための停止で五分を超えない時間内のもの及び人の乗降のための停止を除く。）又は自動車が停止し、かつ、当該自動車の運転者がその自動車を離れて直ちに運転することができない状態にあることをいう。

（アイドリング・ストップ促進重点区域）
第3条　市長は、歴史的文化遺産及びその周辺等で、アイドリング・ストップをする必要があると認める区域をアイドリング・ストップ促進重点区域として指定するものとする。
2　市長は、必要があると認めるときは、アイドリング・ストップ促進重点区域の指定を変更し、又は解除することができる。
3　市長は、アイドリング・ストップ促進重点区域の指定、その変更若しくは解除をしたときは、その旨を告示しなければならない。

（アイドリング・ストップ）
第4条　自動車の運転者は、アイドリング・ストップ促進重点区域において、アイドリング・ストップをしなければならない。ただし、次に掲げる場合は、この限りでない。
(1)　緊急自動車（道路交通法昭和三十五年法律第105号）第39条第1項に規

環境（大気）

(2) 定する緊急自動車をいう。）を緊急の用務のため使用中の場合自動車の原動機を貨物の冷蔵装置その他の附属装置（自動車の運転室及び客室における冷房又は暖房を行う装置を除く。）の動力として使用する場合

(3) 法令の規定若しくは警察官の命令により、又は危険を防止するために自動車を停止する場合

(4) 自動車を人命救助活動、災害救助活動、水防活動、消火活動その他防災活動のため現に使用している場合

(5) 警衛列自動車又は警護列自動車である場合

(6) 自動車を裁判官又は裁判所の発する令状の執行のため現に使用している場合

(7) 公職選挙法（昭和二十五年法律第100号）第141条の規定により選挙運動のため使用される自動車又は同法第201条の11第3項に規定する表示がなされている自動車である場合

2 自動車の運転者は、同乗者及び乗客に対し、前項本文の規定によりアイドリング・ストップをすることについて、協力を要請することができる。

3 前項の要請を受けた者は、アイドリング・ストップをすることについて、協力しなければならない。

（命令）
第5条 市長又はその指定する職員（以下「指定職員」という。）は、前条第1項の規定に違反している自動車の運転者に対して、アイドリング・ストップをするよう命令することができる。

（資格証明事の携帯等）
第6条 指定職員は、前条の命令をするときは、その資格を示す証明書を携帯し、関係人の請求があったときは、これを提示しなければならない。

（駐車場等管理者の措置）
第7条 アイドリング・ストップ促進重点区域において、駐車場その他自動車の駐車又は保管のための施設を管理する者は、当該施設を利用する者に対し、第4条第1項ただし書に該当する場合を除き、当該施設内でアイドリング・ストップをするよう啓発に努めなければならない。

2 アイドリング・ストップ促進重点区域において、駐車場（駐車場法（昭和三十二年法律第106号）第2条第2号に規定する路外駐車場のうち、自動車の駐車の用に供する部分の面積が五百平方メートル以上のものをいう。）を管理する者は、看板、書面等により、当該駐車場を利用する者に、アイドリング・ストップをすべきことを周知させる措置を講じなければならない。

（罰則）
第8条 この条例の施行に関し必要な事項は、市長が定める。

第9条 第5条の規定による命令に違反した者は、十万円以下の罰金に処する。

附則
この条例は、平成十二年四月一日から施行する。

愛媛県

愛媛県土砂等の埋立て等による土壌の汚染及び災害の発生の防止に関する条例
2000年（平成12年）5月1日施行

土地提供者や水質汚染も罰則の対象／全国初

愛媛県は、廃棄物処理法では対象とはならない建設土砂などの埋立てを規制するため条例を制定した。

条例では、埋立て面積3千㎡以上の事業は許可制とし、土砂埋立てに際しては、事業者は県が定める「土砂基準」「水質基準」に違反していないことを証明することを義務付けた。また「不適合な土砂等が埋め立てられていることが確認されたときは、埋め立てした者、土地を提供した者に土地汚染、水質汚濁防止のため必要な措置を命ずる」（第7条）と土地提供者にも責務を課した。県は立ち入り検査権を持ち、土砂埋立て事業者や埋め立て用の土地を提供した者に対して報告、資料の提供を求めることができるほか、土砂等を採取、検査することができる。土砂・水質基準を超えて汚染されていた場合、措置命令を出し、従わなかった時は最高1年以下の懲役又は100万円以下の罰金に処すとしている。

栃木、千葉両県が同条例を制定しているが水質汚染と土地提供者を罰則の対象にしたのは初めて。

愛媛県

県　庁：〒790-8570	人　口：1,517,190人
愛媛県松山市一番町4-4-2	世帯数：578,563世帯
（下車駅　予讃線　松山駅）	面　積：5,675.87k㎡
電話（089）941-2111	人口密度：267.31人/k㎡

愛媛県土砂等の埋立て等による土壌の汚染及び災害の発生の防止に関する条例

第1章　総則

（目的）

第1条　この条例は、土壌等の埋立て等について必要な規制を行うことにより、土壌の汚染及び水質の汚濁並びに災害の発生を防止し、もって生活環境の保全を図るとともに、県民の生活の安全を確保することを目的とする。

（定義）

第2条　この条例において、次の各号に掲げる用語の意義は、当該各号に定めるところによる。

(1)　土砂等の埋立て等　土砂等（土砂及びこれに混入し、又は吸着した物をいう。以下同じ。）による土地の埋立て、盛土その他の土地へのたい積をする行為をいう。ただし、製品の製造若しくは加工のための原材料又は試験、検査等のための試料のたい積をする行為その他生活環境保全上必要な措置が図られ、かつ、災害の発生を防止するために必要な措置が図られているものとして規則で定める行為を除く。

(2)　特定事業　土砂等の埋立て等に供する区域（宅地造成その他の事業が行われる一団の土地の区域内において当該事業の工程の一部として土砂等の埋立て等が行われる場合にあっては、当該事業が行われる一団の土地の区域）以外の場所から採取された土砂等による土砂等の埋立て等に供する事業であって、土砂等の埋立て等に供する区域の面積が3,000平方メートル以上であるものをいう。

（事業者の責務）

第3条　事業者は、その事業活動を行うに当たっては、土砂等の埋立て等による土壌の汚染及び水質の汚濁並びに災害の発生を防止するために必要な措置を講ずるとともに、県及び市町村が実施する土砂等の埋立て等による土壌の汚染及び水質の汚濁並びに災害の発生の防止に関する施策に協力する責務を有する。

2　土砂等を運搬する事業を行う者は、土砂等の埋立て等に使用される土砂等を運搬しようとするときは、当該土砂等の汚染状態を確認し、土砂等の埋立て等による土壌の汚染及び水質の汚濁が発生するおそれのある土砂等

を運搬することのないように努めなければならない。

（県の責務）
第4条　県は、土砂等の埋立て等による土壌の汚染及び水質の汚濁並びに災害の発生を未然に防止するため、土砂等の埋立て等の汚染及び水質の汚濁並びに災害の発生を未然に防止するための土砂等の埋立て等の適正化に関する施策を推進するものとする。

2　県は、土砂等の埋立て等による土壌の汚染及び水質の汚濁並びに災害の発生を未然に防止するため、市町村と連携して土砂等の埋立て等の適正化に関する施策を推進するものとする。

3　県は、土砂等の埋立て等による土壌の汚染及び水質の汚濁並びに災害の発生を未然に防止するため、市町村が行う土砂等の埋立て等による土壌の汚染及び水質の汚濁並びに災害の発生の防止に関する施策が十分に行われるように技術的な助言その他の援助を行うよう努めるものとする。

第2章　土砂等の埋立て等に使用される土砂等に係る基準

（土砂基準）
第5条　土砂等の埋立て等に使用される土砂等の汚染状態の基準（以下「土砂基準」という。）は、土壌の汚染に係る環境上の条件について、人の健康を保護し、及び生活環境を保全する上で維持することが必要なものとして規則で定める。

2　知事は、土砂基準を定めようとするときは、愛媛県環境審議会の意見を聴くものとする。これを変更し、又は廃止しようとするときも、同様とする。

（水質基準）
第6条　土砂等の埋立て等に使用された土砂等の層を通過した雨水等（以下「浸透水」という。）の汚濁状態の基準（以下「水質基準」という。）は、水質の汚濁に係る環境上の条件について、人の健康を保護し、及び生活環境を保全する上で維持することが必要なものとして規則で定める。

2　前条第2項の規定は、水質基準を定め、変更し、又は廃止しようとする場合について準用する。

第3章　不適正な土砂等の埋立て等の禁止等

（土砂基準に適合しない土砂等による土砂等の埋立て等の禁止等）
第7条　何人も、土砂基準に適合しない土砂等を使用して土砂等の埋立て等をし、又は土砂基準に適合しない土砂等を使用する土砂等の埋立て等の用に供するために土地を提供してはならない。

2　知事は、土砂等の埋立て等に土砂基準に適合しない土砂等が使用されていることを確認したときは、速やかに当該土砂等及び当該土砂等の埋立て等がされ、又はされた場所の土壌に係る情報を住民に提供するとともに、当該土砂等の埋立て等をし、若しくはした者又は当該土砂等の埋立て等の用に供するために土地を提供した者若しくは提供するために土地を提供した者に対し、当該土砂等の埋立て等に適合しないこととなった土砂等（当該土砂基準に適合しないこととなった土壌の当該土砂等の埋立て等に使用された土砂等により土砂基準に適合しないこととなった土壌の当該土砂等を含む。）の撤去その他の当該土砂等の埋立て等による土壌の汚染及び水質の汚濁の防止のために必要な措置をとるべきことを命ずることができる。

3　知事は、土砂等の埋立て等に供し、又は供された区域内の浸透水が水質基準に適合していないことを確認したときは、当該土砂等の埋立て等をする者及び土砂等の埋立て等の用に供するために土地を提供した者又はした者に対し、当該土砂等の埋立て等の中止、その原因の調査その他水質の汚濁の防止のために必要な措置をとるべきことを命ずることができる。

（土砂等の埋立て等による崩落等の防止措置）
第8条　土砂等の埋立て等をする者及び土砂等の埋立て等の用に供するために土地を提供した者又はした者は、当該土砂等の埋立て等に使用された土砂等が崩落し、飛散し、又は流出しないよう必要な措置を講じなければならない。

2　知事は、土砂等の埋立て等に使用された土砂等が崩落し、飛散し、又は流出しないおそれがあり、若しくはこれらのおそれがある場合において、生活環境の保全又は住民の生活の安全の確保上の支障が生じ、又は生ずるおそれがあると認めるときは、当該土砂等の埋立て等をし、若しくはした者又は当該土砂等の埋立て等の用に供するために土地を提供した者に対し、これらを防止するために必要な措置を講ずべきことを命ずることができる。

第4章　特定事業に関する規制

（特定事業の許可）
第9条　特定事業を行おうとする者は、あらかじめ、特定事業に供する区域（以下「特定事業区域」という。）ごとに、知事の許可を受けなければならない。ただし、次に掲げる特定事業については、この限りでない。

(1) 国、地方公共団体その他規則で定める公共的団体（以下「国等」という。）が行う特定事業

(2) 採石法（昭和二十五年法律第291号）、砂利採取法（昭和四十三年法律第74号）その他の法令又は条例に基づき許認可等（許可、認可、免許そ

の他の自己に対し何らかの利益を付与する処分をいう。以下同じ。）がなされた採取場から採取された土砂等を販売するために一時的に土砂等のたい積を行う特定事業

(3) 採石法又は砂利採取法に基づき認可がなされた採取計画に従って行う特定事業

(4) 特定事業

(5) 非常災害のために必要な応急措置として行う特定事業通常の管理行為、軽易な行為その他の行為として行う特定事業で規則で定めるもの

（許可申請の手続）

第10条　前条の許可を受けようとする者は、次に掲げる事項を記載した申請書に特定事業区域及びその周辺の状況を示す図面その他の規則で定める書類を添付して知事に提出しなければならない。

(1) 申請者の氏名及び住所（法人にあっては、その名称、代表者の氏名及び主たる事務所の所在地）

(2) 特定事業区域の所在地

(3) 特定事業区域及び特定事業に供する施設（以下「特定事業場」という。）の位置及び面積

(4) 特定事業に供する施設の設置計画

(5) 特定事業の施工を管理する事務所の所在地

(6) 特定事業の施工を管理する者の氏名

(7) 特定事業区域内の表土の汚染状況についての検査結果

(8) 特定事業区域内の表土の汚染状況についての検査結果

(9) 特定事業に使用される土砂等の量

(10) 特定事業の施工期間

(11) 特定事業が完了した場合の特定事業場の構造

(12) 特定事業に使用する土砂等の採取場所並びに当該採取場所からの搬入予定量及び搬入計画

(13) 特定事業区域内の浸透水を採取するための措置特定事業が施工されている間において、特定事業区域以外の地域への当該特定事業に使用された土砂等の崩落、飛散又は流出による災害の発生を防止するための措置

その他規則で定める事項

2　前項の規定にかかわらず、前条の許可を受けようとする特定事業が他の場所への搬出を目的として土砂等のたい積を行う特定事業（以下「一時たい積事業」という。）である場合にあっては、当該許可を受けようとする

者は、次に掲げる事項を記載した申請書に特定事業区域及びその周辺の状況を示す図面その他の規則で定める書類を添付して知事に提出しなければならない。

(1) 前項第1号から第5号まで、第8号及び第11号に掲げる事項

(2) 特定事業区域内の表土の汚染状況についての検査結果（当該表土と特定事業に使用される土砂等が遮断される構造である場合にあっては、その構造）

(3) 特定事業場の構造

(4) 特定事業に使用される土砂等の搬入予定量及び搬出予定量

(5) 特定事業に使用される土砂等について、当該土砂等の採取場所ごとに当該土砂等を区分するための措置

(6) その他規則で定める事項

（市町村長の意見の聴取）

第11条　知事は、第9条の許可の申請があった場合には、遅滞なく、その旨を当該申請に係る特定事業の施工に関し生活環境の保全及び住民の生活の安全の確保上関係がある市町村の長に通知して期間を指定して当該市町村の長の生活環境の保全及び住民の生活の安全の確保の見地からの意見を聴くものとする。

（許可の基準）

第12条　知事は、第9条の許可の申請が第10条第1項の規定によるものであるときでなければ、第9条の許可をしてはならない。

(1) 特定事業の施工を管理することができる事務所が設置されること。

(2) 特定事業区域内の表土が土砂基準に適合すること。

(3) 特定事業区域以外の地域への当該土砂等の崩落、飛散又は流出による災害の発生のおそれがないものとして規則で定める基準に適合するものであること。

(4) 特定事業が完了した場合において、特定事業区域以外の地域への当該土砂等の崩落、飛散又は流出による災害の発生を防止するために必要な措置が図られている構造に適合するものであること。

(5) 特定事業が施工されている間において、特定事業区域内の浸透水を採取するために必要な措置が図られていること。特定事業区域以外の地域への当該特定事業に使用された土砂等の崩落、飛散又は流出による災害の発生を防止するために必要な措置が図られていること。

(6) 申請書が次のいずれにも該当しないこと。

ア 特定事業の施工に閉し不正又は不誠実な行為をするおそれがあると認めるに足りる相当の理由がある者

イ 法人でその役員（業務を執行する社員、取締役又はこれらに準ずる者をいい、相談役、顧問その他いかなる名称を有する者であるかを問わず、法人に対し業務を執行する社員、取締役又はこれらに準ずる者と同等以上の支配力を有するものと認められる者を含む。）又は規則で定める使用人のうちにアに該当する者のあるもの

ウ 個人で規則で定める使用人のうちにアに該当する者のあるもの

2 知事は、第9条の許可の申請が第10条第2項の規定によるものである場合にあっては、当該申請が次の各号のいずれにも適合していると認めるときでなければ、第9条の許可をしてはならない。

(1) 特定事業を管理することができる事務所が設置されること。

(2) 特定事業区域内の表土と特定事業に使用される土砂等が土砂基準に適合するものであること（特定事業区域内の表土と特定事業に使用される土砂等が遮断される構造である場合にあっては、その構造が当該特定事業による土壌の汚染を防止するものであること。）。

(3) 特定事業の構造が、当該特定事業区域以外の地域への特定事業に使用された土砂等の崩落、飛散又は流出による災害の発生のおそれがないものとして規則で定める構造上の基準に適合するものであること。

(4) 特定事業区域内の浸透水を採取するために必要な措置が図られていること。

(5) 特定事業に使用される土砂等について、当該土砂等の採取場ごとに区分するために必要な措置が図られていること。

(6) 第9条の許可の申請が、法令又は条例に基づく許認可等を要する行為について、当該行為に係るものであって、当該法令又は条例により土砂等の崩落、飛散又は流出による災害の発生を防止するために必要な措置が図られているものである場合にあっては、規則で定める行為に係るものであること。

3 第9条第1項第3号及び第5号並びに前項第3号の規定は、適用しない。

（許可の条件）

第13条 知事は、生活環境を保全し、又は県民の生活の安全を確保するため必要があると認めるときは、第9条の許可に条件を付することができる。

（変更の許可等）

第14条 第9条の許可を受けた者は、第10条第1項各号又は第2項各号に掲げる事項の変更をしようとするときは、知事の許可を受けなければならない。ただし、規則で定める軽微な変更をしようとするときは、この限りでない。

2 前項の許可を受けようとする者は、次に掲げる事項を記載した申請書に規則で定める書類を添付して知事に提出しなければならない。

(1) 申請者の氏名及び住所（法人にあっては、その名称、代表者の氏名及び主たる事務所の所在地）

(2) 変更の内容及び理由

(3) その他規則で定める事項

3 第9条の許可を受けた者は、第1項ただし書の規定で定める軽微な変更をしたときは、規則で定めるところにより、その旨を知事に届け出なければならない。

4 前3条の規定は、第1項の許可について準用する。

（土砂等の搬入の届出）

第15条 第9条の許可を受けた者は、当該許可に係る特定事業区域に土砂等を搬入しようとするときは、当該土砂等の採取場ごとに、規則で定めるところにより、当該土砂等が土砂基準に適合していることを証する書面を添付して、その旨を知事に届け出なければならない。ただし、次の各号のいずれかに該当する場合にあっては、当該土砂等が土砂基準に適合していることを証する書面で定めるものの添付を省略することができる。

(1) 当該土砂等が、国等が行う事業により採取された土砂等である場合であって、当該土砂等が当該採取場から採取された土砂等が土砂基準に適合していることについて事前に知事の承認を受けたとき。

(2) 当該土砂等が、採石法、砂利採取法その他の法令又は条例に基づき許認可等がなされた採取場から採取された土砂等である場合であって、当該土砂等が当該採取場から採取された土砂等であることを証する書面で規則で定めるものが添付されたとき。

(3) 当該土砂等が、他の場所への搬出を目的として土砂等のたい積を行う

場所（当該場所において土砂等の採取場所が明確に区分されているものに限る。）から採取してなされた届出に添付された当該土砂等が当該採取場所により知事に対してなされた届出に添付された当該土砂等が当該採取場所から採取されたことを証する書面で規則で定めるもの及び当該土砂等が土砂基準に適合していることを証する書面で規則で定めるものの写しが添付されたとき。

(4) その他当該土砂等について、土壌の汚染のおそれがないと知事が認めたとき。

第16条 第9条の許可を受けた者は、規則で定めるところにより、定期的に、当該許可に係る特定事業に使用された土砂等の量（当該特定事業が一時的な積替事業である場合にあっては、土砂等の搬入量及び搬出量）を知事に報告しなければならない。

（水質検査等）

第17条 第9条の許可を受けた者は、規則で定めるところにより、定期的に、当該許可に係る特定事業区域内の水質検査（土砂等の埋立て等に使用された土砂等の汚濁状況を確認するための浸透水の汚濁状況についての検査をいう。以下同じ。）を行わなければならない。ただし、気象条件その他のやむを得ない事由により当該水質検査を行うことができないと知事が認めたときは、規則で定めるところにより当該特定事業区域内の土壌検査（土壌の汚染状況についての検査をいう。以下同じ。）を行うことによって、当該水質検査に代えることができる。

2 第9条の許可を受けた者は、当該許可に係る特定事業が施工されている間、規則で定めるところにより、当該許可に係る特定事業を廃止したときは、規則で定めるところにより、当該許可に係る特定事業区域内の水質検査及び土壌検査を行わなければならない。ただし、気象条件その他の事由により当該水質検査を行うことができないと知事が認めたとき、又は当該水質検査又は土壌検査を行うことが必要がないと知事が認めたときは、規則で定めるところにより当該水質検査又は土壌検査を省略することができる。

3 第9条の許可を受けた者は、第1項又は前項の規定による検査を行ったときは、規則で定めるところにより、当該検査の結果を知事に報告しなければならない。

4 第9条の許可を受けた者は、当該許可に係る特定事業区域内の土壌中に土砂基準に適合しない土壌等があることを確認したとき、又は当該許可に係る特定事業区域内の浸透水が水質基準に適合していないことを確認したときは、直ちに、その旨を知事に報告しなければならない。

（関係書類の閲覧）

第18条 第9条の許可を受けた者は、当該許可に係る特定事業が施工されている間及び当該特定事業を管理する事務所において、当該許可により知事に提出した書類の写しその他この条例の規定により知事に提出した書類の写しを、周辺住民その他の生活環境の保全又は生活の安全の確保上の利害関係を有する者の求めに応じ、閲覧に供しなければならない。

2 知事は、第9条の許可をした特定事業が施工されている間及び当該特定事業の完了若しくは廃止の日又は当該特定事業に係る第9条の許可の取消しのあった日から5年を経過するまでの間、当該特定事業に関しこの条例の規定により提出のあった書類を、周辺住民その他の生活環境の保全又は生活の安全の確保上の利害関係を有する者の求めに応じ、閲覧に供しなければならない。

（標識の掲示）

第19条 第9条の許可を受けた者は、規則で定めるところにより、当該許可に係る特定事業場の見やすい場所に、規則で定めるところにより、その氏名又は名称その他の規則で定める事項を記載した標識を掲げなければならない。

2 第9条の許可を受けた者は、当該許可に係る特定事業区域以外の地域との境界に、規則で定めるところにより当該許可に係る特定事業区域と特定事業区域以外の地域との境界を明らかにする表示を行わなければならない。

（特定事業の完了等）

第20条 第9条の許可を受けた者は、当該許可に係る特定事業を完了したときは、規則で定めるところにより、その旨を知事に届け出なければならない。

2 知事は、前項の規定による届出があったときは、速やかに、当該届出に係る特定事業による土壌の汚染及び浸透水の汚濁がないかどうか並びに当該届出に係る特定事業区域が第9条の許可の内容に適合しているかどうかについて確認し、その結果を当該届出をした者に通知しなければならない。

3 前項の規定により、規則で定めるところにより、土砂等の崩落、飛散又は流出による災害の発生を防止するために必要な措置が講じられていない旨の通知を受けた者は、第1

(特定事業の廃止等)

第21条　第9条の許可を受けた者は、当該許可に係る特定事業を廃止し、又は休止しようとするときは、当該特定事業の廃止又は休止後の当該特定事業による土壌の汚染及び浸透水の汚濁並びに当該特定事業に使用された土砂等の崩落、飛散又は流出による災害の発生を防止するために必要な措置を講じなければならない。

2　第9条の許可を受けた者は、当該許可に係る特定事業を廃止したとき、又は2月以上休止しようとするときは、規則で定めるところにより、その旨を知事に届け出なければならない。休止の届出をした特定事業を再開したときも、同様とする。

3　前項の規定による廃止の届出があったときは、第9条の許可は、その効力を失う。

4　知事は、第2項の規定による廃止の届出があったときは、速やかに、当該届出に係る特定事業による土壌の汚染及び浸透水の汚濁がないかどうか並びに当該特定事業に使用された土砂等の崩落、飛散又は流出による災害の発生を防止するために必要な措置が講じられているかどうかについて確認し、その結果を当該届出をした者に通知しなければならない。

5　前項の規定により、土砂等の崩落、飛散又は流出による災害の発生を防止するために必要な措置が講じられていない旨の通知を受けた者は、第2項の規定による廃止に係る特定事業に使用された土砂等の崩落、飛散又は流出による災害の発生を防止するために必要な措置を講じなければならない。

(許可に基づく地位の継承)

第22条　第9条の許可を受けた者が当該許可に係る特定事業の全部を譲り渡し、又は同条の許可を受けた者について相続若しくは合併があったときは、その特定事業の全部を譲り受けた者又は相続人(相続人が2人以上ある場合において、その全員の同意により継承すべき相続人を選定したときは、その者)若しくは合併後存続する法人若しくは合併により設立した法人は、当該許可により第9条の許可を受けた者の地位を継承する。

2　前項の規定により第9条の許可を受けた者の地位を継承した者は、規則で定めるところにより、その事実を証する書面を添付して、その旨を知事に届け出なければならない。

(許可の取消し等)

第23条　知事は、第9条の許可を受けた者が次の各号のいずれかに該当するときは、当該許可を取り消し、又は6月以内の期間を定めて当該許可に係る特定事業の停止を命ずることができる。

(1)　第7条第2項若しくは第3項又は第8条第2項の規定による命令に違反したとき。

(2)　第12条第1項第6号又は第2項第6号に該当するに至ったとき。

(3)　第13条(第14条第4項において準用する場合を含む。)の規定により許可に付した条件に違反したとき。

(4)　第14条第1項の規定により許可を受けなければならない事項を同項の許可を受けないで変更したとき。

(5)　第15条から第17条まで、第18条又は第19条の規定に違反したとき。

(6)　次条第1項の規定による命令に違反したとき。

(7)　不正の手段により第9条又は第14条第1項の許可を受けたとき。

2　前項の規定による第9条の許可の取消しを受けた者(当該取り消された許可に係る特定事業について次条第1項の規定による命令を受けた者を除く。)は、当該取り消された許可に係る特定事業に使用された土砂等の崩落、飛散又は流出による災害の発生を防止するために必要な措置を講じなければならない。

(措置命令)

第24条　知事は、第9条又は第14条第1項の規定に違反して特定事業を行った者に対し、当該特定事業に使用された土砂等の崩落、飛散又は流出による災害の防止のために必要な措置をとるべきことを命ずることができる。

2　知事は、第20条第3項、第21条第5項又は前条第2項の規定に違反した者に対し、その特定事業に使用された土砂等の崩落、飛散又は流出による災害の発生を防止するために必要な措置をとるべきことを命ずることができる。

(関係書類の保存)

第25条　第9条の許可を受けた者は、当該許可に係る特定事業について第20

第5章 雑則

(立入検査等)

第26条 知事は、この条例の施行に必要な限度において、土砂等の埋立て等をし、若しくはした者又は当該土砂等の埋立て等の用に供するために土地を提供した者若しくはした者に対し報告若しくは資料の提出を求め、又はその職員に、土砂等の埋立て等をし、若しくはした者の事務所、事業場その他その土砂等の埋立て等をし、若しくはした場所に立ち入り、帳簿、書類その他の物件を検査させ、関係者に質問させ、若しくは試験の用に供するのに必要な限度において土砂等を無償で収去させることができる。

2 前項の規定により立入検査を行う職員は、その身分を示す証明書を携帯し、関係者にこれを提示しなければならない。

3 第1項の規定による立入検査の権限は、犯罪捜査のために認められたものと解釈してはならない。

(手数料)

第27条 次の表の左欄に掲げる許可を受けようとする者は、同表の右欄に掲げる額の手数料(以下「手数料」という。)を当該許可の申請の際に納付しなければならない。

第9条の規定による許可一件につき	五万二千円
第14条第1項の規定による変更の許可一件につき	三万三千円

2 既に納付した手数料は、還付しない。

(市町村の条例との関係)

第28条 この条例の規定は、市町村が、特定事業以外の土砂等の埋立て等による土壌の汚染及び水質の汚濁並びに災害の発生の防止に関する事項について条例で必要な事項を定めることを妨げるものではない。

(規則への委任)

第29条 この条例に定めるもののほか、この条例の施行に関し必要な事項は、規則で定める。

条第1項の規定による完了の届出若しくは第21条第2項の規定による廃止の届出をした日又は第23条第1項の規定による許可の取消しを受けた日から5年間、当該特定事業に関しこの条例の規定により知事に提出した書類の写しを保存しなければならない。

第6章 罰則

第30条 次の各号のいずれかに該当する者は、1年以下の懲役又は100万円以下の罰金に処する。

(1) 第9条の規定による許可を受けないで特定事業を行った者

(2) 第7条第2項若しくは第3項、第8条第2項、第23条第1項又は第24条の規定による命令に違反して土砂等の埋立て等をしたもの

第31条 次の各号のいずれかに該当する者は、50万円以下の罰金に処する。

(1) 第9条又は第14条第1項の規定に違反して、届出をしないで土砂等の搬入をし、又は虚偽の届出をした者

(2) 第16条又は第17条第3項の規定による報告をせず、又は虚偽の報告をした者

第32条 次の各号のいずれかに該当する者は、30万円以下の罰金に処する。

(1) 第17条第1項又は第2項の規定による検査を行わなかった者

(2) 第26条第1項の規定による報告若しくは資料の提出をせず、又は虚偽の報告若しくは資料の提出をした者

(3) 第14条第3項、第20条第1項、第21条第2項又は第22条第2項の規定による届出をせず、又は虚偽の届出をした者

(4) 第25条の規定に違反した者

(5) 第26条第1項の規定による検査若しくは同項の規定による質問に対し答弁をせず、若しくは虚偽の答弁をし、又は同項の規定による収去を拒み、妨げ、若しくは忌避した者

第33条 法人の代表者又は法人若しくは人の代理人、使用人その他の従業者が、その法人又は人の業務に関して前3条の違反行為をしたときは、行為者を罰するほか、その法人又は人に対して各本条の罰金刑を科する。

附 則

(施行期日)

1 この条例は、平成12年5月1日から施行する。ただし、次項の規定は、公布の日から施行する。

(以下略)

千葉県／市原市

市原市林道の管理に関する条例
2000年（平成12年）1月1日施行

産廃不法投棄防止へ大型車の通行規制／罰則規定は全国初

　市原市には20路線の林道があり、これまで林道管理規則で管理してきたが、林道本来の目的を阻害する形で産業廃棄物搬入の大型車両の乗り入れすることによって、道路の機能や住民生活に支障をきたす事態が生じたことから条例を制定した。

　市は、林道の構造上から、路線によっては大型車両の乗り入れを禁止し、その他維持管理うえで必要性がある場合は、通行禁止又は通行の制限措置を講ずる（第5条）として13路線を指定。事業目的で林道を通行させようとする者に対し、その通行を許可制とする（第6条）として7路線を定めた。許可内容に違反した場合許可の取消処分ができるよう事業者に対して調査権限を持ち（第7条）、違反した場合は許可を取り消すほか、条例に違反して通行した場合には10万円以下の罰金とする罰則規定も設けている。全国で12町村が制定しているが市では初、罰則規定を盛り込んだのも全国で初めて。

千葉県・市原市

市役所：〒290-8501
千葉県市原市国分寺台中央1-1-1
（下車駅　内房線　五井駅）
電話（0436）22-1111

人　　口：279,713人
世 帯 数：100,949世帯
面　　積：368.20k㎡
人口密度：759.68人/k㎡
特　　産：梨、石油化学製品
観　　光：上総国分寺跡、養老渓谷

市原市林道の管理に関する条例　環境（廃棄物）

（目的）
第1条　この条例は、市原市が設置する林道に関し、適正な管理方法を定めることにより、林道の機能の保全、市民の利用の確保及び通行の安全を図ることを目的とする。

（林道の定義）
第2条　この条例において、「林道」とは、林産物の搬出及び森林の保全を図ることを目的として市原市が設置した道路であって、市原市民有林林道台帳に登載したものをいう。

（林道台帳）
第3条　市長は、その管理する林道について新たに管理することとなったもの、管理を廃止したものその他の変更があった場合は、速やかに市原市民有林林道台帳に記載しなければならない。

（標識等の設置）
第4条　市長は、林道の保全及び通行の安全を図るため、必要な箇所に林道標柱、標識及び掲示板等を設置することができる。

（通行利用等の制限）
第5条　林道について通行等の利用をしようとする者は、第2条に掲げる林道の設置目的に照らして、林道の本来的機能を害し、又は他人の共同利用を妨げるおそれのあるような方法で利用してはならない。

2　市長は、林道の幅員、構造、位置その他当該林道の設置された状況を総合的に勘案して支障があると認めるときは、規則で定めるところにより、路線の全部又は一部について大型自動車（道路交通法（昭和三十五年法律第105号）第3条に規定する大型自動車の区分に該当する自動車をいう。以下同じ。）の通行禁止の措置を講じることができる。

3　林道の保全に必要な工事のための通行、緊急自動車の通行その他市長が公益上必要であると認めて承認した場合は、前項の規定による利用の制限にかかわらず、林道を利用することができる。

4　市長は、林道の維持管理を適正に行い、及び林道の利用の状況を把握するため林道の巡視を行うものとし、次の各号の一に該当すると認める場合は、通行禁止その他の通行の制限をすることができる。

(1)　林道の損傷、決壊その他の理由により通行が危険であると認められ

(通行の許可)

第6条 事業活動（第2条に定める林道の設置目的に適合する事業を除く。）を行う目的で林道において業として大型自動車を通行させようとする者は、市長の許可を受けなければならない。

2 前項の許可を受けようとする者は、規則で定めるところにより、事業の目的、通行車両の台数その他必要な事項を記載した許可申請書を市長に提出しなければならない。

3 市長は、林道の通行が林道の構造の保全上支障がないと認め、かつ、第5条第1項に掲げる方法に当たらないと認めた場合に限り、第1項の許可をすることができる。同項の許可には、必要な範囲で条件を付することができる。

(許可内容の確認)

第7条 市長は、前条の許可をするに当たって、必要と認めるときは申請者を審問することができる。

2 市長は、林道の通行が許可した内容に合致しているかどうかを確認するため、通行車両、通行量を調査することができる。

(変更許可)

第8条 第6条第1項の規定による許可を受けた者が許可を受けた事項を変更しようとするときは、規則で定めるところにより変更の許可を受けなければならない。

(事業の終了等届)

第9条 第6条第1項の規定による許可を受けた者が、当該事業を終了し、休止し、又は廃止しようとする場合は、規則で定めるところにより市長に届け出なければならない。

(許可の取消し)

第10条 市長は、林道の通行が許可内容又は許可条件に違反していると認めるときは、許可を取り消すことができる。

林道に関する工事のため、やむを得ないと認められるとき車両の通行によって林道の構造の保全が損なわれると認められるときその他市長が必要と認めたとき

5 市長は、第2項及び第4項に規定する林道の利用を制限する措置を講じたときは、その旨を標識に示して掲示し、告知しなければならない。

(行為の禁止)

第11条 何人も次の各号に掲げる行為をしてはならない。

(1) みだりに林道を損傷し、又は汚損すること

(2) みだりに林道に木材、土石等の物を放置し、通行に支障を及ぼす行為を行うこと

(施設等設置の許可)

第12条 林道に次に掲げる工作物若しくは施設を設け、又は林道を横断して工作物を設けようとする者は、市長の許可を受けなければならない。

(1) 林産物若しくは土石の集積場又は積載施設

(2) 工事用施設又は工事用材料置場

(3) 電柱若しくは電線又は索道

(4) 用排水路又は排水管

(5) 前各号に類する工作物又は施設

2 前項の許可を受けようとする者は、規則で定めるところにより、設置の目的、施設の内容、設置の期間その他必要な事項を記載した許可申請書を市長に提出しなければならない。

3 市長は、第1項に掲げる工作物又は施設を設置することがやむを得ないと認める場合に限り、第1項の許可をすることができる。同項の許可には、必要な範囲で条件を付することができる。

(原状回復)

第13条 前条の許可を受けた者が当該工作物又は施設の使用を廃止しようとするときは、当該工作物又は施設を除却し、林道を原状に回復しなければならない。

2 前項の原状回復は施設を除却し、規則で定めるところにより林道を原状に回復しなければならない。

3 市長は、原状回復に当たって必要な措置を指示することができる。

(損害賠償)

第14条 故意又は過失により林道を損傷した者は、これによって生じた損害を賠償しなければならない。

(罰則)

第15条 次の各号の一に該当する者は、10万円以下の罰金に処する。

(1) 第5条第2項の規定による大型自動車の通行禁止の措置に違反して林

4 第8条の規定は、第1項の許可内容に変更を生じた場合に準用する。

道を通行した者

(2) 第6条第1項の規定による許可を受けないで、同項の目的で林道において業として大型自動車を通行させた者

(3) 第8条の規定による変更の許可を受けないで、第6条第1項の規定による許可を受けた事項に違反して、同項の目的で林道において業として大型自動車を通行させた者

（両罰規定）

第16条　法人の代表者又は法人若しくは人の代理人、使用人その他の従業者が、その法人又は人の業務に関して、前条の違反行為をしたときは、行為者を罰するほか、その法人又は人に対しても、前条の罰金刑を科する。

（委任）

第17条　この条例の施行に当たり必要な事項は、規則で定める。

　　　附　則

この条例は、平成13年1月1日から施行する。

岐阜県／美濃市

美濃市産業廃棄物保管の規制に関する条例
2000年(平成12年)7月1日施行

500㎡以上の産廃保管場所、市長の同意が必要に

　美濃市は、500㎡以上の土地に産業廃棄物を保管する場合は、市長の同意が必要となる条例を制定した。

　廃棄物処理および清掃に関する法律や岐阜県廃棄物の適正処理等に関する条例では、保管についての規定はあるものの、保管場所の広さまで明確にしていないことから制定したもの。

　条例では、「500㎡以上の土地に産業廃棄物の保管を行う場合は、市長に申請をして保管の同意を得なければならない」(第5条)と定め、市長は必要があると認めたときは、保管の方法等について報告を求め、立ち入り検査ができるとしている。

　市長は、目的の達成のための指導や違反したものに対しての勧告、命令する権限を持ち、命令に従わない場合は、事業者や占有者を公表、20万円以下の罰金に処するとした。

　同様の条例は、愛知県犬山市でも制定されている。

岐阜県・美濃市

　市役所：〒501-3792
　　岐阜県美濃市1350
　　(下車駅　長良川鉄道越美南線　美濃市駅)
　電話　(0575)33-1122

　人　口：25,720人
　世帯数：7,366世帯
　面　積：117.05k㎡
　人口密度：219.74人/k㎡
　特産品：美濃紙、柿、菊
　観　光：うだつのある街並、片知渓谷

美濃市産業廃棄物保管の規制に関する条例

（目的）
第一条　この条例は、産業廃棄物の保管が無秩序に行われることを規制することにより、市民の健康を保護し生活環境の保全を図るとともに、事故を未然に防止することを目的とする。

（定義）
第二条　この条例において、次の各号に掲げる用語の意義は、それぞれ当該各号に定めるところによる。
一　事業者　市内で事業活動を行うものをいう。
二　占有者等　土地の占有者及び管理者をいう。
三　産業廃棄物　廃棄物の処理及び清掃に関する法律（昭和四十五年法律第137号。以下「法」という。）第二条第四項に規定する廃棄物をいう。
四　保管　事業者が、事業活動により生じた産業廃棄物が運搬されるまでの間、又は産業廃棄物処分業として受け入れた産業廃棄物を処理するまでの間、保存管理することをいう。

（適用除外）
第三条　この条例の規定は、国又は地方公共団体その他これらに準ずるものが保管する場合は適用しない。

（保管の方法）
第四条　産業廃棄物の保管を行う事業者又は占有者等は、市民の生活環境上危害が発生したり、生活環境を損なうことがないよう規則で定める保管基準に従い必要な事故防止の措置を講じて保管しなければならない。

（同意）
第五条　事業者又は占有者等は、五百平方メートル以上の土地に産業廃棄物の保管を行う場合は、規則で定める期日までに市長に申請して保管の同意を得なければならない。

（表示）
第六条　産業廃棄物の保管を行う事業者又は占有者等は、前条の規定により市長の同意を得たときは、規則で定める表示方法によりその同意を得た旨の表示をしなければならない。

（立入検査）
第七条　市長は、必要があると認めたときは、産業廃棄物の保管を行う事業

環境（廃棄物）

者又は占有者等に対し、産業廃棄物の種類、保管の方法、その他必要な事項に関し報告を求め、又は職員をして保管場所に立ち入り、検査させることができる。

2　前項の規定により立入検査する職員は、その身分を示す証明書を携帯し、これを求められたときは提示しなければならない。

3　第一項の規定による立入検査の権限は、犯罪捜査のために認められたものと解釈してはならない。

（指導）
第八条　市長は、第一条の目的を達成するため事業者及び占有者等に対し、必要な指導を行うことができる。

（勧告及び命令）
第九条　市長は、第四条及び第五条の規定に違反したものに対し、必要な勧告をすることができる。

2　市長は、前項の勧告を受けたものが正当な理由がなくその勧告に従わないときは、期限を定めてその勧告に従うよう命令することができる。

（公表）
第十条　前条第二項の命令を受けたものが正当な理由がなくその命令に従わないときは、その旨を公表することができる。

（関係法令等の活用）
第十一条　市長は、この条例の施行に関し、関係法令等を積極的に活用するものとする。

（委任）
第十二条　この条例の施行について必要な事項は、規則で定める。

（罰則）
第十三条　第九条第二項の規定に基づく命令に従わないものは、二十万円以下の罰金に処する。

（両罰規定）
第十四条　法人の代表者又は法人若しくは人の代理人、使用人、その他従業者が、その法人又は人の業務に関して前条の違反行為をしたときは、その行為者を罰するほか、その法人又は人に対しても前条の罰金刑を科する。

附　則
（施行期日）
1　この条例は、平成十二年七月一日から施行する。

（経過措置）
2　この条例施行の際、現に産業廃棄物の保管を行っているものについては、第四条及び第五条の規定は、この条例施行の日から一年間は適用しない。

愛知県／春日町

春日町放置自動車の発生の防止及び適正な処理に関する条例
2000年6月1日施行

放置自動車の撤去、処分へ「廃物判定委員会」

春日町は、町が管理する道路や公園など公共の場所に放置されている自動車、第二種原動機付自転車を撤去するための条例を制定した。

条例は、「何人も、正当な理由なく自動車を放置し、若しくは放置させ、又はこれらの行為に協力してはならない」と放置の禁止を明記。通報等により放置自動車を調査し、所有者が判明したときは、所有者に撤去勧告を行い、従わないときは、関係機関と処置方法について協議のうえ、措置命令により車の移動を求める。所有者が不明の場合は、撤去警告標識を30日間貼付しうえで、車の専門家や学識者、町民代表で構成する「放置自動車廃物判定会」での判断を経て、廃物の場合は、公告と関係機関へ通知して処分するとしている。条例に罰則規定は設けていない。

愛知県・春日町

町役場：〒452-8565
愛知県西春日井郡春日町大字落合字振形129
（下車駅　東海道本線　清洲駅）
電話（052）400-3861

人　　口：7,386人
世帯数：2,356世帯
面　　積：4.01km²
人口密度：1,841.90人/km²
特　　産：人参、ホウレン草、枝豆
観　　光：はるひ夢の森公園、八剱社

春日町放置自動車の発生の防止及び適正な処理に関する条例

（目的）
第一条　この条例は、放置自動車の発生の防止及び適正な処理に関し必要な事項を定め、放置自動車により生ずる障害を除去することにより、町民の快適な生活環境の維持を図るとともに、良好な地域環境の形成に資することを目的とする。

（定義）
第二条　この条例において、次の各号に掲げる用語の意義は、当該各号に定めるところによる。

一　自動車　道路運送車両法（昭和二十六年法律第185号）第2条第2項に規定する自動車及び道路運送車両法施行規則（昭和二十六年運輸省令第74号）第1条第2項に規定する第二種原動機付自転車をいう。

二　放置　自動車が、正当な権限に基づかず公共の場所に相当の期間にわたり置かれていることをいう。

三　公共の場所　道路法（昭和二十七年法律第180号）第3条第4号に規定する道路、町が管理する公園その他公共の用に供されている場所をいう。

四　放置自動車　自動車で、相当の期間にわたり引き続き公共の場所に放置されているものをいう。

五　事業者等　自動車の製造、輸入、販売、整備又は解体を業として行っている者及びそれらの団体をいう。

六　所有者等　自動車の所有権、占有権又は使用権を現に有する者又は最後に有した者及び自動車を放置した者をいう。

七　廃物　放置自動車で、自動車として本来の用に供することが困難な状態にあり、かつ、汚物又は不要物と認められるものをいう。

八　処分等　廃物を撤去し、最終処分すること及び処理するために必要な措置をいう。

（町の責務）
第三条　町は、放置自動車の発生の防止及び適正な処理に関し、啓発に関する施策その他の必要な施策を実施する責務を有する。

（事業者等の責務）
第四条　事業者等は、自動車が放置自動車とならないよう啓発、回収その他

の適切な措置を講ずるよう努めるとともに、町が前条の規定により実施するところにより貼付するものとする。

（土地所有者等の責務）
第五条　土地を所有し、占有し、又は管理する者は、その土地について自動車の放置を防止する適切な措置を講ずるよう努めるとともに、町の施策に協力する責務を有する。

（町民の責務）
第六条　町民（町の区域内において自動車を所有し、又は使用する者を含む。）は、町の施策に協力する責務を有する。

（放置自動車に関する施策）
第七条　町は、次に掲げる放置自動車に関する施策を実施するものとする。
一　放置自動車の発生の防止及び適正な処理に関する措置
二　その他必要と認められる措置

（放置の禁止）
第八条　何人も、正当な理由なく自動車を放置し、若しくは放置させ、又はこれらの行為をしようとする者に協力してはならない。

（通報及び調査）
第九条　町長は、放置されている自動車を放置自動車と認めたときは、すみやかに関係機関へ通報し、又、所有者等を確認するため、協力を求め調査するものとする。
2　町長は、前項の規定により所有者等調査するものとする。ただし、犯罪に関係するものについては、この限りでない。

（所有者等への勧告）
第十条　町長は、前条の規定により放置自動車の所有者等が判明したときは、当該所有者等に対し、その自動車を撤去するよう期限を定めて勧告するものとする。

（措置命令）
第十一条　町長は、前条の規定により勧告を受けた所有者等が正当な理由なくその勧告に従わないときは、その勧告に従うべきことを期限を定めて命ずることができる。

（所有者等不明の場合の撤去の告知等）
第十二条　町長は、第九条の規定により、放置自動車の所有者等が判明しな

いときは、次に掲げる事項を告知する標章を、当該放置自動車の見やすいところに貼付するものとする。
一　放置自動車を、撤去すべき旨及びその期限
二　放置自動車を、撤去期限を経過しても撤去しないときの措置
2　前項の規定により、放置自動車の撤去等の告知をされた当該放置自動車の所有者等は、当該標章により告知された撤去期限までに、放置自動車を撤去しなければならない。ただし、町長は、告知した撤去期限までに放置自動車の所有者等が判明したときには、第十条及び第十一条の規定を準用するものとする。
3　何人も、正当な理由なく第一項の規定により放置自動車に貼付された標章を破損、汚損してはならない、又、これを取り除いてはならない。

（撤去期限後の措置）
第十三条　町長は、前条第一項の規定により告知したにもかかわらず、撤去期限後も当該放置自動車を撤去しないときは、春日町放置自動車廃物判定会（以下「廃物判定会」という。）に当該放置自動車の廃物判定を諮ることができる。

（廃物認定）
第十四条　町長は、廃物判定会の判定を経て、放置自動車を廃物として認定することができる。
2　町長は、前項の規定による認定をしようとするときは、あらかじめその旨を公告しなければならない。

（廃物判定会）
第十五条　放置自動車の廃物判定について、町長の諮問に応じ、審査し、判定するため、廃物判定会を置く。
2　廃物判定会は、委員八人以内で組織し、町長が委嘱する。

（処分等）
第十六条　町長は、放置自動車を廃物として認定したときは、その処分等をすることができる。

（放置自動車の措置通知）
第十七条　町長は、第十二条第一項の規定により放置自動車に標章を貼付したとき、及び第十六条の規定により放置自動車を処分等しようとするとき

（関係機関との協議）
は、関係機関に対し、それぞれ通知するものとする。

第十八条　町長は、第十条の規定により勧告し、又は第十一条の規定により措置を命じようとするときは、当該自動車について、その処置方法に関する協議を関係機関と行うものとする。

（放置自動車監視員）

第十九条　町長は、放置自動車の発生の防止を図るため、放置自動車監視員を選任することができる。

（関係法規の活用）

第二十条　町長は、放置自動車の発生の防止及び適正な処理を行うため、関係機関と連携し、関係法規の積極的な活用を図るものとする。

（委任）

第二十一条　この条例に定めるもののほか、この条例の施行に関し必要な事項は、規則で定める。

　　附　則

この条例は、平成十二年六月一日から施行する。

大分県／大分市

大分市放置自動車の発生の防止及び適正な処理に関する条例
2000年（平成12年）9月1日施行

自動車放置に罰金、氏名公表も／所有者不明は廃棄処分

　大分市は、公共用地や一部民有地に不法投棄された放置自動車を撤去し、防止するため撤去手続きや罰則規定を盛り込んだ条例を制定した。

　市道や公園に放置されてた自動車は、道路法などに基づいて処理してきたが、増加する傾向にあるため抑止力の強化もねらい制定したもの。

　条例では、「何人も自動車等を放置、若しくは放置させてはならない」と放置の禁止を定め、道路、公園、河川等の公共の場所と市民生活環境等に著しい障害を与えると認められる民有地も規制対象地とした。

　放置自動車が発見された場合、市が車の所有者を調査し、所有者が判明した場合は撤去勧告と措置命令を行うことができると規定。命令に従わない所有者には、20万円以下の罰則を科すとしている。所有者が判明しない場合は、市長が定める基準に基づき、放置自動車廃物判定委員会で車両を廃棄物と認定した上で処分し、廃物認定外の放置自動車は、6ヶ月の告示期間を経て不要物として処分するとした。

大分県・大分市

市　役　所：〒870-8504
大分県大分市荷揚町2-31
（下車駅　日豊本線　大分駅）
電話（097）534-6111

人　　　口：432,100人
世　帯　数：163,622世帯
面　　　積：360.76km²
人口密度：1,197.75人／km²
特　　　産：鉄鋼、半導体、石油化学製品
観　　　光：高崎山自然動物園、マリンパレス

大分市放置自動車の発生の防止及び適正な処理に関する条例

環境（廃棄物）

（目的）
第1条　この条例は、放置自動車の発生の防止及び適正な処理に関し必要な事項を定め、放置自動車により生ずる障害を除去することにより、市民の快適な生活環境の維持及び美観の保持を図り、もって良好な都市環境の形成に資することを目的とする。

（定義）
第2条　この条例において、次の各号に掲げる用語の意義は、当該各号に定めるところによる。
(1)　自動車　道路運送車両法（昭和二十六年法律第185号）第2条に規定する自動車及び道路運送車両法施行規則（昭和二十六年運輸省令第74号）第1条第2項に規定する第2種原動機付自転車をいう。
(2)　放置　物件が正当な権原に基づき置くことを認められている場所以外の場所に相当の期間にわたり置かれていることをいう。
(3)　放置自動車　自動車で、その機能の一部又は全部を失った状態で放置されているものをいう。
(4)　事業者等　自動車の製造、輸入、販売、整備又は解体を業として行っている者及びそれらの者の団体をいう。
(5)　所有者等　自動車の所有権、占有権又は使用権を現に有する者又は最後に有した者及び自動車を放置した者又は放置させた者をいう。
(6)　公共の場所　市が管理している道路、公園、河川その他公共の用に供されている場所で市が管理しているものをいう。
(7)　廃物　自動車として本来の用途に供することが困難な状態にあり、かつ、汚物又は不要物と認められるものをいう。
(8)　処分等　廃物を、撤去し、及び処分すること並びに処理するために必要な措置を採ることをいう。

（市の責務）
第3条　市は、放置自動車の発生の防止及び適正な処理に関し必要な施策を実施するとともに、当該施策の実施に関し啓発及び広報活動を行うものとする。

（市民の責務）
第4条　市民（市の区域内において自動車を所有し、又は使用する者を含

-166-

む。）は、市が前条の規定により実施する施策（以下「市の施策」という。）に協力しなければならない。

(事業者等の責務)
第5条　事業者等は、自動車が放置自動車とならないよう啓発、回収その他の適切な措置を講ずるよう努めるとともに、市の施策に協力しなければならない。

(土地所有者等の責務)
第6条　土地を所有し、占有し、又は管理する者（以下「土地所有者等」という。）は、その土地について自動車の放置を防止する適切な措置を講ずるよう努めるとともに、市の施策に協力しなければならない。

(自動車の放置の禁止)
第7条　何人も、正当な理由なく自動車を放置させ、若しくは放置し、又はこれらの行為をしようとする者に協力してはならない。

(通報等)
第8条　放置されていると思料される自動車（以下「調査対象自動車」という。）を発見した者は、市長にその旨を通報するよう努めなければならない。

2　市長は、前項の規定による通報を受けた場合において必要があると認めるときは、その内容を関係機関等に通報する等適切な措置を講ずるものとする。

(依頼)
第9条　土地所有者等（市を除く。）は、その土地に調査対象自動車が存するときは、市長に対し、当該調査対象自動車について調査を依頼することができる。

(調査及び警告)
第10条　市長は、第8条第1項又は前条の規定による通報又は依頼があった場合において必要があると認めるときその他必要があると認めるときは、調査対象自動車の状況、所有者等その他市長が必要と認める事項を調査するものとする。

2　市長は、前項の規定による調査の結果、調査対象自動車が放置自動車であると判明したときは、所有者等に適正な処理を促すため、当該放置自動車に警告書をはり付けるものとする。

(立入調査)
第11条　市長は、前条第1項の規定により調査するために必要があると認めるときは、当該職員に、調査対象自動車が存する土地に立ち入り、これを調査させることができる。

2　前項の規定による立入調査をする職員は、その身分を示す証明書を携帯し、関係者の請求があったときは、これを提示しなければならない。

3　第1項の規定による立入調査の権限は、犯罪捜査のために認められたものと解釈してはならない。

(撤去勧告)
第12条　市長は、公共の場所に存する放置自動車について、第10条第1項の規定による調査の結果、当該放置自動車の所有者等が判明したときは、当該所有者等に対し、当該放置自動車を撤去するよう勧告することができる。

(措置命令)
第13条　市長は、前条の規定による勧告を受けた所有者等が当該勧告に従わないときは、期限を定めて、当該放置自動車を撤去するよう当該所有者等に命ずることができる。

(放置自動車の移動等)
第14条　市長は、公共の場所に存する放置自動車が、第10条第1項の規定による調査の結果、当該放置自動車の所有者等が判明しなかった場合又は所有者等は判明したがその者の住所、居所その他の連絡先が不明である場合（以下「所有者等不明の場合」という。）において同条第2項の規定により警告書をはり付けた日から市長が定める期間を経過し、かつ、市民の快適な生活環境等に著しく障害を与えていると認めるときは、当該放置自動車を市長が別に定める場所に移動し、保管することができる。

2　市長は、前項の規定に基づき放置自動車を移動したときは、その放置されていた場所に当該放置自動車を移動、保管した旨を表示するものとする。

(廃物認定)
第15条　市長は、公共の場所に存する放置自動車が、第10条第1項の規定による調査の結果、所有者等不明の場合又は連絡先不明の場合においては当該放置自動車の状況等を市長が定める基準に基づき総合的に判定した上、廃物として認定することができる。

-167-

2　市長は、前項の規定に基づき判定した結果、当該放置自動車が廃物であるとの判断をし難いときは、第22条に規定する大分市放置自動車廃物判定委員会の判定を経て、廃物として認定をしようとするときは、あらかじめその旨を告示しなければならない。

3　市長は、前2項の規定による認定をしたときは、当該放置自動車（以下「廃物認定放置自動車」という。）について、所有者等に当該廃物認定放置自動車の引取りを促すため、規則で定める事項を告示するものとする。

（処分等）

第16条　市長は、前条第1項又は第2項の規定に基づき放置自動車を廃物として認定したときは、処分等を行うことができる。

（廃物認定外放置自動車の措置）

第17条　市長は、第15条第2項の規定に基づき廃物として認定しなかった放置自動車（以下「廃物認定外放置自動車」という。）について、所有者等に当該廃物認定外放置自動車の引取りに係る告示の日から起算して6月を経過してもなお廃物認定外放置自動車の引取りがないときは、当該廃物認定外放置自動車を不要物として処分等を行うことができる。

（廃物認定外放置自動車の処分等）

第18条　市長は、前条第1項の規定による告示の日から起算して6月を経過してもなお廃物認定外放置自動車の引取りがないときは、当該廃物認定外放置自動車を不要物として処分等を行うことができる。

（引取通知）

第19条　市長は、第14条第1項又は第17条第2項の規定に基づき保管している放置自動車の所有者等及びその住所、居所その他の連絡先が判明したときは、前条の規定に基づき処分等を行うまでに、当該所有者等に連絡が可能なときは、当該所有者等に対し、期限を定めて当該放置自動車を引き取るよう通知するものとする。

（費用の負担）

第20条　市長は、第14条第1項又は第17条第2項の規定に基づき保管している放置自動車を引き取ろうとする所有者等又は前条の規定による放置自動車の引取通知を受けた所有者等に対し、当該放置自動車の移動及び保管に要した費用を請求することができる。

2　市長は、第16条又は第18条の規定に基づき処分等を行った後において、当該放置自動車の所有者等が判明したときは、その者に対し、当該放置自動車の移動、保管及び処分等に要した費用を請求することができる。

（公共の場所以外の場所に存する放置自動車の処分等）

第21条　市長は、公共の場所以外の場所に存する放置自動車について、市民の快適な生活環境等に著しく障害を与えていると認め、かつ、これを除去することが特に必要であると認めるときは、公共の場所以外の場所の土地所有者等からの依頼等に基づき、第12条から前条までの規定を適用することができる。

（放置自動車廃物判定委員会）

第22条　放置自動車の廃物の判定その他市の施策に関し市長が必要と認める事項の調査及び審査を行うため、大分市放置自動車廃物判定委員会（以下「委員会」という。）を置く。

2　委員会は、委員10人以内をもって組織する。

3　委員は、次に掲げる者のうちから市長が委嘱し、又は任命する。

(1)　自動車について専門的知識を有する者
(2)　学識経験を有する者
(3)　関係行政機関の職員
(4)　市の職員

4　委員の任期は、2年とする。ただし、補欠の委員の任期は、前任者の残任期間とする。

5　委員は、再任を妨げない。

6　前各項に定めるもののほか、委員会に関し必要な事項は、市長が別に定める。

（罰則）

第23条　第13条の規定に基づく市長の命令に違反した者は、20万円以下の罰金に処する。

（両罰規定）

第24条　法人の代表者又は法人若しくは人の代理人、使用人その他の従業者が、その法人又は人の業務に関し、前条の違反行為をしたときは、その行為者を罰するほか、その法人又は人に対しても同条の刑を科する。

（委任）

第25条　この条例の施行に関し必要な事項は、規則で定める。

附　則

（施行期日）

この条例は、平成12年9月1日から施行する。

群馬県／伊勢崎市

伊勢崎市給水条例（改正）

2000年（平成12年）4月1日施行

滞納予防で水道利用に保証金／新規契約者を対象

伊勢崎市は、水道料金の徴収率を高め水道事業の財政健全化を図るため、新たに水道の利用を開始する際、保証金1万円を納付してもらう水道使用契約保証金制度を導入した。

保証金制度は、新規契約者が対象で初回の水道料金を納付するときに1万円を加算。保証金は契約から5年間を経過した時点、又は契約解除時に返還するが、滞納があれば充当するとしている。

保証金の導入は、滞納対策と公平な負担からで、督促や幹部職員が休日・夜間に行う徴収事務にかかる人件費、事務経費の削減や不能欠損金の縮減を目的とした。

同市は、全国でも始めて水道検針票に広告を採用するなど、水道事業の経営改善に取り組んでいるが、保証金制度導入とあわせて、水道の使用開始時の手続きの簡略化など利用者サービスの改善も行った。

群馬県・伊勢崎市

市 役 所：〒372-8501
群馬県伊勢崎市今泉町2-410
（下車駅　東武鉄道　新伊勢崎駅）
電話（0270）24-5111

人　　口：119,888人
世 帯 数：41,079世帯
面　　積：65.17km²
人口密度：1,839.62人/km²
特 産 品：伊勢崎絣、カーエアコン、自動販売機
観　　光：華蔵寺公園遊園地、伊勢崎佐波観音霊園

伊勢崎市給水集例の一部を改正する条例（抄）

伊勢崎市給水条例（平成十年伊勢崎市条例第30号）の一部を次のように改正する。

第15条に次の3項を加える。

2　水道を使用しょうとする者は、申込みの際に給水契約の保証金（以下「契約保証金」という。）として、一万円を納付しなければならない。ただし、官公庁又は管理者が公益上その他特別な理由があると認めたときは、この限りでない。

3　前項の規定により納付された契約保証金は、給水契約の締結後五年を経過した際は給水契約の締結後五年に満たない場合であって給水契約を解除する際に、水道の使用者に返還するものとする。

4　管理者は、契約保証金を返還する場合において、水道の使用者に未納の水道料金がある場合にあっては、返還すべき契約保証金を充当することができる。

附　則
（施行期日）
この条例は、平成十二年四月一日から施行する。ただし、第15条に3項を加える改正規定は、平成十二年十月一日から施行する。
（経過措置）
この条例（前項ただし書に規定する改正後の伊勢崎市給水条例の規定は、平成十二年十月一日以後の申込みに係る給水契約から適用し、同日前の申込みに係る給水契約については、なお従前の例による。

第13編　上水道・下水道（伊勢崎市給水条例）

神奈川県／川崎市

川崎市住宅基本条例

2000年（平成12年）4月1日施行

高齢者、障害者、外国人の入居差別解消へ保証制度／全国初

　川崎市は、市民の住宅需要に適切に対応した良質な住宅の供給と誘導、良好な住環境の整備や高齢者、障害者、外国人をはじめとする市民の居住の安定をめざして「住宅基本条例」を制定した。

　条例では、「何人も、正当な理由がなく高齢者、障害者、外国人等であることをもって民間賃貸住宅への入居の機会が制約され、又、入居している民間賃貸住宅の居住の安定が損なわれることがあってはならない」とし、市は「入居の機会の制約や居住の安定が損なわれたときは、関係者から事情を聴き、必要な協力又は改善を求める」（第14条）とした。

　市は、高齢者等の入居機会の確保や居住の継続を図るため、民間賃貸住宅への入居に際しての補償制度や居住継続支援制度を整備するとしている。

　外国人を含め、居住支援や保証制度を盛り込み、民間を含めた関係機関が連携して居住差別取り組むための条例化は全国初。罰則規定は設けていない。

神奈川県・川崎市

市役所：〒210-8537
神奈川県川崎市川崎区宮本町1
（下車駅　東海道本線　川崎駅）
電話（044）201-3113

人　　口：1,209,845人
世　帯　数：529,092世帯
面　　積：142.70k㎡
人口密度：8,478.24人/k㎡
特　産　品：電気機器、鉄鋼、梨
観　　光：川崎大師、向ヶ丘遊園、よみうりランド

川崎市住宅基本条例

第1章　総則

（目的）
第1条　この条例は、住宅及び住環境の整備に関する施策の基本となる事項を定めることにより、良質な住宅の供給及び良好な住環境の形成並びに市民の居住の安定を図り、もって市民のゆとりある住生活の安定向上及び福祉の増進に寄与することを目的とする。

（住宅及び住環境に関する政策の基本理念）
第2条　住宅及び住環境に関する政策は、次に掲げる事項を基本目標とし、すべての市民が安心し、ゆとりを持って、共に住み続けられる活力ある地域社会の実現を目指したものでなければならない。
(1) 市民の住宅需要に適切に対応した良質な住宅の供給及び誘導
(2) 市民及び事業者の参画及び協働による良好な住環境の形成
(3) 高齢者、障害者及び外国人をはじめとする市民の居住の安定

（定義）
第3条　この条例において、「公共住宅」とは、市が供給する住宅及び川崎市住宅供給公社（以下「公社」という。）その他市長が指定する者が供給する賃貸住宅で、その建設、供給等に際して市から資金の助成等を受けているものをいう。

（市の責務）
第4条　市は、この条例の目的を達成するため、住宅及び住環境の整備に関する施策を総合的かつ計画的に実施するものとする。

2　市は、前項の施策の実施に当たっては、まちづくり施策、福祉施策、人権施策等との連携に努めるものとする。

（事業者の責務）
第5条　事業者は、その事業活動を行うに当たっては、良質な住宅の供給及び良好な住環境の形成並びにこれらの適正な維持管理に努めなければならない。市が実施する施策に積極的に協力しなければならない。

（市民の責務）
第6条　市民は、相互に協調し、居住水準の向上及び住環境の維持又は改善に努めるとともに、市が実施する施策に積極的に協力しなければならない。

第2章　住宅基本計画等

（調査の実施等）

第7条　市長は、総合的かつ計画的な住宅及び住環境の整備に関する施策の推進に資するため、市内の住宅及び住環境の実態、動向その他必要な事項を定期的に調査し、その結果を公表するものとする。

（住宅基本計画の策定等）

第8条　市長は、住宅及び住環境の整備に関する施策を総合的かつ計画的に推進するため、市の基本構想を踏まえ、当該施策の基本方針となる川崎市住宅基本計画（以下「基本計画」という。）を策定するものとする。

2　基本計画には、次に掲げる事項について定めるものとする。

(1) 指導又は誘導する居住水準及び住環境水準の目標

(2) 公共住宅における居住費負担の水準

(3) 民間賃貸住宅における居住費負担の安定に関する指針

(4) 住宅の供給及び管理に関する指針

(5) 住宅市街地における住宅及び住環境の整備方針

(6) 住宅及び住環境の整備を重点的に図るべき地区並びに当該地区における住宅及び住環境の整備に関する事項

(7) 前各号に掲げるもののほか、住宅及び住環境の整備に関し必要な事項

3　市長は、基本計画を策定する場合は、あらかじめ、市民及び事業者の意見を反映させるために必要な措置を講ずるとともに、川崎市住宅政策審議会の意見を聴かなければならない。

4　市長は、基本計画を策定したときは、これを公表するものとする。

5　前2項の規定は、基本計画の変更について準用する。

第3章　住宅及び住環境の整備に関する基本施策

（公共住宅の整備及び改良等）

第9条　市長は、公共住宅の整備及び改良等に努めるものとする。

2　公共住宅の整備及び改良等は、基本計画その他市が定める計画に基づき、住宅需要の動向及び地域の特性に応じた適切な立地に配慮し、その周辺の地域を含め、活力ある地域社会の形成に資するよう計画的に行われなければならない。

（公共住宅の入居管理の適正化）

第10条　市長は、公共住宅の供給目的、公共住宅の入居者が属する世帯の構成の変動等に応じ、入居者の住替えの誘導その他入居管理が適正に行われるよう必要な施策の推進に努めるものとする。

2　市長は、公共住宅の入居者の選考に当たり、住宅に困窮する者の居住の安定が図られるよう努めるものとする。

3　市長は、前2項の施策の推進のため必要があると認めるときは、都市基盤整備公団その他の関係機関の協力を得るよう努めるものとする。

（公共住宅の入居者の住居費負担）

第11条　市長は、市が自ら供給する公共住宅の家賃を定めるに当たっては、公共住宅の供給目的、立地条件、規模等及び入居者が属する世帯の所得等を総合的に勘案し、入居者が属する世帯における適正な住居費負担の水準となるよう努めなければならない。

2　公共住宅を供給する市以外の者は、その公共住宅の家賃を定めるに当たっては、前項の規定の趣旨を尊重し、入居者が属する世帯における適正な住居費負担の水準となるよう配慮しなければならない。この場合において、市長は、必要があると認めるときは、当該公共住宅を供給する者に対し必要な支援を行うことができる。

（高齢者又は障害者に対する支援）

第12条　市長は、民間賃貸住宅に居住する高齢者又は障害者で低額所得のものが、住み慣れた地域においてその居住が継続できるよう、当該民間賃貸住宅の賃貸人の協力を得て、住居の改良支援その他必要な支援を行うことができる。

（民間住宅の建設等の支援）

第13条　市長は、市内において自己の居住を目的として住宅の建設、購入又は改良等を行おうとする者に対し、その建設等に要する資金のあっせんその他必要な支援を行うことができる。

2　市長は、市内において民間賃貸住宅の整備又は改良等を行おうとする者に対し、その整備等に要する資金のあっせんその他必要な支援を行うことができる。

3　前2項の施策は、基本計画その他市が定める計画に基づき、住宅の質の向上及び居住の安定向上に資することを目的として行うものとする。

（民間賃貸住宅への入居機会の確保等）

第14条　何人も、正当な理由なく、高齢者、障害者、外国人等（以下「高齢者等」という。）であることをもって市内の民間賃貸住宅への入居の機会が制約され、又は高齢者等であることをもって入居している民間賃貸住宅

-171-

2　市長は、市民及び賃貸人その他の関係者に対して前項の規定の趣旨の普及に努めるものとし、高齢者等の入居の機会の制約又は居住の安定が損なわれることがあったときは、関係者から事情を聴き、必要な協力又は改善を求めるものとする。

3　市長は、高齢者等の民間賃貸住宅への入居の機会の確保及び民間賃貸住宅における居住の安定を図るため、公社その他関係機関に対して協力を求めるとともに、次に掲げる施策の実施に努めるものとする。

(1) 民間賃貸住宅の入居に関する情報の提供等
(2) 民間賃貸住宅への入居に際して必要な保証制度の整備
(3) 民間賃貸住宅入居後の安定的な居住継続支援制度の整備
(4) 前3号に掲げるもののほか市長が必要と認める施策

（共同住宅の維持管理の適正化）
第15条　市長は、共同住宅の維持管理に関する施策を実施するため、共同住宅を所有し、又は管理する者に対し、情報の提供、当該共同住宅の修繕に要する資金のあっせんその他必要な支援を行うことができる。

2　市長は、前項の施策を実施する上で必要があると認めるときは、共同住宅を所有し、又は管理する者に対し、当該共同住宅の維持管理状況についての報告その他必要な協力を求めることができる。

（相談の実施、情報提供等）
第16条　市長は、良質な住宅の供給及び良好な住環境の形成並びに居住の安定向上に資するため、公社その他関係機関と連携し、市民又は事業者に対する相談の実施、情報の提供その他必要な措置を講ずるものとする。

（自主的活動への支援）
第17条　市長は、良質な住宅の供給及び良好な住環境の形成並びに居住の安定向上に関する市民の自主的な活動を促進するため、助言その他の必要な支援を行うことができる。

（開発事業への要請）
第18条　市長は、良質な住宅の供給及び良好な住環境の形成に資するため、開発行為（都市計画法（昭和四十三年法律第100号）第4条第12項に規定する開発行為をいう。）又は建築（建築基準法（昭和二十五年法律第201号）第2条第13号に規定する建築をいう。）を行おうとする者に対し、当該開発行為又は建築する建築の規模及び用途、道路、公園その他の公共施設の整備状況

等を勘案して、配慮することが必要と市長が認める事項について、あらかじめ基準、手続等を示し、必要な協力を求めることができる。

（住宅整備等の重点的推進）
第19条　市長は、住宅及び住環境の整備を推進する地区の特性、事業の緊急性等を勘案し、特定の地区に限り重点的に整備を推進することができる。

2　市長は、その整備に当たっては、基本計画で定めるもののほか、その整備を推進する地区の特性、事業の緊急性等を勘案し、特定の地区に限り重点的に整備を推進することができる。

第4章　住宅政策審議会

（住宅政策審議会）
第20条　この条例に定めるもののほか住宅及び住環境に関する政策に係る重要事項について、市長の諮問に応じ、調査審議するため、川崎市住宅政策審議会（以下「審議会」という。）を置く。

2　審議会は、委員十五人以内で組織する。

3　委員は、市民、事業者及び学識経験のある者のうちから市長が委嘱する。

4　委員の任期は、二年とする。ただし、補欠の委員の任期は、前任者の残任期間とする。

5　委員は、再任されることができる。

6　審議会は、専門の事項を調査審議するため必要があるときは、部会を置くことができる。

7　審議会において必要があるときは、その会議に関係者の出席を求め、その意見又は説明を聴くことができる。

8　前各項に定めるもののほか、審議会の組織及び運営に関し必要な事項は、規則で定める。

第5章　雑則

（財政上の措置）
第21条　市は、住宅及び住環境に関する施策を総合的かつ計画的に推進するために必要な財政上の措置を講ずるよう努めるものとする。

附則

1　（施行期日）
この条例は、平成十二年四月一日から施行する。

2　（経過措置）
この条例の施行の際現に策定されている川崎市住宅基本計画は、第8条の規定により策定された基本計画とみなす。

奈良県

奈良県風致地区条例（改正）

2000年（平成12年）10月12日公布

風致地区を5段階に細分化／植栽面積基準も設定

奈良県は、文化財や自然環境の保全を目的に、都市計画法に基づいて、1970年に制定した条例を改正した。

条例では、3種に分けられていた風致地区を5種に変更、もっとも厳しい基準と緩い基準は政令で定められているため、その間を細分化した。新しい基準は、最も厳しい1種（高さ8メートル、建ぺい率20％）と、規制の緩やかな5種（15メートル、40％）は、従来の1種、3種と基本的に同じ。中間を2種（10メートル、30％）3種（10メートル、40％）4種（12メートル、40％）と細分化したもの。風致地区の全体面積の変更は行っていない。

緑化についても、新たに数値基準が導入され、建物を新築する場合、1種で40％、2種で30％、3−5種で20％の緑地率が定められた。

知事は、監督処分を行うため、新築行為に対して、報告や資料の提出を求めることができるとの条文を盛り込み、虚偽報告などに罰則を科すとした。

奈良県

県　庁：〒630-8501
奈良県奈良市登大路町
（下車駅　近畿日本鉄道　近鉄奈良駅）
電話（0742）22-1101

人　口：1,447,496人
世帯数：498,670世帯
面　積：3,691.09km²
人口密度：392.16人/km²

奈良県風致地区条例

（趣旨）

第1条　この条例は、都市計画法（昭和四十三年法律第100号）第58条第1項の規定に基づき、風致地区内における建築物の建築、宅地の造成、木竹の伐採その他の行為の規制に関し、必要な事項を定めるものとする。

（許可を要する行為）

第2条　風致地区内において、次の各号に掲げる行為をしようとする者は、あらかじめ、規則で定めるところにより、知事の許可を受けなければならない。許可を受けた事項を変更しようとする場合においても、同様とする。

一　建築物その他の工作物（以下「建築物等」という。）の新築、改築、増築又は移転

二　宅地の造成、土地の開墾その他の土地の形質の変更

三　木竹の伐採

四　土石の類の採取

五　水面の埋立て又は干拓

六　建築物等の色彩の変更

2　前項の規定にかかわらず、同項各号に掲げる行為に該当する行為で次の各号に掲げるものについては、同項の許可を受けることを要しない。

一　都市計画事業の施行として行う行為

二　国若しくは地方公共団体又は当該都市計画施設を管理することとなる者が当該都市施設又は市街地開発事業に関する都市計画に適合して行う行為

三　非常災害のため必要な応急措置として行う行為

四　次に掲げる工作物（建築物以外の工作物をいう。以下同じ。）の新築、改築、増築又は移転

ア　風致地区内において行う工事に必要な仮設の工作物

イ　祭礼その他これに類する慣例的な行事のため一時的に設ける工作物

ウ　水道管、下水道管、井戸その他これらに類する工作物で地下に設けるもの

エ　消防又は水防の用に供する望楼又は警鐘台

オ　アからエまでに掲げる工作物以外の工作物で、新築・改築・増築又

は移転に係る部分の地盤面からの高さが1.5メートル以下であるもの

五　次に掲げる木竹の伐採を生ずる切土又は盛土を伴わないもの
　　面積が10平方メートル以下の土地の形質の変更で、高さが1.5メートル
　　を超えるのりを生ずる切土又は盛土を伴わないもの

六　次に掲げる木竹の伐採
　ア　間伐、枝打ち、整枝等木竹の保育のため通常使われる木竹の伐採
　イ　枯損した木竹又は危険な木竹の伐採
　ウ　自家の生活の用に充てるために必要な木竹の伐採
　エ　仮植した木竹の伐採

七　この項の各号又は次条各号に掲げる行為のため必要な測量、実地調
　　査又は施設の保守の支障となる木竹の伐採

八　土石の類の採取で、その採取による地形の変更が第五号の土地の形質
　　の変更と同程度のもの

九　建築物等のうち、屋根、壁面、煙突、門、へい、橋、鉄塔その他これ
　　らに類するもの以外のものの色彩の変更

十　面積が10平方メートル以下の水面の埋立て又は干拓

　　前各号に掲げるもののほか、次に掲げる行為
　ア　法令又はこれに基づく処分による義務の履行として行う行為
　イ　建築物の存する敷地内で行う行為。ただし、次に掲げる行為を除
　　く。
　　(1)　建築物の新築、改築、増築又は移転
　　(2)　工作物のうち、当該敷地に存する建築物に附属する物干場、受信
　　　用の空中線系（その支持物を含む。以下同じ。）その他これらに類
　　　する工作物以外のものの新築、改築、増築又は移転
　　(3)　高さが1.5メートルを超えるのりを生ずる切土又は盛土を伴う土地
　　　の形質の変更
　　(4)　高さが5メートルを超える木竹の伐採
　　(5)　土石の類の採取で、その採取による地形の変更が(3)の土地の形質
　　　の変更と同程度のもの
　　(6)　建築物等の色彩の変更で前号に該当しないもの
　ウ　建築物の新築、改築、増築又は移転
　　(1)　農業、林業又は漁業を営むために行う行為。ただし、次に掲げるも
　　　のを除く。
　　(2)　用排水施設（幅員が2メートル以下の用排水路を除く。）又は幅

員が2メートルを超える農道若しくは林道の設置

　　(3)　宅地の造成又は土地の開墾
　　(4)　森林の択伐又は皆伐（林業を営むために行うものを除く。）
　　(5)　水面の埋立て又は干拓

3　国又は県の機関（次の各号に掲げる公団等を含む。以下この項において
同じ。）が行う行為については、第1項の許可を受けることを要しない。
この場合において当該国又は県の機関は、その行為をしようとするとき
は、あらかじめ、知事に協議しなければならない。協議した事項を変更し
ようとする場合においても、また、同様とする。

一　都市基盤整備公団
二　緑資源公団
三　労働福祉事業団
四　雇用・能力開発機構
五　簡易保険福祉事業団
六　水資源開発公団
七　日本鉄道建設公団
八　環境事業団
九　中小企業総合事業団
十　奈良県住宅供給公社

（適用除外）
第3条　次の各号に掲げる行為については、前条第1項の許可を受け、又は
同条第3項の規定による協議をすることを要しない。この場合において、
これらの行為をしようとする者は、あらかじめ、知事にその旨を通知しな
ければならない。

一　道路法（昭和二十七年法律第180号）による高速自動車国道若しくは自
　動車専用道路の新築、改築、増築、維持、修繕若しくは災害復旧（これらの道
　路とこれらの道路以外の道路（道路運送法（昭和二十六年法律第183号）
　による一般自動車道を除く。）とを連絡する施設の新設及び改築を除
　く。）又は道路法による道路（高速自動車国道及び自動車専用道路を除
　く。）の改築（小規模の拡幅、舗装、勾配の緩和、線形の改良その他道
　路の現状に著しい変更を及ぼさないものに限る。）、維持、修繕若しくは
　災害復旧に係る行為

二　道路運送法による一般自動車道及び専用自動車道（鉄道若しくは軌道

三 自動車ターミナル法（昭和三十四年法律第136号）によるバスターミナルの設置又は管理に係る行為

四 河川法（昭和三十九年法律第167号）第3条第1項に規定する河川又は同法第100条第1項の規定により指定された河川の改良工事の施行又は管理に係る行為

五 水資源開発公団法（昭和三十六年法律第218号）第18条第1項（前号に掲げるものを除く。）に規定する業務に係る行為

六 砂防法（明治三十年法律第29号）による砂防工事の施行又は砂防設備の管理（同法に規定する事項が準用されるものを含む。）に係る行為

七 地すべり等防止法（昭和三十三年法律第30号）による地すべり工事の施行に係る行為

八 急傾斜地の崩壊による災害の防止に関する法律（昭和四十四年法律第57号）による急傾斜地崩壊防止工事の施行又は係る行為

九 森林法（昭和二十六年法律第249号）第41条に規定する保安施設事業の施行に係る行為

十 国有林野内において行う国民の保健休養の用に供する施設の設置又は管理に係る行為

十一 森林法第5条の地域森林計画に定める林道の新設及び管理に係る行為

十二 土地改良法（昭和二十四年法律第195号）による土地改良事業の施行に係る行為（水面の埋立て及び干拓を除く。）

十三 地方公共団体又は農業等を営む者が組織する団体が行う農業構造、林業構造又は漁業構造の改善に関し必要な事業の施行に係る行為（水面の埋立て及び干拓を除く。）

十四 日本鉄道建設公団が行う鉄道施設の建設（駅、操車場、車庫その他これらに類するもの（以下「駅等」という。）の建設を除く。）に係る行為

十五 鉄道事業法（昭和六十一年法律第92号）による鉄道事業者又は索道事業者が行うその鉄道事業又は索道事業で一般の需要に応ずるものの用に供する施設の建設（鉄道事業にあつては、駅等の建設を除く。）又は管理に係る行為

十六 航空法（昭和二十七年法律第231号）による同法第96条に規定する指示に関する業務の用に供するもの又は同法第96条に規定する指示に関する業務の用に供するレーダー又は通信設備の設置又は管理に係る行為

十七 気象、地象又は洪水その他これに類する現象の観測又は通報の用に供する設備の設置又は管理に係る行為

十八 国又は地方公共団体が行う通信業務の用に供する設備（その支持物を含む。以下同じ。）又は空中線系若しくはこれらに係る電気通信設備の設置又は管理に係る行為

十九 電気通信事業法（昭和五十九年法律第86号）による第一種電気通信事業の用に供する線路又は空中線系若しくはこれらに係る電気通信設備の設置又は管理に係る行為

二十 有線放送電話に関する法律（昭和三十二年法律第152号）による有線放送電話業務の用に供する線路又は空中線系若しくはこれらに係る電気通信設備の設置又は管理に係る行為

二十一 放送法（昭和二十五年法律第132号）による放送事業の用に供する線路又は空中線系若しくはこれらに係る電気通信設備の設置又は管理に係る行為

二十二 有線ラジオ放送業務の運用の規正に関する法律（昭和二十六年法律第135号）による有線ラジオ放送及び有線テレビジョン放送法（昭和五十七年法律第114号）による有線テレビジョン放送の事業（共同聴取業務に供するものの設置又は管理に係る行為

二十三 電気事業法（昭和三十九年法律第170号）による電気事業の用に供する電気工作物の設置（発電の用に供する電気工作物の設置を除く。）又は管理に係る行為

二十四 ガス事業法（昭和二十九年法律第51号）によるガス工作物の設置（液化石油ガス以外の原料を主原料とするガスの製造の用に供するガス工作物の設置を除く。）又は管理に係る行為

二十五 水道法（昭和三十二年法律第177号）による水道事業若しくは水道用水供給事業以外の工業用水道事業若しくは工業用水道事業の用に供する施設又は下水道法（昭和三十三年法律第184号）による工業用水道事業若しくは下水道法（昭和三十三年法律

第79号）による下水道の排水管若しくはこれを補完するため設けられるポンプ施設の設置又は管理に係る行為

二十六　道路交通法（昭和三十五年法律第105号）による信号機の設置又は管理に係る行為

二十七　文化財保護法（昭和二十五年法律第214号）第27条第1項の規定により指定された重要文化財、同法第56条の10第1項の規定により指定された重要有形民俗文化財、同法第57条第1項に規定する埋蔵文化財又は同法第69条第1項の規定により指定され、若しくは同法第70条第1項の規定により仮指定された史跡名勝天然記念物の保存に関する行為

二十八　古都における歴史的風土の保存に関する特別措置法（昭和四十一年法律第1号）第5条による歴史的風土保存計画に基づく事業の執行に係る行為

二十九　明日香村における歴史的風土の保存及び生活環境の整備等に関する特別措置法（昭和五十五年法律第60号）第2条の規定による明日香村歴史的風土保存計画に基づく事業の執行に係る行為

三十　近畿圏の保全区域の整備に関する法律（昭和四十二年法律第103号）第4条による保全区域整備計画に基づく事業の執行に係る行為

三十一　都市公園法（昭和三十一年法律第79号）による都市公園又は同法第2条の規定による公園施設の設置又は管理に係る行為

三十二　自然公園法（昭和三十二年法律第161号）による公園事業又は県立自然公園のこれに相当する事業の執行に係る行為

三十三　鉱業法（昭和二十五年法律第289号）第3条第1項に規定する鉱物の掘採に係る行為

（風致地区の種別）
第4条　風致地区の種別は、第一種風致地区、第二種風致地区、第三種風致地区、第四種風致地区及び第五種風致地区とし、その区域は、奈良県古都風致審議会の意見を聴いて、別に知事が定める。

2　知事は、前項の区域を定めたときは、その旨を告示しなければならない。

（許可の基準）
第5条　知事は、第2条第1項各号に掲げる行為で次の各号に定める基準に適合しないものについては、同項の許可をしてはならない。

一　建築物等の新築については、次に掲げる要件に該当するものであること。

ア（1）建築物（仮設の建築物及び地下に設ける建築物を除く。）の高さが、別表（あ）欄に掲げる風致地区の種別ごとに同表の（い）欄に掲げる限度以下であること。ただし、当該建築物の規模、形態及び意匠が新築の行なわれる土地及びその周辺の土地の区域における風致と著しく不調和でなく、かつ、敷地について風致の維持に有効な措置が行なわれることが確実と認められる場合においては、この限りでない。

（2）当該建築物の建築面積の敷地面積に対する割合が、別表（あ）欄に掲げる風致地区の種別ごとに同表の（う）欄に掲げる限度以下であること。ただし、土地の状況により支障がないと認められる場合においては、この限りでない。

（3）当該建築物の外壁又はこれに代る柱の面から敷地の境界線までの距離が、別表（あ）欄に掲げる風致地区の種別ごとに、道路に接する部分にあっては同表の（え）欄に掲げる限度、その他の部分にあっては同表の（お）欄に掲げる限度以上であること。ただし、土地の状況により支障がないと認められる場合においては、この限りでない。

（4）当該建築物の敷地面積に対する植栽面積（規則で定めるところにより算定した植栽の面積をいう。）の割合が、別表（あ）欄に掲げる限度以上であること。

（5）当該建築物の位置、形態及び意匠が、新築の行なわれる土地及びその周辺の土地の区域における風致と著しく不調和でないこと。

イ　工作物（仮設の工作物を除く。）
（1）当該工作物の位置、規模、形態及び意匠が、新築の行なわれる土地及びその周辺の土地の区域における風致と著しく不調和でないこと。

ウ　仮設の建築物等
（1）当該建築物等が、容易に移転し、又は除却することができるものであること。
（2）当該建築物等の位置、規模、形態及び意匠が、新築の行なわれる土地及びその周辺の土地の区域における風致と著しく不調和でないこと。

エ 地下に設ける建築物等当該建築物等の位置及び規模が、新築の行なわれる土地及びその周辺の土地の区域における風致の維持に支障を及ぼすおそれが少ないこと。

二 建築物等の改築については、次に掲げる要件に該当するものであること。

ア 建築物

(1) 改築後の建築物の高さが、改築前の建築物の高さをこえないこと。

(2) 改築後の建築物の位置、形態及び意匠が、改築の行なわれる土地及びその周辺の土地の区域における風致と著しく不調和でないこと。

イ 工作物

改築後の工作物の位置、規模、形態及び意匠が、改築の行なわれる土地及びその周辺の土地の区域における風致と著しく不調和でないこと。

三 建築物等の増築については、次に掲げる要件に該当するものであること。

ア 建築物（仮設の建築物及び地下に設ける建築物を除く。）

(1) 当該増築部分の建築物の地盤面からの高さが、別表（あ）欄に掲げる風致地区の種別ごとに同表の（い）欄に掲げる限度以下であること。ただし、当該増築の行なわれる土地及びその周辺の土地の区域における風致の維持に有効な措置が行なわれることが確実と認められる場合においては、この限りでない。

(2) 増築後の建築物の建築面積の敷地面積に対する割合が、別表（あ）欄に掲げる風致地区の種別ごとに同表の（う）欄に掲げる限度以下であること。ただし、土地の状況により支障がないと認められる場合においてはこの限りではない。

(3) 当該増築部分の外壁又はこれに代える柱の面から敷地の境界線までの距離が、別表（あ）欄に掲げる風致地区の種別ごとに、道路に接する部分にあっては同表の（え）欄に掲げる限度、その他の部分にあっては同表の（お）欄に掲げる限度以上であること。ただし、土地の状況により支障がないと認められる場合においては、この限りではない。

イ 工作物

(4) 増築後の工作物の位置、形態及び意匠が、増築の行なわれる土地及びその周辺の土地の区域における風致と著しく不調和でないこと。

工作物（仮設の工作物及び地下に設ける工作物を除く。）

増築後の工作物の位置、規模、形態及び意匠が、増築の行なわれる土地及びその周辺の土地の区域における風致と著しく不調和でないこと。

ウ 仮設の建築物等

(1) 当該増築部分の構造が、容易に移転し、又は除却することができるものであること。

(2) 増築後の建築物等の位置、規模、形態及び意匠が、増築の行なわれる土地及びその周辺の土地の区域における風致と著しく不調和でないこと。

エ 地下に設ける建築物等

増築後の当該建築物等の位置及び規模が、増築の行なわれる土地及びその周辺の土地の区域における風致の維持に支障を及ぼすおそれが少ないこと。

四 建築物等の移転については、次に掲げる要件に該当するものであること。

ア 建築物

(1) 移転後の建築物の外壁又はこれに代える柱の面から敷地の境界線までの距離が、別表（あ）欄に掲げる風致地区の種別ごとに、道路に接する部分にあっては同表の（え）欄に掲げる限度、その他の部分にあっては同表の（お）欄に掲げる限度以上であること。ただし、土地の状況により支障がないと認められる場合においては、この限りでない。

(2) 移転後の建築物の位置が、移転の行なわれる土地及びその周辺の土地の区域における風致と著しく不調和でないこと。

イ 工作物

移転後の工作物の位置が、移転の行なわれる土地及びその周辺の土地の区域における風致と著しく不調和でないこと。

五　宅地の造成、土地の開墾その他の土地の形質の変更については、次に掲げる要件に該当し、かつ、風致の維持に支障を及ぼすおそれが少ないこと。

　ア　土地の形質の変更後の土地について植栽その他必要な措置を行なうこと等により、変更後の地貌が変更を行なう土地及びその周辺の土地の区域における木竹の生育に著しく不調和とならず、かつ、変更を行なう土地の区域における木竹の生育に支障を及ぼすおそれが少ないこと。

　イ　土地の形質の変更を行なう土地の区域の面積が1ヘクタールをこえるものにあっては、アのほか、次の掲げる要件に該当すること。

　(1)　第五種風致地区にあっては4メートル（地形の状況により特にこれにより難いと認められるときは、知事が別に定める高さ）を超える法面を生ずる切土又は盛土を伴わないこと。

　(2)　区域の面積が1ヘクタール以上である森林で風致維持上特に枢要であるものとして、あらかじめ、知事が指定したものの伐採を伴わないこと。

六　木竹の伐採については、木竹の伐採が次のいずれかに該当し、かつ、伐採の行なわれる土地及びその周辺の土地の区域における風致をそこなうおそれが少ないこと。

　ア　第2条第1項第1号及び第2号に掲げる行為をするために必要な最小限度の木竹の伐採（ただし植栽をすること等により風致の維持に著しい支障を及ぼさない場合を除く。）でなく、かつ、採取を行なう土地及びその周辺の土地の区域における風致の維持に支障を及ぼすおそれが少ないこと。

　イ　森林の択伐

　ウ　伐採後の成林が確実であると認められる森林の皆伐（前号(2)の森林に係るものを除く。）で伐採区域の面積が1ヘクタール以下のもの

　エ　森林の区域外における木竹の伐採

七　土石の類の採取については、採取の方法が、露天掘り（必要な埋めもどし又は植栽をすること等により風致の維持に著しい支障を及ぼさない場合を除く。）でなく、かつ、採取を行なう土地及びその周辺の土地の区域における風致の維持に支障を及ぼすおそれが少ないこと。

八　水面の埋立又は干拓については、水面の埋立又は干拓後の地貌が埋立又は干拓を行なう土地及びその周辺の土地の区域における風致と著しく不調和とならないこと。

九　建築物等の色彩の変更については、変更後の色彩が変更を行なわれる土地及びその周辺の土地の区域における風致と調和すること。

2　第2条第1項の許可には、都市の風致の維持上必要な条件を附することができる。この場合において、この条件は、当該許可を受けた者に不当な義務を課するものであってはならない。

（地位の承継）

第6条　第2条第1項の許可を受けた者の相続人その他の一般承継人は、被承継人が有していた当該許可に基づく地位を承継する。この場合において、相続人その他の一般承継人はその旨を届け出なければならない。

2　第2条第1項の許可を受けた者から当該許可を受けた行為を行なう権原を取得した者は、知事の承認を受けて、当該許可を受けた者が有していた当該許可に基づく地位を承継することができる。

（監督処分）

第7条　知事は、次の各号の一に該当する者に対して、風致を維持するため必要な限度において、この条例の規定によってした許可を取り消し、その条件を変更し、若しくはこれに基づく処分に違反した工事その他の行為の停止を命じ、若しくは相当の期限を定めて建築物等の改築、移転若しくは除却その他違反を是正するため必要な措置をとることを命ずることができる。

一　この条例の規定又はこれに基づく処分に違反した者

二　この条例の規定又はこれに基づく処分によって附せられた条件に違反している者

三　第5条第2項の規定により許可に附せられた条件に違反している者

四　詐欺その他不正な手段により第2条第1項の許可を受けた者

（報告又は資料の提出）

第8条　知事は、前条の規定による権限を行うために必要な限度において、第2条第1項各号に掲げられた行為を行った者若しくは行っている者又は当該行為の請負人に対し、当該行為の実施状況その他必要な事項について報告又は資料の提出を求めることができる。この場合において、当該請負人（請負工事の下請負人を含む。）又は請負契約によらないでみずからその工事をしている者若しくはした者を除き、当該行為又は請負人若しくは請負工事の注文主若しくは請負人その他資料又は報告その他不正な手段により第2条第1項の許可を受けた者

（立入検査）

第9条　知事又はその命じた者若しくは委任した者は、第7条の規定による権限を行うために必要がある場合においては、当該土地に立ち入り、当該土地若しくは当該土地にある物件又は当該土地において行われている工事

の状況を検査させることができる。

2　前項の規定により他人の土地に立ち入ろうとする者は、その身分を示す証明書を携帯しなければならない。

3　前項に規定する証明書は、関係人の請求があったときは、これを提示しなければならない。

（罰則）

第10条　第7条の規定による知事の命令に違反した者は、50万円以下の罰金に処する。

第11条　次の各号の一に該当する者は、30万円以下の罰金に処する。

一　第2条第1項の規定に違反した者

二　第5条第2項の規定により許可に付せられた条件に違反した者

第12条　次の各号の一に該当する者は、5万円以下の罰金に処する。

一　第8条の規定による報告若しくは資料の提出をせず、又は虚偽の報告若しくは資料の提出をした者

二　第9条第1の規定による立入検査を拒み、妨げ、又は忌避した者

第13条　法人の代表者又は法人若しくは人の代理人、使用人その他の従業者が、その法人又は人の業務又は財産に関して前3条に規定する違反行為をしたときは、行為者を罰するほか、その法人又は人に対して各本条の罰金刑を科する。

附　則

（施行期日）

1　この条例は、公布の日から施行する。

（経過措置）

（略）

別表（第5条関係）

（あ）	（い）	（う）	（え）	（お）	（か）
種別	高さ	建ぺい率	道路からの距離	隣接地からの距離	緑地率
第一種風致地区	8メートル	10分の2	3メートル	1.5メートル	10分の4
第二種風致地区	10メートル	10分の3	2メートル	1メートル	10分の3
第三種風致地区	10メートル	10分の4	2メートル	1メートル	10分の2
第四種風致地区	12メートル	10分の4	2メートル	1メートル	10分の2
第五種風致地区	15メートル	10分の4	2メートル	1メートル	10分の2

宮城県／七ヶ宿町

七ヶ宿町街なみ景観条例

2000年(平成12年)3月13日施行

「宿場町」の風情守り豊かな街並みへ／全町対象に「煙だし」など景観形成基準を適用

　七ヶ宿町は、5年前から大学教授や町民による「地域住宅計画推進協議会」を設置し住民参加で街並みのあり方を検討、条例制定はその結果を生かした。

　条例は、宿場町の風情と豊かな景観を守り、創ることを目的として制定。全町を景観整備地区として指定、指定地区内では建築物の新築、増改築、外観の模様替え、宅地造成など街なみに影響を及ぼすおそれのある行為を行う場合はあらかじめ内容を町に届け出なければならないとした。

　第6条では街なみ景観形成基準を定め、規則でモデル基準を規定した。基準では、建物の位置や屋根の形態などを細かく規定。特に「煙出し」の設置や「茅葺屋根」の保存は伝統的な民家のたたずまいを取り戻す目的で決められ、塀や屋号のデザインの基準も定められた。又、これらを実現するため基準に合わせた施工への助成制度も4月に要綱で制定された。

宮城県・七ヶ宿町

町 役 場：〒989-0512
宮城県刈田郡七ヶ宿町字関126
（下車駅　東北本線　白石駅からバス）
電話（0224）37-2111

人　　口：2,084人
世 帯 数：719世帯
面　　積：263.00k㎡
人口密度：7.92/k㎡
特 産 物：椎茸、わさび、おばちゃん漬
観　　光：七ヶ宿ダム、長老湖、滑津大滝

都市計画

七ヶ宿町街なみ景観条例

（目的）
第一条　この条例は、先人が残してくれた七ヶ宿らしい文化、自然を生かし地域環境に即した個性豊かな街なみ、自然の美観の維持及び増進並びに新しい街なみ景観の形成に関する必要な事項を定め、より豊かな住みよい郷土につくり上げることを目的とする。

（定義）
第二条　この条例において次の各号に掲げる用語の意義は、当該各号に定めるところによる。
一　街なみ景観の形成、七ヶ宿らしい優れた街なみ景観を保ち、さらにつくり育て上げることをいう。
二　広告物　屋外広告物法（昭和二十四年法律第189号）第2条第1項に規定する屋外広告物をいう。
三　建築物　建築基準法（昭和二十五年法律第201号）第2条第1号に規定する建築物をいう。
四　工作物　土地又は建築物に定着し、又は継続して設置されるもののうち、前2号に掲げる広告物以外の広告物及び前三号に掲げる建築物以外の建築物で町長が別に定めるものをいう。
五　建築物等　前三号及び前四号に掲げる建築物及び工作物をいう。
六　町民及び事業者等　町民及びその他の施主又は施行、設計を業として行う者をいう。

（町の責務）
第三条　町長は、この条例の目的を達成するため、基本的かつ総合的な施策を策定するとともに、これを実施しなければならない。
2　町長は、前項の施策の策定及びその実施に当たっては、町民及び事業者等（以下「町民等」という。）の意見が反映されるよう努めるものとする。
3　町長は公共事業等の施行に際し、街なみ景観の形成に先導的役割を果たすよう十分配慮するものとする。
4　町長は、町民等が街なみ景観の形成に寄与することができるよう街なみ景観の形成に関する調査、研究、知識の普及、啓発を図る等必要な処置を講じるように努めなければならない。

（町民等の責務）

第四条　町民等は、自らも街なみ景観を形成する主体であることを認識し、街なみ景観の形成に努めるとともに、街なみ景観の形成に関する町の施策に協力するよう努めるものとする。

（指定）

第五条　町長は、街なみ景観の形成を図るため必要な地域を街なみ景観形成地域として指定するものとする。

2　町長は、前項に規定する地域内で特に景観の保全、創造及び修復の必要がある地区を街なみ景観整備地区として指定するものとする。

3　町長は、街なみ景観整備地区の指定を変更しようとするときは、あらかじめ七ヶ宿町街なみ景観審議会の意見を聞かなければならない。

4　町長は、第一項及び第二項の規定による指定を行ったときは、これを告示しなければならない。

5　前項の規定は、街なみ景観整備地区の指定の変更について準用する。

（街なみ景観形成基準）

第六条　町長は、街なみ景観の形成を図るための基準（以下「街なみ景観形成基準」という。）を定め、又必要に応じ変更するものとする。

2　街なみ景観形成基準は、次に掲げる事項のうち必要なものについて定めるものとする。

一　建築物等の規模及び敷地内における位置形態
二　建築物等の意匠、色彩及び素材
三　建築物等の一階及び屋上の形態
四　敷地の緑化処置
五　その他街なみ景観の形成のため必要と認める事項

3　前条第三項の規定は、街なみ景観形成基準を定め、又は変更しようとする場合について準用する。

（行為の届出等）

第七条　街なみ景観形成地域において、次の各号に掲げる行為をしようとする町民等は、あらかじめその内容を町長に届け出なければならない。

一　建築物等の新築、増築又は改築
二　建築物等の外観の大規模な模様替え又は色彩の変更
三　宅地の造成及びその他の土地の形質の変更
四　その他街なみ景観の形成に影響を及ぼすおそれのある行為で町長が別に定めるもの。

2　前項の規定は次の各号に掲げる行為については適用しない。
一　通常の管理行為又は軽易な行為
二　国、地方公共団体が行う行為
三　その他町長が必要と認める行為

（街なみ景観形成基準の遵守）

第八条　前条第1項各号に規定する行為をしようとするものは、当該行為が街なみ景観形成基準に適合するよう努めるものとする。

（街なみ景観形成基準に基づく助言及び指導）

第九条　町長は、第七条第一項の規定による届け出があった場合は当該届け出をしたものに対し街なみ景観形成基準に基づき必要な処置を講ずるよう助言し、又は指導することができる。

（援助）

第十条　町長は、街なみ景観の形成のために必要な行為をしようとする者に対し、技術援助を行い、又はその行為に要する経費の一部を予算の範囲内で助成することができる。この助成に関し必要な事項は町長が別に定める。

（街なみ景観審議会）

第十一条　第一条に掲げる目的を達成するため、町長の付属機関として、七ヶ宿町街なみ景観審議会（以下「審議会」という。）を置く。

2　審議会は、町長の諮問に応じ、街なみ景観の形成に関する事項について調査審議するものとする。

3　審議会は、街なみ景観の形成に関する事項について、町長に意見を述べることができる。

（審議会の組織）

第十二条　審議会は、七名以内の委員で組織する。

2　委員の任期は、二年とし再任を妨げない。ただし、欠員が生じた場合の補欠委員の任期は、前任者の残任期間とする。

3　審議会の委員は、学識経験者及び町民の中から町長が委嘱する。

（規則への委任）

第十三条　この条例の施行に関し必要な事項は、規則で定める。

　　　附　則

この条例は、公布の日から施行する。

埼玉県／与野市

与野カーディーラー通り特別用途地区建築条例
2000年（平成12年）7月7日施行

商業地域への用途変更で準工業地域の要素残す／自動車の町を守る

　与野市は、準工業地域を商業地域に用途変更しながら、カーディーラーの営業活動を保証するために特定地域に限って準工業地域の要素を残す条例を制定した。

　地域は、さいたま新都心の西側玄関口。市は新都心の開発にともない商業業務機能が集積するとして、準工業地域から商業地域に用途変更した場所。この地域は、与野市の産業の重要な位置を占める、「トヨタ」や「ホンダ」関連のカーディーラーが集中しており、既存の自動車修理工場約1,100㎡の床面積を保証するために制定した。

　条例では、従来の商業地域では、工場は300㎡以下の床面積しか建設できなかったものを、1,500㎡を超えない範囲で建築を認めることとし規制を緩和している。

　この条例が制定できたのは、地方分権にともなって都市計画法が改正、「地域の特性」に応じた適用が可能となったためからで、「自動車の町」与野の地域性を条例に生かした。

埼玉県・与野市

市役所：〒338-8686
埼玉県与野市下落合5-7-10
（下車駅　埼京線　与野本町駅）
電話（048）853-2211

人　　口：81,029人
世帯数：32,586世帯
面　　積：8.29k㎡
人口密度：9,774.31人/k㎡
特　　産：七福神せんべい、ばらまんじゅう
観　　光：与野七福神めぐり、大かや（天然記念物）

都市計画

与野カーディーラー通り特別用途地区建築条例

（目的）
第1条　この条例は、建築基準法（昭和二十五年法律第201号。以下「法」という。）第49条の規定に基づき、与野カーディーラー通り特別用途地区（以下「ディーラー通り特別用途地区」という。）内における建築物の建築の制限等について必要な事項を定めることにより、自動車販売店及び自動車修理工場が集積している地区特性を生かした土地利用の増進を図るとともに地域の操業環境、商業環境及び生活環境を保護することを目的とする。

（適用区域）
第2条　この条例の規定は、ディーラー通り特別用途地区内において適用す

（建築物の建築の制限）
第3条　ディーラー通り特別用途地区内においては、別表に掲げる建築物を建築し、又は用途を変更してこれらの用途に供してはならない。ただし、市長が第1条の目的に反しないと認め、かつ、公益上やむを得ないと認めた場合においては、この限りでない。

2　市長は、前項ただし書の規定による許可をする場合においては、あらかじめ、その許可に利害関係を有する者の出頭を求めて公開による意見の聴取を行い、かつ、与野市都市計画審議会の同意を得なければならない。

（建築物の制限の緩和）
第4条　ディーラー通り特別用途地区内においては、法第48条第9項の規定にかかわらず、自動車修理工場を有する建築物で作業場の床面積の合計が千五百平方メートルを超えないものは、当該建築物を建築し、又は用途を変更して新たにこれらの用途に供することができる。

（既存の建築物に関する制限の緩和）
第5条　法第3条第2項の規定により第3条の規定の適用を受けない建築物については、法第3条第2項の規定により引き続き第3条の規定の適用を受けない期間の始期（以下「基準時」という。）を基準として、次の各号に定める範囲内において増築し、又は改築することができる。

(1)　増築又は改築が基準時の敷地内におけるものであり、かつ、増築又は改築後における延べ面積及び建築面積が、基準時の敷地面積に対してそれ

与野カーディーラー通り特別用途地区建築条例施行規則

(趣旨)
第1条 この規則は、与野カーディーラー通り特別用途地区建築条例(平成十二年条例第38号。以下「条例」という。)の施行に関し、必要な事項を定めるものとする。

(許可申請)
第2条 条例第3条第1項ただし書の規定による許可(以下「許可」という。)を受けようとする者は、許可申請書(様式第1号)に建築基準法施行規則(昭和二十五年建設省令第40号。以下「令」という。)第1条の3第1項の表に掲げる付近見取図、配置図、各階平面図及び2面以上の立面図及び2面以上の断面図(次項において「図書」という。)を添えて、市長に申請しなければならない。

2 市長は、前項の図書のほか、許可に関し必要な資料の提出を求めることができる。

3 市長は、第1項の申請書を受けた場合において、当該申請に係る許可を決定したときは、直ちに許可通知書(様式第2号)により、当該申請者に通知するものとする。

(建築主の変更)
第3条 建築主は、許可を受けた建築物の工事完了前に建築主に変更があったときは、名義変更届(様式第3号)に前条第3項の許可通知書を添えて、速やかに市長に届け出なければならない。

(工事の取りやめ等)
第4条 建築主は、許可を受けた建築物の工事の全部又は一部を取りやめたときは、工事取りやめ届(様式第4号)に第2条第3項の許可通知書を添えて、速やかに市長に届け出なければならない。

2 第2条第1項の規定による許可申請の取下げをしようとする者は、申請取下げ願(様式第5号)により市長の承認を受けなければならない。

3 市長は、前項の申請取下げ願を受けた場合において、申請取下げを承認したときは、申請取下げ承認通知書(様式第6号)により、当該願出者に通知するものとする。

(確認申請書に添付する調書等)
第5条 建築主は、条例第5条に規定する範囲内において建築物を増築し、又は改築する場合においては、令第1条の3第1項の確認申請書に不適格建築物調書(様式第7号)並びに基準時における建築物の配置図及び各階平面図を添付しなければならない。

(その他)
第6条 この規則に定めるもののほか、必要な事項は、市長が別に定める。

附 則

この規則は、平成十二年七月七日から施行する。

れ法第52条第1項から第6項まで及び法第53条の規定に適合すること。

(2) 増築後の第3条の規定に適合しない用途に供する部分の床面積の合計が、基準時における当該部分の床面積の合計の1.2倍を超えないこと。

(3) 増築後の第3条の規定に適合しない用途に供する部分の床面積の合計が、基準時における当該床面積の合計の1.2倍を超えないこと。

(4) 第3条の規定に適合しない事由が原動機の出力、機械の台数又は容器の容量(以下「原動機の出力等」という。)による場合においては、増築後の原動機の出力等の合計が、基準時における原動機の出力等の合計の1.2を超えないこと。

(建築物の敷地が地区の内外にわたる場合)
第6条 建築物の敷地がディーラー通り特別用途地区の内外にわたる場合においては、その敷地の全部について敷地の過半の属する区域の規定を適用する。

(罰則)
第7条 第3条第1項の規定に違反した場合における当該建築物の建築主、所有者、管理者又は占有者に対しては、20万円以下の罰金に処する。

2 法人の代表者又は法人若しくは人の代理人、使用人その他の従業者が、その法人又は人の業務に関して、前項の違反行為をした場合においては、その行為者を罰するほか、法人又は人に対しても同項の罰金刑を科する。ただし、法人又は人の代理人、使用人その他の従業者の当該違反行為を防止するため、当該業務に関し相当の注意及び監督が尽くされたことの証明があったときは、その法人又は人については、この限りでない。

(委任)
第8条 この条例の施行に関し必要な事項は、規則で定める。

附 則

この条例は、規則で定める日から施行する。

神奈川県／川崎市

川崎市都市計画審議会条例（改正）
2000年（平成12年）4月1日施行

都市計画審議会委員に市民を任命

　川崎市は、学識経験者、議員、行政機関の職員に限られていた都市計画審議会の委員に、市民も参加できるように条例を改正した。

　従来、大規模な都市計画を決定は、都道府県の都市計画審議会での協議を経た上で、国の機関委任事務として、都道府県知事が決定してきた。都市計画法の改正によって、市町村の権限が強化され、特に政令指定都市では、市街化区域と市街化調整区域の線引などの一部の例外をのぞいて、都市計画決定の権限が市に移譲され、これまで個々の自治体の判断に任されてきた市の都市計画審議会も、都市計画法上の根拠が与えられたことに併せて条例を改正したもの。

　条例では、委員に学識経験者、市議会議員、行政機関の職員のほかに市民を追加、都市計画審議会の委員に「住民」も任命できるようにして、まちづくりに地域の声を反映できるようにした。

神奈川県・川崎市

市役所：〒210-8577
川崎市川崎区宮本町1
（下車駅　東海道本線　川崎駅）
電話（044）200-2111

人　　口：1,209,845人
世 帯 数：529,092世帯
面　　積：142.70km²
人口密度：8,478.24人/km²
特 産 品：電気機器、鉄鋼、梨
観　　光：川崎大師、向ヶ丘遊園、よみうりランド

川崎市都市計画審議会条例

（趣旨）
第1条　この条例は、都市計画法（昭和四十三年法律第100号）第77条の2第3項の規定に基づき、川崎市都市計画審議会（以下「審議会」という。）の組織及び運営に関し必要な事項を定めるものとする。

（組織）
第2条　審議会は、委員20人以内で組織する。

（委員）
第3条　委員は、次に掲げる者のうちから市長が委嘱する。
(1) 学識経験のある者
(2) 市議会議員
(3) 関係行政機関又は神奈川県の職員
(4) 市民
2　委員の任期は、2年とする。ただし、補欠の委員の任期は、前任者の残任期間とする。
3　委員は、再任されることができる。

（臨時委員）
第4条　特別の事項を調査審議するため必要があるときは、審議会に臨時委員若干人を置くことができる。
2　臨時委員は、市長が委嘱する。
3　臨時委員は、特別の事項に関する調査審議が終了したときは、解嘱されるものとする。

（会長）
第5条　審議会に会長を置く。
2　会長は、第3条第1項第1号の委員のうちから委員の選挙によって定める。
3　会長は、会務を総理し、審議会を代表する。
4　会長に事故があるときは、あらかじめその指名する委員が、その職務を代理する。

（会議）
第6条　審議会は会長が招集し、会長はその会議の議長となる。
2　審議会は、委員及び議事に関係のある臨時委員の半数以上が出席しなけ

-184-

れば、会議を開くことができない。

3　審議会の議事は、出席した委員及び議事に関係のある臨時委員の過半数をもって決し、可否同数のときは、議長の決するところによる。

（庶務）
第7条　審議会の庶務は、まちづくり局において処理する。

（委任）
第8条　この条例に定めるもののほか、審議会に関し必要な事項は、規則で定める。

　　　附　則
（施行期日）
1　この条例は、平成12年4月1日から施行する。ただし、附則第3項の規定は、公布の日から施行する。

（川崎市都市計画審議会条例の廃止）
2　川崎市都市計画審議会条例（昭和四十四年川崎市条例第38号。以下「旧条例」という。）は、廃止する。

（旧条例の廃止に伴う経過措置）
3　この条例の公布の際現に在任する旧条例の規定に基づき委嘱され、又は任命された川崎市都市計画審議会委員の任期は、平成12年3月31日までとする。

静岡県／富士宮市

富士山等景観保全地域におけるトレーラーハウスの定置の規制に関する条例
2000年（平成12年）10月4日議決

全国初、トレーラーハウス定置を規制／違法設置者に勧告と公表

朝霧高原など富士山ろくの市街化調整地域にトレーラーハウスが常駐していることから、富士山ろくの景観・植生・地下水への影響や、分譲業者の説明不足による土地購入者とのトラブルなどの防止のため条例を制定した。

トレーラーハウスは移動型の住宅車両で、幅4メートル、長さ11メートル程度の大きさ。ハウスの下部には台所や入浴施設、寝室などを装備しているもの。

条例では、規制対象地をキャンプ場や既存宅地を除く、市の都市景観条例に定める「富士山等景観保全地域」とし、富士山ろくの景観と自然環境の保全を目的としている。

トレーラーハウスの所有者等は、規制土地にトレーラーハウスを6ヶ月を超えて定置してはならない（第3条）として、所有者等が、規定に違反してハウスを定置している場合は、期限を定めて、所有者等に搬出を勧告し、従わない場合は事実を公表する（第6条）としている。

都市計画

静岡県・富士宮市

市　役　所：〒418-8601
静岡県富士宮市弓沢町150
（下車駅　身延線　富士宮駅）
電話（0544）22-1111

人　　口：121,647人
世　帯　数：39,570世帯
面　　積：314.81km²
人口密度：386.41人/km²
特　産：紅鱒、乳製品、四つ溝柿
観　　光：富士山、富士山本宮浅間大社

富士山等景観保全地域におけるトレーラーハウスの定置の規制に関する条例

（目的）
第1条　この条例は、富士宮市都市景観条例（平成七年富士宮市条例第10号）第14条第1項の規定により指定した富士山等景観保全地域において、トレーラーハウスの定置を規制することにより、富士山等の豊かな景観及び良好な自然環境の保全を図ることを目的とする。

（用語の定義）
第2条　この条例において、次の各号に掲げる用語の意義は、当該各号に定めるところによる。
(1) トレーラーハウス　車輪を有する移動型住宅で、原動機を備えずけん引車によりけん引されるものをいう。
(2) 定置　一定の土地に継続して置くことをいう。
(3) 規制土地　富士宮市都市景観条例第14条第1項の規定により指定した富士山等景観保全地域にある土地（都市計画法施行規則（昭和四十四年建設省令第49号）第60条の規定により都市計画法（昭和四十三年法律第100号）の規定に適合している旨の証明を受けた土地又は証明を受けることができる土地その他市長が規制する必要がないと認める土地を除く。）をいう。

（定置の規制）
第3条　トレーラーハウスの所有者若しくは占有者または管理者（以下「所有者等」という。）は、規制土地に、トレーラーハウスを六月を超えて定置してはならない。

（報告及び立入検査）
第4条　市長は、この条例の施行に必要な限度において、所有者等に対し、トレーラーハウスの定置の状況に関し報告をさせ、又はその職員に、規制土地若しくは規制土地に定置するトレーラーハウスに立ち入り、トレーラーハウスの定置の状況を検査させ、若しくは関係者に質問させることができる。
2　前項の規定により立入検査又は質問をする職員は、その身分を示す証明書を携帯し、関係者に提示しなければならない。
3　第1項の規定による立入検査又は質問の権限は、犯罪捜査のために認め

-186-

(勧告及び公表)

第5条　市長は、所有者等が第3条の規定に違反していると認めるときは、当該所有者等に対し、期限を定めて、トレーラーハウスの搬出を勧告することができる。

2　市長は、前項の規定による勧告を受けた所有者等が正当な理由なく当該勧告に従わないときは、その事実を公表することができる。

(委任)

第6条　この条例に定めるもののほか、必要な事項は、市長が別に定める。

　　　附　則

(施行期日)

1　この条例は、平成十三年一月一日から施行する。

(経過措置)

2　この条例の施行の際現に規制土地に定置してあるトレーラーハウスについては、第3条中「六月」とあるのは、「この条例の施行の日から起算して六月」と読み替えて、同条の規定を適用する。

石川県／金沢市

金沢市における市民参画によるまちづくりの推進に関する条例
金沢市における土地利用の適正化に関する条例

2000年（平成12年）3月24日公布

街に似合う建物の高さ・デザイン／住民が景観ルール、市長と協定で

金沢市は、市街化区域内において地域の実情を反映させ、きめ細かなまちづくりを市民と協働で実現させようと、市民参画によるまちづくり推進に関する条例を制定した。

住民は、地区のまちづくり計画を策定するにあたって、①計画の名称、位置、区域、②まちづくり計画の目標、③建築物、公共施設、緑地保全、緑化、駐車場などの計画を定めて、市長と「まちづくり協定」を締結、市長は内容を公告するとしている。

事業者は、協定区域内の開発についての届け出の義務を負い、市は提出された計画を協定に照らして審査、必要な場合は、計画を見直すよう開発業者や施主を指導することができるとした。

また、住民が地区計画の決定を要請し、適正であれば市長は決定の手続きを実施する。

市街化調整区域や都市計画区域外においても、市民参画による土地利用基準の策定などのルールづくりを定めた「土地利用の適正化に関する条例」が同時に制定された。

都市計画

石川県・金沢市

市役所：〒920-8577
石川県金沢市広坂1-1-1
（下車駅　北陸本線　金沢駅）
電話　(076) 220-2111

人　　口：437,845人
世帯数：166,818世帯
面　　積：467.77km²
人口密度：936.03人／km²
特産品：和菓子、加賀友禅、金箔
観　光：湯涌温泉、兼六園、金沢城

金沢市における市民参画によるまちづくりの推進に関する条例

第一章　総則

（目的）

第一条　この条例は、本市の市街化区域におけるまちづくりについて、基本理念を定め、ならびに市、市民および事業者の責務を明らかにするとともに、市民の参画によるまちづくりを推進するための基本となる事項および開発事業の施行手続その他の本市の美しい景観を生かすためのまちづくりに必要な事項を定めることにより、その地域にふさわしい市民主体の活力あるまちづくりを推進し、もって金沢の個性豊かで住み良い都市環境の形成に寄与することを目的とする。

（用語の意義）

第二条　この条例において、次の各号に掲げる用語の意義は、当該各号に定めるところによる。

一　市街化区域　都市計画法（昭和四十三年法律第100号。以下「法」という。）第7条第2項に規定する市街化区域をいう。

二　開発事業　次に掲げる行為をいう。

ア　法第4条第12項に規定する開発行為（イに掲げるものおよび農林漁業を営むために行うものを除く。）

イ　土地の区画形質の変更（アに掲げるものを除く。）

ウ　建築基準法（昭和二十五年法律第201号）の建築（同条第13号に規定する建築物（以下「建築物」という。）をいう。以下同じ。）、建築物の大規模の修繕（同条第14号に規定するものをいう。）または建築物その他の工作物の用途、形態もしくは意匠の変更

エ　木竹の伐採

三　事業者　開発事業を行う者をいう。

四　住民等　市街化区域内に住所を有する者または市街化区域内に存する土地もしくは建築物の所有者（これらについて使用権利を有する者を含む。）をいう。

五　地区計画等　法第4条第9項に規定する地区計画等をいう。

（基本理念）
第三条　まちづくりは、市民自らが主体となってこれに参画し、および推進するものであることを認識し、市、市民および事業者の相互の信頼と理解のもとに、協働して行わなければならない。

（市の責務）
第四条　市は、前条に規定する基本理念（以下「基本理念」という。）にのっとり、まちづくりに関する施策を実施するに当たっては、市民および事業者の理解と協力を得るための必要な措置を講じなければならない。

2　市は、基本理念にのっとり、まちづくりに関する施策の実施に当たっては、市民の参画によるまちづくりの活動を積極的に支援するとともに、当該施策の実施に当たっては、市民の意見を十分に反映させるよう努めるものとする。

（市民の権利と責務）
第五条　市民は、自らが主体となって快適で住み良いまちづくりを推進する権利と責務を有する。

2　市民は、基本理念にのっとり、本市が実施するまちづくりに関する施策に協力しなければならない。

（事業者の責務）
第六条　事業者は、基本理念にのっとり、開発事業を行うに当たっては、その地域の良好な環境が確保されるよう適切な措置を講ずるとともに、本市が実施するまちづくりに関する施策に協力しなければならない。

第二章　金沢市まちづくり審議会

（金沢市まちづくり審議会）
第七条　市民による自主的なまちづくりを推進するため、金沢市まちづくり審議会（以下「審議会」という。）を置く。

（審議会の任務）
第八条　審議会は、この条例に規定する事項その他の事項について市長の諮問に応じるほか、まちづくりに関し必要な事項について市長に意見を述べることができる。

（組織等）
第九条　審議会は、委員二十人以内で組織する。

2　委員は、まちづくりに関し識見を有する者のうちから、市長が委嘱する。

3　委員の任期は、二年とする。ただし、委員に欠員を生じた場合における補欠の委員の任期は、前任者の残任期間とする。

4　審議会に、会長を置き、委員の互選によりこれを選任する。

5　会長は、会務を総理し、審議会を代表する。

6　会長に事故があるときは、会長があらかじめ指名する委員がその職務を代理する。

第三章　住民等による自主的なまちづくり

（まちづくり計画の策定）
第十条　住民等は、自ら住み良いまちづくりを推進するため、当該地区における建築物の規模、土地利用等に係るまちづくりに関する計画（以下「まちづくり計画」という。）を策定することができる。

2　まちづくり計画には、次に掲げる事項について定めるものとする。
一　まちづくり計画の名称
二　まちづくり計画の対象となる区域
三　まちづくりの目標および方針
四　その他住み良いまちづくりを推進するために必要な事項

3　住民等は、まちづくり計画を策定するに当たっては、本市のまちづくりに関する計画と調和するよう努めなければならない。これを変更する場合も、同様とする。

（まちづくり協定）
第十一条　住民等は、前条の規定によりまちづくり計画を策定したときは、市長とまちづくりに関する協定（以下「まちづくり協定」という。）を締結することができる。

2　市長は、まちづくり協定を締結しようとするときは、審議会の意見を聴くことができる。

3　まちづくり協定の内容は、本市がまちづくりに関して定めた基準等を緩和するものであってはならない。

4　市長は、まちづくり協定を締結したときは、その旨およびその内容を公告しなければならない。

5　前3項の規定は、まちづくり協定を変更する場合について準用する。

（まちづくり協定の遵守等）

第十二条　事業者は、前条の規定により締結されたまちづくり協定に係る区域（以下「協定区域」という。）内において、開発事業を行おうとするときは、当該まちづくり協定の内容を十分に理解し、これを遵守しなければならない。

2　事業者は、協定区域内において、開発事業を行おうとするときは、開発事業に着手する日の三十日前までに、規則で定める事項を市長に届け出なければならない。ただし、当該開発事業が法第58条の2第1項各号に掲げる行為に該当する場合または協定区域内に係る第14条の2第1項の規定による開発事業の実施に係る計画書の提出があった場合は、この限りでない。

3　事業者は、前項の規定により届け出た事項に変更があったときは、直ちにその旨を市長に届け出なければならない。

4　市長は、前2項の届出に係る開発事業の内容がまちづくり協定に適合しないと認めるときは、当該届出をした者と協議のうえ、必要な措置を講ずるための助言または指導を行うものとする。

第十三条　協定区域内の住民等は、まちづくり協定の締結に係るまちづくり計画を地区計画等として都市計画に定めるよう市長に要請することができる。

2　市長は、前項の要請があった場合において、当該まちづくり計画が地区計画等に適合すると認めるときは、法第19条第1項の規定による都市計画の決定に係る手続を行うものとする。

（地区計画等への要請等）

第四章　まちづくりにおける開発事業の施行手続

（開発事業の協議等）

第十四条　事業者は、市街化区域内において、その面積が三千平方メートル以上の土地または規則で定める中高層の建築物の建築に係る開発事業を行おうとするときは、あらかじめ当該開発事業の実施に係る計画書（以下「実施計画書」という。）を市長に提出しなければならない。

2　事業者は、前項の規定による実施計画書の提出をした日後三十日間、当該開発事業を行う土地における公衆の見やすい場所に、その概要を示す標識を設置しなければならない。

3　事業者は、前項の規定により標識を設置したときは、直ちに市長に届け出なければならない。

4　事業者は、第2項の規定による標識の設置期間中に、近隣の住民等から当該開発事業に関する問い合わせがあったときは、説明会の開催その他の必要な措置を講じなければならない。

5　事業者は、第2項の規定による問い合わせの内容および同項の規定により講じた措置に係る報告書を市長に提出して、当該計画書について市長と協議しなければならない。

6　市長は、前項の協議をする場合には、本市のまちづくりに関する計画との調和を図るため、当該事業者に対し、必要な措置を講ずるための助言または指導を行うことができる。

（勧告）

第十五条　市長は、当該事業者が前条第2項の規定による標識の設置をしないとき、同条第4項の規定による必要な措置を講じないとき、同条第5項の規定による協議をしないとき、または同条第6項の規定による指導に従わないときは、当該事業者に対し、期限を定めて、必要な措置をとるべきことを勧告することができる。

（公表）

第十六条　市長は、前条の規定により勧告を受けた事業者が正当な理由がなく当該勧告に従わないときは、その旨を公表することができる。

2　市長は、前項の規定による公表をしようとするときは、あらかじめ、当該公表をされるべき者にその理由を通知し、かつ、意見を述べ、および有利な証拠を提出する機会を与えるとともに、審議会の意見を聴かなければならない。

（大規模な開発事業の手続の特例）

第十七条　事業者は、市街化区域内において、その面積が一万平方メートル以上の土地に係る開発事業を行おうとするときは、第14条第1項の規定による実施計画書の提出前に、次に掲げる事項について、市長と協議しなければならない。

一　開発事業の区域、土地の面積ならびに予定される建築物の用途および規模

二　土地利用の方針に関する事項

金沢市における土地利用の適正化に関する条例

(目的)
第一条 この条例は、本市の市街化区域以外の区域における土地利用について、市民の参画による土地利用の適正化を図るための基本となる事項等を定めることにより、その地域にふさわしい市民主体の秩序ある土地利用を図り、もって当該市街化区域以外の区域における無秩序な開発および災害の防止ならびに自然環境の保全に寄与することを目的とする。

(用語の意義)
第二条 この条例において、次の各号に掲げる用語の意義は、当該各号に定めるところによる。
一 市街化区域以外の区域 都市計画法(昭和四十三年法律第100号。以下「法」という。)第4条第2項に規定する都市計画区域および法第7条第三項に規定する市街化調整区域をいう。
二 開発事業 次に掲げる行為をいう。
ア 法第四条第十二項に規定する開発行為
イ 土地の区画形質の変更 (アに掲げるものおよび農林漁業を営むために行うものを除く。)
ウ 建築基準法 (昭和二十五年法律第201号)第2条第1号に規定する建築物 (以下「建築物」という。)の建築 (同条第13号に規定する建築をいう。以下同じ。)、建築物の大規模の修繕 (同条第14号に規定する大規模の修繕をいう。)または建築物その他の工作物の用途、形態もしくは意匠の変更
エ 木竹の伐採
三 事業者 開発事業を行う者をいう。
四 住民等 市街化区域以外の区域内に存する土地もしくは建築物の所有者 (これらについて使用する権利を有する者を含む。)をいう。

(土地利用基準の策定)
第三条 住民等は、土地利用の適正化を図るため、当該地区における土地利用に関する基準 (以下「土地利用基準」という。)を策定することができる。
2 土地利用基準には、次に掲げる事項について定めるものとする。

三 公共施設および公益施設の整備の方針に関する事項
四 環境および景観の保全の方針に関する事項
五 雨水、排水、廃棄物および交通の処理の方針に関する事項
六 その他市長が特に必要があると認める事項
2 第14条第6項の規定は、前項の規定による協議をする場合について準用する。

(適用除外)
第十八条 第14条および前条の規定は、次に掲げる開発事業については、適用しない。
一 都市計画事業 (法第4条第15項に規定する都市計画事業をいう。)として行う行為またはこれに準ずる行為として市長が定める行為
二 非常災害のため必要な応急措置として行う行為
三 協定区域外における専ら自己の居住の用に供する建築物の建築 (規則で定める中高層の建築物の建築を除く。)
四 通常の管理行為、軽易な行為その他の行為で市長が定めるもの

第五章 まちづくりの活動に対する支援

(援助)
第十九条 市長は、住民等の自主的なまちづくり計画の策定を推進するため必要があると認めるときは、技術的な援助をし、または予算の範囲内において、財政的な援助をすることができる。
2 市長は、住民等の自主的なまちづくり活動に対して、必要な支援をすることができる。

(表彰)
第二十条 市長は、良好なまちづくりの推進に著しく貢献した者を表彰することができる。

第六章 雑則

(委任)
第二十一条 この条例の施行に関し必要な事項は、市長が別に定める。

附 則
この条例は、規則で定める日から施行する。

第四条　住民等は、前条の規定により土地利用基準を策定したときは、市長と土地利用に関する協定（以下「土地利用協定」という。）を締結することができる。

2　市長は、土地利用協定を締結しようとするときは、金沢市における市民参画によるまちづくりの推進に関する条例（平成十二年条例第　号）第7条に規定する金沢市まちづくり審議会（以下「審議会」という。）の意見を聴くことができる。

3　土地利用協定の内容は、本市が土地利用に関して定めた基準等を緩和するものであってはならない。

4　市長は、土地利用協定を締結したときは、その旨およびその内容を公告しなければならない。

5　前三項の規定は、土地利用協定を変更する場合について準用する。

（土地利用協定の遵守等）

第五条　事業者は、前条の規定により締結された土地利用協定に係る区域（以下「協定区域」という。）内において、開発事業を行おうとするときは、当該土地利用協定の内容を十分に理解し、これを遵守しなければならない。

2　事業者は、協定区域内において、開発事業を行おうとするときは、開発事業に着手する日の三十日前までに、規則で定める事項を市長に届け出なければならない。ただし、当該開発事業が法第五十八条の二第一項各号に掲げる行為に該当する場合または協定区域内に係る次条第一項の規定により届け出た事項に変更があつた場合は、この限りでない。

3　事業者は、前項の規定により届け出た事項に変更があつたときは、直ちにその旨を市長に届け出なければならない。

4　市長は、前二項の届出に係る開発事業の内容が土地利用協定に適合しな

一　土地利用基準の名称
二　土地利用基準の対象となる区域
三　土地利用の目標および方針
四　その他土地利用の適正化を図るために必要な事項

3　住民等は、土地利用基準を策定するに当たっては、本市の土地利用に関する基準と調和するよう努めなければならない。これを変更する場合も、同様とする。

（開発事業の協議等）

第六条　事業者は、市街化区域以外の区域内において、その面積が千五百平方メートル以上の土地または規則で定める中高層の建築物の建築に係る開発事業を行おうとするときは、あらかじめ当該開発事業の実施に係る計画書（以下「実施計画書」という。）を市長に提出しなければならない。

2　事業者は、前項の規定による実施計画書の提出をした日後三十日間、当該開発事業を行う土地における公衆の見やすい場所に、その概要を示す標識を設置しなければならない。

3　事業者は、前項の標識を設置したときは、直ちに市長に届け出なければならない。

4　事業者は、第二項の規定による標識の設置期間中に、近隣の住民等から当該開発事業に関する問い合わせがあったときは、説明会の開催その他の必要な措置を講じなければならない。

5　事業者は、第二項の規定による標識の設置後三十日を経過したときは、直ちに前項の問い合わせの内容および同項の規定により講じた措置に係る報告書を市長に提出して、当該計画について市長と協議しなければならない。

6　市長は、前項の協議をする場合には、本市の土地利用に関する基準との調和を図るため、当該事業者に対し、必要な措置を講ずるための助言または指導を行うことができる。

（勧告）

第七条　市長は、当該事業者が前条第二項の規定による標識の設置をしないとき、同条第四項の規定による必要な措置を講じないとき、または同条第五項の規定による協議をしないとき、当該事業者に対し、期限を定めて、必要な措置をとるべきことを勧告することができる。

（公表）

第八条　市長は、前条の規定により勧告を受けた事業者が正当な理由がなく当該勧告に従わないときは、その旨を公表することができる。

いと認めるときは、当該届出をした者と協議のうえ、必要な措置を講ずるための助言または指導を行うものとする。

5　市長は、前項の規定により助言または指導を行う場合は、必要に応じ、審議会または協定区域内の住民等の意見を聴くことができる。

2　市長は、前項の規定による公表をしようとするときは、あらかじめ、当該公表をされるべき者にその理由を通知し、かつ、意見を述べ、および有利な証拠を提出する機会を与えるとともに、審議会の意見を聴かなければならない。

（大規模な開発事業の手続の特例）

第九条　事業者は、市街化区域以外の区域内において、その面積が五千平方メートル以上の土地に係る開発事業を行おうとするときは、第六条第一項の規定による実施計画書の提出前に、次に掲げる事項について、市長と協議しなければならない。

一　開発事業の区域、土地の面積ならびに予定される建築物の用途および規模

二　土地利用の方針に関する事項

三　公共施設および公益施設の整備の方針に関する事項

四　環境および景観の保全の方針に関する事項

五　雨水、排水、廃棄物および交通の処理の方針に関する事項

六　その他市長が特に必要があると認める事項

2　第六条第六項の規定は、前項の規定による協議をする場合について準用する。

（適用除外）

第十条　第六条および前条の規定は、次に掲げる開発事業については、適用しない。

一　都市計画事業（法第4条第15項に規定する都市計画事業をいう。）として行う行為またはこれに準ずる行為として市長が定める行為

二　非常災害のため必要な応急措置として行う行為

三　協定区域外における専ら自己の居住の用に供する建築物の建築（規則で定める中高層の建築物の建築を除く。）

四　通常の管理行為、軽易な行為その他の行為で市長が定めるもの

（援助）

第十一条　市長は、住民等の自主的な土地利用基準の策定を推進するため必要があると認めるときは、技術的な援助をし、または予算の範囲内において、財政的な援助をすることができる。

2　市長は、住民等の自主的な土地利用の適正化に係る活動に対して、必要な支援をすることができる。

（表彰）

第十二条　市長は、土地利用の適正化に著しく貢献した者を表彰することができる。

（委任）

第十三条　この条例の施行に関し必要な事項は、市長が別に定める。

附　則

この条例は、規則で定める日から施行する。

京都府／京都市

京都市土地利用の調整に係るまちづくりに関する条例
2000年（平成12年）6月1日施行

大型開発に市や市民の意見反映をめざす

大規模小売店舗立地法が2000年6月から施行され、大型店出店の規制が緩和されるのに伴い、市は大型開発に市や市民の意見を反映させ、まちづくりを損なう開発に歯止めをかけるための条例を制定した。条例では、第3条で市の責務として、良好なまちづくりに関する方針を策定し、実施することと定め、規則でこの方針を、商業集積ガイドライン、みどりの基本計画、住宅マスタープラン、職住共存地区整備ガイドライン、高度集積地区整備ガイドラインなどとした。第6条で開発業者に対し、構想の段階で市への届出や周辺住民への説明会を義務づけ、住民からの意見書に対し事業者の見解書提出を義務づけ、市長は、第3条の方針に適合するように指導助言を行うとした。従わない場合は勧告を行い、公表するとした。市民・業者・行政が一体となって町づくり推進をめざすことを目的とする条例制定。

京都府・京都市

市役所	〒604-8571
	京都府京都市中京区寺町通御池上る上本能寺前町488
	（下車駅　地下鉄　京都市役所前駅）
電話	(075) 222-3111

人　口	1,388,786人
世帯数	581,985世帯
面　積	610.22km²
人口密度	2,275.88人/km²
特　産	西陣織、しば漬け
観　光	清水寺、嵐山、二条城、大原

京都市土地利用の調整に係るまちづくりに関する条例

（目的）

第1条　この条例は、良好なまちづくりの推進を図るため、本市、事業者及び市民の責務を明らかにするとともに、開発事業の構想について本市及び市民の意見を反映させるための手続等を定めることにより、まちづくりの方針に適合した土地利用を促し、もって都市の健全な発展と市民の福祉の増進に寄与することを目的とする。

（定義）

第2条　この条例において、次の各号に掲げる用語の意義は、それぞれ当該各号に定めるところによる。

(1) まちづくりの方針　地方自治法第2条第4項に規定する基本構想及び基本計画（当該基本構想を具体化するための基本的な施策及び事業に係る計画をいう。）並びにこれらに基づき定められた別に定めるまちづくりに関する方針をいう。

(2) 開発事業　都市計画法第4条第12項に規定する開発行為並びに建築基準法第2条第13号に規定する建築（新築及び増築に限る。）及び同法第87条第1項の規定による建築物の用途の変更をいう。

(3) 設計等　都市計画法第30条第1項第3号に規定する設計又は建築基準法第6条第1項若しくは第6条の2第1項（これらの規定を同法第87条第1項において準用する場合を含む。）の規定による確認の申請に係る計画若しくは京都市中高層建築物等の建築に係る住環境の保全及び形成に関する条例第2条第5号に規定する建築計画を作成することをいう。

(4) 事業者　開発事業を行おうとする者をいう。

(5) 集客施設　次に掲げる建築物をいう。

ア　物品販売業を営む店舗又は飲食店

イ　ボーリング場、スケート場、水泳場その他これらに類する別に定める運動施設

ウ　ホテル又は旅館

エ　カラオケボックスその他これに類するもの

オ　劇場、映画館、演芸場又は観覧場

カ　公衆浴場

（本市の責務）

第3条 本市は、良好なまちづくりを推進するため、市民の意見を聴いてまちづくりに関する方針を策定し、これを公表するとともに、まちづくりに関する情報を積極的に市民に提供する等必要な施策の実施に努めなければならない。

(事業者の責務)
第4条 事業者は、良好なまちづくりを推進するため、開発事業を行うに当たっては、その内容をまちづくりの方針に適合させるよう努めるとともに、自らも地域社会の一員であることを自覚し、市民と共にまちづくりの課題の解決に努めなければならない。

(市民の責務)
第5条 市民は、良好なまちづくりを推進するため、まちづくりの課題について関心を持ち、その解決に向けて主体的に行動するよう努めなければならない。

(開発事業の構想の届出等)
第6条 都市計画法第7条第2項に規定する市街化区域内において次の各号の一に該当する開発事業を行おうとする事業者(以下「開発事業者」という。)は、当該開発事業に係る設計等に着手する前に、当該開発事業の構想(以下「開発構想」という。)について、市長に届け出るとともに、市長と協議しなければならない。
(1) 開発事業に係る区域の土地の面積が10,000平方メートル以上であるもの
(2) 集客施設の設置を含む開発事業で当該開発事業に係る区域の土地の面積が1,000平方メートル以上10,000平方メートル未満であるもの

(届出書の公告、縦覧等)
第7条 市長は、前条の規定による届出に係る書面(以下「届出書」という。)の提出があったときは、速やかに、その旨その他個別に定める事項を公告し、当該届出書を当該公告の日から起算して3週間縦覧に供しなければならない。
2 開発事業者は、前項の縦覧期間内に、前条の規定により届け出た事項を同条の規定により届け出た開発事業に係る区域の土地の周辺の住民に周知させるための説明会を開催しなければならない。
3 開発事業者は、説明会を開催しようとするときは、その開催を予定する日時及び場所を定め、その旨を市長に届け出るとともに、別に定めるところにより、これらを説明会の開催を予定する日の1週間前までに公示しなければならない。
4 開発事業者は、第2項の規定により開催した説明会の状況を記載した書類(以下「報告書」という。)を、第1項の縦覧期間満了後速やかに市長に提出しなければならない。

(開発構想についての意見書の提出等)
第8条 開発構想について良好なまちづくりの推進を図る見地からの意見を有する者は、前条第1項の公告の日から、同項の縦覧期間満了の日の翌日から起算して1週間を経過する日までの間に、市長に意見書を提出することができる。
2 市長は、前項の規定による意見書の提出があったときは、前項の期間を経過した後速やかに、当該意見書の写しを開発事業者に送付しなければならない。

(開発構想についての意見に対する見解書の提出)
第9条 開発事業者は、前条第2項の規定による意見書の写しの送付を受けたときは、遅滞なく、当該意見書に記載された意見の概要及び当該意見に対する開発事業者の見解を記載した書類(以下「見解書」という。)を市長に提出しなければならない。

(開発構想の変更の届出)
第10条 開発事業者は、第6条の規定により届け出た事項に変更が生じたときは、速やかにその旨を市長に届け出なければならない。
2 市長は、前3条の規定による届出があった場合において、変更の程度が著しいと認めるとき、又は当該変更後の開発構想がまちづくりの方針に適合しないと認めるときは、開発事業者に対し、改めて前3条の規定による手続の全部又は一部を経ることを求めることができる。

(指導及び助言)
第11条 市長は、開発構想が届出書を提出した場合において、良好なまちづくりを推進するため必要があると認めるときは、当該開発事業に対し、当該届出書に係る開発構想がまちづくりの方針に適合するよう必要な指導及び助言をすることができる。
2 前項の規定による指導及び助言は、報告書の提出があった日(第8条第

-195-

1項に規定する意見書の提出があった場合にあっては、報告書の提出があった日又は見解書の提出があった日のいずれか遅い日）から起算して4月以内に、書面により行なわなければならない。

（勧告）
第12条　市長は、開発事業者に対し前条第1項の規定による指導又は助言を行った場合において、なお当該指導又は助言に係る開発構想がまちづくりの方針に適合せず、当該開発構想に係る土地を含む周辺の地域の適正かつ合理的な土地利用を図るために著しい支障があると認めるときは、当該開発事業者に対し、当該開発構想をまちづくりの方針に適合させるため必要な措置を講じるよう勧告することができる。

2　前項の規定による勧告は、前条第2項に規定する指導又は助言に係る書面を交付した日から起算して2月以内に、書面により行なわなければならない。

3　市長は、開発事業者が正当な理由がなくてこの条例に定める手続の全部又は一部を行わないときは、当該開発事業者に対し、書面により必要な措置を講じるよう勧告することができる。

（公表）
第13条　市長は、前条第1項の規定による勧告を行ったにもかかわらず、なお当該勧告に係る開発構想がまちづくりの方針に適合していないと認めるときは、第11条第1項の規定による勧告の内容並びにこれらに対する開発事業者の対応の内容を公表することができる。

2　市長は、開発事業者が前条第3項の規定による勧告に従わないときは、その旨を公表することができる。

（意見の聴取）
第14条　市長は、前条第1項の規定による公表をしようとするときは、あらかじめ、開発事業者にその旨を通知し、意見を述べる機会を与えなければならない。

2　開発事業者が前項の規定により意見を述べたときは、市長は、前条第1項の規定による公表の際、当該意見を併せて公表しなければならない。

（書類の閲覧）
第15条　市長は、次の各号に掲げる書類について、閲覧の請求があったときは、これを閲覧させなければならない。

(1)　届出書
(2)　報告書（第19条第2項前段に規定する講じた措置の状況を記載した書類に規定する講じた措置の状況を記載した書類）
(3)　見解書
(4)　第10条第1項の規定により届け出られた書類
(5)　第11条第2項に規定する指導又は助言に係る書類
(6)　第12条第2項及び第3項に規定する勧告に係る書類

（土地利用調整審査会）
第16条　第11条第1項の規定による指導及び助言、第12条第1項の規定による勧告、第13条第1項の規定による公表その他市長が必要と認める事項について、市長の諮問に応じ、調査し、及び審議するため、京都市土地利用調整審査会（以下「審査会」という。）を置く。

2　審査会は、委員6人以内をもって組織する。

第17条　委員は、学識経験のある者のうちから、市長が委嘱する。

第18条　委員の任期は、2年とする。ただし、補欠の委員の任期は、前任者の残任期間とする。

2　委員は、再任されることができる。

（開発事業に係る区域の特例）
第19条　第6条第2号に掲げる開発事業で当該開発事業に係る区域の土地の面積が10,000万平方メートル未満であるものに関するものについては、第7条第1項、第8条及び第9条の規定は、適用しない。この場合において、第7条第1項、第7条第2項中「前項の縦覧期間内」とあるのは「前条第1項の提出があった日から起算して3週間に係る書面（以下「届出書」という。）」と、第7条第4項中「第1項の縦覧期間満了後速やかに」とあるのは「届出書の提出があった日から起算して4週間を経過する日までに」とする。

2　第6条第2号に掲げる開発事業で当該開発事業に係る区域の土地の面積が2,000平方メートル未満であるものについては、第7条第2項から第4項までの規定は、適用しない。この場合において、開発事業者は、開発構想の概要を別に定めるところにより公示し、周辺の住民から必要な措置を講じるよう求められたときは、必要な措置を講じるとともに、当該開発構想について説明を求められたときは、必要な措置を講じた状況を記載した書類を、届出書の提出があった日から起算して4週間を経過する日までに市長に提出しなければならない。

-196-

3 次の各号に掲げる開発事業については、第7条から第14条までの規定は、適用しない。
(1) 第6条第1号に掲げる開発事業のうち、新築等に係る建築物（開発事業に係る区域の土地に新築しようとする建築物、増築しようとする建築物の増築に係る部分又は用途を変更しようとする建築物の変更に係る部分をいう。以下同じ。）の規模が著しく小規模であると市長が認めるもの
(2) 第6条第2号に掲げる開発事業のうち新築等に係る集客施設の規模が著しく小規模であると市長が認めるもの

（適用除外）
第20条 次の各号に掲げる開発事業については、第6条から前条までの規定は、適用しない。
(1) 通常の管理行為、軽易な行為その他の行為で別に定めるもの
(2) 非常災害のため必要な応急措置として行う行為
(3) 国又は地方公共団体が行う開発事業
(4) 都市計画法第4条第5項に規定する都市計画が定められた場合における当該都市施設の区域内において当該都市計画に適合して行う開発事業
(5) 都市計画法第4条第7項に規定する市街地開発事業（同法第12条第1項第1号及び第5号に規定する市街地開発事業を除く。）に関する都市計画が定められた場合における当該市街地開発事業の施行区域内において当該都市計画に適合して行う開発事業
(6) 都市計画法第4条第9項に規定する地区計画等に関する都市計画が定められた場合における当該地区計画等の区域（同法第12条の5第2項に規定する地区整備計画、同法第12条の6第2項第3号に規定する住宅地高度利用地区整備計画、都市再開発法第7条の8の2第2項に規定する再開発地区整備計画、密集市街地における防災街区の整備の促進に関する法律第32条第2項に規定する防災街区整備地区整備計画又は幹線道路の沿道の整備に関する法律第9条第2項に規定する沿道地区整備計画が定められている区域に限る。）内における開発事業
(7) 都市計画法第8条第1項第3号に規定する高度利用地区又は同項第4号に規定する特定街区に関する都市計画が定められた場合における当該高度利用地区又は当該特定街区の区域内における開発事業

（委任）
第21条 この条例において別に定めることとされている事項及びこの条例の施行に関し必要な事項は、市長が定める。

附　則
（施行期日）
1 この条例は、平成12年6月1日から施行する。
（経過措置）
2 （略）

-197-

兵庫県／西宮市

西宮市開発事業等におけるまちづくりに関する条例
西宮市開発事業等に係る紛争調整に関する条例　2000年（平成12年）4月1日施行
当事者の一方からの申し出でも「あっせん」「調停」

　西宮市は、敷地面積500㎡以上、計画戸数10以上の建築物の建築、土地面積が500㎡以上の宅地造成事業、小規模開発事業に関して、着手前の手続きや、事業施行に伴う公共施設の整備などの事項、開発事業に伴う紛争について、「あっせん」と「調停」による調整に関する事項を定めた二つの条例を制定した。

　まちづくり条例では、開発事業を行う事業主は、事業概要・事業計画を市長に届出、事前協議することを義務づけ、許認可を申請する前に協定を締結することとした。

　事業主は、事業区域の周辺住民に説明し、協議しなければならないとし、協議等を行わないものには、指導、勧告、命令を行い、従わない場合は公表するとしている。罰則も条文に規定した。

　紛争調整条例では、当事者双方の申し出だけでなく、当事者一方からの申し出の場合も、相当な理由があるときは「あっせん」「調停」を行うことができるとした。調停委員は6人以内。公表規定も盛り込んでいる。

兵庫県・西宮市

市役所：〒662-8567
兵庫県西宮市六湛寺町10-3
（下車駅　東海道本線　西ノ宮駅）
電話（0798）35-3151

人　口：415,789人
世帯数：169,350世帯
面　積：99.96k㎡
人口密度：4,159.55人／k㎡
特産品：竹製品、和紙、清酒
観　光：甲子園球場、甲山森林公園

西宮市開発事業等におけるまちづくりに関する条例

（目的）
第1条　この条例は、開発事業及び小規模開発事業の施行に関し、その着手前に必要な手続、事業の施行に伴う公共施設等の整備その他必要な事項を定めることにより、良好な住環境の形成及び保全並びに安全で快適な都市環境を備えた市街地の形成を図ることを目的とする。

（定義）
第2条　この条例において、次の各号に掲げる用語の意義は、それぞれ当該各号に定めるところによる。
(1) 建築物　建築基準法（昭和二十五年法律第201号）第2条第1号に規定する建築物をいう。
(2) 住宅　建築基準法第2条第13号に規定する建築物をいう。
(3) 集合建築物　一棟の建築物内に構造上区分された数個の部分で独立して住居、店舗、事務所その他これらに類する用途に供することができるもの（以下「住戸等」という。）を有する建築物で、これらの住戸等の全部又は一部を住居の用に供するものをいう。
(4) 開発事業　その敷地面積が五百平方メートル以上若しくはその計画戸数（規則で定めるところにより算定した住戸等の戸数をいう。）が十以上の建築物（集合建築物にあってはその計画戸数が十以上のものに限る。）の住居の用に供するための建築又はその土地の区画の面積が五百平方メートル以上の宅地造成（建築物を建築するため、土地の区画又は形質に改変を加えることをいう。）をいう。
(5) 小規模開発事業　建築物の建築で、開発事業に当たらないものをいう。
(6) 中高層建築物　西宮市環境保全条例（平成八年西宮市条例第20号）第41条に規定する中高層建築物をいう。
(7) 小規模集合住宅等の建築　その住戸等の戸数の合計が十以上となる一つ又は複数の集合建築物の建築で、開発事業に当たらないものをいう。
(8) 公共施設等　道路、排水施設、公園、緑地、消防水利施設、集会施設、教育施設、福祉施設その他これらに類するもので規則で定めるものをいう。
(9) 駐車場、清掃施設、給水施設等　規則で定めるものをいう。

(10) 確認申請　建築基準法第6条第1項の規定による建築主事の確認を受けるための申請又は同法第6条の2第1項の規定による建設大臣若しくは兵庫県知事が指定した者又は同法第6条の2第1項の規定による確認を受けるための申請をいう。

(11) 事業主　開発事業又は小規模開発事業に関する工事の請負契約の注文者又は請負契約によらないで自らその工事をする者をいう。

(適用範囲等)

第3条　時期を同じくして施行される小規模開発事業とその近接する土地における他の小規模開発事業又は小規模開発事業と相当するときは、これらを一の開発事業に相当するときは、これらを一の開発事業とみなしてこの条例の規定を適用する。ただし、市長が一の開発事業とみなすことが適当でないと認めるときは、この限りでない。

2　時期を同じくして施行される小規模集合住宅等の建築とその近接する土地における小規模集合住宅等の建築については、これらを一の小規模集合住宅等の建築とみなしてこの条例の規定を適用する。ただし、市長が一の小規模集合住宅等の建築とみなすことが適当でないと認めるときは、この限りでない。

3　時期を同じくして施行される戸数が十未満の集合建築物の建築とその近接する土地における各々の集合建築物に係る各々の建築物の戸数の合計が十以上であるときは、当該各々の建築物の建築を一の小規模集合住宅等の建築とみなしてこの条例の規定を適用する。ただし、市長が一の小規模集合住宅等の建築とみなすことが適当でないと認めるときは、この限りでない。

4　次に掲げる行為、建築又は事業については、この条例の規定は、適用しない。

(1) 都市計画法 (昭和四十三年法律第100号) 第29条第5号から第11号までに規定する開発行為

(2) 建築基準法第85条に規定する仮設建築物の建築

(3) 規則で定める地域で施行される開発事業又は小規模開発事業

(市の責務)

第4条　市は、安全でゆとりのある快適なまちづくりに努めるとともに、まちづくりに関する必要な施策を講じなければならない。

(事業主の責務)

第5条　事業主は、この条例の目的を達成するため、公共施設等の整備の基準その他の事項に定める事業又は建築の着手前の手続、公共施設等の整備の基準その他の事項に定める事業

るとともに、自らの負担と責任において必要な措置を講じなければならない。

(市民の責務)

第6条　市民は、関係法令を理解し、安全でゆとりのある快適なまちづくりに自ら努めなければならない。

(開発事業における公共施設等の整備)

第7条　開発事業を行う事業主は、当該開発事業に係る公共施設等について、規則で定める基準に基づき、自らの負担と責任において整備しなければならない。

(建築協定の締結等)

第8条　開発事業を行う事業主は、当該事業区域内の環境の保持と増進を図るため、西宮市建築協定条例 (昭和四十三年西宮市条例第43号) 第2条の規定による建築協定を締結するよう努めるとともに、市が都市計画法第12条の5の規定による地区計画を定めるときは、これに協力するよう努めなければならない。

(防災対策)

第9条　開発事業を行う事業主は、地形、地質その他の地盤条件の調査を十分に行い、地震、火災、浸水その他災害に対する対策を講じるよう努めなければならない。

(住宅の敷地及び宅地の一区画の面積)

第10条　開発事業により、建築する住宅の敷地又は造成する宅地の一区画の面積は、建物の形態、用途地域及び風致地区の区分に応じ、それぞれ規則で定める面積以上でなければならない。

(開発事業における建築物等の後退)

第11条　開発事業において建築する建築物の敷地境界線から当該建築物の外壁の面又はこれに代わる柱の面その他規則で定めるものまでの距離は、規則で定める距離以上でなければならない。

(開発事業における届出及び協議)

第12条　開発事業を行う事業主は、規則で定めるところにより、都市計画法第30条の規定による許可の申請、確認申請又は建築基準法第18条第2項に規定する計画の通知に先立って、事業概要及び事業計画 (開発事業が中高層建築物の建築に該当するときは、建築計画を含む。次項において同じ。) を市長に届け出て、市長と協議しなければならない。

-199-

2 前項の規定により届け出た事業計画に係る事項のうち規則で定めるものを変更するときは、市長に届け出て、市長と協議しなければならない。ただし、規則で定める軽微な変更については、協議を要しない。

3 第1項の事業概要、事業計画及び建築計画に記載すべき事項、添付すべき書類その他必要な事項は、規則で定める。

(協議の内容及び期間)

第13条 前条第1項の規定による協議の内容は、次に掲げる事項とする。

(1) 開発事業の施行に伴い必要となる公共施設等に関する事項

(2) その他市長が必要と認め、規則で定める事項

2 前項の協議に要する標準の期間は、開発事業の規模に応じ、規則で定める。

(協定)

第14条 市長と事業主は、第12条第1項又は第2項の規定による協議が整った場合は、その合意内容に基づく協定を締結するものとする。

2 前項の協定は、確認申請その他関係法令に基づく許認可等の申請をする前に締結するよう努めなければならない。

3 第1項の規定により締結された協定は、当該協定の締結の日から起算して三年を経過する日までに、確認申請その他関係法令に基づく許認可等の申請をしないときは、その効力を失う。

(協定に基づく地位の承継)

第15条 前条第1項の規定により協定を締結した事業主から当該開発事業の権原を取得した者は、市長の承認を受けて、当該事業主が有していた当該開発事業に基づく協定を締結するものとする。

(小規模開発事業における開発事業の規定の準用)

第16条 第7条及び第10条から第13条までの規定は、小規模開発事業について準用する。この場合において、これらの規定中「開発事業」とあるのは「小規模開発事業」と、第10条中「建築する住宅の敷地又は造成する宅地の一区画の面積」とあるのは「建築する住宅の敷地」と、「それぞれ規則で」とあるのは「規則で」と、第12条第1項中「都市計画法第30条の規定による許可の申請、確認申請又は建築基準法第18条第2項に規定する計画の通知」とあるのは「確認申請又は建築基準法第18条第2項に規定する計画の通知」と、同条第3項中「事業概要、事業計画」とあるのは「事業計画」と読み替えるものとする。

(通知)

第17条 市長は、前条において準用する第12条第1項又は第2項の規定による協議が整った場合は、その協議の結果を、書面により事業主に通知するものとする。

2 小規模開発事業に係る確認申請による通知を受けた後に行うよう努めなければならない。

(標識の設置等)

第18条 事業主は、開発事業(規則で定めるものを除く。)又は小規模開発事業(小規模集合住宅等の建築に該当するものに限る。第20条において同じ。)を行おうとするときは、事業概要又は事業計画を市長に届け出た日から規則で定める期間までに規則で定める標識を設置するとともに、当該標識を設置した状況を示す写真を市長に提出しなければならない。

2 前項に規定する標識の設置は、事業予定地内の道路に面した箇所その他公衆の見やすい位置に、規則で定める期間行わなければならない。

3 市長は、第12条第1項の規定による開発事業の届出があったときは、開発事業受付簿を調製し、これを公衆の閲覧に供しなければならない。

(住民等との協議)

第19条 事業主は、開発事業又は小規模開発事業(小規模集合住宅等の建築が中高層建築物の建築に該当するものに限る。)を行おうとするときは、当該事業の区域の周辺の住民その他の規則で定める者に対し事業計画及び工事計画について説明し、及び協議しなければならない。

2 事業主は、前項の規定による説明及び協議を行ったときは、速やかに市長に報告しなければならない。

3 事業主は、第1項の規定による協議に際しては、当該計画の生じることのないよう努めなければならない。

(工事完了の届出及び確認)

第20条 事業主は、当該開発事業が完了した後、遅滞なく、その旨を市長に届け出なければならない。

2 市長は、開発事業が完了したときは、遅滞なく、その開発事業に係る第

3　市長は、前項の規定により確認した結果を事業主に通知するものとする。

（事業の廃止）
第21条　事業主は、第12条第1項（第16条において準用する場合を含む。次項において同じ。）の規定により市長に届け出た開発事業又は小規模開発事業（次項において「届け出た事業」という。）を廃止しようとするときは、規則で定めるところによりその旨を市長に届け出なければならない。

2　市長は、事業者が、届け出た事業について当該届出の日から起算して三年を経過する日までに第12条第1項の規定による協議を行わないときは、当該事業は廃止されたものとみなすことができる。この場合において、当該事業主の意見を聴かなければならない。

（公共施設等の引継ぎ）
第22条　事業者が設置した公共施設等の引継ぎについては、事業主と当該公共施設等の管理者となるべき者との間で協議しなければならない。

2　事業主は、公共施設等の工事が完了したときは、速やかにその管理者となるべき者にこれを引き継がなければならない。

（指導、勧告及び命令）
第23条　市長は、第7条、第10条若しくは第11条（それぞれ第16条において準用する場合を含む。）の規定による基準を遵守しない者、第12条第1項若しくは第2項（第16条において準用する場合を含む。以下この条において同じ。）の規定による協議を行わないで開発事業若しくは小規模開発事業に着手した者、第12条第1項若しくは第2項の規定による届出をしなかった者又は第18条第1項の規定による標識を設置しなかった者に対し、必要な措置を講じるよう指導し、勧告し、又は命ずることができる。

（公表）
第24条　市長は、前条の規定による命令に従わなかった場合においては、その者の氏名又は名称、命令の内容、従わなかった事実その他規則で定める事項を公表することができる。

（事業主の公害・安全対策）
第25条　事業主は、工事中の騒音及び振動の防止、工事用通過車両の安全対策その他付近住民の住環境を害さないための必要な措置（以下「公害・安全対策」という。）を講じなければならない。

2　市長は、事業主が公害・安全対策を講じず、付近住民の住環境を害していると認めるときは、当該事業主に対し、工事中の公害・安全対策を講じるよう指導し、又は勧告することができる。

（立入調査等）
第26条　市長は、この条例の施行に必要な限度において、土地若しくは建物に立ち入り、当該土地若しくは建物において行われている行為の状況を調査させ、又は関係者に対し必要な指示若しくは指導を行わせることができる。この場合において、土地又は建物に立ち入る時間は、日の出から日の入りまでとし、あらかじめ、立ち入ろうとする建物を開発事業又は小規模開発事業において建築した事業主の居住者（当該建物を開発事業又は小規模開発事業において建築した事業主を除く。）の承諾を得るものとする。

2　前項の規定により、土地又は建物に立ち入ろうとする当該市職員は、その身分を示す証明書を携帯し、関係者の請求があったときは、これを提示しなければならない。

（委任）
第27条　この条例の施行に関し必要な事項は、規則で定める。

（罰則）
第28条　次の各号のいずれかに該当する者は、五万円以下の罰金又は科料に処する。
(1)　第12条第1項（第16条において準用する場合を含む。）の規定による届出をせず、又は虚偽の届出をした者
(2)　第18条第1項の規定による標識を設置しない者
(3)　正当な理由なく第26条第1項の規定による立入調査を拒み、妨げ、又は忌避した者

（両罰規定）
第29条　法人の代表者又は法人若しくは人の代理人、使用人その他の従業者がその法人又は人の業務に関し、前条の違反行為をしたときは、行為者を罰するほか、その法人又は人に対して前条の罰金刑又は科料刑を科する。

付　則
この条例は、平成十二年四月一日から施行する。

西宮市開発事業等に係る紛争調整に関する条例

(目的)
第1条 この条例は、開発事業等を伴う紛争について、あっせん及び調停による調整手続に関し必要な事項を定めることにより、紛争の解決を図り、もって良好な近隣関係及び生活環境の保持に資することを目的とする。

(定義)
第2条 この条例において、次の各号に掲げる用語の意義は、それぞれ当該各号に定めるところによる。
(1) 開発事業等 開発事業等におけるまちづくりに関する条例(平成十一年西宮市条例第74号。以下「まちづくり条例」という。)第19条第1項の規定の適用を受ける開発事業及び小規模開発事業をいう。
(2) 事業主 開発事業等に関する工事の請負契約の注文者又は請負契約によらないで自らその工事をする者をいう。
(3) 工事施工者等 開発事業等の工事をする者をいう。
(4) 近隣住民等 まちづくり条例第19条第1項に規定する当該事業の区域の周辺の住民その他の規則で定めるものをいう。
(5) 当事者 開発事業等に伴って発生する日照、通風、採光の阻害、風害、電波障害その他周辺の生活環境に及ぼす影響に関する当事者間の紛争をいう。

(適用除外)
第3条 西宮市環境保全条例(平成八年西宮市条例第20号)による建築物による電波障害に関する紛争については、この条例の規定は、適用しない。

(市長の責務)
第4条 市長は、紛争が生じたときは、迅速かつ適正に調整し、紛争が解決するよう努めるものとする。

(当事者の責務)
第5条 当事者は、紛争が生じたときは、相互の立場を尊重し、互譲の精神をもって自主的に解決するよう努めなければならない。

(工事施工者等の協力義務)
第6条 工事施工者等は、前条に規定する当事者の責務を認識し、紛争の解決のため、事業主に協力しなければならない。

(あっせん)
第7条 市長は、当事者の双方から紛争の調整の申出があったときは、あっせんを行う。
2 市長は、前項の規定にかかわらず、当事者の一方から紛争の調整の申出があった場合において、相当の理由があると認めるときは、あっせんを行うことができる。
3 市長は、前2項の規定により、あっせんのために必要があると認めるときは、当事者又は工事施工者等から意見を聴き、又は必要な説明若しくは資料の提出を求めることができる。
4 市長は、あっせんに当たる職員、あっせんに要する標準期間、あっせんの期日その他あっせんについて必要な事項は、規則で定める。
5 あっせんの申出は、規則で定める期間内に行わなければならない。

(あっせんの終結等)
第8条 市長は、あっせんの結果、当事者の双方が合意に達したとき、又は当事者の双方が紛争調整の申出を取り下げたときは、あっせんを終結させる。
2 市長は、当該紛争について、あっせんによっては紛争の解決の見込みがないと認めるときは、あっせんを打ち切ることができる。

(調停への移行)
第9条 市長は、前条第2項の規定によりあっせんを打ち切った場合において、必要があると認めるときは、次条に規定する西宮市開発事業等紛争調停委員の調停に移行するよう勧告することができる。
2 市長は、前項に規定する調停の勧告をした場合において、当事者の双方が勧告を受諾したときは、調停に付するものとする。
3 市長は、前項の規定にかかわらず、当事者の一方が第1項の規定による勧告を受諾した場合において、相当の理由があると認めるときは、調停に付することができる。

(開発事業等紛争調停委員)
第10条 開発事業等に伴う紛争を調停し、円満な解決を図るために、西宮市開発事業等紛争調停委員(以下「調停委員」という。)を置く。
2 調停委員は、開発事業等に伴う紛争を調停し、定数を6名以内とし、法律、建築又は行政の分野において

知識及び経験を有する者のうちから市長が委嘱する。

3 調停委員の任期は、2年とする。

4 調停委員は、2回を限度として再任することができる。ただし、市長においてやむを得ないと認める場合に限り、4回を限度として再任することができる。

5 調停委員が欠けた場合の補欠委員の任期は、前任者の残任期間とする。

6 調停委員は、職務上知り得た秘密を漏らしてはならない。その職を退いた後も、同様とする。

7 調停委員は、調停に係る案件ごとに市長が指名した2名の調停委員が当たるものとする。ただし、調停委員は、自身の利害に関係する紛争の調停には関与できない。

(必要な調査)
第11条 調停委員は、当事者双方及び工事施工者等に対し、事情を聴取し、又は関係書類の提出を求めるほか、調停のために必要な調査を行うものとする。

(調停案の作成とその受諾勧告)
第12条 調停委員は、調停に必要があると認める場合は、調停案を作成し、期限を定めてその受諾を勧告することができる。

(調停の細則)
第13条 前4条に定めるもののほか、調停に要する標準期間、調停の期日その他調停に関し必要な事項は、規則で定める。

(調停の終結等)
第14条 調停委員は、当事者の双方が合意に達したとき、又は調停案を当事者の双方が受諾したときは、調停の統合と判断したとき、又は第12条の調停案の当事者の一方が応じないときは、調停を打ち切ることができる。

3 調停委員は、調停を終結し、又は打ち切った場合は、その経過及び結果を速やかに市長に報告しなければならない。

(工事着手の延期等の勧告)
第15条 市長は、あっせん又は調停のために必要があると認めるときは、事業主に対して、期間を定めて工事の着手の延期又は停止を勧告することができる。

(手続の非公開)
第16条 あっせん及び調停の手続は、公開しない。

(公表)
第17条 市長は、次の各号のいずれかに該当する事業主について、その氏名又は名称及び該当事項を公表することができる。
(1) 第7条第2項の規定により行うあっせんについて、正当な理由なく応じない事業主又は第9条第3項の規定により行う調停について、正当な理由なく応じない事業主
(2) 第8条第1項の規定により当事者の双方が合意した事項、第14条第1項の規定により当事者の双方が合意した事項又は受諾した調停案その他あっせん又は調停の手続において当事者の双方が書面で合意した事項を、正当な理由なく履行しない事業主
(3) 第15条の規定による勧告に正当な理由なく応じない事業主

2 市長は、前項の規定により公表するときは、当該公表に係る事業主に対し、釈明し、及び証拠を提示する機会を与えるものとする。

(委任)
第18条 この条例の施行に関し必要な事項は、規則で定める。

付 則
この条例は、平成12年4月1日から施行する。

兵庫県／芦屋市

芦屋市住みよいまちづくり条例

2000年（平成12年）5月1日施行

まちづくりへの住民参加を明記／助成制度も

　芦屋市は、建築基準法の改正で民間機関も建築確認の審査が可能となり、市の「宅地開発等指導要綱」「住みよいまちづくりに関する指導要綱」による規制が困難になったため条例を制定した。

　条例では、健全で快適な住環境を保全育成するためには、宅地開発事業者、建築主だけでなく、市や市民に対しても努力と協力の責務を課した。

　地区まちづくりへの住民参加の条文を設け、市長には住民の参加と協力によって地区計画等の決定の促進、住民には建築協定締結の努力を求めている。地区計画や建築協定締結のための技術的園児や活動経費の一部を助成することも盛り込んだ。市長の付属機関として、住環境紛争調停委員会を設置、建築の施行に伴う紛争が生じた場合は、当事者の申請に基づき調停にあたる。

　市長は、違反者に対して施工の停止や中止を命令、従わなかった場合は公表し、5万円以下の過料に科すとした。

都市計画

兵庫県・芦屋市

市　役　所：〒659-8501
兵庫県芦屋市精道町7-6
（下車駅　東海道本線　芦屋駅）
電話（0797）31-2121

人　　　口：81,356人
世　帯　数：33,870世帯
面　　　積：18.47km²
人口密度：4,404.76人/km²
特　　　産：洋菓子、清酒
観　　　光：八十塚古墳群、芦屋ロックガーデン

芦屋市住みよいまちづくり条例

　本市は、緑豊かな美しい自然と温和な気候に恵まれ、風光明媚な優れた住宅都市として発展してきた。昭和26年には憲法第95条に基づき「芦屋国際文化住宅都市建設法」（昭和二十六年法律第8号）を制定し、以来この法律の理念を基調として、誇りと愛着を感じるまちづくりを進めている。昭和46年には、「総合的かつ計画的な行政の運営を図るための基本構想」を策定し、健全で快適な生活を営む上で基盤となる住環境の保全及び育成するための施策に取り組んできたところである。

　市民とともに、守り育てあげてきた住宅都市としての環境を、今後とも維持していくことが市民の総意であることを踏まえ、ここに条例を制定する。

第1章　総則

第1節　通則

（目的）

第1条　この条例は、市民が健全で快適な生活を営む上で基盤となる住環境の保全及び育成について、基本となる事項その他必要な事項を定め、市、宅地開発事業者等、建築主等及び市民の責務を明らかにすることにより、もって住みよいまちの実現に資することを目的とする。

（用語の定義）

第2条　この条例において、次の各号に掲げる用語の意義は、当該各号によるところによる。

(1) 開発許可申請等　都市計画法（昭和四十三年法律第100号）第29条及び第35条の2並びに宅地造成等規制法（昭和三十六年法律第191号）第8条の規定に基づく許可申請をいう。

(2) 確認申請等　建築基準法（昭和二十五年法律第201号。以下「法」という。）第6条第1項若しくは第6条の2第1項（法第87条第1項又は第88条第1項若しくは第2項において準用する場合を含む。）又は法第18条第2項（法第87条第1項又は第88条第1項若しくは第2項において準用する場合を含む。）の規定による計画通知をいう。

(3) 開発区域　宅地開発を行う区域及び特定建築物の敷地をいう。

(4) 宅地開発　建築物の建築に供する目的で行う土地の区画形質の変更をいう。

-204-

第2節　市、宅地開発事業者等、建築主等及び市民の責務

(市の責務)
第3条　市は、健全で快適な住環境を保全及び育成するため、宅地開発及び建築物の建築をまちづくりの一環として位置付け、適切な施策を実施しなければならない。

(宅地開発事業者等及び建築主等の責務)
第4条　宅地開発事業者等及び建築主等は、宅地開発又は建築物の建築を行うに当たっては、地域の特性及び周辺の住環境に配慮することにより、健全で快適な住環境を保全及び育成するための必要な措置を講じなければならない。

(市民の責務)
第5条　市民は、健全で快適な住環境の保全及び育成を図るよう努めるとともに、市が実施する住環境の整備に関する施策に協力しなければならない。

第2章　住環境の保全等
第1節　宅地開発及び建築物の建築に係る届出手続

(宅地開発に係る届出等)
第6条　宅地開発事業者は、公共・公益施設の各管理者と事前に協議し、当該宅地開発に係る届出を市長に提出しなければならない。
2　市長は、前項の届出があったときは、指導及び審査を行い、第11条の規定に適合していると認めるときは、適合通知書を宅地開発事業者に交付するものとする。
3　特定宅地開発に係る届出にあっては、市長と特定宅地開発事業者は、第11条の規定に基づく協議内容について協定の締結をもって、前項の適合通知書の交付に代えるものとする。
4　宅地開発事業者は、開発許可申請等を必要とする宅地開発にあっては、当該開発許可申請等をする前に第1項に定める宅地開発に係る届出をし、第2項に規定する適合通知書の交付を受け、又は前項に規定する協定を市長と締結するものとする。

(建築物の建築に係る届出等)
第7条　建築主は、確認申請等をする前に、当該建築計画に係る届出を市長に提出しなければならない。

(単なる区画の分割も含む。)をいう。
特定宅地開発　開発区域の面積が500平方メートル以上のものをいう。なお、同一宅地開発事業者(宅地開発を引き継いだ者を含む。)が隣接するところで宅地開発を行うときは、及び複数の宅地開発事業者が共同で宅地開発を行うときは、全体を一つの開発区域とみなす。

(6)　開発区域の面積が500平方メートル以上の建築物(建築を引き継いだ者を含む。)が隣接するとき、及び複数の建築主が共同で建築物の建築を行うときは、全体を対象とする。

特定建築物　次の各細号に掲げる建築物(規則で定めるものを除く。)をいう。
ア　開発区域の面積が500平方メートル以上の土地に建築する建築物
イ　戸数が五以上の集合住宅
ウ　住宅以外の用途に供する建築物(併用住宅を含む。)で延べ床面積が500平方メートル以上のもの及び営業活動又は事業活動に係る床面積が200平方メートル以上のもの
エ　開発区域面積が500平方メートル以上の土地に建築する立体駐車施設で確認申請等を必要とするもの
オ　立体駐車施設　多段の昇降式又は昇降横行式の工作物駐車施設をいう。

(7)　集合住宅　構造上区分され、複数の独立した住戸が集合している建物で、共同住宅、長屋住宅等のうち、単身者共同住宅を除くものをいう。
(8)　単身者共同住宅　住戸専用床面積が30平方メートル未満の単身者用の住戸からなる共同住宅をいう。
(9)　立体駐車施設
(10)　外壁の後退距離　建築物若しくは立体駐車施設の外壁(出窓、外部階段、バルコニー等の部分を含む。)又は柱の面から敷地境界線までの距離をいう。
(11)　公共・公益施設　道路、公園、水路、上下水道、消防水利等の用に供する施設で市が管理するものをいう。
(12)　宅地開発事業者等　宅地開発事業者、設計者、工事施工者(請負工事の下請人を含む。)又は工事監理者をいう。
(13)　建築主等　建築主、設計者、工事施工者(請負工事の下請人を含む。)又は工事監理者をいう。

2　市長は、前項の届出があったときは、指導及び審査を行い、第12条の規定に適合していると認めるときは、適合通知書を建築主に交付するものとする。

3　特定建築物建築主は、公共・公益施設の各管理者と事前に協議し、当該特定建築物に係る届出にあっては、市長と特定建築物建築主は、第12条の規定に基づく協議内容について協定の締結をもって、第2項の適合通知書の交付に代えるものとする。

4　特定建築物建築主は、第7条第1項に規定する届出後、当該届出に係る事項の変更（規則で定めるものを除く。）又は建築物の建築を中止するときは、速やかに変更届又は取下書を市長に提出しなければならない。

（変更等の届出）

第8条　宅地開発事業者は、第6条第1項に規定する届出後、当該届出に係る事項の変更（規則で定めるものを除く。）又は当該届出の宅地開発を中止するときは、速やかに変更届又は取下書を市長に提出しなければならない。

2　建築主は、第7条第1項に規定する届出後、当該届出に係る事項の変更（規則で定めるものを除く。）又は建築物の建築を中止するときは、速やかに変更届又は取下書を市長に提出しなければならない。

3　第6条第2項から第4項までの規定は、前2項の変更届について準用する。

（標識の設置）

第9条　宅地開発事業者等及び建築主等は、宅地開発計画又は建築計画の内容を記載した標識を、当該宅地開発区域内又は当該建築物の敷地内の見やすい場所に設置し、周辺の住民等に周知させなければならない。

2　宅地開発事業者等及び建築主等は、前項に規定する標識の記載事項に変更があったときは、速やかに当該記載事項を変更しなければならない。

3　標識の設置は、第6条第1項又は第7条第1項に規定する届出前に行い、かつ、当該宅地開発又は当該建築物に関する工事に着手するまで設置しておかなければならない。

（特定宅地開発計画及び特定建築物建築計画についての説明等の実施）

第10条　特定宅地開発事業者等及び特定建築物建築主等は、周辺の住民等に対し、説明会の開催その他の方法により特定宅地開発計画及び特定建築物建築計画の内容その他必要な事項について、説明及び協議（以下「説明等」という。）を行わなければならない。

2　特定宅地開発事業者等及び特定建築物建築主等は、説明等に関する報告書を市長に提出しなければならない。

3　市長は、特定宅地開発事業者等及び特定建築物建築主等は、周辺の住民等との間で紛争が生じた場合は、誠意をもって解決しなければならない。

第2節　宅地開発及び建築物の建築に係る指導並びに事業者等の措置

（宅地開発計画に係る指導及び宅地開発事業者等の措置）

第11条　市長は、宅地開発が周辺の住環境に著しい影響を及ぼすおそれがあると認めるときは、当該宅地開発事業者等に対し、宅地開発の計画内容の変更その他必要な措置を講ずるよう指導し、又は勧告することができる。

2　宅地開発事業者等は、開発区域及びその隣接地を安全な状態に保全するため、必要な地形、地質、過去の災害等を調査の上、災害が発生しないよう必要な措置を講じなければならない。

3　特定宅地開発事業者等は、次の各号に掲げる事項を勘案し、環境の保全、災害の防止、通行の安全において支障のない規模及び構造の公共・公益施設を整備し、かつ、開発区域内の主要な道路が、開発区域外の相当規模の道路に接続するようにしなければならない。

(1)　開発区域の規模、形状及び周辺の状況

(2)　開発区域内の地形及び地盤の性質

(3)　予定建築物の用途

(4)　予定建築物の規模及び配置

4　宅地開発事業者等は、都市計画法に基づく用途地域及び高度地区等の指定の趣旨を遵守し、建築物の建築に必要な宅地規模を確保するよう努めなければならない。

5　宅地開発事業者等は、現存する樹木等は極力保存するよう努めなければならない。

6　特定宅地開発事業者等は、開発区域内における住環境の維持増進を図るため、建築協定の締結その他の適切な措置を講ずるよう努めなければならない。

7　第3項及び第4項に係る基準等については、規則で定める。

（建築物の建築計画に係る指導及び建築主等の措置）

第12条　市長は、建築物の建築が周辺の住環境に著しい影響を及ぼすおそれがあると認めるときはその他健全で快適な住環境の保全及び育成に必要があると認めるときは、当該建築主等に対して、建築計画内容の変更その他必要な特定宅地開発事業者等及び特定建築物建築主等は、説明等に関する報告

2 建築主等は、建築しようとする敷地及びその隣接地を安全な状態に保全するため、必要な地形、地質、過去の災害等を調査の上、災害が発生しないよう必要な措置を講じなければならない。

3 特定建築物建築主等は、通行の安全において支障のない規模及び構造の公共・公益施設を整備し、かつ、開発区域に接する道路が、開発区域外の相当規模の道路に接続するようにしなければならない。

4 建築主は、建築物の建築に必要な敷地規模を確保するように努めなければならない。

(1) 予定建築物の用途及び計画戸数等
(2) 開発区域内の地形及び地盤の状況
(3) 予定建築物の敷地の規模、形状及び周辺の状況

5 単身者共同住宅の建築主等は、単身者の居住に必要な各住戸の専有床面積を確保しなければならない。

6 建築主等は、現存する樹木等は極力保存するとともに、敷地内の囲障は生垣にするよう努めるとともに、空地にあっては、植樹、芝張り等の修景上の緑化を図らなければならない。

7 建築主等は、建築物の配置において、外壁の後退距離を確保するように努めなければならない。

8 集合住宅又は単身者共同住宅の建築主等は、居住者等が利用する自動車及び自転車等の駐車施設を設けなければならない。

9 住宅以外の用途に供する特定建築物建築主等は、迷惑駐車等で地域の住民の生活の利便が損なわれないように努めなければならない。この場合において、市長が必要と認めるときは、駐車需要の予測調査を行うとともに、その予測に基づき自動車及び自転車等の駐車施設を設けるものとする。

10 特定建築物建築主等は、ごみの円滑な収集作業並びに周辺の美観に配慮し、ごみ集積所を設置するものとする。

11 特定建築物に該当する単身者共同住宅の建築主は、周辺住民に迷惑を掛けないよう入居者管理規則を設け、遵守させるための措置を講じなければならない。

12 建築主等は、建築物の建築により周辺住民の放送電波の受信に障害が生ずることが予測できる場合及び障害を生じさせたときは、受信障害の解消に必要な措置を講じなければならない。

13 第3項から第11項までに係る基準等については、規則で定める。

(工事に当たっての措置)
第13条 宅地開発事業者等及び特定建築物建築主等は、宅地開発又は建築物の建築に関する工事に当たっては、当該工事によって生ずる粉塵、騒音、振動等の防止対策及び工事用車両に係る交通安全対策等の措置を講じなければならない。

第3節 特定宅地開発並びに特定建築物の建築に係る着工及び竣工手続

(特定宅地開発並びに特定建築物の着工届及び竣工届)
第14条 特定宅地開発事業者等及び特定建築物建築主は、工事に着手するまでに着工届を、工事が竣工したときは竣工届を速やかに市長に提出しなければならない。

2 特定宅地開発事業者等及び特定建築物建築主等は、宅地開発又は建築物の建築に関する工事の着手に当たっては、周辺住民との間で、前項の措置を内容とする協定を締結(以下「工事協定書」という。)するよう努めなければならない。この場合において、工事協定書を締結したときは、速やかに市長に報告しなければならない。

(特定宅地開発及び特定建築物の竣工検査)
第15条 特定宅地開発事業者等及び特定建築物建築主等は、工事が竣工したとき、第6条第3項又は第7条第4項に基づく協定内容について、公共・公益施設の各管理者及び市長の検査を受けなければならない。

2 特定宅地開発事業者等及び特定建築物建築主等は、公共・公益施設の設置に関する工事を行うときは、各管理者の指示により中間検査を受けるとともに、竣工検査を受ける際に、公共・公益施設の全工程における工事写真を提出しなければならない。

3 特定宅地開発事業者等及び特定建築物建築主等は、前2項の規定に基づく検査の結果、不備な箇所があるときは自己の負担において整備しなければならない。

4 市長は、竣工検査を行い、第6条第3項又は第7条第4項に基づく協定内容に適合していると認めたときは、特定宅地開発又は特定建築物建築主に関する工事の検査済証を、特定宅地開発事業者又は特定建築物建築主に交付するものとする。

（公共・公益施設の帰属）

第16条 特定宅地開発事業者及び特定建築物建築主は、第11条第3項の規定又は第12条第3項の規定に基づき整備した公共・公益施設で、各管理者に帰属するものにあっては無償で提供しなければならない。

2 各管理者に帰属する公共施設の用地については、次の各号に掲げる要件をいずれも満たさなければならない。

(1) 竣工検査までに分筆し、所有権以外の権利を抹消していること。
(2) 実測面積と公簿面積が合致していること。
(3) 公共施設の境界を杭又はプレート等で明示していること。

3 土地区画整理事業等面的な市街地の開発を目的とする事業の施行区域内における特定宅地開発又は特定建築物の建築に伴う公共・公益施設の帰属及び事務手続については、別途、事業の施行者と協議しなければならない。

第4節 違反者等に対する措置

（違反者等に対する措置等）

第17条 市長は、次の各号に掲げる行為をした宅地開発事業者等に対し、当該工事の施行の停止、中止その他の必要な措置を勧告しなければならない。

(1) 第6条第1項又は第7条第1項に規定する届出をせず、宅地開発又は建築物の工事に着手したとき。
(2) 第6条第2項若しくは第7条第2項に規定する適合通知書の交付を受ける前又は第6条第3項若しくは第7条第4項の協定を締結する前に、宅地開発又は建築物の工事に着手したとき。
(3) 第6条第2項若しくは第7条第2項に規定する適合通知書の交付を受けた内容又は第6条第3項若しくは第7条第4項に基づき締結した協定の内容に違反し、宅地開発事業又は建築物の工事をしたとき。

2 市長は、宅地開発事業者等又は建築主等が、前項に規定する勧告に従わず、かつ、その不履行を認める場合には、健全で快適な住環境の保全及び育成に著しく反すると認める場合には、当該宅地開発事業者等又は建築主等に対して、当該工事の施行の停止、中止その他の必要な措置を命ずることができる。

3 市長は、前項の規定により当該工事の施行の停止、中止その他の必要な措置を命ずるときは、あらかじめ、その措置を命じようとする者の出頭

を求めて、意見の聴取を行わなければならない。

（公表）

第18条 市長は、前条第2項の規定による当該工事の施行の停止、中止その他の必要な措置の命令を受けた者がその命令に従わない場合は、その旨及びその他の必要な命令の内容を公表することができる。

2 市長は、前項の規定による公表を行う場合においては、命令に従わない者に対し公表の内容及びその理由をその期日の14日前までに、通知しなければならない。

第5節 紛争の調停

（芦屋市住環境紛争調停委員の設置）

第19条 市長の附属機関として、芦屋市住環境紛争調停委員（以下「委員」という。）を置く。

2 市長は、特定宅地開発及び特定建築物の建築の施行に伴う紛争が生じたときは、当事者の申請に基づき、紛争の解決のため、これを委員の調停に付することができる。

3 前2項に定めるもののほか、委員の組織及び運営に関し必要な事項は、規則で定める。

第3章 地区まちづくりへの住民参加

（地区計画等の促進）

第20条 市長は、住みよいまちづくりを推進するため、都市計画法第12条の4の規定に基づき、地区住民等の参加と協力により当該地区の整備、開発及び保全に関する方針並びに地区整備計画を定める地区計画等の決定の促進に努めるものとする。

（建築協定の締結）

第21条 住環境の保全及び育成を推進し、住みよいまちづくりをしようとする土地の所有者及び建築物の所有を目的とする地上権又は賃借権を有する者は、法第69条に規定する建築協定の締結に努めるものとする。

（まちづくりに関する助成等）

第22条 市長は、住みよいまちづくりを推進するため、第20条に規定する地区計画等の促進に関する活動及び前条に規定する建築協定の締結に関する活動に対し、技術的援助を行い、又はこれらの活動に要する経費の一部を助成することができる。

2 市長は、良好な住環境や都市環境の形成を促進するため、規則に掲げる事業を行おうとする者に対し、必要な助成をすることができる。

第4章 補則

(報告及び検査)

第23条 市長は、宅地開発事業者等及び建築主等に対し、この条例の施行に必要と認めたときは、宅地開発並びに建築物の建築に係る報告及び資料の提出を求めることができる。

2 市長は、この条例の施行に必要な限度において、市職員に、開発区域内又は建築物の敷地及び建築物並びに宅地開発又は建築物の工事現場に立ち入り、宅地開発する宅地、建築物の敷地、建築物その他の物件を検査させることができる。

3 前項の規定により立入検査をする職員は、その身分を示す証明書を携帯し、関係人の請求があったときは、これを提示しなければならない。

4 第2項の規定による立入検査の権限は、犯罪捜査のために認められたものと解釈してはならない。

(委任)

第24条 この条例の施行に関し必要な事項は、規則で定める。

第5章 罰則

(過料)

第25条 市長は、宅地開発事業者等及び建築主等が、第17条第2項の規定による命令に従わないときは、5万円以下の過料を科する。

附 則

(施行期日)

1 この条例は、平成12年5月1日から施行する。

(芦屋市特別職の職員で非常勤のものの報酬及び費用弁償に関する条例の一部改正)

2 芦屋市特別職の職員で非常勤のものの報酬及び費用弁償に関する条例(昭和三十一年芦屋市条例第13号)の一部を次のように改正する。

別表中芦屋市都市景観審議会の項の次に次の1項を加える

	日額
芦屋市住環境紛争調停委員	12,500円

岡山県／倉敷市

倉敷市美観地区景観条例
2000年(平成12年)4月1日施行

美観地区保全へ、建築物の高さ制限違反には罰金

倉敷市は、白壁と蔵屋敷の町並みで知られる地域の景観保全を強化する目的で、景観条例を制定した。

この条例は、建築基準法第68条の規定に基づき、都市計画に定める美観地区内における建築物、その他工作物の位置、規模、形態および意匠の制限に関する事項などを定めたもので、法的拘束力の強いものとなっている。

高さ制限は、美観地区中心部の倉敷川河畔の伝統的建造物群保存地区(15㍍)が10㍍、それを取り囲む市伝統美観保存条例の指定地区(6㍍)が11㍍で、条例は建築基準法に定めた建築確認対象法令となるため、高さ制限を守らない建築確認申請は受理されない。デザイン、色彩などの外観も町並みと調和するよう規制される。虚偽申請や違反建築には最高20万円以下の罰金が科せられる。同様の条例は京都市も制定している。

岡山県・倉敷市

市　役　所：〒710-8565
岡山県倉敷市西中新田640
(下車駅　山陽本線　倉敷駅)
電話(086)426-3030

人　　口：428,878人
世　帯　数：153,642世帯
面　　積：298.53k㎡
人口密度：1,436.63人/k㎡
特　産　品：鉄鋼、学生服
観　　光：鷲羽山、倉敷チボリ公園

倉敷市美観地区景観条例

(目的)
第1条　この条例は、建築基準法(昭和二十五年法律第201号。以下「法」という。)第68条の規定に基づき、都市計画に定める美観地区内における建築物その他の工作物の位置、規模、形態及び意匠の制限に関する事項その他美観地区の景観の整備に関し必要な事項を定めることにより、本市固有の歴史的景観の保存を図ることを目的とする。

(定義)
第2条　この条例において、次の各号に掲げる用語の意義は、当該各号に定めるところによる。
(1)　美観地区　都市計画法(昭和四十三年法律第100号)第8条第1項第6号に規定する美観地区をいう。
(2)　歴史的景観　伝統的な建築様式による建造物、遺跡等が周囲の自然環境と一体となって形成されている景観をいう。
(3)　建築物等　法第2条第1号に規定する建築物(避雷針を除く。)及び当該建築物に附属する看板等をいう。
(4)　特定工作物　煙突、排気塔その他の工作物で、美観地区の景観に支障を及ぼすおそれがあるものとして、規則で定めるものをいう。
(5)　新築等　建築物等又は特定工作物の新築、増築、改築又は移転をいう。
(6)　模様替え等　建築物等又は特定工作物の通常望見できる外観の修繕、模様替え又は色彩の変更をいう。

(建築物等又は特定工作物の高さの算定方法)
第3条　建築物等又は特定工作物の高さは、建築基準法施行令(昭和二十五年政令第338号)第2条第1項第6号(同号ただし書を除く。)の規定により算定するものとする。

(美観地区の種別)
第4条　市長は、美観地区を次の名号に掲げる種別のいずれかに指定するものとする。
(1)　第一種地域　倉敷市伝統的建造物群保存地区保存条例(昭和五十三年倉敷市条例第42号。以下「伝建条例」という。)第2条第2号に規定する区域をいう。

-210-

(2) 第2種地域　倉敷市伝統美観保存条例（昭和四十三年倉敷市条例第63号）第2条第2号に規定する区域をいう。

2　市長は、美観地区の種別を指定し、又は変更したときは、これを告示しなければならない。

3　美観地区の種別の指定及び変更は、前項の規定の告示によってその効力を生じる。

（建築物等に関する行為の承認）

第5条　美観地区内において、建築物等の新築等又は模様替え等の行為をしようとする者は、規則で定めるところにより、市長の承認を受けなければならない。ただし、通常の管理行為、軽易な行為その他の行為で、規則で定めるものについては、この限りでない。

2　市長は、美観地区の歴史的景観を維持するため必要があると認めるときは、その必要の限度において、前項の承認に条件を付することができる。

（建築物等に関する承認の基準）

第6条　市長は、前条第1項の規定による承認の申請があった場合において、当該申請に係る建築物等が次の各号に掲げる基準のいずれにも適合していると認めるときは、同項の規定による承認をしなければならない。ただし、伝建条例第3条第1項の規定により定める倉敷川畔伝統的建造物群保存地区保存計画〔昭和五十四年倉敷市教育委員会告示第3号〕別表1及び別表2に掲げる建築物等に係る市長の承認は、原則として従前の高さ及び規模の範囲内で行うものとする。

(1)　高さが、第1種地域においては11メートル以下であること。ただし、第2種地域においては10メートル以下であること。

(2)　位置、規模、形態、意匠及び色彩が、伝統的な建築様式による建築物等の特性を維持し、かつ、周辺の町並みの景観に調和しているものであること。

(3)　法第2条第3号に規定する建築設備（避雷針を除く。）は、適切な修景措置が施されており、かつ、位置、規模、形態、意匠及び色彩について、建築物等の本体と均衡がとれていること。

（完了等の届出）

2　前項第2号に掲げる基準の適用に関し必要な技術的細目は、美観地区の種別に応じ、規則で定める。

第7条、第5条第1項の規定による承認を受けた者は、当該承認に係る行為が完了したとき、又は当該承認に係る行為を中止したときは、規則で定めるところにより、その旨を市長に届け出なければならない。

（特定工作物に関する行為の承認）

第8条　美観地区内において、特定工作物の新築等又は模様替え等の行為をしようとする者は、規則で定めるところにより、市長の承認を受けなければならない。ただし、通常の管理行為、軽易な行為その他の行為で、規則で定めるものについては、この限りでない。

2　第5条第2項の規定は、前項の規定による承認をする場合について準用する。

（特定工作物に関する承認の基準）

第9条　市長は、前条第1項の規定による承認の申請があった場合において、当該申請に係る特定工作物が次の各号に掲げる基準のいずれにも適合していると認めるときは、同項の規定による承認をしなければならない。

(1)　高さが、第1種地域においては11メートル以下であること。ただし、第2種地域においては10メートル以下であること。

(2)　周辺の町並みの景観に調和しているものであること。

2　前項第2号に掲げる基準の適用に関し必要な技術的細目は、美観地区の種別に応じ、規則で定める。

（完了等の届出）

第10条　第8条第1項の規定による承認を受けた者は、当該承認に係る行為が完了したとき、又は当該承認に係る行為を中止したときは、規則で定めるところにより、その旨を市長に届け出なければならない。

（適用除外）

第11条　第4条第1項の規定による美観地区の種別が指定された際、現に存する建築物等又は特定工作物の新築等で、従前の高さ及び規模の範囲内のもので、外観の形態及び意匠が特に優れていると認められるものは公益上必要と認められるものについては、第6条又は第9条の規定は適用しないことができる。

2　建築物等又は特定工作物の新築等で、公益上必要と認められるものについては、第6条又は第9条の規定は適用しないことができる。

3　当該申請に係る建築物等の位置、規模、形態、意匠及び色彩が同一敷地内の他の建築物等と調和し、かつ、周囲の景観に著しく影響を及ぼすおそ

れがないと認められる場合は、第6条第1項第2号の規定は適用しないことができる。

(承認の取消し等処分)
第12条　市長は、次の各号のいずれかに該当する者に対して、美観地区の歴史的景観を維持するため必要な限度において、第5条第1項若しくは第8条第1項の規定によって行った承認を取り消し、又は違反を是正するために必要な措置をとることを命じることができる。
(1) この条例の規定又はこれに基づく処分に違反した者
(2) この条例の規定又はこれに基づく処分に違反した工事の注文主若しくは工事施工者
(3) 第5条第2項又は第8条第2項の規定により承認に付した条件に違反している者
(4) 虚偽その他不正な手段により、第5条第1項又は第8条第1項の規定による承認を受けた者

(倉敷市伝統的建造物群等保存審議会の意見の聴取)
第13条　市長は、次に掲げる行為をしようとするときは、伝建条例第11条に規定する倉敷市伝統的建造物群等保存審議会の意見を聴くことができる。
(1) 第5条第1項若しくは第8条第1項の規定による承認又は前条の規定による承認の取消し若しくは命令
(2) 第6条第2項又は第9条第2項の技術的細目の変更
(3) 第11条の規定による適用除外

(報告又は資料の提出)
第14条　市長は、この条例の施行に必要な限度において、工事の注文主、設計者、工事監理者又は工事施工者に対し、当該行為の実施の状況その他必要な事項について報告又は資料の提出を求めることができる。

(委任)
第15条　この条例の施行に関し必要な事項は、市長が別に定める。

(罰則)
第16条　第12条の規定による命令に違反した者は、二十万円以下の罰金に処する。

第17条　次の各号の一に該当する者は、十万円以下の罰金に処する。
(1) 第5条第1項若しくは第8条第1項の規定又は第5条第2項若しくは第8条第2項の条件に違反した者

(2) 第7条又は第10条の規定による届出をせず、又は虚偽の届出をした者
(3) 第14条の規定による報告の提出をせず、又は虚偽の報告若しくは資料の提出をした者

(両罰規定)
第18条　法人の代表者又は法人若しくは人の代理人、使用人その他の従業者が、その法人又は人の業務に関して前2条に規定する違反行為をしたときは、その行為者を罰するほか、その法人又は人に対して、各本条の罰金刑を科する。

附　則

(施行期日)
1　この条例は、平成12年4月1日から施行する。

(経過措置)
2　この条例の規定は、この条例の施行の日以後に法第6条の規定による確認申請を受理するものから適用する。

(関係条例の一部改正)
3　伝建条例第3項中「並びに倉敷市倉敷川畔伝統的建造物群保存地区背景保全条例」を「倉敷市倉敷川畔伝統的建造物群保存地区背景保全条例(第5条第12項)」の次に「並びに倉敷市美観地区景観条例(平成十二年倉敷市条例第5号)第13条」を加える。

-212-

佐賀県／佐賀市

佐賀市中高層建築物の建築に係る紛争の予防と調整に関する条例
2000年（平成12年）12月20日議決

建設業者に計画周知と説明義務／教育施設では事前協議を義務づけ

佐賀市は、高層マンション建設をめぐる地域住民との紛争を防止するため条例を制定した。これまで「建築指導要綱」でトラブル防止を図ってきたが、解決の手段や法的根拠が明確でなかったため条例化したもの。

条例では、対象建築物は、4階建て以上で15メートルを越える建築物が対象。建築主は、近隣住民に周知のため、建築計画の概要を記載した標識の設置が義務づけられ、事前説明や周辺住民からの求めがある場合は、説明会を開催し、状況を市長に報告しなければならないとした。学校や幼稚園、保育園などに日影の影響を及ぼす建物の建築主は、日影に配慮した計画とし、教育施設の設置者との事前協議が義務づけられた。教育施設への配慮を盛り込んでいることが条例の特長。紛争を解決するため「建築紛争調停委員会」を設置、市の調整で解決しない場合に調停を行う。従わない場合は公表するとしている。

佐賀県・佐賀市

市役所：〒840-8501
佐賀県佐賀市栄町1-1
（下車駅　長崎本線　佐賀駅）
電話（0952）24-3151

人　　口：164,863人
世　帯　数：62,250世帯
面　　積：103.76k㎡
人口密度：1,588.89人／k㎡
特　産　品：海苔、佐賀錦、肥前ビードロ
観　　光：佐賀城跡、葉隠発祥地

佐賀市中高層建築物の建築に係る紛争の予防と調整に関する条例

第1章　総則

第1条（目的）　この条例は、中高層建築物の建築に関し、建築主等が配慮すべき事項、建築計画の周知の手続、紛争の調整及び調停の手続その他必要な事項を定めることにより、建築に伴う紛争の予防及び調整を図るとともに、良好な近隣関係を保持することを目的とする。

第2条（定義）　この条例における用語の意義は、建築基準法（昭和二十五年法律第201号。以下「法」という。）及び建築基準法施行令（昭和二十五年政令第338号）の例による。

2　この条例における次の各号に掲げる用語の意義は、それぞれ当該各号に定めるところによる。

(1) 中高層建築物　次に掲げる建築物をいう。
ア　地階を除く階数が4以上の建築物
イ　高さが15メートルを超える建築物

(2) 建築主等　中高層建築物の建築主、設計者、工事監理者及び工事施工者をいう。

(3) 近隣住民　中高層建築物の敷地境界線からの水平距離が、真北方向にあっては当該中高層建築物の高さの1.5倍の範囲内及びその他の方向にあっては当該中高層建築物の高さの範囲内にある建築物（その敷地の一部が当該範囲内にあるものを含む。）の所有者、管理者又は居住者及び土地の所有者又は管理者（その土地に建築物が存しない場合に限る。）をいう。

(4) 周辺住民　次に掲げる者をいう。
ア　中高層建築物の建築によりテレビジョン放送の電波の受信障害（以下「テレビ電波受信障害」という。）が著しく生じると予測される者
イ　中高層建築物の建築により居住環境に影響を受ける者であって、市長が必要と認めるもの

(5) 近隣関係住民　近隣住民及び周辺住民をいう。

(6) 紛争　中高層建築物の建築が居住環境に及ぼす影響に関する建築主等

及び近隣関係住民（以下「紛争当事者」という。）の間の紛争をいう。

（適用除外）
第3条 この条例は、次に掲げる建築物については適用しない。
(1) 法第18条第3項の規定による確認済証を受けて建築する建築物
(2) 法第85条の適用を受ける建築物
(3) 敷地及び周囲の状況等により、紛争が生じるおそれがないと市長が認める建築物

（市長の責務）
第4条 市長は、紛争の予防に努めるとともに、紛争が生じたときは、適切に調整及び調停を行うよう努めるものとする。

（建築主等の責務）
第5条 建築主等は、中高層建築物の建築に際し、周辺の居住環境を損なわないよう努めるとともに、良好な近隣関係を損なわないよう努めるものとする。

（紛争当事者の責務）
第6条 紛争当事者は、紛争が生じたときは、双方の立場を専重し自主的に解決するよう努めなければならない。

第2章 建築主等の配慮等

（建築計画上の配慮）
第7条 建築主等は、中高層建築物の建築の計画に際し、日照その他の周辺の居住環境に及ぼす影響に配慮するよう努めなければならない。

（教育施設等への日照）
第8条 中高層建築物の建築主は、当該中高層建築物の建築により、冬至日の真太陽時による午前8時から午後4時までの間において、保育所（規則で定めるものに限る。）、幼稚園、小学校、中学校その他規則で定める施設（以下「教育施設等」という。）の敷地に日影となる部分に日影を生じさせるときは、日影の影響について配慮した計画を行うよう努めるとともに、当該中高層建築物の計画について、当該教育施設等の設置者と協議しなければならない。

2 中高層建築物の建築主は、前項の規定により教育施設等の設置者と協議したときは、規則で定めるところにより、市長に報告しなければならない。

（工事に関する措置）
第9条 建築主等は、中高層建築物の工事の実施により周辺の居住環境に及ぼす影響を最小限にとどめるため、当該工事により発生する騒音及び振動の低減、ほこり等の飛散防止その他必要な措置を講じるよう努めなければならない。

2 建築主等は、工事用車両が教育施設等の通学路（児童及び生徒が教育施設等へ通う経路として専ら通行している道路をいう。以下同じ。）を通行することにより当該通学路を利用する児童及び生徒の安全に支障が生じると予測されるときは、適切な措置を講じるよう努めなければならない。

（電波障害対策）
第10条 建築主等は、中高層建築物の建築によりテレビ電波受信障害が生じ、又は生じると予測されるときは、適切な措置を講じることにより必要なテレビ電波受信障害を防止し、又は解消するために必要な措置を講じなければならない。

第3章 建築計画の周知

（標識の設置）
第11条 中高層建築物の建築主は、近隣関係住民にその建築計画の周知を図るため、規則で定めるところにより、当該建築計画の概要を記載した標識を設置しなければならない。

2 前項の標識は、当該標識に係る中高層建築物の工事に着手する日まで設置しなければならない。

3 中高層建築物の建築主は、第1項の標識を設置したときは、規則で定めるところにより、速やかにその旨を市長に報告しなければならない。

（建築計画の説明）
第12条 中高層建築物の建築主は、建築計画に係る規則で定める事項について、近隣住民に対する説明（以下「事前説明」という。）をしなければならない。

2 前項の標識は、当該標識に係る中高層建築物の工事に着手する日まで設置しなければならない。

3 中高層建築物の建築主は、周辺住民の求めがあるときは、前項の規則で定める事項について当該周辺住民に対する説明をしなければならない。

4 中高層建築物の建築主は、近隣住民の長期不在その他の当該建築主の責めに帰すことができない理由により、事前説明をすることができないとき、又は、これに応じるよう努めなければならない。前2項の事前説明及び説明について、説明会の開催を求められたときは、

は、規則で定めるところにより近隣住民に対する周知をしなければならない。

5 中高層建築物の建築主は、中高層建築物の設計者、工事監理者、工事施工者その他当該中高層建築物の建築計画について十分な知識を有する者に第1項の事前説明、第2項の説明及び前項の周知を行わせることができる。

(報告)
第13条 中高層建築物の建築主は、前条に規定する事前説明、説明及び周知の状況を市長に報告しなければならない。
2 前項の報告は、第11条第1項の標識を設置した日から起算して15日を経過した日以降で、かつ、法第6条第1項又は法第6条の2第1項に規定する確認の申請(以下「確認申請」という。)をしようとする日の30日前までに提出しなければならない。

(建築計画等の変更の手続)
第14条 中高層建築物の建築主は、第11条第1項の規定による標識の設置の日から当該中高層建築物の建築計画に係る確認申請をしようとする日までの間に、当該中高層建築物の建築計画の変更をしたときは、当該変更の内容について、同条から前条までの規定による標識の設置、事前説明その他の手続を経なければならない。この場合において、第12条第2項に規定する求めの有無にかかわらず、同項に規定する説明を受けた周辺住民に対し、当該変更の内容について説明しなければならない。
2 前項の規定にかかわらず、同項に規定する変更前と比較して改善され、又は当該変更の内容が周辺の居住環境に影響を及ぼさないと認められるときは、同項の手続を経ることを要しない。

第4章 調整

(調整の申出)
第15条 紛争当事者は、紛争が生じた場合において、第6条の規定に基づく自主的な解決の努力を尽くしてもなお紛争の解決に至らないときは、当該紛争の調整(以下「調整」という。)を市長に申し出ることができる。
2 前項の規定による調整の申出は、当該紛争に係る中高層建築物の工事の着手前に行わなければならない。

3 市長は、第1項の規定による調整の申出があったときは、紛争当事者間に合意が成立するよう調整を行うものとする。
4 市長は、前項の調整のため必要があると認めるときは、関係者に対し、その意見又は説明を聴くための調整の場への出席及び必要な資料の提出を求めることができる。

(調整の打切り)
第16条 市長は、調整に係る紛争について、紛争当事者間に合意が成立する見込みがないと認めるときは、調整を打ち切ることができる。

(調整の非公開)
第17条 調整の手続は、公開しない。

第5章 調停

(佐賀市建築紛争調停委員会)
第18条 市長は、この条例の規定による調整のほか、佐賀市建築紛争調停委員会(以下「委員会」という。)を置く。
2 委員会は、前項の規定による調停のほか、市長の諮問に応じ紛争に関する重要事項について調査し、及び審議する。
3 委員会は、委員5名以内をもって組織する。
4 委員は、法律、建築、行政等の分野に関し経験及び知識を有する者その他市長が適当と認める者のうちから市長が委嘱する。
5 委員の任期は、2年とし、再任は妨げない。ただし、委員を退いた後の補欠委員の任期は、前任者の残任期間とする。
6 委員は、職務上知り得た秘密を漏らしてはならない。その職を退いた後も、同様とする。
7 この条例に定めるもののほか、委員会の組織及び運営に関し必要な事項は規則で定める。

(調停の申出)
第19条 紛争当事者は、前章の規定による調整を市長に申し出ないときは、当該紛争の調停を市長に申し出ることができる。
2 前項の規定による申出は、当該紛争に係る中高層建築物の工事の着手前に行わなければならない。
3 市長は、紛争当事者の一方から調停の申出があった場合は、他の紛争当事者に対し、相当の期限を定めて調停があると認めるときは、必要

に付することを受諾するよう勧告することができる。

（委員会への付託）
第20条　市長は、紛争当事者の双方が紛争の調停を申し出たとき、又は紛争当事者の一方から調停の申出がなされた紛争について他の紛争当事者が調停に付することを受諾したときは、委員会に当該紛争の調停を付託するものとする。

（調停前の措置）
第21条　委員会は、調停前に紛争当事者に対し、調停の内容となる事項の実現を著しく困難にする行為を行わないことその他調停のために必要と認める措置を講じることを要請することができる。

（調停）
第22条　委員会は、第20条の規定による調停の付託があったときは、紛争当事者間に合意が成立するよう調停を行うものとする。
2　委員会は、紛争の調停のため必要があると認めるときは、関係者に対し、その意見又は説明を聴くための委員会の会議への出席及び必要な資料の提出を求めることができる。
3　委員会は、紛争当事者の主張その他紛争に係る事情を考慮したうえで調停案を作成し、これを当該紛争当事者に提示するものとする。
4　紛争当事者は、前項の規定により提示を受けた調停案（以下「調停案」という。）について、委員会が定める期限内に、これに同意するか否かを回答しなければならない。

（調停の打切り）
第23条　委員会は、調停に係る紛争について、次のいずれかに該当するときは、調停を打ち切ることができる。
(1)　紛争当事者間に合意が成立する見込みがないと認めるとき。
(2)　紛争当事者の双方又は一方が調停案について同意しないとき。
2　前項の規定により調停が打ち切られたときは、紛争当事者は、当該調停に係る紛争について再度の調停を申し出ることはできない。

（報告）
第24条　委員会は、調停が終了したときは、速やかにその旨を市長に報告しなければならない。

（調停の非公開）
第25条　調停の手続は、公開しない。

第6章　雑則

（指導又は勧告）
第26条　市長は、中高層建築物の建築主が次のいずれかに該当するときは、当該建築主に対し、期限を定めて必要な措置を講じるよう指導し、又は勧告することができる。
(1)　第11条第1項の規定による標識を設置しないとき。
(2)　第13条第1項の規定による報告をせず、又は虚偽の報告をしたとき。

（公表）
第27条　市長は、第19条第3項の規定又は前条の規定による勧告を受けた紛争当事者がこれに従わないとき、又は前条の規定による指導若しくは勧告を受けた中高層建築物の建築主が正当な理由がなくこれに従わないときは、その旨を公表することができる。

（委任）
第28条　この条例の施行に関し必要な事項は、規則で定める。

附　則

（施行期日）
1　この条例は、平成13年4月1日から施行し、同日以後に確認申請を行う中高層建築物の建築について適用する。

（経過措置）
2　前項の規定にかかわらず、第3章の規定は、平成13年5月1日以後に確認申請を行う中高層建築物の建築について適用する。この場合において、この条例の施行の日前に当該中高層建築物の建築に係る第3章に規定するこの条例の施行の日前に当該中高層建築物の建築に係る第3章に規定する建築計画の周知に相当する行為がなされたときは、当該相当するこの条例の相当する規定によりなされたものとみなす。

佐賀県／神埼町

神埼町吉野ヶ里歴史公園周辺景観条例
2000年（平成12年）4月1日施行

自治体が連携して吉野ケ里遺跡周辺の景観保全

　国特別史跡の吉野ヶ里歴史公園の周辺景観を保全するため地元の神埼町、三田川町、東脊振村が同じ条例を制定した。条例では、公園周辺における田園景観の保全をうたっている。景観形成指針を国や県との協力で、地元3自治体で定めるとしている。又、制定する景観形成基準では、建築物の配置、形態、規模、材料、色彩、敷地緑化、広告物の表示、屋外の物品の貯蔵などについて規定し、大規模な建築物の新設、増改築、移転、外観の変更、広告物の表示、物品の貯蔵など（大規模行為）を行う場合は町長に届けなければならないとした。届出が景観形成基準に適合しない場合、町長は助言、指導を行い、従わない場合は勧告を行う。勧告にも従わない場合はその事実を公表する。第24条で大規模行為の届出を行わなかったり、虚偽の届出を行った場合は5万円以下の罰金を科すと規定した。

佐賀県・神埼町

町役場：〒842-8601
佐賀県神埼郡神埼町大字神埼410
（下車駅　長崎本線　神埼駅）
電話（0952）52-1111

人　口：19,402人
世帯数：5,842世帯
面　積：39.31k㎡
人口密度：493.56人/k㎡
特産品：素麺、日の隈釜、尾崎人形
観　光：吉野ケ里遺跡公園、久年庵

都市計画

神埼町吉野ヶ里歴史公園周辺景観条例

第1章　総則

（目的）
第1条　この条例は、国家的財産である吉野ヶ里遺跡を含む吉野ヶ里歴史公園の周辺の景観を保全し、及び育成することにより、地域の特性を生かした美しい魅力あるまちづくりに資することを目的とする

（用語の定義）
第2条　この条例において、次の各号に掲げる用語の意義は、それぞれ当該各号に定めるところによる。
(1) 建築物等　建築基準法（昭和二十五年法律第201号）第2条第1項に規定する建築物及び規則で定める工作物をいう。
(2) 広告物等　屋外広告物法（昭和二十四年法律第189号）第2条第1項に規定する屋外広告物及びこれらを掲出する物件並びに窓等に掲出する広告物をいう。
(3) 事業者　第10条に定める行為を行なう施工主をいう。
(4) 景観の形成　良好な景観保全をし、及び育成することをいう。

（町の基本的責務）
第3条　町は、この条例の目的を達成するため、景観の形成に関する総合的かつ計画的な施策を策定し、これを実施するものとする。
2　町は、前項の施策の策定及び実施に当たっては、町民の意見が反映されるように努めるものとする。

（町民の責務）
第4条　町民は、自らが景観を保全し、及び育成する主体であることを認識し、積極的に景観の形成に寄与するよう努めるものとする。
2　町民は、町が実施する景観の形成に関する施策に協力するよう努めるものとする。

（事業者の責務）
第5条　事業者は、事業活動を行うに当たっては、周辺の景観に十分配慮するとともに、事業活動を通じて地域における景観づくりに積極的に寄与するよう努めるものとする。
2　事業者は、町が実施する景観の形成に関する施策に協力するよう努めるものとする。

第6条　町長は、農業振興地域の整備に関する法律（昭和四十四年法律第58号）、都市計画法（昭和四十三年法律第100号）等、土地利用関係法令の適正な運用を図り、公園周辺における田園景観の保全及び育成に努めるものとする。

（適正な土地利用）

第2章　景観の形成

第1節　景観形成指針

（景観形成指針の策定）

第7条　町長は、国、県及び三田川町及び東脊振村並びに町民との協力の下に吉野ヶ里歴史公園の周辺の景観の形成のための基本的かつ総合的な指針（以下「景観形成指針」という。）を定めるものとする。

2　町長は、景観形成指針を定めたときは、その内容を公表しなければならない。

第2節　景観形成地区

（景観形成地区の指定）

第8条　町長は、吉野ヶ里歴史公園周辺において景観の形成を推進するために必要があると認められる区域を景観形成地区として指定することができる。

2　町長は、景観形成地区を指定しようとするときは、あらかじめ、規則の定めるところによりその旨を広告し、その案を当該公告の日から起算して2週間公衆の縦覧に供されなければならない。

3　前項の規定による公告があったときは、当該区域の住民及び利害関係人は、同項の規定による縦覧期間満了の日までに縦覧に供された案について、町長に意見書を提出することができる。

4　町長は、前項の規定による意見書の提出があったときは、その内容の要旨を景観審議会に諮問しなければならない。

5　町長は、景観形成地区を指定したときは、これを告示するものとする。

6　第2項から前項までの規定は、景観形成地区の区域の拡張について、第2項及び前項の規定は景観形成地区の指定の解除及びその区域の縮小について、それぞれ準用する。

第3節　景観形成基準

（景観形成基準）

第9条　町長は、景観形成地区における景観の形成のための基準（以下「景観形成基準」という。）を定めるものとする。

2　景観形成基準には、次に掲げる事項について定めるものとする。
(1)建築物等の配置、意匠、形態、規模、材料及び色彩並びに敷地の緑化に関する事項
(2)公告物等の表示又は掲出に関する事項
(3)屋外における物品の集積及び貯蔵に関する事項

3　町長は、景観形成基準を定め、又は変更したときは、その内容を告示しなければならない。

（景観形成基準への適合）

第10条　景観形成地区において、次に掲げる行為をしようとする者は、景観形成基準に適合するよう努めなければならない。
(1)建築物等の新築、新設、増築、改築、移転又は外観の変更
(2)広告物等の表示又は掲出
(3)屋外における物品の集積及び貯蔵

第4節　県との連携

（県との連携）

第11条　町長は、景観形成指針、景観形成地区及び景観形成基準を定めるに当たっては、県と連携を取りながら定めるものとする。

第5節　大規模行為

（大規模行為の届出）

第12条　景観形成地区において、第10条各号掲げる行為のうち、規則で定める規模を超える行為（以下「大規模行為」という。）をしようとする者は、当該大規模行為に着手する日の30日前までに、規則で定めるところにより、その内容を町長に届け出なければならない。

2　前項の規定は、次に掲げる行為についてには、適用しない。
(1)通常の管理行為その他景観の形成に支障を及ぼすおそれがない軽微な変更を除く。）をしようとするときは、あらかじめ規則で定めるところにより、その内容を町長に届け出なければならない。
(2)非常災害のために必要な応急措置として行う行為
(3)国又は地方公共団体が行う行為

-218-

（助言及び指導）

第13条　町長は、前条第1項の規定による届出があった場合において、当該届出に係る行為が景観形成基準に適合しないと認めるときは、当該届出をした者に対し、必要な措置を講ずるよう助言及び指導をすることができる。

（勧告）

第14条　町長は、前条の規定による助言及び指導を受けた者が当該助言及び指導に従わないときは、当該助言及び指導に従うよう勧告をすることができる。

2　町長は、前項の規定による勧告を受けた者が当該勧告に従わないときは、その事実を公表することができる。

第6節　公共施設の景観への配慮

（先導的役割及び協力要請）

第15条　町長は、建築物の建築及び道路、河川、公園その他公共施設の整備を行うときは、景観の形成に効果的に達成するよう努めるものとする。

2　町長は、景観の形成指針に配慮する必要があると認めるときは、国若しくは他の地方公共団体に対して、景観の形成に関し、協力を要請するものとする。

第7節　普及啓発

（普及啓発）

第16条　町長は、町民及び事業者の景観の形成に対する意識の高揚を図るため、普及啓発に努めるものとする。

第3章　吉野ヶ里景観審議会

（設置）

第17条　町に、町長の付属機関として、吉野ヶ里景観審議会（以下、「景観審議会」という。）を置く。

（任務）

第18条　景観審議会は、景観形成指針その他景観に関する事項について、町長の諮問に応じて審議を行うものとする。

（組織）

第19条　審議会は、委員15人以内で構成する。

2　委員は、町民、町議会議員、議見を有する者及び関係行政機関の職員のうちからそれぞれ町長が委嘱する。

（任期）

第20条　委員の任期は、2年とする。ただし、補欠委員の任期は、前任者の残任期間とする。

（会長及び副会長）

第21条　景観審議会に会長のほか、副会長を置き、委員が互選する。

2　会長は、会務を総理する。

3　副会長は、会長を補佐し、会長に事故があるとき又は欠けたときは、その職務を代理する。

（会議）

第22条　会議は、会長が招集し、会長が議長となる。

2　会議は、委員の過半数が出席しなければ、これを開くことはできない。

3　会議の議事は、出席委員の過半数で決し、可否同数のときは、会長の決するところによる。

第4章　雑則

（委任）

第23条　この条例に定めるもののほか、この条例について必要な事項は、規則で定める。

第5章　罰則

（罰則）

第24条　第12条第1項の規定による届出をせず、又は虚偽の届出をした者は、5万円以下の罰金に処する。

附則

この条例は、平成12年4月1日から施行する。ただし、第2章の規定は、規則で定める日から施行する。

-219-

宮城県

みやぎ食と農の県民条例

2000年(平成12年)7月1日施行

議員提案で総合的な農業振興を条例化

条例では、前文で宮城県が農産物生産県として将来の発展に努めることを明らかにし、食料の安定供給と環境への配慮、農業・農村の多面的な機能としての安らぎ空間の提供や景観保全、文化の継承などを振興の目標に掲げた。目標の達成に向け第7条に①有機農産物の生産と学校給食などへの利用拡大、有機認証制度創設 ②農業生産活動における資源循環機能の維持増進、環境への負荷低減、農村地域の景観形成 ③産直による域内流通、域内消費の拡大、産地銘柄の確立 ④他産業との連携や農業関連産業の推進 ⑤都市と農村の交流など9項目が規定された。又、これらの効果的な実施のため、第8条で知事は、10年を期間とする基本計画を定め、5年ごとに計画の目標達成状況を公表するとした。

本条例は、県議会の農業農村振興対策特別委員会が、1999年から検討し可決して本会議に提案した。

宮城県

県　　庁：〒980-8570
宮城県仙台市青葉区本町3-8-1
(下車駅　東北新幹線　仙台駅)
電話 (022) 211-2111

人　　口：2,340,145人
世　帯　数：811,034世帯
面　　積：7,284.61km²
人口密度：321.25人/km²

農林水産

みやぎ食と農の県民条例

農業は、太古から人の生命をはぐくむ源泉であり、自然条件によって生産量が変動しやすいなどの不安定な要素を有しながら、国や地域の重要な存立基盤を成してきた。

世界の総人口の増加による食料消費の増大などが予測され、将来的には世界的な食料危機の時代を迎えることが危惧される中で、我が国においても国際的な協力を図りながら、長期的な視野に立った食料供給と農業生産体制構築の努力が不可欠になっている。

一方、このような中で、本県農業は、これまで我が国の主要な食料供給基地として重要な役割を果たすとともに、基幹産業として、地域経済を支えてきた。

近年、農業者の減少や高齢化及び農地面積の減少による生産体制の脆弱化などが懸念される中で、心なごむ景観や自然とのふれあい、作物を収穫することの喜びなどを通じて、人々の農業・農村への関心が高まっている。

肥沃な耕土に恵まれ、また長きにわたり培ってきた技術や、様々な困難を克服してきた先人たちの知恵の蓄積などを有する本県は、良質で豊かな農産物生産県として、さらに将来に向けて、様々な利点や蓄積を生かし、農業及び農村を発展させていく責務がある。

ここに、本県が世界や我が国の状況を踏まえつつ、農業・農村の将来にわたる振興に努めていくことを宣言するとともに、その振興方策を広く明らかにするため、この条例を制定する。

（目的）
第一条　この条例は、本県における農業・農村振興の目標を明らかにするとともに、目標達成に向けた推進方策を示し、県民の共通理解のもと、目標の実現を図ることを目的とする。

（農業・農村振興の目標）
第二条　県は、次に掲げる目標のもとで農業・農村の振興を図るものとする。

一　県民に安全で安心な食料が安定的に供給されること。
二　次代の農業者を育成しつつ、環境への十分な配慮を図ること等により、将来にわたり農業が持続的に営まれること。
三　県民及び国民へのやすらぎ空間の提供、文化の継承、景観の保全等、

四 農業・農村の有する多面的な機能を十分に発揮すること。

五 多彩で豊かな農産物の生産の場である農村の経済的な発展及び総合的な振興が図られること。

六 食生活の多様化等の消費動向を踏まえた収益性の高い農産物への転換、生産体制の効率化等を進め、生産構造の転換を図ること。

七 農業と商業、工業、林業、水産業等との連携の強化及び農産物の高付加価値化のための農業関連産業の推進等により、農業を核とした新たな地域産業の創出を図ること。

八 都市と農村の交流促進、県民の農業に関する情報提供及び学習機会の充実を推進し、農業及び農村の重要性への理解醸成を図ること。

九 農村地域の生活環境整備及び中山間地域の振興を進めるとともに、文化及び伝統の継承、環境保全等の農業・農村の有する多面的な機能が発揮された快適で魅力ある農村づくりを図ること。

(基本計画の策定)

第八条 知事は、前条各号に掲げる方策を効果的に実施するため、農業・農村の振興に関する概ね十年を期間とする基本的な計画(以下「基本計画」という。)を定めるものとする。

2 基本計画は、次に掲げる事項について定めるものとする。
一 国内自給率向上に向けた県内農産物の生産目標、農地確保の目標面積等、農業・農村振興に関する主要な目標
二 前号の目標の達成に向けた主要な方策及び施策
三 前二号に掲げるもののほか、農業・農村振興のために必要な事項

3 知事は、基本計画の策定に当たっては、あらかじめ、広く県民の参画する審議機関において検討を行うなど、県民意見の集約と反映に努めるものとする。

4 知事は、基本計画を定めたときは、遅滞なく、これを公表するものとする。

5 前二項の規定は、基本計画の変更について準用する。

(事業の実施状況等の報告)

第九条 知事は、基本計画の推進に当たって県民意見の集約と反映を図るため、県議会及び県民に対し、毎年度、基本計画の推進に向けた事業の実施状況及び県民に対し、五年ごとに基本計画の目標達成状況等を公表するものとする。

(行政体制の整備等)

第十条 県は、前二条により、計画的な施策推進に努めるなどのほか、農

(県の責務と役割)

第三条 県は、農業、農業・農村の振興に向け、地域の特性に配慮しながら、国、市町村、農業者、農業団体、消費者等との連携を図り、総合的に施策を推進するものとする。

(市町村の責務と役割)

第四条 市町村はそれぞれの自然的社会的条件に応じて県、農業者、農業団体等と協力しながら、農業・農村の振興を積極的に図るよう努めるものとする。

(農業者及び農業団体の責務と役割)

第五条 農業者及び農業団体は、農業・農村の振興に向け、自ら主体的に努力するものとする。

(県民、事業者等の責務と役割)

第六条 県民、食品関連産業事業者等は、地域農産物の消費及び利用を進めること等により、農業・農村の振興への協力に努めるものとする。

(農業・農村振興に関する主要な方策)

第七条 県は、第二条に掲げた目標の達成に向け、次に掲げる方策の実施に努めるものとする。

一 有機農産物の生産及び広く学校給食をはじめとした利用拡大等を進めるとともに、有機農産物等認証制度等により消費者への情報提供体制を整備し、安全で安心な食料の安定的な供給を図ること。

二 農業生産活動における資源循環機能の維持増進及び環境への負荷低減を推進するとともに、良好な農村地域の景観形成を図ること。

三 世界の食料情勢を視野に入れ農業技術の高度化、優良農地の確保、生産基盤の整備等を進め、我が国全体の食料自給率の向上にも寄与するよう、将来に向けて生産量の確保を図ること。

四 産地直結での販売による域内流通の拡大や域内消費の拡大を促進するとともに、産地銘柄の確立を進めること等により、農産物の販売力向上を図ること。

五 農地の利用集積等、中核的な農業者の経営基盤の強化を進めるとともに、多様な担い手に対する就農及び営農支援等、次代の農業者の育成及び確保を図ること。

業・農村の振興に向けた組織体制等行政体制の整備に努めるものとする。

（条例の周知広報）
第十一条　県は、この条例及び農業・農村振興施策の県民への周知及び広報に努めるものとする。

　　　附　則
この条例は、公布の日から施行する。

茨城県／笠間市

笠間市農林業災害対策特別措置条例
2000年(平成12年)5月22日施行

県条例適用外の農林業災害に市単独で支援条例／被害に迅速に対応

笠間市は、暴風雨、豪雨、長雨、地震、降霜、高低温、降ひょうや干ばつなどの天災による損失を受けた農林業者などのうち、茨城県農林漁業災害対策特別措置条例（昭和42年制定）の適用外の災害を受けた農林業者に、被害農林産物の樹草勢回復、代作などに対しての助成措置を講じる条例を制定した。適用は5月1日からとしている。

県条例の適用基準は、単独市町村で被害に対応できない場合としており、被害金額は明確ではないが、過去の事例では約6億円以上の被害で適用されている。

笠間市では、今年の5月3日に降ひょうによる被害が発生、市内6地区で麦、タバコ、リンゴなど17㌶、約6千万円の被害があったが、被害規模からみて県条例の適用は困難と判断、被害に対して迅速な対応が必要と市単独で独自の条例を制定した。

条例は資金貸し付け以外は、県条例をほぼ準拠したものとなっている。

茨城県・笠間市

市役所：〒309-1698 茨城県笠間市石井717 （下車駅 水戸線 笠間駅） 電話（0296）72-1111	人　口：30,463人 世帯数：9,376世帯 面　積：131.61k㎡ 人口密度：231.46人/k㎡ 特産品：笠間焼、稲田の御影石 観　光：笠間城跡、笠間稲荷神社、石切山脈

笠間市農林業災害対策特別措置条例

（目的）

第1条　この条例は、暴風雨、豪雨、長雨、地震、降雪、降霜、高低温、隆ひょう又は干ばつ等の天災（以下「災害」という。）による損失を受けた農林業者及び農林業者の組織する団体のうち、茨城県農林漁業災害対策特別措置条例（昭和四十二年茨城県条例第20号）の適用外の災害を受けた者に対し、被害農林産物の樹草勢回復、代作等について市単独の助成措置を講じ、農林業経営の安定に資することを目的とする。

（定義）

第2条　この条例において、次の各号に掲げる用語の意義は、それぞれ当該各号に定めるところによる。

(1) 被害農業者　農業を主な業務とする者であって、次のいずれかに該当する旨の市長の認定を受けたものをいう。

ア　災害による農産物、畜産物又は繭の減収量がその農産物、畜産物又は繭の平年における収穫量の百分の三十以上であり、かつ、災害による農産物、畜産物及び繭の減収に伴う損失額がその者の平年における農業による総収入額の百分の十以上であること。

イ　災害における果樹、茶樹又は桑樹等の流失、損傷、枯死等に伴う損失額がその者の栽培する果樹、茶樹又は桑樹等の永年作物の被害時における価格の百分の三十以上であること。

(2) 被害林業者　林業を主な業務とする者であって、次のいずれかに該当する旨の市長の認定を受けたものをいう。

ア　災害による木材、林業用種苗その他の林産物の流失等による損失額がその者の平年における林業による総収入額の百分の十以上であること。

イ　災害によるその所有するしいたけほだ木等の流失等による損失額が、被害時における価格の百分の五十以上であること。

(3) 補助対象農業者　被害農業者であって、次のいずれかに該当する旨の市長の認定を受けたものをいう。

ア　指定災害（次条第1項に規定する指定災害をいう。以下本条において同じ。）による農産物、畜産物又は繭の平年における収穫量の百分の三十以上であり、かつ、指定物又は繭の平年における収穫量の百分の三十以上であり、かつ、指定物又は繭の平年における収穫量の百分の三十以上であり、かつ、指定

農林水産

災害による農産物、畜産物又は繭の減収に伴う損失額がその者の平年における農業による総収入額の百分の三十以上であること。

イ 指定災害による果樹、茶樹又は桑樹等の流失、損傷、格死等に伴う損失額がその者の栽培する果樹、茶樹又は桑樹等の永年作物の被害時における価格の百分の三十以上であること。

(4) 補助対象林業者 被害林業者であって、次のいずれかに該当する旨の市長の認定を受けたものをいう。

ア 指定災害によるその所有するしいたけほだ木等の流失等による損失額が、被災害時における林業による総収入額の百分の三十以上であること。

イ 指定災害による木材、林業用種苗その他の林産物の流失等による損失額が、被災害時における価格の百分の五十以上であること。

(措置の指定等)

第3条 市長は、農林業経営に大きな影響があると認めた災害を指定災害として指定するものとする。

2 市長は、指定災害にかかる区域が次の各号に該当するときは、当該区域を助成措置等を行うべき被害農業地域、被害林業地域としてその都度指定するものとする。

(1) 被害農業地域 総農業者中に含まれる被害農業者の数が百分の十以上である大字の全部又は大字の一部の区域が2以上あるとき。

(2) 被害林業地域 総林業者中に含まれる被害林業者の数が百分の十以上である大字の全部又は大字の一部の区域が2以上あるとき。

3 前項の助成措置は、次のとおりとし、別表に定めるものとする。

(1) 樹草勢回復についての助成
(2) 農産物等の病害虫防除についての助成
(3) 種苗、蚕種等についての助成
(4) 代作等についての助成
(5) その他市長が特に重要と認めるものについての助成

(手続)

第4条 この条例の施行に関し必要な事項は、笠間市補助金等交付に関する条例(平成三年笠間市条例第7号)の例による。

附則

この条例は、公布の日から施行し、平成十二年五月一日から適用する。

別表(第3条)

補助の種類	補助の対象となる経費	補助率
樹草勢回復用肥料購入費補助	農産物の被害率(減収量が平年における収穫量に対して占める割合をいう。以下同じ)が100分の30以上100分の70未満の補助対象農業者が草勢回復のための肥料の購入に要する経費	当該補助に要する経費の3分の2以内
樹草勢回復用肥料購入費補助	果樹、茶樹又は桑樹等の被害率100分の30以上100分の70未満の補助対象農業者が行う樹勢回復のための肥料の購入に要する経費	当該補助に要する経費の3分の2以内
樹草勢回復用肥料購入費補助	被害率100分の70以上の補助対象農業者が行う樹勢回復のための肥料の購入に要する経費	当該補助に要する経費の5分の4以内
病害虫防除用薬剤購入費補助	農産物等の被害率が100分の30以上100分の70未満又は果樹、茶樹、桑樹又は林業用種苗の被害率が100分の30以上の補助対象農業者、補助対象林業者が病虫害の共同防除を行うための薬剤の購入に要する経費	当該補助に要する経費の10分の10以内
種苗購入費補助	農産物及び林業用種苗の被害率が100分の70以上の補助対象農業者、補助対象林業者が再生産用の種子、種苗等の購入に要する経費	当該補助に要する経費の10分の10以内
蚕種購入費補助	桑樹の被害率が100分の70以上の補助対象農業者が再生産を図るため蚕種の共同購入に要する経費	当該補助に要する経費の5分の4以内
代作用種苗肥料購入費補助	農産物の被害率が100分の70以上の補助対象農業者が追い蒔き、代作のための種苗又は肥料の購入に要する経費	当該補助に要する経費の5分の4以内
種苗桑葉等の輸送費補助	農産物又は桑樹の被害率が100分の30以上の補助対象農業者が種苗、自給飼料又は桑葉が不足した場合において、これらを補てんするため種苗、自給飼料又は桑葉の共同輸送に要する経費	当該補助に要する経費の3分の2以内

高知県／檮原町

檮原町森林づくり基本条例

2000年(平成12年)9月19日施行

森づくりの持続的発展へ／森林づくり会議を設置

　檮原町は、担い手不足や高齢化などによって適切な森林管理ができなくなることや、木材需要の減少で林業経営が困難となってきていることから、四万十川源流域の森林づくりの理念と基本方向を定めようと条例を制定した。

　同条例は、14条で構成され、前文で「森林との共生関係を見直し、森林の有する多様な機能を重視した森林づくりを行う」と理念を明らかにした。条文では、森林の持つ機能として、林産物を供給する経済的機能のほか、水源かん養、国土保全、文化伝承、保健休養の場などをあげ、森林の持続的発展をめざして林業の基盤整備、人材の育成に取り組むことを盛り込んでいる。又、町民・事業者の参加による森林づくり会議を設置するとした。

　同町の森林は、森林保護をめざす国際組織「森林管理協議会」(FSC)から「環境に配慮し、手入れが行き届いた森林」として認証を受けている。

高知県／檮原町

町役場：〒785-0695 高知県高岡郡檮原町檮原1444-1 (下車駅　土讃線　須崎駅からバス) 電話 (0889) 65-1111	人　口：4,629人 世帯数：1,785世帯 面　積：236.51km² 人口密度：19.57人/km² 特産品：米茄子、椎茸、ゆず 観　光：棚田、ゆすはら座 (芝居小屋)

檮原町森林づくり基本条例

　緑深き山々に囲まれた町に住む私たちは、遠い昔より計り知れないほどの恩恵を森林から受けながら生活を送り、山の民としての伝統文化を築き上げてきた。

　森林は、檮原町の基幹産業である林業を支え、急峻な地勢のもとで山崩れを防ぎ、四万十川にきれいな水を安定的に供給し、森林独自の生態系を形成して数多くの野生生物を生息させ、人々の保健・文化・教育に大きく寄与してきた。更には、人類共通の課題である地球の温暖化防止や地球環境の保全に大きな役割を果たしている。

　檮原における森林は、自然的、経済的、社会的資源として極めて重要な位置づけとされてきたことから、先人は、森林を利用するとともに生態系をより豊かにするための管理を行うなど、森林を常に良好な状態で保ち続ける努力を積み重ねてきた。

　しかし、近年、私たちは、先人が進めた明治時代の「不要公課村構想」や、戦後の乱伐による荒廃した山を甦らせ、ふるさとの繁栄を願った「植樹永郷」といった森林との関係や山の民としての心を忘れ、木材を始めとり林産物によって森林から受ける経済的利益を第一義として森林の価値を考えてきた。

　今、私たちは、山の民としての自覚を新たに、先人が築いてきた森林との共生関係を見直し、森林の有する多様な機能を重視した森林づくりを行うことにより、かけがえのない森林を健全な状態で後世に継承していかなければならない。

　ここに、檮原町が目指す森林づくりの理念と基本方向を明らかにし、将来にわたって豊かな森林の維持とより豊かで住み良い町づくりを実現するため、この条例を制定する。

第1章　総則

第1条　(目的)
　この条例は、檮原町における森林づくりに関する施策についての基本理念及びその実現を図るために基本となる事項を定めること等により、森林づくりに関する施策の推進を通じて将来にわたり豊かな森林を維持し、もってより豊かで住み良い町づくりを実現することを目的とする。

第2条　(森林の有する機能の高度発揮)
　森林は、木材その他の林産物を供給する経済的な機能 (以下「経済

的機能）という。）のほか、水源のかん養、国土の保全、自然環境の保全、文化の伝承、保健休養の場の提供、教育への寄与、地球温暖化の防止、良好な景観の形成等の多様な機能（以下「多様な機能」という。）を有しており、町民の生活及び経済の安定に重要な役割を果たしていることにかんがみ、将来にわたって、これらの機能が適切かつ十分に発揮されなければならない。

（林業の持続的な発展）
第3条　林業については、その経済的な側面により多くの森林が保全されていることにかんがみ、将来にわたって森林の有する経済的機能及び多様な機能が適切かつ十分に発揮されるよう、森林生態系の保全に配慮した適切な経営管理により、その持続的な発展が図られなければならない。

（町の責務）
第4条　町は、第2条及び第3条に定める基本理念（以下「基本理念」という。）にのっとり、桧原町に存する民有林について、森林づくり（森林について、自然的、経済的、社会的資源として持続的に利用し得るよう保全又は管理することをいう。以下同じ。）に関する施策を総合的に策定し、及び実施する責務を有する。

2　町は、桧原町における森林及び林業に関する情報の提供等を通じて、町民はもとより町外の人々が基本理念に関する理解を深めるよう、努めるものとする。

（事業者の努力）
第5条　桧原町における森林づくりに関係する全ての事業者は、森林づくり及びこれに関連する活動を行うに当たって、基本理念の実現に主体的に取り組むよう努めるものとする。

（町民の役割）
第6条　町民は、基本理念に関する理解を深め、桧原町における森林づくりの推進に積極的な役割を果たすものとする。

第2章　基本的施策

第1節　森林の有する機能の高度発揮に関する施策

第7条　町は、森林の有する経済的機能の高度発揮を図るため、木材その他の林産物が町内で加工、利用されることを促進する施策を講ずるとともに、木材その他の林産物の生産に関する森林の整備の促進に必要な施策を講ずるものとする。

第8条　町は、森林の有する多様な機能を確保し、及びその機能を総合的に向上させることを促進するため、森林の有する多様な機能を発揮させるための支援を行うこと等により、必要な施策を講ずるものとする。

2　町は、森林の有する多様な機能が特に重要と認められる森林について、森林所有者及び町民の協力を得て多様な機能を発揮させるための支援を行うこと等により、必要な施策を講ずるものとする。

（森林生態系の保全）
第9条　町は、時代とともに希少性が増している桧原町の森林における生態系の重要性にかんがみ、その保全を図るため必要な施策を講ずるものとする。

（適切な森林管理）
第10条　町は、将来にわたって森林の有する経済的機能及び多様な機能がより高度に発揮されるよう、森林ごとに適切な管理を推進するために必要な施策を講ずるものとする。

第2節　林業の持続的な発展に関する施策

（林業の基盤整備）
第11条　町は、桧原町の森林の特性を生かしつつ、林業経営の特性を生かしつつ、林業の生産性の向上を図るため、生産基盤の強化の促進に必要な施策を講ずるものとする。

（人材の育成及び確保）
第12条　町は、桧原町の森林において林業経営を担うべき人材の育成及び確保を図るため、林業者の林業技術及び経営能力の向上、新たに就業しようとする者に対する林業の技術及び経営方法の修得の促進その他必要な施策を講ずるものとする。

第3章　森林づくり会議

（森林づくり会議の開催）
第13条　町長は、森林づくりに関する施策を円滑に推進するため、必要に応じて森林づくり会議を開き、事業者及び町民の意見を聞くものとする。

（委任）
第14条　森林づくり会議の組織及び運営に関し必要な事項は、町長が定める。

附　則　（施行期日）
この条例は公布の日から施行する。

大分県／直川村

なおかわ木の家建築補助金の支給に関する条例
2000年（平成12年）4月1日施行

村の特産材を使用しての自宅新築に補助金／村の基幹産業を守る

　直川村は、総面積81km²のうち、約9割の73km²を山林が占める。「直見杉」やヒノキが特産材で、村内には約500の林業農家がいるが木材需要の落ち込みや後継者不足で農家の「山離れ」も進んでいる。

　村では、村産材の良さを知ってもらい、需要拡大に結びつけ基幹産業を振興しようと村産材を使って家を新築した場合、補助金を出す「なおかわ木の家建築補助金支給条例」を制定した。

　条例では、対象者は村内で延床面積66.0m²（20坪）以上の木造の家を村産材を使用して新築した場合で、住所を直川村に移転することを条件に村外者も対象となる。

　交付申請書を村に提出、助役、総務課長、建築課長、産業課長による審査委員会の審査を受け、認められた場合は、改めて完成前に建築報告を行い検査を受け、補助金が確定する。補助金の額は、3.3m²当たり1万円とし最高40万円を支給する。村では初年度、13軒分の520万円を予算化した。

大分県・直川村

村役場：〒879-3101
大分県海部郡直川村大字赤木105
（下車駅　日豊本線　直川駅）
電話（0972）58-2111

人　　口：3,031人
世帯数：988世帯
面　　積：80.82km²
人口密度：37.50人/km²
特産品：麦焼酎「むぎゅ」、いちご
観　　光：鉱泉センター直川、森林公園憩いの森

なおかわ木の家建築補助金の支給に関する条例

（目的）
第1条　町長は、村産材の需要拡大と村民のゆとりある住生活を実現するため、優良な木造住宅「なおかわ木の家」を新築する者（以下「住宅新築者」という。）に対し、予算の範囲内で当該住宅の住宅建築者に補助金を支給するものとする。

（交付対象者）
第2条　住宅新築者が、なおかわ木の家に適合する優良な村産材による木造住宅を建築し、自らの主たる住まいに供する場合とする。

（交付対象額）
第3条　補助金の額は、三・三平方キロメートル（一坪）当たり一万円とし最高四十万円を限度とする。

（交付申請）
第4条　補助金を受けようとする住宅新築者は、交付申請書を建築にかかる前に村長に提出するものとする。

（審査）
第5条　村長は、前条の交付申請を受けたら、速やかに申請内容を審査しなければならない。
2　審査については審査委員会を設置し審査する。
3　審査について計画の変更を要請する必要があるときは、遅滞なく申請者に通知し、協議するものとする。

（補助条件）
第6条　なおかわ木の家建築補助事業の条件は、次に掲げるものとする。
一　直川村に住所がある者（村外者が直川村に建築する場合住所を直川村に移転することを条件）
二　六六・○平方キロメートル（二十坪）以上の住居であること。

（補助金交付規定）
第7条　村長は、審査の結果適正と認めた場合、住宅新築者に交付決定通知をするものとする。

（建築報告）
第8条　交付決定を受けた住宅新築者は、完成前に建築報告書を提出するものとする。

なおかわ木の家建築補助金の支給に関する規則

（目　的）

第１条　この規則は、なおかわ木の家建築補助金（平成十二年条例第９号。以下「条例」という。）の施行に関し、必要な事項を定めることを目的とする。

（補助金交付対象住宅）

第２条　補助金の交付を受けようとする者は、次の各号の要件を満たすものでなければならない。

一　条例第２条の主たる住まいとは、その住居に常に居住する部屋が二室以上あり、トイレ又は、風呂の設置があること。

二　直川村産材（杉、桧）を主要材料として使用すること。

三　主要材料とは次の物をいう。（土台、柱、間柱、桁、梁、小屋束、小屋貫、母屋、棟木、筋違、隅木、たるき、野地板

四　条例第６条第２号に規定する面積は、倉庫等の面積は除くものとする。

（補助金の交付申請）

第３条　条例第４条による交付申請は、なおかわ木の家建築補助金交付申請書（第１号様式）により村長に提出するものとする。

（交村申請の審査）

第４条　条例第５条第２項の審査委員は、助役、総務課長、建設課長、産業課長で組織するものとする。

２　審査は、なおかわ木の家建築補助金審査書（第２号様式）により審査するものとする。

３　審査において計画の変更を要請するときは、なおかわ木の家建築補助金計画変更要請書（第３号様式）により申請者に要請するものとする。

（補助金交付決定書）

第５条　条例第７条の交付決定は、なおかわ木の家建築補助金交付決定書（第４号様式）により申請者に通知するものとする。

（建築報告）

第６条　条例第８条の建築報告は、なおかわ木の家建築補助金報告書（第５号様式）により村長に提出するものとする。

（検　査）

第７条　村長は、前条の報告を受けた時は、なおかわ木の家建築補助金検査調書（第６号様式）により検査を行うものとする。

（補助金の確定）

第８条　条例第９条の補助金の確定は、なおかわ木の家建築補助金確定通知書（第７号様式）により申請者に通知するものとする。

（補助金の請求）

第９条　条例第10条の補助金の請求は、なおかわ木の家建築補助金請求書（第８号様式）により村長に請求するものとする。

２　条例第10条の補助金は、一世帯一回を原則とする。

（委　任）

第11条　この補助金は、一世帯一回を原則とする。

（委　任）

第11条　この規則に定めるほか、必要な事項は別に村長が定める。

附　則

この規則は平成十二年四月一日から施行する。

第９条　村長は、建築報告書の内容を確認し、補助金の額を確定したら遅滞なく住宅新築者に通知するものとする。

第10条　補助金の支払い

補助金の確定通知を受けた住宅新築者は、補助金の請求書を提出できるものとする。

２　村長は、補助金の請求書の提出があった日から三十日以内に補助金を支払うものとする。

（委　任）

第11条　この条例に定めるもののほか必要な事項は規則で定める。

附　則

１　この条例は、平成十二年四月一日から施行する。

２　この条例は、平成二十二年三月三十一日限り、その効力を失う。

愛媛県／東予市

東予市工場立地促進条例（改正）
2000年（平成12年）12月25日公布

企業誘致の推進へ市民雇用奨励金30万円

愛媛県が市内に造成した中小企業向け用地の分譲受付を契機に、東予市は工場立地促進条例を改正し、「瀬戸内海沿岸の自治体では最高の優遇策」として企業進出を一層うながす内容にした。

市民を雇用した場合の奨励金を1人あたり10万円から30万円に増額したもの。近隣自治体の中では最高額で、奨励金の交付対象企業の業種を製造業に限っていたが流通業も加え、ものづくり基盤産業に属さない業種でも市長が特に認める事業は対象としたことで、新しいベンチャー企業の誘致も考慮した。従業員数も中小企業の場合従来は常時雇用する従業員は10人以上としていたものを改正で5人以上に引き下げ、零細企業にも枠を広げた。

この他、環境保全施設等奨励金も設け、市は企業進出に期待をかけている。奨励金は操業開始に伴い事業者が係る市税が完納された翌年以降に支払われる。

愛媛県・東予市

市　役　所：〒799-1394
愛媛県東予市周布349-1
（下車駅　予讃線　壬生川駅）
電話（0898）64-2700

人　　　口：33,953人
世　帯　数：12,348世帯
面　　　積：73.89km²
人口密度：460人/km²
特　産　品：手漉き和紙
観　　　光：本谷温泉、観念寺、実報寺

東予市工場立地促進条例

（目的）
第1条　この条例は、市の区域内に工場の立地をする者に対し、奨励措置を講ずることにより、工場立地を促進し、もって本市の産業振興と雇用の拡大を図ることを目的とする。

（用語の定義）
第2条　この条例において、次の各号に掲げる用語の意義は、それぞれ当該各号に定めるところによる。

(1)　工場等　土地、建物及び機械装置を設備し、常時使用従業員を使用して物の製造、加工等を行う施設のうち、次に掲げる日本標準産業分類（平成五年総務庁告示第60号）による事業若しくはものづくり基盤技術振興基本法（平成十一年法律第2号）第2条に規定するものづくり基盤産業に属する事業又は特に市長が認める事業に必要な施設及び試験研究施設をいう。

ア　大分類F　製造業
イ　大分類G　電気・ガス・熱供給・水道業のうち電気業又はガス業
ウ　大分類H　運輸・通信業のうち道路貨物運送業、倉庫業又は運輸に附帯するサービス業のうちこん包業
エ　大分類I　卸売・小売業・飲食店のうち卸売業

(2)　工場立地　本市に工場等を新設又は増設するものをいう。

(3)　新設　本市に工場等を設置していない者が新たに設置する工場等であって、なお本市に工場等を設置している者が新たに設置する工場等とその距離、製品の種類、管理形態、規模等を総合的に判断して新しく設置した工場等が既設工場等と独立していると認められる場合をいう。

(4)　増設　既設の工場等が新たに生産設備等を増加し、工場等の生産能力を増強するためにこれを拡張する場合をいう。ただし、老朽施設の更新又は製造品目若しくは製造工程の変更等による設備の改造、取替え又は補修等の場合を除く。

(5)　事業者　本市に工場等を立地する者をいう。

(6)　固定資産の額　地方税法（昭和二十五年法律第226号）に定める固定資産税の課税標準額をいう。

(7) 繰業開始 工場等が施設の稼動により物品の製造、加工又は試験研究業務を開始することをいう。

(8) 常時雇用従業員 当該新設又は増設工場等から給与の支払いを受ける者であって通常の状態のもとにその事業を継続するため常時使用する従業員をいう。

(9) 中小企業 中小企業基本法（昭和三十八年法律第154号）第2条第1号に定める中小企業者をいう。

(奨励措置)

第3条 市長は、本市に工場等を立地しようとする者に対し、援助、あっせん又は便宜の供与をすることができる。

(援助及び便宜の供与等)

第4条 市長は、予算の定めるところにより事業者に対し、奨励措置として、次の各号に掲げる奨励金（以下「奨励金」という。）を交付することができる。

(1) 工場等立地促進奨励金
(2) 雇用促進奨励金
(3) 環境保全施設等奨励金

2 前項第3号に定める奨励金は、次に掲げる施設の設置に要する経費とする。

(1) 環境保全施設
(2) 福利厚生施設
(3) 防災保安施設

(奨励金の額及び限度)

第5条 奨励金の額は、次の各号に掲げる額以内の額とする。

(1) 工場等立地促進奨励金の額は、当該工場立地に係る投下固定資産総額で市が評価した額の100分の2以内の額とし、3千万円を限度とする。

(2) 雇用促進奨励金の額は、当該工場立地の操業開始に伴い新たに常時雇用する従業員が20人（中小企業にあっては五人）以上で、かつ当該工場等の操業開始の日前後それぞれ3ケ月間に本市に3ケ月以上居住する者（就学、就聴等の都合で東予市内に在住する両親等と別居している者を含む。）を雇用し、引き続き一年以上雇用した従業員一人につき30万円以内の額とし、1千万円を限度とする。

(3) 環境保全施設等奨励金の額は、前条第2項の定める施設の設置に要した経費又は生産施設及び試験研究施設の延べ床面積1平方メートル当り2500円を乗じて得た額のいずれか低い額とし、2千万円を限度とする。第1号及び前号の規定により算出した奨励金の額に1000円未満の端数が生じたときは、これを切り捨てるものとする。

(事業者の指定)

第6条 この条例の適用を受けることができる事業者は、次の各号に適合するもののうち市長が適当と認めたものについて指定するものとする。

(1) 都市計画法（昭和四十三年法律第100号）第8条第1項第1号に掲げる準工業地域、工業専用地域その他市長が適当と認める地域に工場等を立地するもの

(2) 工場立地により常時雇用従業員数が30人（中小企業にあっては5人）以上で、当該工場立地による投下固定資産総額が5億円（中小企業及び試験研究施設にあっては5千万円）以上であるもの

2 市長は、前項の規定による事業者を指定するときは、公害防止に関する協定の締結その他必要な条件を付することができる。

(指定の申請)

第7条 前条第1項の規定による指定を受けようとする事業者は、市長に申請しなければならない。

(変更の届出等)

第8条 前条の規定による申請をした事業者及び第6条第1項の規定による指定を受けた事業者（以下「指定事業者等」という。）は、当該申請の内容を変更したときは、その旨を市長に届け出なければならない。

2 市長は、前項の規定による届け出があったときは、指定事業者等に対し当該指定について必要な条件を追加し、又は変更することができる。

(奨励金交付の時期)

第9条 奨励金は、操業開始に伴い当該事業者に係る市税が完納された年度の翌年度以後に交付する。

(指定の取消し等)

第10条 市長は、指定事業者が次の各号の一に該当するときは、その指定を取り消し、援助、あっせん又は便宜の供与及び奨励金の交付を停止し、又は既に交付した奨励金の全部若しくは一部を返還させることができる。

(1) 第6条第1項に指定する指定の要件を欠くこととなったとき。

(2) 第6条第2項に規定する条件及び第8条第2項に規定する条件に違反したとき。

(3) 当該工場等の建設工事又は操業を休止し、又は廃止し若しくはこれと同様の状態に至ったとき。

(4) 工場等をその事業以外の用途に供したとき。

(5) 為りその他不正行為により奨励措置を受けようとし、又は受けたとき。

(6) その他この条例又はこの条例に基づく規則に違反する行為があったとき。

(報告及び調査)

第11条　市長は、指定事業者等に対し、当該指定に係る工場の立地その他において報告を求め、又は実地に調査することができる。

(諮問機関の設置)

第12条　この条例を公正かつ円滑に運営するため、市長の諮問機関として東予市工場立地促進委員会(以下「委員会」という。)を置く。

2　委員会は、委員7人以内で組織し、委員の任期は、3年とする。ただし、委員が欠けた場合における補欠委員の任期は、前任者の残任期間とする。

3　委員は、市議会議員、市職員及び学識経験者の中から市長が委嘱し、又は任命する。

(委任)

第13条　この条例に定めるもののほか、この条例の施行に関し必要な事項は、規則で定める。

　　　附　則

この条例は、昭和61年4月1日から施行し、同日以降に工場立地の工事に着手するものについて適用する。

　　　附　則(平成12年12月25日条例第31号)

この条例は、平成13年4月1日から施行し、同日以降に工場立地の工事に着手するものについて適用する。

-231-

東京都／杉並区

杉並区特定商業施設の出店及び営業に伴う住宅地に係る環境の調整に関する条例
2000年（平成12年）7月1日施行

大店立地法対象外の大型小売店舗などに規制

大規模小売店舗法（大店法）替わる大規模小売店舗立地法（大店立地法）が施行され、面積1千平方㍍以下の店舗は原則として出店が自由となることから、杉並区は、大規模店舗の深夜営業などから良好な住環境を守る独自の条例を制定した。

条例では、店舗面積500平方㍍を超す小売店や飲食店を出店する場合、出店の8ヶ月前までに区長に届け、住民に説明会を開催することや協定を結ぶことを義務付けた。また、近隣住民から申し出があった場合には、新規出店だけでなく既存店舗も含めて、生活環境の保全に関する協定を結ぶことを課した。深夜営業（午後11時～午前6時）の店舗は、対象店舗面積を300平方㍍とした。区は、学識経験者5人以内で組織した「特定商業施設の出店及び営業に伴う住宅地環境審議会」などの意見を聞きながら事業者と協議を行う。

出店予定者等が事前届け出、説明会を開催しない場合や、正当な理由がなく協定締結を拒んだり、協定に違反した時は、区長が事業者に勧告をする。勧告に従わない場合は、区長が出店の延期や営業の停止を求めることができるとしている。

東京都・杉並区

区　役　所：〒166-8570
東京都杉並区阿佐谷南1-15-1
（下車駅　地下鉄丸ノ内線　南阿佐ヶ谷駅）
電話（03）3312-2111

人　　　口：501,018人
世　帯　数：259,593世帯
面　　　積：34.02k㎡
人口密度：14,727.16人/k㎡
特　産　品：荻窪ラーメン
観　　　光：善福寺公園、善福寺川緑地、妙法寺

杉並区特定商業施設の出店及び営業に伴う住宅地に係る環境の調整に関する条例

（目　的）
第1条　この条例は、特定商業施設の出店及び営業に伴う住宅地に係る環境の調整に関し、必要な事項を定めることにより、住宅地としての良好な生活環境を維持し、もって住宅都市としての特性を生かした暮らしやすいまちづくりに寄与することを目的とする。

（定　義）
第2条　この条例において、次の各号に掲げる用語の意義は、当該各号に定めるところによる。
一　店舗面積　営業を行うための店舗（小売店、飲食店、興行場その他規則で定めるものに限る。以下「対象店舗」という。）の用に供される床面積をいう。
二　特定商業施設　都市計画法（昭和四十三年法律第100号）第8条第1項第1号に規定する用途地域のうち、第一種低層住居専用地域、第二種低層住居専用地域、第一種中高層住居専用地域、第二種中高層住居専用地域又は第一種住居地域（以下「住居地域」という。）内及び住居地域から百mの水平距離の範囲内の施設のうち、一の建物として規則で定めるものを含む。）において、その建物の店舗面積の合計が五百㎡（午後十一時から午前六時までの間においては、三百㎡）を超えるものをいう。
三　出店　特定商業施設を新設（店舗面積を変更し、又は既存の建物の全部若しくは一部の用途を変更して特定商業施設となる場合を含む。）することをいう。
四　事業主　特定商業施設を設置している者及び当該特定商業施設において営業を行っている者又は特定商業施設を出店する者及び当該出店において営業をしようとする者をいう。
五　出店者　事業主のうち、特定商業施設を出店する者又は特定商業施設において店舗面積が五百㎡（午後十一時から午前六時までの間においては、三百㎡）を超える対象店舗の営業を行う施設にあっては、三百㎡）を超える対象店舗の営業を行う施設において営業を行う施設にあっては営業を行う者をいう。
六　近隣関係住民　特定商業施設の敷地境界線から二百mの水平距離の範

-232-

囲内において居住している者をいう。

（区長の責務）
第3条　区長は、特定商業施設の出店及び営業に関して、住宅地としての良好な生活環境の維持のため、近隣関係住民からの調整の申出があったときは、これに努めなければならない。

（事業主の責務）
第4条　事業主は、特定商業施設の出店及び営業に当たっては、地域のまちづくりとの調和を図り、住宅地としての生活環境に及ぼす影響に十分配慮するとともに、良好な近隣関係を損なわないように努めなければならない。

（出店計画の届出）
第5条　出店者（規則で定める者を除く。以下同じ。）は、出店を予定する日（以下「出店予定日」という。）の八月前までに出店及び営業に関する計画を区長に届け出なければならない。
2　出店者は、出店予定日前に、前項の規定による届出の内容に変更があったときは、速やかに変更する内容を区長に届け出なければならない。ただし、区長が軽微な変更と認めるものについては、この限りでない。
3　区長は、前2項の規定による届出があったときは、届出年月日及び縦覧場所を公告するとともに、当該届出を公告の日から二月間縦覧に供するものとする。

（説明会の開催）
第6条　出店者は、前条第1項又は第2項の規定による届出（変更に係る届出の場合は、規則で定める事項の変更に限る。）に関する説明会を開催し、届出の内容について周知するよう努めなければならない。
2　出店者は、前項の規定により行った説明会の終了後、直ちに説明会の内容を記録した規則で定める報告書を作成し、区長に提出しなければならない。

（審議会の設置）
第7条　特定商業施設の出店及び営業が住宅地の生活環境に与える影響の種類及び程度に関し、区長の諮問に応じて調査審議するため、杉並区特定商業施設の出店及び営業に伴う住宅地環境審議会（以下「審議会」という。）を置く。

（審議会の組織）
第8条　審議会は、法律、環境等の分野で学識経験を有する者のうちから、区長が委嘱する委員五人以内をもって組織する。
2　委員の任期は、二年とし、再任を妨げない。ただし、補欠の委員の任期は、前任者の残任期間とする。

（審議会の会長）
第9条　審議会に会長を置き、委員の互選によりこれを定める。
2　会長は、審議会を代表し、会務を総理する。
3　会長に事故があるときは、会長があらかじめ指名する委員がその職務を代理する。

（審議会の会議）
第10条　審議会は、会長が招集する。
2　審議会は、委員の半数以上の出席がなければ、会議を開くことができない。
3　審議会の議事は、出席した委員の過半数で決し、可否同数のときは会長の決するところによる。
4　審議会の会議は、公開とする。ただし、審議会の議決があったときは、非公開とすることができる。

（協議）
第11条　特定商業施設の出店及び営業に関し、生活環境について意見を有する近隣関係住民は、区長に対し書面により意見を述べることができる。
2　区長は、特定商業施設の出店及び営業に関し、必要があるときは、事業主及び関係行政機関から環境等についての意見を求め、又は事業主に対して関係資料の提出を求めることができる。
3　区長は、前2項の意見及び資料を縦覧に供するとともに、当該意見又は資料に基づき、特定商業施設の出店及び営業が住宅地としての生活環境に著しい影響を及ぼすおそれがあるときは、審議会に諮問し、その意見を求めるものとする。
4　区長は、前項の審議会の意見を聴いて、特定商業施設の出店及び営業に関し、改善が必要であると認めるときは、事業主と協議するものとする。

（協定の締結）
第12条　事業主は、特定商業施設の出店及び営業に関し、近隣関係住民から

は、正当な理由がない限り、これを拒んではならない。

2　区長は、前項の協定の締結に関し、双方又は一方から調整の申出があったときは、これを行うことができる。

（勧　告）

第13条　区長は、事業者が、第5条の届出を怠ったとき、第6条の説明会を正当な理由がないのに開催しないとき、第11条第4項の協議を図ってもなお改善をせず、若しくは協議を拒んだとき又は第12条第1項の協定の締結を正当な理由がないのに拒んだとき若しくは協定に違反したときは、当該事業者に対し、それぞれ必要な措置による勧告を行うことができる。

2　区長は、前項の規定による勧告を行う場合は、必要に応じ審議会の意見を聴くことができる。

3　区長は、事業者が第1項の規定による勧告に従わないときは、当該事業者に対し出店の延期若しくは営業の停止を行うまでの間、特定商業施設の出店の延期又は営業の停止を求めることができる。

（公　表）

第14条　区長は、前条第1項の規定により勧告し、又は同条第3項の規定により出店の延期を求めた場合において、特に必要があるときは、その内容を公表することができる。

（委　任）

第15条　この条例の施行について必要な事項は、規則で定める。

　附　則

1　この条例は、平成12年7月1日から施行する。

2　第5条、第6条及び第13条第1項（第5条の届出を怠ったとき又は第6条の説明会を正当な理由がないのに開催しないときの勧告に限る。）の規定は、平成13年4月1日以後に出店する特定商業施設について適用する。

杉並区特定商業施設の出店及び営業に伴う住宅地に係る環境の調整に関する条例施行規則（平成12年6月28日規則第159号）

（趣　旨）

第1条　この規則は、杉並区特定商業施設の出店及び営業に伴う住宅地に係る環境の調整に関する条例（平成12年杉並区条例第46号。以下「条例」という。）の施行について、必要な事項を定めるものとする。

（用　語）

第2条　この規則で使用する用語の意義は、条例で使用する用語の例による。

（営業を行うための店舗）

第3条　条例第2条第1号に規定する営業を行うための店舗の範囲は、次に掲げるとおりとする。

一　小売店・顧客に対して物品を販売する業務及び生活協同組合等の団体がその構成員に対して物品を供給する業務並びに物品を加工修理する業務を行う店舗をいう。

二　飲食店　料理その他の食料品を飲食させる業務を行う店舗をいう。

三　興行場法（昭和二十三年法律第137号）第1条第1項に規定する施設をいう。

2　条例第2条第1号の規定で定める店舗は、コンパクトディスク、ビデオテープ又はビデオディスク等を貸し付ける営業を行う店舗、カラオケボックス並びにぱちんこ屋及びゲームセンター等の遊技場とする。

（一の建物）

第4条　条例第2条第2号に規定する一の建物として規則で定めるものは、次に掲げるものとする。

一　屋根、柱又は壁を共通にする建物（当該建物が公共の用に供される道路その他の施設によって二以上の部分に隔てられているときは、その隔てられたそれぞれの部分）

二　通路によって接続され、機能が一体となっている二以上の建物

三　一の建物（前二号に掲げるものを含む。）とその付属建物を合わせたもの

（出店計画の届出）

第6条　条例第5条第1項の規定で定める者とは、出店者が二人以上である場合において、そのうち一人を代表者としたときの当該代表者以外の者をいう。

2　条例第5条第1項の規定による特定商業施設の出店の計画の届出は、出店者が二人以上である場合には、これらの者の全部又は一部が共同して行うことができる。

（特定商業施設出店及び営業計画書）

第5条　条例第8条第1項の規定により届出をしようとする者は、次に掲げ

る事項を紀載した特定商業施設出店及び営業計画書（第1号様式）を区長に提出しなければならない。

一 特定商業施設の名称及び所在地
二 出店予定者及び営業を行う者の氏名及び住所並びに法人にあっては代表者の氏名
三 特定商業施設を出店する日及び営業を開始する日
四 特定商業施設の店舗ごとの店舗面積とその合計
五 開店時間及び閉店時間
六 建物の配置図、各階平面図及び店舗の配置図
七 建設着工予定日、完成予定日
八 駐車場及び駐車場の位置及び台数並びに駐車場の出入口の数及び位置
九 荷さばき施設の位置及び面積
十 廃棄物等の保管施設の位置及び容量
十一 その他区長が必要と認めるもの

（変更の届出）
第7条　条例第6条第2項の規定により届出をしようとする者は、特定商業施設変更届出書（第2号様式）を区長に提出しなければならない。
2　条例第6条第2項ただし書に定める軽微な変更は、当該変更により住宅地の生活環境に与える影響が軽微なものとする。

（条例第6条第1項の規則で定める事項）
第8条　条例第8条第1項の規則で定める事項は、次に掲げるとおりとする。

一 開店時間及び閉店時間（その変更により、営業する時間が午後十一時から午前六時までの間に及ぶ場合に限る。）
二 店舗面積（当初の計画と比較して大幅に増加する場合に限る。）
三 その他変更により、生活環境に著しい影響を及ぼすおそれがあると区長が認めた事項

（特定施設説明会報告書）
第9条　条例第6条第2項に規定する報告書は、特定商業施設説明会報告書（第3号様式）によるものとする。

（意見及び資料の縦覧等）
第10条　条例第11条第3項の規定により、意見及び資料を縦覧に供するときは、当該意見及び資料が提出されてから二月間杉並区生活経済部経済勤労課において縦覧に供するものとする。

2　区長は、条例第11条第四項の規定により事業主と協議したときは、当該協議の結果の要旨について、前項の規定に準じて縦覧に供するものとする。

（公表の方法）
第11条　条例第14条の規定による公表は、区の広報紙に掲載することによるほか、適切な広報媒体により行うものとする。

この規則は、平成十二年七月一日から施行する

岡山県／吉井町

吉井町つちのこ基金条例

2000年(平成12年)9月25日公布

「つちのこ」捕獲へ懸賞金基金を設置

　幻の生物「つちのこ」に2000万円の懸賞金をかけて町おこしに取り組んでいる吉井町は、「つちのこ基金」を設置し、西暦年にあわせて懸賞金額を増額していく条例を定めた。『「つちのこ」の捜索を通じ、町内外の多くの方々に本町に残る豊かな自然とのふれあいの機会と夢とロマンを提供し、もって吉井町の活性化促進と自然保護の必要性を広く啓蒙するため』を基金設置の目的としている。

　懸賞金交付要綱では、西暦2000年の懸賞金の2000万円を起点として、毎年1万円づつ加算。懸賞金の対象は同町内で生け捕りしたもので、最初に持参した者とした。鑑定は町が専門機関に委託するとしている。

岡山県・吉井町

町 役 場：〒701-2595
岡山県赤磐郡吉井町周匝136
（下車駅　山陽本線　岡山駅からバス）
電話（08695）4-1111

人　　　口：5,852人
世 帯 数：1,922世帯
面　　　積：86.07km²
人口密度：67.99人／km²
特 産 品：ぶどう、ワイン、スイトピー
観　　　光：城山公園、ドイツの森

吉井町つちのこ基金条例

（設置）
第1条　古くから吉井町に生息しているとされながら、未だその実態が明らかにされていない生物「つちのこ」の捜索を通じ、町内外の多くの方々に本町に残る豊かな自然とのふれあいの機会と夢とロマンを提供し、もって吉井町の活性化促進と自然保護の必要性を広く啓蒙するため、吉井町つちのこ基金（以下「基金」という。）を設置する。

（積立て）
第2条　基金として積立てる額は、一般会計歳入歳出予算で定める額とする。

（管理）
第3条　基金に属する現金は、金融機関への預金その他最も確実かつ有利な方法により保管しなければならない。
2　基金に属する現金は、必要に応じ最も確実かつ有利な有価証券に代えることができる。

（運用益金の処理）
第4条　基金の運用から生ずる収益は、一般会計の歳入歳出予算に計上して、この基金に編入するものとする。

（処分）
第5条　基金は、第1条の目的を達成するために使用する場合に限り、その全部又は一部を処分することができる。

（委任）
第6条　この条例に定めるもののほか、基金の管理に関し必要な事項は、町長が別に定める。

附　則
この条例は、公布の日から施行する。

栃木県／日光市

日光市世界遺産「日光の社寺」保護基金条例
2000年（平成12年）12月20日施行

世界遺産保護に基金／一般からの寄付も募る。

　「日光の社寺」が世界遺産に登録されて2000年12月で1年を迎えることから、保護基金条例を制定した。

　世界遺産に登録されたのは、輪王寺、東照宮、二荒山神社などの建造物103棟とそれを取り巻く豊かな自然環境を含めた境内で50.8㌶の面積になる。

　条例では、世界遺産の文化財保護に充てるため基金を創設するとしている。基金の積み立ては一般からの寄付金と市の予算から行う。

　基金は、「日光の社寺」の保護、管理、周知事業などのほかユネスコ世界遺産基金への寄付にも充てられる内容。市は将来的には日光だけではなく世界の遺産保護へも基金の利用を図るとしている。

　世界遺産保護に関する基金を自治体が条例で規定したのは初めて。

　世界遺産保護への自治体の取り組みは、奈良市でのアイドリング禁止条例や、世界遺産登録を目指す熊野古道周辺5町での禁煙条例などがあるが、民間を含めた財団法人での活動が主体の場合が多い。

栃木県・日光市

市　役　所：〒321-1492 栃木県日光市中鉢石町999 （下車駅　日光線　日光駅） 電話（0288）54-1111	人　　　口：18,286人 世　帯　数：6,671世帯 面　　　積：320.98km² 人口密度：56.97人/km² 特　産　品：ゆば、日光彫、日光下駄 観　　　光：東照宮、中禅寺湖、華厳の滝

日光市世界遺産「日光の社寺」保護基金条例

（設置）
第1条　世界遺産「日光の社寺」に係る文化財保護事業の財源に充てるため、日光市世界遺産「日光の社寺」保護基金条例（以下「基金」という。）を設置する。

（積立て）
第2条　基金として積み立てる額は、次の各号に掲げるものを、一般会計歳入歳出予算（以下「予算」という。）に計上して、積み立てるものとする。
(1)　前条の目的のための寄付金
(2)　基金に属する現金は、必要に応じ、予算において定める額

（管理）
第3条　基金に属する現金は、金融機関への預金その他最も確実かつ有利な方法により保管しなければならない。
2　基金に属する現金は、必要に応じ、最も確実かつ有利な有価証券に代えることができる。

（運用益金の処理）
第4条　基金の運用から生じる収益は、一般会計歳入歳出予算に計上して、この基金に編入するものとする。

（繰替運用）
第5条　市長は、財政上必要があると認めるときは、確実な繰戻しの方法、期間及び利率を定めて基金に属する現金を歳計現金に繰り替えて運用することができる。

（処分）
第6条　基金は、次の各号の1に該当する場合に限り、基金の全部又は一部を処分することができる。
(1)　世界遺産「日光の社寺」の保護に関する事業の財源に充てるとき。
(2)　世界遺産「日光の社寺」の管理に関する事業の財源に充てるとき。
(3)　世界遺産「日光の社寺」の周知に関する事業の財源に充てるとき。
(4)　ユネスコ世界遺産基金への寄付をするとき。
(5)　その他市長が必要と認める事業の財源に充てるとき。

（委任）
第7条　この条例に定めるもののほか、基金の管理及び処分に関し必要な事

項は、市長が別に定める。

　　附　則

この条例は、公布の日から施行する。

大阪府／河内長野市

河内長野市文化財保護条例

2000年（平成12年）11月1日施行

文化財保存技術の継承や文化財の原材料も保護

　河内長野市は、文化財の保存・修復技術や保存修理に必要な材料の産地の保護を盛り込んだ文化財保護条例を制定した。

　条例では、「市の区域内に存する伝統的な技術、技能のうち文化財保護のため欠くことのできないもので保存の必要があるものを文化財選定保存技術に選定する」（第48条）として、文化財修復に従事する大工や瓦師、塗り師、表具師などの技術や技能を選定し、保存継承すると定めた。

　また、文化財選定保存地域については「指定された文化財の保存修理のために欠くことのできない植物の自生地若しくは栽培地または鉱物の産出地を市文化財選定保存地域に選定することができる」（第52条）として、屋根材としての茅や檜皮の栽培・自生地保護、育成を進めるとした。

　保存技術や保存地域に指定された保持者（団体）や所有者に対して、助成制度も設けている。

大阪府・河内長野市

市 役 所：〒586-8501	人　　口：122,655人
大阪府河内長野市原町396-3	世 帯 数：41,633世帯
（下車駅　近鉄長野線　河内長野駅）	面　　積：109.61km²
	人口密度：1,119.01人/km²
電話（0721）53-1111	特 産 品：可鍛鋳鉄、すだれ
	観　　光：金剛生駒紀泉国定公園、観心寺

河内長野市文化財保護条例

第1章　総則

（目的）

第1条　この条例は、文化財保護法（昭和二十五年法律第214号。以下「法」という。）及び大阪府文化財保護条例（昭和四十四年大阪府条例第5号。以下「府条例」という。）の規定に基づき指定を受けた文化財以外の文化財で、市の区域内に存するもののうち市にとって重要なものについて、その保存、継承及び活用のため必要な措置を講じ、もって市民の文化の向上及び文化都市への発展に寄与することを目的とする。

（定義）

第2条　この条例で「文化財」とは、法第2条第1項第1号から第4号までに掲げる有形文化財、無形文化財、民俗文化財及び記念物をいう。

（市の責務）

第3条　市は、文化財が歴史、文化又は自然の正しい理解のため欠くことのできないものであり、かつ、将来の文化の向上発展の基礎をなすものであることを認識し、その保存、保全、継承及び活用が適切に行われるよう必要な措置を講じなければならない。

（市民、所有者等の責務）

第4条　市民は、市がこの条例の目的を達成するために行う措置に協力しなければならない。

2　文化財の所有者その他の関係者は、文化財が市民共有の貴重な財産であることを自覚し、これを公共のために大切に保存し、継承するとともに、できるだけこれを公開する等文化財の活用に努めなければならない。

（財産権の尊重及び他の公益との調整）

第5条　河内長野市教育委員会（以下「教育委員会」という。）は、この条例の執行に当たっては、関係者の所有権その他の財産権を尊重するとともに、文化財の保護と他の公益との調整に留意しなければならない。

第2章　市指定有形文化財

（指定）

第6条　教育委員会は、市の区域内に存する有形文化財（法第27条第1項の

-239-

(解除)
第7条 市指定有形文化財が法第27条第1項の規定による府指定有形文化財としての価値を失ったときその他特別の理由があるときは、教育委員会は、その指定を解除することができる。
2 前項の規定による指定の解除については、前条第3項から第5項までの規定を準用する。
3 市指定有形文化財について法第27条第1項の規定による府指定有形文化財の指定があったときは、当該市指定有形文化財の指定は、解除されたものとする。
4 前項の場合において、教育委員会は、その旨を告示するとともに、当該有形文化財の所有者等に通知しなければならない。
5 第2項において準用する前条第4項の規定による市指定有形文化財の指定の解除の通知を受けたとき又は前項の規定による通知を受けたときは、所有者は、速やかに市指定有形文化財の指定書を教育委員会に返納しなければならない。

規定により重要文化財に指定されたもの及び府条例第7条第1項の規定により大阪府指定有形文化財(以下「府指定有形文化財」という。)に指定されたものを除く。)のうち、市にとって重要なものを河内長野市指定有形文化財(以下「市指定有形文化財」という。)に指定することができる。
2 前項の規定による指定をしようとするときは、教育委員会は、あらかじめ、指定しようとする有形文化財の所有者及び権原に基づく占有者(以下「所有者等」という。)の同意を得なければならない。ただし、所有者等が判明しない場合は、この限りでない。
3 第1項の規定による指定をしようとするときは、あらかじめ、河内長野市文化財保護審議会(以下「審議会」という。)に諮問しなければならない。
4 第1項の規定による指定は、その旨を告示するとともに、当該有形文化財の所有者等に通知して行うものとする。
5 第1項の規定による指定は、前項の規定による告示があった日からその効力を生ずる。
6 第1項の規定による指定をしたときは、教育委員会は、当該市指定有形文化財の所有者に別に教育委員会で定める指定書を交付しなければならない。

(所有者の管理義務及び管理責任者)
第8条 市指定有形文化財の所有者は、この条例並びにこれに基づく河内長野市教育委員会規則(以下「教育委員会規則」という。)及び教育委員会の指示に従い、市指定有形文化財を管理しなければならない。
2 市指定有形文化財の所有者は、特別の理由があるときは、専ら自己に代わり当該市指定有形文化財の管理の責に任ずべき者(以下この章において「管理責任者」という。)を選任することができる。
3 前項の規定により管理責任者を選任したときは、所有者は、速やかにその旨を教育委員会に届け出なければならない。管理責任者を変更し、又は解任した場合も同様とする。
4 管理責任者には、第1項の規定を準用する。

(所有者の変更等の届出)
第9条 市指定有形文化財の所有者の変更があったときは、新所有者は、速やかにその旨を教育委員会に届け出なければならない。
2 市指定有形文化財の所有者又は管理責任者は、その氏名若しくは名称又は住所を変更したときは、速やかにその旨を教育委員会に届け出なければならない。

(滅失、損傷等の届出)
第10条 市指定有形文化財の全部又は一部が滅失し、若しくは損傷し、又はこれを亡失し、若しくは盗み取られたときは、所有者(管理責任者がある場合は、その者)は、速やかにその旨を教育委員会に届け出なければならない。

(所在の変更の届出)
第11条 市指定有形文化財の所在の場所を変更しようとするときは、所有者(管理責任者がある場合は、その者)は、あらかじめ、その旨を教育委員会に届け出なければならない。ただし、教育委員会規則で定める場合は、届出を要せず、又は所在の場所を変更した後届け出ることをもって足りるものとする。

(所有者等による修理)
第12条 市指定有形文化財の修理は、所有者が行うものとする。
2 市指定有形文化財を修理しようとするときは、所有者は、あらかじめ、その旨を教育委員会に届け出なければならない。ただし、次条第1項の規定による補助金の交付、第15条第2項の規定による勧告又は第17条第1項

の規定による許可を受けて修理を行う場合は、この限りでない。

3　市指定有形文化財を保護するため必要があると認めるときは、教育委員会は、前項の届出に係る修理に関し、技術的な指導又は助言をすることができる。

（管理又は修理の補助等）
第13条　市は、必要があると認めるときは、市指定有形文化財の管理又は修理について所有者に対し、その経費の一部を予算の範囲内で補助することができる。

2　前項の場合において、教育委員会は、その補助の条件として管理又は修理に関し必要な事項を指示するとともに、必要があると認めるときは、当該管理又は修理について指揮監督することができる。

（補助金の返還等）
第14条　前条第1項の規定による補助金の交付を受ける所有者が次の各号のいずれかに該当するときは、市は、当該補助金の全部若しくは一部を交付せず、又は当該所有者に対し既に交付した補助金の全部若しくは一部の返還を命ずることができる。

(1)　管理又は修理に関し、この条例又はこれに基づく教育委員会規則に違反したとき。

(2)　前条第2項の補助の条件に従わなかったとき。

(3)　補助金の交付を受けた目的以外に補助金を使用したとき。

（管理又は修理に関する勧告）
第15条　市指定有形文化財の管理が適当でないため、当該市指定有形文化財が滅失し、損傷し、又は盗み取られるおそれがあると認めるときは、教育委員会は、所有者又は管理責任者に対し、管理方法の改善、保存施設の設置その他管理に関し必要な措置を勧告することができる。

2　市指定有形文化財が損傷している場合において、その保存のため必要があると認めるときは、教育委員会は、所有者に対し、その修理のため必要な勧告をすることができる。

3　市は、前2項の規定による勧告に基づいて行う措置又は修理のために要する費用の一部に充てるため、当該所有者に対し、予算の範囲内で補助金を交付することができる。

4　前項の場合においては、第13条第2項及び前条の規定を準用する。

（有償譲渡の場合の納付金）
第16条　市が修理又は管理に関し必要な措置（以下この条において「修理等」という。）について第13条第1項又は前条第3項の規定により補助金を交付した市指定有形文化財のその当時における所有者又はその相続人、受遺者若しくは市指定有形文化財を有償で譲り受けた受贈者は、補助に係る修理等が行われた後に当該市指定有形文化財を有償で譲り渡した場合においては、当該補助金の額の合計額から当該修理等が行われた後に当該市指定有形文化財の譲渡のために自ら負担した修理等に要した金額を市に納付しなければならない。

2　前項に規定する「補助金の額」とは、補助金の額に係る修理等を行った市指定有形文化財につき教育委員会が定める耐用年数で除して得た金額に、更に、当該耐用年数から修理等を行った時以後当該市指定有形文化財の譲渡の時までの年数を控除した残余の年数（一年に満たない部分があるときは、これを切り捨てる。）を乗じて得た金額に相当する金額とする。

3　補助に係る修理等が行われた後、当該市指定有形文化財を市に譲り渡した場合その他特別の理由がある場合は、市は、第1項の規定により納付すべき金額の全部又は一部の納付を免除することができる。

（現状変更等の制限）
第17条　市指定有形文化財の現状を変更し、又はその保存に影響を及ぼす行為をしようとするときは、教育委員会の許可を受けなければならない。ただし、現状の変更又は保存に影響を及ぼす行為について維持の措置若しくは非常災害のために必要な応急措置を講ずる場合又は保存に影響を及ぼす行為が軽微である場合は、この限りでない。

2　前項ただし書に規定する維持の措置の範囲は、教育委員会規則で定める。

3　教育委員会は、第1項の許可を与える場合において、その許可の条件として同項の現状の変更又は保存に影響を及ぼす行為に関し必要な指示をすることができる。

4　第1項の許可を受けた者が前項の許可の条件に従わなかったときは、教育委員会は、当該許可に係る現状の変更若しくは保存に影響を及ぼす行為の停止を命じ、又は当該許可を取り消すことができる。

5　市は、第1項の許可を受けることができなかったことにより、又は第3項の許可の条件を付せられたことによって損失を受けた者に対して、その通常生ずべき損失を補償する。

-241-

（公開）
第18条　教育委員会は、市指定有形文化財の所有者に対し、六箇月以内の期間を限って市指定有形文化財の公開を勧告することができる。
2　教育委員会は、市指定有形文化財の所有者に対し、市指定有形文化財を出品することを勧告することができる。
3　教育委員会は、前項の規定による公開及び当該公開に係る市指定有形文化財の管理について必要な指示をすることができる。
4　第1項の規定による出品に要する費用については、市の負担とし、第2項の規定による公開のために要する費用は、予算の範囲内でその全部又は一部を市の負担とすることができる。
5　教育委員会は、第1項の規定による市指定有形文化財が出品されたときは、その職員のうちから当該市指定有形文化財の管理を行うべき者を定めなければならない。
6　第1項又は第2項の規定により出品し、又は公開したことに起因して当該市指定有形文化財が滅失し、又は損傷したときは、市は、当該市指定有形文化財の所有者に対し、通常生ずべき損失を補償する。ただし、当該所有者又は管理責任者の責に帰すべき理由によって滅失し、又は損傷したときは、この限りでない。

（所有者以外のものによる公開）
第19条　市指定有形文化財の所有者以外のものがその主催する展覧会その他の催しにおいて、市指定有形文化財を公衆の観覧に供しようとするときは、あらかじめ、その旨を教育委員会に届け出なければならない。ただし、前条第1項の規定による勧告を受けて市指定有形文化財を公開する場合は、この限りでない。
2　教育委員会は、市指定有形文化財を保護するため必要があると認めるときは、前項の規定による届出及び当該公開に係る市指定有形文化財の管理に関し必要な指示をすることができる。

（報告の徴収）
第20条　教育委員会は、必要があると認めるときは、市指定有形文化財の所有者又は管理責任者に対し、市指定有形文化財の現状又は管理若しくは修理の状況につき報告を求めることができる。

（所有者の変更に伴う権利義務等の承継）
第21条　市指定有形文化財の所有者の変更があったときは、新所有者は、当該市指定有形文化財に関し、この条例に基づいて行う教育委員会の勧告、指示その他の処分等の旧所有者の権利義務等を承継する。
2　前項の場合において、旧所有者は、当該市指定有形文化財の引渡しと同時にその指定書を新所有者に引き渡さなければならない。

第3章　市指定無形文化財

（指定）
第22条　教育委員会は、市の区域内に存する無形文化財（法第56条の3第1項の規定により重要無形文化財に指定されたもの及び府条例第32条第1項の規定により大阪府指定無形文化財に指定されたものを除く。）のうち、市にとって重要なものを河内長野市指定無形文化財（以下「市指定無形文化財」という。）に指定することができる。
2　前項の規定による指定をしようとするときは、教育委員会は、当該無形文化財の保持者又は保持団体（無形文化財を保持する者が主たる構成員となっている団体で代表者の定めのあるものをいう。以下同じ。）を認定するとともに、当該指定及び第2項の規定による認定は、その旨を告示するもの（保持団体にあっては、その代表者）に通知して行うものとする。
3　第1項の規定による指定は前項の規定による認定をしなければならない。
4　第1項の規定による指定及び第2項の規定による認定は、その旨を告示するとともに、当該無形文化財の保持者又は保持団体として認定するに足るものがあると認めるときは、そのものを保持者又は保持団体として追加認定することができる。
5　教育委員会は、第1項の規定による指定をした後においても、当該市指定無形文化財の保持者又は保持団体として認定するに足りるものがあると認めるときは、そのものを保持者又は保持団体として追加認定することができる。
6　前項の規定による追加認定については、第3項及び第4項の規定を準用する。

（解除）
第23条　市指定無形文化財が市指定無形文化財としての価値を失ったときその他特別の理由があるときは、教育委員会は、その指定を解除することができ

2 保持者が心身の故障のため保持者として適当でなくなったと認められるとき、保持団体がその構成員の異動のため保持団体として適当でなくなったと認められるときその他特別の理由があるときは、その認定を解除することができる。

3 第1項の規定による認定の解除については、前条第3項の規定を準用する。

4 第1項の規定による指定の解除又は第2項の規定による認定の解除については、その旨を告示するとともに、当該市指定無形文化財の保持者又は保持団体の代表者に通知して行うものとする。

5 市指定無形文化財について法第56条の3第1項の規定による府指定無形文化財又は条例第32条第1項の規定による府指定無形文化財としての指定があったときは、当該市指定無形文化財の指定並びに保持者及び保持団体の認定は、解除されたものとする。

6 前項の場合において、教育委員会は、その旨を告示するとともに、当該市指定無形文化財の保持者として認定されていた者又は保持団体として認定されていた団体の代表者に通知しなければならない。

7 保持者が死亡したとき又は保持団体が解散したとき（消滅したときを含む。以下この条及び次条において同じ。）は、当該保持者又は保持団体の認定は解除されたものとし、保持者のすべてが死亡したとき又は保持団体のすべてが解散したときは、市指定無形文化財の指定は解除されたものとする。この場合において、教育委員会は、その旨を告示しなければならない。

（保持者等の氏名変更等の届出）

第24条 保持者が氏名若しくは住所を変更し、又は死亡したときその他教育委員会規則で定める理由があるときは、保持者又はその相続人は、速やかにその旨を教育委員会に届け出なければならない。保持団体が名称、事務所の所在地若しくは代表者を変更し、構成員に異動を生じ、又は解散したときも、代表者（保持団体が解散した場合にあっては、代表者であった者）について、同様とする。

（保存）

第25条 教育委員会は、市指定無形文化財について、自ら記録の作成、継承者の養成その他その保存のための適当な措置を執ることができる。

2 市は、市指定無形文化財の保持者又は保持団体その他その保存に当たることを適当と認めるものに対し、その保存に要する経費の一部を予算の範囲内で補助することができる。

3 前項の規定により補助金を交付する場合には、教育委員会は、その補助の条件として保存に関し必要な事項を指示するとともに、必要があると認めるときは、当該保存のための措置について指揮監督することができる。

4 第2項の規定により補助金を交付する場合には、第14条の規定を準用する。

（保存に関する助言又は勧告）

第26条 教育委員会は、市指定無形文化財の保持者又は保持団体その他その保存に当たることを適当と認めるものに対し、その保存のため必要な助言又は勧告をすることができる。

（公開）

第27条 教育委員会は、市指定無形文化財の保持者又は保持団体に対し市指定無形文化財の公開を、市指定無形文化財の記録の所有者に対しその記録の公開を勧告することができる。

2 教育委員会は、前項の規定による市指定無形文化財の公開及びその記録の公開に関し必要な指示をすることができる。

3 第1項の規定による市指定無形文化財の公開及び記録の公開を教育委員会が行う場合には市の負担とし、その他の場合には予算の範囲内でその全部又は一部を市の負担とすることができる。

4 市は、第1項の規定による市指定無形文化財の記録の公開に要する経費の一部を予算の範囲内で補助することができる。

5 前項の規定により補助金を交付する場合には、第13条第2項及び第14条の規定を準用する。

6 第1項の規定により市指定無形文化財の記録を公開したことに起因して、当該市指定無形文化財の記録が滅失し、又は損傷した場合には、第18条第6項の規定を準用する。

第4章 市指定有形民俗文化財及び市指定無形民俗文化財

（指定）

第28条 教育委員会は、市の区域内に存する有形の民俗文化財（法第56条の

10 第1項の規定により重要有形民俗文化財に指定されたもの及び府条例第38条第1項の規定により大阪府指定有形民俗文化財（以下「府指定有形民俗文化財」という。）に指定されたものを河内長野市指定有形民俗文化財（以下「市指定有形民俗文化財」という。）に、無形の民俗文化財（法第56条の10第1項の規定により重要無形民俗文化財に指定されたもの及び府条例第38条第1項の規定により大阪府指定無形民俗文化財（以下「府指定無形民俗文化財」という。）に指定されたものを除く。）のうち、市にとって重要なものを河内長野市指定無形民俗文化財（以下「市指定無形民俗文化財」という。）に指定することができる。

2　前項の規定による市指定有形民俗文化財の指定については、第6条第2項から第6項までの規定を準用する。

3　第1項の規定による市指定無形民俗文化財の指定については、第7条第2項及び第5項の規定による市指定無形民俗文化財の指定については、第7条第2項及び第5項の規定を準用する。

（解除）

第29条　市指定有形民俗文化財又は市指定無形民俗文化財が市指定有形民俗文化財又は市指定無形民俗文化財としての価値を失ったときその他特別の理由があるときは、教育委員会は、その指定を解除することができる。

2　前項の規定による市指定有形民俗文化財の指定の解除については、第23条第1項の規定を準用する。

3　第1項の規定による市指定無形民俗文化財の指定の解除については、第23条第3項の規定を準用する。

4　第1項の規定による市指定無形民俗文化財の指定の解除は、その旨を告示して行うものとする。

5　市指定有形民俗文化財又は市指定無形民俗文化財若しくは重要無形民俗文化財について法第56条の10第1項の規定による重要有形民俗文化財若しくは重要無形民俗文化財の指定又は府条例第38条第1項の規定による府指定有形民俗文化財若しくは府指定無形民俗文化財の指定があったときは、当該市指定有形民俗文化財又は市指定無形民俗文化財の指定は、解除されたものとする。

6　前項の規定による市指定有形民俗文化財の指定の解除については、第7条第4項及び第5項の規定を準用する。

7　第5項の規定による市指定無形民俗文化財の指定の解除については、教育委員会は、その旨を告示しなければならない。

（市指定有形民俗文化財の現状変更等）

第30条　市指定有形民俗文化財の現状を変更し、又はその保存に影響を及ぼす行為をしようとするときは、あらかじめ、その旨を教育委員会に届け出なければならない。

2　市指定有形民俗文化財の保護上必要があると認めるときは、教育委員会は、前項の規定による届出に係る現状の変更又は保存に影響を及ぼす行為に関し必要な指示をすることができる。

（市指定有形民俗文化財に関する準用規定）

第31条　第8条から第16条まで及び第18条から第21条までの規定は、市指定有形民俗文化財について準用する。

（市指定無形民俗文化財の保存）

第32条　教育委員会は、市指定無形民俗文化財の保存のため必要があると認めるときは、市指定無形民俗文化財について、自ら記録の作成その他その保存のための適当な措置を執ることができる。

2　市は、市指定無形民俗文化財の保存に当たることを適当と認めるものに対し、その保存に要する経費の一部を予算の範囲内で補助することができる。

3　前項の規定により補助金を交付する場合には、教育委員会は、その補助の条件として保存に関し必要な事項を指示するとともに、必要があると認めるときは、当該保存のための措置について指揮監督することができる。

4　前項の規定により補助金を交付する場合には、第14条の規定を準用する。

（市指定無形民俗文化財の保存に関する助言又は勧告）

第33条　教育委員会は、市指定無形民俗文化財の保存に当たることを適当と認めるものに対し、その保存のため必要な助言又は勧告をすることができる。

（市指定無形民俗文化財の記録の公開）

第34条　教育委員会は、市指定無形民俗文化財の記録の所有者に対し、その記録の公開を勧告することができる。

2　前項の規定による公開については、第27条第4項から第6項までの規定を準用する。

（市指定無形民俗文化財以外の無形の民俗文化財の記録作成等）

第35条　教育委員会は、市指定無形民俗文化財以外の無形の民俗文化財のう

第5章　市指定史跡名勝天然記念物

（指定）

第36条　教育委員会は、市の区域内に存する記念物（法第69条第1項の規定により史跡、名勝若しくは天然記念物に指定されたもの又は府条例第46条第1項の規定により大阪府指定史跡、大阪府指定名勝若しくは大阪府指定天然記念物に指定されたものを除く。）のうち、市にとって重要なものを河内長野市指定史跡、河内長野市指定名勝又は河内長野市指定天然記念物（以下「市指定史跡名勝天然記念物」という。）に指定することができる。

2　前項の規定による指定については、第6条第2項から第6項までの規定を準用する。

（解除）

第37条　市指定史跡名勝天然記念物が市指定史跡名勝天然記念物としての価値を失ったときその他特別の理由があるときは、教育委員会は、その指定を解除することができる。

2　市指定史跡名勝天然記念物の指定について、法第69条第1項の規定による史跡、名勝若しくは天然記念物の指定があったとき又は府条例第46条第1項の規定による大阪府指定史跡、大阪府指定名勝若しくは大阪府指定天然記念物の指定があったときは、当該市指定史跡名勝天然記念物の指定は、解除されたものとする。

3　第1項の規定による指定の解除については第7条第2項及び第5項の、

前項の場合については同条第4項及び第5項の規定を準用する。

（所有者による管理及び復旧）

第38条　市指定史跡名勝天然記念物の所有者は、この条例並びにこれに基づく教育委員会規則及び教育委員会の指示に従い、当該市指定史跡名勝天然記念物の管理及び復旧にあたるものとする。

2　市指定史跡名勝天然記念物の所有者は、特別の理由があるときは、専ら自己に代わり当該市指定史跡名勝天然記念物の管理の責に任ずべき者（以下この章において「管理責任者」という。）を選任することができる。この場合において、第8条第3項の規定を準用する。

3　管理責任者には、第1項の規定を準用する。

（土地の所在等の異動の届出）

第39条　市指定史跡名勝天然記念物の指定地域内の土地について、その土地の所在、地番、地目又は地積に異動があったときは、所有者（管理責任者がある場合には、その者）は、速やかにその旨を教育委員会に届け出なければならない。

（管理及び復旧の補助等）

第40条　市指定史跡名勝天然記念物の管理及び復旧については、第12条から第15条までの規定を準用する。

（現状変更等の制限）

第41条　市指定史跡名勝天然記念物の現状を変更し、又はその保存に影響を及ぼす行為をしようとするときは、教育委員会の許可を受けなければならない。ただし、現状の変更については、維持の措置を執る場合又は非常災害のために必要な応急措置を執る場合若しくは保存に影響を及ぼす行為については影響が軽微である場合は、この限りでない。

2　前項ただし書に規定する維持の措置の範囲は、教育委員会規則で定める。

3　第1項の規定による許可を与える場合には、第17条第3項及び第4項の規定を準用する。

4　第1項の許可を受けず、又は前項で準用する第17条第3項の規定による許可の条件に従わないで、市指定史跡名勝天然記念物の現状を変更し、又はその保存に影響を及ぼす行為をした者に対しては、教育委員会は、当該市指定史跡名勝天然記念物の現状回復を命ずることができる。この場合において、教育委員会は、当該現状回復に関し必要な指示をすることができ

ち特に必要なものを選択して、自らその記録を作成し、保存し、又は公開することができる。

2　前項の規定による選択については、第23条第3項の規定を準用する。

3　市は、適当と認めるものに対し、当該無形の民俗文化財の公開又はその記録の作成、保存若しくは公開に要する経費の一部を予算の範囲内で補助することができる。

4　前項の規定により補助金を交付する場合には、教育委員会は、その補助の条件として無形の民俗文化財の公開又はその記録の作成、保存若しくは公開に関し必要な事項を指示するとともに、必要があると認めるときは、当該公開等について指揮監督することができる。

5　第3項の規定により補助金を交付する場合には、第14条の規定を準用する。

る。
（準用規定）
第42条　第9条、第10条、第16条、第17条第5項、第20条及び第21条の規定は、市指定史跡名勝天然記念物について準用する。

第6章　市登録文化財

（登録）
第43条　教育委員会は、市の区域内に存する文化財（法又は府条例の規定により指定され、又は登録されたもの及び第2章の規定により指定されたものを除く。）で、その文化財としての価値に着目し、保存、継承及び活用のための措置が必要であると認められるものを河内長野市登録文化財（以下「市登録文化財」という。）として登録することができる。
2　前項の規定による登録については、第6条第2項から第6項までの規定を準用する。

（解除）
第44条　市登録文化財が市登録文化財としての価値を失ったとき、その他特別の理由があるときは、教育委員会は、その登録を解除することができる。
2　前項の規定による登録の解除については、第7条第2項から第5項までの規定を準用する。

（保存）
第45条　教育委員会は、市登録文化財の保存のため必要があると認めるときは、市登録文化財について、その保存のための適切な措置を執ることができる。
2　市は、市登録文化財の保存に当たることを適当と認めるものに対し、その保存に要する経費の一部を予算の範囲内で補助することができる。
3　前項の規定により補助金を交付する場合には、第13条第2項及び第14条の規定を準用する。

（市登録文化財の保存に関する助言又は勧告）
第46条　教育委員会は、市登録文化財の保存に当たることを適当と認めるものに対し、その保存のため必要な助言又は勧告をすることができる。

第7章　埋蔵文化財

（埋蔵文化財の保護）
第47条　教育委員会は、市の区域内に存する法第57条の2第1項に規定する周知の埋蔵文化財包蔵地の周知徹底を図り、土木工事等によって当該周知の埋蔵文化財包蔵地が損傷し、又は出土遺物が散逸しないよう、所有者その他の関係者に適切な指導又は助言を行い、その防止に努めなければならない。
2　何人も、宅地の造成、土地の開こん等により法第57条第1項に規定する埋蔵文化財を発見したときは、当該埋蔵文化財が貴重な財産であることを自覚し、その損傷及び散逸の防止に留意するとともに、当該埋蔵文化財包蔵地の保存に努めなければならない。
3　何人も、教育委員会が行う埋蔵文化財の発掘調査、試掘調査その他の保護措置に協力するよう努めなければならない。

第8章　市文化財選定保存技術

（選定）
第48条　教育委員会は、市の区域内に存する伝統的な技術又は技能のうち、第2条から第5章までの規定により指定された文化財の保存のために欠くことのできないもの（法第83条の7第1項の規定により選定保存技術に選定されたもの及び府条例第62条第1項の規定により大阪府選定保存技術に選定されたものを除く。）で、保存の措置を講ずる必要があるものを河内長野市文化財選定保存技術（以下「市選定保存技術」という。）に選定することができる。
2　前項の規定による選定をしようとするときは、教育委員会は、当該市選定保存技術の保持者（以下この章において「保持者」という。）又はその保存団体（市選定保存技術を保存することを主たる目的とする団体で代表者又は管理人の定めのあるものをいう。以下この章において「保存団体」という。）を認定しなければならない。
3　前項の規定による認定は、保持者と保存団体とを併せてすることができる。

（解除）
第49条　第1項の規定による選定及び第2項の規定による認定については、第22条第3項から第6項までの規定を準用する。

第9章　市文化財選定保存地域

（選定）

第49条　市選定保存技術について、保存の措置を講ずる必要がなくなったときその他特別の理由があるときは、その選定を解除することができる。

2　教育委員会は、保持者が心身の故障のため保持者として適切でなくなったと認められるときその他特別の理由があるときは、その認定を解除することができる。

3　市選定保存技術の選定又は府条例第62条第1項の規定による選定保存技術の選定があったときは、当該市選定保存技術の選定並びに保持者及び保存団体の認定は、解除されたものとする。

4　第1項の規定による選定の解除又は第2項の規定による認定の解除については、第23条第3項及び第4項の規定を準用する。

5　前条第2項の規定による認定が保持者のみについてなされた場合において当該保持者がすべて死亡したとき、同項の規定による認定が保存団体のみについてなされた場合において当該保存団体がすべて解散したとき（消滅したときを含む。以下この項において同じ。）又は同項の認定が保持者と保存団体とを併せてなされた場合においては保持者のすべてが死亡したとき若しくは保持団体のすべてが解散したときは、市選定保存技術の選定は解除されたものとする。この場合において、教育委員会は、その旨を告示しなければならない。

6　第3項の規定による選定の解除及び認定の解除については、第23条第6項の規定を準用する。

（保存等）

第50条　第24条の規定は保持者及び保存団体に、第25条の規定は市選定保存技術の保存についてそれぞれ準用する。

（保存に関する指導又は助言）

第51条　教育委員会は、市選定保存技術の保持者又は保存団体その他の保存に当たることを適当と認めるものに対し、その保存のため必要な指導又は助言をすることができる。

第52条　教育委員会は、市の区域内に存する第2章から第5章までの規定により指定された文化財の保存修理のために欠くことのできない植物の自生地若しくは栽培地又は鉱物の産出地を河内長野市文化財選定保存地域（以下「市選定保存地域」という。）に選定することができる。

2　前項の規定による選定をしようとするときは、教育委員会は、保存修理のために必要とする植物又は鉱物を特定しなければならない。

3　第1項の規定による選定は、第6条第2項から第6項までの規定を準用する。

（解除）

第53条　市選定保存地域が市選定保存地域としての価値を失ったときその他特別の理由があるときは、教育委員会は、その選定を解除することができる。

2　前項の規定による選定の解除については、第7条第2項及び第5項の規定を準用する。

（所有者による管理及び復旧）

第54条　市選定保存地域の所有者は、この条例並びにこれに基づく教育委員会規則及び教育委員会の指示に従い、当該市選定保存地域の管理及び復旧に当たるものとする。この場合には、第13条から第15条までの規定を準用する。

2　市選定保存地域の所有者は、特別の理由があるときは、専ら自己に代わり当該市選定保存地域の管理の責に任ずべき者（以下この章において「管理者」という。）を選任することができる。この場合において、第8条第3項の規定を準用する。

3　管理者には、第1項の規定を準用する。

（土地の所在等の異動の届出）

第55条　市選定保存地域の選定地域内の土地について、その土地の所在、地番、地目又は地積に異動があったときは、所有者（管理者がある場合は、その者）は、速やかにその旨を教育委員会に届け出なければならない。

（育成等）

第56条　教育委員会は、市選定保存地域において第52条第2項の規定により、特定した植物の育成及び採集並びに鉱物の採取等について、必要な指導又は助言をすることができる。

2　市は、第52条第2項の規定により特定した植物の育成及び採集並びに鉱

物の採取等について所有者に対し、その経費の一部を予算の範囲内で補助することができる。
3　前項の規定により補助金を交付する場合には、第13条第2項及び第14条の規定を準用する。

（準用規定）
第57条　第42条の規定は、市選定保存地域について準用する。

第10章　河内長野市文化財保護審議会

（設置）
第58条　法第105条第1項の規定により市の区域内に存する文化財の保護及び活用に関して、教育委員会の諮問に応じ、意見を述べるため、審議会を設置する。

（組織）
第59条　審議会は、委員十人以内で組織する。
2　委員は、文化財の保存、継承及び活用に関し学識経験を有する者のうちから教育委員会が選任する。
3　委員の任期は、二年とする。ただし、再任を妨げない。
4　前項の規定にかかわらず、補欠委員の任期は、前任者の残任期間とする。

第11章　雑則

（委任）
第61条　この条例の施行に関し必要な事項は、教育委員会規則で定める。

（標識等の設置）
第60条　教育委員会は、市指定有形文化財、市指定有形民俗文化財、市指定史跡名勝天然記念物、市登録文化財又は市選定保存地域のうち、市民の観覧のため必要があると認めるものについては、当該市指定の文化財の所有者等の同意を得て、標識又は説明板を設置することができる。

第12章　罰則

（罰則）
第62条　次の各号のいずれかに該当するものは、5万円以下の罰金又は科料に処する。
(1)　市指定有形文化財を損壊し、き棄し、又は隠匿した者

(2)　市指定史跡名勝天然記念物の現状を変更し、又はその保存に影響を及ぼす行為をして、これを滅失し、又は衰亡するに至らしめた者
第63条　第17条又は第41条の規定に違反して、教育委員会の許可を受けず、又はその許可の条件に従わないで、市指定有形文化財又は市指定史跡名勝天然記念物の現状を変更し、若しくはその保存に影響を及ぼす行為をし、又は教育委員会の現状の変更若しくは保存に影響を及ぼす行為の停止の命令に従わなかった者は、三万円以下の罰金又は科料に処する。
第64条　法人の代表者又は法人若しくは人の代理人、使用人その他の従業員が、その法人又は人の業務又は財産の管理に関して、前2条の違反行為をしたときは、その行為者を罰するほか、その法人又は人に対しても、各本条の罰金刑又は科料を科する。

附　則

（施行期日）
1　この条例は、平成十二年十一月一日から施行する。

（市指定有形文化財に関する経過措置）
2　この条例の施行の日の前日において、現に河内長野市文化財保護規則（昭和四十二年河内長野市教育委員会規則第5号。以下「規則」という。）第2条の規定により指定されている市指定有形文化財は、この条例第6条第1項の規定により指定された市指定有形文化財とみなす。

（市指定有形民俗文化財に関する経過措置）
3　この条例の施行の日の前日において、現に規則第2条の規定により指定されている市指定有形民俗文化財は、この条例第28条第1項の規定により指定された市指定有形民俗文化財とみなす。

（市指定無形民俗文化財に関する経過措置）
4　この条例の施行の日の前日において、現に規則第2条の規定により指定されている市指定無形民俗文化財は、この条例第28条第1項の規定により指定された市指定無形民俗文化財とみなす。

（市指定史跡名勝天然記念物に関する経過措置）
5　この条例の施行の日の前日において、現に規則第2条の規定により指定されている市指定史跡名勝天然記念物は、この条例第36条第1項の規定により指定された市指定史跡名勝天然記念物とみなす。

大分県／大分市

大分市教育委員会教育長の任命に係る手続きに関する条例
2000年12月18日公布

教育長任命に市長の意見を求める条項を規定

　条例は教育委員会が教育長任命しようとするときは市長の意見を求める事を規定したもの。2000年4月までは、市町村の教育長は教育委員会の間で互選し、県教育委員会の承認を得て各市町村教育委員会が任命していた。分権一括法により県教委の承認は不要になった。このため市は「承認制度に替わって、法に定める選任手続きを補完する制度が必要」として条例制定をした。教育委員会は首長が選任するが、従来もこの中に教育長候補者を含めて選任しており事実上は教育長人事に首長の意向は反映されるケースが多い。条例で首長の意見を求める事を明記したケースはない。文部省は「教育委員は市長が選び、議会の同意を得るという2重のチェックをしており、同条例は教育委員会が教育長を選ぶという法（地方教育行政の組織及び運営に関する法律）に触れるとして条例提案前から再考を求めていた。

大分県・大分市

市　役　所：〒870-8504
大分県大分市荷揚町2-31
（下車駅　日豊本線　大分駅）
電話　（097）534-6111

人　　口：432,100人
世　帯　数：163,622世帯
面　　積：360.76km²
人口密度：1,197.75人/km²
特　産　品：鉄鋼、半導体、石油化学製品
観　　光：高崎山自然動物園、マリンパレス

大分市教育委員会教育長の任命に係る手続に関する条例

（目的）
第1条　この条例は、大分市教育委員会教育長（以下「教育長」という。）の任命に際しての手続に関し必要な事項を定めることにより、本市自らの責任における適正な任命の確保に資することを目的とする。

（教育長の任命の手続）
第2条　大分市教育委員会は、地方教育行政の組織及び運営に関する法律（昭和三十一年法律第162号）第16条第2項の規定により教育長を任命しようとするときは、市長の意見を求めるものとする。

　　附則
この条例は、公布の日から施行する。

大分県／前津江村

前津江村児童生徒表彰に関する条例
2000年(平成12年)10月1日施行

子どもの優れた個性を表彰「子ほめ条例」／地域ぐるみで児童生徒を育成

前津江村は、村内の児童、生徒の優れた個性や社会性を見いだし、表彰することで、子どもたちの健全な心身を地域ぐるみではぐくむことを目的に「子ほめ条例」を制定した。

表彰の対象は、小中学生と高校生で、奉仕、健康、親切、学芸、体育、努力、創造、勤労、読書、友情、明朗などの11の賞を設定、これ以外でも表彰に値する行為などは対象としていく内容。

表彰は、小学生は6年間に1人3回、中学生は3年間に1人1回を限度としているが、特別な事情がある場合や高校生は随時行うとしている。

賞に該当すると思われる児童生徒を地域住民や小中学校長が村教育委員会に上申、内容を審査の上、村長が被表彰者を決定し、個人や団体に対して賞状やメダルを贈る。

子育てや教育を地域社会のなかで進めていこうというこの条例の制定は、鹿児島県東町などでも取り組まれているが、全国的には数は少ない。

大分県・前津江村

村 役 場：〒877-0292
日田郡前津江村大字大野2189-1
(下車駅 久大本線 日田駅からバス)
電話 (0973) 53-2111

人　　口：1,655人
世 帯 数：444世帯
面　　積：78.99k㎡
人口密度：20.95人／k㎡
特 産 品：豊後牛、水耕栽培野菜
観　　光：椿ヶ花ハイランドパーク、大野老松天満宮

前津江村児童生徒表彰に関する条例

(目的)
第一条　この条例は、前津江村の児童生徒の優れた個性や能力、社会性を発見し、これを表彰することによって、心身共に健全な児童生徒を地域ぐるみで育てることを目的とする。

(学校、地域の責務)
第二条　小中学校長及び地域住民は、学校教育並びに日常の生活の中で次の各号の一に該当する児童生徒を被表彰候補者として前津江村教育委員会(以下「教育委員会」という。)に上申するものとする。
一、奉仕賞　学校または社会に奉仕している者
二、健康賞　基本的な生活習慣を守り、心身の健康に努力している者
三、親切賞　人に親切な行いをしている者
四、学芸賞　学業または文化、芸術に努力している者
五、体育賞　スポーツに優れている者
六、努力賞　学校及び社会生活で著しく努力している者
七、創造賞　いろいろな事柄に創意工夫している者
八、勤労賞　勤労を尊び、学校、地域づくりに努力している者
九、読書賞　平素からよく本を読んでいる者
十、友情賞　友達のことを考え、仲間づくりに努めている者
十一、明朗賞　態度がいつも明るく、よく挨拶する者
十二、その他　一号から十一号以外で表彰に値する者

(表彰)
第三条　村長は、教育委員会の内申に基づき、被表彰者を決定し年度末に表彰する。
2　被表彰者には、賞状とメダルを贈る。
3　第一項の表彰は、小学校または中学校の教育年限において、小学生は一人三回、中学生一人一回を限度とする。ただし、特別の事情のある場合及び高校生はこの限りでない。

(学校、地域及び関係団体の協力)
第四条　この条例の目的を他制するため、家庭、学校、地域及び関係団体は連携してこの条例の目的を図るよう努めなければならない。

(委任)

第五条　この条例の施行に関し、必要な事項は別に教育委員会が定める。
　　　附　則
この条例は、公布の日から施行する。

宮城県

宮城県情報公開条例（改正）

2000年（平成12年）12月13日議決

警察の裁量権（第一次判断権）を制限

　宮城県は、情報公開の対象機関に、公安委員会と警察本部長を加え、県の機関（13機関）全てを条例の実施機関とした。
　条例では、犯罪の予防・捜査等の公共安全情報の非開示規定の見直しを行い、行政警察分野（風俗営業の許可、交通取締りなど）と司法警察分野（刑事法の執行を中心とした情報）に区分けし、県警の独自文書のうち、犯罪予防や捜査などの司法警察の分野に限って裁量権を尊重した。旅費や食料費など行政警察分野の、県警の独自文書や、予算文書については、犯罪捜査に関係する文書に限り、県警に裁量権を認める例外規定を設け、公開するとしている。
　知事部局以外の実施機関の関連文書について、開示事務は各実施機関に移す移送規定を設けた。
　情報公開審査会の委員の守秘義務に関し、秘密を漏らした者は「1年以下の懲役又は30万円以下の罰金」との罰則規定を新設、施行後4年をめどとする見直し規定も盛り込んだ。

宮城県

県　　庁：〒980-8570 宮城県仙台市青葉区本町3-8-1 （下車駅　東北新幹線　仙台駅） 電話（022）211-2111	人　　口：2,340,145人 世 帯 数：811,034世帯 面　　積：7,284.61km² 人口密度：321.25人/km²

宮城県情報公開条例

第1章　総則

（目的）
第1条　この条例は、地方自治の本旨にのっとり、県民の知る権利を尊重し、行政文書の開示を請求する権利及び県の保有する情報の公開の総合的な推進に関して必要な事項を定めることにより、県政運営の透明性の一層の向上を図り、もって県の有するその諸活動を説明する責務が全うされるようにするとともに、県民による県政の監視と参加の充実を推進し、及び県政に対する県民の理解と信頼を確保し、公正で開かれた県政の発展に寄与することを目的とする。

（定義）
第2条　この条例において「実施機関」とは、知事、公営企業管理者、病院事業管理者、教育委員会、選挙管理委員会、人事委員会、監査委員、公安委員会、警察本部長、地方労働委員会、収用委員会、海区漁業調整委員会及び内水面漁場管理委員会をいう。

2　この条例において「行政文書」とは、実施機関の職員が職務上作成し、又は取得した文書、図画、写真及びスライドフィルム（これらを撮影したマイクロフィルムを含む。次項において同じ。）並びに電磁的記録（電子的方式、磁気的方式その他人の知覚によっては認識することができない方式で作られた記録をいう。次項において同じ。）であって、当該実施機関の職員が組織的に用いるものとして、当該実施機関が保有しているものをいう。

3　この条例において「行政文書の開示」とは、文書、図画又は写真を閲覧又は写しの交付により、スライドフィルム又は電磁的記録をその種別、情報化の進展状況等を勘案して実施機関が別に定める方法により公開することをいう。

（責務）
第3条　実施機関は、この条例に定められた義務を遂行するほか、実施機関は、個人に関する情報が十分保護されるよう最大限の配慮をしなければならない。この場合において、実施機関は、この条例に定められた義務を遂行するほか、情報を積極的に公開するよう努めなければならない。

2 行政文書の開示を請求しようとするものは、この条例により保障された権利を正当に行使し、情報の公開の円滑な推進に努めなければならない。

第2章 行政文書の開示

(開示請求権)
第4条 何人も、この条例の定めるところにより、実施機関に対し、行政文書の開示を請求することができる。

(開示請求の手続)
第5条 前条の規定による開示の請求(以下「開示請求」という。)は、次に掲げる事項を記載した書面(以下「開示請求書」という。)を実施機関に提出してしなければならない。
(1) 開示請求をするものの氏名又は名称及び住所又は事務所若しくは事業所の所在地並びに法人その他の団体にあっては代表者の氏名
(2) 行政文書の件名その他の開示請求に係る行政文書を特定するに足りる事項
(3) その他実施機関が別に定める事項

2 実施機関は、開示請求書に形式上の不備があると認めるときは、開示請求をしたもの(以下「開示請求者」という。)に対し、相当の期間を定めて、その補正を求めることができる。この場合において、実施機関は、開示請求者に対し、補正の参考となる情報を提供するよう努めなければならない。

(開示請求に対する決定等)
第6条 実施機関は、開示請求のあった日から起算して十五日以内に、行政文書の全部若しくは一部を開示する旨の決定、行政文書を開示しない旨の決定、第11条の規定により開示請求を拒否する旨の決定又は開示請求に係る行政文書を保有していない旨の決定(以下「開示決定等」と総称する。)をしなければならない。ただし、前条第2項の規定により補正を求めた場合にあっては、当該補正に要した日数は、当該期間に算入しない。

2 実施機関は、開示決定等をしたときは、速やかに、開示請求者に対し、その旨を書面により通知しなければならない。

3 実施機関は、開示決定等のうち、開示請求の全部を開示する旨の決定以外の決定をしたときは、その理由(その理由がなくなる期日をあらかじめ明示することができるときは、その理由及び期日)を前項の書面に具体的に記載しなければならない。

4 第1項の規定にかかわらず、実施機関は、事務処理上の困難その他正当な理由があるときは、同項に規定する期間を延長することができる。この場合において、実施機関は、速やかに、開示請求者に対し、延長後の期間及び延長の理由を書面により通知しなければならない。

(開示の実施)
第7条 実施機関は、前条第1項の行政文書の全部又は一部を開示する旨の決定(以下「開示決定」という。)をしたときは、速やかに、当該行政文書の開示をしなければならない。

2 実施機関は、前項の規定にかかわらず、実施機関は、当該行政文書を汚損し、又は破損するおそれがあるときその他正当な理由があるときは、閲覧の方法による行政文書の開示にあっては、前項の規定にかかわらず、これを行うことができる。

(行政文書の開示義務)
第8条 実施機関は、開示請求があったときは、開示請求に係る行政文書に次の各号に掲げる情報のいずれかが記録されている場合を除き、開示請求者に対し、当該行政文書を開示しなければならない。ただし、次に掲げる情報を除く。

(1) 個人に関する情報(事業を営む個人の当該事業に関する情報を除く。)であって、特定の個人が識別され、若しくは識別され得るもの又は特定の個人を識別することはできないが、公開することにより、なお個人の権利利益が害されるおそれがあるもの。ただし、次に掲げる情報を除く。
イ 法令(条例を含む。以下同じ。)の規定により又は慣行として公開され、又は公開することが予定されている情報
ロ 当該個人が公務員(国家公務員法(昭和二十二年法律第120号)第2条第1項に規定する国家公務員及び地方公務員法(昭和二十五年法律第261号)第2条に規定する地方公務員をいう。)である場合において、当該情報がその職務の遂行に係る情報であるときは、当該情報のうち、当該公務員の職、氏名及び当該職務遂行の内容に係る部分
(3) 法人その他の団体(国及び地方公共団体を除く。以下「法人等」という。)に関する情報又は事業を営む個人の当該事業に関する情報であっ

て、公開することにより、当該法人等又は当該個人の権利、競争上の地位その他正当な利益が損なわれると認められるもの。ただし、事業活動によって生じ、又は生ずるおそれのある危害から人の生命、身体、健康、生活又は財産を保護するため、公開することが必要であると認められる情報を除く。

(4) 県の機関又は国等（国又は地方公共団体その他の公共団体をいう。以下同じ。）の機関が行う衛生、営業、建築、交通等に係る規制等に関する情報であって、公開することにより、人の生命、身体、健康、生活又は財産の保護に支障が生ずるおそれのあるもの

(5) 県の機関又は国等の機関相互又は県の機関と国等の機関との間における審議、検討、調査、研究等に関する情報であって、公開することにより、当該事務事業又は将来の同種の事務事業に係る意思形成に支障が生ずると明らかに認められるもの

(6) 県又は国等の機関が行う検査、監査、取締り、争訟、交渉、渉外、入札、試験その他の事務事業に関する情報であって、公開することにより、当該事務事業若しくは将来の同種の事務事業の目的が達成できなくなり、又はこれらの事務事業の公正若しくは円滑な執行に支障が生ずると認められるもの

(7) 県の機関又は国等の機関が地方自治法（昭和二十二年法律第67号）第180条の2の規定により、警察の職員が知事の委任を受け、又は知事の補助執行として作成し、又は取得したものであるときは、同項第4号中「支障が生ずるおそれがあると実施機関が認めることにつき相当の理由がある情報」とあるのは、「支障が生ずるおそれがあることにつき相当の理由がある情報」とする。ただし、実施機関が公安委員会又は警察本部長である場合で、開示請求に係る行政文書に次の各号に掲げる情報のいずれかが記録されているときは、この限りでない。

(1) その団体又はその団体の構成員が集団的に又は常習的に犯罪を行うおそれのある団体に係る取締りに関する情報

(2) 刑事訴訟法（昭和二十三年法律第131号）の規定による犯罪の捜査、公

訴の維持又は刑の執行に関する情報

(3) 犯罪の予防、鎮圧若しくは捜査に関し情報を提供したもの、第1号の取締り（以下この号において「取締り」という。）の対象となった第1号の団体若しくは前号の犯罪（以下この号において「捜査」という。）の対象となったもの又は取締り若しくは捜査の関係者が識別され、又は識別され得る情報

(4) 犯罪の予防、鎮圧又は捜査に係る方法、技術、特殊装備、態勢等に関する情報。

（部分開示）

第9条 実施機関は、開示請求に係る行政文書の一部に前条の規定により開示することができない情報（以下「非開示情報」という。）が記録されている場合において、非開示情報が記録されている部分を容易に区分して除くことができるときは、開示請求者に対し、当該部分を除いた部分につき開示しなければならない。ただし、当該部分を除いた部分に有意の情報が記録されてないと明らかに認められるときは、この限りでない。

（公益上の理由による裁量的開示）

第10条 実施機関は、開示請求に係る行政文書に非開示情報が記録されている場合においても、公益上特に必要があると認めるときは、開示請求者に対し、当該行政文書を開示することができる。

（行政文書の存否に関する情報）

第11条 開示請求に対し、当該開示請求に係る行政文書が存在しているか否かを答えるだけで、非開示情報を開示することとなるときは、実施機関は、当該文書の存否を明らかにしないで、当該開示請求を拒否することができる。

（第三者に対する意見書提出の機会の付与等）

第12条 開示請求に係る行政文書に県、国、県以外の地方公共団体及び開示請求者以外のもの（以下この条、第15条第3号及び第17条において「第三者」という。）に関する情報が記録されているときは、実施機関は、開示決定等をするに当たって、当該情報に係る第三者に対し、開示請求に係る行政文書の表示その他実施機関が別に定める事項を通知して、意見書を提出する機会を与えることができる。

2 実施機関は、次の各号のいずれかに該当するときは、開示請求に係る行政文書の表示その他実施機関が開示決定に先立ち、当該第三者に対し、開示請求に係る行政文書の表示その他実施機関が

別に定める事項を書面により通知して、意見書を提出する機会を与えなければならない。ただし、当該第三者の所在が判明しない場合は、この限りでない。

(1) 第三者に関する情報が記録されている行政文書を開示しようとする場合であって、当該情報が第8条第1項第3号ただし書の情報に該当すると認められるとき。

(2) 第三者に関する情報が記録されている行政文書を第10条の規定により開示しようとするとき。

3 実施機関は、前2項の規定により意見書の提出の機会を与えられた第三者が当該行政文書の開示に反対の意思を表示した意見書（第15条第3号において「反対意見書」という。）を提出した場合において、開示決定をするときは、開示決定の日と開示を実施する日との間に二週間を置かなければならない。この場合において、実施機関は、開示決定後直ちに、当該意見書を提出した第三者に対し、開示決定をした旨及びその理由並びに開示を実施する日を書面により通知しなければならない。

4 前項の規定にかかわらず、実施機関は、開示決定をした日から開示を実施する日までに規定する期間を延長することができる。

（事案の移送）

第12条の2 実施機関は、開示請求に係る行政文書が他の実施機関により作成されたものであるときその他の実施機関において開示決定等をすることにつき正当な理由があるときは、当該他の実施機関と協議の上、当該他の実施機関に対し、事案を移送することができる。この場合においては、移送をした実施機関は、開示請求者に対し、事案を移送した旨を書面により通知しなければならない。

2 前項の規定により事案が移送されたときは、移送を受けた実施機関において、開示決定等をしなければならない。この場合において、移送をした実施機関が移送前にした行為は、移送を受けた実施機関がしたものとみなす。

3 前項の場合において、移送を受けた実施機関は、開示の実施をしなければならない。この場合において、移送をした実施機関は、当該開示の実施に必要な協力をしなければならない。

4 第1項の規定は、開示請求に係る行政文書が議会の事務局の職員により

知事の補助執行として作成されたものであるときその他の議会の議長（以下この項において「議長」という。）において準用する。）において開示決定等をすることにつき正当な理由があるときについて準用する。この場合において、事案が移送されたときは、開示請求のあった日に、議長に対し、宮城県議会の保有する情報の公開に関する条例（平成十一年宮城県条例第27号）の規定による公文書の開示請求があったものとみなす。

第13条 行政文書の開示に係る手数料は、徴収しない。

2 第4条の行政文書の開示又は第30条第1項の閲覧等を請求して文書、図画又は写真の写しの交付その他の物品の供与を受けるものは、当該供与に要する費用を負担しなければならない。

（審査会への諮問等）

第14条 開示決定等について行政不服審査法（昭和三十七年法律第160号）の規定による不服申立てがあった場合は、当該不服申立てに対する決定又は裁決をすべき実施機関は、当該不服申立てが不適法であるときを除き、宮城県情報公開審査会（次項において「審査会」という。）に諮問しなければならない。

2 前項の場合において、同項の実施機関は、審査会に対し、審議に必要な資料を提出するものとする。

（諮問をした旨の通知）

第15条 前条第1項の規定による諮問をした実施機関（以下「諮問実施機関」という。）は、次に掲げるものに対し、諮問した旨を通知しなければならない。

(1) 不服申立人及び参加人

(2) 開示請求者（開示請求者が不服申立人又は参加人である場合を除く。）

(3) 当該不服申立てに係る開示決定等について反対意見書を提出した第三者（当該第三者が不服申立人又は参加人である場合を除く。）

（答申の尊重）

第16条 諮問実施機関は、第14条第1項の規定による諮問に対する答申があったときは、その答申を尊重して、同項の不服申立てについての決定又は裁決を行わなければならない。

第17条 第12条第3項及び第4項の規定は、次の各号のいずれかに該当する決定又は裁決をする場合について準用する。

(1) 開示決定に対する第三者からの不服申立てを却下し、又は棄却する決定又は裁決

(2) 不服申立てに係る開示決定等を変更し、当該開示決定等に係る行政文書を開示する旨の決定又は裁決(第三者である参加人が当該行政文書の開示に反対の意思を表示している場合に限る。)

(他の法令による開示の実施との調整)

第18条 この条の規定は、他の法令(個人情報保護条例(平成八年宮城県条例第27号)を除く。)の規定により、何人にも開示請求に係る行政文書が第2条第3項に規定する方法と同一の方法で開示することとされている場合(開示の期間が定められている場合にあっては、当該期間内に限る。)には、同項の規定にかかわらず、当該同一の方法による開示に係る当該行政文書については、適用しない。ただし、当該他の法令の規定に一定の場合には開示をしない旨の定めがあるときは、この限りでない。

2 他の法令に定める開示の方法が第2条第3項の閲覧とみなして、前項の規定を適用する。

3 この章の規定は、図書館その他の県の施設において、県民の利用に供することを目的として管理している行政文書については、適用しない。

4 この章の規定は、法律の規定により行政機関の保有する情報の公開に関する法律(平成十一年法律第42号)の規定の適用を受けないこととされる行政文書については、適用しない。

第3章 会議の公開

(会議の公開)

第19条 実施機関の附属機関の会議その他の実施機関が別に定める会議(法令の規定により公開することができないとされている会議を除く。)は、公開するものとする。ただし、次に掲げる場合であって当該会議の構成員の三分の二以上の多数で決定したときは、非公開の会議を開くことができる。

(1) 非開示情報が含まれる事項について調停、審査、審議、調査等を行う会議を開催する場合

(2) 会議を公開することにより、当該会議の公正かつ円滑な運営に支障が生ずると認められる場合

第4章 情報公開の総合的推進

(情報公開の総合的推進)

第20条 県は、第2章に定める行政文書の開示及び前章に定める会議の公開のほか、県民が県政に関する情報を迅速かつ容易に得られるよう、情報提供施策及び情報公表制度の充実の総合的な推進に努めるものとする。

第21条 県は、広報媒体の効果的な活用及び自主的広報手段の充実に努めるとともに、刊行物その他の行政資料を広く閲覧に供することとにより、その保有する情報を県民に積極的に提供するよう努めるものとする。

2 県は、法令の規定により義務付けられた情報公表制度の内容の充実を図るとともに、県政に関する情報を公開する制度の整備に努めるものとする。

第5章 情報公開審査会

(設置等)

第22条 第14条第1項の規定による諮問又は情報の公開に関する事項についての調査審議するため、宮城県情報公開審査会(以下「審査会」という。)を置く。

2 審査会は、前項の規定による調査審議のほか、情報の公開に関する重要事項について、実施機関に建議することができる。

(組織)

第23条 審査会は、委員五人以内で組織する。

2 委員は、学識経験を有する者のうちから、知事が任命する。

(任期)

第24条 委員の任期は、二年とする。ただし、補欠の委員の任期は、前任者の残任期間とする。

2 委員は、再任されることができる。

(会長)

第25条 審査会に会長を置き、委員の互選によりこれを定める。

2 会長は、会務を総理し、審査会を代表する。

3 会長に事故があるときは、あらかじめその指名する委員が、その職務を代理する。

（会議）
第26条　審査会の会議は、会長が招集し、会長がその議長となる。
2　審査会の会議は、委員の半数以上の出席がなければ開くことができない。
3　審査会の議事は、出席した委員の過半数で決し、可否同数のときは、議長の決するところによる。

（審査会の調査権限）
第27条　審査会は、必要があると認めるときは、諮問実施機関に対し、開示決定等に係る行政文書の提示を求めることができる。この場合において、何人も、審査会に対し、その提示された行政文書の開示を求めることができない。
2　諮問実施機関は、審査会から前項の規定による求めがあったときは、これを拒んではならない。
3　審査会は、第14条第2項の規定により提出された資料に、開示決定等に係る行政文書に必要があると認めるときは、実施機関に対し、開示決定等に係る行政文書に記録されている情報の内容及び当該開示決定等の理由を審査会の指定する方法により分類し、又は整理した資料を作成し、審査会に提出するよう求めることができる。
4　第1項及び前項に定めるもののほか、審査会は、不服申立てに係る事件に関し、不服申立人、参加人又は諮問実施機関（以下「不服申立人等」という。）に意見書又は資料の提出を求めること、適当と認めるものにその知っている事実を陳述させ、又は鑑定を求めることその他必要な調査をすることができる。

（意見の陳述）
第28条　審査会は、不服申立人等から申立てがあったときは、当該不服申立人等に口頭で意見を述べる機会を与えなければならない。ただし、審査会が、その必要がないと認めるときは、この限りでない。
2　前項本文の場合においては、不服申立人又は参加人は、審査会の承認を得て、補佐人とともに出席することができる。

（意見書等の提出）
第29条　不服申立人等は、審査会に対し、意見書又は資料を提出することができる。ただし、審査会が意見書又は資料を提出すべき相当の期間を定めたときは、その期間内にこれを提出しなければならない。

（提出資料の閲覧等）
第30条　不服申立人等は、審査会に対し、審査会に提出された意見書若しくは資料の閲覧又はそれらの写しの交付（以下この条において「閲覧等」という。）を求めることができる。この場合において、審査会は、第三者の利益を害するおそれがあると認めるときその他正当な理由があるときでなければ、その閲覧等を拒むことができない。
2　審査会は、前項の閲覧等について、日時及び場所を指定することができる。

（不服申立てに関する調査審議の会議の非公開）
第31条　第14条第1項の規定による審査会が調査審議する会議は、公開しない。

（答申書の送付等）
第32条　審査会は、諮問に対する答申をしたときは、答申書の写しを不服申立人及び参加人に送付するとともに、答申の内容を公表するものとする。

（秘密の保持）
第33条　委員は、職務上知り得た秘密を漏らしてはならない。その職を退いた後も、同様とする。

（委任）
第34条　この章に定めるもののほか、審査会の運営及び調査審議の手続に関し必要な事項は、会長が審査会に諮って定める。

第6章　雑則

（行政文書の管理）
第35条　実施機関は、行政文書の管理を適正に行うものとする。
2　実施機関は、行政文書の管理に関する定めを設けるとともに、これを一般の閲覧に供しなければならない。
3　前項の行政文書の管理に関する定めにおいては、行政文書の分類、作成、保存及び廃棄に関する基準その他の行政文書の管理に関する必要な事項について定めるものとする。

（開示請求をしようとするものに対する情報の提供等）
第36条　実施機関は、開示請求をしようとするものが容易かつ的確に開示請求をすることができるよう、当該実施機関が保有する行政文書の特定に資する情報の提供その他開示請求をしようとするものの利便を考慮した適切

（施行の状況の公表）

第37条　知事は、毎年度、各実施機関におけるこの条例の施行の状況を取りまとめ、これを公表しなければならない。

（出資団体等の情報公開）

第38条　県から出資、出捐又は補助金等の交付（以下「出資等」という。）を受けた団体（以下「出資団体等」という。）は、当該出資等の公共性にかんがみ、当該出資団体等の保有する情報の公開に努めなければならない。

2　出資団体等で資本金又は基本財産（基金を含む。）の額に占める県から出資又は出捐を受けた額の割合が二分の一以上の団体は、この条例の趣旨に即して当該団体の保有する情報の公開に関する規程を定め、当該情報の一層の公開に努めなければならない。

3　県は、出資団体等について、その性格及び業務内容に応じ、当該出資団体等の情報の公開が推進されるよう、必要な施策を講ずるものとする。

（委任）

第39条　この条例に定めるもののほか、この条例の実施のため必要な事項は、実施機関が別に定める。

（罰則）

第40条　第33条の規定に違反して秘密を漏らした者は、一年以下の懲役又は三十万円以下の罰金に処する。

附　則

（施行期日）

1　この条例は、行政機関の保有する情報の公開に関する法律（平成十一年法律第42号）の施行の日（平成十三年四月一日）から施行する。ただし、目次の改正規定、第12条の次に1条を加える改正規定、第14条第1項の改正規定及び第6章中第39条の次に1条を加える改正規定は、公布の日から施行する。

（検討）

2　県は、この条例の施行後四年を目途として、改正後の情報公開条例の施行の状況について検討を加え、必要があると認めるときは、その結果に基づいて所要の措置を講ずるものとする。

群馬県

群馬県情報公開条例

2000年（平成12年）6月14日公布

全国初、パブリックコメント制を情報公開条例に盛る

情報公開の実施機関には、議会や警察本部を含めた。公文書とは職員が組織的に用いるもので実施機関が保有するものとし、開示請求を複数回受け、その都度開示した情報は公表に努めるとしている。又、第5条で実施機関は政策形成に民意を反映する仕組みを作ると規定し、県民意見提出（パブリックコメント）制度を条例に組み込んだ。重要な政策立案にあたって原案の段階から県民の意見を求め、会議の公開や報道機関への協力を盛り込み、何人も開示請求ができるとして、より開かれた県政を目指す。2001年4月の条例施行を前にパブリックコメント制度の確立のため、年度内に公開される行政計画案10件を対象に意見募集を行った。原案を県民にインターネットや窓口で公開し、約1ヶ月をめどに電子メールや郵送などで意見を募集する。県は主な行政計画に加え、県民の権利義務に関する制度改正や主要公共事業も対象とする方針。

群馬県

県　　庁：〒371-8570
群馬県前橋市大手町1-1-1
（下車駅　両毛線　前橋駅）
電話（027）223-1111

人　　口：2,013,753人
世　帯　数：676,685世帯
面　　積：6,363.16km²
人口密度：316.47人/km²

群馬県情報公開条例

第1章 総則

（目的）
第1条　この条例は、情報公開の総合的な推進に関し必要な事項を定めるとともに、公文書の開示を請求する権利を明らかにし、もって県が県政に関し県民に説明する責務を全うすることにより、県民の理解と信頼の下に公正で透明な行政を推進し、県民による県政への参加を進めていくことを目的とする。

（定義）
第2条　この条例において「実施機関」とは、知事、議会、教育委員会、選挙管理委員会、人事委員会、監査委員、公安委員会、警察本部長、地方労働委員会、収用委員会、内水面漁場管理委員会及び企業管理者をいう。
2　この条例において「情報の公表」とは、県政に関する情報を法令又は条例（以下「法令等」という。）の規定により義務として公開することをいう。
3　この条例において「情報の提供」とは、県政に関する情報を任意に公開することをいう。
4　この条例において「公文書」とは、実施機関の職員が職務上作成し、又は取得した文書、図画及び電磁的記録（電子的方式、磁気的方式その他人

の知覚によっては認識することができない方式で作られた記録であって、当該実施機関の職員が組織的に用いるものとして、当該実施機関が保有しているものをいう。以下同じ。）であって、当該実施機関の職員が組織的に用いるものとして、当該実施機関が保有しているものをいう。以下同じ。

2 官報、県報、白書、新聞、雑誌、書籍その他不特定多数の者に販売することを目的として発行されるもの及び群馬県立文書館その他規則で定める県の機関において、歴史的若しくは文化的な資料又は学術研究用の資料として特別の管理がされているものを除く。

(1) 群馬県立文書館その他規則で定める県の機関において、歴史的若しくは文化的な資料又は学術研究用の資料として特別の管理がされているもの

(2)

第2章 情報公開の総合的な推進

（情報公開の総合的な推進に関する県の責務）

第3条 県は、情報公開の総合的な推進を図るとともに、公文書の開示制度の円滑な運用及び情報の提供の拡充を図り、県が県政に関する情報を迅速かつ容易に得られるよう、情報公開の総合的な推進に努めるものとする。

2 県は、情報を公開する場合には、情報を分かりやすく伝えるための創意工夫に努めるものとする。

3 県は、情報公開の効果的な推進を図るため、真に県民が必要とする情報をボランティア活動を行う県民又は団体との協力を得ながら、分かりやすく公開するよう努めるものとする。

（情報の公表）

第4条 実施機関は、次に掲げる事項に関する情報で当該実施機関が保有するものを公表しなければならない。ただし、当該情報を公表することについて法令等で別段の定めがあるときは、この限りでない。

(1) 県の長期計画その他の重要な基本計画の内容

(2) 県の主な事業の内容

(3) その他実施機関が定める事項

2 実施機関は、同一の公文書につき第11条の規定による開示の請求（以下「開示請求」という。）を複数回受けてその都度開示をした場合等で、県民の利便の向上及び行政運営の効率化に役立つと認められるときは、当該公文書を公表するよう努めるものとする。

（政策形成への民意の反映）

第5条 実施機関は、重要な政策の立案に当たっては、その目的、内容その他必要な事項を公表して広く県民の意見を求めるとともに、政策の決定に当たり当該意見を反映させるよう努めるものとする。

2 実施機関は、県民の意見を効果的に政策に反映させるための仕組みの整備を図るものとする。

（情報の公表に対する申出）

第6条 県民は、県の行う情報の公表について、群馬県情報公開審議会へ意見を述べることができる。

（情報の提供）

第7条 実施機関は、県民への積極的な情報の提供及び自主的な広報手段の充実に努めるとともに、県政に関する情報を提供する資料室等を一層県民の利用しやすいものにするため、情報の提供の拡充に努めるものとする。

2 実施機関は、効果的な情報の提供を実施するため、広聴機能等情報の収集機能を強化し、県民が必要とする情報を的確に把握するよう努めるものとする。

（会議の公開）

第8条 実施機関は、附属機関及びこれに類するものの会議の公開に努めるものとする。

（報道機関への協力）

第9条 県は、県民が求める情報を分かりやすく、かつ、迅速に県民に伝えるため、報道機関に対し積極的な県政に関する情報を公開し、かつ、説明し、報道機関を通じ、県民に必要な情報が伝わるよう努めなければならない。

第3章 群馬県情報公開審議会

第10条 次に掲げる事項について調査審議し、又は実施機関に意見を述べるため、群馬県情報公開審議会（以下「情報公開審議会」という。）を置く。

(1) 情報公開に関する重要な事項

(2) 第6条に規定する情報の公表に対する申出に関する事項

(3) その他情報公開に関し、実施機関から諮問を受けた事項（行政不服審査法（昭和三十七年法律第160号）に基づく不服申立てに関することを除く。）

2 情報公開審議会は、前項に掲げる事務を行うに当たり、群馬県公文書開示審査会との連携を図るものとする。

第4章　公文書の開示

(開示請求権)

第11条　何人も、この条例の定めるところにより、実施機関に対し、当該実施機関の保有する公文書の開示を請求することができる。

(開示請求の手続)

第12条　開示請求は、次に掲げる事項を記載した書面(以下「開示請求書」という。)を実施機関に提出してしなければならない。

(1) 開示請求をするものの氏名又は名称及び住所又は事務所若しくは事業所の所在地並びに法人その他の団体にあっては代表者の氏名

(2) 開示請求に係る公文書を特定するために必要な事項

(3) 開示請求に係る公文書の開示を必要とする理由

(4) その他実施機関が定める事項

2　実施機関は、開示請求書に形式上の不備があると認めるときは、開示請求をしたもの(以下「開示請求者」という。)に対し、相当の期間を定めて、その補正を求めることができる。この場合において、実施機関は、開示請求者に対し、補正の参考となる情報を提供するよう努めなければならない。

(公文書の開示の原則)

第13条　実施機関は、開示請求があったときは、次条に規定する場合を除き、開示請求者に対し、当該公文書を開示しなければならない。

(非開示情報)

第14条　実施機関は、開示請求に係る公文書に次の各号にいずれかが記録されている情報(以下「非開示情報」という。)のいずれかが記録されている場合は、当該公文書を開示してはならない。

(1) 法令等の定めるところにより従う義務を有する各大臣その他の国の機関の指示により、これに基づく政令により公にすることができないとされている情報

(2) 個人に関する情報(事業を営む個人の当該事業に関する情報を除く。)であって、当該情報に含まれる氏名、生年月日その他の記述等により特定の個人を識別することができるもの(他の情報と照合することにより特定の個人を識別することができることとなるものを含む。)又は特定の個人を識別することはできないが、公にすることにより、なお個人の権利利益を害するおそれがあるもの。ただし、次に掲げる情報を除く。

イ 法令等の規定により又は慣行として公にされ、又は公にすることが予定されている情報

ロ 人の生命、健康、生活又は財産を保護するため、公にすることが必要であると認められる情報

ハ 当該個人が公務員(国家公務員法(昭和二十二年法律第120号)第2条第1項に規定する国家公務員及び地方公務員法(昭和二十五年法律第261号)第2条に規定する地方公務員をいう。)である場合において、当該情報がその職務の遂行に係る情報であるときは、当該情報のうち、当該公務員の職及び氏名(当該公務員の氏名を公にすることにより当該公務員の個人の権利利益を不当に侵害するおそれがある場合又はそのおそれがあると認めて実施機関が定める職にある公務員の氏名を除く。)並びに当該職務遂行の内容に係る部分

(3) 法人その他の団体(国及び地方公共団体を除く。以下「法人等」という。)に関する情報又は事業を営む個人の当該事業に関する情報であって、次に掲げるもの。ただし、人の生命、健康、生活又は財産を保護するため、公にすることが必要であると認められる情報を除く。

イ 公にすることにより、当該法人等又は当該個人の権利、競争上の地位その他正当な利益を害するおそれがあるもの

ロ 実施機関の要請を受けて、公にしないとの条件で任意に提供されたものであって、法人等又は個人における通例として公にしないこととされているものその他の当該条件を付することが当該情報の性質、当時の状況等に照らして合理的であると認められるもの

(4) 公にすることにより、犯罪の予防、鎮圧又は捜査、公訴の維持、刑の執行その他の公共の安全と秩序の維持に支障を及ぼすおそれがあると実施機関が認めることにつき相当の理由がある情報

(5) 県の機関並びに国及び他の地方公共団体の機関の内部又は相互間にお

(6)

ける審議検討又は協議に関する情報であって、公にすることにより、率直な意見の交換若しくは意思決定の中立性が不当に損なわれるおそれ、不当に県民の間に混乱を生じさせるおそれ又は特定の者に不当に利益を与え若しくは不利益を及ぼすおそれがあるもの

ト 県の機関又は国若しくは他の地方公共団体の機関が行う事務又は事業に関する情報であって、公にすることにより、当該事務若しくは事業の性質上、当該事務又は事業の適正な遂行に支障を及ぼすおそれがあるもの

イ 監査、検査、取締り又は試験に係る事務に関し、正確な事実の把握を困難にするおそれ又は違法若しくは不当な行為を容易にし、若しくはその発見を困難にするおそれ

ロ 契約、交渉又は争訟に係る事務に関し、県又は国若しくは他の地方公共団体の財産上の利益又は当事者としての地位を不当に害するおそれ

ハ 調査研究に係る事務に関し、その公正かつ能率的な遂行を不当に阻害するおそれ

ニ 人事管理に係る事務に関し、公正かつ円滑な人事の確保に支障を及ぼすおそれ

ホ 県又は国若しくは他の地方公共団体が経営する企業に係る事業に関し、その企業経営上の正当な利益を害するおそれ

(部分開示)

第15条 実施機関は、開示請求に係る公文書の一部に非開示情報が記録されている場合において、非開示情報が記録されている部分を容易に区分して除くことができるときは、前条の規定にかかわらず、開示請求者に対し、当該部分を除いた部分につき開示しなければならない。ただし、当該部分を除いた部分に有意の情報が記録されていないと認められるときは、この限りでない。

2 開示請求に係る公文書に前条第2号の情報(特定の個人を識別することができるものに限る。)が記録されている場合において、当該情報のうち、氏名、生年月日その他の特定の個人を識別することができることとなる記述等の部分を除くことにより、公にしても、個人の権利利益が害されるおそれがないと認められるときは、当該部分を除いた部分は、同号の情報に含まれないものとみなして、前項の規定を適用する。

(公益上の理由による裁量的開示)

第16条 実施機関は、第14条の規定にかかわらず、開示請求に係る公文書に非開示情報(同条第1号に該当する情報を除く。)が記録されている場合であっても、公益上特に必要があると認めるときは、開示請求者に対し、当該公文書を開示することができる。

(公文書の存否に関する情報)

第17条 開示請求に対し、当該開示請求に係る公文書が存在しているか否かを答えるだけで、非開示情報を開示することとなるときは、実施機関は、当該公文書の存否を明らかにしないで、当該開示請求を拒否することができる。

(開示請求に対する措置)

第18条 実施機関は、開示請求に係る公文書の全部又は一部を開示するときは、その旨の決定をし、開示請求者に対し、その旨並びに開示を実施する日時及び場所を書面により通知しなければならない。

2 実施機関は、開示請求に係る公文書の全部を開示しないとき(前条の規定により開示請求を拒否するとき及び開示請求に係る公文書を保有していないときを含む。)は、開示をしない旨の決定をし、開示請求者に対し、その旨を書面により通知しなければならない。

(開示決定等の期限)

第19条 前項各号の決定(以下「開示決定等」という。)は、開示請求があった日から十五日以内にしなければならない。ただし、第12条第2項の規定により補正を求めた場合にあっては、当該補正に要した日数は、当該期間に算入しない。

2 前項の規定にかかわらず、実施機関は、事務処理上の困難その他正当な理由があるときは、同項に規定する期間を四十五日以内に限り延長することができる。この場合において、実施機関は、開示請求者に対し、遅滞なく、延長後の期間及び延長の理由を書面により通知しなければならない。

3 開示請求に係る公文書が著しく大量であるため、開示請求があった日から六十日以内にそのすべてについて開示決定等をすることにより事務の遂行に著しい支障が生ずるおそれがある場合には、開示請求にかかわらず、実施機関は、開示請求に係る公文書のうちの相当の部分につき当該期間内に開示決定等をし、残りの公文書については相当の期間内に開示決定等をすれば足りる。この場合において、実施機関は、第1項に規定する期

間内に、開示請求者に対し、次に掲げる事項を書面により通知しなければならない。

(2) この項を適用する旨及びその理由

(事案の移送)

第20条 実施機関は、開示請求に係る公文書が他の実施機関により作成されたものであるときその他他の実施機関において開示決定等をすることにつき正当な理由があるときは、当該他の実施機関と協議の上、当該他の実施機関に対し、事案を移送することができる。この場合においては、移送をした実施機関は、開示請求者に対し、事案を移送した旨を書面により通知しなければならない。

2 前項の規定により事案が移送されたときは、移送を受けた実施機関において、当該開示請求についての開示決定等をしなければならない。この場合において、移送をした実施機関が第18条第1項の規定による開示決定等をしなければならない。この場合において、移送を受けた実施機関が移送前にした行為は、移送を受けた実施機関がしたものとみなす。

3 前項の場合において、開示をする旨の決定(以下「開示決定」という。)をしたときは、当該実施機関は、開示の実施に必要な協力をしなければならない。

(第三者に対する意見書提出の機会の付与等)

第21条 開示請求に係る公文書に県、国、他の地方公共団体及び開示請求者以外のもの(以下この条、第27条及び第28条において「第三者」という。)に関する情報が記録されているときは、実施機関は、開示決定等をするに当たって、当該情報に係る第三者に対し、開示請求に係る公文書の表示その他実施機関が定める事項を書面により通知して、意見書を提出する機会を与えることができる。

2 実施機関は、次の各号のいずれかに該当するときは、開示決定に先立ち、当該第三者に対し、開示請求に係る公文書の表示その他実施機関が定める事項を書面により通知して、意見書を提出する機会を与えなければならない。ただし、当該第三者の所在が判明しない場合は、この限りでない。

(1) 第三者に関する情報が記録されている公文書を開示しようとする場合であって当該情報が第14条第2号ロ又は同条第3号ただし書に規定する

情報に該当すると認められるとき。

(2) 第三者に関する情報が記録されている公文書を第16条の規定により開示しようとするとき。

3 実施機関は、前2項の規定により意見書の提出の機会を与えられた第三者が当該公文書の開示に反対の意思を表示した意見書を提出した場合において、開示決定をするときは、開示決定の日と開示を実施する日との間に少なくとも二週間を置かなければならない。この場合において、実施機関は、開示決定後直ちに、当該意見書(第26条及び第27条において「反対意見書」という。)を提出した第三者に対し、開示決定をした旨及びその理由並びに開示を実施する日を書面により通知しなければならない。

(開示の実施)

第22条 公文書の開示は、文書又は図画については閲覧又は写しの交付により、電磁的記録についてはその種別、情報化の進展状況等を勘案して規則で定める方法により行う。ただし、閲覧の方法による公文書の開示にあっては、実施機関は、当該公文書の保存に支障を生ずるおそれがあると認めるときその他正当な理由があるときは、その写しにより、これを行うことができる。

2 公文書の開示を受けるものは、実費の範囲内において規則で定める費用を負担しなければならない。

(適正な請求及び使用)

第24条 開示請求をしようとするものは、この条例の目的に則し、適正な請求を行うとともに、開示により得た情報を適正に使用しなければならない。

(他法令等との調整等)

第25条 実施機関は、法令、他の条例、規則、規程等(以下この条において「法令等」という。)の規定により、何人にも開示請求することとされている場合(開示の期間が定められている場合にあっては、当該期間内に限る。)には、当該公文書については、同条本文の規定にかかわらず、当該法令等の規定による開示を行わない。ただし、当該法令等の規定に一定の場合には開示をしない旨の定めがあるときは、この限りでない。

2 法令等の規定に定める開示の方法が縦覧であるときは、当該縦覧を第22

-263-

条本文の閲覧とみなして、前項の規定を適用する。
(審査会への諮問)
第26条 開示決定等について行政不服審査法に基づく不服申立てがあったときは、当該不服申立てに対する裁決又は決定をすべき実施機関(公安委員会及び警察本部長を除く。)は、次の各号のいずれかに該当する場合を除き、遅滞なく、群馬県公文書開示審査会に諮問しなければならない。
(1) 不服申立てが不適法であり、却下するとき。
(2) 裁決又は決定で、不服申立てに係る開示決定等(開示請求に係る公文書の全部を開示する旨の決定を除く。以下この号及び第28条において同じ。)を取り消し又は変更し、当該不服申立てに係る公文書の全部を開示することとするとき。ただし、当該開示決定等について反対意見書が提出されているときを除く。
(諮問をした旨の通知)
第27条 前条の規定により諮問をした実施機関(以下「諮問庁」という。)は、次に掲げるものに対し、諮問をした旨を通知しなければならない。
(1) 不服申立人及び参加人
(2) 開示請求者(開示請求者が不服申立人又は参加人である場合を除く。)
(3) 当該不服申立てに係る開示決定等について反対意見書を提出した第三者(当該第三者が不服申立人又は参加人である場合を除く。)
第28条 第21条第3項の規定は、次の各号のいずれかに該当する裁決又は決定をする場合について準用する。
(1) 開示決定に対する第三者からの不服申立てを却下し、又は棄却する裁決又は決定
(2) 第三者からの不服申立てに対する裁決又は決定(第三者である参加人が当該公文書の開示に反対の意思を表示している場合に限る。)
(群馬県公文書開示審査会)
第29条 第26条の規定による諮問に応じ不服申立てについて調査審議するため、群馬県公文書開示審査会(以下「審査会」という。)を置く。
2 審査会は、委員五人以内で組織し、委員は、知事が任命する。
3 委員の任期は、二年とし、再任を妨げない。ただし、補欠の委員の任期は、前任者の残任期間とする。

4 この条に定めるもののほか、審査会の組織及び運営に関し必要な事項は、規則で定める。
(審査会の調査権限)
第30条 審査会は、必要があると認めるときは、諮問庁に対し、開示決定等に係る公文書の提示を求めることができる。この場合においては、何人も、審査会に対し、その提示された公文書の開示を求めることができない。
2 諮問庁は、審査会から前項の規定による求めがあったときは、これを拒んではならない。
3 審査会は、必要があると認めるときは、諮問庁に対し、開示決定等に係る公文書に記録されている情報の内容を審査会の指定する方法により分類又は整理した資料を作成し、審査会に提出するよう求めることができる。
4 第1項及び前項に定めるもののほか、審査会は、不服申立てに係る事件に関し、不服申立人、参加人又は諮問庁(以下「不服申立人等」という。)に意見書又は資料の提出を求めること、適当と認める者にその知っている事実を陳述させ又は鑑定を求めることその他必要な調査をすることができる。
(意見の陳述)
第31条 審査会は、不服申立人等から申立てがあったときは、当該不服申立人等に、口頭で意見を述べる機会を与えなければならない。ただし、審査会がその必要がないと認めるときは、この限りでない。
2 前項本文の場合においては、不服申立人等は、審査会の許可を得て、補佐人とともに出頭することができる。
(意見書等の提出)
第32条 不服申立人等は、審査会に対し、意見書又は資料を提出することができる。ただし、審査会が意見書又は資料を提出すべき相当の期間を定めたときは、その期間内にこれを提出しなければならない。
(提出資料の閲覧)
第33条 不服申立人等は、審査会に対し、審査会に提出された意見書又は資料の閲覧を求めることができる。この場合において、審査会は、第三者の利益を害するおそれがあると認めるときその他正当な理由があるときでなければ、その閲覧を拒むことができない。
(調査審議手続の非公開)

第34条 審査会の行う調査審議の手続は、公開しない。

(答申書の送付等)
第35条 審査会は、諮問に対する答申をしたときは、答申書の写しを不服申立人及び参加人に送付するとともに、答申の内容を公表するものとする。

(公文書の管理)
第36条 実施機関は、この条例の適正かつ円滑な運用に資するため、公文書を適正に管理するものとする。

(公文書の目録等)
第37条 実施機関は、公文書の目録等公文書を検索するための資料を作成し、一般の利用に供するものとする。

第5章 補則

(守秘義務)
第38条 情報公開審議会及び審査会の委員は、職務上知り得た秘密を漏らしてはならない。その職を退いた後も同様とする。

(実施状況の公表)
第39条 知事は、毎年一回各実施機関の公文書の開示等についての実施状況を取りまとめ、公表するものとする。

(適用除外)
第40条 刑事訴訟に関する書類及び押収物については、この条例は適用しない。

(出資等法人の情報公開)
第41条 県が出資その他財政支出等を行う法人であって、実施機関が定めるもの(以下「出資等法人」という。)は、この条例の趣旨にのっとり情報公開を行うため必要な措置を講ずるよう努めるものとする。
2 実施機関は、出資等法人に対し、前項に定める必要な措置を講ずるよう指導に努めるものとする。

(委任)
第42条 この条例に定めるもののほか、この条例の施行に関し必要な事項は、実施機関が定める。

   附 則

(施行期日)
1 この条例は、平成十三年一月一日から施行する。ただし、第2条第1項及び第26条中公安委員会及び警察本部長に係る部分の規定は、規則で定める日から施行する。

(群馬県公文書の開示等に関する条例の廃止)
2 群馬県公文書の開示等に関する条例(昭和六十一年群馬県条例第16号)は、廃止する。

(経過措置)
3 この条例の規定は、この条例の施行の日(以下「施行日」という。)以後に実施機関の職員が作成し、又は取得した公文書について適用する。施行日前に実施機関の職員が作成し、又は取得した附則第2項の規定による廃止前の群馬県公文書の開示等に関する条例第3条第1項に規定する公文書については、なお従前の例による。

4 執行機関の附属機関に関する条例の一部の規定により置かれた群馬県公文書開示審査会の一部を次のように改正する。
別表知事の部群馬県公文書開示審査会の項を削る。

(執行機関の附属機関に関する条例の一部改正)
5 執行機関の附属機関に関する条例(昭和二十八年群馬県条例第53号)の一部を次のように改正する。
別表知事の部群馬県公文書開示審査会の項を削る。

(審査会の同一性)
6 この条例の施行の際現に前項の規定による改正前の執行機関の附属機関に関する条例第1条の規定により置かれた群馬県公文書開示審査会(以下「旧審査会」という。)は、第29条第1項の規定により置く審査会となり、同一性をもって存続するものとする。

(審査会委員の任命及び任期の特例)
7 この条例の施行の際現に旧審査会の委員である者は、施行日に、審査会の委員に任命されたものとみなし、その任期は、平成十四年十月十四日までとする。

滋賀県

滋賀県情報公開条例（改正）
2000年（平成12年）10月11日公布

審査会に公募委員を導入／パブリックコメント制度も

滋賀県は、条例改正にあたってパブリックコメント制度を県として初めて適用し、県民の意見を募集、県民の意見に基づいて情報公開審査会に公募の県民委員を入れることなどを盛り込み条例改正を行った。

条例では、「県民の知る権利」と「県民への説明する責務」を明記、新たに実施機関として公安委員会と警察本部長を加えた。

請求権者は「何人も」とし、利用者の責務として「適正な請求と公開請求で得た情報の適正な利用」を求めた。

情報公開審査会に、学識経験者のほか県民からの公募委員を入れることを明記、県が基本的な政策を立案する場合、県民の意見を求め、反映させる機会を確保することを目的にパブリックコメント制度を条例に組み込んだことは、群馬県に次いで2例目となる。

滋賀県

県　　庁：〒520-8577	人　　口：1,316,331人
滋賀県大津市京町4-1-1	世帯数：421,507世帯
（下車駅　東海道本線　大津駅）	面　　積：4,017.36km²
電話（0775）24-1121	人口密度：327.66人/km²

滋賀県情報公開条例

私たち滋賀県民は、これまで琵琶湖の環境保全や歴史と風土を生かした個性あるまちづくりに手をたずさえながら取り組む中で、県民と行政との相互の理解と協働の大切さを学んできた。

今、地方分権の新たな時代を迎え、個性輝く滋賀の未来を自らの責任において主体的、かつ、創造的に切り開いていくため、こうした貴重な経験を生かし、県民と県との協働を基調とした県政を確立していくことが求められている。

県民が、県政について十分理解し、判断し、積極的に参画することは、県の保有する情報の共有によってこそ進展するものである。

地方分権による真の自治を確立するためにも、県民と県の相互の信頼関係をより確かなものにし、県民主役の県政を進めていく必要があり、そのためにますます情報公開の重要性が高まってきている。

そもそも県の保有する情報は、県民の共有財産である。したがって、県の保有する情報は公開が原則であり、県は県政の諸活動を県民に説明する責務を負う。

ただし、情報の公開により、県民のプライバシーや公共の利益が侵害されることはあってはならない。

このような認識に立って、この条例を制定し、21世紀を迎えるに当たり、県民と県が力を合わせ、真の地方自治の構築に向かって踏み出すものである。

第1章　総則

（目的）

第1条　この条例は、地方自治の本旨に即した県政を推進するためには、県民の知る権利を尊重し、県の有するその諸活動を県民に説明する責務が全うされるようにすることが重要であることにかんがみ、公文書の公開を請求する権利を明らかにするとともに、情報公開の総合的な推進に関し必要な事項を定め、もって県民と県との協働による県政の進展に寄与することを目的とする。

（定義）

第2条　この条例において「実施機関」とは、知事、議会、教育委員会、選

挙管理委員会、人事委員会、監査委員会、公安委員会、警察本部長、地方労働委員会、収用委員会、海区漁業調整委員会、内水面漁場管理委員会および公営企業管理者をいう。

2 この条例において「公文書」とは、実施機関の職員が職務上作成し、または取得した文書、図画および写真（これらを撮影したマイクロフィルムを含む。以下同じ。）ならびに電磁的記録（電子的方式、磁気的方式その他人の知覚によっては認識することができない方式で作られた記録をいう。以下同じ。）であって、当該実施機関の職員が組織的に用いるものとして、当該実施機関が保有しているものをいう。ただし、次に掲げるものを除く。

(1) 官報、公報、白書、新聞、雑誌、書籍その他不特定多数の者に販売することを目的として発行されるもの

(2) 滋賀県立近代美術館、滋賀県立琵琶湖博物館その他の県の施設において、歴史的もしくは文化的な資料または学術研究用の資料として特別の管理がされているもの

（解釈および運用）

第3条 実施機関は、公文書の公開を請求する権利が十分に尊重されるようにこの条例を解釈し、運用するものとする。この場合において、実施機関は、通常他人に知られたくない個人に関する情報をみだりに公開することのないように最大限の配慮をしなければならない。

2 実施機関は、公文書の適切な保存と迅速な検索に資するため、公文書の管理体制の確立に努めるものとする。

第2章 公文書の公開

（公文書の公開請求権）

第4条 何人も、この条例の定めるところにより、実施機関の保有する公文書の公開を請求することができる。

（公文書の公開の請求の方法）

第5条 公文書の公開の請求（以下「公開請求」という。）をしようとするものは、実施機関に対し、次に掲げる事項を記載した書面（以下「公開請求書」という。）を提出しなければならない。

(1) 氏名または名称および住所または事務所の所在地ならびに法人その他の団体にあっては、その代表者の氏名

(2) 公開請求をしようとする公文書の名称その他の当該公文書を特定するために必要な事項

2 前2号に掲げるもののほか、実施機関が定める事項

3 実施機関は、公開請求書に形式上の不備があると認めるときは、公開請求をしたもの（以下「公開請求者」という。）に対し、相当の期間を定めて、その補正を求めることができる。この場合において、実施機関は、公開請求者に対し、補正の参考となる情報を提供するよう努めなければならない。

（公文書の公開義務）

第6条 実施機関は、公開請求があったときは、公開請求に係る公文書に次の各号に掲げる情報（以下「非公開情報」という。）のいずれかが記録されている場合を除き、公開請求者に対し、当該公文書を公開しなければならない。

(1) 個人に関する情報（事業を営む個人の当該事業に関する情報を除く。）であって、特定の個人を識別することができるもの（他の情報と照合することにより、特定の個人を識別することができることとなるものを含む。）または特定の個人を識別することはできないが、公にすることにより、なお個人の権利利益を害するおそれがあるもの。ただし、次に掲げる情報を除く。

ア 法令もしくは条例（以下「法令等」という。）の規定によりまたは慣行として公にされ、または公にすることが予定されている情報

イ 人の生命、健康、生活または財産を保護するため、公にすることが必要であると認められる情報

ウ 当該個人が公務員（国家公務員法（昭和二十二年法律第120号）第2条第1項に規定する国家公務員および地方公務員法（昭和二十五年法律第261号）第2条に規定する地方公務員をいう。）である場合において、当該情報がその職務の遂行に係る情報であるときは、当該情報のうち、当該公務員の職および当該職務遂行の内容に係る部分

(2) 法人その他の団体（国および地方公共団体を除く。以下「法人等」という。）に関する情報または事業を営む個人の当該事業に関する情報であって、次に掲げるもの。ただし、人の生命、健康、生活または財産を保護するため、公にすることが必要であると認められる情報を除く。

ア 公にすることにより、当該法人等または当該個人の権利、競争上の

イ 地位その他正当な利益を害するおそれがあるもの

(3) 実施機関の要請を受けて、公にしないとの条件で任意に提供されたものであって、法人等または個人における通例として公にしないこととされているものその他の当該条件を付することが合理的であると認められるもの

(4) 公にすることにより、犯罪の予防、鎮圧または捜査、公訴の維持、刑の執行その他の公共の安全と秩序の維持に支障を及ぼすおそれがあると実施機関が認めることにつき相当の理由がある情報

(5) 法令等の規定により、または法律もしくはこれに基づく政令の規定による指示（地方自治法（昭和二十二年法律第67号）第245条第1号へに規定する指示その他これに類する行為をいう。）により明らかに公にすることができない情報

(6) 県の機関ならびに国および他の地方公共団体の内部または相互間における審議、検討または協議に関する情報であって、公にすることにより、率直な意見の交換もしくは意思決定の中立性が不当に損なわれるおそれ、不当に県民等の間に混乱を生じさせるおそれまたは特定の者に不当に利益を与え、もしくは不利益を及ぼすおそれがあるもの

(7) 県の機関または国もしくは他の地方公共団体が行う事務または事業に関する情報であって、公にすることにより、次に掲げるおそれその他当該事務または事業の性質上、当該事務または事業の適正な遂行に支障を及ぼすおそれがあるもの

ア 監査、検査、取締りまたは試験に係る事務に関し、正確な事実の把握を困難にするおそれまたは違法もしくは不当な行為を容易にし、もしくはその発見を困難にするおそれ

イ 契約、交渉または争訟に係る事務に関し、県、国または他の地方公共団体の財産上の利益または当事者としての地位を不当に害するおそれ

ウ 調査研究に係る事務に関し、その公正かつ能率的な遂行を不当に阻害するおそれ

エ 人事管理に係る事務に関し、公正かつ円滑な人事の確保に支障を及ぼすおそれ

オ 県、国または他の地方公共団体が経営する企業に係る事業に関し、その企業経営上の正当な利益を害するおそれ

――――――

（部分公開）

第7条 実施機関は、公開請求に係る公文書の一部に非公開情報が記録されている場合において、非公開情報が記録されている部分を容易に区分して除くことができるときは、公開請求者に対し、当該部分を除いた部分につき公開しなければならない。ただし、当該部分を除いた部分に有意の情報が記録されていないと認められるときは、この限りでない。

2 公開請求に係る公文書に前条第1号の情報（特定の個人を識別することができるものに限る。）が記録されている場合において、当該情報のうち、氏名、生年月日その他の特定の個人を識別することができることとなる記述等の部分を、公にしても、個人の権利利益が害されるおそれがないと認められるときは、当該部分を除いた部分は、同号の情報に含まれないものとみなして、前項の規定を適用する。

（公益上の理由による裁量的公開）

第8条 実施機関は、公開請求に係る公文書に非公開情報（第6条第4号に該当する情報を除く。）が記録されている場合であっても、公益上特に必要があると認めるときは、公開請求者に対し、当該公文書を公開することができる。

（公文書の存否に関する情報）

第9条 公開請求に対し、当該公開請求に係る公文書が存在しているか否かを答えるだけで、非公開情報を公開することとなるときは、実施機関は、当該公文書の存否を明らかにしないで、当該公開請求を拒否することができる。

（公開請求に対する措置）

第10条 実施機関は、公開請求に係る公文書の全部または一部を公開するときは、その旨の決定をし、公開請求者に対し、その旨および公開の実施に関し必要な事項を書面により通知しなければならない。

2 実施機関は、公開請求に係る公文書の全部を公開しないとき（前条の規定により公開請求を拒否するとき、および公開請求に係る公文書を保有していないときを含む。）は、公開をしない旨の決定をし、公開請求者に対し、その旨を書面により通知しなければならない。

3 実施機関は、第1項の決定または前項の決定のうち一部を公開する旨の決定または公開請求に係る公文書の一部または全部を公開しないときは、前2項に規定する書面に公開しない理由を併せて記載しなければならない。この場合

（公開決定等の期限）

第11条 前条第1項または第2項の決定（以下「公開決定等」という。）は、公開請求があった日から十五日以内にしなければならない。ただし、第5条第2項の規定により補正を求めた場合にあっては、当該補正に要した日数は、当該期間に算入しない。

2 前項の規定にかかわらず、実施機関は、事務処理上の困難その他正当な理由があるときは、同項に規定する期間を三十日以内に限り延長することができる。この場合において、実施機関は、公開請求者に対し、遅滞なく、延長後の期間および延長の理由を書面により通知しなければならない。

（公開決定等の期限の特例）

第12条 公開請求に係る公文書が著しく大量であるため、公開請求があった日から四十五日以内にそのすべてについて公開決定等をすることにより事務の遂行に著しい支障が生ずるおそれがある場合には、前条の規定にかかわらず、実施機関は、公開請求に係る公文書のうちの相当の部分につき当該期間内に公開決定等をし、残りの公文書については相当の期間内に公開決定等をすれば足りる。この場合において、実施機関は、同条第1項に規定する期間内に、公開請求者に対し、次に掲げる事項を書面により通知しなければならない。

(1) この条を適用する旨およびその理由

(2) 残りの公文書について公開決定等をする期限

（事案の移送）

第13条 実施機関は、公開請求に係る公文書が他の実施機関により作成されたものであるときその他他の実施機関において公開決定等をすることにつき正当な理由があるときは、当該他の実施機関と協議の上、当該他の実施機関に対し、事案を移送することができる。この場合においては、移送をした実施機関は、公開請求者に対し、事案を移送した旨を書面により通知しなければならない。

2 前項の規定により事案が移送されたときは、移送を受けた実施機関において、当該公開請求についての公開決定等をしなければならない。この場合において、移送をした実施機関が移送前にした行為は、移送を受けた実施機関がしたものとみなす。

3 前項の場合において、移送を受けた実施機関は、第10条第1項の決定（以下「公開決定」という。）をしたときは、当該公開の実施をしなければならない。この場合において、移送をした実施機関は、当該公開の実施に必要な協力をしなければならない。

（第三者に対する意見書提出の機会の付与等）

第14条 公開請求に係る公文書に県、国および他の地方公共団体ならびに公開請求者以外の者（以下この条、第20条および第21条において「第三者」という。）に関する情報が記録されているときは、実施機関は、公開決定等をするに当たって、当該情報に係る第三者に対し、公開請求に係る公文書の表示その他実施機関が定める事項を通知して、意見書を提出する機会を与えることができる。

2 実施機関は、次の各号のいずれかに該当するときは、公開決定に先立ち、当該第三者に対し、公開請求に係る公文書の表示その他実施機関が定める事項を書面により通知して、意見書を提出する機会を与えなければならない。ただし、当該第三者の所在が判明しない場合は、この限りでない。

(1) 第三者に関する情報が記録されている公文書を公開しようとする場合であって、当該情報が第6条第1号イまたは同条第2号ただし書に規定する情報に該当すると認められるとき。

(2) 第三者に関する情報が記録された公文書を第8条の規定により公開しようとするとき。

3 実施機関は、前2項の規定により意見書の提出の機会を与えられた第三者が当該公文書の公開に反対の意思を表示した意見書（以下「反対意見書」という。）を提出した場合において、公開決定をするときは、公開決定の日と公開を実施する日との間に少なくとも二週間を置かなければならない。この場合において、実施機関は、公開決定後直ちに、反対意見書を提出した第三者に対し、公開決定をした旨およびその理由ならびに公開を実施する日を書面により通知しなければならない。

（公文書の公開の実施）

第15条 実施機関は、公開決定をしたときは、速やかに公開請求者に対して公文書の公開をしなければならない。

2 公文書の公開は、文書、図画または写真については閲覧または写しの交

付により、電磁的記録についてはその種別、情報化の進展状況等を勘案して実施機関が定める方法により行う。ただし、閲覧の方法による公文書の公開にあっては、実施機関は、当該公文書の保存に支障を生ずるおそれがあると認めるときその他正当な理由があるときは、その写しにより、これを行うことができる。

（費用負担）

第16条　公開請求に係る公文書（前条第2項ただし書の写しを含む。）の写しの交付を受けるものは、当該写しの作成および送付に要する費用を負担しなければならない。

（利用者の責務）

第17条　公開請求をしようとするものは、この条例の目的に即し、適正な請求に努めるとともに、公文書の公開を受けたときは、これによって得た情報を適正に使用しなければならない。

（他の制度等との調整）

第18条　この章の規定は、法令または他の条例の規定により何人にも閲覧もしくは縦覧または謄本、抄本その他の写しの交付が認められている公文書にあっては、当該法令または他の条例に定める方法（公開の期間が定められている場合にあっては、当該期間内に限る。）と同一の方法による公文書の公開については、適用しない。ただし、当該法令または他の条例の規定に一定の場合には公開しない旨の定めがあるときは、この限りでない。

2　この章の規定は、前項に規定するもののほか、滋賀県立図書館、滋賀県立近代美術館その他の県の施設において一般の利用に供することを目的としている公文書の公開については、適用しない。

第3章　不服申立て

（審査会への諮問等）

第19条　公開決定等について行政不服審査法（昭和三十七年法律第160号）による不服申立てがあったときは、当該不服申立てに対する決定または裁決をすべき実施機関（公安委員会および警察本部長を除く。以下この条、次条および第22条第7項において同じ。）は、次の各号のいずれかに該当する場合を除き、速やかに滋賀県情報公開審査会に諮問しなければならない。

(1)　不服申立てが不適法であり、却下するとき。

(2)　決定または裁決で、不服申立てに係る公開決定等（公開請求に係る公文書の全部を公開する旨の決定を除く。以下この号および第21条において同じ。）を取り消し、または変更し、当該不服申立てに係る公文書の全部を公開することとするとき。ただし、当該公開決定等について反対意見書が提出されているときを除く。

2　実施機関は、前項の規定による諮問を受けたときは、これを尊重して、速やかに当該不服申立てに対する決定または裁決をしなければならない。

（諮問をした旨の通知）

第20条　前条第1項の規定により諮問をした実施機関（以下「諮問実施機関」という。）は、次に掲げる者に対し、諮問をした旨を通知しなければならない。

(1)　公開請求者（公開請求者が不服申立人または参加人である場合を除く。）

(2)　不服申立人および参加人

第21条　第14条第3項の規定は、次の各号のいずれかに該当する決定または裁決をする場合について準用する。

(1)　公開決定等に対する第三者からの不服申立てを却下し、または棄却する決定または裁決

(2)　不服申立てに係る公開決定等を変更し、当該公開決定等に係る公文書を公開する旨の決定または裁決（第三者である参加人が当該公文書の公開に反対の意思を表示している場合に限る。）

（滋賀県情報公開審査会）

第22条　第19条第1項の規定による諮問に応じて調査審議を行うため、滋賀県情報公開審査会（以下「審査会」という。）を置く。

2　審査会は、委員七人以内で組織する。

3　委員は、学識経験を有する者、県民から公募した者その他知事が適当と認める者のうちから知事が任命する。

4　委員の任期は、二年とする。ただし、委員が欠けた場合における補欠の

5 委員は、再任されることを妨げない。

6 委員は、職務上知り得た秘密を漏らしてはならない。その職を退いた後も、同様とする。

7 審査会は、第1項の調査審議について、情報公開に関する制度の運営および改善について、実施機関に意見を述べることができる。

(審査会の調査権限)

第23条 審査会は、前条第1項の調査審議を行うほか、諮問実施機関に対し、公開決定等に係る公文書の提示を求めることができる。この場合においては、何人も、審査会に対し、その提示された公文書の公開を求めることができない。

2 諮問実施機関は、審査会から前項の規定による求めがあったときは、これを拒んではならない。

3 審査会は、必要があると認めるときは、諮問実施機関に対し、公開決定等に係る公文書に記録されている情報の内容を審査会の指定する方法により分類し、または整理した資料を作成し、審査会に提出するよう求めることができる。

4 第1項および前項に定めるもののほか、審査会は、不服申立てに係る事件に関し、不服申立人、参加人または諮問実施機関(以下「不服申立人等」という。)に意見書もしくは資料の提出を求めること、適当と認める者にその知っている事実を陳述させ、または鑑定を求めることその他必要な調査をすることができる。

(意見の陳述)

第24条 審査会は、不服申立人等から申立てがあったときは、当該不服申立人等に口頭で意見を述べる機会を与えなければならない。ただし、審査会が意見書または資料の提出により不服申立人または参加人は、審査会の定めるところにより、補佐人とともに出頭することができる。

(意見書等の提出)

第25条 不服申立人等は、審査会に対し、意見書または資料を提出することができる。ただし、審査会が意見書または資料を提出すべき相当の期間を定めたときは、その期間内にこれを提出しなければならない。

(提出資料の閲覧等)

第26条 審査会は、第三者の利益を害するおそれがあると認めるときを除き、不服申立人等に対し、審査会に提出された意見書または資料を閲覧させ、またはその写しを交付することができる。

(調査審議手続の非公開)

第27条 審査会の行う第22条第1項の調査審議の手続は、公開しない。

(答申書の送付等)

第28条 審査会は、諮問に対する答申をしたときは、答申書の写しを不服申立人および参加人に送付するとともに、答申の内容を公表するものとする。

(規則への委任)

第29条 この章に定めるもののほか、審査会の組織、運営および調査審議の手続に関し必要な事項は、規則で定める。

第4章 情報公開の総合的な推進

(情報公開の総合的な推進)

第30条 実施機関は、第2章に定める公文書の公開のほか、県政に関する情報が適時に、かつ、適切な方法で県民に明らかにされるよう、情報公開の総合的な推進に努めるものとする。

(情報提供および情報収集の充実)

第31条 実施機関は、県民が県政の動きを的確に判断できる正確でわかりやすい情報を得られるよう、広報活動その他の情報提供活動の充実に努めるものとする。

(政策形成への県民の意見の反映)

第32条 実施機関は、県の基本的な政策を立案しようとする場合には、あらかじめ、その目的、内容その他必要な事項を公表し、広く県民の意見を求めることにより、当該政策に県民の意見を反映する機会を確保するものとする。

(附属機関等の会議の公開)

第33条 実施機関に置く附属機関およびこれに類するものは、法令等の規定により公開することができないこととされている場合その他正当な理由がある場合を除き、その会議を公開するように努めるものとする。

(出資法人の情報公開)

第34条 県が資本金、基本金その他これらに準ずるものを出資している法人で、正当な理由があるときは、

第5章 雑則

（公文書の目録）
第35条 実施機関は、公文書の目録を作成し、一般の利用に供するものとする。

（実施状況の公表）
第36条 知事は、毎年度、実施機関の公文書の公開等の実施状況を取りまとめ、これを公表するものとする。

（適用除外）
第37条 刑事訴訟法（昭和二十三年法律第131号）に規定する訴訟に関する書類および押収物については、この条例の規定は、適用しない。

（委任）
第38条 この条例の施行に関し必要な事項は、実施機関が定める。

付 則

（施行期日）
1 この条例は、平成十三年四月一日から施行する。ただし、第2条第1項および第19条第1項の規定（公安委員会および警察本部長に関する部分に限る。）ならびに付則第8項第2号の規定は、規則で定める日から施行する。

（経過措置）
2 この条例の施行の際現に改正前の滋賀県公文書の公開等に関する条例（以下「旧条例」という。）第5条の規定によりされている公文書の公開の請求は、改正後の滋賀県情報公開条例（以下「新条例」という。）第5条第1項の規定による公開請求とみなす。

3 この条例の施行の際現に旧条例第12条第1項の公開審査会に対してされている諮問は、新条例第19条第1項の規定による審査会に対する諮問とみなす。

4 前2項に規定するもののほか、この条例の施行前に旧条例の規定によりされた処分、手続その他の行為は、新条例中にこれに相当する規定がある場合には、当該規定によりされたものとみなす。

5 旧条例第13条第1項の規定により置かれた滋賀県公文書公開審査会は、新条例第22条第1項の規定により置く審査会となり、同一性をもって存続するものとする。

6 この条例の施行の際現に旧条例第13条第3項の規定により滋賀県公文書公開審査会の委員に委嘱されている者は、新条例第22条第3項の規定により審査会の委員に任命されたものとみなし、その任期は、同条第4項の規定にかかわらず、平成十四年三月三十一日までとする。

7 この条例の施行に伴い新たに任命される審査会の委員（議会に限る。）の任期は、新条例第22条第4項の規定にかかわらず、平成十四年三月三十一日までとする。

8 平成十一年十月一日前に実施機関（公安委員会および警察本部長に限る。）の職員が作成し、または取得した公文書で当該実施機関が保有しているものについては、新条例第2章の規定は、適用しない。

(1) 付則第1項ただし書に規定する規則で定める日前に実施機関（公安委員会および警察本部長に限る。）の職員が作成し、または取得した公文書で当該実施機関が保有しているもの

(2) 滋賀県特別職の職員の給与等に関する条例（昭和二十八年滋賀県条例第10号）の一部を次のように改正する。

〔次のよう〕略

9 滋賀県個人情報保護条例（平成七年滋賀県条例第8号）の一部を次のように改正する。

〔次のよう〕略

10 滋賀県個人情報保護条例の一部改正に伴う経過措置
前項の規定の施行により新たに同項の規定による改正後の滋賀県個人情報保護条例第2条第3号に規定する公文書となるものに記録された個人情報を取り扱う事務に係る同条例第10条第2項の規定の適用については、同項中「を開始しようとするときは、あらかじめ」とあるのは、「で現に行われているものについては、平成十三年四月一日以後、遅滞なく」とする。

-272-

北海道／帯広市

帯広市情報公開条例

2000年（平成12年）3月1日議決

出資比率20％の団体まで情報公開の範囲を広げる

　帯広市は、市民の「知る権利」、「市の説明責任」が目的に明記され、「何人も」開示請求ができる情報公開条例を制定した。実施機関には議会も含めた。公文書の定義は職員が組織的に用いるもので電子・電磁情報とし、公務員の職務遂行に係る情報に含まれる当該公務員の職と氏名は、個人情報であっても開示対象とするとしている。開示請求があれば15日以内に可否について請求者に通知しなければならない。又、開示請求をしようとする市民が容易かつ的確に請求できるよう実施機関は利用者の利便を考慮するとしている。第39条では、市の出資法人の情報公開について経営状況や、その他保有する文書の公開を促し、実施機関が保有していない情報に関して閲覧や写しの交付の申し出があれば、その文書等の提出を求めることができるとしている。

　これらの対象となる出資法人は、市の出資比率が資本金の20％以上の団体まで広げる方針。全国的にも踏み込んだ内容となった。

北海道・帯広市

市役所：〒080-8670
北海道帯広市西五条南7-1
（下車駅　根室本線　帯広駅）
電話　（0155）24-4111

人　　口：173,488人
世　帯　数：73,514世帯
面　　積：618.94km²
人口密度：280人/km²
特　産　品：帯広ニット、ハム・ソーセージ
観　　光：帯広の森、八千代牧場

帯広市情報公開条例

第1章　総則

（目的）

第1条　この条例は、地方自治の本旨にのっとり、市民の知る権利を尊重し、公文書の開示を請求する権利を明らかにするとともに、情報公開の推進に関し必要な事項を定めることにより、市の保有する情報の一層の公開を図り、市の諸活動を市民に説明する責務が全うされるようにするとともに、市民の市政に対する理解と信頼を深め、もって公正で開かれた市政の発展に資することを目的とする。

（定義）

第2条　この条例において、次の各号に掲げる用語の意義は、それぞれ当該各号に定めるところによる。

(1) 実施機関　市長、教育委員会、選挙管理委員会、公平委員会、監査委員、農業委員会、固定資産評価審査委員会、消防長、水道事業管理者および議会をいう。

(2) 公文書　実施機関の職員が職務上作成し、又は取得した文書、図画及び電磁的記録（電子的方式、磁気的方式その他人の知覚によっては認識することができない方式で作られた記録をいう。以下同じ。）であって、当該実施機関の職員が組織的に用いるものとして、当該実施機関が保有しているものをいう。ただし、次に掲げるものを除く。

ア　官報、公報、白書、新聞、雑誌、書籍その他不特定多数の者に販売することを目的として発行されるもの

イ　図書館その他の機関において、歴史的若しくは文化的な資料又は学術研究用の資料として特別の管理がされているもの

（実施機関の責務）

第3条　実施機関は、この条例の解釈及び運用にあたっては、この条例の目的にのっとり、公文書の開示を請求する権利を十分尊重するとともに、個人に関する情報がみだりに公にされることのないよう、最大限の配慮をしなければならない。

2　実施機関は、公文書の開示その他の事務を迅速に処理する等この条例に定める情報公開制度の利用者の利便に配慮しなければならない。

3 実施機関は、この条例に定める情報公開制度が適正かつ有効に利用されるよう、条例の目的等について、広く周知を図るよう努めなければならない。

(利用者の責務)
第4条 この条例の定めるところにより、公文書の開示又は情報の提供を受けた者は、これによって得た情報をこの条例の目的に即して適正に使用しなければならない。

第2章 公文書の開示

(開示請求権)
第5条 何人も、この条例の定めるところにより、実施機関に対し、当該実施機関の保有する公文書の開示を請求することができる。

(開示請求の手続)
第6条 前条の規定による公文書の開示の請求(以下「開示請求」という。)は、次に掲げる事項を記載した書面(以下「開示請求書」という。)を実施機関に提出して行わなければならない。
(1) 開示請求をする者の氏名及び住所(法人その他の団体にあっては、その名称、事務所又は事業所の所在地及び代表者の氏名)
(2) 開示請求に係る公文書を特定するために必要な事項
(3) その他実施機関が定める事項
2 実施機関は、開示請求書に形式上の不備があると認めるときは、開示請求をした者(以下「開示請求者」という。)に対し、相当の期間を定めて、その補正を求めることができる。この場合において、実施機関は、開示請求者に対し、補正の参考となる情報を提供するよう努めなければならない。

(公文書の開示義務)
第7条 実施機関は、開示請求があったときは、開示請求に係る公文書に次の各号に掲げる情報(以下「非開示情報」という。)のいずれかが記録されている場合を除き、開示請求者に対し、当該公文書を開示しなければならない。
(1) 個人に関する情報(事業を営む個人の当該事業に関する情報を除く。)であって、当該情報に含まれる氏名、生年月日その他の記述等により特定の個人を識別することができるもの(他の情報と照合することにより、特定の個人を識別することができることとなるものを含む。)又は特定の個人を識別することはできないが、公にすることにより、なお個人の権利利益を害するおそれがあるもの。ただし、次に掲げる情報を除く。
 ア 法令若しくは他の条例等(以下「法令等」という。)の規定により又は慣行として公にされ、又は公にすることが予定されている情報
 イ 人の生命、健康、生活又は財産を保護するため、公にすることが必要であると認められる情報
 ウ 当該個人が公務員(国家公務員法(昭和二十二年法律第120号)第2条第1項に規定する国家公務員及び地方公務員法(昭和二十五年法律第261号)第2条に規定する地方公務員をいう。)である場合において、当該情報が、その職務の遂行に係る情報であるときは、当該情報のうち、当該公務員の職、氏名及び当該職務遂行の内容に係る部分
(2) 法人その他の団体(国及び地方公共団体を除く。以下「法人等」という。)に関する情報又は事業を営む個人の当該事業に関する情報であって、次に掲げるもの。ただし、人の生命、健康、生活又は財産を保護するため、公にすることが必要であると認められる情報を除く。
 ア 公にすることにより、当該法人等又は当該個人の権利、競争上の地位その他正当な利益を害するおそれがあるもの
 イ 実施機関の要請を受けて、公にしないとの条件で任意に提供されたものであって、法人等又は個人における通例として公にしないこととされているものその他の当該条件を付することが当該情報の性質、当時の状況等に照らして合理的であると認められるもの
(3) 公にすることにより、犯罪の予防又は捜査、人の生命、身体又は財産の保護その他の公共の安全と秩序の維持に支障を及ぼすおそれがある情報
(4) 市及び国等(国又は他の地方公共団体をいう。以下同じ。)の内部又は相互間における審議、検討又は協議に関する情報であって、率直な意見の交換若しくは意思決定の中立性が不当に損なわれるおそれ、不当に市民の間に混乱を生じさせるおそれ又は特定の者に不当に利益を与え若しくは不利益を及ぼすおそれがあるもの
(5) 市又は国等が行う事務又は事業に関する情報であって、公にすることに

第8条 実施機関は、開示請求に係る公文書に次に掲げるおそれその他当該事務又は事業の性質上、当該事務又は事業の適正な遂行に著しい支障を及ぼすおそれがあるもの

ア 監査、検査、取締り又は試験に係る事務に関し、正確な事実の把握を困難にするおそれ又は違法若しくは不当な行為を容易にし、若しくはその発見を困難にするおそれ

イ 契約、交渉又は争訟に係る事務に関し、市又は国等の財産上の利益又は当事者としての地位を不当に害するおそれ

ウ 調査研究に係る事務に関し、その公正かつ能率的な遂行を不当に阻害するおそれ

エ 人事管理に係る事務に関し、公正かつ円滑な人事の確保に支障を及ぼすおそれ

オ 市又は国等が経営する企業に係る事業に関し、その企業経営上の正当な利益を害するおそれ

(6) 法令等の規定により明らかに開示することができないとされている情報

(部分開示)
第8条 実施機関は、開示請求に係る公文書の一部に非開示情報が記録されている場合において、非開示情報が記録されている部分を容易に区分して除くことができるときは、開示請求者に対し、当該部分を除いた部分につき開示しなければならない。ただし、当該部分を除いた部分に有意の情報が記録されていないと認められるときは、この限りでない。

2 開示請求に係る公文書に前条第1号の情報(特定の個人を識別することができるものに限る。)が記録されている場合において、当該情報のうち、氏名、生年月日その他の特定の個人を識別することができることとなる記述等の部分を除くことにより、公にしても、個人の権利利益が害されるおそれがないと認められるときは、当該部分を除いた部分は同号に含まれないものとみなして、前項の規定を適用する。

(公益上の理由による裁量的開示)
第9条 実施機関は、開示請求に係る公文書に非開示情報が記録されている場合であっても、公益上特に必要があると認めるときは、開示請求者に対し、当該公文書を開示することができる。

(公文書の存否に関する情報)
第10条 開示請求に対し、当該開示請求に係る公文書が存在しているか否か

を答えるだけで、非開示情報を開示することとなるときは、実施機関は、当該公文書の存否を明らかにしないで、当該開示請求を拒否することができる。

(開示請求に対する措置)
第11条 実施機関は、開示請求に係る公文書の全部又は一部を開示するときは、その旨の決定をし、開示請求者に対し、その旨及び開示の実施に関し実施機関が定める事項を書面により通知しなければならない。

2 実施機関は、開示請求に係る公文書の全部を開示しないとき(前条の規定に基づき開示請求を拒否するとき及び開示請求に係る公文書を保有していないときを含む。)は、開示をしない旨の決定をし、開示請求者に対し、その旨を書面により通知しなければならない。

(開示決定等の期限)
第12条 前条各項の決定(以下「開示決定等」という。)は、開示請求があった日から起算して十五日以内にしなければならない。ただし、第6条第2項の規定に基づき補正を求めた場合にあっては、当該補正に要した日数は、当該期間に算入しない。

2 前項の規定にかかわらず、実施機関は、事務処理上の困難その他正当な理由があるときは、同項に規定する期間を十五日以内に限り延長することができる。この場合において、実施機関は、開示請求者に対し、遅滞なく、延長後の期間及び延長の理由を書面により通知しなければならない。

(開示決定等の期限の特例)
第13条 開示請求に係る公文書が著しく大量であるため、開示請求があった日から起算して三十日以内にそのすべてについて開示決定等をすることにより事務の遂行に著しい支障が生ずるおそれがある場合には、前条の規定にかかわらず、実施機関は、開示請求に係る公文書のうちの相当の部分につき当該期間内に開示決定等をし、残りの公文書については相当の期間内に開示決定等をすれば足りる。この場合において、実施機関は、同条第1項に規定する期間内に、開示請求者に対し、次に掲げる事項を書面により通知しなければならない。

(1) 本条を適用する旨及びその理由

(2) 残りの公文書について開示決定等をする期限

(事案の移送)
第14条 実施機関は、開示請求に係る公文書が他の実施機関により作成され

-275-

たものであるときその他正当な理由があるときは、開示決定等をすることについて正当な理由があるときは、当該他の実施機関と協議の上、当該他の実施機関に対し、事案を移送することができる。この場合において、移送をした実施機関は、開示請求者に対し、事案を移送した旨を書面により通知しなければならない。

2　前項の規定に基づき事案が移送されたときは、移送を受けた実施機関において、当該開示請求についての開示決定等をしなければならない。この場合において、移送をした実施機関が移送前にした行為は、移送を受けた実施機関がしたものとみなす。

3　前項の場合において、移送を受けた実施機関は、開示の決定（以下「開示決定」という。）をしたときは、当該実施機関は、開示の実施をしなければならない。この場合において、移送をした実施機関は、当該開示の実施に必要な協力をしなければならない。

（第三者に対する意見書提出の機会の付与等）

第15条　開示請求に係る公文書に市及び国等並びに開示請求者以外の者（以下この条、第20条及び第21条において「第三者」という。）に関する情報が記録されているときは、実施機関は、開示決定等をするに当たって、当該情報に係る第三者に対し、開示請求に係る公文書の表示その他実施機関が定める事項を通知して、意見書を提出する機会を与えることができる。

2　実施機関は、次の各号のいずれかに該当するときは、開示決定に先立ち、当該第三者に対し、開示請求に係る公文書の表示その他実施機関が定める事項を書面により通知して、意見書を提出する機会を与えなければならない。ただし、当該第三者の所在が判明しない場合は、この限りでない。

(1)　第三者に関する情報が記録されている公文書を開示しようとする場合であって、当該情報が第7条第1号イ又は同条第2号ただし書に規定する情報に該当すると認められるとき。

(2)　第三者に関する情報が記録されている公文書を第9条の規定に基づき開示しようとするとき。

3　実施機関は、前2項の規定に反対の意思を表示した意見書を提出した第三者が当該公文書の開示に反対の意思を表示した意見書を提出した場合において、開示決定をするときは、開示決定の日と開示を実施する日との間に少なくとも2週間を置かなければならない。この場合において、実施機関は、開示決定後直ちに、当該意見書（第19条第1項及び第20条において「反対意見書」という。）を提出した第三者に対し、開示決定をした旨及びその理由並びに開示を実施する日を書面により通知しなければならない。

（開示の実施）

第16条　公文書の開示は、文書又は図画については閲覧又は写しにより、電磁的記録についてはその種別、情報化の進展状況等を勘案して実施機関が定める方法により行う。ただし、閲覧の方法による公文書の開示にあっては、実施機関は、当該公文書の保存に支障を生ずるおそれがあると認めるときその他正当な理由があるときは、その写しにより、これを行うことができる。

（他の法令等による開示の実施との調整）

第17条　実施機関は、法令等の規定により、何人にも開示請求に係る公文書が前条本文に規定する方法と同一の方法で開示することとされている場合（開示の期間が定められている場合にあっては、当該期間内に限る。）は、同条本文の規定にかかわらず、当該公文書については、当該同一の方法による開示を行わない。ただし、当該法令等の規定に一定の場合には開示しない旨の定めがあるときは、この限りでない。

2　法令等の定める開示の方法が縦覧であるときは、当該縦覧を前条本文の閲覧とみなして前項の規定を適用する。

（費用負担）

第18条　文書又は図画の写しの交付その他規則で定める開示の方法により開示を受ける者は規則で定めるところにより、当該開示に要する費用を負担しなければならない。

第3章　不服申立て等

第1節　諮問等

（審査会への諮問）

第19条　開示決定等について行政不服審査法（昭和三十七年法律第160号）による不服申立てがあったときは、当該不服申立てに対する裁決又は決定をすべき実施機関は、次の各号のいずれかに該当する場合を除き、速やかに帯広市情報審査会に諮問し、その答申を尊重して当該裁決又は決定をしなければならない。

(1)　不服申立てが不適法であり、却下するとき。

(2) 裁決又は決定で、不服申立てに係る開示決定等（開示請求に係る公文書の全部を開示する旨の決定を除く。以下この号及び第21条において同じ。）を取り消し、又は変更し、当該不服申立てに係る公文書の全部を開示することとするとき。ただし、当該開示決定等について反対意見書が提出されているときを除く。

2 実施機関は、前項の不服申立てに対する決定又は裁決は、その翌日から起算して三月以内に当該不服申立てに対する決定又は裁決を行うよう努めなければならない。

（諮問をした旨の通知）
第20条 前条の規定により諮問をした実施機関（以下「諮問実施機関」という。）は、次に掲げる者に対し、諮問をした旨を通知しなければならない。
(1) 不服申立人及び参加人
(2) 開示請求者（開示請求者が不服申立人又は参加人である場合を除く。）
(3) 当該不服申立てに係る開示決定等について反対意見書を提出した第三者（当該第三者が不服申立人又は参加人である場合を除く。）

第21条 第15条第3項の規定は、次の各号のいずれかに該当する手続（第三者からの不服申立てを棄却する場合等における手続）における決定又は裁決について準用する。
(1) 開示決定に対する第三者からの不服申立てを却下し、又は棄却する裁決をする場合
(2) 不服申立てに係る開示決定等を変更し、当該開示決定等に係る公文書を開示する旨の裁決又は決定をする場合（第三者である参加人が当該公文書の開示に反対の意思を示している場合に限る。）

第2節 帯広市情報審査会

（設置等）
第22条 第19条第1項及び帯広市個人情報保護条例（平成七年条例第41号）の規定による諮問に応じ、不服申立てについて調査審議するため、帯広市情報審査会（以下「審査会」という。）を置く。

2 審査会は、前項の規定による調査審議のほか、情報公開制度及び個人情報保護制度に関する重要事項について、実施機関からの求めに応じて調査審議するほか、実施機関に対し意見を具申することができる。

（組織）
第23条 審査会は、委員五人以内をもって組織する。

（委員）
第24条 委員は、学識経験を有する者のうちから、市長が委嘱する。
2 委員の任期は、二年とする。ただし、欠員が生じた場合における補欠の委員の任期は、前任者の残任期間とする。
3 委員は、再任されることができる。
4 委員は、職務上知ることができた秘密を漏らしてはならない。その職を退いた後も同様とする。
5 委員は、特定の事件について自らが調査審議することにより当該調査審議の公正を妨げるべき事情があると思料するときは、会長（会長が当該事情があると認めるときは次条第3項の委員）の許可を得て、当該調査審議をしないことができる。

（会長）
第25条 審査会に会長を置き、委員の互選により定める。
2 会長は、会務を総理し、審査会を代表する。
3 会長に事故があるとき又は会長が欠けたときは、会長があらかじめ指名する委員が、その職務を代理する。

（会議）
第26条 審査会の会議は、会長が招集し、会長がその議長となる。
2 審査会の会議は、委員の過半数が出席しなければ会議を開くことができない。
3 会議の議事は、出席した委員の過半数で決し、可否同数のときは、議長の決するところによる。

（審査会の調査権限）
第27条 審査会は、必要があると認めるときは、諮問実施機関に対し、開示決定等に係る公文書の提示を求めることができる。この場合においては、何人も、審査会に対し、その提示された公文書の開示を求めることができない。
2 諮問実施機関は、審査会から前項の規定に基づく求めがあったときは、これを拒んではならない。
3 審査会は、必要があると認めるときは、諮問実施機関に対し、開示決定等に係る公文書に記録されている情報の内容を審査会の指定する方法により分類し、又は整理した資料を作成し、審査会に提出するよう求めることができる。
4 第1項及び前項に定めるもののほか、審査会は、不服申立てに係る事件

(意見の陳述)
第28条 審査会は、不服申立人、参加人又は諮問実施機関(以下「不服申立人等」という。)に意見書又は資料の提出を求めること、適当と認める者にその知っている事実を陳述させ又は鑑定を求めることその他必要な調査をすることができる。
2 前項本文の場合においては、不服申立人又は参加人は、審査会の承認を得て、補佐人とともに出頭することができる。

(意見書等の提出)
第29条 不服申立人等は、審査会に対し、意見書又は資料を提出することができる。ただし、審査会が意見書又は資料を提出すべき相当の期間を定めたときは、その期間内にこれを提出しなければならない。

(提出資料の閲覧等)
第30条 不服申立人等は、審査会に対し、審査会に提出された意見書又は資料の閲覧又は写しの交付を求めることができる。この場合において、審査会は、第三者の利益を害するおそれがあると認めるときその他正当な理由があるときでなければ、その閲覧又は写しの交付を拒むことができない。
2 審査会は、前項の規定による閲覧又は写しの交付について、日時及び場所を指定することができる。

(答申書の送付等)
第31条 審査会は、諮問に対する答申をしたときは、答申書の写しを不服申立人及び参加人に送付するとともに、答申の内容を公表するものとする。

(会長への委任)
第32条 この章に定めるもののほか、審査会の調査審議の手続に関し必要事項は、会長が審査会に諮って定める。

第4章 情報提供の総合的推進
(情報提供の総合的推進)
第33条 実施機関は、その保有する情報の公開の総合的な推進を図るため、実施機関の保有する情報が適時に、かつ、適切な方法で市民に明らかにされるよう一情報提供の総合的推進に努めるものとする。

(情報提供施策の充実)
第34条 実施機関は、市民が市政に関する情報を迅速かつ容易に得られるよう、広報及び広聴の活動の充実、刊行物その他の資料の積極的な提供、情報通信技術を活用した多様な媒体による情報提供の推進等により情報提供施策の充実に努めるものとする。

(開示請求をしようとする者に対する情報の提供等)
第35条 実施機関は、開示請求をしようとする者が容易かつ的確に開示請求をすることができるよう、当該実施機関が保有する公文書の特定に資する情報の提供その他開示請求をしようとする者の利便を考慮した適切な措置を講ずるものとする。

(会議の公開)
第36条 実施機関に置く附属機関及びこれに類するものは、その会議を公開するよう努めるものとする。ただし、当該会議の審議の内容が許可、認可等の審査、行政不服審査、紛争処理、試験に関する事務等に係るものであって、会議を公開することが適当でないと認められるときは、この限りでない。

第5章 補則
(公文書の管理)
第37条 実施機関は、この条例の適正かつ円滑な運用に資するため、公文書を適正に管理するものとする。
2 実施機関は、公文書の管理に関する定めを設けるとともに、これを一般の閲覧に供しなければならない。
3 前項の定めにおいては、公文書の分類、作成、保存及び廃棄に関する基準その他の公文書の管理に関し必要な事項について定めるものとする。

(施行の状況の公表)
第38条 市長は、実施機関に対し、この条例の施行の状況について報告を求めることができる。
2 市長は、毎年度、前項の報告を取りまとめ、その概要を公表するものとする。

(出資法人等の情報公開)
第39条 市が出資その他の財政上の援助等を行う法人等のうち実施機関が定めるもの(以下「出資法人等」という。)は、この条例の趣旨にのっとり、

経営状況を説明する文書等その保有する文書の公開に努めるものとする。

2　実施機関は、出資法人等の保有する情報の開示及び提供が推進されるよう、必要な措置を講じなければならない。

3　実施機関は、出資法人等が保有する文書であって、実施機関が保有していないものについて、その閲覧又はその写しの交付の申出があったときは、出資法人等に対して当該文書を実施機関に提出するよう求めるものとする。

4　前項の規定により実施機関が出資法人等に提出を求める文書の範囲、文書の閲覧又はその写しの交付の手続、費用の負担その他必要な事項は、実施機関が定める。

（実施機関への委任）

第40条　この条例に定めるもののほか、この条例の実施に関し必要な事項は、実施機関が定める。

　　　附　則

（施行期日）

1　この条例は、規則で定める日から施行する。

宮城県／富谷町

富谷町情報公開条例

2000年（平成12年）12月26日公布

口頭での開示請求を認める／住民への利便性に配慮

　富谷町は、町民の知る権利、個人情報の保護、町保有情報の公開原則、町の説明責任を前文に盛り込んだ情報公開条例を制定した。

　条例では、実施機関を町長、教育委員会、農業委員会などの各種委員会と議会とし、請求権者を「何人も」と定めた。開示対象の文書は決済、回覧などの手続き制限を設けず、施行日から過去にさかのぼるすべての文書を対象としている。

　開示請求の手続きは文書で行うが、特例として法令又は不開示情報が明らかに記録されていない場合であって、実施機関が直ちに開示できると認めるときは、公文書の開示請求を口頭で行うことができる（第5条）としている。情報公開条例で請求者の利便性に配慮して口頭請求を明記したのは全国で初めて。

　費用負担は、開示に係る手数料は無料、写しの交付に要する費用は負担するとしている。

宮城県・富谷町

町役場：〒981-3392
宮城県黒川郡富谷町富谷字町95
（下車駅　東北新幹線　仙台駅からバス）
電話（022）358-3111

人　　口：34,806人
世帯数：10,480世帯
面　　積：49.13km²
人口密度：708.45人/km²
特産品：ブルーベリー、もやし、なめこ
観　　光：大亀山森林公園、内ヶ崎別邸庭園

富谷町情報公開条例

　民主主義の原理と地方自治の本旨に基づく町政運営は、町民の町政参加と信頼関係の上に成り立つものである。まちづくりの主体である町民は、町が保有する情報をもとに、自ら考え自ら判断することにより町政に参加する権利を有している。このことを踏まえ、町民から託された町政の信託を受けた町は、町民に対し、町の諸活動を説明する責務を全うするとともに、町政運営の透明性の向上を図る観点から、町が保有する情報を積極的に公開しなければならない。町民と町が一体となって住みよいまちづくりを推進するために大きな意義を持つものである。

　情報公開制度の確立とその活用は、このような認識のもと、ここに次の原則を明らかにし、この条例を制定する。

1　町民の知る権利は、最大限に尊重されなければならない。
2　個人の尊厳を守るため、個人の秘密、個人の私生活その他の個人に関する情報は、最大限に保護されなければならない。
3　町が保有する情報は、町民の共有財産という認識のもと、公開することを原則とする。
4　開示請求をする者は、情報公開制度の趣旨にのっとり、適正に使用しなければならない。

第1章　総則

（目的）
第1条　この条例は、町民の公文書の開示を請求する権利につき定めること及び情報公開の総合的な推進に関して必要な事項を定めることにより、町民の的確な理解と信頼のもとにある公正で民主的な町政の推進に寄与することを目的とする。

（定義）
第2条　この条例において「実施機関」とは、町長、教育委員会、選挙管理委員会、監査委員、農業委員会、固定資産評価審査委員会及び議会をいう。

2　この条例において「公文書」とは、実施機関の職員が職務上作成し、又は取得した文書、図画、写真及びスライドフィルム（これらを撮影したマ

第2章 公文書の開示

（開示請求権）

第3条 何人も、この条例の定めるところにより、実施機関に対し、当該実施機関の保有する公文書の開示を請求することができる。

（開示請求の手続）

第4条 前条の規定による開示の請求（以下「開示請求」という。）は、次に掲げる事項を記載した書面（以下「開示請求書」という。）を実施機関に提出してしなければならない。

(1) 開示請求をする者の氏名又は名称及び住所並びに法人その他の団体にあっては代表者の氏名

(2) 公文書の名称その他の開示請求に係る公文書を特定するに足りる事項

(3) その他実施機関が定める事項

2 実施機関は、開示請求書に形式上の不備があると認めるときは、開示請求をした者（以下「開示請求者」という。）に対し、相当の期間を定めて、その補正を求めることができる。

（開示請求の手続の特例）

第5条 前条第1項の規定にかかわらず、法令（条例を含む。以下同じ。）又は第7条から第9条までの規定により開示することができない情報（以下「不開示情報」という。）が明らかに記録されていない場合であって、直ちに開示することが実施機関が認められるときは、公文書の開示請求を口頭で行うことができる。この場合において、実施機関は、第13条第1項に規定する書面による通知をしないものとする。

（公文書の開示義務）

第6条 実施機関は、開示請求があったときは、当該開示請求に係る公文書に不開示情報が記録されている場合を除き、開示請求者に対し、当該公文書を開示しなければならない。

（個人情報の不開示）

第7条 個人に関する情報（事業を営む個人の当該事業に関する情報を除く。）であって、当該情報に含まれる氏名、生年月日その他の記述等により特定の個人を識別することができるもの（他の情報と照合することにより、特定の個人を識別することができることとなるものを含む。）又は特定の個人を識別することはできないが、公にすることにより、なお個人の権利利益を害するおそれがあるものについては、これを開示することができない。

2 前項の規定にかかわらず、次に掲げる情報は開示しなければならない。

(1) 法令の規定により又は慣行として公にされ、又は公にされることが予定されている情報

(2) 当該個人が公務員（国家公務員法（昭和二十二年法律第120号）第2条に規定する国家公務員及び地方公務員法（昭和二十五年法律第261号）第2条に規定する地方公務員をいう。）である場合において、当該情報がその職務の遂行に係る情報であるときは、当該公務員の職、氏名及び当該職務遂行の内容に係る部分

（法人等情報の不開示）

第8条 法人その他の団体（国及び地方公共団体を除く。以下「法人等」という。）に関する情報又は事業を営む個人の当該事業に関する情報であって、当該法人等又は当該個人の権利、競争上の地位その他正当な利益を害するおそれがあるものについては、これを開示することができない。

（事務事業情報の不開示）

第9条 町又は国等（国又は地方公共団体その他の公共団体をいう。）が行う事務又は事業に関する情報であって、開示することにより、当該事務又は事業の性質上、当該事務又は事業（将来の同種の事務又は事業を含む。）に支障が生じると認められるもの、又は公共の安全と秩序の維持に支障が生じるおそれのあるものについては、これを開示することができない。

（部分開示）

第10条 実施機関は、開示請求に係る公文書の一部に不開示情報が記録されている場合において、不開示情報が記録されている部分を容易に区分して除くことができるときは、開示請求者に対し、当該部分を除いた部分につき開示しなければならない。

（公益上の理由による開示）

第11条 実施機関は、開示請求に係る公文書に不開示情報が記録されている場合であっても、公益上特に必要があると認めるときは、開示請求者に対

し、当該公文書を開示することができる。
（公文書の存否に関する情報）
第12条　開示請求に対し、当該開示請求に係る公文書が存在しているか否かを答えるだけで、不開示情報を開示することとなるときは、実施機関は、当該公文書の存否を明らかにしないで当該開示請求を拒否することができる。
（開示請求に対する措置）
第13条　実施機関は、開示請求に係る公文書の全部又は一部を開示するときは、その旨の決定をし、開示請求者に対し、その旨を書面により通知しなければならない。
2　実施機関は、開示請求に係る公文書の全部を開示しないとき（前条の規定により存否を明らかにしない決定をするとき及び開示請求に係る公文書を保有していないときを含む。）は、開示をしない旨の決定をし、開示請求者に対し、その旨を書面により通知しなければならない。
3　実施機関は、公文書の全部を開示する旨の決定以外の決定をしたときは、その理由を前2項の書面に具体的に記録しなければならない。
（開示決定等の期限）
第14条　前条第1項及び前条第2項の決定（以下「開示決定等」という。）は、開示請求があった日から十五日以内にしなければならない。ただし、第4条第2項の規定により補正を求めた場合にあっては、当該補正に要した日数は、当該期間に算入しない。
2　前項の規定にかかわらず、実施機関は、事務処理上の困難その他正当な理由があるときは、同項に規定する期間を十五日以内に限り延長することができる。この場合において、実施機関は、開示請求者に対し、延長後の期間及び延長の理由を書面により通知しなければならない。
（開示決定等の期限の特例）
第15条　開示請求に係る公文書が著しく大量であるため、開示請求があった日から三十日以内にそのすべてについて開示決定等をすることにより事務の遂行に著しい支障が生ずると認められる場合には、前条の規定にかかわらず、実施機関は、開示請求に係る公文書のうちの相当の部分につき当該期間内に開示決定等をし、残りの公文書については相当の期間内に開示決定等をすることができる。この場合において、実施機関は、同条第1項に規定する期間内に、開示請求者に対し、次に掲げる事項を書面により通知しなければならない。

(1)　本条を適用する旨及びその理由
(2)　残りの公文書について開示決定等をする期限
（第三者に対する意見書提出の機会の付与等）
第16条　開示請求に係る公文書に国、地方公共団体及び開示請求者以外の者（以下この条、第21条及び第23条において「第三者」という。）に関する情報が記録されているときは、実施機関は、開示決定等をするに当たって、当該情報に係る第三者に対し、開示請求に係る公文書の表示その他実施機関が定める事項を通知して、意見書を提出する機会を与えることができる。
2　実施機関は、第三者に関する情報が記録されている公文書を第11条の規定により開示しようとするときは、第13条第1項の決定（以下「開示決定」という。）に先立ち、当該第三者に対し、開示請求に係る公文書の表示その他実施機関が定める事項を書面により通知して、意見書を提出する機会を与えなければならない。ただし、当該第三者の所在が判明しない場合は、この限りでない。
3　実施機関は、前項の規定により意見書の提出の機会を与えられた第三者が当該公文書の開示に反対の意思を表示した意見書を提出した場合において、開示決定をするときは、開示決定の日と開示を実施する日との間において少なくとも二週間を置かなければならない。この場合において、実施機関は、開示決定後直ちに、当該意見書（第20条及び第21条において「反対意見書」という。）を提出した第三者に対し、開示決定をした旨及びその理由並びに開示を実施する日を書面により通知しなければならない。
（開示の実施）
第17条　公文書の開示は、文書、図画又は写真については閲覧又は写しの交付により、スライドフィルム又は電磁的記録については、その種別、情報化の進展状況等を勘案して実施機関が別に定める方法により行う。ただし、閲覧の方法による公文書の開示にあっては、実施機関は、当該公文書の保存に支障を生ずるおそれがあると認めるときその他正当な理由があるときは、その写しにより、これを行うことができる。
（他の法令による開示の実施との調整）
第18条　この条例は、他の法令の規定により、開示請求に係る公文書について、実施機関が別に定める方法と同一の方法により開示することができる場合には、当該公文書については、適用しない。ただし、当該他の法令の規定に一定の場合には開示をしない旨の定めがあると

2 きは、この限りでない。他の法令の規定に定める開示の方法が縦覧であるときは、当該縦覧を閲覧とみなして、前項の規定を適用する。

(手数料等)
第19条 公文書の開示に係る手数料は、徴収しない。
2 開示請求又は第28条の閲覧等の請求をして文書、図画又は写真の写しの交付その他の物品の供与を受けるものは、当該供与に要する費用を負担しなければならない。

(審査会への諮問)
第20条 開示決定等について行政不服審査法(昭和三十七年法律第160号)による不服申立てがあったときは、当該不服申立てに対する決定をすべき実施機関は、次の各号のいずれかに該当する場合を除き、情報公開審査会に諮問しなければならない。
(1) 不服申立てが不適法であり、却下するとき。
(2) 不服申立てに係る開示決定等(開示請求に係る公文書の全部を開示する旨の決定で、不服申立てに係る公文書の全部又は一部を開示することとするとき。ただし、当該不服申立てに係る公文書について反対意見書が提出されているときを除く。)を取り消し又は変更し、当該不服申立てに対する決定をすべき実施機関(以下この号及び第23条において同じ。)の全部を開示する旨の決定をする(開示請求者(開示決定等について不服申立てをした者(当該第三者が不服申立人又は参加人である場合を除く。))

(諮問をした旨の通知)
第21条 前条の規定により諮問をした実施機関(以下「諮問実施機関」という。)は、次に掲げる者に対し、諮問をした旨を通知しなければならない。
(1) 不服申立人及び参加人
(2) 開示請求者(開示決定等について不服申立人又は参加人である場合を除く。)
(3) 当該不服申立てに係る開示決定等について反対意見書を提出した第三者(当該第三者が不服申立人又は参加人である場合を除く。)

(答申の尊重)
第22条 諮問実施機関は、第20条の規定による諮問に対する答申があったときは、その答申を尊重して、同条の不服申立てについての決定を行なわなければならない。

第23条 第16条第3項の規定は、次の各号のいずれかに該当する決定をする場合について準用する。
(1) 開示決定に対する第三者からの不服申立てを却下し、又は棄却する決定
(2) 不服申立てに係る開示決定等を変更し、当該開示決定等に係る公文書を開示する旨の決定(第三者である参加人が当該公文書の開示に反対する旨の意思を表示している場合に限る。)

第3章 情報公開審査会

(富谷町情報公開審査会)
第24条 第20条の規定による諮問に応じ不服申立てについて調査審議するため、富谷町情報公開審査会(以下「審査会」という。)を置く。
2 審査会は、前項の規定による調査審議のほか、情報の公開に関する重要事項について、実施機関に対し、建議することができる。
3 審査会は、委員五人をもって組織し、委員は、学識経験を有する者のうちから、町長が任命する。
4 委員の任期は、二年とする。ただし、補欠の委員の任期は、前任者の残任期間とする。
5 委員は、再任されることができる。
6 審査会に、会長を置き、委員の互選によりこれを定める。
7 会長は、会務を総理し、審査会を代表する。
8 会長に事故があるときは、あらかじめその指名する委員が、その職務を代理する。
9 審査会の会議は、会長が招集し、会長がその議長となる。
10 審査会の会議は、委員の半数以上の出席がなければ開くことができない。
11 審査会の議事は、出席した委員の過半数で決し、可否同数のときは、議長の決するところによる。

(審査会の調査権限)
第25条 審査会は、必要があると認めるときは、諮問実施機関に対し、開示決定等に係る公文書の提示を求めることができる。この場合においては、何人も、審査会に対し、その提示された公文書の開示を求めることができない。
2 諮問実施機関は、審査会から前項の規定による求めがあったときは、これを拒んではならない。

3 審査会は、必要があると認めるときは、諮問実施機関に対し、開示決定等に係る公文書に記録されている情報の内容を審査会に提出するよう求めることができる。

4 第1項及び前項に定めるもののほか、審査会は、不服申立てに係る事件に関し、不服申立人、参加人又は諮問実施機関(以下「不服申立人等」という。)に意見書又は資料の提出を求めること、適当と認める者にその知っている事実を陳述させ又は鑑定を求めることその他必要な調査をすることができる。

(意見の陳述)
第26条 審査会は、不服申立人等から申立てがあったときは、当該不服申立て人等に口頭で意見を述べる機会を与えなければならない。ただし、審査会が、その必要がないと認めるときは、この限りでない。

2 前項本文の場合においては、不服申立人又は参加人は、審査会の許可を得て、補佐人とともに出頭することができる。

(意見書等の提出)
第27条 不服申立人等は、審査会に対し、意見書又は資料を提出することができる。ただし、審査会が意見書又は資料を提出すべき相当の期間を定めたときは、その期間内にこれを提出しなければならない。

(提出資料の閲覧)
第28条 不服申立人等は、審査会に対し、審査会に提出された意見書若しくは資料の閲覧又はそれらの写しの交付(以下この先において「閲覧等」という。)を求めることができる。この場合において、審査会は、第三者の利益を害するおそれがあると認めるときその他正当な理由があるときでなければ、その閲覧を拒むことができない。

2 審査会は、前項の規定による閲覧等について、日時及び場所を指定することができる。

(調査審議手続の非公開)
第29条 審査会の行う調査審議の手続は、公開しない。

(答申書の送付等)
第30条 審査会は、諮問に対する答申をしたときは、答申書の写しを不服申立人及び参加人に送付するとともに、答申の内容を公表するものとする。

(秘密の保持)
第31条 委員は、職務上知り得た秘密を漏らしてはならない。その職を退いた後も、同様とする。

(委任)
第32条 この章に定めるもののほか、審査会の運営及び調査審議の手続に関し必要な事項は、会長が審査会に諮って定める。

第4章 情報公開の総合的な推進

(情報公開の総合的な推進)
第33条 町は、この条例に基づく公文書の開示のほか、情報の提供その他の情報公開に関する施策の充実を図り、町民に対する情報公開の総合的な推進に努めるものとする。

(情報提供施策等の充実)
第34条 町は、広報媒体の効果的な活用及び自主的な広報手段の充実に努めるとともに、刊行物その他の行政資料を広く閲覧に供すること等により、その保有する情報を積極的に提供するよう努めるものとする。

第5章 補則

(公文書の管理)
第35条 実施機関は、この条例の適正かつ円滑な運用に資するため、公文書を適正に管理するものとする。

2 実施機関は、公文書の管理に関する定めを設けるとともに、これを一般の閲覧に供しなければならない。

3 前項の公文書の管理に関する定めにおいては、公文書の分類、作成、保存及び廃棄に関する基準その他の公文書の管理に関する必要な事項について定めるものとする。

(開示請求者等への情報の提供)
第36条 実施機関は、開示請求をしようとする者に対する情報の提供をすることができるよう、当該実施機関が保有する公文書の特定に関する情報の提供その他開示請求をしようとする者の利便を考慮した適切な措置を講ずるものとする。

(施行の状況の公表)
第37条 町長は、毎年度 この条例の施行の状況についての概要を公表するものとする。

（出資団体等の情報公開）

第38条　町から、出資、出捐又は補助金等（以下「出資等」という。）を受けた団体は、当該出資等の公共性にかんがみ、当該出資等を受けた内容及びその使途に関する情報の公開に努めなければならない。

（委任）

第39条　この条例に定めるもののほか、この条例の実施のため必要な事項は、実施機関が定める。

　　　附　則

（施行期日）

1　この条例は、平域十三年四月一日から施行する。

埼玉県／草加市

草加市情報公開条例

2000年(平成12年)4月1日

外郭団体も実施機関として明記／全国初

　草加市は、設立主体が地方公共団体に限定されている土地開発公社と社会福祉事業団を情報公開の実施機関とする条例を全国で始めて制定した。

　国の諮問機関「特殊法人情報公開検討委員会」が2000年5月まとめた「地方3公社（土地開発公社、地方道路公社、地方住宅供給公社）を実施機関とする情報公開という事務が地方公共団体の事務であり、かつ関係法令に違反しないということであれば、情報公開条例において、地方3公社を実施機関としたとしても、特に法律的な問題はない」との自治省見解をもとに、草加市の出資割合が100％の2つの公社を実施機関に含めたもの。

　情報公開の請求権者は、「何人も」とし、市民の「知る権利」市の「説明責任」を目的に明記した。費用負担は、手数料は無料とし、写しの作成、送付に要する費用は負担する。

埼玉県・草加市

市役所：〒340-8550
埼玉県草加市高砂1-1-1
（下車駅　東武伊勢崎線　草加駅）
電話（0489）22-0151

人　　口：221,118人
世帯数：86,134世帯
面　　積：27.42km²
人口密度：8,064.11人/km²
特　産：草加せんべい、くわい、ゆかた
観　光：日光街道草加松原（日本の道百選）

草加市情報公開条例

（目的）
第1条　この条例は、市民の知る権利を保障し、市の諸活動を市民に説明する責任を全うするため、公文書の公開等に関し必要な事項を定めることにより、市政への監視の下に、より公正で開かれた市政を推進し、市民の市政への参加の促進に資することを目的とする。

（定義）
第2条　この条例において、次の各号に掲げる用語の意義は、それぞれ当該各号に定めるところによる。

(1) 実施機関　次に掲げる機関をいう。
　ア　草加市長、草加市議会、草加市教育委員会、草加市選挙管理委員会、草加市監査委員、草加市公平委員会、草加市農業委員会及び草加市固定資産評価審査委員会
　イ　草加市土地開発公社及び社会福祉法人草加市社会福祉事業団

(2) 実施機関の職員　次に掲げる者をいう。
　ア　前号アの機関の地方公務員法（昭和二十五年法律第261号）第2条に規定する地方公務員
　イ　草加市立の小学校及び中学校の市町村立学校職員給与負担法（昭和二十三年法律第135号）第1条に規定する職員
　ウ　前号イの機関の役員及び職員

(3) 電磁的記録　電子的方式、磁気的方式その他人の知覚によっては認識することができない方式で作られた記録をいう。

(4) 公文書　次に掲げるものをいう。
　ア　実施機関の職員が職務上作成し、又は取得した文書、図面、写真、フィルム及び電磁的記録であって、当該実施機関の職員が組織的に用いるものとして、当該実施機関が保有しているもの
　イ　実施機関の施設において、実施機関から事務を委託された者（以下「事務受託者」という。）の役員又は職員が当該受託事務の処理上作成し、又は取得した文書、図面、写真、フィルム及び電磁的記録であって、当該事務受託者の役員又は職員が組織的に用いるものとして、当該事務受託者が保有しているもの

（解釈及び運用）

第3条　実施機関は、この条例の解釈及び運用に当たっては、公文書の公開を請求する権利を十分尊重するとともに、個人のプライバシーが最大限保護されるよう配慮しなければならない。

（適正な請求及び使用）
第4条　この条例の定めるところにより公文書の公開を請求しようとする者は、この条例の目的に即して適正な請求を行うとともに、公文書の公開を受けた者は、これによって得た情報を適正に使用しなければならない。

（請求権者）
第5条　何人も、実施機関に対し、公文書の公開の請求（以下「公開請求」という。）をすることができる。

（公開請求の手続）
第6条　公開請求をしようとする者は、次に掲げる事項を記載した書面（以下「公開請求書」という。）を実施機関に提出しなければならない。
(1) 氏名及び住所（法人その他の団体にあっては、名称、代表者の氏名及び事務所又は事業所の所在地）
(2) 公開請求をしようとする公文書を特定するために必要な事項
(3) その他規則で定める事項

2　実施機関は、公開請求書に形式上の不備があると認めるときは、公開請求をした者（以下「公開請求者」という。）に対し、相当の期間を定めて、その補正を求めることができる。この場合において、実施機関は、公開請求者に対し、補正の参考となる情報を提供するよう努めなければならない。

（公文書の公開義務）
第7条　実施機関は、公開請求があったときは、公開請求に係る公文書に次の各号に掲げる情報（以下「非公開情報」という。）のいずれかが記録されている場合を除き、公開請求者に対し、当該公文書を公開しなければならない。
(1) 個人に関する情報（事業を営む個人の当該事業に関する情報を除く。）であって、特定の個人が識別され得るもののうち、通常他人に知られたくないと認められるもの
(2) 法人その他の団体（実施機関並びに国及び他の地方公共団体を除く。以下「法人等」という。）に関する情報又は事業を営む個人の当該事業に関する情報であって、公開することにより、当該法人等又は当該個人

の権利、競争上の地位その他正当な利益を明らかに害するもの。ただし、次に掲げる情報を除く。
ア　人の生命、健康、生活又は財産を保護するため、公開することが必要であると認められる情報
イ　市民の生活に支障を及ぼす違法又は不当な事業活動に関する情報
(3) 公開することにより、犯罪の予防又は捜査その他の公共の安全と秩序の維持に支障を及ぼすことが明らかであると認められる相当の理由がある情報
(4) 実施機関並びに国及び他の地方公共団体の内部又は相互間における審議、検討又は協議に関する情報であって、公開することにより、率直な意見の交換若しくは意思決定の中立性が不当に損なわれ、不当に市民の間に混乱を生じさせ、又は特定の者に不当に利益を与え、若しくは不利益を及ぼすと認められるもの
(5) 実施機関又は国若しくは他の地方公共団体が行う事務又は事業に関する情報であって、公開することにより、次に掲げる情報その他当該事務又は事業の性質上、当該事務又は事業の適正な遂行に支障を及ぼすと認められるもの
ア　監査、検査、取締り又は試験に係る事務に関し、正確な事実の把握を困難にする情報又は違法若しくは不当な行為を容易にし、若しくはその発見を困難にする情報
イ　契約、交渉又は争訟に係る事務に関し、実施機関又は国若しくは他の地方公共団体の財産上の利益又は当事者としての地位を不当に害する情報
ウ　調査研究に係る事務に関し、その公正かつ能率的な遂行を不当に阻害する情報
エ　人事管理に係る事務に関し、公正かつ円滑な人事の確保に著しい支障を及ぼす情報
オ　実施機関又は国若しくは他の地方公共団体が経営する企業等に係る事業に関し、その企業等の経営上の正当な利益を害する情報

（部分公開等）
第8条　実施機関は、公開請求に係る公文書の一部に非公開情報が記録され

ている場合において、非公開情報が記録されている部分を容易に区別して除くことができるときは、公開請求者に対し、当該部分を除いた部分につき公開しなければならない。ただし、当該部分を除いた部分に有意の情報が記録されていないと認められるときは、この限りでない。

2 実施機関は、公開請求に係る公文書に非公開情報が記録されている場合であっても、期間の経過により非公開情報に該当しなくなったときは、当該公文書を公開しなければならない。

(公益上の理由による裁量的公開)

第9条 実施機関は、公開請求に係る公文書に非公開情報が記録されている場合であっても、公益上特に必要があると認めるときは、公開請求者に対し、当該全文書を公開することができる。

(存否応答拒否)

第10条 公開請求に対し、当該公開請求に係る公文書が存在しているか否かを答えるだけで、非公開情報を公開することとなるときは、実施機関は、当該公文書の存否を明らかにしないで、当該公開請求を拒否することができる。

(公開請求に対する決定)

第11条 実施機関は、公開請求に係る公文書の全部を公開するときは、その旨の決定をし、公開請求者に対し、その旨及び公開の日時及び場所その他規則で定める事項を書面により通知しなければならない。

2 実施機関は、公開請求に係る公文書の一部を公開するときは、その旨の決定をし、公開請求者に対し、その旨及びその理由並びに公開の日時及び場所その他規則で定める事項を書面により通知しなければならない。

3 実施機関は、公開請求に係る公文書の全部を公開しないとき(公開請求に係る公文書を保有していないとき、及びその他の理由により公文書の全部を公開しないときを含む。)は、公開しない旨の決定をし、公開請求者に対し、その旨及びその理由を書面により通知しなければならない。

4 実施機関は、前3項の場合において、当該公文書が期間の経過により公開できるものである場合において、その期日が明示できるときは、その期日を併せて通知しなければならない。

(公開決定等の期限)

第12条 前条第1項から第3項までの決定(以下「公開決定等」という。)は、公開請求があった日から起算して十五日以内にしなければならない。ただし、第6条第2項の規定により公開請求書の補正を求めた場合にあっては、当該補正に要した日数は、当該期間に算入しない。

2 前項の規定にかかわらず、実施機関は、事務処理上の困難その他正当な理由があるときは、同項に規定する期間を公開請求があった日から起算して六十日以内に限り延長することができる。この場合において、実施機関は、公開請求者に対し、遅滞なく、延長後の期間及び延長の理由を書面により通知しなければならない。

(大量請求の期限の特例)

第13条 公開請求に係る公文書が著しく大量であるため、公開請求があった日から起算して六十日以内にそのすべてについて公開決定等をすることにより事務の遂行に著しい支障が生ずると認めるときは、前条の規定にかかわらず、実施機関は、公開請求に係る公文書のうちの相当の部分につき当該期間内に公開決定等をし、残りの公文書については相当の期間内に公開決定等をすれば足りる。この場合において、実施機関は、前条第1項に規定する期間内に、公開請求者に対し、次に掲げる事項を書面により通知しなければならない。

(1) この規定を適用する旨及びその理由
(2) 残りの公文書について公開決定等をする期限

(第三者に対する意見書提出の機会の付与等)

第14条 公開請求に係る公文書に実施機関及び公開請求者以外の者(以下「第三者」という。)に関する情報が記録されているときは、実施機関は、公開決定等をするに当たって、当該情報に係る公文書の表示その他規則で定める事項を書面により通知して、公開請求に係る公文書に係る第三者に対し、意見書を提出する機会を与えることができる。

2 実施機関は、次の各号のいずれかに該当するときは、第2項の決定(以下「公開決定」という。)に先立ち、当該第三者に対し、公開請求に係る公文書の表示その他規則で定める事項を書面により通知して、意見書を提出する機会を与えなければならない。ただし、当該第三者の所在が判明しない場合は、この限りでない。

(1) 第三者に関する情報が記録されている公文書を公開しようとする場合であって、当該情報が第7条第2号ア又はイに規定する情報に該当する

-288-

(2) 第三者に関する情報が記録されている公文書を第9条の規定により公開しようとするとき。

3 実施機関は、前2項の規定により意見書の提出の機会を与えられた第三者が当該公文書の公開に反対の意思を表示した意見書(以下「反対意見書」という。)を提出した場合において、公開決定をするときは、公開決定の日と公開を実施する日との間に少なくとも二週間を置かなければならない。この場合において、実施機関は、公開決定後直ちに、反対意見書を提出した第三者に対し、公開決定をした旨及びその理由並びに公開を実施する日を書面により通知しなければならない。

(公開の実施)
第15条 公文書の公開は、次の各号に掲げる公文書の区分に応じ、当該各号に定める方法により行う。ただし、閲覧又は視聴の方法による公文書の公開にあっては、実施機関は、当該公文書の保存に支障を生ずると認めるときその他正当な理由があるときは、その写しにより、これを行うことができる。

(1) 文書、図面、写真及びフィルム 閲覧又は写しの交付
(2) 録音及び録画に係るもの 視聴又は写しの交付
(3) 電磁的記録(録音及び録画に係るものを除く。) 記録された情報を通常の方法により印字装置を用いて出力したものの閲覧又はその写しの交付

2 公開決定に基づき公文書の公開を受けた者は、最初に公開を受けた日から起算して三十日以内に限り、実施機関に対し、更に公開を受けたい旨を申し出ることができる。ただし、当該期間内に当該申出をすることができないことにつき正当な理由があるときは、この限りでない。

(費用負担)
第16条 公文書の公開に係る手数料は、無料とする。
2 公文書の写しの交付を受ける者は、当該写しの作成又は送付に要する費用を負担しなければならない。

(審査会への諮問)
第17条 公開決定等について行政不服審査法(昭和三十七年法律第160号)に基づく不服申立てがあったときは、次の各号のいずれかに該当する場合を除き、草加市情報全開・個人情報保護審査会条例(平成十二年条例第32号)に定める草加市情報公開・個人情報保護審査会に諮問しなければならない。

(1) 不服申立てが不適法であり、却下する場合
(2) 不服申立てに係る公開決定等(公開請求に係る公文書の全部を公開する旨の決定で、不服申立てに係る公文書の全部を公開する旨の決定を除く。以下この号及び第19条において同じ。)を取り消し、又は変更し、当該不服申立てに係る公文書の全部を公開することとする場合。ただし、当該公開決定等について反対意見書が提出されている場合を除く。

(諮問をした旨の通知)
第18条 前条の規定により諮問をした実施機関は、次に掲げる者に対し、諮問をした旨を通知しなければならない。

(1) 不服申立人及び参加人
(2) 公開請求者(公開請求者が不服申立人又は参加人である場合を除く。)
(3) 当該不服申立てに係る公開決定等について反対意見書を提出した第三者(当該第三者が不服申立人又は参加人である場合に限る。)

(第三者からの不服申立てを棄却する場合等における手続)
第19条 第14条第3項の規定は、次の各号のいずれかに該当する決定をする場合について準用する。

(1) 公開決定に対する第三者からの不服申立てを却下し、又は棄却する決定
(2) 公開決定等を変更し、当該公開決定等に係る公文書を公開する旨の決定(第三者である参加人が当該公文書の公開に反対の意思を表示している場合に限る。)

(公文書の管理)
第20条 実施機関は、この条例の適正かつ円滑な運用に資するため、公文書を適正に管理しなければならない。

(公文書目録の作成)
第21条 実施機関は、公文書の検索に必要な目録を作成し、一般の利用に供しなければならない。

(実施状況の公表)
第22条 市長は、毎年度、実施機関の公文書の公開に関する実施状況を取りまとめ、公表するものとする。

(情報公開の総合的な推進)
第23条 実施機関は、この条例に定める公文書の公開のほか、情報提供施策

の充実を図り、情報公開の総合的な推進に努めるものとする。
(審議会等の会議の公開)
第24条 地方自治法(昭和二十二年法律第67号)第138条の4第3項の規定に基づく附属機関(以下「審議会等」という。)の会議は、非公開情報のいずれかに該当する事項を審議する場合を除き、公開する。
2 審議会等の会議の公開又は非公開は、前項の規定に基づき、審議会等の長が会議に諮って決定する。
3 公開と決定された審議会等の会議を傍聴することができる。
何人も、公開と決定された審議会等の会議を傍聴することができる。
4 実施機関は、公開と決定された審議会等の会議に係る会議録及び会議資料を公開するものとする。
(出資法人等の経営状況の公開)
第25条 市長は、毎年度、市が出資する法人等のうち市長が定めるものの経営状況を説明する書類を公開するものとする。
(出資法人等への要請等)
第26条 市長は、市が出資する法人等のうち市長が定めるものに対し、この条例の規定による市の施策に準じた措置を講ずるよう要請するものとする。
(他の制度との調整等)
第27条 市長は、市の予算執行の適正を期するため、市が出資、補助その他財政上の援助を行う団体に対し、関係書類等の提出を求めることができる。
2 この条例は、法令又は他の条例の規定による閲覧若しくは縦覧又は謄本、抄本等の交付の対象となる公文書については、適用しない。
3 この条例は、次に掲げるものについては、適用しない。
(1) 新聞、雑誌、書籍その他不特定多数の者に販売し、配布し、閲覧若しくは視聴に供し、又は貸し出すことを目的としているもの
(2) 歴史的若しくは文化的な資料又は学術研究用の資料として特別の管理がされているもの
(委任)
第28条 この条例の施行について必要な事項は、市長が規則で定める。
附 則
この条例は、平成十三年四月一日から施行する。

佐賀県／多久市

多久市情報公開・共有条例

2000年（平成12年）9月21日議決

百万円以上の補助団体も情報公開／小学生でも読める条例に

　多久市は情報は市民と共有するという理念を明確にし、条例名を「市情報公開・共有条例」とした。条文も通常の条例にありがちな行政用語をなるべく避け小学生も読める平易な表現に努めている。閲覧手数料は無料とし、複写料は請求者負担とした。情報公開の実施機関は議会、教育委員会、などを含める。市が二分の1以上出資している団体は公開に努めることとし、市は情報提供を求めることができるとした。又、市の補助団体で1年間に百万円以上の補助を受けている団体の情報は市が公開を行うこととし、情報の提供に努めることを団体に求めているのも特徴。

　特にふりがなつきの条例は珍しい。

佐賀県・多久市

市 役 所：〒846-8501
佐賀県多久市北多久町大字小侍7-1
（下車駅　唐津線　中多久駅）
電話（0952）75-2111

人　　口：24,536人
世 帯 数：7,644世帯
面　　積：96.93km²
人口密度：253.13人/km²
特 産 品：多久青しまうり漬け、納所びわ
観　　光：多久聖廟、西溪公園

多久市情報公開・共有条例

　多久の先人は、広く世界に目を向け、豊かなふるさとづくりに貢献してきました。

　私たち市民は、「多久」の主人公として、先人に学び、情報を先取りし、分かちあえるふるさとづくりに参加します。

　私たちは、情報の「公開」と「共有」を進め、活力ある地域社会が実現するよう、条例を制定します。

　この条例は、二十一世紀とともにはじまります。

第1章　総則

（目的）
第1条　この条例の目的は、次のとおりです。
(1) 情報の公開を求める市民の権利を明らかにします。
(2) 実施機関などが持っている情報の提供をすすめ、市民の知る権利を保障します。
(3) 市政運営の状況を市民に説明し、市政運営をより透明にします。
(4) 市民の市政への信頼を高める一方、市政への市民参加をすすめ、公正で民主的な市政の運営を実現します。

（用語の意味）
第2条　この条例で使う用語の意味は次のとおりです。
(1) 実施機関とは、市長、議会、教育委員会、選挙管理委員会、監査委員、農業委員会、固定資産評価委員会、及び公営企業管理者をいいます。
(2) 情報とは、実施機関の職員などが仕事をするうえで作成し、または入手した文書、図面、写真、フィルム、磁気、光学などの記憶媒体から出力され、または採録されたものであって、実施機関が管理しているものをいいます。
(3) 情報の公開とは、実施機関がこの条例の規定により情報の閲覧やその写しを交付することをいいます。

（実施機関の責務）
第3条　実施機関は、この条例の前文及び目的を十分に尊重し、運用します。この場合、実施機関は、個人の尊厳を守るため個人に関する情報がみ

第4条　この条例により情報の公開を受けた人は、この条例の目的に沿って正しく使用しなければなりません。
（利用者の責務）
だりに公開されることがないよう努めます。

第2章　情報の公開

（情報の公開を請求できる人）
第5条　何人も、実施機関に対して情報の公開を請求することができます。

（公開をしないことができる情報）
第6条　実施機関は、公開の請求があった情報に、次のいずれかに該当する情報（以下「非公開情報」といいます。）が記録されているときは、その情報の公開をしないこととします。ただし、次の情報は、公開することを除きます。
ア　個人に関する情報（個人の事業情報は除きます。）で、特定の個人がわかるもの。ただし、次の情報は、公開することとします。
　個人の公的な地位などの情報で、公開することが公益上必要であると認められるもの
イ　法令などによる許可、免許、届出などのときに作成し、または取得した情報で、公開することが公益上必要であると認められるもの
法人その他の団体（地方公共団体を除きます。以下「法人など」といいます。）の情報または個人の事業情報で、公開することにより、その法人などまたは個人に明らかに不利益を与えると認められるもの
ウ　事業活動によって生じ、または生ずるおそれのある危害から生命、身体または健康を守るため、公開することが公益上必要であると認められる情報
イ　違法または不当な事業活動によって生じ、またはそのおそれのある情報
エ　実施機関との契約又はその契約のために作成された実施機関の支出に関する文書に用いられた氏名または名称、住所または事務所もしくは事業所の所在地及び電話番号並びに法人などにあっては、その代表者の氏名

（4）市の機関または他の地方公共団体（以下「国など」といいます。）の機関と国または他の地方公共団体（以下「国など」といいます。）の機関との委任、依頼、協議などの情報で、公開することにより、市と国などとの協力関係が大きく損なわれるおそれのあるもの。
（5）市の機関内部もしくは機関どうしまたは市の機関と国などの機関との間における審議、協議、検討、調査、試験研究など（以下「審議など」といいます。）の情報で、公開することにより、その審議などまたは同種の事務事業の公正かつ円滑な実施に大きく支障が生ずるおそれのあるもの。
（6）市または国などの機関の情報で、公開することによりその目的を失わせ、公正かつ円滑な実施に大きく支障が生じ、または関係者との信頼関係もしくは協力関係が大きく損なわれるおそれのある情報（監査、監督、検査、交渉、争訟、入札、許認可、試験、人事などの情報で、公開することによりその目的を失わせ、公正かつ円滑な実施に大きく支障が生じ、または関係者との信頼関係もしくは協力関係が大きく損なわれるおそれのあるもの及びその他公共の安全と秩序の維持に支障が生ずるおそれのある情報
（7）実施機関は、公開請求に係る情報の一部に非公開情報が記録されている場合は、非公開情報に関係する部分を簡単に分離することができるときは、その部分をのぞいて、情報の公開をしなければなりません。
（情報の部分公開）

第8条　第5条の情報の公開の請求は、次の事項が書かれた請求書を実施機関に提出しなければなりません。
（情報の公開の請求方法）
（1）氏名その他の団体にあっては代表者の氏名
法人その他の団体にあっては代表者の氏名
公開の請求をする情報を特定するために必要な事項
（2）公開の請求をする情報を特定するために必要な事項
（3）前2号に掲げるもののほか、実施機関の定める事項

第9条　実施機関は、前条の規定により請求書が提出されたときは、その請求書を受け取った日から十五日以内に、その情報を公開とするか、非公開
（情報の公開の請求に対する決定など）

-292-

2 実施機関は、情報を公開すると決定したときは、公開する日時及び場所を、請求者に対して、文書によってすみやかに通知します。ただし、ただちに公開することができるときは、口頭により通知します。

3 実施機関は、情報の全部もしくは一部を公開しないと決定をしたときは、その結果及び理由を請求者に対して文書によってすみやかに通知します。この場合、公開しないとした理由がなくなる期日がわかっているときは、その期日も併せて書くこととします。

4 実施機関は、やむを得ない理由のため、第1項に規定する期間内に同項の決定をすることができないときは、公開請求する日の翌日から十五日を限度として、その期間を延長することができます。この場合、実施機関は、延長する期間及びその理由を請求者に通知します。

（第三者保護に関する手続き）

第10条 実施機関は、前条第1項の決定をする場合は、公開請求のされた情報に実施機関及び公開を求められた以外の人（以下「第三者」といいます。）の情報が記録されているときは、前もってその第三者の意見を聴くことができます。

2 実施機関は、前項に定める意見を聴く場合は、公開の決定の期日と公開をする期日との間に、二週間を置きます。この場合、実施機関は、その第三者に対し所定の事項を通知します。

（情報公開の方法）

第11条 実施機関は、第9条第1項の規定により「情報を公開する」と決定したときは、すみやかにその情報を公開します。

2 実施機関は、第7条に規定する部分公開をするとき、その他特別の理由があるときは、その情報を写しによって公開することができます。

3 実施機関は、「情報」がよごされ、または破損されるおそれがあるときは、公開を受ける人に対し、公開を停止し、または取り消すことができます。

（費用負担）

第12条 情報の閲覧のための手数料は無料です。

2 情報の写しを受ける人は、その複写料及び送料を負担しなければなりません。

第3章 不服申立て

（不服申立て手続き）

第13条 請求者は、第9条第3項の決定に対して行政不服審査法（昭和三十七年法律第160号）に基づく不服申し立てをするときは、その決定があったことを知った日の翌日から起算して六十日以内に市長に対して不服申し立てをすることができます。

2 実施機関は、前項の規定により不服申し立てがあったときは、次の場合を除き、多久市情報公開審査会に諮問します。

(1) その不服申し立てが法令などに適せず、却下するとき。

(2) その不服申し立てを認めるとき。

3 実施機関は、前項の定めによる諮問に対する答申を受けたときは、これを尊重して、その不服申し立てがあった日の翌日から六十日以内にその不服申立てに対する決定をし、すみやかにその不服申立人に対しその不服申立てに対する決定を通知します。

（多久市情報公開審査会）

第14条 前条の定めによる諮問に応じて審議を行わせるため、多久市情報公開審査会（以下「審査会」といいます。）を置きます。

2 審査会は、前項の審議を行うほか、情報公開制度の運営について実施機関に意見を述べることができます。

3 審査会の委員は、五人以内とし、識見のある人のうちから市長が委嘱します。

4 委員の任期は、二年とします。ただし、再任ができます。委員が欠けた場合の補欠の委員の任期は、前任者の残された期間とします。

5 審査会は、必要があるときは不服申立人、実施機関の職員その他関係者の出席を求めて意見もしくは説明を聴し、または必要な調査をすることができます。

6 前条第1項の諮問に応じ開かれる審査会は、公開しません。ただし、答申については、公表することができます。

7 委員は、職務上知り得た秘密を漏らしてはなりません。その職を退いた後も、同じです。

9 前各項に定めるもののほか、審査会の組織及び運営に関し必要な事項は、規則で定めます。

-293-

第4章 その他

(他の法令などとの調整)
第15条 法令などに、情報の閲覧、視聴または情報の写しもしくは膳・抄本の交付の規定がある場合は、その定めによるものとします。

(情報公開共有の充実)
第16条 実施機関は、市民が情報を共有できるよう市政の充実を図り、総合的な情報公開の推進に努めます。

(実施状況の公表)
第17条 市長は、毎年1回、この条例の規定に基づき行う各実施機関の情報公開の実施状況を取りまとめ、公表します。

(出資法人などの情報公開)
第18条 市から出資している法人及び団体であって当該出資法人などの資本金、基本財産またはこれに類するものの2分の1以上の額を市が出資しているもの(以下「出資団体など」といいます。)は、この条例の趣旨にのっとり情報公開の規定を定め、公開に努めなければなりません。
2 実施機関は、出資団体などに対する出資の内容及び使途に関する情報で、実施機関が管理していないものについて情報公開の申し出があったときは、出資団体などに対し情報を提出するよう求めるものとします。
3 出資団体などは、前項の規定により情報の提出を求められたときは、その情報が非公開情報に該当する場合を除き、これに応じるよう努めるものとします。
4 実施機関は、出資団体などに対する出資に関する情報公開について、前項の情報公開に該当する場合を除き、団体などが行います。

(補助団体などの情報公開)
第19条 市から補助金(これに類するものを含みます。)の額が1会計年度の間に1件百万円以上の補助金を受けた団体(以下「補助団体など」といいます。)は、この条例の趣旨にのっとり補助金に係る事業内容及び使途の情報公開に努めなければなりません。
2 前項の情報公開は、実施機関において行います。
3 実施機関は、補助団体などに対する補助金に係る事業内容及び使途に関する情報で、実施機関が管理していないものについて情報公開の申し出があったときは、補助団体などに対し情報を提出するよう求めるものとします。

4 補助団体などは、前項の規定により情報の提出を求められたときは、その情報が非公開情報に該当する場合を除き、これに応じるよう努めるものとします。

(委任)
第20条 この条例の施行のために必要なことは、実施機関が定めます。

附 則

1 (施行期日)
この条例は、平成13年(2001年)1月1日から施行します。

2 (適用区分)
この条例の規定は、平成12年4月1日以後に作成され、または取得された情報について適用します。

東京都／千代田区

情報公開（議会）

千代田区議会情報公開条例

2000年11月1日施行

不服審査に第三者機関／地方議会で初めて

千代田区議会は、保有する情報に対して区民の知る権利を保障し、議会活動について、説明する責務を果たしていくとして条例を制定した。

開示文書は限定せず、個人や法人の利益に関する情報を除き「原則公開」として、すべての公文書を対象とした。千代田区の個人情報保護条例の実施機関に議会が入っていないため、個人情報については、思想、宗教、病歴、所得等に関する情報であって、通常他人に知られたくないと認められるものに限り非開示とすると細かく規定した。

開示請求権者は、「何人も」とし、閲覧、視聴に関する費用は無料、写しの交付では、公益あると認められる時は減額するとしている。

不服審査機関では、学識経験者など3人の委員で構成する審査会を設置、公正な審査に支障があるとして議員を除外したのは地方議会で初めて。

東京都・千代田区

区役所：〒102-8688
東京都千代田区九段南1-6-11
（下車駅　地下鉄東西線　九段下駅）

人　　　口：39,264人
世　帯　数：18,525世帯
面　　　積：11.64km²
人口密度：3,373.20人/km²
特　産　品：
観　　　光：皇居、神田古本街、秋葉原電気店街

千代田区議会情報公開条例

千代田区議会は、開かれた議会を目指し、これまで全ての委員会を公開し、自由な傍聴と資料の閲覧等、区民に対する公開性を重視した議会運営に努めてきたまた、従来の区議会だよりに加えて、インターネットホームページを導入する等、議会活動の情報提供も積極的に行ってきた。

近年、区民意識の変化や地方分権の推進の中で、議会の検査権や調査権が拡大され、これまで以上に政策・調査機能の充実が求められる等、議会の役割はますます重要なものとなってきた。

このような状況の下で、区民の議会活動への参加と監視の観点から、情報の公開と活用の必要性が高まっている。

千代田区議会としては、個人の情報の保護に十分配慮した上で、保有する情報に対して区民の知る権利を保障し、議会の活動について、説明する責務を果たしていくことが、区民への公開性や信頼性を高めることと考え、区民と共に歩む公正で民主的な議会運営の確立を目指して、この条例を制定する。

第1章　総則

第1条（目的）
この条例は、公文書の開示を請求する権利を明らかにし、公文書の開示制度や情報公開及び情報提供の総合的な推進並びに開示請求者の救済機関に関して、必要な事項を定めることにより、千代田区議会議長（以下「議長」という。）が管理しているものをいう。ただし、官報、公報、白書、書籍、新聞、雑誌その他不特定多数の者に販売又は頒布することを目的として発行されるものを除く。

第2条（定義）
この条例で「公文書」とは、区議会事務局の職員が職務上作成し、又は取得した文書、図画、写真、フィルム、磁気テープ、磁気ディスク、光ディスクその他これらに類する物で、千代田区議会議長（以下「議長」という。）が管理しているものをいう。ただし、官報、公報、白書、書籍、新聞、雑誌その他不特定多数の者に販売又は頒布することを目的として発行されるものを除く。

2　この条例で「公文書の開示」とは、公文書を閲覧に供し、又は公文書の写しを交付することをいう。

-295-

3 この条例で「情報公開制度」とは、公文書の開示及び情報の提供をいう。

（議長の責務）
第3条 議長は、この条例の解釈及び運用にあたっては、公文書の開示を請求する者の権利を十分尊重しなければならない。

2 議長は、この条例に定める非開示とする情報が記録されている公文書を除き全ての公文書を公開するものとする。ただし、個人のプライバシーに関する情報がみだりに公開されることのないよう慎重かつ最大限の配慮をしなければならない。

3 議長は、この条例に定める情報公開制度の適正かつ確かな運用を図るため、公文書を適切に管理し、その作成、分類、保存及び廃棄等の管理に関する基準並びに公文書の検索に必要な目録を作成しなければならない。

4 議長は、この条例に定める情報公開制度が適正かつ有効に活用されるよう、条例の目的、内容及び運用等の周知に努めなければならない。

5 議長は、必要に応じて、この条例に定める情報公開制度の改善に努めなければならない。この場合において、区民をはじめ学識経験者等の意見を聴く等の措置を講じなければならない。

6 議長は、毎年、この条例に定める情報公開制度の実施状況を取りまとめ、公表しなければならない。

（請求者の責務）
第4条 公文書の開示を請求する者又は情報の提供を求める者（以下「請求者」という。）は、公文書の開示の目的に即し、適正な請求に努め、公文書が開示され、又は情報が提供されたときは、これを適正に使用しなければならない。

第2章 公文書の開示制度

（公文書の開示請求権）
第5条 何人も、議長に対して、公文書の開示を請求することができる。

（公文書の開示義務）
第6条 議長は、公文書の開示の請求（以下「開示請求」という。）のいずれかが記録されている場合を除き、開示請求に係る公文書に、次の各号に掲げる情報（以下「非開示情報」という。）のいずれかが記録されている場合を除き、開示請求に係る公文書の開示をしなければならない。

(1) 個人の思想、宗教、身体的特徴、健康状態、家族構成、学歴、出身、職歴、住所、所属団体、所得等に関する情報（事業を営む個人の当該事業に関する情報を除く。）であって、通常他人に知られたくないと認められるもの。ただし、自己の情報については、この限りでない

(2) 法人その他の団体（国及び地方公共団体を除く。以下「法人等」という。）に関する情報又は事業を営む個人の当該事業に関する情報で、開示することにより、当該法人等又は当該事業を営む個人の競争上又は事業運営上の地位その他正当な利益が損なわれると明らかに認められるもの。ただし、人の生命、身体、健康、財産、生活、環境等に影響を及ぼす不当な行為等に関するものを除く

(3) 区議会及び千代田区並びに国及び他の地方公共団体の内部又は相互間での審議、検討、協議又は調査等に関する情報で、開示することにより、率直な意見の交換又は意思決定の中立性が不当に損なわれるおそれ、不当に区民等の間に混乱を生じさせるおそれ又は特定のものに不当に利益を与え若しくは不利益を及ぼすおそれがあるもの

(4) 区議会の事務又は事業に係る契約、交渉等に関する情報で、開示することにより当該事務又は事業の性質上、当該事業の適正な遂行に支障を及ぼすおそれがあるもの

(5) 開示することにより、人の生命、身体、財産又は社会的な地位の保護、犯罪の予防、犯罪の捜査その他公共の安全と秩序の維持に支障が生ずるおそれがあるもの

(6) 法令の規定により明らかに開示することができないとされているもの

2 議長は、開示請求に係る公文書の一部に非開示情報が記録されている場合において、非開示情報に係る部分を容易に区分でき、かつ、開示請求の趣旨が損なわれないと認めるときは、前項の規定にかかわらず非開示情報に係る部分以外の部分を開示しなければならない。

3 議長は、開示請求に係る公文書に非開示情報が記録されている場合であっても、その情報を開示することにより、人の生命、健康又は生活を保護する上で公益上必要があると認めるときは、第1項の規定にかかわらずその公文書を開示することができる。

（公文書の開示請求方法）
第7条　開示請求者が開示請求をしようとするときは、次の事項を記載した請求書（以下「開示請求」という。）を議長に提出しなければならない。
(1) 住所及び氏名（法人等にあっては、名称、事務所又は事業所の所在地及び代表者の氏名）
(2) 開示請求しようとする公文書の名称その他当該公文書を特定するために必要な事項
2　議長は、前条第3項の規定により開示請求する場合は、その理由、前3号に掲げるもののほか、議長が定める事項
3　議長は、開示請求書に形式上の不備があるときは、開示請求者に対して、一定の期間を決めて、その補正を求めることができる。この場合において、議長は、開示請求者に補正の参考となる情報を提供するよう努めなければならない。

（公文書の開示決定）
第8条　議長は、開示請求があったときは、その翌日から起算して十四日以内に、公文書の開示又は非開示の決定（以下「開示等の決定」という。）をしなければならない。この場合において、前条第2項の補正に要した日数は、算入しない。
2　議長は、開示請求に係る公文書が大量であるときは、前項に規定する開示等の決定期間を六十日を限度として延長することができる。この場合において、開示請求者に対し、その理由を書面により通知しなければならない。
3　議長は、第1項の規定により開示を決定したときは、開示請求者に対し、開示を行う日時及び場所を書面により通知しなければならない。この場合において、第6条第2項の規定によりその公文書の一部を非開示とする場合は、その理由を書面により通知しなければならない。
4　議長は、第1項の規定により非開示を決定したときは、開示請求者に対し、非開示とする理由を書面により通知しなければならない。
5　議長は、開示請求に係る公文書が存在しないときは、開示請求があった日の翌日から起算して十四日以内に、公文書が不存在である旨を請求者に書面により通知しなければならない。
6　議長は、第1項に規定する開示等の決定にあたって、第三者に関する情報が記録されている場合において必要があると認めるときは、その情報に係る第三者に意見を聴くことができる。

7　議長は、前項の規定により第三者に意見を聴いて、開示等の決定をしたときは、速やかに第三者にその理由を書面により通知しなければならない。
8　議長は、開示を決定した公文書については、情報提供として公表するよう努めなければならない。

（費用の負担）
第9条　この条例の規定による公文書の閲覧及び視聴に要する費用は、無料とする。
2　この条例の規定による公文書の写しの交付及び情報提供による公文書の写しに要する費用は、請求者の負担とし、その額は、議長が定める。ただし、議長は、公文書の写しの交付が公益のため必要があると認められるときは、減額することができる。

（不服申立てがあった場合の手続）
第10条　議長は、第8条第1項の規定による開示等の決定について、行政不服審査法（昭和37年法律第160号）に基づく不服申立てがあった場合は、その不服申立てが不適法なものである場合を除き、千代田区議会情報公開審査会の意見を聴き、その不服申立てについての決定をしなければならない。
2　議長は、前項の不服申立てがあったときは、その翌日から起算して90日以内に不服申立てに対する決定を行うよう努めなければならない。

第3章　情報公開及び情報提供の総合的な推進

（情報公開及び情報提供の総合的な推進）
第11条　区議会は、この条例で定める公文書の開示のほか、区民等が区議会の活動に関する情報を積極的に利用し、活用できるよう情報公開及び情報提供の総合的な推進に努めなければならない。
2　区議会は、前項の規定に基づく情報公開及び情報提供の総合的な推進にあたっては、その情報が迅速かつ容易に得られるよう、広報活動の充実、会議録、委員会の記録その他区議会資料の整備及び高度な情報通信技術の活用等の情報提供施策の充実に努めなければならない。

-297-

第4章 千代田区議会情報公開審査会

（設置）

第12条 この条例に基づく総合的な情報公開の推進を図り、開示請求者の救済機関としての役割を果たすため、千代田区議会情報公開審査会（以下「審査会」という。）を置く。

（組織）

第13条 審査会は、委員3人以内で組織する。

2 委員は、学識経験及び情報公開制度に高い識見を有する者のうちから、議長が任命する。

3 委員の任期は2年とし、委員が欠けた場合の補欠の委員の任期は、前任者の残任期間とする。ただし、再任を妨げない。

（会長及び副会長）

第14条 審査会に会長及び副会長を置く。

2 会長及び副会長は、委員が互選する。

3 会長は、審査会を代表し、会務を総理する。

4 副会長は、会長を補佐し、会長に事故があるときは、その職務を代理する。

（審査会の会議）

第15条 審査会の会議は、会長が招集する。

2 審査会の会議は、委員の過半数が出席しなければ、会議を開くことができない。

3 審査会の議事は、出席した委員の過半数で決し、可否同数の場合は、会長の決するところによる。

4 審査会の会議は、公開とする。ただし、会長が、公開することが適当でないと判断した場合は、非公開とすることができる。

（審査会の調査権限）

第16条 審査会は、第10条第1項の規定による不服申立てについての審査をするほか、議長の求めに応じ、情報公開及び情報提供の推進に関し、意見を述べることができる。

2 審査会は、前項の規定により、不服申立てについての審査を行うときは、議長から審査が求められた翌日から起算して60日以内に審査を行い、議長に意見を述べるよう努めなければならない。

3 審査会は、必要があると認めるときは、議長に対し、開示等の決定に係る公文書の提示を求めることができる。この場合において、何人も審査会に対し、その提示された公文書の開示を求めることができない。

4 審査会は、必要があると認めるときは、議長に対し、開示等の決定に係る公文書に記録されている情報の内容を審査会の指示する方法により分類し、又は整理した資料を作成し、審査会に提出するよう求めることができる。

5 議長は、審査会から第3項及び前項の規定による求めがあったときは、これを拒んではならない。

6 審査会は、第10条第1項の規定により議長から意見を求められた場合において、その審査を行うために必要と認められるときは、不服申立人その他の関係者（以下「不服申立人等」という。）から意見若しくは説明を聴き、又は必要な調査をすることができる。

（意見陳述等）

第17条 不服申立人等は、審査会に対し、口頭による意見陳述をし、又は意見を記載した書面を提出することができる。

（秘密の保持）

第18条 委員は、職務上知り得た秘密を漏らしてはならない。その職を退いた後も同様とする。

（会長への委任）

第19条 この条例に定めるもののほか、審査会の運営に関し必要な事項は、会長が審査会に諮って別に定める。

第5章 雑則

（委任）

第20条 この条例の施行に関し必要な事項は、議長が別に定める。

附　則

この条例は、区議会規則で定める日から施行する。

-298-

埼玉県／草加市

草加市個人情報保護条例

2000年（平成12年）4月1日施行

電子情報漏えいに罰則、購入業者も対象／プライバシー権を明記、全国初

草加市は、高度情報通信社会の進展に対応した個人情報の適正な取り扱いを確保するため、電子情報の不正記録、流出を防止する目的で条例を制定した。

条例では、自己の個人情報を管理する権利（プライバシー権）を明記。また個人情報の開示請求や訂正、削除、利用の中止請求ができる権利（コントロール権）を保障した。

個人の電子情報については、不正記録、流出の範囲を定義。不正記録禁止行為として、実施機関の職員や委託事業者が守秘義務に違反して持ち出した場合に加えて、「何人も、不正記録媒体を譲り受け、所持し、若しくは第三者に譲り渡し、不正複写行為をしてはならない」（第13条）と規定し、草加市以外のすべての者に適用、民間業者等への2次的流出を禁止した。違反行為に対しては、立入検査や中止命令を行い、従わない場合は最高で2年以下の懲役、100万円以下の罰金とした。

埼玉県・草加市

市 役 所：〒340-8550
埼玉県草加市高砂1-1-1
（下車駅　東武伊勢崎線　草加駅）
電話（0489）22-0151

人　　口：221,118人
世 帯 数：86,134世帯
面　　積：27.42km²
人口密度：8,064.11人／km²
特 産 品：草加せんべい、くわい、ゆかた
観　　光：日光街道草加松原（日本の道百選）

草加市個人情報保護条例

第1章　総則

（目的）

第1条　この条例は、自己の個人情報を管理する権利を保障し、個人の権利利益の保護を図るため、高度情報通信社会の進展に対応した個人情報の適正な取扱いの確保に関し必要な事項を定め、市が保有する自己に関する個人情報の開示請求等を明らかにすることにより、より公正で信頼される市政の運営に資することを目的とする。

（定義）

第2条　この条例において、次の各号に掲げる用語の意義は、それぞれ当該各号に定めるところによる。

(1) 実施機関　次に掲げる機関をいう。

ア　草加市長、草加市議会、草加市教育委員会、草加市選挙管理委員会、草加市監査委員、草加市公平委員会、草加市農業委員会及び草加市固定資産評価審査委員会

イ　草加市土地開発公社及び社会福祉法人草加市社会福祉事業団

(2) 実施機関の職員　次に掲げる者をいう。

ア　前号アの機関の役員及び職員

イ　草加市立の小学校及び中学校の市町村立学校職員給与負担法（昭和二十三年法律第135号）第1条に規定する地方公務員

ウ　前号イの機関の役員及び職員

(3) 個人情報　個人に関する情報（事業を営む個人の当該事業に関する情報を除く。）であって、当該情報に含まれる氏名、生年月日その他の記述又は個人別に付された番号、記号その他の符号により特定の個人を識別できるもの（当該情報のみでは識別できないが、他の情報と容易に照合することができ、それにより当該個人を識別できるものを含む。）をいう。

(4) 個人情報取扱事務　個人情報を取り扱う事務をいう。

(5) 個人情報取扱事務受託者　実施機関から個人情報取扱事務の委託を受けた者をいう。

(6) 電磁的記録 電子的方式、磁気的方式その他人の知覚によっては認識することができない方式で作られた記録をいう。

(7) 電磁的記録媒体 磁気テープ、磁気ディスクその他電磁的記録を記録しておくことができる物をいう。

(8) 公文書 次に掲げるものをいう。
ア 実施機関の職員が職務上作成し、又は取得した文書、図面、写真、フィルム及び電磁的記録であって、当該実施機関の職員が組織的に用いるものとして、当該実施機関が保有しているもの
イ 実施機関の施設において、個人情報取扱事務受託者の役員又は職員が当該受託事務の処理上作成し、又は取得した文書、図面、写真、フィルム及び電磁的記録であって、当該個人情報取扱事務受託者の役員又は職員が組織的に用いるものとして、当該個人情報取扱事務受託者が保有しているもの

(9) 実施機関の個人情報 実施機関が保有する公文書に記録された個人情報をいう。

(10) 電子計算機処理 電子計算機を使用して行われる情報の入力、蓄積、編集、加工、修正、更新、検索、消去、出力又はこれらに類する処理をいう。ただし、次に掲げる処理を除く。
ア 専ら文章を作成するための処理
イ 専ら文書図面の内容を記録するための処理
ウ 専ら文書図面の内容の伝達を電気通信の方法により行うための処理
エ 製版その他の専ら印刷物を制作するための処理

(11) 個人情報ファイル 一定の事務の目的を達成するために体系的に構成された個人情報の集合物であって、電子計算機処理を行うため電磁的記録媒体に記録されたものをいう。

(12) 不正記録行為 実施機関又は個人情報取扱事務受託者(以下「実施機関等」という。)以外の者が実施機関が保有する個人情報ファイル(第7条第1項ただし書又は第8条ただし書の規定に基づき実施機関から提供されたものを除く。)の全部又は一部を実施機関等以外の者が保有する電磁的記録媒体に記録する行為をいう。

(13) 不正複写行為 次のいずれかに該当するものをいう。
ア 実施機関が保有する個人情報ファイルの全部又は一部が記録された電磁的記録媒体であって、第9条第3項又は第10条第3項の規定に違反して譲り渡されたもの

イ 不正記録行為又は次号の行為により実施機関が保有する個人情報ファイルの全部又は一部が記録された電磁的記録媒体が保有する個人情報ファイルの全部又は一部を他の電磁的記録媒体に記録する行為をいう。

(14) 不正複写行為 不正記録行為により実施機関が保有する個人情報ファイルの全部又は一部が記録された電磁的記録媒体に記録されたものの全部又は一部を他の電磁的記録媒体に記録する行為をいう。

2 実施機関は、個人情報の保護に関する市民への意識啓発に努めなければならない。

(市民の責務)
第4条 市民は、個人情報の保護の重要性を認識し、自己の個人情報の適正な管理に努めるとともに、他人の個人情報の取扱いに当たっては、他人の権利利益を害することのないよう努めなければならない。

第2章 実施機関が保有する個人情報の保護

第1節 個人情報の取扱い

(収集の制限)
第5条 実施機関は、個人情報の収集をするときは、個人情報取扱事務の目的を明確にし当該目的を達成するために必要な範囲内で、適法かつ公正な手段により行わなければならない。

2 実施機関は、思想、信条及び宗教に関する個人情報並びに社会的差別の原因となり得る個人情報を収集してはならない。ただし、次の各号のいずれかに該当するときは、この限りでない。
(1) 法令又は条例に定めがあるとき。
(2) 実施機関が草加市情報公開・個人情報保護条例(平成十二年条例第33号)に定める草加市情報公開・個人情報保護審議会(以下「審議会」という。)の意見を聴いて個人情報取扱事務の目的を達成するために必要があると認めるとき。

3 実施機関は、個人情報を収集するときは、本人から収集しなければならない。ただし、次の各号のいずれかに該当するときは、この限りでない。
(1) 本人の同意があるとき。

-300-

(個人情報取扱事務等の登録)
第6条 実施機関は、個人情報取扱事務を開始しようとするときは、次に掲げる事項を市長に届け出てその登録を受けなければならない。
(1) 個人情報取扱事務の目的
(2) 個人情報取扱事務の名称
(3) 個人情報ファイルに届け出てその登録を受けなければならない。
2 実施機関は、前項の登録に係る事項を変更し、又は同項の登録に係るファイルの保有をやめたときは、速やかにその旨及び内容を市長に届け出なければならない。
(1) 個人情報ファイルの名称
(2) 個人情報ファイルの目的
(3) 個人情報の記録の項目
(4) その他規則で定める事項
3 実施機関は、前項の登録に係る事項を変更し、又は同項の登録に係る事務を廃止したときは、速やかにその旨を市長に届け出なければならない。
(1) 個人情報取扱事務の目的
(2) 個人情報取扱事務の名称
(3) 個人情報の記録の項目
(4) その他規則で定める事項
4 実施機関は、個人情報ファイルを新たに保有しようとするときは、次に掲げる事項を市長に届け出てその登録を受けなければならない。
5 市長は、第1項から前項までの届出に係る事項を記載した登録簿を一般の閲覧に供しなければならない。

(目的外利用及び外部提供の制限)
第7条 実施機関は、個人情報取扱事務の目的の範囲を超える個人情報の利用(以下「目的外利用」という。)又は実施機関等以外の者への個人情報

の提供(以下「外部提供」という。)をしてはならない。ただし、次の各号のいずれかに該当するときは、この限りでない。
(1) 本人の同意があるとき。
(2) 法令又は条例に定めがあるとき。
(3) 出版、報道等により公にされているとき。
(4) 個人の生命、身体、生活又は財産を保護するため、緊急かつやむを得ないと認められるとき。
(5) その他実施機関が審議会の意見を聴いて公益上特に必要があり、かつ、本人の権利利益を不当に侵害しないと認めるとき。
2 実施機関は、前項第4号又は第5号の規定により目的外利用又は外部提供をしたときは、速やかにその旨及び内容を本人に通知しなければならない。ただし、審議会が本人に通知する必要がないと特に認めたときは、この限りでない。

(電子計算機の接続の制限)
第8条 実施機関は、電子計算機の接続(実施機関が管理する電子計算機と実施機関等以外の者が管理する電子計算機その他の機器を通信回線により接続し、当該実施機関が保有する個人情報を当該実施機関等以外の者が随時入手し得る状態をいう。)をしてはならない。ただし、次の各号のいずれかに該当するときは、この限りでない。
(1) 法令又は条例に定めがあるとき。
(2) 実施機関が審議会の意見を聴いて公益上特に必要があると認めるとき。

(適正な維持管理等)
第9条 実施機関は、個人情報取扱事務の実施に当たっては、個人情報の保護を図るため、次に掲げる事項について必要な措置を講じ、個人情報を適正に維持管理しなければならない。
(1) 個人情報を正確かつ最新なものとすること。
(2) 個人情報の漏えい、改ざん、き損、滅失その他の事故を防止すること。

(3) 保有する必要のなくなった個人情報（歴史的又は文化的な価値が生ずると認められるものを除く。）は、速やかに廃棄し、又は消去すること。

2 実施機関は、前項に規定する維持管理を行うため、個人情報保護管理者を置かなければならない。

3 実施機関は、個人情報を取り扱う実施機関の職員又は職員であった者に、個人情報を取り扱うに関して知り得た個人情報に関する秘密を漏らしてはならない。

(委託に伴う措置等)
第10条 実施機関は、個人情報取扱事務を委託しようとするときは、個人情報の適正な管理に関する契約上の定めその他個人情報の保護に関し必要な措置を講じなければならない。

2 個人情報取扱事務を委託した個人情報取扱受託者は、個人情報の漏えい、改ざん、き損、滅失等の防止その他個人情報の適正な管理のために必要な措置を講じなければならない。

3 個人情報取扱受託者若しくは職員若しくはこれらの者であった者はその委託された事務に関して知り得た個人情報に関する秘密を漏らしてはならない。

(個人情報取扱委託事務の登録)
第11条 実施機関は、個人情報取扱事務を委託したときは、次に掲げる事項を市長に届け出てその登録を受けなければならない。
(1) 委託した個人情報取扱事務（以下「個人情報取扱委託事務」という。）の名称
(2) 個人情報取扱委託事務の目的
(3) 個人情報取扱委託事務で取り扱う個人情報の記録の項目
(4) 個人情報取扱委託事務の名称
(5) その他規則で定める事項

2 実施機関は、前項の登録に係る事項を変更し、又は同項の登録に係る事務の委託をやめたときは、速やかにその旨を市長に届け出なければならない。

3 市長は、第1項及び前項の届出に係る事項を記載した登録簿を一般の閲覧に供しなければならない。

(個人情報取扱事務受託者に対する立入検査等)
第12条 市長は、個人情報取扱委託事務の適正な実施を確保するため必要があると認めるときは、個人情報取扱事務受託者に対し、当該個人情報取扱委託事務の実施の状況若しくは実施の状況に関し必要な報告を求め、又は市の職員に、当該個人情報取扱委託事務に係る事業所又は当該個人情報取扱委託事務の実施の状況若しくは帳簿、書類その他の物件を検査させることができる。

2 前項の規定により立入検査をする職員は、その身分を示す証明書を携帯し、関係人に提示しなければならない。

3 第1項の規定による立入検査の権限は、犯罪捜査のために認められたものと解釈してはならない。

第2節 不正記録行為等の禁止等

(不正記録行為等の禁止等)
第13条 何人も、不正記録行為をしてはならない。

2 何人も、故意又は過失にかかわらず、不正記録媒体を譲り受け、所持し、若しくは第三者に譲り渡し、又は不正複写行為をしてはならない。

3 前2項の規定は、草加市外のすべての者にも適用する。

4 市長は、第1項又は第2項の規定に違反する行為をした者に対し、不正記録媒体の提出、不正複写行為の中止又は当該行為の中止を確保するために必要な措置を講ずることを命ずることができる。

(不正記録行為等をした者に対する立入検査等)
第14条 市長は、前条第4項の規定による措置に関し必要があると認めるときは、その必要があると認められる範囲内において、同条第1項又は第2項の規定に違反していると認めるに足りる相当の理由がある者に対し、必要な事項に関し報告を求め、又は市の職員に、これらの規定に違反していると認めるに足りる相当の理由がある者の建物に立ち入り、帳簿、書類その他の物件を検査させることができる。

(不正記録行為等の事実の公表)
第15条 市長は、第13条第1項の規定による報告を求められた者がその報告をせず、若しくは虚偽の報告をしたとき、又は同項の規定による検査の対象となる建物若しくは物件の占有者等がその検査を拒み、妨げ、若しくは忌避

2 市長は、前項の規定により公表しようとするときは、あらかじめ、意見を述べる機会を与えるとともに、審議会の意見を聴くものとする。

第3節　個人情報の開示等

（開示請求）
第16条　何人も、実施機関に対し、自己に関する実施機関の個人情報の開示の請求（以下「開示請求」という。）をすることができる。
2　未成年者若しくは成年被後見人の法定代理人又は実施機関が特別の理由があると認めた代理人は、本人に代わって開示請求をすることができる。ただし、本人が未成年者で満十五歳以上のものであるときは、本人の同意を得なければならない。

（開示請求の手続）
第17条　開示請求をしようとする者は、次に掲げる事項を記載した書面（以下「開示請求書」という。）を実施機関に提出しなければならない。
(1) 氏名及び住所
(2) 開示請求をしようとする個人情報を特定するために必要な事項
(3) その他規則で定める事項
2　開示請求をしようとする者は、実施機関に対し、自己が当該開示請求に係る個人情報の本人又はその代理権を有する者であることを証明する書類を提出し、又は提示しなければならない。この場合において、本人の同意が必要なときは、本人の同意書を前項の書類に併せて提出しなければならない。
3　実施機関は、開示請求書に形式上の不備があると認めるときは、開示請求をした者（以下「開示請求者」という。）に対し、相当の期間を定めて、その補正を求めることができる。この場合において、実施機関は、開示請求者に対し、補正の参考となる情報を提供するよう努めなければならない。

（個人情報の開示義務）
第18条　実施機関は、開示請求があったときは、開示請求に係る個人情報に次の各号に掲げる情報（以下「不開示情報」という。）のいずれかが記録されている場合を除き、開示請求者に対し、当該個人情報を開示しなければならない。
(1) 開示請求に係る個人情報に開示請求者以外の個人情報が含まれる場合であって、開示することにより、当該開示請求者以外の者の正当な権利利益を害すると認められるもの。ただし、人の生命、健康、生活又は財産を保護するため、開示することが必要であると認められる情報を除く。
(2) 開示請求に係る個人情報に法人その他の団体（実施機関並びに国及び他の地方公共団体を除く。以下「法人等」という。）に関する情報又は事業を営む個人の当該事業に関する情報が含まれる場合であって、開示することにより、当該法人等又は当該個人の権利、競争上の地位その他正当な利益を明らかに害するもの。ただし、次に掲げる情報を除く。
ア　人の生命、健康、生活又は財産を保護するため、開示することが必要であると認められる情報
イ　市民の生活に支障を及ぼす違法又は著しく不当な事業活動に関する情報
(3) 個人の評価、診断、判定、選考、試験、相談、指導その他これらに類する事項に関する情報であって、開示することにより、当該事務又は事業の適正な遂行に著しい支障を及ぼすと認められるもの
(4) 開示することにより、犯罪の予防又は捜査その他の公共の安全と秩序の維持に支障を及ぼすことが明らかであると認められる相当の理由がある情報
(5) 実施機関並びに国及び他の地方公共団体の内部又は相互間における審議、検討又は協議に関する情報であって、開示することにより、率直な意見の交換若しくは意思決定の中立性が不当に損なわれ、不当に市民の間に混乱を生じさせ、又は特定の者に不当に利益若しくは不利益を及ぼすと認められるもの
(6) 実施機関又は国若しくは他の地方公共団体が行う事務又は事業に関する情報であって、開示することにより、次に掲げる情報その他当該事務又は事業の性質上、当該事務又は事業の適正な遂行に支障を及ぼすおそれがあると認められるもの
ア　監査、検査、取締り又は試験に係る事務に関し、正確な事実の把握を困難にする情報又は違法若しくは不当な行為を容易にし、若しくはその発見を困難にする情報
イ　契約、交渉又は争訟に係る事務に関し、実施機関又は国若しくは他

の地方公共団体の財産上の利益又は当事者としての地位を不当に害する情報

ウ　調査研究に係る事務に関し、その公正かつ能率的な遂行を不当に阻害する情報

エ　人事管理に係る事務に関し、公正かつ円滑な人事の確保に著しい支障を及ぼす情報

オ　実施機関又は国若しくは他の地方公共団体が経営する企業等に係る事業に関し、その企業等の経営上の正当な利益を害する情報

(7) 法令又は条例の規定により開示することができないとされている情報

(8) 未成年者の法定代理人による開示請求がなされた場合であって、開示することが当該未成年者の利益に反すると認められる情報

（部分開示等）

第19条　実施機関は、開示請求に係る個人情報の一部に不開示情報が記録されている場合において、不開示情報が記録されている部分を容易に区別して除くことができるときは、開示請求者に対し、当該部分を除いた部分につき開示しなければならない。ただし、当該部分を除いた部分に有意の情報が記録されていないと認められるときは、この限りでない。

2　実施機関は、開示請求に係る個人情報に不開示情報に該当する場合であっても、期間の経過により不開示情報に該当しなくなったときは、当該個人情報を開示しなければならない。

（存否応答拒否）

第20条　開示請求に対し、当該開示請求に係る個人情報が存在しているか否かを答えるだけで、不開示情報を開示することとなるときは、実施機関は、当該個人情報の存否を明らかにしないで、当該開示請求を拒否することができる。

（開示請求に対する決定）

第21条　実施機関は、開示請求に係る個人情報の全部を開示するときは、その旨の決定をし、開示請求者に対し、その旨並びに開示の日時及び場所その他規則で定める事項を書面により通知しなければならない。

2　実施機関は、開示請求に係る個人情報の一部を開示するときは、その旨の決定をし、開示請求者に対し、その旨及びその理由並びに開示の日時及び場所その他規則で定める事項を書面により通知しなければならない。

3　実施機関は、開示請求に係る個人情報の全部を開示しないとき（前条の規定により開示請求に係る個人情報の存否の応答を拒否するとき、開示請求に係る個人情報を保有していないときその他の開示しない旨の決定をし、及びその他の理由により開示請求の全部を開示しないときを含む。）は、開示しない旨の決定をし、開示請求者に対し、その旨及びその理由を書面により通知しなければならない。

4　前2項の場合において、開示しない個人情報について期間の経過により開示できるものである旨及びその理由を書面により通知しなければならない。

（開示決定等の期限）

第22条　前条第1項から第3項までの決定（以下「開示決定等」という。）は、開示請求があった日から起算して十五日以内にしなければならない。ただし、第17条第3項の規定により開示請求書の補正を求めた場合にあっては、当該補正に要した日数は、当該期間に算入しない。

2　前項の規定にかかわらず、実施機関は、事務処理上の困難その他正当な理由があるときは、同項に規定する期間を開示請求があった日から起算して六十日以内に限り延長することができる。この場合において、実施機関は、開示請求者に対し、遅滞なく、延長後の期間及び延長の理由を書面により通知しなければならない。

（大量請求等に対する期限の特例）

第23条　開示請求に係る個人情報が著しく大量であるため、又は当該個人情報の検索に著しく日時を要するため、開示請求があった日から起算して六十日以内にそのすべてについて開示決定等をすることにより事務の遂行に著しい支障が生ずると認めるときは、前条の規定にかかわらず、実施機関は、開示請求に係る個人情報のうちの相当の部分につき当該期間内に開示決定等をし、残りの個人情報については相当の期間内に開示決定等をすれば足りる。この場合において、実施機関は、前条第1項に規定する期間内に、開示請求者に対し、次に掲げる事項を書面により通知しなければならない。

(1) この規定を適用する旨及びその理由

(2) 残りの個人情報について開示決定等をする期限

（第三者等の意見書提出の機会の付与等）

第24条　開示請求に係る個人情報に実施機関及び開示請求者以外の者（以下「第三者」という。）に関する情報が記録されているときは、実施機関は、開示決定等をするに当たって、当該情報に係る第三者に対し、開示請求に

係る個人情報の表示その他規則で定める事項を書面により通知して、意見書を提出する機会を与えその他規則で定める事項を書面により通知して、意見書を提出する機会を与えることができる。

2 実施機関は、次の各号のいずれかに該当するときは、第21条第1項又は第2項の決定（以下「開示決定」という。）に先立ち、当該第三者に対し、開示請求に係る個人情報の表示その他規則で定める事項を書面により通知して、意見書を提出する機会を与えなければならない。ただし、当該第三者の所在が判明しない場合は、この限りでない。

(1) 第三者に関する情報が記録されている個人情報を開示しようとする場合であって、当該情報が第18条第1号ただし書に規定する情報に該当すると認められるとき。

(2) 法人等に関する情報又は事業を営む個人の当該事業に関する情報を開示しようとする場合であって、当該情報が第18条第2号ア又はイに規定する情報に該当すると認められるとき。

3 実施機関は、前2項の規定により意見書の提出の機会を与えられた第三者が当該個人情報の開示に反対の意思を表示した意見書（以下「反対意見書」という。）を提出した場合において、開示決定をするときは、開示決定の日と開示を実施する日との間に少なくとも2週間を置かなければならない。この場合において、実施機関は、開示決定後直ちに、反対意見書を提出した第三者に対し、開示決定をした旨及びその理由並びに開示を実施する日を書面により通知しなければならない。

（開示の実施）
第25条 個人情報の開示は、次の各号に掲げる個人情報の区分に応じ、当該各号に定める方法により行う。ただし、閲覧又は視聴の方法による個人情報の開示にあっては、実施機関は、当該個人情報の保存に支障を生ずるおそれその他正当な理由があるときは、その写しにより、これを行うことができる。

(1) 文書、図面、写真及びフィルム　閲覧又は写しの交付

(2) 録音及び録画に係るもの　視聴又は写しの交付

(3) 電磁的記録（録音及び録画に係るものを除く。）　記録された情報を通常の方法により印字装置を用いて出力したものの閲覧又はその写しの交付

2 個人情報の開示を受けようとする者は、自己が当該開示請求者又はその代理権を有する者であることを証する書面を提出し、又は提示しなければならない。

3 開示決定に基づき個人情報の開示を受けた者は、最初に開示を受けた日から起算して30日以内に限り、実施機関に対し、更に開示を受ける旨を申し出ることができる。ただし、当該期間内に当該申出をすることにつき正当な理由があるときは、この限りでない。

（訂正等の請求）
第26条 何人も、自己に関する実施機関の個人情報について、事実の誤りがあると認めるときは、実施機関に対し、その訂正の請求をすることができる。

2 何人も、自己に関する実施機関の個人情報が第5条第1項から第3項までの規定による収集の制限を超えて収集されていると認めるときは、実施機関に対し、その削除の請求をすることができる。

3 何人も、自己に関する実施機関の個人情報が第7条第1項の規定による制限を超えて目的外利用又は外部提供されていると認めるときは、実施機関に対し、当該目的外利用又は外部提供の中止を請求することができる。

4 第16条第2項の規定は、前3項に規定する訂正、削除又は目的外利用若しくは外部提供の中止（以下「訂正等」という。）の請求に準用する。

（訂正等の請求の手続）
第27条 訂正等の請求をしようとする者（以下「訂正等請求者」という。）は、次に掲げる事項を記載した書面（以下「訂正等請求書」という。）を実施機関に提出しなければならない。

(1) 氏名及び住所

(2) 訂正等の請求をしようとする個人情報を特定するために必要な事項

(3) 訂正等の内容

(4) その他規則で定める事項

2 訂正等の請求をしようとする者は、実施機関に対し、訂正を求める内容が事実に合致することを証明する書類等を提出し、又は提示しなければならない。

3 第17条第2項及び第3項の規定は、訂正等の請求に準用する。

（訂正等の請求に対する決定）
第28条 実施機関は、訂正等の請求に係る個人情報の全部の訂正等をするときは、その旨の決定をし、訂正等をした上、訂正等を請求した者（以下「訂正等請求者」という。）に対し、その旨を書面により通知しなければならない。

2　実施機関は、訂正等の請求に係る個人情報の一部の訂正等をするときは、その旨の決定をし、訂正等をした上、訂正等請求者に対し、その旨及びその理由を書面により通知しなければならない。

3　実施機関は、訂正等の請求に係る個人情報の訂正等をしないとき（訂正等をする権限がないとき、訂正等の請求に係る個人情報の訂正等をしていないときを含む。）は、訂正等をしない旨の決定をし、訂正等請求者に対し、その旨及びその理由を書面により通知しなければならない。

（訂正決定等の期限）
第29条　前条各項の決定（以下「訂正決定等」という。）は、訂正等の請求があった日から起算して十五日以内にしなければならない。ただし、訂正等請求書の補正を求めた場合にあっては、当該補正に要した日数は、当該期間に算入しない。

2　前項の規定にかかわらず、実施機関は、事務処理上の困難その他正当な理由があるときは、同項に規定する期間を訂正等の請求があった日から起算して六十日以内に限り延長することができる。この場合において、実施機関は、訂正等請求者に対し、遅滞なく、延長後の期間及び延長の理由を書面により通知しなければならない。

（費用負担）
第30条　開示請求及び訂正等の請求に係る手数料は、無料とする。

2　個人情報の写しの交付を受ける者は、当該写しの作成又は送付に要する費用を負担しなければならない。

（審査会への諮問）
第31条　開示決定等又は訂正決定等について行政不服審査法（昭和三十七年法律第160号）に基づく不服申立てがあったときは、次の各号のいずれかに該当する場合を除き、草加市情報公開・個人情報保護審査会条例（平成十二年条例第32号）に定める草加市情報公開・個人情報保護審査会に諮問しなければならない。

(1)　不服申立てが不適法であり、却下する場合
(2)　決定で、不服申立てに係る開示決定等（開示請求に係る個人情報の全部を開示する旨の決定を除く。以下この号及び第33条において同じ。）を取り消し、又は訂正決定等（訂正等の請求に係る個人情報の全部又は訂正決定等（訂正等の請求に係る個人情報の全部の訂正等をする旨の決定を除く。）を取り消し、又は変更し、当該不服申立てに係る個人情報の全部の開示又は訂正等をすることとする場合。ただし、当該開示決定等について反対意見書が提出されている場合を除く。

第32条　前条の規定により諮問をした実施機関は、次に掲げる者に対し、諮問をした旨を通知しなければならない。
(1)　不服申立人及び参加人
(2)　開示請求者（開示請求者が不服申立人又は参加人である場合を除く。）
(3)　当該不服申立てに係る開示決定等について反対意見書を提出した第三者（当該第三者が不服申立人又は参加人である場合における手続を除く。）

第33条　第24条第3項の規定は、次の各号のいずれかに該当する決定をする場合について準用する。
(1)　開示決定に対する第三者からの不服申立てを却下し、又は棄却する決定
(2)　不服申立てに係る開示決定等を変更し、当該開示決定等に係る個人情報を開示する旨の決定（第三者である参加人が当該個人情報の開示に反対の意思を表示している場合に限る。）

第3章　事業者が保有する個人情報の保護

（事業者の責務）
第34条　事業者（事業を営む個人を含む。以下同じ。）は、個人情報の保護の重要性を認識し、事業の実施に当たっては、個人の権利利益を害することのないよう個人情報の適正な取扱いに努めるとともに、個人情報の保護に関する市の施策に協力しなければならない。

（事業者に対する意識啓発等）
第35条　市長は、事業者に対し、個人情報の適切な保護措置を講ずるよう意識啓発並びに指導及び助言を行うものとする。

（不適正事業者に対する説明等の要求）
第36条　市長は、事業者が個人情報を不適正に取り扱っている疑いがあると認めるときは、当該事業者に対し、説明又は資料の提出を求めることができる。

（不適正事業者に対する是正の勧告）
第37条　市長は、事業者が個人情報を著しく不適正に取り扱っていると認め

るときは、当該事業者に対し、その取扱いを是正するよう勧告することができる。

(不適正取扱い等の事実の公表)
第38条　市長は、事業者が第36条の規定による説明若しくは資料の提出を正当な理由なく拒んだとき、又は前条の規定による勧告に従わないときは、その事実を公表することができる。
2　市長は、前項の規定により公表しようとするときは、事業者に対し、あらかじめ、意見を述べる機会を与えるとともに、審議会の意見を聴くものとする。

(苦情相談の処理)
第39条　市長は、事業者が行う個人情報の取扱いに関する苦情の相談があったときは、適切かつ迅速な処理に努めるものとする。

(国及び他の地方公共団体との協力)
第40条　市長は、この章の規定に基づく施策を実施するに当たり必要があると認めるときは、国及び他の地方公共団体と協力し、個人情報の保護を図るよう努めるものとする。

第4章　雑則

(実施機関に対する苦情の処理)
第41条　実施機関は、当該実施機関が行う個人情報の取扱いについて苦情の申出があったときは、迅速かつ適切にこれを処理するよう努めなければならない。

(実施状況の公表)
第42条　市長は、毎年度、この条例の規定による個人情報保護制度の実施状況を取りまとめ、公表するものとする。

(出資法人等への要請)
第43条　市長は、市が出資する法人等のうち市長が定めるものに対し、この条例の規定による市の施策に準じた措置を講ずるよう要請するものとする。

(他の制度との調整等)
第44条　この条例は、法令又は他の条例の規定による個人情報の開示、訂正又は削除の手続が定められている場合における当該個人情報の開示、訂正又は削除については、適用しない。

2　この条例は、次に掲げる統計調査に係る個人情報については、適用しない。
(1)　統計法(昭和二十二年法律第18号)第2条に規定する指定統計及び同法第8条第1項の規定により総務大臣に届け出られた統計調査
(2)　統計報告調整法(昭和二十七年法律第148号)の規定により総務大臣の承認を受けた統計調査(専ら統計を作成するために用いられる事項に係る部分に限る。)
(3)　埼玉県統計調査条例(昭和四十四年埼玉県条例第14号)第2条第1項に規定する県統計調査

3　この条例は、次に掲げるものに記録されている個人情報については、適用しない。
(1)　新聞、雑誌、書籍その他不特定多数の者に販売することを目的として発行されるものであって、実施機関が当該新聞、雑誌、書籍等の形態で保有しているもの
(2)　歴史的若しくは文化的な資料又は学術研究用の資料として特別の管理がされているもの

(委任)
第45条　この条例の施行について必要な事項は、市長が規則で定める。

第5章　罰則

(罰則)
第46条　第13条第4項の規定による市長の命令に違反した者は、二年以下の懲役又は百万円以下の罰金に処する。

第47条　次の各号の一に該当する者は、一年以下の懲役又は五十万円以下の罰金に処する。
(1)　第13条第1項の規定に違反して不正記録行為をした者
(2)　第13条第2項の規定に違反して、不正記録媒体であることを知り、又は重大な過失によりこれを知らずに、当該不正記録媒体を譲り受け、所持し、若しくは第三者に譲り渡し、又は不正複写行為をした者

第48条　次の各号の一に該当する者は、一年以下の懲役又は三万円以下の罰金に処する。
(1)　第9条第3項の規定に違反して秘密を漏らした者
(2)　第10条第3項の規定に違反して秘密を漏らした者

第49条　第12条第1項の規定による報告をせず、若しくは虚偽の報告をし、又は同項の規定による検査を拒み、妨げ、若しくは忌避した者は、三十万円以下の罰金に処する。

第50条　第14条第1項の規定による報告をせず、若しくは虚偽の報告をし、又は同項の規定による検査を拒み、妨げ、若しくは忌避した者は、二十万円以下の罰金に処する。

第51条　法人の代表者又は法人若しくは人の代理人、使用人その他の従事者が、その法人又は人の業務に関して第46条から前条まで（第47条第1号の規定を除く。）の違反行為をしたときは、その行為者を罰するほか、その法人又は人に対し各本条の罰金刑を科する。

（市外犯）
第52条　この条例は、草加市外において第46条から第50条までの罪を犯したすべての者にも適用する。

　　　附　則
（施行期日）
1　この条例は、平成十三年四月一日から施行する。
（草加市電子計算組織に係る個人情報の保護に関する条例の廃止）
2　草加市電子計算組織に係る個人情報の保護に関する条例（昭和五十五年条例第28号）は、廃止する。
（経過措置）
3　この条例の施行の際現に行われている個人情報取扱事務についての第6条第1項の規定の適用については、同項中「開始しようとするときは」とあるのは、「現に行われている個人情報取扱事務について」とする。
4　この条例の施行の際現に保有している個人情報ファイルについての第6条第3項の規定の適用については、同項中「個人情報ファイルを新たに保有しようとするときは」とあるのは、「現に保有している個人情報ファイルについて」とする。
5　この条例の施行の際現に実施機関において収集等をしている個人情報の処理は、この条例の施行の際現に相当規定により行ったものとみなす。

千葉県／佐原市

佐原市犯罪被害者等支援条例

2000年（平成12年）12月21日議決

国の給付金支給法対象被害の枠を拡大し適用／市で初めて

　佐原市は、犯罪行為により傷害を受けた市民や、犯罪行為によって不慮の死を遂げた市民の遺族に対して、支援金等を支給することにより、犯罪被害者等の生活の安定と福祉の増進を図ることを目的として条例を制定した。

　対象犯罪被害は、日本国内又は国外にある日本船舶、日本航空機内において行われた人の生命、身体を害する罪にあたる行為によって傷害や死亡したもの。

　傷害支援金は、全治2週間以上の負傷をした場合、3万円から20万円を傷害の程度によって本人に支給。市民が犯罪によって死亡した場合は、遺族支援金として被害者の配偶者、子供、父母などの遺族に30万円支給する。

　国の犯罪被害者等給付金支給法の対象基準の枠を拡大して適用する。同様の条例は、埼玉県嵐山町、滋賀県竜王町でも制定されたが、市では全国で初めてとなる。

千葉県・佐原市

市　役　所：〒287-8501
千葉県佐原市佐原口2127
（下車駅　成田線　佐原駅）
電話　（0478）54-1111

人　　口：49,700人
世　帯　数：15,299世帯
面　　積：119.88 k㎡
人口密度：414.58人／k㎡
特　産　品：いかだ焼、佐原和傘、佐原張子
観　　光：香取神宮、歴史的街並み

佐原市犯罪被害者等支援条例

（目的）
第一条　この条例は、犯罪行為により傷害を受けた市民又はその行為により不慮の死を遂げた市民の遺族に、支援金の支給等を行うことによって犯罪被害者等の生活の安定と福祉の増進に資することを目的とする。

（定義）
第二条　この条例において次の各号に掲げる用語の意義は、それぞれ当該各号に定めるところによる。
一　犯罪被害者　日本国内又は国外にある日本船舶若しくは日本航空機内において行われた人の生命又は身体を害する罪にあたる行為（刑法明治四十年法律第45号（第三十七条第1項本文、第三十九条第1項又は第四十一条の規定により罰せられない行為を含むものとし、同法第三十五条第1項の規定により罰せられる行為及び過失による行為を除く。以下「犯罪行為」という。）による傷害又は死亡をいう。
二　傷害　医師の診断により、全治二週間以上のものをいう。
三　市民　犯罪被害を受けた当時、本市の区域内に住所を有した者をいう。

（支援金の支給）
第三条　市長は、犯罪行為により傷害を受けた者又は不慮の死を遂げた者（以下「被害者」という。）があるときは、この条例の定めるところにより、被害者に対し、傷害支援金又は第一順位遺族（次条第三項及び第五項の規定による第1順位の遺族をいう。）に対し遺族支援金（以下「支援金」という。）を支給する。

四　支援　傷害支援金又は遺族支援金の支給及び関係機関との連携をいう。

（遺族の範囲および順位）
第四条　遺族支援金の支給をうけることのできる遺族は、被害者の死亡の時において、次の各号のいずれかに該当する市民とする。
一　被害者の配偶者（婚姻の届出をしていないが、事実上婚姻関係と同様の事情にあった者を含む）
二　被害者の収入によって生計を維持していた被害者の子、父母、孫、祖父母、及び兄弟姉妹

二　被害者が犯罪行為を誘発したとき。その他当該犯罪被害につき、被害者にも、その責めに帰すべき行為があったとき。

三　前二号に掲げる場合のほか、被害者又はその遺族と加害者の関係その他の事情から判断して、支援金を支給することが社会通念上適切でないと認められるとき。

2　被害者の死亡当時胎児であった場合においては、その子が出生した場合において、前項の規定の適用については、その子は、その母が被害者の死亡の当時被害者の収入によって生計を維持していたときにあっては同項第二号の子と、その他のときにあっては同項第三号の子とみなす。

3　遺族支援金を受けるべき遺族の順位は、第一項各号の順序とし、同項第二号及び第三号に掲げる順序とし、父母については、養父母を先にし、実父母を後にする。

4　前三項の場合において、遺族支援金の支給を受けるべき先順位の遺族が二人以上あるときは、その一人に対してした支給は、全員に対してなされたものとみなす。

5　被害者を故意に死亡させ、又は被害者の死亡前に、その者の死亡によって遺族支援金の支給を受けることができる先順位若しくは同順位の遺族となるべき者を故意に死亡させた者は、遺族支援金の支給を受けることができる遺族としない。遺族支援金の支給を受けることができる先順位又は同順位の遺族を故意に死亡させた者も、同様とする。

（支援金の額）
第五条　傷害支援金の額は、傷害の程度により、それぞれ次の各号に掲げるとおりとする。
一　全治二週間以上一か月未満　三万円
二　全治一か月以上三か月未満　十万円
三　全治三か月以上　二十万円

2　遺族支援金の額は、三十万円とする。

（支援金の支給申請）
第六条　支援金の支給を受けようとする被害者又は遺族は、市長に申請するものとする。
2　前項の申請は、当該犯罪被害の発生を知った日から二年を経過したときは、することができない。

（支援金の支給制限）
第七条　市長は、次に掲げる場合には、支援金の支給をしないことができる。
一　被害者と加害者の間に親族関係（事実上の婚姻関係を含む。）があるとき。

（認定）
第八条　市長は、第六条の申請があった場合は、速やかに審査の上、支給の適否を決定しなければならない。

（支援金の返還）
第九条　市長は、詐欺その他不正の行為により支援金を受けた者があるときは、又は支援金の支給後において第七条の規定に該当することが判明したときは、当該支援金をその者から返還させることができる。

（関係機関との連携）
第十条　市は、警察及びその他関係機関との連携を強化し、被害者の支援を行うものとする。

（委任）
第十一条　この条例の施行に関し必要な事項は、規則で定める。

附則

この条例は、平成十三年一月一日から施行する。

神奈川県／川崎市

川崎市子どもの権利に関する条例
2000年（平成12年）12月21日議決

子供の権利を明文化し条例制定、全国初／「子供会議」や「子供権利委員会」を設置

　川崎市は、家庭や児童福祉施設、学校、地域での子供の権利を明文化し、総合的な権利保証と市の責務を定めた条例を制定した。

　この条例は、1998年に国連で採択された「児童の権利に関する条約」の理念を自治体として実現させる目的で設けられたもので、全国で初めて。

　条例では「安心して生きる権利」「ありのままの自分でいる権利」など、子供の権利を7項目にまとめて規定し、親や学校、施設関係者に順守するよう義務づけている。

　子どもの参加の促進を図るため、学校、施設管理者は、施設運営を話し合う機会を設けるほか、市政に子どもの意見を反映させるための「子ども会議」や、子どもの権利保障を推進するための「子ども権利委員会」の設置を定めた。親や施設関係者による虐待や体罰を禁止する条項も盛り込まれたが、罰則規定は設けてない。

神奈川県・川崎市

市役所：〒210-8577
神奈川県川崎市川崎区宮本町1
（下車駅　東海道本線　川崎駅）
電話（044）200-2111

人　口：1,209,845人
世帯数：529,092世帯
面　積：142.70km²
人口密度：8,478.24人/km²
特産品：電気機器、鉄鋼、梨
観　光：川崎大師、向ヶ丘遊園、よみうりランド

川崎市子どもの権利に関する条例

前文

　子どもは、それぞれが一人の人間である。子どもは、かけがえのない価値と尊厳を持っており、個性や他の者との違いが認められ、自分が自分であることを大切にされたいと願っている。

　子どもは、権利の全面的な主体である。子どもは子どもの最善の利益の確保、差別の禁止、子どもの意見の尊重などの国際的な原則の下で、その権利を総合的に、かつ、現実に保障される。子どもにとって権利は人間としての尊厳をもって、自分を自分として実現し、自分らしく生きていく上で不可欠なものである。

　子どもは、その権利が保障される中で、豊かな子ども時代を過ごすことができる。子どもは、権利について学習することや実際に行使することなどを通して子どもは、権利の認識を深め、権利を実現する力、他の者の権利を尊重する力や責任などを身に付けることができる。また、自分の権利が尊重され、保障されるためには、同じように他の者の権利が尊重され、保障されることが不可欠である。

　子どもは、大人とともに社会を構成するパートナーである。子どもは、現在の社会の一員として、また、未来の社会の担い手として、社会の在り方や形成にかかわる固有の役割があるとともに、そこに参加する権利がある。そのためにも社会は、子どもに開かれる。

　子どもは、同時代を生きる地球市民として国内外の子どもと相互の理解と交流を深め、共生と平和を願い自然を守り、都市のより良い環境を創造することに欠かせない役割を持っている。

　市における子どもの権利を保障する取組は、市に生活するすべての人々の共生を進め、その権利の保障につながる。私たちは、子ども最優先などの国際的な原則も踏まえ、それぞれの子どもが一人の人間として生きていく上で必要な権利が保障されるよう努める。

　私たちは、こうした考えの下、平成元年十一月二十日に国際連合総会で採択された「児童の権利に関する条約」の理念に基づき、子どもの権利の保障を進めることを宣言し、この条例を制定する。

第1章 総則

(目的)
第1条 この条例は、子どもの権利に係る市等の責務、人間としての大切な子どもの権利、家庭、育ち・学ぶ施設及び地域における子どもの権利の保障等について定めることにより、子どもの権利の保障を図ることを目的とする。

(定義)
第2条 この条例において、次の各号に掲げる用語の意義は、それぞれ当該各号に定めるところによる。
(1) 子ども 市民をはじめとする市に関係のある十八歳未満の者その他これらの者と等しく権利を認めることが適当と認められる者
(2) 育ち・学ぶ施設 児童福祉法(昭和二十二年法律第164号)に規定する児童福祉施設、学校教育法(昭和二十二年法律第26号)に規定する学校、専修学校、各種学校その他の施設のうち、子どもが育ち、学ぶために入所し通所し、又は通学する施設
(3) 親に代わる保護者 児童福祉法に規定する里親又は保護受託者その他の親に代わり子どもを養育する者

(責務)
第3条 市は、子どもの権利を尊重し、あらゆる施策を通じてその保障に努めるものとする。

2 市民は、子どもの権利の保障に努めるべき場において、その権利が保障されるよう市との協働に努めなければならない。

3 育ち・学ぶ施設の設置者、管理者及び職員(以下「施設関係者」という。)のうち、市以外の施設関係者は、市の施策に協力するよう努めるとともに、その育ち・学ぶ施設における子どもの権利が保障されるよう努めなければならない。

4 事業者は、雇用される市民が養育する子ども及び雇用される子どもの権利の保障について市の施策に協力するよう努めなければならない。

(国等への要請)
第4条 市は、子どもの権利が広く保障されるよう国、他の公共団体等に対し協力を要請し、市外においてもその権利が保障されるよう働きかけを行うものとする。

(かわさき子どもの権利の日)
第5条 市民の間に広く子どもの権利についての関心と理解を深めるため、かわさき子どもの権利の日を設ける。

2 かわさき子どもの権利の日は、十一月二十日とする。

3 市は、かわさき子どもの権利の日の趣旨にふさわしい事業を実施し、広く市民の参加を求めるものとする。

(広報)
第6条 市は、子どもの権利に対する市民の理解を深めるため、その広報に努めるものとする。

(学習等への支援等)
第7条 市は、家庭教育、学校教育及び社会教育の中で、子どもの権利についての学習等が推進されるよう必要な条件の整備に努めるものとする。

2 市は、施設関係者及び医師、保健婦等の子どもの権利の保障に職務上関係のある者に対し、子どもの権利についての理解がより深まるよう研修の機会を提供するものとする。

3 市は、子どもによる子どもの権利についての自主的な学習等の取組に対し必要な支援に努めるものとする。

(市民活動への支援)
第8条 市は、子どもの権利の保障に努める市民の活動に対し、その支援に努めるとともに、子どもの権利の保障に努める活動を行うものとの連携を図るものとする。

第2章 人間としての大切な子どもの権利

(子どもの大切な権利)
第9条 この章に規定する権利は、子どもにとって、人間として育ち、学び生活をしていく上でとりわけ大切なものとして保障されなければならない。

(安心して生きる権利)
第10条 子どもは、安心して生きることができる。そのためには、主として次に掲げる権利が保障されなければならない。
(1) 命が守られ、尊重されること。
(2) 愛情と理解をもって育(はぐく)まれること。
(3) あらゆる形態の差別を受けないこと。
(4) あらゆる形態の暴力を受けず、又は放置されないこと。

第11条 子どもは、ありのままの自分でいることができる。そのためには主として次に掲げる権利が保障されなければならない。

(ありのままの自分でいる権利)

(1) 自分の考えや信仰を持つこと。
(2) 個性や他の者との違いが認められ、人格が尊重されること。
(3) 自分に関する情報が不当に収集され、又は利用されないこと。
(4) 秘密が侵されないこと。
(5) 子どもであることをもって不当な取扱いを受けないこと。
(6) 安心できる場所で自分を休ませ、及び余暇を持つこと。
(7) 平和と安全な環境の下で生活ができること。
(8) 健康に配慮がなされ、適切な医療が提供され、及び成長にふさわしい生活ができること。

(自分を守り、守られる権利)

第12条 子どもは、自分が守られることができる。又は自分が守られるために、主として次に掲げる権利が保障されなければならない。

(1) あらゆる権利の侵害から逃れられること。
(2) 自分が育つことを妨げる状況から保護されること。
(3) 状況に応じた適切な相談の機会が、相談にふさわしい雰囲気の中で確保されること。
(4) 自分の将来に影響を及ぼすことについて他の者が決めるときに、自分の意見を述べるのにふさわしい雰囲気の中で表明し、その意見が尊重されること。
(5) 自分を回復するに当たり、その回復に適切でふさわしい雰囲気の場が与えられること。

(自分を豊かにし、力づけられる権利)

第13条 子どもは、その育ちに応じて自分を豊かにし、力づけられることができる。そのためには、主として次に掲げる権利が保障されなければならない。

(1) 遊ぶこと。
(2) 学ぶこと。
(3) 文化芸術活動に参加すること。
(4) 役立つ情報を得ること。
(5) 幸福を追求すること。

(自分で決める権利)

第14条 子どもは、自分に関することを自分で決めることができる。そのためには、主として次に掲げる権利が保障されなければならない。

(1) 自分に関することを決めることを年齢と成熟に応じて決めること。
(2) 自分に関することを決めるときに、適切な支援及び助言が受けられること。
(3) 自分に関することを決めるために必要な情報が得られること。

(参加する権利)

第15条 子どもは、参加することができる。そのためには、主として次に掲げる権利が保障されなければならない。

(1) 自分の意見を表現すること。
(2) 自分の意見を表明し、その意見が尊重されること。
(3) 仲間をつくり、仲間と集うこと。
(4) 参加に際し、適切な支援が受けられること。

(個別の必要に応じて支援を受ける権利)

第16条 子どもは、その置かれた状況に応じ、子どもにとって必要な支援を受けることができる。そのためには、主として次に掲げる権利が保障されなければならない。

(1) 子ども又はその家族の国籍、民族、性別、言語、宗教、出身、財産、障害その他の置かれている状況を原因又は理由とした差別及び不利益を受けないこと。
(2) 前号の置かれている状況に応じ、尊重される中で共生できること。
(3) 国籍、民族、言語等において少数の立場の子どもが、自分の文化等を享受し、学習し、又は表現することが尊重されること。
(4) 障害のある子どもが、尊厳を持ち、自立し、かつ、社会への積極的な参加が図られること。
(5) 子どもが置かれている状況に応じ、子どもに必要な情報の入手の方法、意見の表明の方法、参加の手法等に工夫及び配慮がなされること。

第3章 家庭、育ち・学ぶ施設及び地域における子どもの権利の保障

第1節 家庭における子どもの権利の保障

(親等による子どもの権利の保障)

第17条　親又は親に代わる保護者（以下「親等」という。）は、その養育する子どもの権利の保障に努めるべき第一義的な責任者である。

2　親等は、その養育する子どもが権利を行使する際に子どもの最善の利益を確保するため、子どもの年齢と成熟に応じた支援に努めなければならない。

3　親等は、子どもの最善の利益と一致する限りにおいて、その養育する子どもに代わり、その権利を行使するよう努めなければならない。

4　親等は、育ち・学ぶ施設及び保健、医療、児童福祉等の関係機関からその子どもの養育に必要な説明を受けることができる。この場合において、子どもの養育を得ようとする努めなければならない限りにおいて行うよう努めなければならない。

（養育の支援）
第18条　親等は、その養育に当たって市から支援を受けることができる。

2　市は、親等がその子どもの養育に困難な状況にある場合は、その状況について特に配慮した支援に努めるものとする。

3　事業者は、雇用される市民が安心してその子どもを養育できるよう配慮しなければならない。

（虐待及び体罰の禁止）
第19条　親等は、その養育する子どもに対して、虐待及び体罰を行ってはならない。

（虐待からの救済及びその回復）
第20条　市は、虐待を受けた子どもに対する迅速かつ適切な救済及びその回復に努めるものとする。

2　前項の救済及びその回復に努めるに当たっては、二次的被害が生じないようその子どもの心身の状況に特に配慮しなければならない。

3　市は、虐待の早期発見及び虐待を受けた子どもの迅速かつ適切な救済及びその回復のため、関係団体等との連携を図り、その支援に努めるものとする。

第2節　育ち・学ぶ施設における子どもの権利の保障

（育ち・学ぶ環境の整備等）
第21条　育ち・学ぶ施設の設置者及び管理者（以下「施設設置管理者」という。）は、その子どもの権利の保障が図られるよう育ち・学ぶ施設において子どもが自ら育ち、学べる環境の整備に努めなければならない。

2　前項の環境の整備に当たっては、その子どもの親等その他地域の住民との連携を図るとともに、育ち・学ぶ施設の職員の主体的な取組を通して行われるよう努めなければならない。

（安全管理体制の整備等）
第22条　施設設置管理者は、育ち・学ぶ施設の活動における子どもの安全を確保するため、災害の発生の防止に努めるとともに、災害が発生した場合にあっても被害の拡大を防ぐよう関係機関、親等その他地域の住民との連携を図り、安全管理の体制の整備及びその維持に努めなければならない。

2　施設設置管理者は、その子どもの自主的な活動が安全の下で保障されるよう施設及び設備の整備等に配慮しなければならない。

（虐待及び体罰の禁止等）
第23条　施設関係者は、その子どもに対し、虐待及び体罰を行ってはならない。

2　施設設置管理者は、その職員に対し、子どもに対する虐待及び体罰の防止に関する研修等の実施に努めなければならない。

3　施設設置管理者は、子どもが安心して行うことができる育ち・学ぶ施設における虐待及び体罰に関する相談をその子どもから受けるよう努めなければならない。

4　施設関係者は、虐待及び体罰に関する相談を受けたときは、子どもの最善の利益を考慮し、その相談に必要な者、関係機関等と連携し子どもの救済及びその回復に努めなければならない。

（いじめの防止等）
第24条　施設設置管理者は、いじめの防止に努めなければならない。

2　施設設置管理者は、いじめの防止を図るため、その子どもに対する啓発に努めなければならない。

3　施設設置管理者は、その職員に対し、いじめの防止に関する子どもの権利が理解されるよう啓発に努めなければならない。

4　施設設置管理者は、いじめに関する相談をその子どもが安心して行うことができる育ち・学ぶ施設における仕組みを整えるよう努めなければならない。

5　施設関係者は、いじめに関する子どもの相談を受けたときは、子どもの

-314-

第25条 育ち・学ぶ施設における子ども本人に関する文書は、適切に管理され、及び保管されなければならない。

2 前項の文書のうち子どもの利害に影響するものにあっては、その作成に当たり、子ども本人又はその親等の意見を求める等の公正な文書の作成に対する配慮がなされなければならない。

3 育ち・学ぶ施設においては、その目的の範囲を超えてその子ども本人に関する情報が収集され、又は保管されてはならない。

4 前項の情報は、育ち・学ぶ施設のその目的の範囲を超えて利用され、又は外部に提供されてはならない。

5 第1項の文書及び第3項の情報に関しては、子どもの最善の利益を損なわない限りにおいてその子ども本人に提示され、又は提供されるよう文書及び情報の管理等に関する事務が行われなければならない。

6 育ち・学ぶ施設において子ども本人に対する不利益な処分等が行われる場合には、その処分等を決める前に、その子ども本人から事情、意見等を聴く場を設ける等の配慮がなされなければならない。

第3節 地域における子どもの権利の保障

(子どもの育ちの場等としての地域)

第26条 地域は、子どもの育ちの場であり、家庭、育ち・学ぶ施設、文化、スポーツ施設等と一体となってその人間関係を豊かなものとする場であることを考慮し、市は、地域において子どもの権利の保障が図られるよう子どもの活動が安全の下で行うことができる子育て及び教育環境の向上を目指したまちづくりに努めるものとする。

2 市は、地域において、子ども、その親等、施設関係者その他住民がそれぞれ主体となって、地域における子育て及び教育環境に係る協議その他の活動を行う組織の整備並びにその活動に対し支援に努めるものとする。

(子どもの居場所)

第27条 子どもには、ありのままの自分でいること、休息して自分を取り戻すこと、自由に遊び、若しくは活動することまたは安心して人間関係をつくり合うことができる場所(以下「居場所」という。)が大切であることを考慮し市は、居場所についての考え方の普及並びに居場所の確保及びその存続に努めるものとする。

2 市は、子どもに対する居場所の提供等の自主的な活動を行う市民及び関係団体との連携を図り、その支援に努めるものとする。

(地域における子どもの活動)

第28条 地域における子どもの活動が子どもにとって豊かな人間関係の中で育つために大切であることを考慮し、市は、地域における子どもの自治的な活動を奨励するとともにその支援に努めるものとする。

第4章 子どもの参加

(子どもの参加の促進)

第29条 市は、子どもが市政等について市民として意見を表明する機会、育ち・学ぶ施設その他の活動の拠点となる場でその運営等について構成員として意見を表明する機会又は地域における文化・スポーツ活動に参加する機会を諸施策において保障することが大切であることを考慮して、子どもの参加を促進し又はその方策の普及に努めるものとする。

(子ども会議)

第30条 市長は、市政について、子どもの意見を求めるため、川崎市子ども会議(以下「子ども会議」という。)を開催する。

2 子ども会議は、子どもの自主的及び自発的な取組により運営されるものとする。

3 子ども会議は、その主体である子どもが定める方法により、子どもの総意としての意見等をまとめ、市長に提出することができる。

4 市長その他の執行機関は、前項の規定により提出された意見等を尊重するものとする。

5 市長その他の執行機関は、子ども会議にあらゆる子どもの参加が促進されその会議が円滑に運営されるよう必要な支援を行うものとする。

(参加活動の拠点づくり)

第31条 市は、子どもの自主的及び自発的な参加活動を支援するため、子どもが子どもだけで自由に安心して集うことができる拠点づくりに努めるものとする。

(自治的活動の奨励)

第32条 施設設置管理者は、その構成員としての子どもの自治的な活動を奨励し、支援するよう努めなければならない。
2 前項の自治的な活動による子どもの意見等については、育ち・学ぶ施設の運営について配慮されるよう努めなければならない。

(より開かれた育ち・学ぶ施設)
第33条 施設設置管理者は、子ども、その親等その他地域の住民にとってより開かれた育ち・学ぶ施設を目指すため、それらの者に育ち・学ぶ施設における運営等の説明等を行い、それらの者及び育ち・学ぶ施設の職員とともに育ち・学ぶ施設を支え合うため、定期的に話し合う場を設けるよう努めなければならない。

(市の施設の設置及び運営に関する子どもの意見)
第34条 市は、子どもの利用を目的とした市の施設の設置及び運営に関し子どもの参加の方法等について配慮し、子どもの意見を聴くよう努めるものとする。

第5章 子どもの権利に関する行動計画

(行動計画)
第35条 市は、子どもに関する施策の推進に際し子どもの権利の保障が総合的かつ計画的に図られるための川崎市子どもの権利に関する行動計画(以下「行動計画」という。)を策定するものとする。
2 市長その他の執行機関は、行動計画を策定するに当たっては、市民及び第37条に規定する川崎市子どもの権利委員会の意見を聴くものとする。

(子どもに関する施策の推進)
第36条 市の子どもに関する施策は、子どもの権利の保障に資するため、次に掲げる事項に配慮し、推進しなければならない。
(1) 子どもの最善の利益に基づくものであること。
(2) 教育、福祉、医療等との連携及び調整が図られた総合的かつ計画的なものであること。
(3) 親等、施設関係者その他市民との連携を通して一人一人の子どもを支援するものであること。

第6章 子どもの権利の保障状況の検証

(権利委員会)
第37条 子どもに関する施策の充実を図り、子どもの権利の保障を推進するため、川崎市子どもの権利委員会(以下「権利委員会」という。)を置く。
2 権利委員会は、第35条第2項に定めるもののほか、市長その他の執行機関の諮問に応じ、子どもの権利に関する施策における子どもの権利の保障の状況について調査審議する。
3 権利委員会は、委員十人以内で組織する。
4 委員は、人権、教育、福祉等の子どもの権利にかかわる分野において学識経験のある者及び市民のうちから、市長が委嘱する。
5 委員の任期は、三年とする。ただし、補欠の委員の任期は、前任者の残任期間とする。
6 委員は、再任されることができる。
7 第4項の委員のほか、特別の事項を調査審議させるため必要があるときは権利委員会に臨時委員を置くことができる。
8 委員及び臨時委員は、職務上知ることができた秘密を漏らしてはならない。その職を退いた後も同様とする。
9 前各項に定めるもののほか、権利委員会の組織及び運営に関し必要な事項は、市長が定める。

(検証)
第38条 権利委員会は、前条第2項の諮問があったときは、市長その他の執行機関に対し、その諮問に係る施策について評価等を行うべき事項について提示するものとする。
2 市長その他の執行機関は、前項の規定により権利委員会から提示のあった事項について評価等を行い、その結果を権利委員会に報告するものとする。
3 権利委員会は、前項の報告を受けたときは、市民の意見を求めるものとする。
4 権利委員会は、前項の規定により意見を求めるに当たっては、子どもの意見が得られるようその方法等に配慮しなければならない。
5 権利委員会は、第2項の報告及び第3項の意見を総合的に勘案して、子どもの権利の保障の状況について調査審議するものとする。
6 権利委員会は、前項の調査審議により得た検証の結果を市長その他の執行機関に答申するものとする。

(答申に対する措置等)

第39条　市長その他の執行機関は、権利委員会からの答申を尊重し、必要な措置を講ずるものとする。
2　市長は、前条の規定による答申及び前項の規定により講じた措置について公表するものとする。

第7章　雑則

（委任）
第40条　この条例の施行に関し必要な事項は、市長その他の執行機関が定める。

　　　附　則
（施行期日）
1　この条例は、平成十三年四月一日から施行する。
（権利侵害からの救済等のための体制整備）
2　市は、子どもに対する権利侵害の事実が顕在化しにくく認識されにくいことと併せ、子どもの心身に将来にわたる深刻な影響を及ぼすことを考慮し、子どもが安心して相談し、救済を求めることができるようにするとともに、虐待等の予防、権利侵害からの救済及び回復等を図ることを目的とした新たな体制を早急に整備する。

宮城県／岩出山町

岩出山町いわでやま男女平等推進条例 2000年（平成12年）12月22日議決

被害者に実効ある条例化／窓口にはカウンセラー、避難場所の確保も明記

男女平等社会の実現を目的として制定された。第4条で性差別の禁止を定め、性的行為の強要や、DV、虐待の禁止とともに、侵害行為の事実を知り得た者の町や関係機関への通報を促している。13条では、これらの人権を侵害する行為があった場合の被害者救済のため、町の苦情相談機関の設置を定めた。14条で、相談機関に相談員のほかカウンセラーの配置を明記し、15条では、相談員やカウンセラーには研修を義務づけた。又、18条で、町に被害者のための一時避難施設の確保を義務づけている。町は、事業者に対して男女平等推進に関し助言等の措置ができるとした。第8条の男女平等推進審議会は、町民の代表、事業者・各種機関代表、苦情相談機関を構成する者、学識経験者で構成し、行動計画案の審議、評価や意見具申、研修の立案などを行う。住民参加で性差別の被害者に救済の実効が期待できる条例となっている。

宮城県・岩出山町

町役場：〒989-6492	人　口：14,842人
宮城県玉造郡岩出山町字船場21	世帯数：4,293世帯
（下車駅　陸羽東線　岩出山駅）	面　積：140.70km²
電話（0229）72-1211	人口密度：105.49人/km²
	特　産：しの竹細工、つと納豆、凍り豆腐
	観　光：有備館（日本一古いといわれる学問所）

人権（男女共同参画）

岩出山町いわでやま男女平等推進条例

前文

すべての人は、その性別にかかわりなく、個性ある一人の個人として尊重されなければならず、一人ひとりの尊厳を確保する地域社会でなければならない。

日本国憲法は、すべての人に等しく人権を保障している。しかし、この憲法が制定されてから半世紀が経過した現在でも、現実生活の幾つかの場面においては、今なお、性別による固定的役割分業、それに基づくさまざまな因習や慣行が根強く残存している。人をその個性や能力で評価するのではなく、性の違いだけによって評価し、その生き方をも拘束するというあり方は、人を個人として、ひいては、人間として認めないということに通じる。

私たち岩出山町民は、「力をあわせ生きがいのある町をつくります」という町民憲章を掲げて、本格的にこの問題に取り組む決意を表明した。私たちが目指す「男女が対等な立場で、基本的な構成員として、共に責任を担い、共に協力する男女共同参画社会」とは、とりも直さず、人権が保障された男女平等社会に他ならない。

新しい世紀において、この町に住むすべての人が、その性別にかかわりなく、一人の個人として大切にされ、一人ひとりが個性豊かに生きることができる、そのような岩出山町を築くために、私たちは、伝統ある学問のまちの住民として、その誇りと名誉にかけて、ここにこの条例を制定する。

第一章　総則

（条例の目的）

第一条　この条例は、男女平等の推進に関して、その基本理念並びに町、町民及び事業者等の責務を明らかにするとともに、その推進体制、苦情相談機関等を定めることにより、男女平等の促進に関する施策を総合的かつ効果的に推進し、もって男女平等社会を実現することを目的とする。

（用語の定義）

第二条　この条例において、次の各号に掲げる用語の意義は、当該各号の定めるところによるものとする。

-318-

一 事業者等　公的機関であるか民間組織であるかを問わず、また、その事業活動が営利を目的とするか否かを問わず、町内において事業活動を展開するものをいう。

二 積極的改善措置　社会のあらゆる分野における活動に参画する機会についての男女間の格差を改善するため、必要な範囲において、男女のいずれか一方に対し、当該機会を積極的に提供することをいう。

(基本理念)
第三条　男女平等は、次に掲げる事項を基本理念として推進しなければならない。

一 男女がその性別にかかわりなく、個々人がその個性と能力によって評価されること。

二 男女がその性別による固定的な役割を強制されることなく、自己の意思で多様な生き方を選択することができること。

三 男女が、家庭、政治、経済及び地域社会における諸活動に対等な立場で参画し、共に責任を分かちあうことができること。

(性差別の禁止等)
第四条　何人も、あらゆる場において、性別による差別的な扱いをしてはならない。

2 何人も、あらゆる場において、性的行為の強要又は性的言動による生活環境の侵害及び個人の尊厳を踏みにじる暴力や虐待を行ってはならない。

3 何人も、前2項の規定に反する行為があったことを知り得た者は、町及び関係機関に、その事実を通報するよう努めなければならない。

4 町は、第一項及び第二項の規定に反する行為であるとの認識にたち、その予防及び防止並びに被害者救済のために適切な措置を講じなければならない。

(町の責務)
第五条　町は、前条第四項に規定するもののほか、基本理念に基づいて男女平等を推進するために次に定める責務を有する。

一 男女平等を推進するための施策を総合的かつ計画的に実施すること。

二 この条例が広く町民及び事業者等の理解を得られるよう、研修、学習促進等の機会を広く提供すること。

三 男女平等に関する情報を収集分析し、これを町民及び事業者等に公表すること。この場合において、個人情報には保護が与えられなければならない。

四 町民及び事業者等が実施する男女平等の推進に関する活動を支援するため、情報の提供その他必要な措置を講ずること。

五 政策の審議決定等にかかわる委員会等の委員及び行政の執行に携わる職員について、その構成が一方の性に著しく偏ることのないように配慮すること。

六 男女平等の推進に関する国及び県の施策との調整を図りながら、他の自治体との広域的連携と協力に努めること。

(町民の責務)
第六条　町民は、男女平等の推進に関する理解をより一層深め、従来の慣行にとらわれることなく、生活のあらゆる場面において、その実現に努めなければならない。

2 町民は、町が行う男女平等推進に向けた施策に協力するよう努めなければならない。

(事業者等の責務)
第七条　事業者等は、男女平等の推進に関する理解を深め、その事業活動のあらゆる場面において、積極的改善措置を講ずる等その実現に努めなければならない。

2 町長は、男女平等の促進に必要と認める場合、事業者等に対して男女平等の状況について報告を求めることができる。また、必要と認める場合には、当該事業者等に対して助言等の措置を行うことができる。

第二章　男女平等推進体制

(男女平等推進審議会)
第八条　男女平等の推進に関する重要事項を審議するため、男女平等推進審議会(以下「審議会」という。)を設置する。

(委員)
第九条　審議会は、十五名以内の者をもって組織する。

2 委員は、次に掲げる者の中から、町長が委嘱する。

一 町民を代表する者

二 事業者等及び各種機関を代表する者

三 苦情相談機関を構成する者

四 知識経験を有する者

3 委員の構成は、一方の性に著しく偏ることのないように配慮しなければならない。

(審議会の職責)
第十条 審議会は、次に掲げる事項について職責を有するものとする。
一 次条第二項に規定する行動計画案の審議及び施策の評価並びに行動計画の見直しに関すること。
二 苦情相談処理状況の把握、措置等に対する意見具申に関すること。
三 男女平等の推進に関する一般研修並びに相談員及びカウンセラーの養成研修の立案に関すること。

第三章 行動計画等

(行動計画の策定)
第十一条 町長は、男女平等を推進するため、総合的かつ具体的な施策をとりまとめ、行動計画を策定しなければならない。
2 行動計画の策定に当たっては、町長は審議会にこれを諮問したうえで行わなければならない。
3 行動計画は、「推進基本計画」、「推進年次計画」及び「推進年度計画」に分けて策定するものとする。
4 町長は、行動計画を策定したときは、これを議会に報告するとともに、町民及び事業者等に周知し、理解と協力を促すものとする。
5 前三項の規定は、行動計画の見直しについて準用する。

(年次報告)
第十二条 町長は、毎年施策の実施状況を議会、審議会に報告するとともに、町民及び事業者等に周知するものとする。

第四章 苦情相談機関及び救護措置

(苦情相談機関の設置等)
第十三条 第四条第一項及び第二項の規定に反する行為その他男女平等の推進を阻害する要因により人権を侵害する行為(以下「侵害行為」という。)があった場合、当該被害者を救済するため、町に苦情相談機関を置く。
2 侵害行為の被害者及び侵害行為の事実を知り得た者は、苦情相談機関に苦情相談をすることができる。

(苦情相談機関の構成)
第十四条 苦情相談機関は、以下の者によって構成する。
一 男女平等推進事業主管課の責任者(以下「総括責任者」という。)
二 相談員
三 カウンセラー
四 事務職員

(職務)
第十五条 苦情相談機関を構成する者の職務は、次に定めるところによる。
一 総括責任者は、相談員及びカウンセラーが行う職務を管理するとともに、各々の業務執行につき総括責任を負う。
二 相談員は、第十三条第一項に規定する侵害行為の事実関係を聴取し、必要があると判断する場合には、総括責任者を通して町の関係部署に通知して、適切な措置をとるように促すことができる。また、侵害行為が著しいと判断する場合には、被害者の身柄の安全を確保する等、適切な保護措置を講ずることができる。
三 カウンセラーは、相談員の職務の遂行を補助するほか、相談者の自立を促すためにカウンセリングを行う。
四 事務職員は、総括責任者の事務を補佐するほか、相談機関全般の庶務を行う。
2 相談員は、前項第二号の職務を遂行し、必要と判断した場合には、外部機関に援助を求めることができる。

(守秘義務)
第十六条 苦情相談機関に所属する者は、職務上知り得た情報を漏洩してはならない。

(研修)
第十七条 相談員及びカウンセラーは、相当な事前研修を経た後でなければ、職務に就くことはできない。また、就任後も定期に研修の機会が与えられなければならない。

(避難施設の確保)
第十八条 町は、第十三条第一項に規定する侵害行為を受けた被害者のために、一時避難施設を確保するものとする。
2 避難施設の利用は、被害者本人の意思を最優先して決定しなければならない。

第五章　補則

（規則への委任）

第十九条　この条例の施行に関して必要な事項は、町長が別に定める。

　　　附　則

（施行期日）

1　この条例は、平成十三年四月一日から施行する。ただし、第八条から第十条までの規定は、規則で定める日から施行する。

（経過措置）

2　岩出山町男女共同参画社会推進審議会条例（平成十二年条例第1号）第1条により設置された岩出山町男女共同参画社会推進審議会が策定する「岩出山町男女共同参画社会基本推進計画」は、第十一条第二項の規定にかかわらず平成十三年度に限り、同条第3項に規定する「行動計画」とみなす。

埼玉県／新座市

新座市男女共同参画推進条例

2000年（平成12年）7月1日施行

男女共同参画の基本理念、セクハラや配偶者への暴力禁止を条例化／積極的是正措置も明記

性別による差別が現存している現状を前文で明らかにし、6項目の基本理念で、①性別による差別的取り扱いを受けない人権の尊重、②社会の制度慣行による社会活動の選択の阻害の防止、③市や事業者の立案決定への参加の確保、④家庭生活での男女の対等の参加、⑤妊娠出産に関する女性の意思決定の権利、⑥国際社会の取り組みの考慮などがうたわれている。第7条で、セクシャル・ハランスメントや配偶者への暴力行為を禁じ、第8条では、公衆に表示する情報は性別役割分担やセクハラなどを助長したり連想させる表現、過度の性的表現をしないように定めた。第12条では、あらゆる分野の男女間の参画機会の格差を是正する市の責務として、審議会等における委員の委嘱任命の場合は、男女の均衡を図ることを義務づけている。「女性困りごと相談室」を設置し、差別的取り扱いや性別による人権侵害に関し市役所が積極的に取り組むとした。

埼玉県・新座市

市 役 所：〒352-8623
埼玉県新座市野火止1-1-1
（下車駅　武蔵野線　新座駅）
電話（048）477-1111

人　　口：146,787人
世 帯 数：55,029世帯
面　　積：22.80km²
人口密度：6,438人/km²
特 産 品：半導体、磁気カード
観　　光：野火止用水、平林寺

人権（男女共同参画）

新座市男女共同参画推進条例

すべて人は平等な存在であり、男性と女性は、対等なパートナーとして互いの人権を尊重しなければならない。

私たちのまち新座においては、にいざ男女平等行動プランを策定する一方、市民自らがその行動指針として新座それいゆアクションプログラムを作成するなど、市民と行政が一体となり男女平等の推進に努めてきた。

しかしながら、現状では、統計や意識調査などが示すように、高い割合を占める核家族世帯の中で出産や子育てを機に就労を中断する女性が多く、性別による固定的な役割分担などに基づく社会の制度や慣行が今なお根強く存在している。

少子・高齢化、情報化、国際化等が急速に進展する社会において、私たちのまち新座が豊かで活力あるまちとしてさらに発展を続けるためには、私たちが、従来の性別による固定的な役割分担などの概念にとらわれることなく、社会の対等な構成員として、自らの意思と責任によりあらゆる分野の活動に共に参画することが重要である。

ここに、私たちは、男女共同参画社会の形成を推進し、男性も女性も平等にいきいきと暮らすことができる元気の出るまち新座を築くため、この条例を制定する。

第1章　総則

（目的）

第1条　この条例は、男女共同参画の推進に関し、基本理念を定め、市、事業者及び市民の責務を明らかにするとともに、市の施策について必要な事項を定めることにより、男女共同参画を総合的かつ計画的に推進し、もって豊かで活力あるまちづくりに寄与することを目的とする。

（定義）

第2条　この条例において、次の各号に掲げる用語の意義は、当該各号に定めるところによる。

(1) 男女共同参画　男女が、社会の対等な構成員として、自らの意思によって社会のあらゆる分野における活動に参画する機会が確保され、もって男女が均等に政治的、経済的、社会的及び文化的利益を享受することができ、かつ、共に責任を担うことをいう。

(2) 積極的格差是正措置　前号に規定する機会に係る男女間の格差を是正

するため必要な範囲内において、男女のいずれか一方に対し、当該機会を積極的に提供することをいう。

(3) 男女のいずれか一方に対し、当該機会性と生殖に関する健康と権利 身体的、精神的及び社会的に完全に良好な状態にあることを有する女性が、妊娠、出産等の固有の仕組みを有することにより相手方の生活環境を害し、又は性的な言動に対する相手方の対応によって不利益を与えることをいう。

(4) セクシュアル・ハラスメント 性的な言動により相手方の生活環境を害し、又は性的な言動に対する相手方の対応によって不利益を与えることをいう。

(基本理念)

第3条 男女共同参画の推進は、家庭、職場、学校、地域その他の社会のあらゆる分野において、男女の個人としての尊厳が重んじられること、男女が直接的であるか間接的であるかを問わず性別による差別的取扱いを受けないこと、男女が個人として能力を発揮する機会が確保されることその他の男女の人権が尊重されることを旨として、行われなければならない。

2 男女共同参画の推進に当たっては、性別による固定的な役割分担等に基づく社会における制度又は慣行が男女の社会における活動の自由な選択に対して及ぼす影響をなるべく配慮されなければならない。

3 男女共同参画の推進は、市における施策又は事業者における方針の立案及び決定に、男女が共同して参画する機会が確保されることを旨として、行わなければならない。

4 男女共同参画の推進は、家族を構成する男女が、相互の協力と社会の支援の下に、子育て、家族の介護その他の家庭生活における活動及び社会生活における活動に対等に参画することができるようにすることを旨として、行わなければならない。

5 男女共同参画の推進は、生涯にわたる性と生殖に関する健康と権利が尊重されることを旨として、行われなければならない。

6 男女共同参画の推進は、国際社会における取組と密接な関係を有していることを考慮して行われなければならない。

(市の責務)

第4条 市は、前条に定める基本理念(以下「基本理念」という。)にのっとり、男女共同参画の推進に関する施策を総合的に策定し、及び実施する責務を有する。

2 市は、男女共同参画の推進に影響を及ぼすと認められる施策を策定し、及び実施するに当たっては、男女共同参画の推進に配慮するものとする。

3 市は、男女共同参画の推進に当たり、国及び他の地方公共団体、事業者並びに市民と連携して取り組むものとする。

(事業者の責務)

第5条 事業者は、基本理念にのっとり、その事業活動を行うに当たっては、男女が共同して参画することができる体制の整備に積極的に取り組むとともに、市が実施する男女共同参画の推進に関する施策に協力するよう努めなければならない。

(市民の責務)

第6条 市民は、基本理念にのっとり、家庭、職場、学校、地域その他の社会のあらゆる分野において、自ら積極的に参画するとともに、市が実施する男女共同参画の推進に関する施策に協力するよう努めなければならない。

(セクシュアル・ハラスメント等の禁止)

第7条 何人も、家庭、職場、学校、地域等において、セクシュアル・ハラスメントを行ってはならない。

2 何人も、身体的又は精神的な苦痛を与える暴力的行為は、配偶者等に対しても、これを行ってはならない。

(公衆に表示する情報に関する留意)

第8条 何人も、公衆に表示する情報において、性別による固定的な役割分担又はセクシュアル・ハラスメント等を助長し、又は連想させる表現及び過度の性的な表現を行わないよう努めなければならない。

第2章 男女共同参画の推進に関する基本的施策

(基本計画)

第9条 市長は、男女共同参画の推進に関する施策を総合的かつ計画的に推進するため、男女共同参画の推進に関する基本的な計画(以下「基本計画」という。)を策定するものとする。

2 市長は、基本計画を策定するに当たっては、市民の意見を聴くとともに、新座市男女共同参画審議会に諮問しなければならない。

3 市長は、基本計画を策定したときは、速やかにこれを公表するものとする。

4 前2項の規定は、基本計画の変更について準用する。

(事業者及び市民の理解を深めるための措置)

第10条 市は、広報活動等を通じて、基本理念に関する事業者及び市民の理

解を深めるよう適切な措置を講じるものとする。

(事業者及び市民の活動に対する支援)
第11条　市は、事業者及び市民が行う男女共同参画の推進に関する活動を支援するため、情報の提供その他の必要な措置を講じるものとする。

(積極的格差是正措置)
第12条　市は、家庭、職場、学校、地域その他の社会のあらゆる分野における活動について、男女間に参画する機会の格差が生じている場合、事業者及び市民と協力し、積極的格差是正措置を講じられるよう努めるものとする。
2　市は、審議会等における委員を委嘱し、又は任命する場合にあっては積極的格差是正措置を講じることにより、できる限り男女の均衡を図るものとする。

(相談窓口)
第13条　市は、男女共同参画の推進に関する施策等について総合的かつ計画的に取り組むための組織の構築及び充実に努めるものとする。
第14条　市は、市民が性別による差別的取扱いその他の男女共同参画の推進を阻害する要因によって人権を侵害された場合の相談を受けるために窓口を置くものとする。
2　市は、前項の相談を受けた場合においては、他の関係機関等と連携をとり、必要な支援を行うよう努めるものとする。

(情報の収集及び分析)
第15条　市は、男女共同参画の推進に関する施策を効果的に実施するため、必要な情報の収集及び分析を行うものとする。

(年次報告)
第16条　市長は、男女共同参画の推進状況及び男女共同参画の推進に関する施策の実施状況を明らかにする年次報告書を作成し、これを公表するものとする。

第3章　男女共同参画審議会

(設置)
第17条　男女共同参画の推進に関する施策を総合的かつ計画的に推進する上で必要な事項を審議するため、新座市男女共同参画審議会(以下審議会という。)を置く。

(所掌事項)
第18条　審議会は、市長の諮問に応じ、基本計画に関する重要事項その他男女共同参画の推進に関する重要事項を審議する。
2　審議会は、その議決により、男女共同参画の推進に関する重要事項について調査研究し、その成果に基づいて、市長に意見を述べ、又は提言することができる。

(組織)
第19条　審議会は、委員十人以内をもって組織する。
2　委員は、男女共同参画の推進に関し識見を有する者のうちから市長が委嘱する。この場合において、市長は、委員の一部を公募により選出するよう努めるものとする。

(任期)
第20条　委員の任期は、二年とする。ただし、再任を妨げない。
2　補欠の委員の任期は、前任者の残任期間とする。

(会長及び副会長)
第21条　審議会に会長及び副会長各一人を置き、委員の互選により定める。
2　会長は、審議会を代表し、会務を総理する。
3　副会長は、会長を補佐し、会長に事故があるとき又は会長が欠けたときは、その職務を代理する。

(会議)
第22条　審議会は、会長が招集し、その議長となる。
2　審議会は、委員の過半数が出席しなければ開くことができない。
3　会議の議事は、出席委員の過半数で決し、可否同数のときは、議長の決するところによる。

(庶務)
第23条　審議会の庶務は、企画総務部において処理する。

第4章　雑則

(委任)
第24条　この条例に定めるもののほか、男女共同参画の推進に関し必要な事項は、市長が別に定める。

附　則

この条例は、平成十二年七月一日から施行する。ただし、第14条の規定は、同年十月一日から施行する。

-324-

石川県／小松市

小松市男女共同参画基本条例

2000年（平成12年）10月1日施行

男女平等を目的に掲げ、施行規則で事業者等に組織役員の男女比率同数に向け計画策定を求める

　条例の目的では、個人の尊厳と男女平等を基盤とした人権の確立を明記している。基本理念では、あらゆる政策又は方針の決定に共同して参画する機会の確保が基本と定めた。第2条の定義で「事業者等」とは市内において事業を行う個人、法人、団体と規定し、責務を負う者の範囲を広げている。第4条では、市の責務に積極的改善措置を含んだ措置が明記された。第7条では、市は事業者等に対し、男女共同参画社会の形成に向け積極的な取組を求めることができると規定。施行規則で組織役員の男女の比率が同数になるよう計画的な推進を揚げている。第8条で、性別による権利侵害の禁止を規定し、あらゆる分野の差別的取り扱いやセクハラの禁止、あらゆる男女間の暴力や虐待を禁じている。計画策定や施策の調査審議・提言をする男女共同参画推進委員の設置に関して、委員は男女同数とすると施行規則で定めた。

石川県・小松市

市　役　所：〒923-8650
石川県小松市小馬出町91
（下車駅　北陸本線　小松駅）
電話（0761）22-4111

人　　　口：108,882人
世　帯　数：32,824世帯
面　　　積：371.13km²
人口密度：293.38人/km²
特　産　品：九谷焼、小松綸子、い草
観　　　光：小松城跡、粟津温泉、安宅の関跡

人権（男女共同参画）

小松市男女共同参画基本条例

（目的）
第1条　この条例は、個人の尊厳と男女平等を基礎とした人権の確立を目指し、男女共同参画社会の基本理念並びに市、市民及び事業者等の責務を明らかにすることにより、総合的かつ計画的に施策を推進し、男女共同参画社会の形成を図ることを目的とする。

（定義）
第2条　この条例において、次の各号に掲げる用語の意義は、当該各号に定めるところによる。

(1) 男女共同参画社会　男女が、社会の対等な構成員として、自らの意思によって社会のあらゆる分野における活動に参画する機会が確保され、もって男女が均等に政治的、経済的、社会的及び文化的利益を享受することができ、かつ、共に責任を担うべき社会をいう。

(2) 積極的改善措置　前号に規定する機会に係る男女間の格差を改善するため必要な範囲内において、男女のいずれか一方に対し、当該機会を積極的に提供することをいう。

(3) 事業者等　市内において事業を行う個人及び法人その他の団体をいう。

（基本理念）
第3条　男女共同参画社会の基本理念（以下「基本理念」という。）は、次のとおりとする。

(1) 男女共同参画社会の形成は、男女の個人としての尊厳が重んぜられること、男女が性別による差別的取扱いを受けないこと、男女が個人として能力を発揮する機会が確保されることその他の男女の人権が尊重されることを基本として、行われなければならない。

(2) 男女共同参画社会の形成に当たっては、社会における制度又は慣行が男女の社会における活動の選択に対して及ぼす影響をできる限り中立なものとするよう配慮されなければならない。

(3) 男女共同参画社会の形成は、男女が、社会の対等な構成員として、あらゆる政策又は方針の決定に共同して参画する機会が確保されることを基本として、行わなければならない。

(4) 男女共同参画社会の形成は、家族を構成する男女が、家事、育児、介

護その他家庭生活における活動についてその役割を円滑に果たし、かつ、家庭生活以外の活動を行うことができるようにすることを基本として、行わなければならない。

(5) 男女共同参画社会の形成は、国際社会における取組と密接な関係を有していることを考慮して行わなければならない。

(市の責務)
第4条 市は、前条の基本理念にのっとり、男女共同参画社会の形成に向けた施策(積極的改善措置を含む。以下「施策」という。)を総合的かつ計画的に実施しなければならない。

2 市は、市民及び事業者等が男女共同参画社会の形成の促進に関して行う活動を支援するため、学習及び教育の推進並びに情報の提供その他必要な措置を講じなければならない。

3 市は、施策を実施するにあたり、国、県、市民及び事業者等との連携に努めなければならない。

(市民の責務)
第5条 市民は、男女共同参画について理解を深め、家庭、職場、学校、地域その他の社会のあらゆる分野において、自ら進んで男女共同参画社会の実現に努めなければならない。

2 市民は、市が行う男女共同参画社会の実現に向けた施策に協力するよう努めなければならない。

(事業者等の責務)
第6条 事業者等は、その事業活動に関し、個人の能力を適切に評価し、率先して男女共同参画社会の実現に努めなければならない。

2 事業者等は、市が行う男女共同参画社会の実現に向けた施策に協力するよう努めなければならない。

(男女共同参画の促進)
第7条 市は、事業者等に対し、男女共同参画社会の形成に向け支援を行うとともに、積極的な取組を求めることができる。

(性別による権利侵害の禁止等)
第8条 何人も、家庭、学校、地域、職場その他の社会のあらゆる分野において、性別を理由とする権利侵害や差別的取扱いを行ってはならない。

2 何人も、セクシュアル・ハラスメントを行ってはならない。

3 何人も、夫婦間を含むすべての男女間において、性別を理由とした暴力

や虐待を行ってはならない。

4 前3項に掲げる行為について、市はその防止のための対策に努めなければならない。

(男女共同参画推進基本計画の策定)
第9条 市は、男女共同参画社会の形成を図るため、基本的な計画(以下「基本計画」という。)を定めるものとする。

2 基本計画は、次に掲げる事項について定めるものとする。
(1) 男女共同参画社会の形成の促進に関する総合的かつ長期的な目標及びその施策の大綱
(2) 前号に掲げるもののほか、施策を総合的かつ計画的に推進するために必要な事項

3 市は、基本計画を定めようとするときは、市民の意見を反映するよう努めなければならない。

(市民相談等)
第10条 市は、性別に基づく差別、人権の侵害等に関する市民の相談に対する助言指導その他関係機関等との連携を図るなど必要な措置を講ずるよう努めなければならない。

(施策の推進体制の整備)
第11条 市は、市民及び事業者等の協力の下に施策を推進するため、必要な体制整備に努めなければならない。

(男女共同参画推進委員会)
第12条 市長は、男女共同参画社会の形成の促進に関する基本的かつ総合的な施策及び重要事項を調査審議するため、小松市男女共同参画推進委員会を設置することができる。

(委任)
第13条 この条例の施行に関し必要な事項は、市長が別に定める。

　　附　則
この条例は、平成十二年十月一日から施行する。

島根県／出雲市

男女共同参画による出雲市まちづくり条例

2000年（平成12年）3月24日議決

セクハラ・家庭内暴力・性差別禁止／男女共同参画めざし条例

　出雲市は、性別役割分担意識教育の実施やセクシャルハラスメント、家庭内暴力、性別による権利侵害などの禁止を幅広く盛り込んだ「男女共同参画まちづくり条例」を制定した。

　条例は13条からなり、「男女の人権の尊重」「自己決定権の確立」「平等・対等に参画し、責任を分担」「共同して参画する機会の確保」を基本理念と定め、家庭、地域、職場、学習の場での性差別を禁じた。市は、問題処理を迅速に行うため、市民らによる「男女共同参画推進委員会」を設置。男女共同参画によるまちづくりに関し、意見・苦情等の情報収集、啓発活動を行うとともに、市の活動に対して意見を具申する。また、専門の苦情相談窓口を置き、被害者救済への支援を行うとしている。

　罰則規定は設けてないが、適用対象として個人・法人を問わないことや家庭内暴力・虐待まで広く禁止している点が特徴。男女共同参画条例の制定は、出雲市が全国の自治体で初めてとなる。

島根県・出雲市

市　役　所：〒693-8530
島根県出雲市今市町109-1
（下車駅　山陰本線　出雲市駅）
電話（0853）21-2211

人　　　口：85,596人
世　帯　数：27,155世帯
面　　　積：172.33km²
人口密度：496.70人／km²
特　産　品：ぶどう、八雲塗り、出雲そば
観　　　光：立久恵峡、平成温泉、出雲ドーム

男女共同参画による出雲市まちづくり条例

前文

　我が国は、長い歴史と伝統の中で、武家社会がもたらした家父長制や儒教思想などの影響もあり、男尊女卑の性別役割意識や社会慣行が永年にわたり根強く残存し、政治・社会・経済・文化の諸活動における女性の役割や行動がとかく多様な制約を受けてきたところである。

　我が出雲市も、東は神話の舞台斐伊川に、西は白砂青松の長浜海岸に、南は豊かな水を育む中国山地に、北は急峻な北山山系に、四方を囲まれた出雲平野にあり、外部からの影響や刺激も少なく、人々は往古から営々として、清流に緑滴る豊饒の地で自給自足の温和な地域共同生活を営んできた。こうしたことから、今日においても、旧来の社会慣行やしきたりのなかで、女性の家庭、地域、職場などでの活動が往々にして制約を受けたりするなかで、各人の能力や個性、適正に応じた自己実現の機会がややもすれば阻害されてきたところである。

　かくのごとき状況下において、我が国でも、戦前の参政権の獲得を中心とした女性解放運動など幾多の変遷を経て、戦後、日本国憲法において、法の下の平等を基本に、個人の尊厳と男女平等を旨とする基本的人権の尊重が謳われ、その後の国際的な女性運動や女性会議・フォーラム等の開催とあいまって国連の女子差別撤廃条例やILOの家族的責任条約が批准されてきたところである。これに対応し、国内でも男女雇用機会均等法、育児休業法及び介護保険法があいついで施行され、さらに、平成十一年六月には男女共同参画社会基本法が成立し、女性の地位向上を目指す法体制が急速に整備されてきた。

　このような動きのなかで、本市では男女共同参画によるまちづくりの指針を定めるべく、平成十一年七月に発足した出雲市男女共同参画のまちづくり懇話会において、公聴会等での意見を含め幅広い市民の多様な考えを集約した意見書が取りまとめられたところである。

　本市は、この意見書を踏まえ、男女の対等なパートナーシップによる真に心豊かで活力ある二十一世紀都市・出雲の創造を目指し、ここに、男女共同参画による出雲市まちづくり条例を制定する。

第1章 総則

(目的)

第1条 この条例は、男女共同参画によるまちづくりの基本理念、実現すべき姿及び責務等を明らかにするとともに、施策の基本的な事項を定めることによって、市民一人ひとりの個性が光り輝き、活力に満ちた、にぎわいのある出雲、男女がのびのびとまちづくりに参画し、青少年が夢と希望と明日を語り合う出雲、そして商工業、農業、いわゆる新ビジネス等あらゆる産業に従事するすべての市民の努力が報われ、発展が約束される心豊かな二十一世紀都市・出雲の継承・創造・発展を目指すことを目的とする。

(定義)

第2条 この条例において、次の各号に掲げる用語の意義は、当該各号に定めるところによる。

(1) 男女共同参画 男女が、社会の対等な構成員として自らの意思によって社会のあらゆる分野における活動に参画する機会が確保され、もって男女が均等に政治的、経済的、社会的及び文化的利益を享受することができ、かつ、共に責任を担うことをいう。

(2) 事業者等 市内において公的機関、民間を問わず、営利、非営利を問わず事業を行うものをいう。

(3) 積極的改善措置 第1項に規定する男女間の格差を改善するため必要な範囲内において、男女のいずれか一方に対し、当該機会を積極的に提供することをいう。

(4) ジェンダー 生物学的・生理学的な性別と異なり、男女の役割を固定的に捉えた社会的、文化的に培われ形成されてきた性別をいう。

(5) セクシュアル・ハラスメント 市民生活のあらゆる場において他の者を不快にさせる性的な言動をいう。

(基本理念)

第3条 市、市民及び事業者等は、次の各号に掲げる事項を基本理念として男女共同参画によるまちづくりを進めるものとする。

(1) 男女の個人としての尊厳が重んぜられ、性別による差別的取扱いを受けず、個人として能力を発揮する機会が確保されるなど男女の人権が尊重されるまちであること。

(2) 男女がそれぞれ自立した個人として、一人ひとりがその能力を十分に発揮できるまちであることによって、多様な生き方が選択でき、かつ、その生き方が尊重され、自己決定権が確立されるまちであること。

(3) 男女が、家庭、職域、学校その他のあらゆる活動における責任を共に担うことによって、家庭、地域、職場、学校その他のあらゆる場における責任を分かち合うまちであること。

(4) 市や事業者等における政策又は方針・計画の立案及び決定に男女の個人としての能力が尊重され、共同して参画する機会が確保されるまちで参画し、責任を分かち合うまちであること。

(実現すべき姿)

第4条 市、市民及び事業者等は、次の各号に掲げる事項を男女共同参画によるまちづくりにあたっての実現すべき姿とし、この達成に努めるものとする。

(1) 家庭において実現すべき姿

ア 「男だから」「女だから」といったジェンダーではなく、それぞれの個性を重視し、「その人らしさ」を大切にする家庭になること。

イ 家族それぞれが多様な生き方を選択でき、その能力、適性をみんなが認め合い、明るく豊かで充実した家庭になること。

ウ 「男は仕事」「女は家庭」の意識を超えて、家事、育児、介護などの家族のいとなみに家族全員が関わり、苦楽を共に分かち合い、家族のつながりが深まること。

(2) 地域において実現すべき姿

ア 男女が連帯して地域の諸活動に参画し、企画や実践に関わることによって満足感と達成感が得られ、生きがいと活力のあるまちづくりが進められること。

イ 古い慣習、しきたりなどの制約を克服し、男女の相互理解やそれぞれの行動や考え方が尊重され、意思が決定されること。

ウ 女性の積極的な社会参画により、女性の多様なリーダーシップが発揮されること。

エ すべての人の人権が尊重され、差別のない、心豊かな地域社会がつくられること。

(3) 職場において実現すべき姿

ア 個人の意欲、能力、個性などが合理的かつ適切に評価され、募集、採用、配置、賃金、昇進などについて性別を理由とする差別がない、生き生きとした職場になること。

イ 効率的かつ効果的な労働によって、長時間労働やストレスがたまる職場環境の改善が図られ、家庭生活や地域活動が活力とゆとりのある充実したものとなること。

ウ 育児休業や介護休業を男女ひとしく積極的に取得できるようになるなど、仕事と家庭が両立するようになること。

エ 妊娠・出産期、更年期など女性の生涯の各段階に応じた適切な健康管理が行われること。

オ セクシュアル・ハラスメントのない、快適で安心して仕事ができる職場環境がつくられること。

(4) 学習・啓発・意識改革により実現すべき姿

ア 「男の子だから」「女の子だから」というジェンダーにとらわれない、それぞれの個性や人権を大切にする子どもが育つこと。

イ 男女の別なく、育児、介護、ボランティアなどの体験を重視した学習が進むこと。

ウ 進学や就職などにおいて、性別にとらわれない、個人の能力や適性を考慮した選択が尊重されること。

エ 家庭、地域、職場、学校などにおいて、性別にとらわれない係や当番などの役割分担が行われること。

オ 老若男女を問わず、市民ひとしく男女共同参画社会について学習する機会が増進されること。

(性別による権利侵害の禁止)

第5条 何人も、性別を理由とする権利侵害や差別的取扱を行ってはならない。

2 何人も、地域、職場、学校などあらゆる場においてセクシュアル・ハラスメントを行ってはならない。

3 何人も、夫婦間を含むすべての男女間において、個人の尊厳を踏みにじる暴力や虐待を行ってはならない。

(市の責務)

第6条 市は、男女共同参画のまちづくりのため、次の各号に掲げる事項を実施する責務を有する。この条例が、広く市民及び事業者等の理解を得られるよう啓発・学習促進等に積極的に努めること。

(1) 積極的な啓発・学習促進等

(2) 情報の収集・公表等 男女共同参画等に関する情報の収集・公表を行い、分析するとともに、これを市民及び事業者等に公表し、又は提供に努めること。この場合において、個人情報の保護に関しては最大限配慮しなければならない。

(3) 市民等への支援 市民や事業者等が実施する男女共同参画のまちづくり活動を支援するため、情報の提供その他必要な措置を講ずるよう努めること。

(4) 他の自治体との連携・協力 国及び県の施策等と調整を図りながら、他の自治体との広域的連携・協力に努めること。

(5) 国際的な協力 情報交換、会議参加促進など国際的な協力・連帯の推進に努めること。

2 市は、その人事管理及び組織運営において、個人の能力を合理的かつ適切に評価し、率先して男女共同参画の実現に努めるものとする。

(積極的改善措置の推進)

第7条 市は、男女共同参画のまちづくりのため、政策決定その他において積極的改善措置を講ずるよう努めなければならない。

2 事業者等は、男女共同参画のまちづくりのため、その事業活動に関し、積極的改善措置を講ずるよう努めるものとする。

第2章 推進体制

(推進委員)

第8条 市長は、男女共同参画のまちづくりを推進するため、出雲市男女共同参画推進委員(以下「推進委員」という。)を置く。

2 推進委員は、市民、事業者等その他の者のうちから市長が委嘱する。

3 推進委員は、市民、事業者等によるまちづくりに関し、意見・苦情等の情報収集、啓発活動等を行うとともに、その活動に関し、市長に具申するものとする。

4 男女いずれか一方の委員の総数は、委員総数の十分の四未満であってはならない。

(推進委員会)

第9条 市長は、前条の推進委員を構成員とする出雲市男女共同参画推進委員会(以下「推進委員会」という。)を設置する。

2 推進委員会は、男女共同参画のまちづくりに関し、市長の諮問に応じ、調査審査し、答申するものとする。

3 推進委員会は、男女共同参画のまちづくりに関し、市長に随時建議するものとする。

(苦情相談窓口の設置)
第10条　市は、男女共同参画によるまちづくりを阻害する問題を処理するため、苦情相談窓口を置き、他の苦情処理機関等と連携をとり、相談者に対し必要な支援を行うなど解決に努めるものとする。

第3章　行動計画等

(行動計画の策定)
第11条　市長は、男女共同参画のまちづくり実現のため、総合的かつ具体的な施策を取りまとめ、男女共同参画による出雲市まちづくり行動計画(以下「行動計画」という。)を策定するものとする。

2　市長は、行動計画の策定にあたっては、推進委員会の意見を聴取し、市民及び事業者等の意見が反映されるよう努めるものとする。

3　市長は、行動計画を策定したときは、議会に報告するとともに、市民及び事業者等に周知し、理解と協力を促すものとする。

(実施状況の年次報告)
第12条　市長は、毎年、施策の実施状況等を議会及び推進委員会に報告するとともに、市民及び事業者等に周知するものとする。

第4章　雑則

(その他)
第13条　この条例の施行に関し必要な事項は、市長が別に定める。

　　附　則
この条例は、公布の日から施行する。

愛知県／大口町

大口町NPO活動促進条例

2000年（平成12年）6月19日施行

町がNPO（特定非営利活動法人）支援条例／全国の町村で初めて

　大口町は、町内のボランティア活動など営利を目的しない活動を行う団体（NPO）の自由な社会貢献活動の発展を促進するためNPO活動促進条例を定めた。全国の町村では初めてとなる。

　条例は11条で構成され、第3条で「町とNPOが対等の関係のもと、協働及び連携を旨とする」と基本理念を定め、NPOが活動しやすいように第8条では「必要な助成、活動環境の整備等の支援に努める」とし、「活動拠点の整備」「情報ネットワークの構築」「人材の育成」「NPO活動資金の助成」などをあげている。

　大口町では、町の社会サービス事業に対してNPOに参入の機会の提供に努める(第9条)とともに、条例制定の目的達成のために「NPO活動促進委員会」を設置してNPOへの支援について具体的な調査と検討を行う（第10条）体制も整備した。

愛知県・大口町

町 役 場：〒480-0144
愛知県丹羽郡大口町下小口7丁目155
（下車駅　名鉄犬山線　柏森駅）
電話　（0587）95-1111

人　　口：20,162人
世 帯 数：6,398世帯
面　　積：13.58 k㎡
人口密度：1,484.68人／k㎡
特　産：米、いちじく
観　光：五条川の桜並木、小口城址公園

大口町NPO活動促進条例

（目的）
第1条　この条例は、大口町（以下「町」という。）において、町の区域内に事務所又は活動の拠点を置き、ボランティア活動をはじめとする営利を目的としない活動を継続的に行うことを主たる目的とする団体（以下「NPO」という。）が行う自由な社会貢献活動の健全な発展を促進するために、基本理念を定めることにより、地域社会の発展に寄与することを目的とする。

（定義）
第2条　この条例において、NPO活動とは、営利を目的とせず、自主的に行う公益活動であって、その活動が次の各号のいずれにも該当しないものをいう。
(1) 宗教の教義を広め、儀式行事を行い、及び信者を教化育成することを主たる目的とする活動
(2) 政治上の主義を促進し、支持し、又はこれに反対することを主たる目的とする活動
(3) 特定の公職（公職選挙法（昭和二十五年法律第100号）第3条に規定する公職をいう。）の候補者（当該候補者になろうとするものを含む。）若しくは公職にある者又は政党を推薦し、支持し、又はこれらに反対することを目的とする活動

2　この条例において、事業者とは、営利を目的とする事業を行うものをいう。

（基本理念）
第3条　町、町民、事業者及びNPOは、次に掲げる基本理念に基づき、NPO活動を促進しなければならない。
(1) NPO活動を行う者の自主性を尊重すること。
(2) 対等の関係のもと、協働及び連携を旨とすること。
(3) NPO活動の利益を受ける者の意思、人格等を尊重すること。

（町の責務）
第4条　町は、前条の基本理念に基づき、NPO活動の自主性及び主体性を損なわないように配慮し、活動に関する知識の普及、意識の啓発及び活動環境の整備の促進等に関する施策の実施に努めなければならない。

（町民の役割）
第5条 町民は、第3条の基本理念に基づき、NPO活動に対する理解を深め、自発的で自主的な参加及び協力に努めるものとする。
（事業者の役割）
第6条 事業者は、第3条の基本理念に基づき、NPO活動に対する理解を深め、その活動の発展と促進に協力するとともに、自らの事業の社会的貢献性の向上に努めるものとする。
（NPOの責務）
第7条 NPOは、第3条の基本理念に基づき、自らのNPO活動の充実等に努めるとともに、その活動に関する情報を公開し、広く町民の理解を得るよう努めるものとする。
（助成等環境の整備）
第8条 町は、NPO活動の促進のために、次に掲げる必要な助成、その他活動環境の整備等の支援に努めるものとする。
(1) NPO活動の拠点整備に関すること。
(2) NPO活動の機会の整備に関すること。
(3) 情報ネットワークの構築に関すること。
(4) 人材の養成に関すること。
(5) NPO活動の資金に関すること。
(6) 前各号に掲げるもののほか、NPO活動の促進のため必要な事項
（社会サービスにおける参入機会の提供）
第9条 町は、社会サービスの実施主体として、その事業の実施に当たっては、NPOの参入機会の提供に努めるものとする。
（NPO活動促進委員会）
第10条 町は、第1条の目的を達成するために、必要な事項を調査及び審議するために大口町NPO活動促進委員会（以下「委員会」という。）を設置する。
（委任）
第11条 この条例に定めるもののほか、NPO活動の促進に関し必要な事項は、規則で定める。
　　附　則
この条例は、公布の日から施行する

東京都

東京都における銀行業等に対する事業税の課税標準等の特例に関する条例
2000年（平成12年）4月1日施行

大手銀行などに外形標準課税／5年の時限措置で

東京都は、資本金や建物などの資産、売上高、給与の支払総額などで示される企業の事業活動の規模に応じて課税する「外形標準課税」を金融機関を対象に導入した。地方税法72条19項の「事業税の課税標準の特例」規定を適用したもの。

東京都内に本・支店を持つ資金量5兆円以上の銀行、長期信用銀行、信用金庫、商工中金、農林中金、日銀など金融機関が対象。売上高に相当する業務粗利益の3%、特別法人は2%の税率で、2000年度決算から各事業年度分の事業税について5年間課税するとしている。

故意の不申告や虚偽の申告は1年以下の懲役または20万円以下の罰金（第14、15条）を科す。

東京都内では資金量5兆円以上の対象金融機関は30行あり、約1,100億の税収増を見込んでいる。

東京都

都　　庁：〒163-8001
東京都新宿区西新宿2-8-1
（下車駅　地下鉄都営大江戸線　都庁前駅）
電話（03）5321-1111

人　　口：11,680,490人
世帯数：5,331,097世帯
面　　積：2,186.84km²
人口密度：5,341.26人/km²

財政

東京都における銀行業等に対する事業税の課税標準等の特例に関する条例

（趣旨）
第1条　この条例は、地方税法（昭和二十五年法律第226号。以下「法」という。）第72条の19の規定に基づき、法人の行う銀行業等に対する事業税の課税標準その他所要の事項について、東京都都税条例（昭和二十五年東京都条例第56号。以下「都税条例」という。）の特例を定めるものとする。

（用語の意義）
第2条　この条例において「銀行業等」とは、次に掲げる業務又は事業をいう。

一　銀行法（昭和五十六年法律第59号）第2条第1項に規定する銀行が同法その他の法律の規定により行う業務

二　長期信用銀行法（昭和二十七年法律第187号）第2条に規定する長期信用銀行が同法の規定により行う業務

三　信用金庫又は信用金庫連合会が信用金庫法（昭和二十六年法律第238号）の規定により行う業務

四　信用協同組合又は協同組合連合会（中小企業等協同組合法（昭和二十四年法律第181号）第9条の9第1項第1号の事業を行うものに限る。）が同法の規定により行う事業

五　労働金庫又は労働金庫連合会が労働金庫法（昭和二十八年法律第227号）の規定により行う業務

六　商工組合中央金庫が商工組合中央金庫法（昭和十一年法律第14号）の規定により行う業務

七　農業協同組合又は農業協同組合連合会が農業協同組合法（昭和二十二年法律第132号）の規定により行う事業のうち同法第11条第2項に規定する信用事業

八　農林中央金庫が農林中央金庫法（大正十二年法律第42号）の規定により行う業務

九　漁業協同組合、水産加工業協同組合、漁業協同組合連合会又は水産加工業協同組合連合会が水産業協同組合法（昭和二十三年法律第242号）の規定により行う事業のうち同法第11条の3第2項（同法第92条第1項、第96条第1項及び第百条第1項において準用する場合を含む。）に規定

2 この条例において「資金」とは、次に掲げるものをいう。

一 預金

二 貯金

三 定期積金

四 銀行法第2条第4項に規定する掛金

五 金銭信託、貸付信託、年金信託又は財産形成給付信託に係る信託契約により受け入れた金銭

六 長期信用銀行法第8条の規定により発行した債券

七 信用金庫法第54条の2の規定により発行した債券

八 商工組合中央金庫法第17条の規定により発行した商工債券

九 農林中央金庫法第31条の規定により発行した農林債券

十 金融システム改革のための関係法律の整備等に関する法律（平成十年法律第107号）附則第169号によりなお効力を有することとされる同法による改正前の金融機関の合併及び転換に関する法律（昭和四十三年法律第86号）第17条の2の規定により発行する債券

十一 前各号に準ずるものとして東京都規則（以下「規則」という。）で定めるもの

3 この条例において「業務粗利益等」とは、次に掲げるものの合計額をいう。

一 銀行法施行規則（昭和五十七年大蔵省令第10号）別表に掲げる業務粗利益

二 長期信用銀行法施行規則（昭和五十七年大蔵省令第13号）別表に掲げる業務粗利益

三 信用金庫法施行規則（昭和五十七年大蔵省令第15号）別表に掲げる業務粗利益

四 協同組合による金融事業に関する法律施行規則（平成五年大蔵省令第10号）別表に掲げる業務粗利益

五 労働金庫法施行規則（昭和五十七年大蔵省令・労働省令第1号）別表に掲げる業務粗利益

六 商工組合中央金庫法施行規則（昭和十一年商工省令・大蔵省令）別表に掲げる業務粗利益

七 農業協同組合及び農業協同組合連合会の信用事業に関する省令（平成五年大蔵省令・農林水産省令第1号）第13条の8第1項第3号ハの表に掲げる事業粗利益

八 農林中央金庫法施行規則（大正十二年農商務省令第16号）第5条ノ7第3号ハに掲げる事業に関する省令（平成五年大蔵省令・農林水産省令第2号）第11条の2第1項第3号ハの表に掲げる事業粗利益

九 漁業協同組合等の信用事業に関する省令（平成五年大蔵省令・農林水産省令第2号）第11条の2第1項第3号ハの表に掲げる事業粗利益

十 金融機関の信託業務の兼営等に関する法律施行規則（昭和五十七年大蔵省令第16号）第11条の2第1項第2号ニに規定する信託報酬

十一 前各号に掲げる業務粗利益等、事業粗利益又は信託報酬に準ずるものとして規則で定めるもの

（課税標準）

第3条 銀行業等に対する事業税の課税標準は、各事業年度の業務粗利益等による。

2 銀行業等とその他の事業とを併せて行う法人は、それぞれの事業に関する経理を区分して行わなければならない。

3 第1項の規定は、平成十二年四月一日以後五年以内に開始する各事業年度（当該事業年度の終了の日（同项の規定の適用がある場合においては、その事業年度開始の日から六月の期間の末日）において、第8条第1項ただし書の規定により申告納付すべき事業税にあっては、その事業年度開始の日から六月の期間の末日）の資金の総額が五兆円未満の事業年度及び清算中の各事業年度を除く。）分の事業税について適用する。

4 銀行法第47条第1項に規定する外国銀行に対しこの条例の規定を適用する場合における資金の総額は、当該外国銀行に係る同条第2項に規定する外国銀行支店の全部が有する資金を合算した金額とする。

第4条 法の施行地外において銀行業等を行う法人又は事業所を有する法人の法の施行地に主たる事務所又は事業所を行う法人の課税標準の算定（以下「内国法人」という。）で、法の施行地で地方税法施行令（昭和二十五年政令第245号）第23条に規定するものを有するものの事業税の課税標準とすべき業務粗利益等は、当該法人の業務粗利益等から法の施行地外の事業に帰属する業務粗利益等を控除して得た額とする。この場合において、法の施行地外の事業に帰属する業務粗利益等の計算が困難であるときは規則で定めるところにより計算した金額をもっ

て、当該法人の法の施行地外の事業に帰属する業務粗利益等とみなす。

(税率)
第五条　第三条第一項の規定の適用を受ける銀行業等に対する事業税の税率は、次の各号に掲げる区分に従い、それぞれ当該各号に定めるものとする。
一　特別法人　百分の二
二　その他の法人　百分の三

(税率の適用区分)
第六条　前条の税率は、各事業年度終了の日現在における税率による。ただし、第八条第一項ただし書又は第二十二条第三項ただし書の規定により申告納付すべき事業税にあつては、当該事業年度開始の日から六月の期間の末日現在における税率による。

(中間申告を要しない法人の申告納付)
第七条　第三条第一項の規定の適用を受ける銀行業等を行う法人(以下「銀行業等を行う法人」という。)は、次条の規定に該当する場合を除くほか、各事業年度の業務粗利益等に対する事業税を各事業年度終了の日から二月以内(法の施行地に本店又は主たる事務所若しくは事業所を有しない法人(以下「外国法人」という。)が都税条例第三十五条に規定する納税管理人を定めないで法の施行地に事務所又は事業所を有しないこととなる場合第三項の認定を受けた場合を除く。)においては、当該事業年度終了の日から二月と当該事務所又は事業所を有しないこととなる日とのいずれか早い日まで。第九条第一項において同じ。)に、確定した決算に基づき、知事に申告納付しなければならない。
2　前項の場合において、同項の法人(外国法人で都税条例第三十五条に規定する納税管理人を定めないで法の施行地に事務所又は事業所を有しないこととなるものを除く。)が、災害その他やむを得ない理由により前項の期間内に申告納付することができない場合においては、知事(東京都(以下「都」という。)と他の道府県とにおいて事務所又は事業所を設けて銀行業等を行う法人で、東京都外(以下「都外」という。)に主たる事務所又は事業所を設けて銀行業等を行うものにあつては、その指定した事務所又は事業所所在地の道府県知事)の承認を受け、その指定した日までに申告納付することができる。

3　第一項の場合において、同項の法人が、会計監査人の監査を受けなければならないことその他これに類する理由により決算が確定しないため、当該事業年度以後の各事業年度の業務粗利益等に対する事業税をそれぞれ同項の期間内に申告納付することができない常況にあると認められるときは、当該法人は、知事(都と他の道府県とにおいて事務所又は事業所を設けて銀行業等を行う法人で、都外に主たる事務所又は事業所を有するものにあつては、当該事業所又は事業所所在地の道府県知事)の承認を受け、当該事業年度以後の各事業年度の業務粗利益等に対する事業税を当該事業年度終了の日から三月以内(特別の事情により各事業年度終了の日から三月以内に各事業年度の決算についての定時総会が招集されないことその他やむを得ない事情があると認められる場合には、知事又は当該主たる事務所若しくは事業所所在地の道府県知事が指定する月数の期間内)に申告納付することができる。

4　第二項の規定は、前項の規定の適用を受けている法人が、当該事業年度(第八項の規定の適用を受ける事業年度を除く。)につき災害その他やむを得ない理由により決算が確定しないため、前項の期間内に当該事業年度の業務粗利益等に対する事業税を申告納付することができないと認められる場合について準用する。

5　第一項の場合において、知事に提出すべき申告書には、当該事業年度中に有していた事務所又は事業所の名称及び所在地、当該事業年度終了の日の資金その他必要な事項を記載するとともにこれに当該事業年度の業務粗利益等及び当該事業年度終了の日の資金の総額に関する計算書並びに当該事業年度終了の日現在における貸借対照表及び損益計算書(貸借対照表又は損益計算書を作成することを要しない法人にあつては、これらに準ずるもの)その他の事業税の賦課徴収について必要な書類を添付しなければならない。申告書及び計算書の様式は、規則で定める。

6　銀行業等を行う法人は、各事業年度について納付すべき事業税額がない場合においても、前各項の規定に準じて申告書を提出しなければならない。

7　外国法人に対する第二項及び第三項の規定の適用については、これらの規定中「主たる事務所又は事業所」とあるのは「法の施行地において行う事業の経営の責任者が主として執務する事務所又は事業所」とする。

8　第3項の規定の適用を受けている法人について当該事業年度終了の日から二月を経過した日前に災害その他やむを得ない理由が生じた場合には、当該事業年度に限り、同項の規定の適用がないものとみなして、第2項及び都税条例第17条の2の規定を適用することができる。

（事業年度の期間が六月を超える法人の中間申告納付）

第8条　銀行業等を行う法人で事業年度（新たに設立された内国法人のうち合併により設立されたもの以外のものの設立後最初の事業年度又は法人税法（昭和四十年法律第24号）第141条第1号又は第3号に掲げる外国法人のいずれかに該当する法人のこれらの号に掲げる事業年度を除く。）が六月を超えるものは、当該事業年度開始の日から六月を経過した日から二月以内に、申告納付しなければならない。ただし、当該事業年度開始の日から六月を経過した日の前日までに前事業年度の事業税として納付した税額及び納付すべきことが確定した税額の合計額を前事業年度の月数で除して得た額の六倍の額に相当する額の事業税を当該事業年度開始の日から六月を経過した日の前日までに申告納付したとき又は納付すべきことが確定したときは、当該業務粗利益等に対する事業税額上申告納付することができる。

2　前項の場合において、当該法人につき前項の規定を適用する期間の日から六月を経過した日の前前日までの期間内に合併がなされたときには、同項に規定する当該事業年度開始の日から六月を経過した日の前日までに前事業年度の事業税として納付した税額及び納付すべきことが確定した税額には、その合併により消滅した法人の合併と同時に終了した事業年度の直前の事業年度の事業税として同日までに当該合併法人又は被合併法人が納付した、又は納付すべきことが確定した税額（以下「被合併法人の確定事業税額」という。）を含むものとする。この場合において、当該法人は、前項本文の規定により申告納付すべき事業税額と次に掲げる金額との合計額を申告納付しなければならない。

一　当該合併法人の前事業年度中に合併がなされた場合においては、前事業年度の月数に対する前事業年度開始の日からその合併の日までの月数の割合に六を乗じた数を被合併法人の確定事業税額に乗じて当該確定事業税額の計算の基礎となった事業年度開始の日から六月を経過した日の前日

二　当該合併法人の当該事業年度開始の日から六月を経過した日の前日

3　合併により設立された法人の事業年度の期間が六月を超える場合におけるその設立後最初の事業年度につき第1項本文の規定を適用するときは、その申告納付すべき事業税は、同項の規定にかかわらず、各被合併法人の確定事業税額をその計算の基礎となった被合併法人の事業年度の月数で除しこれに六を乗じて計算した金額の合計額とする。

4　第1項の場合において、知事に提出すべき申告書には、当該事業年度開始の日から六月を経過した日の前日までの期間中に有していた事務所又は事業所の名称及び所在地、申告納付すべき事業税額その他必要な事項を記載し、これに同項ただし書の規定によって申告納付する法人にあっては、当該事業年度開始の日から六月を経過した日の前日までの期間に係る業務粗利益等及び当該期間終了の日の前日までの期間に関する計算書及び貸借対照表並びに当該期間の損益計算書（貸借対照表又は損益計算書に準ずるもの）その他必要な書類を添付しなければならない。

5　第1項に規定する期間内に申告納付しなかった場合においては、当該法人については、当該期間を経過した時において、知事に対し同項本文の規定により提出すべき申告書の提出があったものとみなす。この場合において、当該法人は、当該申告書に係る事業税を納付しなければならない。

6　第1項から第3項までの月数は、暦に従い計算し、一月に満たない端数を生じたときは、一月とする。

7　法人税法第71条第1項ただし書の規定により法人税の中間申告納付をすることを要しない法人は、第1項の規定による申告納付をすることを要しない。

8　前各項の規定は、特別法人及び外国法人で第1項に規定する申告納付の期限内に、都税条例第35条に規定する納税管理人を定めないで法の施行地

（中間申告を要する法人の確定申告納付）

第9条　銀行業等を行う法人は、前条の規定に該当する場合においては、当該事業年度終了の日から二月以内に、確定した決算に基づき、当該事業年度の業務粗利益等に対する事業税を申告納付しなければならない。当該事業年度の業務粗利益等に対する事業税を申告納付しなければならない。この場合において、当該法人の納付すべき事業税額は、当該法人が当該申告書に記載した事業税額から同条第5項の規定による申告書の提出によって申告納付すべき事業税額を控除した金額に相当する事業税額とする。

2　第7条第2項から第5項まで及び第8項の規定は、前項の規定によつて申告すべき期限までに次条第1項若しくは第2項の規定による申告書の提出があつたとき、又は第16条第1項若しくは第3項の規定による更正があつたときは、当該法人がこの項の規定による申告書に記載した事業税額、前条に規定する申告書に記載した事業税額、当該修正申告により増加した事業税額及び当該更正に係る第17条の不足税額の合計額とする。

3　第7条第2項から第5項まで及び第8項の規定は、銀行業等を行う法人がこの項の規定による申告納付及び同項の場合において当該法人が知事に提出すべき申告書について準用する。

4　第1項又は前項の場合において、銀行業等を行う法人の申告書に記載された事業税額が、当該事業税額に係る前条の規定による申告書に記載された事業税額（以下この項、第16条、第17条及び第20条において「中間納付額」という。）に満たないとき、又はないときは、規則で定めるところにより、その満たない金額に相当する中間納付額又は中間納付額の全額を還付し、又は未納に係る事業税及びこれに係る徴収金に充当するものとする。この場合においては、当該事業を行う法人は、第一項又は前項の申告書に併せて、当該還付を請求する旨の請求書を提出しなければならない。

（期限後申告及び修正申告納付）

第10条　第7条及び前条の規定によつて申告すべき法人は、当該申告書の提出期限後においても、第16条第6項の規定による決定の通知があるまでは、第7条及び前条の規定によつて申告納付することができる。

2　第7条、前条若しくはこの項の規定による申告書を提出した法人又は第16条の規定による決定を受けた法人は、当該申告書若しくは修正申告書に記載し、又は当該決定に係る業務粗利益等若しくは事業税額又は事業税額がない旨の申告書を提出した法人について不足額がある場合（納付すべき事業税額がない旨の申告書を提出した法人にあつては、納付すべき事業税額がある場合）においては、遅滞なく、規則で定める様式による修正申告書を提出するとともに、その修正により増加した事業税額を納付しなければならない。

（更正の請求の特例）

第11条　第7条又は第9条の規定による申告書に記載すべき業務粗利益等若しくは事業税額又は第16条の規定による更正若しくは決定を受けた法人又は第16条の規定による決定を受けた法人は、当該修正申告書若しくは更正若しくは決定に係る業務粗利益等若しくは事業税額又は当該決定に係る事業税額に係る事業年度分の第7条の規定による申告書に記載すべき業務粗利益等又は事業税額が過大となる場合においては当該修正申告書又は決定の通知を受けた日から二月以内に限り規則で定めるところにより、知事に対し、当該業務粗利益等又は事業税額につき、法第20条の9の3第1項の規定による更正の請求をすることができる。

（法人の代表者等の自署及び押印の義務）

第12条　第7条第5項（第9条第2項において準用する場合を含む。）の規定、第7条第4項の規定による修正申告書（以下「修正申告書」という。）及び第10条第2項の規定による修正申告書（以下「修正申告書」という。）には、法人の代表者（二人以上の者が共同して法人を代表する場合においては、その全員とする。以下この条において同じ。）が自署し、かつ、自己の印を押さなければならない。ただし、法人の代表者（二人以上の者が共同して法人を代表する場合を除く。）においては、場合（二人以上の者が共同して、社長、理事長、専務取締役、常務取締役その他の者で当該申告書又は修正申告書の作成の時において法人の業務を主宰している

2 申告書又は修正申告書には、前項の代表者のほか、法人の役員及び職員のうち申告書又は修正申告書の作成の時において当該法人の経理に関する事務の上席の責任者である者が自署し、かつ、自己の印を押さなければならない。

3 前2項の規定によって申告書又は修正申告書に自署し、かつ、自己の印を押すべき者は、外国法人にあっては、法の施行地にある資産又は銀行業等の管理の章任者及び当該資産又は銀行業等に係る経理に関する業務の上席の責任者とする。

4 前3項の規定は、都と他の道府県とにおいて事務所又は事業所を設けて銀行業等を行う法人で東京都内（以下「都内」という。）に主たる事務所又は事業所を有するものが提出する申告書又は修正申告書に限り、適用があるものとする。

5 第1項から第3項までの規定による自署及び押印の有無は、第1項の申告書又は修正申告書による申告の効力に影響を及ぼすものではない。

（法人の代表者等の自署及び押印の義務違反に関する罪）
第13条 前条第1項から第3項までの規定に違反した者又はこれらの規定に違反する申告書若しくは修正申告書の提出があった場合において、その行為をした者は、一年以下の懲役又は二十万円以下の罰金に処する。ただし、情状により、その刑を免除することができる。

（故意不申告の罪）
第14条 正当な理由がなくて第7条第1項又は第9条第1項の規定による申告書を当該各項に規定する申告書の提出期限内に提出しなかった場合においては、法人の代表者、代理人、使用人その他の従業者でその違反行為をした者は、一年以下の懲役又は二十万円以下の罰金に処する。ただし、情状により、その刑を免除することができる。

2 法人の代表者又は法人若しくは人の代理人、使用人その他の従業者が、その法人又は人の業務又は財産に関して、前項の違反行為をしたときは、その行為者を罰するほか、その法人又は人に対し、同項の罰金刑を科する。

（虚偽の中間申告納付等に関する罪）
第15条 第8条第1項ただし書の規定による申告書に虚偽の記載をして提出した場合においては、法人の代表者、代理人、使用人その他の従業者でその

違反行為をした者は、一年以下の懲役又は二十万円以下の罰金に処する。

2 法人の代表者又は法人若しくは人の代理人、使用人その他の従業者が、その法人又は人の業務又は財産に関して、前項の違反行為をしたときは、その行為者を罰するほか、その法人又は人に対し、同項の罰金刑を科する。

（更正及び決定）
第16条 知事は、銀行業等を行う法人が申告書又は修正申告書を提出した場合において、当該申告又は修正申告に係る業務粗利益等又は事業税額がその調査したところと異なるときは、これを更正するものとする。

2 知事は、前項の法人が申告書を提出しなかった場合（第8条第5項の規定により申告書の提出があったものとみなされる場合を除く。）においては、その調査によって、業務粗利益等及び事業税額を決定するものとする。

3 知事は、第1項若しくはこの項の規定によって更正し、又は前項の規定によって決定した業務粗利益等又は事業税額について過不足額があることを知ったときは、その調査によって、これを更正し、又は決定するものとする。

4 第1項の法人が第7条又は第9条の規定によって提出した一申告書に記載された各事業年度の業務粗利益等が当該事業年度の課税標準とされるべき業務粗利益等が当該事業年度の業務粗利益等の超える金額のうちに事業税額を仮装して経理したところに基づくものがあるときは、知事は、当該事業年度の業務粗利益等に対する事業税につき、その法人が当該事業年度後の各事業年度の確定申告に係る修正の経理をし、かつ、当該決算に基づく申告書を提出するまでの間は、更正をしないことができる。

5 第9条第4項の規定は、同条第1項又は第7条又は第9条の規定によって提出した申告書について第1項から第3項までの規定により更正し、又は決定した事業税額が当該法人の当該事業年度に係る中間納付額に満たない場合について準用する。

6 知事は、第1項から第3項までの規定によって業務粗利益等又は事業税額を更正し、又は決定した場合においては、遅滞なく、これを納税者に通知するものとする。

（不足税額及びその延滞金の徴収）
第17条 徴税吏員は、前条の規定による更正又は決定があった場合におい

-338-

て、不足税額（更正により増加した税額又は決定による申告書を提出すべき法人がその申告書を提出しなかったことによる決定の場合には当該税額に係る中間納付額を控除した更正又は決定の通知をした日から一月を経過した日を納期限として、これを徴収しなければならない。）があるときは、前条第6項の規定による更正又は決定の通知をした日から一月を経過した日を納期限として、これを徴収しなければならない。

2 前項の場合においては、その不足税額に第7条第1項、第8条第1項又は第9条第1項の納期限（納期限の延長があったときは、その延長された納期限。以下「銀行業等に対する事業税の納期限」という。）の翌日から納付の日までの期間の日数に応じ、年十四・六パーセント（前項の納期限までの期間又は当該納期限の翌日から一月を経過する日までの期間については、年七・三パーセント）の割合を乗じて計算した金額を加算して徴収しなければならない。

3 前項の場合において、前条第6項の規定により更正の通知をした日が申告書の提出期限（申告書がその提出期限の翌日から一年を経過する日後である場合にあっては、当該申告書の提出期限）の翌日から一年を経過した日後であるときは、詐欺その他不正の行為により当該通知をした日まで免れた事業税に係る延滞金額の計算の基礎となる期間は、当該申告書の提出期限の翌日から更正の通知をした日までの期間から、当該一年を経過する日の翌日から当該通知をした日までの期間を控除するものとする。

（納期限後に納付する場合の延滞金）
第18条 銀行業等に対する事業税の納税者は、銀行業等に対する事業税の納期限後にその税金（第10条第2項の規定による修正申告により増加した税額を含む。以下この条において同じ。）を納付する場合においては、その税額に銀行業等に対する事業税の納期限の翌日から納付の日までの期間の日数に応じ、年十四・六パーセント（次の各号に掲げる税額の区分に応じ、当該各号に掲げる期間については、年七・三パーセント）の割合を乗じて計算した金額に相当する延滞金額を加算して納付しなければならない。

一 銀行業等に対する事業税の納期限前に提出した申告書に係る税額 銀行業等に対する事業税の納期限の翌日から一月を経過する日までの期間

二 銀行業等に対する事業税の納期限後に提出した申告書に係る税額 当該提出した日までの期間又はその日の翌日から一月を経過する日までの期間

三 修正申告書に係る税額 修正申告書を提出した日までの期間又はその期間の末日の翌日から一月を経過する日までの期間

2 前項の場合において、法人が申告書を提出する日後に修正申告書を提出する日の予知して修正申告書を提出した場合のことを予知して修正申告書を提出した日までの期間は、延滞金の計算の基礎となる期間から当該修正申告書を提出した日までの期間を控除する。

（納期限の延長の場合の延滞金）
第19条 第7条第3項（第9条第2項において準用する場合を含む。以下この条において同じ。）の規定の適用を受けている法人は、その適用に係る各事業年度の業務粗利益等を納付する事業税の申告書の提出期限までの期間の日数に応じ、年七・三パーセントの割合を乗じて計算した金額に相当する延滞金額を加算して納付しなければならない。

（過少申告加算金及び不申告加算金）
第20条 申告書（第8条第1項本文の規定による申告書の提出期限にその提出があった場合（申告書の提出期限後にその提出があった場合を含む。以下この項において同じ。）において、次項ただし書の規定の適用があるときを含む。以下この項において同じ。）の提出期限までにその提出があった場合（申告書の提出期限後にその提出があった場合を含む。以下この項において同じ。）において、第16条の規定による更正があったとき、又は修正申告書の提出があった場合においては、知事は、当該更正による不足税額又は当該修正申告により増加した税額（これらの税額に係る法人の事業税について修正申告書の提出又はこれらの更正による不足税額又は修正申告書の提出前の税額の計算の基礎とされていなかったことについて正当な理由があると認められるものがある場合には、その正当な理由があると認められる事実に基づく税額として規則の定めるところにより計算した金額を控除した金額。以下この項において「対象不足税額等」という。）に百分の十の割合を乗じて計算した金額（当該更正又は修正申告に係る法人の事業税について、更正又は修正申告前の税額及び修正申告書の提出があった場合においては、その更正又は修正申告前の税額の合計額（これらの税額の計算の基礎とされていなかった事実

-339-

たことについて正当な理由があると認められたものがあるときは、その正当な理由があると認められた事実に基づく税額として規則の定めるところにより計算した金額を控除した金額とし、当該法人の事業税についてその納付すべき税額を減少させる更正又は更正に係る原処分の異動があったときえにについての決定、裁決若しくは判決による原処分の異動があったときは、これらにより減少した部分の額に相当する税額を控除した金額とする。)を加算した金額とする。)が申告書の提出期限までにその提出があった場合における当該申告書に係る税額(当該申告書の提出期限までにその提出について中間納付額があるときは、当該税額に当該金額を加算した金額とし、当該申告書に記載された還付金の額に相当する税額があるときは、当該税額を控除した金額とする。)に相当する金額と五十万円とのいずれか多い金額を超えるときは、当該超える部分に相当する金額に満たないときは、当該対象不足税額等が当該超える部分に相当する金額に満たないときは、当該対象不足税額等)に百分の五の割合に相当する金額に満たないときは、この限りでない。ただし、第10条第2項の規定による過少申告加算金額を徴収するものとする。

過少申告加算金額の提出があった場合において、その提出が当該修正申告書に係る事業税額の提出があった場合において、第16条第1項又は第3項の規定による更正すべきことを予知してされたものでないときは、次の各号のいずれかに該当する場合においては、知事は、当該各号に規定する申告、決定又は更正により納付すべき税額(第2号又は第3号の場合において、これらの税額の計算の基礎とされていなかった事実のうちに当該申告又は更正前の税額の計算の基礎とされていなかったことについて正当な理由があると認められるものがあるときは、その正当な理由があると認められる事実に基づく税額として規則で定めるところにより計算した金額を控除した税額)に百分の十五の割合を乗じて計算した金額に相当する不申告加算金額を徴収するものとする。ただし、申告書の提出期限までにその提出がなかったことについて正当な理由があると認められる場合においては、この限りでない。

一　申告書の提出期限後にその提出があった場合又は第16条第1項若しくは第3項の規定による決定があった場合

二　申告書の提出期限後にその提出があった後において修正申告書の提出又は第16条第1項若しくは第3項の規定による更正があった場合

三　第16条第2項の規定による決定があった後において修正申告書の提出

又は同条第3項の規定による更正があった場合

3　申告書の提出期限後にその提出があった場合又は第10条第2項の規定による修正申告書の提出があった場合において、その提出が当該申告書又は修正申告書に係る事業税額について第16条の規定による更正すべきことを予知してされたものでないときは、同項の規定にかかわらず、当該申告書又は修正申告書に係る税額に百分の五の割合を乗じて計算した金額に相当する額とする。

4　知事は、第1項の規定に該当する場合又は第2項の規定に該当する場合において、同項ただし書の規定の適用がある場合を除く。)において、納税者が業務粗利益等の計算の基礎となるべき事実の全部又は一部を隠ぺいし、又は仮装し、その隠ぺいし、又は仮装した事実に基づいて申告書を提出したときは、知事は、規則の定めるところにより、同項の過少申告加算金額の計算の基礎となるべき税額又は修正申告により増加した税額(これらの税額の計算の基礎となるべき事業税額の計算の基礎となるべき事業税額の一部が、事業税額の計算の基礎となるべき事実で隠ぺいされ、又は仮装されていないものに基づくことが明らかであるときは、当該隠ぺいされ、又は仮装した事実に基づく税額として規則の定めるところにより計算した金額を控除した税額)に百分の三十五の割合を乗じて計算した金額に相当する重加算金額を徴収するものとする。

第21条　前条第1項の規定に該当する場合において、納税者が業務粗利益等の計算の基礎となるべき事実の全部又は一部を隠ぺいし、又は仮装し、かつ、その隠ぺいし、又は仮装した事実に基づいて申告書を修正申告書を提出せず、若しくは修正申告書を提出したときは、又は申告書の提出期限までにこれを提出せず、又は申告書の提出期限後にその提出をし、若しくは修正申告書を提出したときは、知事は、不申告加算金額の計算の基礎となるべき税額(その税額の一部が、その計算の基礎となるべき事実で隠ぺいされ、又は仮装されていないものに基づくことが明らかであるときは、当該隠ぺいされ、又は仮装されていない事実に基づく税額として規則の定めるところにより計算した金額を控除した税額)に係る不申告加算金額の計算の基礎となるべき税額に代え、当該税額に百分の四十の割合を乗じて計算した金額に相当する重加算金額を徴収するものとする。

(重加算金)

前条第2項の規定に該当する場合(同項ただし書の規定の適用がある場合を除く。)において、納税者が業務粗利益等の計算の基礎となるべき事実の全部又は一部を隠ぺいし、又は仮装し、その隠ぺいし、又は仮装した事実に基づいて申告書又は修正申告書を提出したときは、知事は、規則の定めるところにより、同項の過少申告加算金額の計算の基礎となるべき税額(その税額の計算の基礎となるべき事業税額の一部が、事業税額の計算の基礎となるべき事実で隠ぺいされ、又は仮装されていないものに基づくことが明らかであるときは、当該隠ぺいされ、又は仮装した事実に基づく税額として規則の定めるところにより計算した金額を控除した税額)に係る重加算金額に代え、当該税額に百分の三十五の割合を乗じて計算した金額に相当する重加算金額を徴収するものとする。

前条第2項の規定に該当する場合(同項ただし書の規定の適用がある場合を除く。)において、納税者が業務粗利益等の計算の基礎となるべき事実の全部又は一部を隠ぺいし、又は仮装し、その隠ぺいし、又は仮装した事実に基づいて申告書を提出期限までにこれを提出せず、又は申告書の提出期限後にその提出をし、若しくは修正申告書を提出したときは、知事は、不申告加算金額の計算の基礎となるべき税額(その税額の一部が、その計算の基礎となるべき事実で隠ぺいされ、又は仮装されていないものに基づくことが明らかであるときは、当該隠ぺいされ、又は仮装されていない事実に基づく税額として規則の定めるところにより計算した金額を控除した税額)に係る不申告加算金額の計算の基礎となるべき税額に代え、当該税額に百分の四十の割合を乗じて計算した金額に相当する重加算金額を徴収するものとする。

3 知事は、前2項の規定に該当する場合において申告書又は修正申告書の提出について前条第1項ただし書又は第3項に執定する理由があるときは、当該申告により納付すべき税額又は当該修正申告により増加した税額(これらの税額の一部が、事業税額の計算の基礎となるべき事実で隠ぺいされ、又は仮装されていないものに基づくことが明らかである事実で隠ぺいされ、又は仮装されていない事実に基づく税額として規則の定めるところにより計算した金額を控除した税額)を基礎として計算した重加算金額を徴収しない。

4 知事は、第1項又は第2項の規定によって徴収すべき重加算金額を決定した場合においては、遅滞なく、これを納税者に通知するものとする。

(都と他の道府県とにおいて事務所又は事業所を設けて銀行業等を行う法人の申告納付等)

第22条 銀行業等を行う法人で都と他の道府県とにおいて事務所又は事業所を設けて事業を行うものが、第7条から第9条まで(第8条第5項を除く。)の規定によって事業税を申告納付し、又は第10条第2項の規定によって修正申告納付する場合においては、第3項に該当する場合を除き、業務粗利益等を法第72条の48第3項及び同条第8項から同条第10項の規定に定める銀行業又はその他の事業に係る同項から同条第8項までに規定する事業税の課税標準の総額を関係都道府県ごとに分割し、その分割した額(以下この条において「分割基準」という。)によって都と当該他の道府県とに分割すべき基準を算定し、これを申告納付し、又は修正申告納付しなければならない。

2 前項の規定の適用を受ける法人で都内に主たる事務所又は事業所(外国法人にあっては、法の施行地において行う事業の経営の責任者が主として執務する事務所又は事業所を設けて事業を行うもの、法第72条の12に規定する所得を当該事業に対する事業税の課税標準とした場合における法第72条の48第1項に規定する所得をいう。以下「課税標準額の総額」という。)を申告しなければならない。この場合において、知事に提出すべき申告書には、法第72条の25第5項又は法第72条の26第4項に規定する所得に関する計算書及び法第72条の48第1項に規定する課税標準の分割に関する明細書を添付しなければならない。

3 銀行業等を行う法人のうち、都と他の道府県とにおいて事務所又は事業所を設けて事業を行うものでその事業年度の期間が六月を超えるものが、第

8条の規定により知事に申告納付すべき事業税又は当該申告納付に係る修正申告納付すべき事業税の税額は、前事業年度の事業税として都に納付した税額及び納付すべきことが確定した税額の合計額を前事業年度の月数で除して得た額の六倍に相当する額とする。ただし、当該法人の当該事業年度開始の日から六月を経過した日の前日現在において都と他の道府県とに所在する事務所若しくは事業所が移動その他の理由により前事業年度の都と他の道府県とに所在する事務所若しくは事業所と異なる場合又は当該事業年度開始の日から六月を経過した日の前日現在における分割基準の数値が前事業年度の分割基準の数値と著しく異なると認める場合においては、当該法人が第8条第1項本文の規定により都に申告納付をする法人の前事業年度の事業税として納付した税額及び納付すべきことが確定した税額の合計額に相当する額を同項ただし書の規定により都に申告納付すべき事業税の税額は、当該申告納付に係る法第72条の49第3項に規定する修正申告納付による分割課税標準額の分割基準又は法第72条の41の規定によってすべき更正若しくは決定は、知事が行う。

第23条 前条第2項に規定する法人に係る課税標準額の総額について法第72条の39又は法第72条の41の規定によってすべき更正又は決定は、知事が行う。

(都と他の道府県とにおいて事務所又は事業所を設けて銀行業等を行う法人の課税標準額の総額の更正、決定等)

2 知事は、前条第2項に規定する法人が提出した申告書若しくは修正申告書に係る法第72条の49第3項に規定する修正申告若しくはこの項の規定による修正申告により分割課税基準額の分割課税準額又はその項の規定による修正申告により分割課税基準額若しくは課税標準額の総額の修正若しくは決定(第8条第5項の規定によりした場合を除く。)には、これを修正し、前条第2項に規定する法人が申告書を提出しなかった場合(第8条第5項の規定により申告書の提出があったものとみなされる場合を除く。)には、その分割基準又は課税標準額を決定するものとする。

3 知事は、前2項の規定によって課税標準額の修正若しくは決定を行った場合においては、その旨を関係道府県知事に通知するものとする。

(条例施行の細目)

第24条 この条例に定めるもののほか、この条例施行に関し必要な事項

附則

1 この条例は、公布の日から施行する。

2 当分の間、第17条第2項、第18条第1項及び第19条第1項に規定する延滞金の年七・三パーセントの割合は、これらの規定にかかわらず、各年の特例基準割合（各年の前年の十一月三十日を経過する時における日本銀行法第15条第1項第1号の規定により定められる商業手形の基準割引率に年四パーセントの割合を加算した割合をいう。以下この項において同じ。）が年七・三パーセントの割合に満たない場合には、その年中においては、当該特例基準割合（当該割合に〇・一パーセント未満の端数があるときは、これを切り捨てる。）とする。

3 当分の間、租税特別措置法（昭和三十二年法律第26号）第66条の3に規定する期間に相当する期間として規則で定める期間内は、規則で定めるところにより、第19条に規定する延滞金の年七・三パーセントの割合は、同条及び前項の規定にかかわらず、日本銀行法第15条第1項第1号の規定により定められる商業手形の基準割引率の引上げに応じ、年十二・七七五パーセントの割合の範囲内で定める割合とする。

は、知事が定める。

神奈川県／横浜市

横浜市勝馬投票券発売税（市税条例の一部改正）
2000年（平成12年）12月14日議決

JRA場外馬券売り場への法定外普通税を新設

横浜市は、市の行政サービスを受けている公共法人のうち、収益や料金収入を上げて活動を行い、その活動が直接地域住民の生活向上を図るものでない法人を検討した結果、JRAが新税の課税対象となるとして条例を改正した。

2000年4月の地方分権一括法の施行によって、自治体の課税自主権が拡大されたが、新税が成立したのは横浜市が全国で初めてとなる。

課税対象は横浜市内に2ヶ所ある場外馬券場で、年間発売額（年間約1,363億円）から75%の払戻金、10%の国庫納付金、特別給付資金を除いた額に5%を課税するもの。

施行にあたっては、総務省（旧自治省）の「同意」が必要となるが、同意されば、使い道を特定しない「法定外普通税」として、年間10億の税収入が見込まれている。

神奈川県・横浜市

市　役　所：〒231-0017
　　　　　　神奈川県横浜市中区港町1-1
　　　　　　（下車駅　根岸線　関内駅）
電　　　話：（045）671-2121

人　　　口：3,351,612人
世　帯　数：1,365,676世帯
面　　　積：436.86km²
人口密度：7,672.05人/km²
特　産　品：電機、一般機械、輸送機械
観　　　光：山下公園、横浜ランドマークタワー、新横浜ラーメン博物館

横浜市市税条例の一部を改正する条例

横浜市市税条例（昭和二十五年八月横浜市条例第34号）の一部を次のように改正する。

目次中「第6節　特別土地保有税（第104条の2-第120条）」を「第6節　特別土地保有税（第104条の2-第104条の17）第7節　勝馬投票券発売税（第105条-第120条）」に改める。

第3条第1項に次の1号を加える。

(6) 勝馬投票券発売税

第105条から第120条までを削り、第2章に次の1節を加える。

第7節　勝馬投票券発売税

（勝馬投票券発売税の納税義務者）

第105条　勝馬投票券発売税は、市内の勝馬投票券発売所（競馬法施行令（昭和二十三年政令第242号）第2条第1項の競馬場外の勝馬投票券発売所をいう。以下同じ。）における競馬法（昭和二十三年法律第158号）第5条の勝馬投票券（以下「勝馬投票券」という。）の発売に対し、当該勝馬投票券の発売を行う者に課する。

（勝馬投票券発売税の課税標準）

第106条　勝馬投票券発売税の課税標準は、日本中央競馬会法（昭和二十九年法律第205号）第22条に規定する事業年度（以下本節において「事業年度」という。）ごとの市内の勝馬投票券発売所における勝馬投票券の発売額（以下「市内における発売額」という。）から、当該事業年度の市内における発売額を当該事業年度の同法第27条第1項の発売金額（以下「全国における発売額」という。）で除して得た率（小数点以下六位未満の端数があるときは、これを四捨五入して得た率）を乗じて得た額を減じた額とする。

(1) 競馬法第8条又は第9条に規定する払戻金の額

(2) 競馬法第12条第4項に規定する返還金の額

(3) 日本中央競馬会法第27条第1項に規定する国庫納付金の額

(4) 競馬法及び日本中央競馬会法の一部を改正する法律（平成三年法律第70号）附則第2条第4項において読み替えて準用する日本中央競馬会法第29条の2第3項に規定する特別給付資金の額

（勝馬投票券発売税の税率）

第107条　勝馬投票券発売税の税率は、百分の五とする。
　(勝馬投票券発売税の徴収方法)
第108条　勝馬投票券発売税は、申告納付の方法により徴収する。
　(勝馬投票券発売税の申告納付等)
第109条　勝馬投票券発売税の納税義務者は、事業年度終了の日から三月以内に、当該事業年度における勝馬投票券発売税の課税標準額及び税額その他必要な事項を記載した申告書を市長に提出するとともに、その申告した税額を納付しなければならない。
2　前項の規定により申告書を提出した者は、当該申告書を提出した後に、当該申告書に記載した課税標準額又は税額を修正する必要が生じた場合には、直ちに、修正申告書を市長に提出しなければならない。この場合において、修正申告書の提出により税額が増加したときは同項の規定により納付した税額との差額を納付しなければならない。
　(勝馬投票券発売税の納税義務者に対する帳簿の記載義務等)
第110条　勝馬投票券発売税の納税義務者は、各事業年度の市内における発売額及び全国における発売額その他規則で定める事項を記載した帳簿を備えなければならない。ただし、これらの事項を記載した業務用帳簿があるときは、これに代えることができる。
2　前項に規定する帳簿は、五年間保存しなければならない。
第111条から第120条まで　削除

　　附　則
　この条例は、規則で定める日から施行し、同日以後に開始する事業年度の市内の勝馬投票券発売所における勝馬投票券の発売について適用する。

神奈川県／小田原市

小田原市市税の滞納に対する特別措置に関する条例
2000年（平成12年）7月1日施行

悪質な市税滞納に氏名公表やサービスの制限拡大／全国初

　小田原市は市税徴収に関する市民の信頼を確保する目的で条例を制定した。徴税吏員が滞納処分のため財産の調査、検査、捜索を、滞納者本人だけではなく、財産を滞納者から取得した若しくは占有していると疑わしい第三者や滞納者が株主、出資者である法人を対象にできると規定。又、必要な場合は金庫や住居を強制的に開けるとしている。市が、滞納に関する検査に着手してもなお滞納している場合は、行政サービスの停止、許認可の拒否とあわせ、当該滞納者の氏名、住所の公表ができるとした。これらの措置をとる場合は、市税滞納審査会の意見をあらかじめ聴くこととしている。行政サービスの制限は、これまで入札参加登録申請など11事業であったが、条例化により、新たに勤労者住宅貸付資金利子補給など12事業が加わった。自治省は「地税法や地方公務員法の守秘義務に違反する可能性が高い」と懸念している。

神奈川県・小田原市

市　役　所：〒250-8555
神奈川県小田原市荻窪300
（下車駅　東海道本線　小田原駅）
電話　（0465）33-1302

人　　　口：199,085人
世　帯　数：72,006世帯
面　　　積：114.09km²
人口密度：1,744.98人／km²
特　産　品：かまぼこ、梅干し、ひもの
観　　　光：小田原城、曽我梅林、石垣山一夜城歴史公園

小田原市市税の滞納に対する特別措置に関する条例

（目的）

第1条　この条例は、市税の滞納を放置しておくことが納税義務の履行における市民の公平感を阻害することを考慮し、市税を滞納し、かつ、納税について著しく誠実さを欠く者に対し、納税を促進するための特別措置を講じることにより、市税の徴収に対する市民の信頼を確保することを目的とする。

（督促及び滞納処分）

第2条　徴税吏員は、市税の滞納があったときは、速やかに、小田原市市税条例（昭和五十年小田原市条例第2号）、地方税法（昭和二十五年法律第226号）及び同法においてその例によることとされた国税徴収法（昭和三十四年法律第147号）の規定に基づき、市税に係る督促及び滞納者の財産の差押え、換価、換価代金等の配当その他の滞納処分に関する手続きを厳正に執行しなければならない。

（質問及び検査）

第3条　徴税吏員は、滞納処分のため滞納者の財産を調査する必要があるときは、その必要と認められる範囲内において、次に掲げる者に質問し、又はその者の財産に関する帳簿若しくは書類を検査することができる。

(1)　滞納者
(2)　滞納者の財産を占有する第三者及びこれを占有していると認めるに足りる相当の理由がある第三者
(3)　滞納者に対し債権若しくは債務があり、又は滞納者から財産を取得したと認めるに足りる相当の理由がある者
(4)　滞納者が株主又は出資者である法人

（捜索の権限及び方法）

第4条　徴税吏員は、滞納処分のため必要があるときは、滞納者の物又は住居その他の場所につき捜索することができる。

2　徴税吏員は、滞納処分のため必要がある場合には、次の各号のいずれかに該当するときに限り、第三者の物又は住居その他の場所につき捜索することができる。

(1)　滞納者の財産を所持する第三者がその引渡しをしないとき。
(2)　滞納者の親族その他の特殊関係者が滞納者の財産を所持すると認める

に足りる相当の理由がある場合において、その引渡しをしないとき。

3 徴税吏員は、前2項の捜索に際し必要があるときは、滞納者若しくは第三者に戸若しくは金庫その他の容器の類を開かせ、又は自らこれらを開くため必要な処分をすることができる。

(その他財産調査に関する事項)
第5条 前2条に定めるもののほか、滞納処分における財産の調査については、地方税法においてその例によることとされた国税徴収法第143条から第147条までの規定に定めるところによる。

(滞納者に対する措置)
第6条 第2条又は前3条の手続きに着手しても、なお、市税が滞納となっている場合において当該滞納となっている市税の徴収の促進に必要があるときは、市長は、当該滞納者に対し、他の法令、条例又は規則の定めに基づき行うものを除くほか、地方税法に規定する滞納処分に関する許認可の拒否等(以下「行政サービスの停止等」という。)の措置を執ることができる。

第7条 市長は、必要があると認めるときは、前項の行政サービスの停止等の措置と併せて滞納者の氏名、住所その他必要とみとめる事項(以下「氏名等」という。)を公表することができる。
ただし、当該滞納者が、地方税法に規定する滞納処分に関する罪又は滞納処分に関する検査拒否等の罪に処せられたときは、この限りでない。

(小田原市市税滞納審議会への諮問)
第8条 市長は、前条の行政サービスの停止等又は氏名等の公表をしようとするときは、あらかじめ次に掲げる事項を記載した書面を小田原市市税滞納審議会(以下「審議会」という。)に提出し、その意見を聴かなければならない。
(1) 滞納者の氏名及び住所(法人にあっては法人名及び所在地)
(2) 市税の滞納額
(3) 督促及び滞納処分のための質問、検査及び捜索の状況
(4) 滞納処分のための質問、検査及び捜索の状況
(5) 行政サービスの停止等又は氏名等の公表を要すると認めるに至った事情を示す資料
(6) 行政サービスの停止等又は氏名等の公表の予定
(7) 前各号に掲げるもののほか、必要と認める事項

(滞納者からの事情聴取)
第9条 審査会は、必要があると認めるときは、審査会に滞納者の出席を求め、その滞納に至った事情を聴くことができる。

(審査会の意見の尊重)
第10条 市長は、行政サービスの停止等又は氏名等の公表をするに当たっては、審査会の意見を尊重しなければならない。

(弁明の機会の付与)
第11条 市長は、行政サービスの停止等又は氏名等の公表が必要であると認めるときは、あらかじめ予定する措置の内容を滞納者に通知し、弁明の機会を付与しなければならない。
2 前項の規定による弁明の機会の付与の手続は、規則で定める。

(公表の方法)
第12条 市長は、行政サービスの停止等又は氏名等の公表は、広報紙への掲載、市掲示場への掲示その他市長が必要と認める方法により行うものとする。

(損害賠償等)
第13条 市長は、行政サービスの停止等又は氏名等の公表をした場合において、事実の誤認があったこと等により滞納者の権利を不当に侵害したときは、その損害の賠償及び名誉の回復について誠実に対処しなければならない。

(委任)
第13条 この条例の施行に関し必要な事項は、規則で定める。

附則
この条例は、平成十二年七月一日から施行する。

神奈川県／箱根町

箱根町町税条例の一部を改正する条例 2000年（平成12年）10月1日公布

日帰り客にも入湯税を課税／1人50円

　箱根町は、観光スタイルが変化し、宿泊者が減少傾向となる一方で、日帰り観光客が増えてきたため、日帰り客にも入湯税を課税することとした。

　同町は1975年に日帰り客からの入湯税を廃止、宿泊者から1人150円の入湯税を徴収してきた。

　宿泊客482万人から7億2千万円を得た過去最高の1991年度に比べると、2000年度では、宿泊客400万人、6億円の徴収見込みと大幅に落ち込んでることや、日帰り客の増加で、日帰り入浴施設に転換する旅館、ホテルも増加しているため、行政サービスの対価として応分の負担を求めたもの。

　条例では、第36条に課税免除の対象者と定められていた「旅館、その他、これに類する施設の入湯客で宿泊をしないもの」の項を削除、入湯税の税率を定める第37条に「宿泊しないもの　50円」の項を追加した。年間8千万円の税収を見込んでいる。

神奈川県・箱根町

町 役 場：〒250-0398
神奈川県足柄下郡箱根町湯本256
（下車駅　箱根登山鉄道　箱根湯本駅）
電話（0460）5-7111

人　　口：15,619人
世 帯 数：7,206世帯
面　　積：92.82km²
人口密度：168.27人/km²
特 産 品：寄木細工、わかさぎ
観　　光：富士箱根伊豆国立公園

箱根町町税条例の一部を改正する条例

第36条第1項中第4号を削り、同項第5号を同項第4号とし、同項第6号を同項第5号とする。

第37条を次のように改める。

（入湯税の税率）

第37条　入湯税の税率は、入湯客一人一日について、それぞれ次の各号に掲げる区分によるものとする。

(1) 宿泊を伴うもの
百五十円

(2) 宿泊を伴わないもの
五十円

附則

この条例は、公布の日から起算して六月を超えない範囲内において規則で定める日から施行する。

改正新旧対照表

新　（改　正　後）

（入湯税の課税免除）

第36条　次に掲げる者に対しては、入湯税を課さない。

(1) 共同浴場又は一般公衆浴場に入湯する者
(2) 年齢十二歳未満の者
(3) 教職員の引率する高等学校以下の生徒及び児童
(4) 疾病により長期療養を必要とする者
(5) 前各号に定めるものを除くほか特別な事情があると町長が認めた者

（入湯税の税率）

第37条　入湯税の税率は、入湯客一人一日について、それぞれ次の各号に掲げる区分によるものとする。

(1) 宿泊を伴うもの
百五十円

(2) 宿泊を伴わないもの
五十円

旧条例　（改　正　前）

（入湯税の課税免除）

第36条　次に掲げる者に対しては、入湯税を許さない。

(1) 宿泊を伴うもの
(2) 宿泊を伴わないもの
(3) 年齢十二歳未満の者
共同洛湯又は一般公衆浴湯に入揚する者
教職員の引率する高等学校以下の生徒及び児童

(4) 旅館、その他これに類する施設の入湯客で宿泊をしない者
(5) 疾病により長期療養を必要とする者
(6) 前各号に定めるものを除くほか特別な事情があると町長が認めた者

（入湯税の税率）
第37条 入湯税の税率は、入湯客一人一日について百五十円とする。

北海道／札幌市

札幌市オンブズマン条例
2000年（平成12年）12月12日公布

オンブズマンに独自調査権／専門調査員を置く

条例ではオンブズマンの職務として、市の業務に関する苦情の申し立ての受付と迅速な処理、市政の監視と自己発意による市の業務の調査、業務の是正勧告、改善の意見表明とこれらの公表としている。

オンブズマンは3人で任期は2年間。議会の同意を得て市長が委嘱する。苦情の申し立てに係らず独自で市の業務に調査権があり、市の出資法人も調査に協力に努めるとした。オンブズマンの改善への勧告や意見表明に対し、市の機関はその措置状況の報告を60日以内に行うことが規定された。又、オンブズマンは情報の提供、市民の意向の把握や交流に努めることなども定めた。第28条で専門調査員をオンブズマンの補佐として規定し、第19条では専門機関の利用も可能とした。本条例は公募した市民からの提言やインターネットを利用しての市民論議を重ねて提案された。

北海道・札幌市

市　役　所：〒060-8611
北海道札幌市中央区北1条西2
（下車駅　函館本線　札幌駅　地下鉄南北線、東西線、東豊線　大通駅）
電話　（011）0211-2111

人　　口：1,792,167人
世　帯　数：797,087世帯
面　　積：1,121.12km²
人口密度：1,598.55人/km²
特　産　品：海産物加工品、乳製品、ビール、ラーメン
観　　光：大倉山ジャンプ競技場、羊ヶ丘展望台、時計台

札幌市オンブズマン条例

第1章　総則

（目的）
第1条　この条例は、札幌市オンブズマンの組織、職務等に関し必要な事項を定めることにより、市民の権利利益を擁護し、並びに市政を監視し、及び市政の改善を図り、もって開かれた市政の推進、市政に対する理解と信頼の確保及び市民の意向が的確に反映された市政運営に資することを目的とする。

（設置）
第2条　前条の目的を達成するため、札幌市オンブズマン（以下「オンブズマン」という。）を置く。

（所轄事項）
第3条　オンブズマンの所轄事項は、市の機関の業務の執行に関する事項及び当該業務に関する職員の行為であって、次に掲げる事項に該当しないもの（以下「市の業務」という。）とする。
(1) 判決、裁決等により確定した権利関係に関する事項
(2) 判決、裁決等を求め現に係争中の事項又は監査委員が請求に基づき監査を実施している事項
(3) 議会に関する事項
(4) 職員の自己の勤務内容に関する事項
(5) オンブズマンの行為に関する事項

（オンブズマンの職務）
第4条　オンブズマンの職務は、次のとおりとする。
(1) 市の業務に関する苦情の申立てを受け付け、簡易迅速に処理すること。
(2) 常に市政を監視し、自己の発意に基づき、市の業務に関し事案を取り上げ調査すること。
(3) 市の業務に関し、是正等の措置を講ずるよう勧告し、及び制度の改善を求める意見を表明すること。
(4) 勧告、意見表明等の内容を公表すること。

自治制度

第2章 責務

(オンブズマンの責務)
第5条 オンブズマンは、公正かつ適正にその職務を遂行しなければならない。
2 オンブズマンは、その職務の遂行に当たり、市民の権利利益を擁護し、並びに市政を監視し、及び市政の改善を図る他の諸制度と有機的な連携を図ることなどにより、その役割を効果的に果たすよう努めなければならない。
3 オンブズマンは、その地位を政党又はこの制度を政治的目的のために利用してはならない。

(市の機関の責務)
第6条 市の機関は、オンブズマンの職務の遂行に関し、その独立性を尊重するとともに、積極的な協力援助に努めなければならない。

(市民等の責務)
第7条 市その他この制度を利用するものは、この条例の目的を達成するため、この制度の適正かつ円滑な運営に協力しなければならない。

第3章 オンブズマンの組織等

(オンブズマンの定数、任期等)
第8条 オンブズマンの定数は、三人とする。
2 オンブズマンは、人格が高潔で、行政に関し優れた識見を有する者のうちから、議会の同意を得て、市長が委嘱する。
3 オンブズマンの任期は二年とし、一期に限り再任されることができる。

(兼職等の禁止)
第9条 オンブズマンは、衆議院議員若しくは参議院議員、地方公共団体の議会の議員若しくは長又は政党その他の政治団体の役員を兼ねることができない。
2 オンブズマンは、市と特別の利害関係を有する法人その他の団体の役員を兼ねることができない。

(秘密を守る義務)
第10条 オンブズマンは、職務上知り得た秘密を漏らしてはならない。その職を退いた後も、同様とする。

(解嘱)
第11条 市長は、オンブズマンが心身の故障のため職務の遂行ができないと認めるとき、又はオンブズマンに職務上の義務違反その他オンブズマンたるに適しない非行があると認めるときは、議会の同意を得て解嘱することができる。
2 オンブズマンは、前項の規定による場合を除くほか、その意に反して解嘱されることがない。

(代表オンブズマン)
第12条 オンブズマンのうち一人を代表オンブズマンとし、オンブズマンの互選によってこれを定める。
2 代表オンブズマンは、オンブズマンに関する庶務を処理する。
3 代表オンブズマンに事故があるとき、又は代表オンブズマンが欠けたときは、あらかじめ代表オンブズマンが定めるオンブズマンがその職務を代理する。

(オンブズマン会議)
第13条 次に掲げる事項を協議するため、オンブズマン会議を設ける。
(1) オンブズマンの職務執行の一般方針に関すること。
(2) オンブズマン会議の協議により必要と認める事項
(3) 活動状況の報告その他オンブズマンに関すること。
2 オンブズマン会議は、代表オンブズマンが招集する。
3 前項に定めるもののほか、オンブズマン会議の運営に関し必要な事項は、代表オンブズマンがオンブズマン会議に諮って定める。

第4章 苦情の処理等

(苦情の申立て)
第14条 何人も、オンブズマンに対し、市の業務について苦情を申し立てることができる。

(苦情の申立手続)
第15条 前条の規定による苦情の申立て(以下「申立て」という。)は、次に掲げる事項を記載した書面により行わなければならない。ただし、オンブズマンが当該書面によることができない特別の理由があると認めるときは、この限りでない。
(1) 氏名及び住所(法人その他の団体にあっては、名称、事務所又は事業所の所在地及び代表者の氏名)

（調査対象外事項）
第16条　オンブズマンは、申立てが、次の各号のいずれかに該当するものであると認めるときは、当該申立てに係る苦情について調査しない。
(1) 申立てを行ったもの（以下「苦情申立人」という。）が、申立ての原因となった事実の利害を有しないとき。
(2) 申立ての原因となった事実のあった日から一年を経過しているとき。ただし、正当な理由があるときは、この限りでない。
(3) 虚偽その他正当な理由がないとき。
2　オンブズマンは、申立てがオンブズマンの所轄事項でないものであって、かつ、前項各号に該当しない場合においても、調査することが相当でない特別の事情があると認めるときは、当該申立てに係る苦情について調査しないことができる。

（調査の開始・非開始に係る通知）
第17条　オンブズマンは、前条の規定により苦情等を調査するときは、苦情申立人に対し、理由を付してその旨を速やかに通知しなければならない。
2　オンブズマンは、申立てに係る苦情又は自己の発意に基づき取り上げた事案（以下「苦情等」という。）について調査を開始するときは、関係する市の機関（以下「調査対象機関」という。）に対し、その旨を通知しなければならない。

（調査の中止）
第18条　オンブズマンは、苦情等について調査を開始した場合においても、調査を続けることが相当でない特別の事情があると認めるときは、調査を中止することができる。
2　オンブズマンは、前項の規定により苦情等の調査を中止したときは、次の各号に掲げる苦情等の区分に応じ、当該各号に掲げるものに対し、理由を付してその旨を速やかに通知しなければならない。
(1) 申立てに係るもの　苦情申立人及び前条第2項の規定により通知した市の機関
(2) オンブズマンの発意に基づくもの　調査対象機関

（調査の方法）
第19条　オンブズマンは、苦情等の調査のため必要があると認めるときは調査対象機関に対し、説明を求め、若しくはその提出を要求し、又は実地に調査することができる。関係人又は関係機関に対し、質問し、事情を聴取し、又は実地に調査することができる。
2　オンブズマンは、苦情等の調査のため必要があると認めるときは、関係人又は関係機関に対し、調査、鑑定、分析等の依頼をすることができる。
3　オンブズマンは、専門的又は技術的な事項について、特に必要があると認めるときは、専門的機関に対し、協力をすることができる。

（出資団体等の調査への協力）
第20条　市が出資又は補助その他の財政的援助を行っている団体であって規則で定めるものは、前条第2項の規定による調査について、協力するよう努めるものとする。

（調査結果に係る通知）
第21条　オンブズマンは、苦情等の調査の結果について、次の各号に掲げる苦情等の区分に応じ、当該各号に掲げるものに対し、速やかに通知しなければならない。
(1) 申立てに係るもの　苦情申立人及び調査対象機関
(2) オンブズマンの発意に基づくもの　調査対象機関

（勧告及び意見表明）
第22条　オンブズマンは、苦情等の調査の結果、必要があると認めるときは、関係する市の機関に対し、当該苦情等に係る市の業務について是正等の措置を講じるよう勧告することができる。
2　オンブズマンは、苦情等の調査の結果、その原因が制度に起因すると認めるときは、関係する市の機関に対し、制度の改善を求める意見を表明することができる。
3　オンブズマンは、申立てに係る苦情について前2項の規定により勧告し、又は意見を表明したときは、苦情申立人に対し、その旨を速やかに通知しなければならない。

（勧告又は意見表明の尊重）
第23条　前条第1項の規定による勧告又は同条第2項の規定による意見表明を受けた市の機関は、これを尊重しなければならない。

（措置の状況の報告）
第24条　オンブズマンは、第22条第1項の規定による勧告又は同条第2項の

規定による意見表明をしたときは、当該勧告又は意見表明を受けた市の機関に対し、その是正等又は改善の措置の状況について報告を求めるものとする。

2 前項の報告を求められた市の機関は、当該報告を求められた日の翌日から起算して六十日以内に、オンブズマンに対し、是正等又は改善の措置の状況について報告するものとする。

3 オンブズマンは、申立てに係る苦情について前項の規定による報告があったときは、苦情申立人に対し、その旨を速やかに通知しなければならない。

(勧告等の公表)
第25条 オンブズマンは、第22条第1項の規定による勧告若しくは同条第2項の規定による意見表明をしたとき、又は前条第2項の規定による報告があったときは、その内容を公表するものとする。

2 オンブズマンは、前項の規定による公表をするに当たっては、個人情報等の保護について十分な配慮をしなければならない。

第5章 補則

(活動状況の報告)
第26条 オンブズマンは、毎年、その活動状況について、市長及び議会に報告するものとする。

(市民との交流)
第27条 オンブズマンは、前条の規定によりその活動状況を市長及び議会に報告したときは、これを公表するものとする。

2 オンブズマンは、前項に掲げるもののほか、その活動に関し、積極的に市民に情報を提供するとともに、市民の意向を把握する施策を講じるなど市民との交流に努めるものとする。

(専門調査員)
第28条 オンブズマンの職務の遂行を補佐するため、専門調査員を置くことができる。

2 専門調査員は、行政に関し優れた識見を有する者のうちから、市長が委嘱する。

3 第5条、第9条及び第10条の規定は、専門調査員について準用する。

(委任)
第29条 この条例の施行に関し必要な事項は、市長が定める。

附 則

(施行期日)
1 この条例の施行期日は、市長が定める。ただし、附則第3項の規定の公布の日から施行する。

(経過措置)
2 この条例は、この条例の施行の日(以下「施行日」という。)の一年前の日から施行日の前日までの間にあった事実に係る苦情についても適用し、当該一年前の日前にあった事実に係る苦情については、適用しない。

(準備行為)
3 第8条第2項の規定によるオンブズマンの委嘱のために必要な行為は、この条例の施行日前においても行うことができる。

(オンブズマンの任期に係る特例)
4 この条例により最初に委嘱されるオンブズマンのうち市長の指定する一人の第一期の任期は、第8条第3項の規定にかかわらず、これを一年とする。

(検討)
5 市は、施行日から五年以内に、この条例に基づくオンブズマン制度の運営状況について検討を加え、その結果に基づいて必要な措置を講ずるものとする。

北海道／ニセコ町

ニセコ町まちづくり基本条例

2000年（平成12年）12月22日議決

全国初、町の「憲法」制定／町民参加の権利、住民投票制度、情報共有の原則を盛る

　ニセコ町は、町民投票制度や20歳未満でもまちづくりへ参加する権利の保障、町民と町の情報の共有などを明記した「まちづくり基本条例」を制定した。この条例は、個別条例の上位に位置し、町の「憲法」の役割を担うもので「他の条例、規則などでまちづくりの制度を設け、または実施しようとする場合、この条例に定める事項を最大限に尊重しなければならない」（第43条）と規定している。

　情報の共有に関しては、町は町の仕事の企画立案から実施、経過を町民に分かりやすく説明する責務がある（第3条）と「説明責任」を明示。住民投票は制度として設け、投票資格などは投票にかける事項に応じて、別に条例で定めるが、投票を行うとき、町長は投票結果の取り扱いをあらかじめ明らかにしなければならない（第37条）とした。

　町長ら特別職は、就任時に同条例の理念実現のための「宣誓」をする（第18条）ことも義務づけられている。

北海道・ニセコ町

町 役 場：〒048-1595
虻田郡ニセコ町字富士見47
電話 （0136）44-2121

人　　口：4,531人
世 帯 数：1,807世帯
面　　積：197.13k㎡
人口密度：22.98人/k㎡
特 産 品：じゃがいも、メロン、トマト
観　　光：有島武郎記念館、ニセコアンヌプリ

ニセコ町まちづくり基本条例

　ニセコ町は、先人の労苦の中で歴史を刻み、町を愛する多くの人々の英知に支えられて今日を迎えています。わたしたち町民は、この美しく厳しい自然と相互扶助の中で培われた風土や人の心を守り、育て、「住むことが誇りに思えるまち」をめざします。

　まちづくりは、町民一人ひとりが自ら考え、行動することによる「自治」が基本です。わたしたち町民は「情報共有」の実践により、この自治が実現できることを学びました。わたしたち町民は、ここにニセコ町のまちづくりの理念を明らかにして、日々の暮らしの中でよろこびを実感できるまちをつくるため、この条例を制定します。

第1章　目的

第1条　この条例は、ニセコ町のまちづくりに関する基本的な事項を定めるとともに、まちづくりにおけるわたしたち町民の権利と責任を明らかにし、自治の実現を図ることを目的とする。

第2章　まちづくりの基本原則

（情報共有の原則）
第2条　まちづくりは、自らが考え行動するという自治の理念を実現するため、わたしたち町民がまちづくりに関する情報を共有することを基本に進めなければならない。

（情報への権利）
第3条　わたしたち町民は、町の仕事について必要な情報の提供を受け、自ら取得する権利を有する。

（説明責任）
第4条　町は、町の仕事の企画立案、実施及び評価のそれぞれの過程において、その経過、内容、効果及び手続を町民に明らかにし、分かりやすく説明する責務を有する。

（参加原則）
第5条　町は、町の仕事の企画立案、実施及び評価のそれぞれの過程において

自治制度

て、町民の参加を保障する。

第3章 情報共有の推進

(意思決定の明確化)
第6条 町は、町政に関する意思決定の過程を明らかにすることにより、町の仕事の内容が町民に理解されるよう努めなければならない。

(情報共有のための制度)
第7条 町は、情報共有を進めるため、次に掲げる制度を基幹に、これらの制度が総合的な体系をなすように努めるものとする。
(1) 町の仕事に関する町の情報を分かりやすく提供する制度
(2) 町の仕事に関する町の会議を公開する制度
(3) 町が保有する文書その他の記録を請求に基づき公開する制度
(4) 町民の意見、提言等がまちづくりに反映される制度

(情報の収集及び管理)
第8条 町は、まちづくりに関する情報を正確かつ適正に収集し、速やかにこれを提供できるよう統一された基準により整理し、保存しなければならない。

(個人情報の保護)
第9条 町は、個人の権利及び利益が侵害されることのないよう個人情報の収集、利用、提供、管理等について必要な措置を講じなければならない。

第4章 まちづくりへの参加の推進

(まちづくりに参加する権利)
第10条 わたしたち町民は、まちづくりの主体であり、まちづくりに参加する権利を有する。

2 わたしたち町民は、それぞれの町民が、国籍、民族、年齢、性別、心身の状況、社会的又は経済的環境等の違いによりまちづくりに固有の関心、期待等を有していることに配慮し、まちづくりへの参加についてお互いが平等であることを認識しなければならない。

3 町民によるまちづくりの活動は、自主性及び自立性が尊重され、町の不当な関与を受けない。

4 わたしたち町民は、まちづくりの活動への参加又は不参加を理由として差別的な扱いを受けない。

(まちづくりにおける町民の責務)
第11条 満二十歳未満の町民のまちづくりに参加する権利
満二十歳未満の青少年及び子どもは、それぞれの年齢にふさわしいまちづくりに参加する権利を有する。

(まちづくりにおける町民の責務)
第12条 わたしたち町民は、まちづくりの主体であることを認識し、総合的視点に立ち、まちづくりの活動において自らの発言と行動に責任を持たなければならない。

(まちづくりに参加する権利の拡充)
第13条 わたしたち町民は、まちづくりへの参加が自治を進めるものであることを認識し、その拡充に努めるものとする。

第5章 コミュニティ

(コミュニティ)
第14条 わたしたち町民にとって、コミュニティとは、町民一人ひとりが自ら豊かな暮らしをつくることを前提としたさまざまな生活形態を基礎に形成する多様なつながり、組織及び集団をいう。

(コミュニティにおける町民の役割)
第15条 わたしたち町民は、まちづくりの重要な担い手となりうるコミュニティの役割を認識し、そのコミュニティを守り、育てるよう努める。

(町とコミュニティのかかわり)
第16条 町は、コミュニティの自主性及び自立性を尊重し、その非宗教的かつ非営利的な活動を必要に応じて支援することができる。

第6章 町の役割と責務

(町長の責務)
第17条 町長は、町民の信託に応え、町政の代表者としてこの条例の理念を実現するため、公正かつ誠実に町政の執行に当たり、まちづくりの推進に努めなければならない。

(就任時の宣誓)
第18条 町長は、就任に当たっては、その地位が町民の信託によるものであることを深く認識し、日本国憲法により保障された地方自治権の一層の拡充とこの条例の理念の実現のため、公正かつ誠実に職務を執行することを宣誓しなければならない。

2 前項の規定は、助役、収入役及び教育長の就任について準用する。

(執行機関の責務)
第19条 町の執行機関は、その権限と責任において、公正かつ誠実に職務を執行するに当たらなければならない。
2 町職員は、まちづくりの専門スタッフとして、誠実かつ効率的に職務を執行するとともに、まちづくりにおける町民相互の連携が常に図られるよう努めなければならない。

(組織)
第20条 町の組織は、町民に分かりやすく機能的なものであると同時に、社会や経済の情勢に応じ、かつ、相互の連携が保たれるよう柔軟に編成されなければならない。

(審議会等への参加)
第21条 町は、審査会、審議会、調査会その他の附属機関及びこれに類するものの委員には、公募の委員を加えるよう努めなければならない。

(意見・要望・苦情等への応答義務等)
第22条 町は、町民から意見、要望、苦情等があったときは、速やかに事実関係を調査し、応答しなければならない。
2 町は、前項の応答に際してその意見、要望、苦情等にかかわる権利を守るための仕組み等について説明するよう努めるものとする。
3 町は、前2項の規定による応答を迅速かつ適切に行うため、対応記録を作成する。

(意見・要望・苦情等への対応のための機関)
第23条 町は、町民の権利等の保護を図り、町の行政執行により町民が受ける不利益な扱いを簡易かつ迅速に解消させるため、不利益救済のための機関を置くことができる。

(行政手続の法制化)
第24条 条例又は規則に基づき町の機関がする処分及び行政指導並びに町に対する届出に関する手続について必要な事項は、条例で定める。

第7章 まちづくりの協働過程

(計画過程等への参加)
第25条 町は、町の仕事の計画、実施、評価等の各段階に町民が参加できるよう配慮する。

2 町は、まちづくりに対する町民の参加において、前項の各段階に応じ、次に掲げる事項の情報提供に努めるものとする。
(1) 仕事の提案や要望等、仕事の発生源の情報
(2) 代替案の内容
(3) 他の自治体等との比較情報
(4) 町民参加の状況
(5) 仕事の根拠となる計画、法令
(6) その他必要な情報

(計画の策定等における原則)
第26条 総合的かつ計画的に町の仕事を行うための基本構想及びこれを具体化するための計画(以下これらを「総合計画」と総称する。)は、この条例の目的及び趣旨にのっとり、策定、実施されるとともに、新たな行政需要にも対応できるよう不断の検討が加えられなければならない。
2 町は、次に掲げる計画を策定するときは、総合計画との整合性に配慮し、計画相互間の体系化に努めなければならない。
(1) 法令又は条例に規定する計画
(2) 国又は他の自治体の仕事と関連する計画
3 町は、前2項の計画に次に掲げる事項を明示するとともに、その計画の実施に当たっては、これらの事項に配慮した進行管理に努めなければならない。

(計画策定の手続)
第27条 町は、総合計画で定める重要な計画の策定に着手しようとするときは、あらかじめ次の事項を公表し、意見を求めるものとする。
(1) 計画の概要
(2) 計画策定の日程
(3) 予定する町民参加の手法
(4) 計画の目標及びこれを達成するための町の仕事の内容
(5) 前項の仕事に要すると見込まれる費用及び期間
(6) その他必要とされる事項
2 町は、前項の計画を決定しようとするときは、あらかじめ計画案を公表し、意見を求めるものとする。
3 町は、前2項の規定により提出された意見について、採否の結果及びその理由を付して公表しなければならない。

第8章 財政

(総則)
第28条 町長は、予算の編成及び執行に当たっては、総合計画を踏まえて行わなければならない。

(予算編成)
第29条 町長は、予算の編成に当たっては、予算に関する説明書の内容の充実を図るとともに、町民が予算を具体的に把握できるよう十分な情報の提供に努めなければならない。

2 前項の規定による情報の提供は、町の財政事情、予算の編成過程が明らかになるよう分かりやすい方法によるものとする。

(予算執行)
第30条 町長は、町の仕事の予定及び進行状況が明らかになるよう、予算の執行計画を定めるものとする。

(決算)
第31条 町長は、決算にかかわる町の主要な仕事の成果を説明する書類その他決算に関する書類を作成しようとするときは、これらの書類が仕事の評価に役立つものとなるよう配慮しなければならない。

(財産管理)
第32条 町長は、町の財産の保有状況を明らかにし、財産の適正な管理及び効率的な運用を図るため、財産の管理計画を定めるものとする。

2 前項の管理計画は、町の資産としての価値、取得の経過、処分又は取得の予定、用途、管理の状況その他前項の目的を達成するため必要な事項が明らかとなるように定めなければならない。

3 財産の取得、管理及び処分は、法令の定めによるほか、第1項の管理計画に従って進めなければならない。

(財政状況の公表)
第33条 町長は、予算の執行状況並びに財産、地方債及び一時借入金の現在高その他財政に関する状況(以下「財政状況」という。)の公表に当たっては、別に条例で定める事項の概要を示すとともに、財政状況に対する見解を示さなければならない。

第9章 評価

(評価の実施)
第34条 町は、まちづくりの仕事の再編、活性化を図るため、まちづくりの評価を実施する。

(評価方法の検討)
第35条 前条の評価は、まちづくりの状況の変化に照らし、常に最もふさわしい方法で行うよう検討し、継続してこれを改善しなければならない。

第10章 町民投票制度

(町民投票の実施)
第36条 町は、ニセコ町にかかわる重要事項について、直接、町民の意思を確認するため、町民投票の制度を設けることができる。

(町民投票の条例化)
第37条 町民投票に参加できる者の資格その他町民投票に必要な事項は、それぞれの事案に応じ、別に条例で定める。

2 前項に定める条例に基づき町民投票を行うときは、町長は町民投票結果の取扱いをあらかじめ明らかにしなければならない。

第11章 連携

(町外の人々との連携)
第38条 わたしたち町民は、社会、経済、文化、学術、芸術、スポーツ、環境等に関する取組みを通じて、町外の人々の知恵や意見をまちづくりに活用するよう努める。

(近隣自治体との連携)
第39条 町は、近隣自治体との情報共有と相互理解のもと、連携してまちづくりを推進するものとする。

(広域連携)
第40条 町は、他の自治体、国及びその他の機関との広域的な連携を積極的に進めるものとする。

(国際交流及び連携)
第41条 町は、自治の確立と発展が国際的にも重要なものであることを認識し、まちづくりその他の各種分野における国際交流及び連携に努めるものとする。

-356-

第12章 条例制定等の手続

(条例制定等の手続)

第42条 町は、まちづくりに関する重要な条例を制定し、又は改廃しようとするときは、次のいずれかに該当する場合を除き、町民の参加を図り、又は町民に意見を求めなければならない。

(1) 関係法令及び条例等の制定改廃に基づくものでその条例の制定改廃に政策的な判断を必要としない場合

(2) 用語の変更等簡易な改正でその条例に規定する事項の内容に実質的な変更を伴わない場合

(3) 前2号の規定に準じて条例の制定改廃の議案を提出する者(以下「提案者」という。)が不要と認めた場合

2 提案者は、前項に規定する町民の参加等の有無(無のときはその理由を含む。)及び状況に関する事項を付して、議案を提出しなければならない。

第13章 まちづくり基本条例の位置付け等

(この条例の位置付け)

第43条 他の条例、規則その他の規程によりまちづくりの制度を設け、又は実施しようとする場合においては、この条例に定める事項を最大限に尊重しなければならない。

(条例等の体系化)

第44条 町は、この条例に定める内容に即して、教育、環境、福祉、産業等分野別の基本条例の制定に努めるとともに、他の条例、規則その他の規程の体系化を図るものとする。

第14章 この条例の検討及び見直し

(この条例の検討及び見直し)

第45条 町は、この条例の施行後4年を超えない期間ごとに、この条例がニセコ町にふさわしいものであり続けているかどうか等を検討するものとする。

2 町は、前項の規定による検討の結果を踏まえ、この条例及びまちづくりの諸制度について見直す等必要な措置を講ずるものとする。

附　則

(施行期日)

この条例は、平成十三年四月一日から施行する。

茨城県／古河市

古河市個別外部監査契約に基づく監査に関する条例
2000年（平成12年）9月22日公布

地方分権にむけ自治体のチェック機能を充実／行財政改革委員会からの提言で実現

外部監査制度は1997年の地方自治法の一部改正により導入された。自治体の組織に属さない外部の専門家（弁護士、公認会計士、税理士ら）と契約を結んで監査を受ける仕組み。

条例では、市民が監査請求をする場合、従来の市の監査委員会に加え、個別外部監査契約に基づく監査も請求することができる。又、議会が地方自治法第98条の監査を求めるときや、第199条6項の市長の監査委員に対する監査の要求を、監査委員の監査に代えて外部監査を求めることができるとした。又、市の補助団体（補助金、交付金、貸付金等の財政的援助をしている団体）出資団体などの外部監査も可能となった。自治体の自己決定、自己責任が求められる中、チェック機能を充実させることが目的。同県内では初めての制定となる市民参加の行財政改革委員会からの提言もあって実現した。

茨城県・古河市

市 役 所：〒306-8601
茨城県古河市長谷町38-18
（下車駅　宇都宮線　古河駅）
電話（0280）22-5111

人　　口：59,427人
世 帯 数：20,689世帯
面　　積：21.00㎢
人口密度：2,829.86人/㎢
特 産 品：よしず、ふな甘露煮、傘
観　　光：渡良瀬遊水地、四季の径

古河市個別外部監査契約に基づく監査に関する条例

（趣旨）
第1条　この条例は、地方自治法（昭和二十二年法律第67号。以下「法」という。）第252条の27第3項に規定する個別外部監査契約（以下「個別外部監査契約」という。）に基づく監査に関し、必要な事項を定めるものとする。

第2条　市民のうち法第75条第1項の選挙権を有する者は、同項の請求をする場合において、併せて当該請求に係る監査について監査委員の監査に代えて個別外部監査契約に基づく監査によることを求めることができる。

2　市議会は、法第98条第2項の請求をする場合において、併せて当該請求に係る監査について監査委員の監査に代えて個別外部監査契約に基づく監査によることを求めることができる。

3　市長は、法第199条第6項の要求をする場合において、併せて当該要求に係る監査について監査委員の監査に代えて個別外部監査契約に基づく監査によることを求めることができる。

4　市長は、次に掲げるものについて法第199条第7項の要求をする場合において、併せて当該要求に係る監査について監査委員の監査に代えて個別外部監査契約に基づく監査によることを求めることができる。

(1) 市が法第199条第7項に規定する財政的援助を与えているものに係るもの

(2) 市が出資しているもので法第199条第7項の政令で定めるものの出納その他の事務の執行で当該出資に係るもの

(3) 市が借入金の元金又は利子の支払を保証しているものの出納その他の事務の執行で当該保証に係るもの

(4) 市が受益権を有する信託で法第199条第7項の政令で定めるものの受託者の出納その他の事務の執行で当該信託に係るもの

(5) 市が法第244条の2第3項の規定に基づき公の施設の管理を委託しているものの出納その他の事務の執行で当該委託に係るもの

5　市民は、法第242条第1項の請求をする場合において、併せて当該請求に係る監査について監査委員の監査に代えて個別外部監査契約に基づく監査によることを求めることができる。

付　則
この条例は、平成十三年一月一日から施行する。

東京都／三鷹市

三鷹市総合オンブズマン条例
2000年（平成12年）10月1日施行

苦情なくてもオンブズマンの自己発意で市政調査／総合オンブズマン制度導入

三鷹市は、1997年10月より「福祉オンブズマン制度」を導入してきたが、対象を行政全般に広げた総合オンブズマン制度を新たに制定した。福祉オンブズマンでは、市に対する勧告と提言を1回ずつ行っている。

条例では、総合オンブズマンの職務として市政に関する苦情を調査し、迅速に処理することのほか、自己の発意に基づき、問題事案を取り上げて調査することも規定、オンブズマンは苦情がなくても市政を調査する権限を持つとしている。

オンブズマンの定数は、3人以内で、任期は3年。制度改善の提言を行う場合は、総合オンブズマン全員の意見が一致していることが原則とされているが、苦情等の事案については、1人の委員の責任に委ねられている。勧告、提言等の内容は公表する。

市は、是正勧告を承けた場合は60日以内、提言を受けた場合は90日以内に結果をオンブズマンに報告し、結果は公表する。

判決、裁決等で確定した事項、裁判で係争中の事案、法令等により不服申立て機関の職務に関する事項、議会に関する事項などは所管事項としていない。

東京都・三鷹市

市役所：〒181-8555
東京都三鷹市野崎1-1-1
（下車駅　中央線　三鷹駅）
電話（0422）45-1151

人　　口：161,998人
世帯数：76,008世帯
面　　積：16.50km²
人口密度：9,818.06人/km²
特産品：キウイフルーツ、うど、カリフラワー
観　　光：井の頭公園、玉川上水、禅林寺

三鷹市総合オンブズマン条例

（目的及び設置）
第1条　市民の市政に関する苦情を公正かつ中立な立場で迅速に処理することにより、市民の権利利益を擁護し、市政に対する市民の信頼性を高め、公正で透明な市政の一層の推進を図ることを目的として、三鷹市総合オンブズマン（以下「総合オンブズマン」という。）を置く。

（総合オンブズマンの組織等）
第2条　総合オンブズマンの定数は三人以内とし、人格が高潔で社会的信望が厚く、地方行政に関し優れた識見を有する者のうちから、市長が議会の同意を得て委嘱する。

2　総合オンブズマンは、任期を三年とし、再任を妨げない。ただし、総合オンブズマンが任期の途中で交代した場合の後任者の任期は、前任者の残任期間とする。

3　前項の規定にかかわらず、総合オンブズマンは、後任者が選任されるまでの間は、その職務を行うことができる。ただし、次条第1項の規定による解嘱の場合は、この限りでない。

（解嘱）
第3条　市長は、総合オンブズマンが心身の故障のため職務の遂行に堪えないと認めるとき、又は職務上の義務違反その他総合オンブズマンとしてふさわしくない行為があると認めるときは、議会の同意を得て、これを解嘱することができる。

2　総合オンブズマンは、前項の規定による場合を除くほか、その意に反して解嘱されることがない。

（所管事項）
第4条　総合オンブズマンの所管事項は、市の機関の業務の執行に関する事項及び当該業務に関する職員の行為とする。ただし、次に掲げる事項については、総合オンブズマンの所管事項としない。

(1)　判決、裁決等により確定した権利関係に関する事項
(2)　裁判等で係争中の事実に関する事項
(3)　法令又は条例の規定による不服申立て機関等の職務に関する事項
(4)　議会に関する事項
(5)　職員の自己の勤務内容に関する事項

(総合オンブズマンの職務)
第5条 総合オンブズマンは、次の職務を行う。
(1) 市政に関する苦情を調査し、迅速に処理すること。
(2) 自己の発意に基づき、問題事案を取り上げて調査すること。
(3) 申立てに係る苦情又は自己の発意に基づき取り上げた問題事実(以下「苦情等」という。)について、市の機関に対し意見を述べ、若しくは是正等の措置を講ずるよう勧告し、又は苦情等の原因が制度そのものに起因するときは当該制度の改善に関する提言を行うこと。ただし、制度改善の提言を行う場合においては、総合オンブズマン全員の意見が一致していることを原則とする。
(4) 勧告、提言等の内容を公表すること。

(苦情の申立て)
第6条 市の機関の業務の執行に関する事項及び当該業務に関する職員の行為について自己の利害に関する苦情を有する者は、何人も、総合オンブズマンに対してその苦情を申し立てることができる。
2 苦情の申立ての期間及び手続については、規則で定める。

(総合オンブズマンの責務)
第7条 総合オンブズマンは、市民の権利利益の擁護者として、公平かつ適切にその職務を遂行しなければならない。
2 総合オンブズマンは、その職務の遂行に当たっては、市の機関との連携を図り、相互の職務の円滑な遂行に努めなければならない。
3 総合オンブズマンは、その地位を政党又は政治的目的のために利用してはならない。
4 総合オンブズマンは、職務上知り得た秘密を漏らしてはならない。その職を退いた後も、同様とする。

(市の機関の責務)
第8条 市の機関は、総合オンブズマンの職務の遂行に関し、その独立性を尊重し、積極的な協力援助を行わなければならない。
2 市の機関は、総合オンブズマンから第5条第3号の規定による勧告又は提言を受けたときは、これを尊重し、規則で定めるところにより誠実かつ適切に処理しなければならない。

(罰則)
第9条 第7条第4項の規定に違反して職務上知り得た秘密を漏らした者は、一年以下の懲役又は三万円以下の罰金に処する。

(委任)
第10条 この条例の施行に関し必要な事項は、規則で定める。

附 則

(施行期日)
1 この条例は、平成十二年十月一日(以下「施行日」という。)から施行する。

(経過措置)
2 この条例は、平成十一年十月一日以後に生じた事実に係る苦情の申立てについて適用する。
3 施行日前に三鷹市健康福祉総合条例(平成九年三鷹市条例第5号)第29条に規定する三鷹市福祉オンブズマン(以下「福祉オンブズマン」という。)に苦情の申立てをした事項で苦情の処理が終了していないものについては、総合オンブズマンが苦情の処理を行う。
4 第4条の規定にかかわらず、福祉オンブズマンにより既に苦情の処理が終了している事項は、総合オンブズマンの所管事項としない。

(三鷹市非常勤の特別職職員の報酬及び費用弁償条例の一部改正)
5 三鷹市非常勤の特別職職員の報酬及び費用弁償条例(昭和二十七年三鷹市条例第68号)の一部を次のように改正する。
別表第1福祉オンブズマンの項中「福祉オンブズマン」を「総合オンブズマン」に改める。
2 市の機関は、総合オンブズマンから第5条第3号の規定による勧告又は提言を受けたときは、これを尊重し、規則で定めるところにより誠実かつ適切に処理しなければならない。

東京都／府中市

府中市オンブズパーソン条例
開かれた市政実現のためオンブズパーソンを条例化

2000年（平成12年）11月1日施行

　府中市は、市民の権利擁護を目的に、市政に関する苦情を簡易な手続きで処理し、市政の改善に関する提言を行うオンブズパーソン制度を条例化した。

　市民が、市行政や市職員の業務に関して、不当、不適切、不公平などと感じたことについて苦情を申し立てることができる。苦情申し立ての書類は公共施設の窓口に備え付けてある。又、毎週月曜日はオンブズパーソンが直接受け付ける。申し立てられた苦情に関しては、オンブズパーソンが市の機関を調査し、その結果を申し立てた市民に通知する。調査の結果、必要な場合は、市の関係機関に問題点を改めるように勧告等を行う。市の制度そのものに問題がある場合は、制度の改善を提言し公表する。オンブズパーソン自身の発意に基づく調査も条例で規定した。オンブズパーソンの定数は2人で、市長が議会の同意を得て委嘱する。身分は非常勤特別職の職員とした。

東京都・府中市

市　役　所：〒183-8703
東京都府中市宮西町2-24
（下車駅　南武線、武蔵野線　府中本町駅　京王線　府中駅）
電話　（042）364-4111

人　　口：217,191人
世　帯　数：94,297世帯
面　　積：29.34km²
人口密度：7,403人/km²
特産品：エレクトロニクス製品、わけぎ
観　光：郷土の森、大国魂神社、東京競馬場

府中市オンブズパーソン条例

（目的）
第1条　この条例は、市民の市政に関する苦情を公正かつ中立的な立場から簡易迅速な手続で処理し、市政の改善に関する提言等を行うため府中市オンブズパーソン（以下「オンブズパーソン」という。）を設置し、市民の権利利益を擁護するとともに、市政に対する市民の理解と信頼を高め、開かれた市政の一層の推進に資することを目的とする。

（定義）
第2条　この条例において「苦情」とは、自己の利害に係る市の機関の業務の執行に関する事項又は当該業務に関する職員の行為についての不平又は不満をいう。

（所管事項）
第3条　オンブズパーソンの所管する事項は、市の機関の業務の執行に関する事項及び当該業務に関する職員の行為とする。ただし、次の各号に掲げる事項を除く。
(1)　議会に関する事項
(2)　判決、裁決等を求め係争中の事項
(3)　判決、裁決等により確定した事項
(4)　職員の自己の勤務条件等に関する事項
(5)　オンブズパーソンの行為に関する事項

（職務）
第4条　オンブズパーソンの職務は、次の各号に掲げるとおりとする。
(6)　市政に関する苦情の申立てを受け付け、これを調査し、迅速に処理すること。
(7)　自己の発意に基づき、事実を取り上げ調査すること。
(8)　申立てに係る苦情又は自己の発意に基づき取り上げた事実（以下「苦情等」という。）について、市の機関に対し意見を述べ、若しくは是正等の措置を講ずるよう勧告し、又は制度の改善に関する提言を行うこと。
(9)　勧告、提言等の内容を公表すること。

（オンブズパーソンの責務）
第5条　オンブズパーソンは、市民の権利利益を擁護するため、公平かつ適

2 オンブズパーソンは、その職務の遂行に当たっては、市の機関と連携を図り、相互の職務の円滑な遂行に努めなければならない。
3 オンブズパーソンは、その地位を政党又は政治的目的のために利用してはならない。
4 オンブズパーソンは、職務上知り得た秘密を漏らしてはならない。その職を退いた後も、同様とする。
(市の機関の責務)
第6条 市の機関は、オンブズパーソンの職務の遂行に関し、積極的に協力しなければならない。
(市民の責務)
第7条 市民は、この条例の目的を達成するため、この制度が適正かつ円滑に運営されるよう努めなければならない。
(組織等)
第8条 オンブズパーソンの定数は二人とし、そのうち一人を代表オンブズパーソンとする。
2 オンブズパーソンは、人格が高潔で、地方行政に関し優れた識見を有する者のうちから、市長が議会の同意を得て委嘱する。
3 オンブズパーソンの任期は2年とし、一期に限り再任することができる。
(兼職等の禁止)
第9条 オンブズパーソンは、衆議院議員若しくは参議院議員、地方公共団体の議会の議員若しくは長又は政党その他の政治団体の役員と兼ねることができない。
2 オンブズパーソンは、本市と特別な利害関係にある企業その他の団体の役員と兼ねることができない。
(解職)
第10条 市長は、オンブズパーソンが心身の故障のため職務の遂行に堪えられないと認める場合又は職務上の義務違反その他オンブズパーソンとしてふさわしくない行為があると認める場合は、議会の同意を得て解職することができる。
(苦情の申立て)
第11条 市の機関の業務の執行に関する事項又は当該業務に関する職員の行為について利害関係を有する者は、オンブズパーソンに対し苦情を申し立てることができる。
2 前項の規定による苦情の申立ては、書面により行わなければならない。ただし、書面によることができない場合は、口頭により申し立てることができる。
3 苦情の申立ては、代理人により行うことができる。
(苦情の調査等)
第12条 オンブズパーソンは、苦情の申立てがあったときは、速やかに当該苦情に関し調査するものとする。ただし、次の各号のいずれかに該当すると認めるときは、当該苦情を調査しない。
(1) 第3条ただし書の規定に該当するとき。
(2) 苦情の内容が当該苦情に係る事実のあった日から一年を経過しているとき。ただし、オンブズパーソンが正当な理由があると認めるときは、この限りでない。
(3) 虚偽その他正当な理由がないと認めるとき。
(4) 前3号に掲げるもののほか、調査することが適当でないと認めるとき。
(苦情の通知等)
第13条 オンブズパーソンは、苦情等を調査する場合は、関係する市の機関に対し、その旨を通知するものとする。
2 オンブズパーソンは、前項ただし書の規定により苦情を調査しないときは、その旨を理由を付して苦情を申し立てた者(以下「苦情申立人」という。)に速やかに通知しなければならない。
3 オンブズパーソンは、調査を開始した後においても、その必要がないと認めるときは、調査を中止することができる。
4 オンブズパーソンは、苦情の申立てに係る苦情の調査を中止したときは、その旨を理由を付して苦情申立人及び第1項の規定により通知した市の機関に、速やかに通知しなければならない。
5 オンブズパーソンは、自己の発意に基づき取り上げた事実の調査を中止したときは、その旨を理由を付して第1項の規定により通知した市の機関に、速やかに通知するものとする。
(調査の方法)
第14条 オンブズパーソンは、苦情等の調査のため必要があると認めるとき

は、関係する市の機関に対し説明を求め、当該調査に係る事案に関連する文書、記録その他の資料を閲覧し、若しくは提出を要求し、又は実地調査をすることができる。

2　オンブズパーソンは、苦情等の調査のため必要があると認めるときは、関係人又は関係機関に対し質問し、事情を聴取し、又は実地調査をすることについて協力を求めることができる。

（苦情申立人への通知）
第15条　オンブズパーソンは、申立てに係る苦情の調査の結果について、苦情申立人に速やかに通知しなければならない。

（勧告、提言等）
第16条　オンブズパーソンは、苦情等の調査の結果、必要があると認めるときは、関係する市の機関に対し意見を述べ、又は是正等の措置を講ずるよう勧告することができる。

2　オンブズパーソンは、苦情等の調査の結果、その原因が制度そのものに起因すると認めるときは、関係する市の機関に対し当該制度の改善に関する提言を行うことができる。

（勧告、提言等の尊重）
第17条　前条の規定による意見若しくは勧告又は提言を受けた市の機関は、これを尊重しなければならない。

（報告等）
第18条　市の機関は、第16条の規定による意見若しくは勧告又は提言を受けたときは、必要な是正等の措置を講ずるとともに、その内容をオンブズパーソンに報告しなければならない。ただし、是正等の措置を講ずることができない特別の理由があるときは、その旨を理由を付してオンブズパーソンに報告しなければならない。

2　前項の規定による報告は、意見若しくは勧告又は提言を受けた日から六十日以内に行わなければならない。

3　オンブズパーソンは、申立てに係る苦情申立人に速やかに通知しなければならない。

（公表）
第19条　オンブズパーソンは、第16条の規定による意見若しくは勧告又は提言及び前条第1項の規定による報告の内容を公表するものとする。

2　オンブズパーソンは、前項の規定による公表をするときは、個人情報等の保護について最大限の配慮をしなければならない。

（運営状況の報告等）
第20条　オンブズパーソンは、毎年、この条例の運営状況について市長に報告するとともに、これを公表するものとする。

（委任）
第21条　この条例の施行について必要な事項は、市長が定める。

付　則
（施行期日）
1　この条例は、公布の日から施行する。ただし、第11条から第20条までの規定は、平成十二年十一月一日から施行する。

2　非常勤の特別職の職員の報酬及び費用弁償に関する条例の一部改正
非常勤の特別職の職員の報酬及び費用弁償に関する条例（昭和三十一年十二月中市条例第28号）の一部を次のように改正する。
別表第1建築紛争調停委員会委員の項の次に次のように加える。

| オンブズパーソン | 月額 | 十四万円 |

静岡県／静岡市

地方自治法第96条2項の規定に基づき静岡市議会の議決すべき事件を定める条例（改正）
2000年（平成12年）2月23日施行

住民訴訟勝訴で、市が職員の弁護士費用を負担

静岡市は、住民訴訟で訴えられた職員が勝訴した場合、条例が定める財務会計上の責任者である「当該職員」以外でも、議会の議決を経て、職員の身分を問わず、市が弁護士報酬を負担することができる条例を制定した。

地方自治法では、住民訴訟について「当該職員」が勝訴した場合、議会の議決により、弁護士報酬を市が負担することができると定めているが、この「当該職員」とは、市長や市長に財務権限を委任された部課長などの会計責任者とされ、当該職員以外の職員の弁護士費用は自治体の任意とされている。

住民訴訟で、当該職員以外の職員が訴訟される事例もあり、当該職員以外の職員に対する弁護士報酬が保証されていなかったことを改めたもの。

静岡県・静岡市

市 役 所：〒420-8602
静岡県静岡市追手町5-1
（下車駅　東海道本線　静岡駅）
電話（054）254-2111

人　　口：471,593人
世 帯 数：173,543世帯
面　　積：1,146.13/km²
人口密度：411.47/km²
特 産 品：茶、みかん、いちご、木製家具
観　　光：登呂遺跡、久能山東照宮、日本平

地方自治法第96条第2項の規定に基づき静岡市議会の議決すべき事件を定める条例

地方自治法第96条第2項の規定に基づき議会の議決すべき事件を定める条例（昭和二十四年静岡市条例第49号）の全部を改正する。

地方自治法（昭和二十二年法律第67号）第6条第2項の規定に基づき、別に条例で定めるもののほか、同法第242条の2第2項第4号の住民訴訟の当事者となった職員が同号の当該職員に該当しないとして勝訴した場合における弁護士報酬補助金の額の決定に関することを静岡市議会の議決すべき事件として定めるものとする。

　附　則

この条例は、公布の日から施行する。

愛知県／高浜市

高浜市住民投票条例

2000年（平成12年）12月20日議決

常設の住民投票条例を制定、全国初／市民、議会、市長いずれかの提案で

住民投票条例は特定課題での設置例はあるが、一定条件の下でいつでも住民投票の道が開けている本条例のような例は全国で初めて。条例の目的は市民の総意を市政に的確に反映し、市民と行政の協働によるまちづくりの推進としている。住民投票が行われるのは①選挙民の総数の1/3の署名による市長への請求②定数の1/12の市議会議員の賛成によって提案され、半数の賛成で議決された場合は市議会から市長に請求③市長自らの発議、の3つの場合。住民投票の形式は賛成か反対の二者択一で、投票総数が投票資格者の半数に満たない場合は不成立とし、可否は有効投票数の過半数で決する。住民投票で賛否を問うことができない場合は、①市の権限に属さない事項②他の法規の規定で住民投票を行うことができる事項③特定の市民、地域のみに関する事項④市の組織、人事、財政に関する事項⑤その他としており、1度住民投票を行った事案は2年を経過しなければ同旨の事案で市民請求は行えないとした。

愛知県・高浜市

市役所：〒444-1398
愛知県高浜市青木町4-1-2
（下車駅　名鉄三河線　三河高浜駅）
電話　(0566) 52-1111

人　　口：36,882人
世 帯 数：12,068世帯
面　　積：13.00km²
人口密度：2,837人/km²
特 産 品：瓦、鶏卵、陶器
観　　光：柳池院、宝満寺（吉浜細工人形）

高浜市住民投票条例

（目的）
第1条　この条例は、地方自治の本旨に基づき、市政運営上の重要事項に係る意思決定について、市民による直接投票（以下「住民投票」という。）の制度を設けることにより、これによって示された市民の総意を市政に的確に反映し、もって公正で民主的な市政の運営及び市民の福祉の向上を図るとともに、市民と行政の協働によるまちづくりを推進することを目的とする。

（定義）
第2条　この条例において「市政運営上の重要事項」とは、市が行う事務のうち、市民に直接その賛否を問う必要があると認められる事案であって、市及び市民全体に直接の利害関係を有するものをいう。ただし、次に掲げる事項を除く。
(1) 市の権限に属さない事項
(2) 議会の解散その他法令の規定に基づき住民投票を行うことができる事項
(3) もっぱら特定の市民又は地域にのみ関係する事項
(4) 市の組織、人事及び財務に関する事項
(5) 前各号に定めるもののほか、住民投票に付することが適当でないと明らかに認められる事項

（住民投票の請求及び発議）
第3条　高浜市の議会の議員及び長の選挙権を有する者（公職選挙法（昭和二十五年法律第100号）第22条の規定による選挙人名簿の登録が行われた日において選挙人名簿に登録されている者をいう。）は、市政運営上の重要事項について、その総数の三分の一以上の者の連署をもって、その代表者から、市長に対して書面により住民投票を請求することができる。

2　前項に規定する署名に関する手続等は、地方自治法（昭和二十二年法律第67号）第74条第5項から第7項まで、第74条の2第1項から第6項まで及び第74条の3第1項から第3項までの規定の例によるものとする。

3　市議会は、議員の定数の十二分の一以上の者の賛成を得て議員提案され、かつ、出席議員の過半数の賛成により議決された市政運営上の重要事項について、市長に対して書面により住民投票を請求することができる。

自治制度

4　市長は、市政運営上の重要事項について、自ら住民投票を発議することができる。

5　市長は、第1項の規定による市民からの請求（以下「市民請求」という。）若しくは第3項の規定による議会からの請求（以下「議会請求」という。）があったとき、又は前項の規定により自ら住民投票を発議したときは、直ちにその要旨を公表するとともに、高浜市選挙管理委員会（以下「選挙管理委員会」という。）の委員長にその旨を通知しなければならない。

6　市長は、住民投票に係る市民請求又は議会請求があったときは、その請求の内容が前各号の規定に該当する場合を除き、住民投票の実施を拒否することができないものとする。

（条例の制定又は改廃に係る市民請求の特例）
第4条　条例の制定又は改廃に係る市民請求は、地方自治法第74条第1項の規定による条例の制定又は改廃の請求を行った場合において、同条第3項の結果に不服があるときについてのみ行うことができる。

（住民投票の形式）
第5条　第3条に規定する市民請求、議会請求及び市長の発議（以下「市民請求等」という。）による住民投票に係る事案は、二者択一で賛否を問う形式のものとして請求又は発議されたものでなければならない。

（住民投票の執行）
第6条　住民投票は、市長が執行するものとする。
2　市長は、地方自治法第180条の2の規定に基づき、協議により、その権限に属する住民投票の管理及び執行に関する事務を選挙管理委員会に委任するものとする。

（選挙管理委員会の事務）
第7条　選挙管理委員会は、前条第2項の規定により委任を受けた住民投票の管理及び執行に関する事務を行うものとする。

（投票資格者）
第8条　住民投票の投票権を有する者（以下「投票資格者」という。）は、公職選挙法第9条第2項に規定する高浜市の議会の議員及び長の選挙権を有する者とする。
2　選挙管理委員会は、住民投票を実施するに当たっては、投票資格者名簿を調製しなければならない。

（住民投票の期日）
第9条　住民投票の期日（以下「投票日」という。）は、選挙管理委員会に対して第3条第5項の規定による通知があった日から起算して六十日を経過した日から最も近い日曜日（以下「指定日」という。）とする。
2　前項の規定にかかわらず、当該指定日の前後十五日以内に衆議院議員若しくは参議院議員の選挙、愛知県の議会の議員若しくは長の選挙又は高浜市の議会の議員若しくは長の選挙が行われるときは、これらの選挙と同日に行うことができる。
3　選挙管理委員会は、前2項の規定により投票日を確定したときは、直ちに当該投票日その他必要な事項を告示しなければならない。
4　前項の規定による告示は、当該投票日の七日前までに行わなければならない。

（投票の方法）
第10条　住民投票は、一人一票の投票とし、秘密投票とする。
2　住民投票については、投票資格者は、事案に賛成するときは投票用紙の賛成欄に、反対するときは投票用紙の反対欄に自ら○の記号を記載しなければならない。

（無効投票）
第11条　次に掲げる投票は、無効とする。
(1)　所定の投票用紙を用いないもの
(2)　○の記号以外の事項を記載したもの
(3)　○の記号のほか、他事を記載したもの
(4)　○の記号を投票用紙の賛成欄及び反対欄のいずれにも記載したもの
(5)　○の記号を投票用紙の賛成欄又は反対欄のいずれに記載したのか判別し難いもの
(6)　白紙投票

（情報の提供）
第12条　選挙管理委員会は、第9条第3項に規定する住民投票の告示の日から当該住民投票の投票日の二日前までに、当該住民投票に係る請求又は発議の内容の趣旨及び同項に規定する告示の内容その他住民投票に関し必要な情報を公報その他適当な方法により、投票資格者に対して提供するものとする。
2　市長は、住民投票の告示の日から投票日の前日までの間、当該住民投票

に係る請求又は発議の内容を記載した文書の写し及び請求又は発議の事案に係る計画案その他行政上の資料で公開することができるものとする。

3 前2項に定めるもののほか、市長は、必要に応じて公開討論会、シンポジウムその他住民投票に係る情報の提供に関する施策を実施することができる。

(投票運動)
第13条 住民投票に関する投票運動は、自由とする。ただし、第9条第2項の規定により他の選挙と同日投票となった場合は、公職選挙法その他の選挙関係法令の規定に抵触する選挙運動又は投票運動は、行ってはならない。

2 前項本文の規定にかかわらず、住民投票に関する投票運動は、買収、脅迫等市民の自由な意思が拘束され、又は不当に干渉されるものであってはならない。

(住民投票の成立要件等)
第14条 住民投票は、一の事案について投票した者の総数が当該住民投票の投票資格者数の二分の一に満たないときは、成立しないものとする。この場合においては、開票作業その他の作業は行わない。

2 住民投票の結果は、有効投票総数の過半数をもって決するものとする。

(投票結果の告示等)
第15条 選挙管理委員会は、前条第1項の規定により住民投票が成立しなかったとき、又は住民投票が成立し、投票結果が確定したときは、直ちにこれを告示するとともに、当該告示の内容を市長及び市議会議長に報告しなければならない。

2 市長は、市民請求に係る住民投票について、前項の規定により住民投票が成立しなかったとき又は住民請求があったときは、その内容を直ちに当該市民請求に係る代表者に通知しなければならない。

(投票結果の尊重)
第16条 市民、市議会及び市長は、住民投票の結果を尊重しなければならない。

(市民請求等の制限期間)
第17条 この条例の規定により住民投票が成立しなかった場合(第14条第1項の規定により住民投票が実施された場合(第14条第1項の規定により住民投票が成立しなかった場合を除く。)には、その結果が告示されてから二年が経過するまでの間は、同一の事案又は当該事案と同旨の事案について市民請求等を行うことができないものとする。

(投票及び開票)
第18条 前条までに定めるもののほか、投票時間、投票場所、投票立会人、開票時間、開票場所、開票立会人、不在者投票その他住民投票の投票及び開票に関しては、公職選挙法、公職選挙法施行令(昭和二十五年政令第89号)及び公職選挙法施行規則(昭和二十五年総理府令第13号)並びに高浜市公職選挙管理規程(昭和五十年高浜市選挙管理委員会規程第1号)の規定の例による。

(委任)
第19条 この条例に定めるもののほか、住民投票に関し必要な事項は、市長が別に定める。

附 則

この条例は、平成十三年四月一日から施行する。

長崎県／小長井町

小長井町まちづくり町民参加条例
2000年（平成12年）3月13日議決

住民投票「常設化」全国で2例目。／テーマ限定せず、町長発議で

採石業が基幹産業で、その影響に悩む小長井町は、町政の重要施策について必要に応じ町長発議で住民投票を実施できる条項を盛り込んだ「まちづくり町民参加条例」を制定した。

条例では、「町長は、町民の意思を直接問う必要があると認める時は、当該事項について住民投票を実施することができる」（第8条）と規定。実施に関し、期日、資格者、方法、結果の公表、その他必要な事項は別に条例で定めるとし、実施の権限を町長と議会で分け持つ形としている。

大阪府箕面市も、ほぼ同じ内容の市民参加条例を制定しているが、小長井町は住民投票のテーマや内容の決定も町長の権限として認め、箕面市よりも首長の権限を強化した形となっている。

同町では昨年7月、採石場の新設や拡張計画についての是非を問う住民投票を実施。賛否が拮抗する投票結果を検討する採石行政検討専門委を設置して、望ましい採石行政のあり方の提言を本年3月27日に受けた。

委員会は①環境及び景観保全条例　②まちづくり町民参加条例　③県内採石場所在市町村の情報交換および協力を提言した。3月議会に、二条例が提案、可決された。

長崎県・小長井町

町役場：〒859-0194
長崎県北高来郡小長井町小川原浦名500
（下車駅　長崎本線　小長井駅）
電話（0957）34-2111

人口：6,989人
世帯数：2,411世帯
面積：30.93km²
人口密度：225.96人/km²
特産品：ヒトエグサの佃煮「小長井育ち」、バレイショのソフトクリーム「ポテトのキッス」・観光山茶花高原ハーブ園、樹齢1000年以上の「オガタマノキ」

小長井町まちづくり町民参加条例

（目的）
第1条　この条例は、まちづくりにおける町及び町民の役割を明らかにするとともに、町民参加の基となる事項を定めることにより、住民自治が躍動する地域社会の構築を図ることを目的とする。

（基本理念）
第2条　町民参加の推進は、「小長井町民憲章」（昭和六十一年六月制定）に掲げたまちづくりを実現するために、町民が町と協働関係をもつことによって、主体的に行われるものであること。

2　町民参加の推進は、開放的な歴史、伝統を踏まえ、町民が共通の目的を持って行われるものであること。新しいものを積極的にとり入れる

3　町民参加の推進は、地方自治の本旨に基づき適正に、秩序を保ち、かつ継続性を持って行われるものであること。

（用語の定義）
第3条　この条例において次の各号に掲げる用語の意義は、それぞれ当該各号に定めるところによる。

一　町民参加　町民が公的目的の実現のために行う諸活動であって、自主的な活動及び行政への参加活動をいう。

二　自主的な活動　奉仕的な地域内活動、消防団活動、婦人会活動、老人会活動、並びに青年団活動などへの参加をいう。

三　行政への参加活動　行政が実施する選挙、行政が設置する審議会、及び委員会、調査会、行政班並びに行政が呼びかける環境美化運動などへの参加をいう。

四　住民自治　町民が行政の運営に、直接的又は間接的に係わることをいう。

（町の責務）
第4条　町長は、町民自らがまちづくりについて考え、行動することができるよう町民参加の機会の提供に努めるとともに、小長井町情報公開条例（平成十一年条例第6号）に規定する公文書を公開し、かつ、その他の行政情報の公開並びに十分な説明に努めるものとする。

（町民の責務）
第5条　町民は、町民参加によるまちづくりの推進について、自らの責任と

役割を自覚し、積極的な参加に努めるものとする。
（会議公開の原則）
第6条　町の執行機関に置く付属機関の会議は、原則として公開するように努めなければならない。
（委員の公募）
第7条　前条に規定する付属機関の委員を町民の中から任命しようとする場合は、原則として公募により選考するよう努めなければならない。
2　前項の公募の方法については、別に定める。
（住民投票の実施）
第8条　町長は、町民の意思を直接問う必要があると認めるときは、当該事項について住民投票を実施することができる。
2　前項の住民投票の実施に関し、投票の期日、投票資格者、投票の方法、投票結果の公表その他必要な手続については、別に条例で定める。

　　　附　則
（施行期日）
1　この条例は、公布の日から起算して六月を超えない範囲内において、規則で定める日から施行する。

熊本県／本渡市

本渡市公共事業の再評価に関する条例　2000年（平成12年）9月28日施行

公共事業の透明性、効率化に再評価制度を条例化

公共事業の再評価については、1998年10月の国の通達に基づく第三者委員会を県が要綱で設置し、市町村所管の単独事業、補助事業も市町村から委託を受けて同委員会が審査している。本渡市は条例制定によって、市独自の評価指標と評価審議会の設置をすることで一層透明性を高めた。条例では、再評価の対象は①事業採択後5年間未着工②事業採択後10年間経過③事業採択前の準備、計画段階で5年経過の国・県補助事業と市の単独事業。評価の手法は①事業の進捗状況②事業をめぐる社会経済情勢、自然的環境等の変化③費用対効果の分析要因の変化④コストの縮減、代替案立案等の可能性などの視点から再評価を実施する。再評価について、市民の意見を反映するため12人の委員による審議会を設置する。審議会は市長の諮問を受けて「継続」「休止」「中止」を答申する。再評価した事業は、さらに5年ごとに評価する。

熊本県・本渡市

市　役　所：〒863-8631
熊本県本渡市東浜町8-1
（下車駅　鹿児島本線　熊本駅からバス）
電話（0960）23-1111

人　　　口：40,377人
世　帯　数：14,458世帯
面　　　積：144.69k㎡
人口密度：279人/k㎡
特　産　品：丸尾焼、水の平焼、南蛮手まり、ポンカン
観　　　光：殉教公園、天草切支丹館

本渡市公共事業の再評価に関する条例

（目的）
第1条　この条例は、公共事業の効率性及びその実施過程の透明性の一層の向上を図るため、公共事業の再評価（以下「再評価」という。）を行うことを目的とする。

（対象事業）
第2条　再評価の対象となる事業は、本市が事業主体となって実施する公共事業のうち、次の各号に掲げるとおりとする。ただし、補助事業にあって、国又は熊本県から別に再評価の対象要件が示されたときは、それにしたがって再評価を実施するものとする。

(1)　事業採択（事業費が、補助事業にあって国又は熊本県において、単独事業にあっては本市において、それぞれ予算化されたときをいう。以下同じ。）後五年間を経過した時点で未着工の事業
事業採択後十年間を経過した時点で、一部供用されている事業を含め、継続中の事業。ただし、社会経済情勢の急激な変化等により、再評価を実施する必要があると市長が判断したときは、経過期間にかかわらず随時再評価を実施するものとする。

(3)　補助事業にあっては、事業採択前の準備、計画段階で五年間が経過している事業

（実施時期）
第3条　再評価の実施時期は、次の各号に掲げるとおりとする。ただし、補助事業にあって、国又は熊本県から別に再評価の実施時期が示されたときは、それにしたがって再評価を実施するものとする。

(1)　前条第1号に規定する事業にあっては、事業採択後五年目の年度内に実施する。

(2)　前条第2号に規定する事業にあっては、事業採択後十年目の年度内に実施する。

(3)　前条第3号に規定する事業にあっては、当該事業の準備、計画から五年目の年度内に実施する。
再評価を実施した事業にかかる再度の評価は、五年ごとに実施する。

2　（再評価の基本的な視点及び評価手法の策定）
第4条　市長は、次の各号に掲げる再評価の基本的な視点を踏まえ、再評価

対象事業及び再評価を行う際の指標等（以下この条において「評価手法」という。）を定め、この評価手法に基づいて再評価を実施するものとする。

(1) 事業の進捗状況
(2) 事業をめぐる社会経済情勢、自然的環境等の変化
(3) 費用対効果の分析要因の変化
(4) コストの縮減、代替案立案等の可能性

（公共事業再評価審議会の設置）
第5条　再評価の実施について、市民の意見を反映するため本渡市公共事業再評価審議会（以下「審議会」という。）を置く。

（所掌事務）
第6条　審議会は、再評価に関する市長の諮問に応じて審議し、市長に対し答申する。

（組織）
第7条　審議会は、委員十二人以内をもって組織する。
2　委員は、次の各号に掲げる者のうちから市長が委嘱する。
(1) 識見を有する者
(2) その他市長が適当と認める者

（委員の任期）
第8条　委員の任期は、二年とし、再任を妨げない。
2　補欠委員の任期は、前任者の残任期間とする。

（会長及び副会長）
第9条　審議会に会長及び副会長一人を置く。
2　会長及び副会長は、委員の互選により定める。
3　会長は、会務を総理し、審議会を代表する。
4　副会長は、会長を補佐し、会長に事故があるとき又は会長が欠けたときは、その職務を代理する。

（会議）
第10条　審議会は、会長が招集し、会議の議長となる。
2　審議会は、委員の過半数が出席しなければ、会議を開くことができない。
3　審議会の議事は、出席委員の過半数をもって決し、可否同数のときは、議長の決するところによる。

（意見の聴取）
第11条　審議会ほ、関係者の意見を聴取する必要があると認めるときは、関係者の出席を求めることができる。

（審議会の意見の尊重）
第12条　市長は、再評価の対象となった事業に関する審議会からの答申については、これを尊重し、対応するものとする。

（公表）
第13条　市長は、次の各号に掲げる事項について、速やかに公評するものとする。
(1) 再評価対象事業の名称及び内容
(2) 審議会の答申内容
(3) 本市の対応方針

（庶務）
第14条　審議会の庶務は、建設部監理課において処理する。

（委任）
第15条　この条例に定めるもののほか、必要な事項は、市長が定める。

附　則

この条例は公布の日から施行する。

京都府／京都市

京都市職員の倫理の保持に関する条例
2000年（平成12年）4月1日施行

接待、贈り物に報告義務／市民の閲覧請求も認める

京都市は、99年8月の国家公務員倫理法の制定をうけて、政令指定都市で初めての条例を制定した。

条例では、職員は権限の行使に当たって、権限行使の対象者から贈与を受けるなどの疑惑や不信を招く行為をしてはならないとし、管理監督職員（係長級以上）に対して、職員に対して職務倫理の保持を指導することを求めた。

課長級以上の職員は、事業者から1件5千円以上の金銭、物品、その他財産上の供与、供応接待や報酬の支払い受けた場合は、14日以内に贈与報告書を任命権者に提出することを義務付けている。1件2万円以上の贈与などの報告書は、「何人も」閲覧できるとされた。人事委員会は、贈与報告書などを審査し、市長等の任命権者に報告を提出することや、市長が、市議会への報告することも条文に明記し、出資法人も同様の取り組みに努めるとした。

京都府・京都市

市　役　所：〒604-8571
京都府京都市中京区寺町通御池上る上本能寺前町488
（下車駅　地下鉄　京都市役所前駅）
電話（075）222-3111

人　　口：1,388,786人
世　帯　数：581,985世帯
面　　積：610.22㎢
人口密度：2,275.88人/㎢
特　産　品：西陣織、しば漬け
観　　光：清水寺、嵐山、二条城、大原

京都市職員の倫理の保持に関する条例

（目的）
第1条　この条例は、本市の職員が市民全体の奉仕者であってその職務は市民から負託された公務であること及び職員の職務外の行動であってもそれが公務に対する市民の信頼に影響を及ぼし得ること等にかんがみ、職員の職務に係る倫理の保持に資するため必要な措置を講ずることにより職務の執行の公正さに対する市民の疑惑や不信を招くような行為の防止を図るとともに、職員の倫理観の高揚を図り、もって公務に対する市民の信頼を確保することを目的とする。

（定義）
第2条　この条例において、次の各号に掲げる用語の意義は、それぞれ該当号に定めるところによる。
(1) 職員　地方公務員法第3条第2項に規定する一般職に属する地方公務員をいう。
(2) 法令等　法律及び法律に基づく命令（告示を含む。）、執行機関の規則（地方自治法第138条の4第2項に規定する規程を含む。）及び地方公営企業法第10条に規定する企業管理規程をいう。
(3) 事業者等　法人（法人でない社団又は財団で、代表者又は管理人の定めがあるものを含む。）その他の団体及び事業を行う個人（当該事業の利益のためにする行為を行う場合における役員、従業員、代理人その他の者は、前項第3号に規定する事業者等とみなす。）をいう。
この条例の規定の適用については、事業者等の利益のためにする行為を行う場合における役員、従業員、代理人その他の個人に限る。）をいう。

（職員の責務）
第3条　職員は、自らの行動が公務に対する市民の信頼に影響を及ぼすことを深く認識し、非行その他の公務に対する市民の信頼を傷つける行為をすることのないよう、職務に全力を挙げ、常に自らを厳しく律しなければならない。

2　職員は、市民全体の奉仕者であり、市民の一部に対してのみの奉仕者ではないことを自覚し、職務上知り得た情報について市民の一部に対して有利な取扱いをする等市民に対し不当な差別的取扱いをしてはならないとともに、常に公正な職務の遂行に当たらなければならないほか、法令等を遵守するとともに

ない。

（管理監督職員の責務）

第4条 職員を管理し、又は監督する地位にある職員で別に定めるもの（以下「管理監督職員」という。）は監督する地位にある職員に対し、その地位の重要性を自覚するとともに、職務に係る倫理の保持のために必要な指導をしなければならない。

2 管理監督職員は、職員の職務に係る非行を発生させることのないよう、職務の執行の方法を常に検討し、その改善を図らなければならない。

（任命権者の責務）

第5条 任命権者は、職員の倫理の保持のための研修の推進に努めなければならない。

（職員の倫理を監督する職員）

第6条 任命権者は、職員の倫理の保持を図るため、職員の倫理を監督する職員を置くものとする。

2 前項に規定する職員の倫理を監督する職員は、職員に対する倫理の保持に係る指導及び助言その他の職員の倫理の保持のために必要な措置を講じるものとする。

（市長の調整）

第7条 市長は、必要があると認めるときは、他の任命権者に対し、職員の倫理の保持に関して講じる措置について報告を求め、又は助言することができる。

（利害関係を有する者からの接待等の禁止等）

第8条 職員は、当該職員の職務に利害関係を有する者（当該職員の地位等の客観的な事情から当該職員が事実上影響力を及ぼし得ると考えられる他の職員の職務に利害関係のある者で、自らが有利な取扱いを受けることができるように当該職員に対し影響力を行使することを意図して当該職員と接触していることが客観的に明らかであるものを含む。）との接触に当たっては、接待を受けることその他の別に定める行為をして

3 職員は、常に公私の別を明らかにし、いやしくもその職務や地位や自らの属する組織のための私的利益のために用いてはならない。

4 職員は、法令等により与えられた権限の行使に当たっては、当該権限の行使の対象となる者からの贈与等を受けること等の市民の疑惑や不信を招くような行為をしてはならない。

はならない。ただし、職務上必要であると認められる行為で別に定めるものについては、この限りでない。

2 職員は、前項の規定する行為をしようとするときは、別に定めるところにより、文書により任命権者に届け出なければならない。ただし、やむを得ない事情によりあらかじめ届け出ることができない場合においては、別に定めるところにより、当該行為をした後直ちにその旨を文書により任命権者に届け出なければならない。

3 任命権者は、前項の規定による届出があったときは、一月から三月まで、四月から六月まで、七月から九月まで及び十月から十二月までの各区分による期間（以下「4半期」という。）ごとに、京都市職員給与条例別表第1の行政職給料表の適用を受ける職員で職務の級が8級以上のものその他別に定める職員（以下「課長級以上職員」という。）に係るもの（以下「特定職員関係業者等対応届」という。）の写しを人事委員会に送付しなければならない。

（贈与等の報告）

第9条 課長級以上職員は、事業者等から、金銭、物品その他の財産上の利益の供与若しくは供応接待（以下「贈与等」という。）を受けたとき、又は事業者等と職員の職務との関係に基づいて提供する人的役務に対する報酬として別に定める報酬の支払（以下「報酬支払」という。）を受けたとき（当該贈与等を受けた時又は当該報酬支払を受けた時において課長級以上職員であった場合に限り、かつ、当該贈与等により受けた利益又は当該報酬支払により受けた報酬の価額が1件につき五千円を超える場合に限る。）は、当該贈与等又は当該報酬支払を記載した報告書（以下「贈与等報告書」という。）を任命権者に提出しなければならない。ただし、前条第2項の規定により届け出たときは、この限りでない。

(1) 当該贈与等により受けた利益又は当該報酬支払を受けた報酬の価額

(2) 当該贈与等により利益を受け、又は当該報酬支払を受けた年月日及びその基因となった事実

(3) 当該贈与等をした事業者等又は当該報酬支払をした事業者等の氏名及び住所（法人にあっては、名称及び主たる事務所の所在地）

(4) 前3号に掲げるもののほか、別に定める事項

2 任命権者は、前項の規定による贈与等報告書の提出があったときは、4半期ごとに、当該4半期の翌4半期の初日から十四日以内に、当該贈与等報告書の写しを人事委員会に送付しなければならない。

（届出書等の保存及び閲覧）
第10条 任命権者は、関係業者等対応届及び贈与等報告書を、これらを提出すべき基因となった事実があった日の属する年度（四月一日から翌年の三月三十一日までの期間をいう。以下同じ。）の翌年度の四月一日から起算して五年を経過する日まで保存しなければならない。
2 何人も、任命権者に対し、別に定めるところにより、前項の規定により保存されている特定職員関係業者等対応届及び贈与等報告書で、贈与等により受けた利益又は報酬支払により受けた報酬の価額が1件につき二万円を超えるものの閲覧を請求することができる。

（人事委員会の職務）
第11条 人事委員会は、職員の倫理に関し、次に掲げる事務を行う。
(1) 職員の倫理の保持を図るために必要な事項に係る市規則の制定又は改廃に関して、市長に意見を申し出ること。
(2) 職員の職務に係る倫理の保持に関する調査及び研究を行うこと。
(3) 職員の職務に係る倫理の保持のための総合的な企画を行うこと。
(4) 特定職員関係業者等対応届及び贈与等報告書の審査を行うこと。
(5) 職員の職務に係る倫理の保持のために必要な措置に関して、任命権者に意見を申し出ること。
2 人事委員会は、必要があると認めるときは、任命権者に対し、報告又は資料の提出を求めることができる。

第12条 任命権者は、職員がこの条例の規定に違反する行為（以下「違反行為」という。）を行った疑いがあると思料するときは、直ちに調査を行い、違反行為があった場合の措置

第12条 任命権者は、職員がこの条例の規定に違反する行為（以下「違反行為」という。）を行った疑いがあると思料するときは、直ちに調査を行い、違反行為があったと認められるものとする。
2 任命権者は、違反行為があったと認めるときは、その職員に対し、懲戒処分その他の措置を採るものとする。

（市議会への報告）
第13条 市長は、毎年、市議会に職員の職務に係る倫理の保持に関する状況及び職員の職務に係る倫理の保持に関して講じた施策について報告しなければならない。

（本市が出資している法人の講じる措置）
第14条 本市が出資している法人で別に定めるものは、この条例に基づく本市の施策に留意しつつ、当該法人に勤務する者の職務に係る倫理の保持のために必要な措置を講じるよう努めなければならない。

（教育公務員に関する特例）
第15条 第8条第3項、第9条第2項、第11条第1項第4号及び同条第2項並びに第12条の規定は、教育公務員特例法第2条第1項に規定する教育公務員のうち市立大学の学長、教員及び部局長並びに学校教育法第58条第1項に規定する助手（以下「特例教育公務員」という。）には、適用しない。
2 任命権者は、特例教育公務員が違反行為を行った疑いに関し特に必要があると認める場合において、職員の職務に係る倫理の保持に関し特に必要があると認めるときは、当該特例教育公務員が所属する大学の大学管理機関（教育公務員特例法第9条第1項に規定する大学管理機関をいい、同法第25条第1項第3号の規定により読み替えられたものを含む。以下同じ。）による調査を求めることができる。
3 任命権者は、前項の規定により大学管理機関に調査を求めた場合において、大学管理機関の審査により違反行為があったと認められるときは、その程度に応じて、懲戒処分その他の措置を採るものとする。

（地方公営企業職員等に関する特例）
第16条 第8条第3項、第9条第2項及び第11条第1項に規定する企業職員及び地方公務員法第57条に規定する単純な労務に雇用される者には、適用しない。

（委任）
第17条 この条例において別に定めることとされている事項及びこの条例の施行に関し必要な事項は、市長が定める。

附　則
（施行期日）
1 この条例は、平成十二年四月一日から施行する。ただし、次の各号に掲げる規定は、当該各号に定める日から施行する。
(1) 第11条第1項第1号の規定　公布の日

(2) 第8条から第10条まで、第11条第1項第4号、第15条（第8条第3項、第9条第2項及び第11条第1項第4号に係る部分に限る。）、第16条及び次項の規定　市規則で定める日

（経過措置）
2　第9条の規定は、前項第2号に規定する市規則で定める日以後に受けた贈与等又は報酬支払について適用する。

大阪府／藤井寺市

藤井寺市職員倫理条例
不当行為要求者に警告、内容を公表も

2000年（平成12年）10月10日公布

　条例では、職員の倫理行動基準を定め公務への信頼を損ねる行動を禁じた。職員の責務として、第3条で不当行為を求める要求があった場合は拒否をし、管理監督者に報告を義務付けた。不当行為とは第10条で規定した、許認可や請負その他契約で特定の個人や法人の有利になる取り扱いや、入札の不正、人事の公正を害する行為、市の行う不利益処分に関し個人に有利な取り扱いを要求する行為のほか、特定の個人、法人が有利又は不利益な取り扱いを求める要求をいう。管理監督者に報告された不当行為が公正な職務の遂行を妨げると倫理委員会が判断した場合、委員会は調査結果を市長に報告する。市長はこの報告を受けた場合、不当行為要求者に警告を行うことや内容を市民に公表できるとした。

　条例制定で外部からの圧力から職員を守ることが期待されている。

大阪府・藤井寺市

市 役 所：	〒583-8583　大阪府藤井寺市岡1-1-1
（下車駅	近鉄南大阪線　藤井寺駅）
電話（0729）39-1111	
人　　口：	66,888人
世　帯　数：	24,921世帯
面　　積：	8.89km²
人口密度：	7,524人/km²
特　産　品：	いちじく
観　　光：	藤井寺球場、道明寺

藤井寺市職員倫理条例

（目的）
第1条　この条例は、地方公務員法（昭和二十五年法律第261号。以下「法」という。）第3条第2項に規定する一般職に属する本市職員（以下「職員」という。）が職務を遂行するに当たり、その職務に係る倫理の保持に資するため必要な措置を講じることにより、職務の執行の公正さに対する市民の疑惑や不信感を招くような行為の防止を図り、もって公務に対する市民の信頼を確保することを目的とする。

（職員の倫理行動基準）
第2条　職員は、本市職員としての誇りと使命感を持って、次の事項をその職務に係る行動規準として行動しなければならない。

(1) 職員は、職務の遂行に当たっては、公共の利益を増進するよう全力を挙げなければならない。

(2) 職員は、勤務時間の内外を問わず、自らの行動が公務の信用に影響を与えることを常に認識し、市民からの疑惑や不信を招くような行為をしてはならない。

(3) 職員は、法令（条例及び規則を含む。）に定めがある場合を除くほか、公正な職務の遂行を損ない、又は公正な市政の運営に不当な影響を及ぼす情報を何人に対しても提供してはならない。

(4) 職員は、職務上接した情報（電子計算機処理に係る情報を含む。）を公共の利益に反して、自らの私的利益のために利用・操作してはならない。

(5) 職員は、その行おうとする行為がこの条例の規定に違反するものではない場合にあっても、職務に係る倫理の保持上適切さに疑義が生じたときには、前各号に掲げる行動基準に照らして、その行為の適否を判断しなければならない。

（職員の責務）
第3条　職員は、第10条に規定する違法又は公正な職務の遂行を損なうことが明白な行為（以下「不当行為」という。）を求める要求があったときは、これを拒否しなければならない。

2　職員は、第11条に規定する自己の職務に利害関係のあるもの（以下「利害関係者」という。）との接触については、市民の疑惑を招くことのない

3 職員は、第1項に規定する利害関係者との接触等公正な職務の遂行を害するおそれがあるときは、直ちに管理監督者に報告しなければならない。

（管理監督者の責務）
第4条 管理監督者は、率先垂範して服務規律の確保を図るとともに、その職務の重要性を自覚し、部下職員の公正な服務の確保に努め、その行動について適切に指導監督しなければならない。
2 管理監督者は、部下職員から前条第3項の報告を受けたときは、適法かつ公正な職務を確保するために必要な措置を講じなければならない。
3 管理監督者は、前項の場合において、当該報告の内容が公正な職務の遂行を損なうおそれがあると認められるときは、第7条に規定する倫理委員会に通知しなければならない。公正な職務の遂行を損なうおそれがある行為又は前条第1項の行為を求める要求を管理監督者自らが受けた場合も、同様とする。

（任命権者の責務）
第5条 任命権者は、公務員倫理及び法令尊守体制の確立並びに公正な職務の遂行の確保に資するよう、職員への研修の実施、市民への情報提供、本市に関係する業者等への指導啓発を行わなければならない。
2 任命権者は、第2条各号に規定する職員の倫理行動規準を踏まえ、職員の尊守すべき事項を定める等必要な措置を講じなければならない。

（市民等の責務）
第6条 市民は、常に市政の運営に関心を払うことによって、公正かつ適正な手続による行政運営の確保に積極的な役割を果たすよう努めなければならない。
2 何人も、職員（法第3条第3項に規定する特別職を含む。）に対して、公正な職務の遂行を損なうおそれのある行為を求めてはならない。

（倫理委員会の設置）
第7条 第1条の目的を達成するため、藤井寺市職員倫理委員会（以下「倫理委員会」という。）を設置する。
2 倫理委員会は、委員5名をもって組織する。
3 委員は、職員の職務遂行及び職務に係る倫理の保持に関して公正な判断をすることができ、公務員倫理及び法令尊守体制に関して識見を有する者のうちから市長が委嘱する。
4 委員の任期は、4年とし、再任を妨げない。ただし、補欠の委員の任期は、前任者の残任期間とする。
5 倫理委員会に委員長を置き、委員の互選によりこれを定める。
6 委員は、業務上知り得た秘密を漏らしてはならない。その職を退いた後も、同様とする。
7 この条例に定めるもののほか、倫理委員会の組織及び運営について必要な事項は、規則で定める。

（倫理委員会の任務）
第8条 倫理委員会は、第4条第3項の規定により通知があった場合において、当該通知の内容が公正な職務の遂行を損なうおそれがあると認められるときは、直ちに必要な調査を行うものとする。公正な職務の遂行を損なうおそれがある行為の要求を受けたと認める第6条第2項に定める特別職から、必要な調査の依頼を受けた場合も、同様とする。
2 倫理委員会は、前項の調査の結果、不当行為があったと認められる場合においては、その旨を任命権者に報告しなければならない。
3 委員長は、第4条第3項の規定により通知した管理監督者又は第1項の依頼をした特別職に、第1項の調査の結果を通知しなければならない。
4 第2項の報告を受けた任命権者又は第8条第2項に規定する特別職（市長を除く。）は、その旨を市長に報告しなければならない。
5 倫理委員会は、第1項から第4項までに規定するもののほか、次に掲げる事項を担当する。
(1) 公務員倫理の確保及び法令遵守体制の整備に関し調査、研究するとともに、必要に応じて任命権者に意見を述べること。
(2) 職員に利害関係者との接触について市民の疑惑を招くおそれがあると認められる場合の事情聴取等の調査に関すること。
(3) 前2号に掲げるものを除くほか、この条例及びこの条例に基づく規則の尊守の徹底を図ること。

（不当行為者への警告等）
第9条 市長は、前条第2項又は第4項の報告を受けたときは、当該報告に基づいて不当行為の行為者に対して警告を行うものとする。

-377-

2 前項の場合において、市長は規則で定めるところにより、当該報告の内容についての市民への公表その他必要な措置を講じることができる。

(不当行為)
第10条 第3条第1項に規定する不当行為とは、次に掲げるものをいう。
(1) 市が行う許認可等又は請負その他の契約に関し、特定の事業者等及び個人のために有利な取扱いをするよう要求する行為
(2) 入札の公正を害する取扱い又は公正な契約事務の確保に関して不適当である行為
(3) 市の競争入札の参加資格を有する業者に関し、特定の業者の経済的な面における社会的評価を失わせる行為又はその業務を妨害するおそれのある行為
(4) 人事(職員の採用、昇任、降任又は転任をいう。)の公正を害する行為
(5) 市が行おうとしている不利益処分に関し、当該不利益処分の名あて人となるべき事業者等及び個人のために有利な取扱いをするよう要求する行為
(6) 前各号に掲げるもののほか、法令等及び法令等に基づく要綱又は内規で定められた基準等の規定に違反する行為であって、当該行為により特定の事業者等及び個人が有利な取扱いを受け、若しくは不利益な取扱いを受けるよう要求する行為

(利害関係者)
第11条 第3条第2項に規定する利害関係者とは、職員が現在の職務としてその事務に携わるものの相手方であって次のいずれかに該当するものをいう。
(1) 市から許認可等を受けて事業を営んでいる事業者等(法人、その他の団体、事業を行う個人をいう。以下同じ。)、許認可等の申請をしようとしている事業者等及び個人、許認可の申請をしようとしていることが客観的に明らかである事業者等及び個人
(2) 市の機関が法令等に基づき行う検査、監査、監察等の対象となる事業者等及び個人
(3) 市から補助金等の交付を受けて交付対象となる事業を行っている事業者等及び個人、補助金等の交付を受けて交付対象となる事業を行おうとしている事業者等及び個人、補助金等の交付を申請しようとしていることが客観的に明らかである事業者

等及び個人
(4) 不利益処分の名あて人である事業者等及び個人、不利益処分をしようとしている場合の名あて人となるべき事業者等及び個人
(5) 行政指導により、現に一定の作為又は不作為を求められている事業者等及び個人
(6) 市の機関の所掌に係る事業を行う事業者等
(7) 市と契約を締結している事業者等及び個人、契約の申込みをしている事業者等及び個人、契約の申込みをしようとしていることが客観的に明らかである事業者等及び個人
(8) 前各号に該当しない場合であっても、市に対して、具体的作為若しくは不作為を求めようとしている事業者等及び個人で、求めている作為や不作為が担当する職務と関連する場合は不作為を求めようとしていることが客観的に明らかである
2 職員の地位等の客観的な事情から当該職員が事実上影響力を行使し得ると考えられる他の職員の利害関係者であって、自らが有利な取扱いを受けることを意図して当該職員が当該利害関係者に対し影響力を行使することができるよう当該職員と接触しているものは、前項の利害関係者の利益のためにする行為を行う役員、従業員、職員、代理人その他の者は、第1項に規定する利害関係者とみなす。
3 利害関係者の利益のためにする行為を行う役員、従業員、職員、代理人その他の者は、第1項に規定する利害関係者とみなす。

(委任)
第12条 この条例に定めるものを除くほか、職員の倫理の保持に資するため必要な措置は、倫理委員会が別に定める。
2 この条例の施行に関して必要な事項は、規則で定める。

附 則
この条例は、平成十三年四月一日から施行する。ただし、第7条及び第8条第5項第1号の規定は、平成十三年一月一日から施行する。

広島県／広島市

広島市職員倫理条例

2000年（平成12年）9月28日公布

五千円以上の贈与に報告義務／職員倫理保持に関して人事委員会に権限

　条例の目的で、職員は市民全体の奉仕者であり、職務は市民の負託された公務と規定。第3条の倫理の原則を踏まえ、第5条で利害関係者からの贈与の禁止や制限、接触など疑惑や不信を招く行動を禁じる職員倫理規則を定めるとしている。この規則は人事委員会の意見を聴いて制定される。人事委員会は規則の制定、改廃、倫理保持に関する調査研究や研修の総合的企画を行い、市長に必要な措置に関して意見を申し出るとしている。

　第6条では、事業者等から課長職以上の職員が贈与を受けた場合、その額が1件につき5000円を超えるものを記載した報告書を四半期ごとに任命権者に提出する義務づけを行った。贈与等報告書には報酬の価額、報酬を受けた年月日、その基因となった事実、贈与した事業者等の名称などを記載する。報告を怠った場合は処分の対象となる。

　又、市の出資団体等にも倫理規定を求めている。

広島県・広島市

市　役　所：〒730-8586
広島県広島市中区国泰寺町1-6-34
（下車駅　山陽本線　広島駅）
電話　（082）245-2111

人　　口：1,102,808人
世　帯　数：453,614世帯
面　　積：741.51km²
人口密度：1,487人/km²
特　産　品：自動車、お好み焼き、かき
観　　光：原爆ドーム、平和記念公園

広島市職員倫理条例

（目的）
第1条　この条例は、職員が市民全体の奉仕者であってその職務は市民から負託された公務であることにかんがみ、職員の職務に係る倫理の保持に資するため必要な措置を講ずることにより、職務の執行の公正さに対する市民の疑惑や不信を招くような行為の防止を図り、もって公務に対する市民の信頼を確保することを目的とする。

（定義等）
第2条　この条例において、次の各号に掲げる用語の意義は、当該各号に定めるところによる。
(1) 職員　地方公務員法（昭和二十五年法律第261号）第3条第2項に規定する一般職に属する職員をいう。
(2) 任命権者　地方公務員法第6条第1項に規定された者（同条第2項の規定により権限を委任された者を含む。）をいう。
(3) 事業者等　法人（法人でない社団又は財団で代表者又は管理人の定めがあるものを含む。）その他の団体（以下「法人等」という。）及び事業を行う個人（当該事業の利益のためにする行為を行う場合における個人に限る。）をいう。

2　この条例の規定の適用については、事業者等の利益のためにする行為を行う場合における役員、従業員、代理人その他の者は、前項第3号の事業者等とみなす。

（職員が遵守すべき職務に係る倫理原則）
第3条　職員は、市民全体の奉仕者であり、市民の一部に対してのみの奉仕者ではないことを自覚し、職務上知り得た情報について市民の一部に対してのみ有利な取扱いをする等市民に対し不当な差別的取扱いをしてはならず、常に公正な職務の執行に当たらなければならない。

2　職員は、常に公私の別を明らかにし、いやしくもその職務や地位を自らや自らの属する組織のための私的利益のために用いてはならない。

3　職員は、法律又は条例により与えられた権限の行使に当たっては、当該権限の行使の対象となる者から、金銭、物品その他の財産上の利益の供与又は供応接待（以下「贈与等」という。）を受けること等の市民の疑惑や不信を招くような行為をしてはならない。

（市議会への報告）
第4条　市長は、毎年、市議会に、職員の職務に係る倫理の保持に関する状況及び職員の職務に係る倫理の保持に関して講じた施策に関する報告書を提出しなければならない。

（職員倫理規則）
第5条　市長は、第3条に掲げる倫理原則を踏まえ、職員の職務に利害関係を有する者からの贈与等の禁止及び制限等職員の職務に利害関係を有する者との接触その他市民の疑惑や不信を招くような行為の防止に関し職員の遵守すべき事項その他の職員の職務に係る倫理の保持を図るために必要な事項に関する規則（以下「職員倫理規則」という。）を定めるものとする。

2　市長は、職員倫理規則の制定又は改廃に際しては、人事委員会の意見を聴かなければならない。

（贈与等の報告）
第6条　一般職の職員の給与に関する条例（昭和二十六年三月三十日広島市条例第62号）別表第1行政職給料表の適用を受ける職員又は職務の級が6級以上のものその他職員倫理規則に定める職員（以下「課長級以上職員」という。）は、事業者等から、贈与等を受けたとき又は事業者等と職員の職務との関係に基づいて提供する人的役務に対する報酬として職員倫理規則で定める報酬の支払を受けたとき（当該贈与等を受けた時又は当該報酬の支払を受けた時において課長級以上職員であった場合に限り、かつ、当該贈与等により受けた利益又は当該支払を受けた報酬の価額が1件につき五千円を超える場合に限る。）は、一月から三月まで、四月から六月まで、七月から九月まで及び十月から十二月までの各区分による期間（以下「四半期」という。）ごとに、次に掲げる事項を記載した贈与等報告書を、当該四半期の翌四半期の初日から十四日以内に、任命権者に提出しなければならない。

(1)　当該贈与等により受けた利益又は当該支払を受けた報酬の価額
(2)　当該贈与等により利益を受け又は当該報酬の支払を受けた年月日及びその基因となった事実
(3)　当該贈与等をした事業者等又は当該報酬を支払った事業者等の名称及び住所
(4)　前3号に掲げるもののほか職員倫理規則で定める事項

（報告書の保存）
第7条　前条の規定により提出された贈与等報告書は、これを受理した任命権者において、これを提出すべき期間の末日の翌日から起算して5年を経過する日まで保存しなければならない。

第8条　人事委員会は、職員の職務に係る倫理の保持に関する人事委員会の権限に係る事務を行う。

（職員倫理規則の制定又は改廃に関し市長に意見を申し出ること。）
(1)　職員倫理規則の制定又は改廃に関し市長に意見を申し出ること。
(2)　職員の職務に係る倫理の保持に関する事項に係る調査研究を行うこと。
(3)　職員の職務に係る倫理の保持のための研修に関する総合的な企画を行うこと。
(4)　職員の職務に係る倫理の保持のために必要な措置に関して、任命権者に意見を申し出ること。

第9条　任命権者は、職員にこの条例又は職員倫理規則に違反する行為があり、当該行為に関し懲戒処分を行った場合において、職員の職務に係る倫理の保持を図るため特に必要があると認めるときは、当該懲戒処分の概要の公表をすることができる。

2　人事委員会は、前項各号に掲げる事務に関し、必要があると認めるときは、任命権者に対し、報告又は資料の提出を求めることができる。

（任命権者の責務）
第10条　任命権者は、職員の職務に係る倫理の保持のために必要な措置を講じなければならない。

（職員の倫理を監督する職員）
第11条　職員の職務に係る倫理の保持を図るため、任命権者の下に、職員の倫理を監督する職員を置く。

2　前項に規定する職員の倫理を監督する職員は、職員の職務に係る倫理の保持に関する指導及び助言その他必要な措置を講ずるものとする。

（教育公務員に関する特例）
第12条　この条例の規定は、教育公務員特例法（昭和二十四年法律第1号）第2条第1項に規定する教育公務員のうち市立大学の学長、教員及び部局長並びに学校教育法（昭和二十二年法律第26号）第58条第1項に規定する助手のうち市立大学に置かれる者には、適用しない。

（公益法人等の講ずべき措置）
第13条　次に掲げる法人等は、この条例の規定に基づく本市の施策に準じて、当該法人等の職員の職務に係る倫理の保持のために必要な措置を講ずるよう努めなければならない。
(1)　本市が資本金、基本金その他これらに準ずるものの二分の一以上を出資している法人等
(2)　前号に掲げるもののほか、本市が人的又は財産的な援助を行っている法人等で、職員倫理規則に定めるもの

（委任規定）
第14条　この条例の施行に関し必要な事項は、市長が定める。

　　　附　則
この条例は、平成十三年四月一日から施行する。ただし、第8条の規定は、公布の日から施行する。
第6条の規定は、この条例の施行の日以後に受けた贈与等又は支払を受けた報酬について適用する。

-381-

長野県／須坂市

須坂市政治倫理条例

2000年（平成12年）10月1日施行

政治倫理基準や契約辞退の基準を明記／市民の調査請求権を規定し審査会を公開

条例では、市長及び市議会議員の政治倫理基準として、工事等の請負契約などに関し、特定の業者を推薦し有利な取り計らいをしない、市職員の採用に紹介推薦をしない、議員は人事に推薦紹介しない、政治活動に関し企業団体から寄付を受けないなど7項目を定めた。又、第9条で定めた市長、議員が実質的に経営に携わる企業の契約辞退をうたっているが、この企業の定義を施行規則では、市長又は議員が①役員をしている企業②資本金などを3分のⅠ以上出資している企業③年額300万円以上の報酬を受けている企業④経営方針に関与している企業と規定した。

政治倫理基準や契約に係る疑義がある場合、市民は調査を請求できる。この審査は第4条で規定する政治倫理審査会が行う。審査会は、学識経験者、市民から委嘱された7人で構成する。又、刑法により有罪判決を受けた場合は市民に対する説明会の開催も定めた。

長野県・須坂市

市役所：〒382-8511
長野県須坂市大字須坂1528-1
（下車駅　長野電鉄　須坂駅）
電話（026）254-1400

人　口：54,784人
世帯数：17,220世帯
面　積：149.84km²
人口密度：366人/km²
特産品：りんご、巨峰、電子部品
観　光：須坂・仙仁温泉、米子不動・大瀑布

須坂市政治倫理条例

（目的）
第1条　この条例は、市政が市民の厳粛な信託によるものであることを認識し、その受託者たる市長及び市議会議員（以下「議員」という。）が市民全体の奉仕者として、人格と倫理の向上に努め、いやしくも自己の地位による影響力を不正に行使して、自己の利益を図ることのないよう必要な事項を定めることにより、市政に対する市民の信頼に応えるとともに、市民が市政に対する正しい認識と自覚を持ち、もって公正で開かれた民主的な市政の発展に寄与することを目的とする。

（市長及び議員並びに市民の責務）
第2条　市長及び議員は、市民全体の代表者として、市政にかかわる権能と責務を深く自覚し、地方自治の本旨に基づき、その使命の達成に努めなければならない。

2　市民は、主権者として自らも市政を担い、公共の利益を実現する自覚を持ち、市長及び議員に対し、その地位による影響力を不正に行使させるような働きかけを行ってはならない。

（政治倫理基準）
第3条　市長及び議員は、次に掲げる政治倫理基準を遵守しなければならない。

(1)　市民全体の奉仕者として、品位と名誉を損なうような一切の行為を慎み、その職務に関し不正の疑惑を持たれるおそれのある行為をしないこと。

(2)　市民全体の奉仕者として、常にその人格と倫理の向上に努め、その地位を利用していかなる金品も授受しないこと。

(3)　市（市が設立した公社及び市が資本金その他これに準ずるものを出資している公益法人を含む。第9条において同じ。）が行う工事等の請負契約、当該請負契約の下請契約、業務委託契約及び物品納入契約に関し、特定の業者を推薦し、又は紹介する等有利な取り計らいをしないこと。

(4)　市職員（嘱託職員及び臨時職員を含む。以下同じ。）の採用に関し、推薦又は紹介をしないこと。

(5)　市職員の公正な職務執行を妨げ、又はその権限若しくはその地位によ

る影響力を不正に行使するよう働きかけないこと。

(6) 議員は、市職員の昇格、異動に関し、企業、団体等から寄付等を受けないものとし、その後援団体についても政治的又は道義的批判を受けるおそれのある寄付等を受けないこと。

(7) 政治活動に関し、企業、団体等から寄付等を受けないものとし、その後援団体についても政治的又は道義的批判を受けるおそれのある寄付等を受けないこと。

2 市長及び議員は、政治倫理基準に反する事実があるとの疑惑を持たれたときは、自ら潔い態度をもって疑惑の解明に当たるとともに、その責任を明らかにしなければならない。

(政治倫理審査会の設置等)
第4条 政治倫理確立に必要な調査を行うため、地方自治法(昭和二十二年法律第67号。以下「法」という。)第138条の4第3項の規定に基づき、須坂市政治倫理審査会(以下「審査会」という。)を設置する。

2 審査会の委員は七人以内とし、学識経験を有する者及び法第18条に規定する選挙権を有する市民のうちから、市長が委嘱する。

3 審査会の委員の任期は二年とし、委員が欠けた場合における補欠委員の任期は、前任者の残任期間とする。ただし、任期が満了した場合において、後任の委員が委嘱されるまでその職務を行う。

4 審査会の会議は、公開するものとする。ただし、やむを得ず非公開とするときは、出席委員の三分の二以上の同意を必要とする。

5 審査会の委員は、職務上知り得た秘密を漏らしてはならない。その職を退いた後もまた同様とする。

(審査会の職務)
第5条 審査会は、次に掲げる職務を行うものとする。
(1) 第6条第1項に規定する必要な調査、回答及び勧告を行うこと。
(2) その他この条例による政治倫理確立を図るため、市長の諮問に対して必要な答申、勧告又は建議をすること。

2 審査会は、前項の職務を行うことができる事項に対して、関係人から事情聴取及び資料提供など必要な調査を行うことができる。

(市民の調査請求権)
第6条 市民は、次に掲げる事由があるときは、これを証明する資料を添付した調査請求書を、市長に、議員に係るものについては議長に提出し、調査を請求することができる。
(1) 第3条に規定する政治倫理基準に反す疑いがあるとき。

(2) 第9条に規定する市の工事等の契約に関する遵守事項に違背する疑いがあるとき。

2 前項の規定により調査の請求がなされたときは、市長は、その写しを議長に送付し、議長は、市長又は議員に係る調査請求書及び添付資料の写しを市長に送付し、市長又は議員に係る調査請求書及び添付資料の写しを審査会に直ちに提出し、調査を求めなければならない。

3 審査会は、前項の規定により調査を求められたときは、請求を受けた日から九十日以内に、その調査結果を市長に文書で回答しなければならない。

4 市長及び議員に係る回答については、市長は、その写しを議員に送付しなければならない。

5 市長又は議員ほか、第3項の規定による回答があった日から七日以内に、その写しを請求者に送付しなければならない。

(虚偽報告等の公表)
第7条 市長又は議員は、審査会の報告に関係人が虚偽の報告又は調査に協力しなかった等の指摘があったときは、その旨を速やかに公表しなければならない。

(贈収賄罪の第1審有罪判決後における説明会)
第8条 市長又は議員が刑法(明治四十年法律第45号)第197条から第197条の4までの各条及び第198条に規定する罪により、第1審有罪判決の宣告を受け、なお引き続きその職にとどまろうとするときは、市長に、議員に係るものについては議長に、市民に係るものについては議長に、市民に対する説明会の開催を求め、当該市長又は議員は説明会に出席し、釈明することができる。

2 市長は、前項の説明会において、市長又は議員に質問することができる。

3 市民は、第1項の説明会が開催されないときは、法第18条に規定する選挙権を有する者五十人以上の連署をもって、市長又は議長に説明会の開催を請求することができる。

4 前項の開催請求は、第1審有罪判決の宣告の日から三十日を経過した日以後二十日以内に市長に、議員に係るものについては議長に、議員に係るものについては議長を通じて行うものとする。

5 市長又は議長は、第3項の開催請求を受けたときは、請求を受けた日か

-383-

ら二十日以内に説明会を開催しなければならない。
(市の工事等の契約に関する遵守事項)
第9条 市長及び議員が実質的に経営に携わる企業は、法第92条の2及び第142条の規定の趣旨を尊重し、市が行う工事等の請負契約、当該請負契約の下請契約、業務委託契約及び物品納入契約を辞退し、いやしくも市民に対し疑惑の念を生じさせることがあってはならない。
(補則)
第10条 この条例に定めるもののほか、この条例の施行に関し必要な事項は、規則で定める。

附　則
(施行期日)
1 この条例は、平成十二年十月一日から施行する。
(経過措置)
2 第6条第1項の規定は、この条例の施行の日(以下「施行日」という。)以後に行われた市長及び議員の行為について適用する。
3 第8条第1項の規定は、施行日以後に起訴され、又は第1審において有罪の判決を受けた市長及び議員に適用する。
(須坂市特別職の職員等の給与に関する条例の一部改正)
4 須坂市特別職の職員等の給与に関する条例(昭和三十年条例第8号)の一部を次のように改正する。
別表第2中「水道料金等審議会委員」を「水道料金等審議会委員、政治倫理審査会委員」に改める。

-384-

奈良県／室生村

室生村政治倫理条例

2000年（平成12年）1月1日施行

議員提案で政治倫理条例を制定／行政機関のあらゆる契約を辞退する規定

条例では、刑法の贈収賄罪に該当しなくても職務の公正さを疑わせる金品の授受を禁じた。又、村民の責務として、村長や村議会議員に働きかけをしてはならないとして、工事等の指名や選定の依頼や、村職員採用の紹介推薦、道義的批判を受ける恐れのある寄付行為を揚げている。

第4条では、村長や議員本人と配偶者のほか、二親等または同居の血族が役員となっている企業は、あらゆる行政機関の工事請負、業務委託、物品納入などの契約を辞退するとしている。契約辞退は国や県が村の区域内で行う事業も対象としており他自治体より範囲を広げた。

村民の調査請求は、選挙民の100分の1の連署とともに本条例に違反の疑いがあることを証する書面を添えて行う。審査会は60日以内に調査報告を村長、議長に提出し、長はこれを公表するとしている。

奈良県・室生村

村役場：〒633-0392
奈良県宇陀郡室生村大字大野1641
　（下車駅　近畿日本鉄道　室生口大野駅）
電話　（0745）92-2001

人　　口：6,761人
世 帯 数：2,125世帯
面　　積：107.99km²
人口密度：62.61人/km²
特 産 品：大和茶、山菜、ほうれん草
観　　光：室生寺、大野寺磨崖仏、自然歩道

室生村政治倫理条例

（目的）
第一条　この条例は、村政が村民の厳粛な信託によるものであることを認識し、その担い手たる村長、助役、収入役、教育長（以下「村長等」という。）及び村議会議員（以下「議員」という。）が、村民全体の奉仕者として、その人格と倫理の向上に努め、いやしくも自己の地位による影響力を不正に行使して、自己の利益を図ることのないよう必要な措置を定めることにより、村政に対する村民の信頼に応え、公正で開かれた民主的な村政の発展に寄与することを目的とする。

（村長等及び議員の責務並びに政治倫理基準）
第二条　村長等及び議員は、村民の信頼に値する倫理性を自覚し、自ら進んでその高潔性を実証するとともに、常に村民全体の利益を擁護し、公共の利益を損なうようなことがあってはならない。

一　村長等及び議員は、村民全体の奉仕者として品位と名誉を損なうような一切の行動を慎み、その職務に関し不正の疑惑をもたれるおそれのある行為をしてはならない。

二　村長等及び議員は、刑法上の贈収賄罪に該当するか否かを問わず、その職務の公正を疑わせるような金品の授受の行為をしてはならない。

三　村長等及び議員は、村並びに村が関係する公共工事（下請工事を含む。）、業務委託、物品納入及び使用資材の購入（以下「工事等」という。）に関して、特定の業者の推薦または紹介をするなど有利な取り計らいをしてはならない。

四　村長等及び議員は、公正な人事を図るため、村職員（臨時職員を含む。）の採用に関して、推薦または紹介をしてはならない。

2　村長等及び議員は、政治倫理に違反する事実があるとの疑いをもたれた場合は、第五条に定める政治倫理審査会に出席して、自ら潔い態度をもって疑惑の解明に当たるとともに、その責任を明らかにしなければならない。

（村民の責務）
第三条　村民は、自らも主権者として村政を担い、公共の利益を実現する責務を負うものであるとの自覚をもち、村長及び議員に対し、次に掲げる働きかけを行ってはならない。

一　前条第一項第三号に規定する工事等の指名または選定の依頼

二　村職員の採用に関しての推薦または紹介の依頼
三　その他、飲食の供与等社会通念上疑惑をもたれるおそれのある行為
四　（工事等の契約に関する遵守事項）
第四条　村長等及び議員並びに二親等以内の親族（血族に限る。）または同居の親族が経営する企業、又は、村長等及び議員が役員をしている企業、若しくは、村長等及び議員が実質的に経営に携わっている企業は、第二条第1項第3号に規定する工事等にかかる契約を予め辞退しなければならない。
2　前項の辞退届けは、村長等または議員の任期開始の日から三十日以内に、村長に提出するものとする。
3　村長は、前項の規定により提出された辞退届けの写しを議長に送付しなければならない。
4　村長は、前項の規定により提出するものとする。
5　村長等及び議員は、前項の規定により関係企業が契約を辞退するとき、村民に疑惑を持たれないように責任をもって関係企業の辞退届けを提出するものとする。
6　第1項から前項までの規定については、室生村の区域内において国及び県が行う工事等についても適用するものとする。この場合、第2項に規定する辞退届けは、国及び県の関係機関に併せて提出するものとする。
（政治倫理審査会の設置）
第五条　政治倫理確立に関する必要な事項を調査するため、地方自治法（昭和二十二年法律第67号。以下「法」という。）第138条の4第3項の規定に基づき、室生村政治倫理審査会（以下「審査会」という。）を設置する。
2　審査会の委員は、原則として次のとおりとし村長が、議長と協議のうえ選任する。
一　専門的知識を有する者または有識者二名
二　法第18条に定める選挙権を有する村民五名
3　審査会の委員の任期は二年とする。ただし、委員が欠けた場合における補欠委員の任期は、前任者の残任期間とする。
4　審査会会議は公開するものとする。ただし、やむを得ず非公開とするときは、委員定数の三分の二以上の者の同意を必要とする。
5　審査会の委員は、職務上知り得た秘密を漏らしてはならない。その職を退いた場合も同様とする。

（村民の調査請求権）
第六条　村民は、村長等及び第四条の規定に違反する疑いがあると認めるときは、これを証する書面を添え、法第18条に定める選挙権を有する者の百分の一以上の連署とともに、文書で村長等にかかるものは村長に、議員にかかるものは議長に調査の請求をすることができる。
2　村長及び議員は、議長にかかる調査の請求を受けたときは、十日以内にその書面の写しを添えて審査会に調査を求めるものとする。
（審査会の調査）
第七条　審査会は、第六条第2項の規定により調査を求められたときは、当該事実の在否の調査を行い、六十日以内に調査結果報告書を村長及び議長に提出しなければならない。
2　村長及び議長は、前項の規定により調査結果の報告書の提出を受けたときは、十日以内に請求者に文書で回答するとともに、速やかに公表しなければならない。
3　審査会は、前項の調査を行うため、関係者から資料の提出を求め、事情聴取を行うことができる。
（遵守事項の違反行為に対する措置）
第八条　村長等及び議員が第四条に違反している疑いがある場合、村長及び議長は、速やかに審査会に調査を依頼しなければならない。
2　前項の規定により調査した結果、審査会において規定に違反している結果がでた場合は、村長は当該契約を締結してはならない。この場合において、村長は、その旨を公表するものとする。
（その他政治倫理基準の違反行為に対する措置）
第九条　村長等及び議員が第四条に違反している疑いがある場合、前条に準じ、村長及び議長は、審査会に調査を依頼しなければならない。
2　前項の規定により調査した結果、審査会において規定に違反しているとの結果が出た場合は、村長は、その旨を公表するものとする。
（委任）
第十条　この条例に定めるもののほか、この条例の施行について必要な事項は、規則で定める。

附　則

室生村政治倫理条例施行規則

(趣旨)
第一条 この規則は、室生村政治倫理条例(平成十一年室生村条例第十六号。以下「条例」という。)の施行に関し、必要な事項を定める。

(政治倫理基準)
第二条 条例第二条第1項第3号の規定については、室生村及び地方自治法(昭和二十二年法律第67号)第243条の3第2項の法人について適用する。

(審査会)
第三条 室生村政治倫理審査会(以下「審査会」という。)に会長及び副会長を置く。

2 会長及び副会長は、委員の互選とする。

3 会長は、審査会を代表し、議事その他の会務を総理する。

4 副会長は会長を補佐し、会長に事故あるとき、又は会長が欠けたときは、その職務を代理する。

(会議)
第四条 審査会の会議は、必要に応じて会長が招集し、会長が議長となる。

2 審査会は、委員の定数の三分の二以上の者が出席しなければ会議を開くことができない。

3 審査会の議事は、出席議員の過半数で決し、可否同数のときは、議長の決するところによる。

4 その他、審査会の運営に関し必要な事項は、会長が審査会に諮って定める。

(辞退届け)
第五条 条例第四条第2項の規定による辞退届けは、様式第1号によるものとする。

(村民の調査請求)
第六条 条例第六条第1項の規定による調査請求は、様式第2号に署名簿(様式第3号)を添付して行うものとする。

(審査会の調査)
第七条 条例第七条第1項の規定による調査結果報告書は、様式第4号によるものとする。

2 条例第七条第2項による村長及び議長の回答書は、様式第5号によるものとする。

附 則

(施行期日)
この規則は、平成十二年一月一日から施行する。

(経過規定)
1 この条例の施行の際、現に村長等及び議員である者の第四条の規定の適用については、同条第3項中「村長等または議員の任期開始の日」とあるのは「この条例の施行の日」とする。

2 この条例の施行の際、既に工事等の契約を締結しているものについては、この条例は、適用しないものとする。

附 則

この条例は、平成十二年一月一日から施行する。

福岡県／香春町

香春町政治倫理条例

2000年（平成12年）3月24日

預貯金全てに報告義務／配偶者、扶養・同居親族も

　香春町議会は、議員提案の政治倫理条例を全会一致で制定した。

　条例は、町長、助役、収入役、教育長、教育委員、町議会議員、農業委員を対象に、自己の利益を図ることがないよう必要な措置を定めるとして、資産報告書の提出義務や記載内容など規定したもの。

　町長や町議は、前年1年間の給与や3万円以上の贈与、「もてなし」の出所、内容、金額の報告、土地・建物・預貯金などの資産、地位・肩書、税金の納付状況など細かく報告義務を課しているのが特徴。

　資産報告は提出義務者の配偶者、扶養又は同居している親族に係る資産報告書も併せて提出する。資産報告書審査等を行うため、7人の委員による政治倫理審査会を設置。町民は、資産報告書や政治倫理基準、町工事等に関する遵守事項に疑義又は違背する疑いがあるとき、調査を請求する権利を持つとした。

福岡県・香春町

町役場：〒822-1492
福岡県田川郡香春町大字高野994
（下車駅　日田彦山線　香春駅）
電話　(0947) 32-2511

人　　口：13,892人
世帯数：5,165世帯
面　　積：44.56km²
人口密度：311.76人/km²
特産品：梅、ゆず、たけのこ加工品、竹炭
観　　光：香春岳、史跡多数

香春町政治倫理条例

（目的）

第1条　この条例は、町政が町民の厳粛な信託によるものであることを認識し、その受託者たる町長、助役、収入役、教育長、教育委員、農業委員、町議会議員（以下「議員等」という。）及び町職員（以下「町長等」という。）が町民全体の奉仕者として、人格と倫理の向上に努め、いやしくもその地位による影響力を不正に行使して、自己の利益を図ることのないよう必要な措置を定めることにより、町政に対する町民の信頼に応えるとともに、町民が町政に対する正しい認識と自覚を喚起し、もって公正で開かれた民主的な町政の発展に寄与することを目的とする。

（町長等及び議員等の責務）

第2条　町長等及び議員等は、町民の信頼に値する倫理性と町民全体の代表者として、町政にかかわる権能と責務を深く自覚し、自らすすんでその高潔性を実証するように努めなければならない。

（町民の責務）

第3条　町民は、自らも主権者として町政を担い、公共の利益を実現する自覚を持ち、町長等及び議員等に対し、その地位による影響力を不正に行使させるような次に掲げる働きかけを行ってはならない。

(1) 町職員（臨時職員及び嘱託職員を含む。以下「職員等」という。）採用に関しての推薦、紹介の依頼

(2) 町発注工事の指名依頼

(3) 下請け業者の選定依頼

(4) 使用資材等の購入の指名依頼

(5) 道義的な批判を受けるおそれのある寄附行為

(6) その他、飲食の供与等社会通念上疑義をもたれる行為

（政治倫理基準）

第4条　町長等及び議員等は、次に掲げる政治倫理基準を遵守しなければならない。

(1) 町民の代表者として品位と名誉を損なうような一切の行為を慎み、その職務に関して不正の疑惑を持たれるおそれのある行為をしないこと。

(2) 町民全体の奉仕者として、常に人格と倫理の向上に努め、その地位を

利用していかなる金品も授受しないこと。

(3) 町工事等の請負契約、下請工事、委託工事及び一般物品納入契約に関して特定業者を推薦、紹介するなど有利な取計いをしないこと。

(4) 町職員の公正な職務執行を妨げ、その権限若しくはその地位による影響力を不正に行使するよう働きかけないこと。

(5) 職員の採用に関して推薦、紹介をしないこと。

(6) 議員等は、職員の昇格、異動に関して推薦若しくは紹介をしないこと。

(7) 政治活動に関して企業、団体からの寄附等を受けないものとし、その後援団体についても政治的又は道義的批判を受けるおそれのある寄附等を受けないこと。

2 町長等及び議員等は、政治倫理に反する事実があるとの疑惑を持たれたときは、自ら潔い態度をもって疑惑の解明に当たるとともに、その責任を明らかにするように努めなければならない。

(宣誓書の提出)

第5条 町長等及び議員等は、規則で定めるところにより、この条例を遵守する旨の宣誓書を町長等に、町議会議員にあっては町議会議長(以下「議長」という。)に、農業委員にあっては農業委員会会長(以下「会長」という。)に提出しなければならない。

(資産等報告書の提出義務等)

第6条 町長等(教育委員を除く。)及び町議会議員は、毎年一月一日現在の前年一年間の収入、贈与及びもてなし並びに資産、地位、肩書、税等の納付状況について毎年五月三十一日までに、次条に定める資産等報告書を町長等にあっては町長に、町議会議員にあっては議長に提出しなければならない。

2 前項の資産等報告書の提出には提出義務者の配偶者及び扶養又は同居の親族(以下「配偶者等」という。)に係る資産等報告書も併せて提出しなければならない。ただし、第7条第3号イに掲げる事項及びこの条例の施行規則に定める給与、報酬及び事業所得に関する報告を要しない。

3 議長は前2項の規定により提出された町議会議員及び配偶者等の資産等報告書を提出期限から十日以内に町長に送付し、町長は、町長等の資産等報告書を提出期限から十五日以内に、これを町民の閲覧に供しなければならない。

(資産等報告書の記載事項)

第7条 資産等報告書には、次の各号に掲げる事項を記入しなければならない。

(1) 前年一年間の収入、贈与及びもてなし
町長等又は町議会議員でなかった者は、任期開始の日から十二月三十一日までの収入、贈与及びもてなしとする。)

ア 給与、報酬、事業所得、配当金、利子、賃貸料、謝礼金、年金その他これらに類する収入の出所及び金額

イ 一出所当たり三万円以上の贈与及びもてなしの出所及び金額(交通、宿泊、飲食、娯楽等)の出所、内容及び金額又は価額

(2) 資産

ア 土地 所在、地目、面積、取得の価額及び時期

イ 建物 所在、種類、構造、床面積、取得の価額及び時期

ウ 不動産に関する権利(借地借家権等) 権利の種類、契約価額及び契約期日

エ 預貯金 預入れ金融機関名、預貯金の種類及び金額並びに定期預金の預金日

オ 動産 価額が五十万円以上の動産の種類、数量、価額及び取得の時期(ただし、生活に通常必要な家具、什器及び衣服を除く。)

カ 信託に関する権利 信託の種類、受託者、信託財産の種類、額面の価額及び時期

キ 有価証券 公債、社債の種類及び額面金額の総額、株式の銘柄、株数及び取得の時期、額面金額の総額及び報告の年の一月一日現在の時価総額

ク 出資 出資の額及び出資の時期又はその他の有価証券の銘柄、出資先、出資の額及び出資の時期又はその他の有価証券の額面金額の総額

ケ 貸付金及び借入金 一件につき五十万円以上の貸付金及び借入金の明細、契約金額及び契約期日

コ 保証債務 金銭保証、身元保証等の保証債務の金額及び内容(ただし、金銭保証については、同一人に対し総額五十万円未満のものを除く。)

サ 貯蓄性保険 貯蓄性の生命保険、損害保険等の種類、保険会社名、

(3) 保険金額及び契約期日

ア 企業その他の団体における役職名及び報酬（顧問料等その他の名目を問わない。）の有無（ただし、宗教的、社交的及び政治的団体を除く。）

イ 公職を退いた後の雇用に関する契約その他の取決めについての相手方及び条件

(4) 税等の納付状況

ア 所得税及び事業税の前年分、町県民税、自動車税、固定資産税、国民健康保険税、介護保険税及び軽自動車税の前年度分の納付状況

イ 普通地方公共団体に関する使用料等の前年度分の納付状況

(政治倫理審査会の設置)
第8条 資産等報告書の審査その他の処理を行うため、地方自治法（昭和二十二年法律第67号）第138条の4第3項の規定に基づき、香春町政治倫理審査会（以下「審査会」という。）を置く。

2 審査会の委員は、7人とし、資産等報告書等の審査に関して専門的知識を有する者及び地方自治法第18条に定める選挙権を有する町民のうちから、町長が公正を期して委嘱する。

3 審査会の委員の任期は、二年とし、再任を妨げない。ただし、委員が欠けた場合における補欠委員の任期は、前任者の残任期間とする。なお、任期が満了した場合においては、後任の委員が委嘱されるまでその職務を行う。

4 審査会の会議は、公開するものとする。ただし、やむを得ず非公開とするときは、委員定数の三分の二以上の同意を必要とする。

5 委員会の委員は、職務上知り得た秘密を漏らしてはならない。その職を退いた後も同様とする。

(審査会の職務)
第9条 審査会は、次に掲げる職務を行う。

(1) 資産等報告書の審査結果を町長に回答すること。

(2) 第12条第2項に規定する必要な調査、回答及び勧告をすること。

(3) 説明会に際し、町長の諮問を受けて審査意見書を提出すること。

(4) その他、この条例による政治倫理の確立を図るため、町長の諮問を受けた事項につき調査、答申、勧告をし、又は建議をすること。

2 審査会は、前項の職務を行うため、関係人から事情聴取及び資料提供な

ど必要な調査を行うことができる。

(資産等報告書の審査)
第10条 議長は、第6条の規定により提出された町議会議員及び配偶者等の資産等報告書の写しを町長に送付し、町長は、町議会議員等の資産等報告書の写しとともに、これを毎年六月十五日までに審査会に提出し、審査を求めなければならない。

2 審査会は、前項の規定により審査を求められたときは、審査を求められた日から九十日以内に審査意見書を作成し、町長に提出しなければならない。

(資産等報告書及び審査意見書の閲覧)
第11条 町長は、前条第2項の規定により提出された審査意見書を提出された日から十五日以内に町民の閲覧に供するとともに、その要旨を広報紙等に速やかに掲載しなければならない。資産等報告書及び審査意見書は、町長は、その写しを議長に送付しなければならない。

2 町議会議員に係る審査意見書については、町長は、その写しを議長に送付しなければならない。

3 資産等報告書及び審査意見書の閲覧期間は、閲覧開始の日から五年間とする。

4 町民は、町長又は議長に対し、第1項の閲覧開始の日から、第3項の規定により保存されている資産等報告書及び審査意見書の閲覧を請求することができる。

5 町民は、閲覧により知り得たことをこの条例の目的に沿うよう適正に活用しなければならない。

(町民の調査請求権)
第12条 町民は、次の各号に掲げる事由があるときは、これを証する資料を添え、町長若しくは議長に調査を請求することができる。

(1) 資産等報告書に疑義があるとき。

(2) 政治倫理基準に反する疑いがあるとき。

(3) 町工事等に関する遵守事項に違背する疑いがあるとき。

2 前項の規定により調査の請求がなされたときは、議長若しくは会長は、議員等に係る調査請求書及び添付資料の写しを町長に送付し、町長は、町長等又は議員等に係る調査請求書及び添付資料の写しを調査を請求された日から七日以内に審査会に提出し、調査を求めなければならない。

3 審査会は、前項の規定により調査を求められたときは、請求を受けた日から九十日以内に、その調査結果を町長に文書で回答しなければならない。

4 町長及び議長若しくは会長は、第3項の規定による回答については、町長は、その写しを議長若しくは会長に送付しなければならない。

5 町長及び議長若しくは会長は、第3項の規定による回答については、町長は、その写しを議長若しくは会長に送付しなければならない。

（虚偽報告等の広報）
第13条 町長は、審査会の審査意見書に資産等報告書の提出の遅滞、虚偽の報告又は調査に協力しなかった等の指摘があったときは、その旨を広報紙等で速やかに公表しなければならない。

2 前条の規定に基づく審査会の調査結果についても、前項の規定を準用する。

（職務関連犯罪容疑による逮捕後の説明会）
第14条 町長等又は議員等の、刑法（明治四十年法律第45号）第197条から第197条の4までの各条及び第198条に定める贈収賄罪その他職務に関連する犯罪（以下「職務関連犯罪」という。）の容疑による逮捕後、町長にあっては議長等に、議員等にあっては町長にあっては議長等に、議員等にあっては町長に対する説明会の開催を求めることができる。この場合、当該町長等又は議員等は、説明会に出席し釈明するものとする。

（職務関連犯罪容疑による起訴後の説明会）
第15条 町長等又は議員等が職務関連犯罪による起訴後、町長にあっては議長等に、議員等にあっては議長若しくは会長に町民に対する説明会の開催を求めることができる。この場合、当該町長等又は議員等は、説明会に出席し釈明しなければならない。

2 町民は、前条の規定による説明会が開催されないときは、地方自治法第18条に定める選挙権を有する者三十人以上の連署をもって、説明会の開催を請求することができる。

3 前項の開催請求は、逮捕後の説明会にあっては起訴又は不起訴の処分がなされるまでの間に、起訴後の説明会にあっては起訴された日から五十日以内に、町長等に係るものについては議長に、議員等に係るものについては議長若しくは会長を通じて行うものとする。

4 町民は、説明会において当該町長等又は議員等に質問することができる。

5 町長は、説明会の開催に関して審査会にあらかじめ諮問し、意見書の提出を求めなければならない。

6 町長及び議員等に係る意見書については、町長は、その写しを議長若しくは会長に送付しなければならない。

（職務関連犯罪による第一審有罪判決後の説明会）
第16条 前条の規定は、町長等又は議員等が前条の罪による第一審有罪判決の宣告を受け、なお引き続きその職にとどまろうとする場合に準用する。ただし、開催請求の期間は、判決の日から三十日を経過した日以後二十日以内とする。

（職務関連犯罪による有罪確定後の措置）
第17条 町長等又は議員等が前条の有罪判決の宣告を受け、その刑が確定したときは、公職選挙法（昭和二十五年法律第100号）第11条第1項の規定により失職する場合を除き、町長等及び議員等は、町民全体の代表者としての品位と名誉を守り、町政に対する町民の信頼を回復するため、辞職手続をとるものとする。

（町工事等に関する遵守事項）
第18条 町長等及び議員等の配偶者、二親等以内又は同居の親族、町長等及び議員等が役員をしている企業並びに町長等及び議員等が実質的に経営に携わる企業は、地方自治法第92条の2、第142条、第166条、第168条及び第180条の5の規定の趣旨を尊重し、町が行う工事等の請負契約、下請工事、業務委託契約及び一般物品納入契約を辞退し、町民に疑惑の念を生じさせないようにしなければならない。

2 前項に規定する「実質的に経営に携わる企業」とは、次に掲げるものをいう。

(1) 町長等及び議員等が資本金その他これらに準ずるものの三分の一以上を出資している企業

(2) 町長等及び議員等が報酬（顧問料等その名目を問わない。）を受領している企業

(3) 町長等及び議員等がその経営方針に関与している企業

3 前2項に該当する町長等及び議員等は、町民に疑惑の念を生じさせないため、責任をもって関係者又は関係企業の辞退届を提出しなければならない。

4　前項の辞退届は、町長等及び議員等の任期開始の日から三十日以内に、町長等にあっては町長に、議員等にあっては議長若しくは会長に提出するものとする。

5　議員等に係る辞退届については、議長若しくは会長は、その写しを町長に送付しなければならない。

6　町長は、前2項の規定による辞退届の提出状況を速やかに公表しなければならない。

（規則への委任）

第19条　この条例の施行に関し必要な事項は、規則で定める。

附　則

（施行期日）

1　この条例は、公布の日から施行する。ただし、第6条、第7条、第8条第1項中及び第9条第1号、第10条、第11条、第12条第1号、第13条第1項中の資産等報告書に関する規定については、平成十三年四月一日から施行する。

2　第18条中の辞退届の提出に関する規定は、選挙で選ばれる者については、この条例の施行日以後最初に行われる選挙で選出された者の任期開始の日から適用し、選挙以外で選ばれる者については、現在の任期が終了する日以降から適用する。

（経過措置）

3　政治倫理の確立のための香春町長の資産等の公開に関する条例（平成七年香春町条例第27号。以下「旧条例」という。）は、平成十三年三月三十一日をもって廃止する。

4　旧条例第2条から第4条までの規定により作成された報告書について、旧条例第5条に掲げる資産等報告書等の保存及び閲覧の規定は、この条例施行後においても、なおその効力を有する。

附　則（平成十二年三月三十一日条例第24号）

この条例は、公布の日から施行し、平成十二年三月二十四日から適用する。

福岡県／嘉穂町他1市1町

嘉穂南部衛生施設組合政治倫理条例

2000年（平成12年）12月2日議決

全国で初めて、一部事務組合運営をガラス張りへ／政治倫理・情報公開同時に制定

山田市と嘉穂、碓井町で構成する「嘉穂南部衛生施設組合」は一部事務組合として全国で初めての政治倫理条例と、九州では初めてとなる情報公開条例を制定した。

政治倫理条例は、請負契約を辞退する企業の範囲を広くし、組合長や組合議員の配偶者が経営する企業や、組合長らが一部を出資するなど「実質的に経営に関与している」企業に加えて、これらの企業と取引上、重要な関係がある企業も自体の対象に含めた。また、請負契約や職員採用に関して、組合長や組合議員らが特定の業者、人物を推薦、紹介することも禁じ、違反の疑いがある場合は、住民が調査請求できるように規定している。

情報公開条例は、「住民の知る権利」を明記するとともに住民以外からの開示請求も認め、組合の会議の公開や組合などが保有するすべての情報を原則公開対象とした。

一般自治体に比べて閉鎖的とされた一部事務組合運営の透明性を高めることが目的で両条例は制定された。

福岡県・嘉穂南部衛生施設組合

嘉穂南部衛生施設組合事務局　〒820-0302
福岡県嘉穂郡嘉穂町大字大隈町254-2
電話（0948）57-0387

構成団体
山田市：山田市大字上山田392　人口12,324人
嘉穂町：嘉穂郡嘉穂町大字大隈町733　人口10,696人
碓井町：嘉穂郡碓井町大字上臼井446-1　人口6,851人

嘉穂南部衛生施設組合政治倫理条例

（目的）

第1条　この条例は、嘉穂南部衛生施設組合（以下「組合」という。）の組合長、副組合長、収入役（以下「組合長等」という。）及び議会議員（以下「議員」という。）が地方自治の本旨にのっとり、山田市、嘉穂町、及び碓井町の住民（以下「住民」という。）全体の奉仕者として、政治倫理の確立に努め、いやしくもその権限又は地位による影響力を不正に行使して、自己又は特定の者の利益を図ることのないよう必要な措置を定めることにより、組合に対する住民の信頼に応えるとともに、住民が組合に対する正しい理解を持ち、もって公正で開かれた民主的な組合運営の確保に寄与することを目的とする。

（組合長等、議員及び住民の責務）

第2条　組合長等及び議員は、住民の信頼に値する倫理性を自覚し、住民に対し自らすすんでその高潔性を実証しなければならない。

2　住民は、主権者として自らも公共の利益を実現する自覚を持ち、組合長等及び議員に対し、その権限又は地位による影響力を不正に行使させるような働きかけを行なってはならない。

（政治倫理基準）

第3条　組合長等及び議員は、次に掲げる政治倫理基準を遵守しなければならない。

(1)　刑法（明治四十年法律第45号）第197条から第197条の四まで及び第198条の贈収賄罪に該当するか否かを問わず、その職務の公正を疑わせるような行為をしないこと。

(2)　住民全体の奉仕者として公共の利益を損なうような一切の行為をしないこと、又、その職務に関して自己若しくは特定の個人又は団体の利益を図るような行為を慎み、その疑惑を持たれるおそれのある行為をしないこと。

(3)　住民全体の奉仕者として常に政治倫理の確立に努め、その権限又は地位による影響力を利用していかなる金品も授受しないこと。

(3)　組合が行なう請負契約、下請け工事、業務委託契約および一般物品納入契約（以下「請負契約等」という。）に関して特定の業者を推薦、紹介するなどの有利な取計らいをしないこと。

(4)　組合職員の適正な職務執行を妨げ、その権限又は地位による影響力を

(5) 組合職員の採用、昇格、又は異動に関して推薦又は紹介をしないこと。不正に行使するよう働きかけないこと。

(6) 政治活動に関して企業、団体から寄付等を受けないものとし、その後援団体についても政治的又は道義的批判を受けるおそれのある寄付等を受けないこと。

(請負契約等に関する遵守事項)

第4条 組合長等及び議員は、同居の親族、組合長等及び議員が役員をしている企業並びに組合長等及び議員が実質的に経営に関与している企業が、組合が行なう請負契約等を辞退するものとし、いやしくも住民に疑惑の念を生じさせるようなことがあってはならない。

2 前項に規定する「実質的に経営に関与している企業」とは、次に掲げるものをいう。

(1) 組合長等及び議員が資本金その他これに準ずるものの五分の一以上を出資している企業。

(2) 組合長等及び議員が、年額三百万円以上の報酬 (顧問料その他名目を問わない)を受領している企業。

(3) 組合長等及び議員が、就任前に経営していた企業であって、当該組合長等及び議員の配偶者、2親等又は同居の親族に経営が引き継がれたもの。

3 第1項の規定は、同項に規定する企業と取引上重要な利害関係を有する企業(系列企業を含む)について準用する。

(審査会の設置)

第5条 この条例による政治倫理の確立を図るため、嘉穂南部衛生施設組合政治倫理審査会 (以下「審査会」という。)を置く。

2 審査会の委員は五人とし、政治倫理条例に関し専門的知識を有する者及び識見のある住民のうちから、組合長が議会の同意を得て委嘱する。

3 審査会の委員の任期は、二年とし、再任を妨げない。ただし、委員が欠けた場合における補欠委員の任期は、前任者の残任期間とする。ただし、任期が満了した場合においては、後任の委員が委嘱されるまでの期間にその職務を行なう。

4 審査会の会議は公開するものとする。ただし、やむを得ず非公開とするときは、委員定数の三分の二以上の同意を必要とする。

5 審査会の委員は、職務上知り得た秘密を漏らしてはならない。その職を退いた後も同様とする。

(審査会の職務及び権限)

第6条 審査会は、次の各号に掲げる職務を行なう。

(1) 住民の調査請求に係る事案について審査を行ない、その審査結果を答申すること。

(2) その他この条例による政治倫理の確立のため、必要な勧告をすること。

(住民の調査請求)

第7条 住民は、次の各号に掲げる事由があるときは、これを証する資料を添えて、書面 (以下「調査請求書」という。)により、組合長等に係るものについては組合長に、議員に係るものについては議長に調査を請求することができる。

(1) 第3条に規定する政治倫理基準に違反する疑いがあるとき。

(2) 第4条に規定する請負契約等に関する遵守事項に違背する疑いがあるとき。

2 審査会は、前項の職務を行なうため、関係人に対し事情聴取、資料の提出など必要な調査を行なうことができる。この場合において、組合長等、議員及び組合職員は調査を拒むことができない。

3 審査請求は前項の規定により審査結果を組合長に書面 (以下「答申書」という。)により六十日以内にその審査結果を組合長に書面により答申しなければならない。この場合、議員に係るものについては、組合長は、答申書の写しを議長に送付しなければならない。

4 組合長及び議長は、審査会の答申があった日から三日以内に、答申書の写しを調査請求者に送付するとともに、住民の閲覧に供しなければならない。

(違反に対する措置)

第8条 審査会が答申書において、第3条又は第4条に違反する事実を認定したときは、当該組合長等及び議員は、組合におけるその職を辞職するも

のとする。

2　前項の場合、第4条違反については、組合は、当該請負契約を解除するなど適切な措置を講じなければならない。

（規則委任）

第9条　この条例の施行に関し、必要な事項は規則で定める。

　　　附　則

この条例は、平成十三年一月一日から施行する。

栃木県／塩原町

議会の議員の報酬及び費用弁償等に関する条例
2000年（平成12年）4月1日施行

定例議会3回欠席で報酬半減／自ら厳しい姿勢で

条例は、議会運営委員会が1999年から検討をすすめ従来の条例の改正案を提案、可決された。

改正された条例では、議員が引き続いて3回以上定例会に出席しないときは、3回目の定例会を閉会した月の翌月から出席した定例会の前月まで議員報酬を半額とする。欠席の理由が公務による災害の場合以外は病欠でも減額対象とする。

同時に、議員が町の各種諮問委員会などの委員になった場合の報酬を支給しないことも決めた。

このような条例の例は、「1年間連続欠席で報酬を半減」（北海道砂原町、鹿部町）「2定例会連続欠席で報酬を支給しない。ただし病欠は支給」（青森県鶴多町）などがある。3定例会は約8ヶ月間にあたり議運委員会では「1年間では辞職に値する長さ、2定例会では短すぎる」と説明している。

栃木県・塩原町

町役場：〒329-2993
栃木県那須郡塩原町大字下塩原675-9
（下車駅　宇都宮線　西那須野駅からバス）
電話（0287）32-2911

人　　口：8,943人
世帯数：2,904世帯
面　　積：190.07km²
人口密度：47.05人/km²
特産品：大根、ほうれん草、牛乳
観　　光：塩原温泉郷、もみじ谷大吊橋

議会の議員の報酬及び費用弁償等に関する条例

（報酬）
第1条　議会の議員、副議長及び議員（以下「議長等」という。）の報酬は、次のとおりとする。

議　長　月額　三十二万円
副議長　月額　二十四万円
議　員　月額　二十一万円

第2条　議長及び副議長にはその選挙された日から、議員には、その職についた日からそれぞれ報酬を支給する。

議長等が引き続いて三回以上定例会に出席しなかったときは、その引き続いて出席しなかった三回目の定例会の会期の末日の属する月の翌月から出席した定例会の会期の初日の属する月の前月までの分の報酬は当該月の支給されるべき報酬額の百分の五十を減額する。

議長等の欠席が公務災害による療養、その他これに準ずる事由によるときは、前項の規定にかかわらずその全額を支給する。

第3条　議長等が任期満了、辞職、失職、除名、死亡又は議会の解散によりその職を離れたときは、その当日までの報酬を支給する。

（費用弁償）
第4条　議長等が招集に応じ、若しくは委員会に出席するために旅行したとき、又は公務のため旅行したときはその旅行について、費用弁償として旅費を支給する。

前項の規定により支給する族費の額は、別表のとおりとする。

（期末手当）
第5条　期末手当は、三月一日、六月一日及び十二月一日（以下「基準日」という。）にそれぞれ在職する議長等に対して支給する。基準日前一箇月以内に退職し、又は死亡した議員等についても同様とする。

期末手当の額は、基準日現在（退職し、又は死亡した日現在）において議長等が受けるべき報酬月額に、その報酬月額に百分の十五を乗じて得た額を加算した額に、三月においては百分の五十五、六月においては百分の百四十五、十二月においては百分の百七十五を乗じて得た額（基準日が十二月一日であるときは六箇月以内）以前三箇月以内（基準日が十二月一日であるときは六箇月以内）の期間におけるその者の在職期間の区分に応じて次の表に定める割合を乗じて得た

在職期間		割合
基準日は3月1日又は6月1日である場合	基準日が12月1日である場合	
3箇月	6箇月	100分の100
2箇月15日以上3箇月未満	5箇月以上6箇月未満	100分の80
1箇月15日以上2箇月15日未満	3箇月以上5箇月未満	100分の60
1箇月15日未満	3箇月未満	100分の30

額とする。

(支給方法)

第6条 この条例に定めるものを除くほか、報酬、費用弁償及び期末手当の支給方法は、塩原町職員の給与に関する条例(昭和三十一年塩原町条例第18号)の適用を受ける職員の例による。

　　　附　則

この条例は、平成十二年四月一日から施行する。

埼玉県／入間市

入間市議会政務調査費の交付に関する条例
2000年（平成12年）12月6日議決

議会の政務調査費条例化／地方自治法の改正で

　地方自治法の改正によって、政務調査費を支給する場合は、2001年4月より条例が必要になったことから、各自治体で条例化の取り組みが行われた。
　全国市議会議長会によると、全国671市のうち、政務調査費を支給しているのは502市、支給していないのが169市。使途に関する情報公開は、領収書まで公開しているところは100市で、報告書も公開していない市は197市（2000年6月調査）。
　入間市議会はいち早く条例を制定し、市政に関する調査研究、その他議会活動を行うことを目的に結成された会派（議会における所属議員が1人の場合も含む）に対して政務調査費を交付するとした。交付を受けた会派は経理責任者を置き、支出したときは領収書を徴さなければならないとし、収入・支出の報告書と政務調査費係る事業実績の報告書を市長に提出することを義務付けた。
　市長は提出された報告書、会派の会計責任者は帳簿、領収書等の証拠書類を5年間保存するとした。

埼玉県・入間市

市役所：〒358-8511
埼玉県入間市豊岡1-16-1
（下車駅　西武池袋線　入間市駅）
電話（042）964-1111

人　　口：145,149人
世 帯 数：49,328世帯
面　　積：44.74km²
人口密度：3,244.28人/km²
特 産 品：狭山茶、入間ごぼう、里芋
観　　光：高倉寺観音堂、円昭寺、（国重文）

入間市議会政務調査費の交付に関する条例

（趣旨）
第1条　この条例は、地方自治法（昭和二十二年法律第67号）第100条第12項及び第13項の規定に基づき、議会の議員の調査研究に資するため必要な経費の一部として、議会における会派に対し政務調査費を交付することに関し、必要な事項を定めるものとする。

（交付対象）
第2条　政務調査費は、市政に関する調査研究その他の議会活動を行うことを目的として結成され、かつ、議長に結成を届け出た会派（議会における所属議員が、一人の場合も含む。以下「会派」という。）に対して交付する。

（政務調査費の額）
第3条　政務調査費の額は、各月一日（以下「基準日」という。）における会派の所属議員の数に月額二万五千円を乗じて得た額とする。
2　基準日において議員の辞職、失職、除名若しくは死亡又は所属する会派からの脱会があった場合は、当該議員は前項の所属議員の数に含まない。

（政務調査費の交付）
第4条　政務調査費は、会派からの請求により、毎年四月、七月、十月及び一月にそれぞれの月から当該月の翌々月までの間（以下「四半期」という。）の月数分を交付する。ただし、四半期の途中において議員の任期が満了する場合は、任期が満了する月までの月数分とする。
2　前項の規定にかかわらず、四半期の途中において新たに結成された会派に対しては、当該四半期の結成された日の属する月の翌月（その日が基準日に当たる場合は、当月）以降の月数分の政務調査費を当該月に交付する。
3・政務調査費は、前二項の規定により交付することとされた月の末日までに交付する。
4　基準日において議会の解散があった場合は、当月分の政務調査費は交付しない。

（所属議員数の異動に伴う調整）
第5条　政務調査費の交付を受けた会派が、四半期の途中において所属議員の数に異動が生じた場合、異動が生じた日の属する月の翌月（その日が基

-398-

準日に当たるときは、当月）の末日までに、既に交付した政務調査費の額が異動後の議員の数に基づいて算定した額を下回るときは当該下回る額を当該会派に追加して交付し、既に交付した額が異動後の議員数に基づいて算定した額を上回るときは当該会派は当該上回る額を市長に返還しなければならない。

2 政務調査費の交付を受けた会派が四半期の途中において解散したときは、当該会派の代表者であった者は、解散の日から三十日以内に、解散の日の属する月の翌月分（基準日において解散したときは当月分）以降の政務調査費を市長に返還しなければならない。

（使途基準）
第6条 政務調査費の交付を受けた会派は、政務調査費を別に定める使途基準に従って使用するものとし、市政に関する調査研究のため必要な経費以外のものに充ててはならない。

（経理責任者）
第7条 政務調査費の交付を受けた会派は、政務調査費に関する経理責任者を置かなければならない。

2 経理責任者は、交付を受けた政務調査費の保管状況を常に明確にしておくとともに、政務調査費を支出したときは領収書を徴さなければならない。ただし、やむを得ない理由により領収書を徴することができないときは、政務調査費の交付を受けた会派の代表者の支払証明書をもってこれに代えることができる。

（収支報告書等の提出等）
第8条 政務調査費の交付を受けた会派は、政務調査費に係る収入及び支出の報告書並びに政務調査費に係る事業実績の報告書を作成し、市長に提出しなければならない。

2 前項の報告書は、前年度の交付に係る政務調査費について、毎年四月三十日までに提出しなければならない。

3 政務調査費の交付を受けた会派が解散したときは、前項の規定にかかわらず、当該会派の代表者であった者は解散の日から三十日以内に第1項の報告書を提出しなければならない。

4 政務調査費の交付を受けた会派は、報告書の提出の際に残金が生じた場合は、政務調査費の交付の際に当該残金を市長に返還しなければならない。

（報告書の保存）
第9条 市長は、前条第1項及び第3項の規定により提出された報告書を、提出期限の月から起算して五年を経過する日まで保存しなければならない。

（委任）
第10条 この条例に定めるもののほか、必要な事項は、議長が別に定める。

附 則
この条例は、平成十三年四月一日から施行する。

入間市議会政務調査費の交付に関する規程

（趣旨）
第1条 この規程は、入間市議会政務調査費の交付に関する条例（平成十二年条例第38号以下「条例」という。）に基づき交付される政務調査費について必要な事項を定めるものとする。

（会派の結成届等）
第2条 議員が会派（議会における所属議員が一人の場合も含む。以下同じ。）を結成したときは、その代表者は会派結成・異動届（様式第1号）を議長に提出しなければならない。また、届け出た事項に異動が生じたときも同様とする。

2 会派を解散したときは、その代表者は会派解散届（様式第2号）を議長に提出しなければならない。

3 議長は、前二項の規定により会派に係る届出があったときは、会派結成・異動・解散通知（様式第3号）により市長にこの旨を通知しなければならない。

（使途基準）
第3条 条例第6条に規定する政務調査費の使途基準は、別表左欄に掲げる項目ごとに概ね同表右欄に掲げる内容とする。

（交付請求）
第4条 第2条第1項の規定により会派の結成を届け出た会派で政務調査費の交付を受けようとする会派の代表者は、政務調査費が交付される月の五日（その日が入間市の休日を定める条例（平成元年条例第29号）第1条第1項に規定する市の休日（以下この条において「休日」という。）に当たるときは、その日後において、その日に最も近い、休日でない日）までに、議長を経由して市長に政務調査費交付請求書（様式第4号）を提出しなければならない。この場合において、年度当初の請求の際及び新たに結

成された会派の代表者がする最初の請求の際には、政務調査費収支予算書(様式第5号)及び政務調査事業計画書(様式第6号)を添付しなければならない。

(報告書の提出)

第5条 条例第8条第1項及び第3項に規定する報告書は、政務調査費収支報告書(様式第7号)及び政務調査事業実績報告書(様式第8号)によるものとし、議長を経由して提出しなければならない。

(会計帳簿等の整理保存)

第6条 政務調査費の交付を受けた会派の経理責任者は、当該政務調査費の支出について会計帳簿を調製するとともに、領収書等の証拠書類を整理し、これらの書類を当該政務調査費に係る報告書の提出期限の日から起算して五年を経過する日まで保存しなければならない。

附 則

この規程は、平成十三年四月一日から施行する。

別表、(第3条関係)

別表(第3条関係)　　会派に係る政務調査費使途基準

項　目	内　容
研究研修費	会派が、研究会及び研修会を開催するため必要な経費又は会派に所属する議員等が他の団体の開催する研究会及び研修会に参加するために要する経費
調査旅費	会派の行う調査研究活動のため必要な先進地調査又は現地調査に要する経費
資料作成費	会派の行う調査研究活動のため必要な資料の作成に要する経費
資料購入費	会派の行う調査研究活動のため必要な図書、資料等の購入に要する経費
広　報　費	会派の行う調査研究活動及び議会活動並びに市の政策について住民に報告し、PRするために要する経費
広　聴　費	会派が、住民からの市の政策及び会派の政策等に対する要望及び意見を広く収集するための会議等に要する経費
人　件　費	会派の行う調査研究活動を補助する職員を雇用する経費
事務所費	会派の行う調査研究活動のため必要な事務所の設置及び管理に要する経費
そ の 他	上記以外の経費で、会派の行う調査研究活動に必要な経費

高知県／大正町

大正町議会議員の研修に関する条例

2000年（平成12年）4月1日施行

議員研修を制度として位置付け条例化／全国初

　大正町議会は、議員の資質の向上と議会活動の活性化を図ることを目的に、議員研修を制度として位置付け、組織として実施する条例を制定した。議員研修での成果をもとに町政への寄与、住民福祉の増進をめざしていくとしている。

　条例では、「一般研修」として「新議員研修」「全員研修」「役職研修」を設けたほか、「専門研修」として「委員会所管研修」、議員として必要な実務を研修する「実務研修」、当面の課題について専門的知識を得る「課題研修」、グループ又は議員が個人で希望した場合の「特別研修」などを定め、制度化した。

　同町議会の議員研修は、これまで「研修報告書」の提出は義務化されていなかったが、「特別研修」は研修後の報告書の提出を義務付け、他の研修も必要と認める場合は、成果を文書で報告させることとし、公表することができる条項も盛り込んでいる。

高知県・大正町

町役場：〒786-0393
高知県幡多郡大正町田野々380
（下車駅　予土線　土佐大正駅）
電話　(0880) 27-0111

人　　口：3,546人
世帯数：1,287世帯
面　　積：199.32km²
人口密度：17.79人/km²
特産品：栗、スプレイ菊、栗焼酎
観　　光：四万十川清流、下津井渓谷

大正町議会議員の研修に関する条例

（目的）
第1条　この条例は、大正町議会議員（以下「議員」という。）の研修に関し必要な事項を定めることにより、議員の資質の向上と議会活動の活性化を図り、もって町政の健全な発展と住民福祉の増進に寄与することを目的とする。

（研修の種類等）
第2条　研修の種類、対象者及び研修内容は、別表のとおりとする。

（研修の実施計画）
第3条　研修の実施計画は、毎年度当初に議長が議会運営委員会（以下「運営委員会」という。）に諮って作成する。

（研修の義務）
第4条　議員は、務めて前条の研修を受講し、又は研修会に参加しなければならない。

（講師等）
第5条　研修の講師等は、必要に応じ議長がその都度委嘱する。

（特別研修）
第6条　議員がグループ又は個人で特別に研修を希望するときは、議長は、運営委員会に諮って、これを承認することができる。

（研修報告）
第7条　議長は、研修を受講し、又は研修会に参加した議員に対し、特に必要があると認めるときは、その成果を文書で報告させることができる。
2　前条の特別研修については、必ずその成果を議長に文書で報告しなければならない。
3　議長は、前2項の報告書を公表することができる。

（委任）
第8条　この条例の施行に関し必要な事項は、議長が定める。

　　附　則
この条例は、公布の日から施行する。

別表（第2条関係）

研修の種類		対象者	研修の内容
一般研修	新議員研修	新議員	議員として必要な基礎知識を習得する研修
	全員研修	全議員	県郡議会議長会が主催する研修会に参加
役職研修		新任役職議員	新任の議長、副議長及び委員長（すでにこれらの役職を経験している者は任意）としての役職に関する知識を習得する研修
専門研修	委員会所管研修	各委員会委員	委員会所管事項に関する専門的な研修（視察研修を含む。）
	実務研修	全議員	議員として必要な実務に関する専門的な研修
	課題研修	全議員	当面の課題についての専門的な研修
視察研修		全議員	行政、議会運営などの先進地を視察する研修
特別研修		希望議員	グループ又は個人が特別に実施する研修

東京都

性風俗営業等に係る不当な勧誘、料金の取立て等の規制に関する条例
2000年（平成12年）11月1日施行

ぼったくり防止条例を制定、全国初／不当な料金、強引な勧誘を規制

東京都は、性風俗店やバーなど酒類を提供する飲食店などが強引に客を勧誘し、不当に高額な料金を請求する「ぼったくり」行為を規制することを目的に条例を制定した。

条例では、性風俗店等を営む者は、①料金や違約金等を客に明示する（第3条）②勧誘や広告宣伝をするに当たって、料金を実際より著しく低廉であると誤認させる行為や客に対して、粗野もしくは乱暴な言動、所持品を隠匿するなど迷惑を覚えさせる方法での料金、違約金の取立ての禁止（第4条）を規定し、業務に関しての報告や資料の提出、立入り検査ができるとしている。

違反店舗に対しては、6ヶ月以下の懲役か50万円以下の罰金。都公安委員会は最長8ヶ月の営業停止命令を出すなどの行政処分も規定。従わない経営者には年以下の懲役または100万円以下の罰金が科せられる。当面、新宿・渋谷・池袋・上野の4地区に限定して適用する。

東 京 都

都　庁：〒163-8001	人　　口：11,680,490人
東京都新宿区西新宿2-8-1	世 帯 数：5,331,097世帯
（下車駅　地下鉄大江戸線　都庁前駅）	面　　積：2,186.84km²
電話（03）5321-1111	人口密度：5,341.26人/km²
	特 産 品：佃煮、節句人形
	観　　光：東京タワー、浅草寺、銀座

性風俗営業等に係る不当な勧誘、料金の取立て等の規制に関する条例

（目的）
第1条　この条例は、性風俗営業等に係る不当な勧誘、料金の取立て等について必要な規制を行うことにより、個人の身体及び財産に対する危害の発生を防止することを目的とする。

（定義）
第2条　この条例において「性風俗営業等」とは、次のいずれかに該当する営業のうち、指定区域（不当な勧誘、料金の取立て等による個人の身体及び財産に対する被害の発生状況等を勘案して、その区域についてこの条例の規定により規制を行う必要性が高いと認められるものとして東京都公安委員会（以下「公安委員会」という。）が指定する東京都の区域をいう。第11条において同じ。）内で営まれるものをいう。

一　営業所を設けて、当該営業所において異性の客の性的好奇心に応じてその客に接触する役務を提供する営業（風俗営業等の規制及び業務の適正化等に関する法律（昭和二十三年法律第122号）第2条第6項第1号に掲げる営業を除く。）

二　当該営業所において客の接待（風俗営業等の規制及び業務の適正化に関する法律第2条第3項に規定する接待をいう。）をして客に飲食等をさせる営業のうち、バー、酒場その他客に酒類を提供して営む営業

（料金等の表示）
第3条　性風俗営業等を営む者は、東京都公安委員会規則（以下「公安委員会規則」という。）で定めるところにより、営業所内において客に見やすいように表示しなければならない

一　当該営業に係る料金（当該営業所で当該性風俗営業等を営む者の代理人、使用人その他の従業者（第6条第1項及び第7条第1項において単に「従業者」という。）がその提供する前条第1号に規定する役務の対価として受け取る一切の料金を含む。以下同じ。）

二　違約金その他名目のいかんを問わず、当該営業に関し客が支払うべきものとする金銭（前号に掲げるものを除く。以下「違約金等」という。）に関する定めがある場合にあっては、その内容

（不当な勧誘、料金の取立て等の禁止）
第4条　何人も、人に特定の性風俗営業等の客となるように勧誘をし、又は広告若しくは宣伝をするに当たっては、次に掲げる行為をしてはならない。
一　当該営業に係る料金について、実際のものよりも著しく低廉であると誤認させるような事項を告げ、又は表示すること。
二　前条第2号に掲げる事項について、不実のことを告げること。
2　何人も、特定の性風俗営業等の客に対し、粗野若しくは乱暴な言動を交えて、又はその者から預かった所持品を隠匿する等迷惑を覚えさせるような方法で、当該営業に係る料金又は違約金等の取立てをしてはならない。

（性風俗営業等の勧誘等の委託に伴う指導義務）
第5条　性風俗営業等を営む者は、当該営業に関し人に客となるように勧誘をし、又は広告若しくは宣伝をすることを委託したときは、当該性風俗営業等を営む者その他の者から委託を受けて、当該営業に関し人に客となるように勧誘をし、又は広告若しくは宣伝をする者が前条第1項の規定に違反しないよう指導しなければならない。
2　前項の規定は、性風俗営業等を営む者が、当該営業に係る料金等の取立てをすることを委託した場合について準用する。この場合において、同項中「人に客となるように勧誘をし、又は広告若しくは宣伝をする」とあるのは「当該営業に係る料金又は違約金等の取立てをする」と、「前条第1項」とあるのは「前条第2項」と読み替えるものとする。

（指示）
第6条　公安委員会は、性風俗営業等を営む者又はその従業者が、この条例の規定に違反したときは、当該性風俗営業等を営む者に対し、個人の身体及び財産に対する危害の発生を防止するため必要な指示をすることができる。
2　公安委員会は、性風俗営業等を営む者その他の者から委託を受けて、当該営業に関し人に客となるように勧誘をし、又は広告若しくは宣伝をする者が、第4条第1項の規定に違反したときは、当該性風俗営業等を営む者に対し、当該委託を受けた者に前条第1項に規定する指導をするよう指示をすることができる。
3　前項の規定は、性風俗営業等を営む者が、当該営業に係る料金又は違約金等の取立てをする者に対し、当該委託を受けて、当該営業に係る料金又は違約金等の取立てをする者が、第4条第2項の規定に違反したときについて準用する。この場合において、前項中「前条第1項」とあるのは「前条第2項において準用する同条第1項」と読み替えるものとする。

（営業の停止）
第7条　公安委員会は、性風俗営業等を営む者が前条の規定による指示に従わなかったとき、又は性風俗営業等を営む者若しくはその従業者が当該営業に関し次のいずれかに該当する行為をしたときは、当該性風俗営業等を営む者に対し、六月を超えない範囲内で期間を定めて、当該営業の全部又は一部の停止を命ずることができる。
一　第13条に規定する罪に当たる違法な行為
二　刑法（明治四十年法律第45号）第159条、第161条、第199条、第201条、第203条（第199条に係る部分に限る。）、第206条、第208条、第209条、第210条、第217条から第223条まで、第235条から第241条まで、第243条（第235条、第236条、第238条又は第241条に係る部分に限る。）、第246条、第246条の2、第248条、第250条（第246条、第246条の2、第248条又は第249条に係る部分に限る。）、第261条及び第262条に規定する罪に当たる違法な行為
2　公安委員会は、性風俗営業等を営む者に前条第2項の規定による指示に違反する行為をした場合において、当該性風俗営業等を営む者が、その後三月以内に、当該営業に関し人に客となるように勧誘をし、又は広告若しくは宣伝をする者が、第4条第1項の規定に違反したときは、当該性風俗営業等を営む者に対し、当該営業の全部又は一部の停止に対し、八月を超えない範囲内で期間を定めて、当該営業の全部又は一部の停止を命ずることができる。
3　前項の規定は、性風俗営業等を営む者が、当該営業に係る料金又は違約金等の取立てをすることを委託した場合について準用する。この場合において、同項中「前条第2項」とあるのは「前条第3項において準用する同条第2項」と、「人に客となるように勧誘をし、又は広告若しくは宣伝をする」とあるのは「当該営業に係る料金又は違約金等の取立てをする」と、「第4条第1項」とあるのは「第4条第2項」と読み替えるものとする。

（標章のはり付け）
第8条　公安委員会は、前条の規定により性風俗営業等の停止を命じたときは、公安委員会規則で定めるところにより、当該命令に係る施設の出入口

の見やすい場所に、公安委員会規則で定める様式の標章をはり付けるものとする。

2　前条の規定による命令を受けた者は、次に掲げる事由のいずれかがあるときは、公安委員会規則で定めるところにより、前項の規定により標章をはり付けられた施設について、標章を取り除くべきことを申請することができる。この場合において、公安委員会は、標章を取り除かなければならない。

一　当該施設を当該営業の用以外の用に供しようとするとき。
二　当該施設を取壊そうとするとき。
三　当該施設を増築し、又は改築しようとする場合であって、やむを得ないと認められる理由があるとき。

3　第1項の規定により標章をはり付けられた施設について、当該命令に係る性風俗営業等を営む者から当該施設を買い受けた者その他当該施設の使用について正当な権原を有する第三者は、公安委員会規則で定めるところにより、標章を取り除くべきことを申請することができる。この場合において、公安委員会は、標章を取り除かなければならない。

4　何人も、第1項の規定により標章をはり付けられた施設に係る前条に規定する命令の期間を経過した後でなければ、これを取り除いてはならず、また、当該施設に係る前条に規定する命令の期間を経過した後でなければ、これを取り除いてはならない。

（聴聞の特例）
第9条　公安委員会は、第7条の規定により営業の停止を命じようとするときは、東京都行政手続条例（平成六年東京都条例第142号。以下「行政手続条例」という。）第13条第1項の規定による意見陳述の区分にかかわらず、聴聞を行わなければならない。

2　公安委員会は、聴聞を行うに当たっては、その期日の一週間前までに、行政手続条例第15条第1項の規定による通知をし、かつ、聴聞の期日及び場所を公示しなければならない。

3　公安委員会は、前項の通知を行政手続条例第15条第3項に規定する方法によって行う場合は、同条第1項の規定により聴聞の期日までにおくべき相当の期間は、二週間を下回ってはならない。

4　第1項の聴聞の期日における審理は、公開により行わなければならない。

第10条　公安委員会は、この条例の施行に必要な限度において、性風俗営業等を営む者に対し、その業務に関して報告又は資料の提出を求めることができる。

2　警察職員は、この条例の施行に必要な限度において、性風俗営業等の営業所（個室その他これに類する施設に必要な個室等を設ける営業所にあっては、客が在室する個室等を除く。）（以下この項において「個室等」という。）に立ち入り、帳簿、書類その他の物件を検査し、又は関係者に質問することができる。

3　前項の規定により警察職員が立ち入るときは、その身分を示す証明書を携帯し、関係者に提示しなければならない。

4　第2項の規定による権限は、犯罪捜査のために認められたものと解してはならない。

（広報啓発活動）
第11条　指定区域を管轄する警察署長は、性風俗営業等に係る不当な勧誘、料金の取立て等を防止するため必要な広報啓発活動を行うものとする。

（委任）
第12条　この条例に定めるもののほか、この条例の施行に関して必要な事項は、公安委員会規則で定める。

（罰則）
第13条　第7条の規定による公安委員会の命令に違反した者は、一年以下の懲役又は百万円以下の罰金に処する。

2　次の各号の1に該当する者は、六月以下の懲役又は五十万円以下の罰金に処する。
一　第3条の規定に違反して、営業に係る料金について実際のものよりも著しく低廉であると誤認させるような事項を表示し、又は同条第2号に掲げる事項について不実のことを表示した者
二　第4条の規定に違反した者

3　次の各号の1に該当する者は、二十万円以下の罰金に処する。
一　第8条第4項の規定に違反した者
二　第10条第1項の規定による報告若しくは資料の提出をし、若しくは同条第2項の規定による立入り若しくは帳簿等の検査を拒み、妨げ、若しくは忌避した者

（報告及び立入り）
4　第1項の規定による報告若しくは資料の提出について虚偽の報告をし、若しくは虚偽の資料を提出し、若しくは同条第二項の規定

（両罰）

第14条　法人の代表者又は法人若しくは人の代理人、使用人その他の従業者が、その法人又は人の業務に関し、前条の違反行為をしたときは、その行為者を罰するほか、その法人又は人に対し、同条の罰金刑を科する。

　　附　則

この条例は、平成十二年十一月一日から施行する。

茨城県／岩井市

岩井市夫婦の日を定める条例

2000年（平成12年）9月22日議決

夫婦の日制定で家庭の大切さをキャンペーン

岩井市は、1999年度の市民相談状況で、4割が離婚など家庭・家族にかかわる問題で占められており、その後も夫婦間のトラブルや親子の事件が相次いでいるため、明るい家庭を推進する目的で夫婦の日に関する条例を制定した。

市は「家庭は夫婦が中心。夫婦円満な家庭であれば不幸な問題は起きないはず。」という認識で、本条例に沿って行事等の施策を展開する。

夫婦の日は11月22日として、11月9日に公布した施行規則で定めた行事を行う。

行事は、結婚相談員などの協力を得て、市街地や商店街での普及啓発活動と「家族愛」などをテーマにした映画上映、「いい夫婦」の体験談発表会、結婚相談カップルとの懇談会などが企画された。

少子高齢化のなか、夫婦の日を契機に家族の絆や互いの感謝の気持ちを再認識する目的の条例。

茨城県・岩井市

市 役 所：〒306-0692
茨城県岩井市大字岩井4365
（下車駅　関東鉄道常総線　水海道駅からバス）
電話（0297）35-2121

人　　口：44,301人
世 帯 数：12,372世帯
面　　積：90.72km²
人口密度：488人/km²
特 産 品：夏ねぎ、レタス、トマト
観　　光：菅生沼、国王神社、延命院

岩井市夫婦の日を定める条例

（趣旨）
第1条　少子高齢化が進展するなか、夫婦の絆や人格を高め、夫婦のより豊かな生活と明るい家庭を推進するため、夫婦の日を定める。

（夫婦の日）
第2条　夫婦の日は、十一月二十二日とする。

（委任）
第3条　この条例の実施に関し必要な事項は、別に定める。

付　則
この条例は、公布の日から施行する。

新潟県／湯沢町

湯沢町スキーリフト券等の不当売買行為の防止に関する条例
2000年12月1日施行
全国初、リフト券ダフ屋防止条例／請願を採択して議員提案

　湯沢町はシーズンには約600万人のスキー場利用者を迎え、スキー産業が基幹産業となっている。
　リフト券の不正転売は1999年ごろから本格化し、午前中で帰る客から不要になったリフト券を無料か安価に買取り、別の客に「割引値」で売りつける手口。この不正転売による損失が3億円にものぼることから、町内の19ヶ所のスキー場が町議会に請願を提出した。請願を採択した町議会は不正防止のための条例案をつくり可決した。このような趣旨の条例化は全国ではじめて。
　第6条では、不正転売を行った者には10万円以下の罰金又は拘留、常習者は6月以下の懲役又は30万円以下の罰金と厳しい罰則を設けたが規則の制定まで適用は見合わせるとした。効果的な適用をするため、第3条の「不当な売買行為」をより詳細に規定する必要があり、検察庁や警察との協議を行っている。

新潟県・湯沢町

町役場：〒949-6192
新潟県南魚沼郡湯沢町神立300
（下車駅　上越新幹線　越後湯沢駅）
電話（0257）84-3451

人　　口：9,104人
世帯数：3,176世帯
面　　積：357.00km²
人口密度：25.50人/km²
特　産：米（魚沼産コシヒカリ）、地鶏卵、高原野菜
観　光：湯沢温泉、高山植物園「アルプの里」

湯沢町スキーリフト券等の不当売買行為の防止に関する条例

（目的）
第1条　この条例は、スキー観光を基幹産業とする湯沢町の経済基盤を、根底から覆す恐れのある、スキーリフト券等の偽造及び不当売買行為を、未然に防止し、社会秩序の保持と、スキー観光の健全な発展育成、そして湯沢町を訪れるスキー客に対し、快適なスキー環境を提供することを目的とする。

（用語の定義）
第2条　この条例において使用する用語の定義は、次のとおりとする。
(1)　スキーリフト券等　スキー場におけるスキーリフト乗車券及びゴンドラ・ロープウェーの乗車券をいう。

（スキーリフト券等の不当な売買行為の禁止）
第3条　何人もスキーリフト券等を売買するにあたり、次に掲げる行為をしてはならない。
(1)　スキーリフト券等を不特定の者に転売するため、又は不特定の者に転売する目的を有する者に交付するため購入すること。
(2)　転売する目的で得たスキーリフト券等を、不特定の者に、売り、又は立ちふさがり、若しくはつきまとって売ろうとすること

（スキー場事業者の責務）
第4条　スキー場事業者は、スキーリフト券等の偽造及び不当売買行為を未然に防止し、スキー場事業の健全な発展と、社会秩序を保持するため、次に掲げる対策等を講じるものとする。
(1)　スキーリフト券等の偽造防止に対する改善
(2)　場内注意放送等の徹底
(3)　注意看板等の掲示
(4)　その他、当該行為の防止に効果が期待できる対策

（町の責務）
第5条　町は、スキー観光の健全な発展と、社会秩序を保持するため、スキー場事業者の前条に基づく対策等について協力、支援するものとする。

（罰則）
第6条　第3条の規定に違反した者は、十万円以下の罰金又は拘留に処す

2　常習として第3条の規定に違反した者は、六月以下の懲役又は三十万円以下の罰金に処する。

　　　附　則

この条例は、平成十二年十二月一日から施行する。ただし、第6条の規定は、別に規則で定める日から適用する。

滋賀県／栗東町

栗東町立公民館設置及び管理に関する条例等の一部を改正する条例
2000年（平成12年）10月1日施行

公共施設から暴力団を締め出し

　暴力団は1991年施行の暴力団対策法や不況の影響で経済的に圧迫され、資金集め目的のショーや組員の葬儀を、使用料が安く多人数の収容が可能で、駐車場の確保が容易な公共施設で開催するケースが増えている。これらに対応するため条例を一部改正して使用ができないようにした。対象の公共施設は町内全部で21箇所となる。
　条例では、町立公民館9箇所、文化教育センター、体育館4箇所、プール、屋外体育施設4箇所、運動公園2箇所について、それぞれの条例を改正し、「集団的にまたは常習的に暴力的不法行為を行うおそれのある組織の利益になると認められるとき。」は使用承認をしないことを追加した。又、「使用条件を変更し、又は使用許可を取り消す」を「使用許可を取り消し、又は使用条件を変更する」に改め、使用許可者が暴力団と判明した場合の対応を強化した。

滋賀県・栗東町

町役場：〒520-3088
滋賀県栗田郡栗東町安養寺1-13-33
（下車駅　東海道本線　栗東駅　草津線　手原駅）
電話（077）553-1234

人　　口：52,812人
世 帯 数：17,776世帯
面　　積：52.75km²
人口密度：1,001.18人/km²
特 産 品：目川ひょうたん、栗東ワイン、栗東あられ
観　　光：拍坂磨崖仏、世界バンガロー村、県民の森

栗東町立公民館設置及び管理に関する条例等の一部を改正する条例

第1条　栗東町立公民館設置及び管理に関する条例（昭和五十七年栗東町条例第45号）の一部を次のように改正する。
　第8条中第4号を第5号とし、第3号の次に次の1号を加える。
(4)　集団的に又は常習的に暴力的不法行為を行うおそれがある組織の利益になると認められるとき。
　第9条見出し中「取消」を「取消し等」に改め、同条中「使用条件を変更し、又は使用許可を取り消す」を「使用許可を取り消し、又は使用条件を変更する」に改め、同条第1項の次に次の1項を加える。
2　前項の規定により許可を取り消し又は変更した場合において、教育委員会は当該取り消し又は変更に伴う損害賠償の責を負わないものとする。

第2条　栗東町立栗東文化教育センター設置条例の一部を改正する条例
（栗東町立栗東文化教育センター設置条例（昭和五十二年栗東町条例第15号）の一部を次のように改正する。
　第3条中「第4号」を「第5号」に改める。
　第3条第2項中第3号を第4号とし、第2号を第3号とし、第1号の次に次の1号を加える。
(2)　集団的に又は常習的に暴力的不法行為を行うおそれがある組織の利益になると認められるとき。

第3条　栗東町体育館設置及び管理に関する条例の一部を改正する条例
（栗東町体育館設置及び管理に関する条例（昭和五十三年栗東町条例第27号）の一部を次のように改正する。
　第3条第2項中第3号を第4号とし、第2号を第3号とし、第1号の次に次の1号を加える。

第4条　栗東町営プール設置及び管理に関する条例の一部を改正する条例
（栗東町営プール設置及び管理に関する条例（昭和五十五年栗東町条例第16号）の一部を次のように改正する。
　第4条第2項中第6号を第7号とし、第5号の次に次の1号を加える。
(6)　集団的に又は常習的に暴力的不法行為を行うおそれがある組織の利益になると認められるとき。

第5条　栗東町屋外体育施設設置及び管理に関する条例の一部を改正する条例
（栗東町屋外体育施設設置及び管理に関する条例（平成三年栗東町条例第22号）の一部を次のように改正する。

(3) 第3条第2項中第4号を第5号とし、第3号を第4号とし、第2号の次に次の1号を加える。

集団的に又は常習的に暴力的不法行為を行うおそれがある組織の利益になると認められるとき。

(栗東町都市公園条例の一部を改正する条例)

第6条 栗東町都市公園条例(昭和四十六年栗東町条例第10号)の一部を次のように改正する。

第3条第4項に次のただし書を加える。

ただし、集団的に又は常習的に暴力的不法行為を行うおそれがある組織の利益になると認められるときは許可しないものとする。

第10条第1項に後段として次のように加える。

この場合において当該処分に伴う損害賠償の責を負わないものとする。

附　則

この条例は、平成十二年十月一日から施行する。

大分県／日田市

日田市公営競技の場外券売り場設置による生活環境等の保全に関する条例
2000年（平成12年）6月27日施行

競輪場外車券売場の設置規制へ条例制定／市長の同意を義務付け

福岡市の建設会社が日田市の複合レジャー施設内に計画している別府競輪（大分県別府市）の場外車券売場「サテライト日田」に反対する日田市は、良好な生活環境の保全と青少年の健全育成などを目的に、設置者（建設する業者）や施行者（発券する自治体・別府市）に対し、市長の同意などを義務付けた条例を制定した。

場外車券場の設置に対して、人口6万3千人の日田市で反対署名が5万人を超え、市議会も意見書を採択するなど強い市民の意見が背景となっている。

条例では、公営競技の競輪、競馬、オートレース、モーターボートの場外券売場の設置業者の責務として、建築確認の申請書を提出するまでに、施設等設置の申請をし同意を求めなければならない（第3条）とし、公営競技施行者の責務として、市内において場外券の発売をするときは、市長の同意を得るものとする（第5条）とした。罰則規定はない。

公営競技に関する法律では地元の同意を設置要件としていないが、町づくりにおける住民の意思決定の権利が制約をうけるのか、地方分権の基本原理からも論議がされている。

大分県・日田市

市役所：〒877-8601	人　　口：63,490人
大分県日田市田島2-6-1	世帯数：20,789世帯
（下車駅　久大本線　日田駅）	面　　積：269.21km²
電話（0973）23-3111	人口密度：235.84人／km²
	特　産：日田杉、日田梨、竹工芸品
	観　光：日田温泉、咸宜園（広瀬淡窓資料館）

日田市公営競技の場外券売り場設置等による生活環境等の保全に関する条例

（目的）
第1条　この条例は、日田市における公営競技の場外券売場の設置等に係る環境上の条件について、良好な生活環境を保全し、青少年の健全な育成に資することを目的とする。

（定義）
第2条　前条に規定する公営競技の場外券売場の設置等とは、次に掲げるものをいう。
(1) 自転車競技法（昭和二十三年法律第209号）第4条第1項に規定する車券発売施設の設置及び車券の発売
(2) 競馬法施行令（昭和二十三年政令第242号）第2条第1項に規定する競馬場外の設備の設置及び勝馬投票券の発売
(3) 小型自動車競走法施行規則（昭和二十五年通商産業省令第46号）第5条第1項に規定する場外車券売場の設置及び車券の発売
(4) モーターボート競走法施行規則（昭和二十六年運輸省令第59号）第8条第1項に規定する勝舟投票券場外発売場の設置及び勝舟投票券の発売

（設置者の責務）
第3条　前条各号掲げる施設等を日田市内に設置しようとする者は、建築基準法（昭和二十五年法律第201号）第6条第1項に規定する確認の申請書を提出するまでに、市長に対し、施設等設置の申請をし、かつ、その同意を求めなければならない。

（市長の同意または不同意の決定）
第4条　市長は、前条の規定により、申請があり、かつ、同意を求められたときは、施設等の設置が現在及び将来の日田市民の健康で文化的な生活環境の保全に資するものか否かの意見を付し、議会の同意を得て、これを決定するものとする。

（公営競技施行者の責務）
第5条　各号に掲げる公営競技の施行者は、日田市内において当該競技の場外券を発売しようとするときは、日田市のまちづくりの基本理念を十分勘案し、市長の同意を得るものとする。

　　附　則
この条例は、公布の日から施行する。

自治体データファイル 二〇〇〇年中に制定されたその他の主な条例等の一覧（未掲載分）

番号	自治体名	分類	条例名ほか
1	愛知県・知立市	福祉（介護保険）	知立市介護保険条例（改正）
2	愛知県・知立市	福祉（介護保険）	知立市介護保険規則
3	岐阜県・笠松町	福祉（介護保険）	笠松町介護支援福祉金支給条例
4	福岡県介護保険広域連合	福祉（介護保険）	福岡県介護保険広域連合介護保険条例
5	群馬県・月夜野町	環境	月夜野町環境美化条例
6	神奈川県・川崎市	環境	川崎市公害防止等生活環境の保全に関する条例（改正）
7	静岡県・掛川市	環境	掛川市環境条例
8	兵庫県・西宮市	環境	西宮市快適な市民生活の確保に関する条例
9	福岡県・志免町	環境	志免町飼い犬等のふん害の防止に関する条例
10	東京都	環境（自然）	東京における自然の保護と回復に関する条例
11	山形県・長井市	環境（大気）	長井ダイオキシン類から市民の健康と環境を守る条例
12	千葉県	環境（大気）	千葉県自動車排出窒素酸化物総量抑制指導要綱
13	北海道・幌延町	環境（廃棄物）	幌延町深地層の研究の推進に関する条例
14	福岡県・北九州市	環境（廃棄物）	北九州市放置自動車の発生の防止及び適正な処理に関する条例
15	埼玉県・八潮市	都市計画	八潮市特定建築に係る良好な近隣関係の保持に関する条例
16	神奈川県・川崎市	都市計画	川崎市工場立地に関する地域準則を定める条例
17	大分県・緒方町	都市計画	ふるさと「おがた」環境及び景観保全条例（改正）
18	愛知県・稲沢市	交通	稲沢市交通安全に関する条例
19	三重県・大安町	産業経済	大安町物づくり・発明支援基金条例
20	福島県	情報公開	福島県情報公開条例（改正）
21	埼玉県・和光市	情報公開	和光市情報公開条例（改正）
22	埼玉県・三郷市	情報公開	三郷市情報公開条例
23	神奈川県・横浜市	情報公開	横浜市の保有する情報の公開に関する条例（改正）
24	徳島県・小松島市	情報公開	小松島市行政情報公開条例
25	福岡県介護保険広域連合	情報公開	福岡県介護保険広域連合情報公開条例
26	千葉県・木更津市	情報公開（議会）	木更津市議会情報公開条例
27	徳島県・小松島市	情報公開（議会）	小松島市議会情報公開条例
28	佐賀県・鹿島市	情報公開（議会）	鹿島市議会情報公開条例
29	東京都・練馬区	個人情報	練馬区個人情報保護条例
30	神奈川県・横浜市	個人情報	横浜市個人情報の保護に関する条例（改正）
31	福岡県介護保険広域連合	個人情報	福岡県介護保険広域連合個人情報保護条例
32	福島県	人権	福島県迷惑行為等防止条例
33	長野県・高森町	人権	人権を尊重し差別のない明るい高森町を築く条例
34	滋賀県・竜王町	人権	竜王町犯罪被害者等支援条例
35	埼玉県	人権（男女共同参画）	埼玉県男女共同参画推進条例
36	東京都	人権（男女共同参画）	東京都男女平等参画基本条例
37	大阪府	財政	大阪府における銀行業等に対する事業税の課税標準等の特例に関する条例
38	兵庫県・温泉町	自治制度	温泉町越畑地区における産業廃棄物処理施設建設についての住民投票に関する条例
39	神奈川県・横須賀市	倫理（政治）	横須賀市議会政治倫理条例
40	滋賀県・彦根市	議会	彦根市議会委員会条例

2001年版
地方自治体 新 条例集

発行日	2001年5月8日
監修者	自治体議会政策学会
	住沢博紀（日本女子大学教授）
編　集	イマジン自治情報センター
発行人	片岡幸三
印刷所	株式会社　シナノ

発行所　イマジン出版株式会社
〒112-0013東京都文京区音羽1-5-8
TEL 03-3942-2520　FAX 03-3942-2623

ISBN4-87299-259-8　C2032　¥5000E
落丁・乱丁は小社にてお取り替えします。

イマジン出版 〒112-0013 東京都文京区音羽1-5-8

2000年版 地方自治体 新 条例集

自治体議会政策学会監修
イマジン自治情報センター編集 A5判 364ページ 5000円（税別）

自治体の新たな政策展開に必携の図書
分権時代の条例づくり・全国一〇〇条例を収録

収録条例 一部紹介

- まちづくり
  - 兵庫県・竹田市：まちづくり基本条例
  - 大分県・竹田市：いきいき定住促進条例、他
- 青少年
  - 広島県：暴走族追放の促進に関する条例
- 福祉
  - 埼玉県・秩父市：酒類自動販売機の適正な設置及び管理に関する条例
  - 大阪府・枚方市：福祉保健サービスに係る苦情の処理に関する条例、他
- 環境
  - 福岡県：緑の王国づくりに関する条例
  - 埼玉県・田主丸町：ダイオキシン類等の汚染防止に関する条例
  - 岐阜県・所沢市：放射線廃棄物等に関する条例、他
- 都市計画
  - 愛媛県・松山市：屋外広告物条例
  - 大阪府：中高層建築物の建築に係る紛争の予防および調整に関する条例、他
- 港湾
  - 秋田県・秋田市：プレジャーボートの係留保管の適正化に関する条例、他
- 交通
  - 静岡県：交通安全対策及びチャイルドシート着用推進に関する条例、他
- 宮城県・高清水町
- 農林水産
  - 北海道・稚内市：新規就農支援条例
  - 京都府・園部町：森林及び農地に関する管理条例、他
- 教育
  - 石川県・内灘町：生涯学習振興条例
  - 岐阜県・北方町：子育て支援に関する助成金支給条例、他
- 情報公開
  - 京都市：審議会等の会議の公開に関する条例、他
- 個人情報
  - 奈良県・生駒市：個人情報保護条例、他
- 人権
  - 鹿児島県：公衆に不安等を覚えさせる行為の防止に関する条例
  - 埼玉県・嵐山町：犯罪被害者等支援条例、等
- NPO
  - 高知県：社会貢献活動推進支援条例
  - 大阪府・箕面市：非営利公益市民活動条例、他
- 自治制度
  - 徳島県・徳島市：吉野川可動堰建設計画の賛否を問う徳島市住民投票条例、他
- 倫理
  - 東京都・新宿区：区民の声委員会条例、他
  - 大阪府・八尾市：職員倫理条例
  - 宮城県：県議会議員の政治倫理の確立及び資産等の公開に関する条例、他

1999年版 地方自治体 新 条例集

全国の自治体が、'99年中に制定した先進的・特徴的な条例を政策毎に分類収録、その他制度等紹介多数

自治体議会政策学会監修 イマジン自治情報センター編集
A5判 350ページ 5000円（税別）

ご注文は直接 TEL または FAX でイマジン自治情報センターへ

〒102-0083 東京都千代田区麹町2-3-9 麹町村山ビル501
TEL 03-3221-9455 FAX 03-3288-1019

全国の主要書店・政府刊行物サービスセンター・官報販売所でも取り扱っています。